中华国学文库

文史通义校注 上

〔清〕章学诚 撰

叶 瑛 校注

中华书局

图书在版编目(CIP)数据

文史通义校注/章学诚撰;叶瑛校注. —北京:中华书局,2014.11(2023.2 重印)
(中华国学文库)
ISBN 978-7-101-10462-2

Ⅰ.文… Ⅱ.①章…②叶… Ⅲ.①文史-研究-中国-清前期②《文史通义》-注释 Ⅳ.K092.49

中国版本图书馆 CIP 数据核字(2014)第 226463 号

书　　名　文史通义校注(全二册)
撰　　者　章学诚
校 注 者　叶　瑛
丛 书 名　中华国学文库
责任编辑　俞国林　李碧玉
责任印制　管　斌
出版发行　中华书局
　　　　　(北京市丰台区太平桥西里 38 号　100073)
　　　　　http://www.zhbc.com.cn
　　　　　E-mail:zhbc@zhbc.com.cn
印　　刷　河北新华第一印刷有限责任公司
版　　次　2014 年 11 月第 1 版
　　　　　2023 年 2 月第 2 次印刷
规　　格　开本/880×1230 毫米　1/32
　　　　　印张 31⅛　插页 4　字数 760 千字
印　　数　8001-9000 册
国际书号　ISBN 978-7-101-10462-2
定　　价　96.00 元

中华国学文库出版缘起

《中华国学文库》的出版缘起，要从九十年前说起。

1920年，中华书局在创办人陆费伯鸿先生的主持下，开始编纂《四部备要》。这套汇集三百三十六种典籍的大型丛书，精选经史子集的"最要之书"，校订成"通行善本"，以精雅的仿宋体铅字排印。一经推出，即以其选目实用、文字准确、品相精美、价格低廉的鲜明特点，最大限度地满足了国人研治学问、阅读典籍的需要，广受欢迎。丛书中的许多品种，至今仍为常用之书。

新中国成立之后，党和国家倡导系统整理中国传统文献典籍。六十馀年来，在新的学术理念和新的整理方法的指导下，数千种古籍得到了系统整理，并涌现出许多精校精注整理本，已成为超越前代的新善本，为学界所必备。

同时，随着中华民族以前所未有的自信快速发展，全社会对中国固有的学术文化——国学，也表现出前所未有的关注和重视。让中华文化的优秀成果得到继承和创新，并在世界范围内进行传播和弘扬，普惠全人类，已经成为中华民族的历史使命。当此之时，符合当代国民阅读需要的权威的国学经典读本的出现，实为当务之急。于是,《中华国学文库》应运而生。

《中华国学文库》是我们追慕前贤、服务当代的产物,因此,它自当具备以下三个基本特点:

一、《文库》所选均为中国学术文化的“最要之书”。举凡哲学、历史、文学、宗教、科学、艺术等各类基本典籍,只要是公认的国学经典,皆在此列。

二、《文库》所选均为代表当代最新学术水平的“最善之本”,即经过精校精注的最有品质的整理本。其中既有传统旧注本的点校整理本,如朱熹《四书章句集注》,也有获得学界定评的新校新注本,如余嘉锡《世说新语笺疏》。总之,不以新旧为别,惟以善本是求。

三、《文库》所选均以新式标点、简体横排刊印。中国古籍向以繁体竖排为标准样式。时至当代,繁体竖排的标准古籍整理方式仍通行于学术界,但绝大多数国人早已习惯于现代通行的简体横排的图书样式。《文库》作为服务当代公众的国学读本,标准简体字横排本自当是恰当的选择。

《中华国学文库》将逐年分辑出版,每辑十种,一次推出;期以十年,以毕其功。在此,我们诚挚希望得到学术界、出版界同仁的襄助和广大读者的支持。

中华书局自1912年成立,至今已近百岁。我们将《中华国学文库》当作向中华书局百年诞辰敬献的一份贺礼,更是向致力于中华民族和平崛起、实现复兴大业的全国人民敬献的一份厚礼。我们自当努力,让《中华国学文库》当得起这份重任,这份荣誉。

中华书局编辑部

2010年12月

出版说明

《文史通义》是清朝乾、嘉时代著名学者章学诚的著作。章学诚（一七三八——一八〇一）字实斋，浙江会稽（今绍兴）人，是著名的史学家，曾经为和州永清县和亳州编写县志和州志，又编写《湖北通志》，著有《章氏遗书》，从中选出精要部分为《文史通义》，后附《校雠通义》。

章学诚著作《文史通义》想挽救当时的学风。他在《上辛楣宫詹钱大昕》的信里说："世俗风尚，必有所偏，达人显贵之所主持，聪明才俊之所奔赴，其中流弊必不在小。载笔之士不思救挽，无为贵著述矣。苟欲有所救挽，则必逆于时趋。"他看到当时学风的流弊，想加以挽救。他说的"达人显贵之所主持"，当指朝廷提倡宋学；"聪明才俊之所奔赴"，当指当时的学者都趋向汉学。宋学讲心性，认为"理在气先"，离事物而言理，不免空疏；汉学讲考证，治学不本于性情。章氏在《原学下》提出批评道："学博者长于考索，岂非道中之实积；而骛于博者，终身敝精劳神以殉之，不知博之何所取也。"又说："言义理者似能思矣，而不知义理虚悬而无薄，则义理亦无当于道矣。"因此他在《浙东学术》里提出"言性命者必究于史"，反对空谈性命；在《博约下》说“言学术功力，必兼性情”，“令学者自认资之所近与力所能勉者而施其功力”，反对不顾资质专讲考据。当时的经学，主张道在《五经》，可以从通文字音韵训诂来通经，通经来明道。汉学的研究文字音韵训诂正所以明道，这就把汉学和经学结合了。他在《原道上》里对通经来明道的经学提出批评，他说：“道者，万事万物之所以然，而非万事万物之当然也。人可得而见者，则其当然而已矣。”由于人们看到的当然不同，法制也跟着不同。“三皇无为而自化，五帝开物而成务，三王立制而垂法，后人见为治化不同如是。”那末圣人怎样去认识道，认识“万事万物之所以然”呢？“圣人求道，道无可见，即众人之不知其然而然，圣人所藉以见道者也。”“学于众人，斯为圣人。”他认为道是万事万物之所以然，这种所以然只能从众人之不知其然而然中去找，不能从经书中去找。这样，他要在当时的宋学、汉学、经学外另外开辟一条治学的道路，反对当时的学风。

他要开辟一条怎样治学的路呢？《原道下》说：“夫道备于六经，义蕴之匿于前者，章句训诂足以发明之；事变之出于后者，六经不能言，固贵约六经之旨，而随时撰述，以究大道也。”“盖必有所需而后从而给之，有所郁而后从而宣之，有所弊而后从而救之。”“《易》曰：‘神以知来，智以藏往。’”他主张研究事变，要解决后来的事变，六经里没有，可以取六经的用意做参考，观察众人的所需、所郁、所弊来解决。他的目光在借古通今，借古是智以藏往，通今是神以知来，可见他更重在通今。《原道下》附有邵晋涵说：“是篇初出，传稿京师，同人素爱章氏文者，皆不满意。谓蹈宋人语录习气，不免陈腐取憎，与其平日为文不类。”他的卓识深心，在当时爱章氏文者都不理解，其他的人更不用说了。因此，他不可能在当时真正开辟出一条新的治学的路来。

他的成就还在史学、文学和校雠学上。他在《家书》二说:“吾于史学,盖有天授,自信发凡起例,多为后世开山,而人乃拟吾于刘知几。不知刘言史法,吾言史意;刘议馆局纂修,吾议一家著述。截然两途,不相入也。”如刘知几《史通·六家》批评《史记》:“寻《史记》疆宇辽阔,年月遐长,而分以纪传,散以书表。每论家国一政,而胡、越相悬,叙君臣一时,而参、商是隔,此其为体之失也。兼其所载多聚旧记,时采杂言,故使览之者事罕异闻,而语饶重出,此撰录之烦者也。”认为《史记》把一时的事分散在纪传书表里不集中,多引用旧书,显得重复。但赞美《汉书》:“包举一代,撰成一书,言皆精练,事甚该密。”其实事件的分散和引用旧书,这两点《汉书》跟《史记》一样,不过一为断代史、一为通史罢了。刘的推重《汉书》而贬低《史记》,只是偏重断代史而贬低通史,对纪传体的不足处并不能补足。章氏对《史记》《汉书》的评价和刘氏不同。他在《书教下》说:“迁书通变化,而班氏守绳墨。”“迁书体圆用神,班氏体方用智。”守绳墨指有定法,通变化指根据人事的变化来写,自有用意,如“《伯夷列传》乃七十篇之序例,非专为伯夷传也。《屈贾列传》所以恶绛、灌之谗,其叙屈之文,非为屈氏表忠,乃吊贾之赋也”。他认为刘讲定法,所以赞美《汉书》;他讲用意,所以推重《史记》。

他在《答客问上》说:“君臣事迹,官司典章”,“纂辑比类,以存一代之旧物,是则所谓整齐故事之业也。开局设监,集众修书,正当用其义例,守其绳墨”。他认为刘所讲的就是这种开局修书的义理。至于他讲的史意,“固将纲纪天人,推明大道,所以通古今之变,而成一家之言者,必有详人之所略,异人之所同,重人之所轻,而忽人之所谨,绳墨之所不可得而拘,类例之所不可得而泥,而后微茫杪忽之际,有以独断于一心”。他注意的在“通古今之变,成一家之言”。他对史书体例的看法也是这样。在《书教下》说:“司马

《通鉴》病纪传之分而合之以编年，袁枢《纪事本末》又病《通鉴》之合，而分之以事类。按本末之为体也，因事命篇，不为常格，非深知古今大体、天下经纶，不能网罗隐括，无遗无滥，文省于纪传，事豁于编年，决断去取，体圆用神。”把纪事本末体这样推重，是他的创见，后来新的历史书的编著，证实了他的远见。他又提出“史德”，这也是刘所没有提到的。

就文学看，他的《史德》，是史学通于文学。他说：“凡文不足以动人，所以动人者气也；凡文不足以入人，所以入人者情也。气积而文昌，情深而文挚，气昌而情挚，天下之至文也。然而其中有天有人，不可不辨也。”“气合于理，天也，气能违理以自用，人也。情本于性，天也，情能汩性以自恣，人也。”《史德》要求文章写得完全符合于事理，不能有丝毫的偏私，从而推求到情和气，这也是他论文的主旨。他又写了《文德》，也是文学和史学相通的。他说：“凡为古文辞者必敬以恕。”敬要“气摄而不纵，纵必不能中节也”，恕要“能为古人设身而处地也”，这也要求论文必求符合事理不能有偏私。他讲的为古人设身处地，是说陈寿在晋作《三国志》，晋承魏，不得不以魏为主；习凿齿在东晋偏安一隅时写《汉晋春秋》，不得不以偏安一隅的蜀汉为主。这又是论文而通于史了。他对于清代推重的明朝归有光和桐城派开创者方苞都有不满，他在《文理》里批评归有光用五色圈点来评论《史记》：“今归、唐（顺之）之所谓疏宕顿挫，其中无物，遂不免于浮滑，而开后来以描摩浅陋之习。故疑归、唐诸子，得力于《史记》者，特其皮毛，而于古人深际未之有见。”他在《答问》里批评方苞：“或问近世如方苞氏，删改唐、宋大家，亦有补欤？夫方氏不过古人所谓本不甚深，况又加以私心胜气，非徒无补于文，而反开后生小子无忌惮之渐也。”他的论文，像《文理》说的：“古人著为文章，皆本于中之所见，初非好为炳炳烺烺，如锦工绣女之矜夸采色已也。”他先要探求古人本于中之所见，与古今文章的流变，作者的成就，不满于归、唐与方苞的所得者浅，只追求所谓疏宕顿挫。他在《文集》里提出“因文以求立言之质”，看它有没有真识。他在《陈东蒲方伯诗序》里论诗书要求立言之质，认为“令翻译者流，但取诗之意义，演为通俗语言，此中果有卓然其不可及，迥然其不同于人者”，才是可称的诗了。他论文批评归、方的无学无识，主张辨章学术，就通于校雠学了。

就校雠学看，他在《校雠通义序》里说：“校雠之义，盖自刘向父子部次条别，将以辨章学术，考镜源流，非深明于道术精微群言得失之故者，不足与此。”用意在考求学术源流，深通道术精微。因此，他的校雠对各种书要按照它的学术源流来分，还要考求群言得失。一书而分属两类的有互著，一书而其中有的篇章可属另一类的，可以裁篇别出。这样来谈校雠，已经扩大了校雠的原意，不限于校对书籍，把刘向、刘歆的部次条别编定《七略》都包括在内了。按照他的校雠学，那末《四库提要》，还得像《七略》那样，著为一书，来辨章古今学术源流，条别它的得失，当时的学术界是不能接受的。

对这样一部重要著作，到一九三五年，才有福建闽侯县叶长清先生的《文史通义注》，为无锡国学专修学校丛书之十一。叶注有注无校。叶瑛先生作《文史通义校注》，始于一九二九年，完成于一九四八年。叶瑛字石甫，一八九六年出生于安徽桐城西乡陶冲驿，毕业于武昌高等师范学校。先后任教于吴淞中国公学、天津南开学校及任武汉大学教授，一九五〇年去世，年五十四。他的校注告成时，看到了叶注，把叶注的胜义采入校注，并加注明。校注比叶注更为详密。校注用浙江书局本、粤雅堂丛书本等九个本子，其中刘咸炘校志古堂刻本、庐江何氏钞本更重要。何本按语，可考订

《文史通义》各篇的作年和有关文献。如四三一页注〔一〕等是。刘本可以补原书的脱文,如一一二页正文:“盖必有所需而后从而给(之,有所郁而后从而宣之,有所弊而后从而)救之。”括号中的话是校注从刘本《遗书》补的。又六〇三页原文注:“(《儒林》叙董仲舒、)王吉,别有专传。”括号中的话,也是校注从刘本补的。还有个别文字的改正。校注还据刘本补录有关章氏原文,如在七三一页注〔五八〕中据刘本补录章氏《金石叙录》,可作这篇《永清县志文征序例》的参考。在九一六页注〔五〕里据刘本补录章氏论郑樵评《汉志》的一节,可作这篇《郑樵误校汉志》的参考。

注文征引原文出处,能纠正章氏原文的疏漏。章氏在《家书》二里说:“吾读古人文字,高明有余,沉潜不足。故于训诂考质多所忽略,而神解精识,乃能窥及前人所未到处。”他在《报黄大俞先生》里说:“不可以比类之密而笑著述之或有所疏。”因此读章书当领会他的创见,但注章氏书正要补他的疏漏,校注做到了这点。如一二三页原文“《礼》自宗伯,《乐》有司成”,章氏误以“司成”为主乐之官。一二七页注〔二七〕引“乐正司业,父师司成”来纠正章氏的误解。又三七七页原文《汉志》儒家有《平原君》,章氏以赵胜著《平原君》入儒家为说。三八三页注〔二五〕引章太炎说,以《平原君》为朱建来订正等。

这次刊印校注遗稿,必要时稍加修补。有题意不明的,如《浙东学术》,原文称“浙东之学,虽出婺源(朱熹),然自三袁之流,多宗江西陆氏”,按朱熹与陆九渊皆言性理,浙东学术言经世致用,此点主要区别,本篇何以不言?又浙东学术一般推吕祖谦、陈傅良、叶适、陈亮,与朱、陆不同,此篇于诸人何以不谈?何以言浙东之学出于朱、陆?原注对此皆无说明,因加补注,以说明题意。又如六〇二页正文“史家所谓部次条别之法”,下引“孟荀三邹、老庄申韩”等传作例，原注未言此等合传部次条别之义例，因加申说。又注文有漏注篇名的补篇名，如三六三页注〔六〕引张祜诗，补《赠志凝上人》题；四二二页注〔九〕引《颜氏家训》，补《风操》篇名等。注中引文过深的，稍加简注，如十七页注〔二五〕所引《尚书》文稍加简注。校注在纠正原文疏漏处还可补充的，作了补注，如五五一页正文："唐人修五代地志（即《隋志》）。"按《隋书·地理志》以炀帝时的一百九十郡、一千二百五十五县作志，于郡下不言五代沿革，不得称五代地志。又六一六页正文注："吕氏十二纪似本纪所宗。"按《史记·大宛传赞》两言《禹本纪》，为《史记》所本，章说未是，但章用"似"字，尚未肯定。校注引《文心雕龙·史传》"取式《吕览》，通号曰纪"，更肯定了，因加改注。注文有疏漏的，亦稍加补正，如一五三页正文："以良知为讳，无亦惩于末流之失。"校注未注"末流之失"，因引泰州学派之狂纵作补。如二八九页正文："譬若《月令》中星不可同于《尧典》，太初历法不可同于《月令》。"二九一页注〔九〕注〔一〇〕未注"不可同于《尧典》"与"《月令》"，因加补注。校注和稍加补正处，一定还有疏漏或错误，尚望专家和读者指正，以便于再版时改正。

中华书局编辑部

一九八三年五月

目　录

文史通义校注卷二　内篇二

文史通义校注卷三　内篇三

文史通义校注卷四　内篇四

文史通义校注卷五　内篇五

文史通义校注卷六　外篇一

文史通义校注卷七　外篇二

文史通义校注卷八　外篇三

校雠通义校注卷一

题　记

吾国学术，源远流长，载籍之富，蕴藏之丰，甲乎世界；初涉其藩，茫无涯涘，不有书焉为之津逮，鲜有不兴望洋向若之叹者。清会稽章实斋学诚先生所著之《文史通义》，辨章学术，考镜流别，端学人之趋向，明立言之指归，洵有心国故者所宜先读之书也。先生生平著述宏富，而自谓"性命之文，尽于《通义》一书"。《跋戊申秋课》，刘刻《章氏遗书》卷二十九。时通人如段若膺玉裁，见其《通义》有精深者，亦与叹绝。《与史余村简》，《遗书》卷九。而焦里堂循《读书三十二赞》，《文史通义》列于十九。其书见重当时已如此。顾先生怀才不遇，侘傺终老，不为时流所知。有翁方纲者，曾询刘端临台拱，实斋学业究何门路。《家书》二，《遗书》卷九。翁氏居高位，工书法，有名于时，而相惊河汉若是，最足以代表当日士林对于先生之反应。而先生不自秘惜，每一篇成，恒写寄友人，人间传录，多有异同，剽窃其辞意而讳其所自。《与邵二云论学书》云："生平所得，无不见于言谈，至笔之于书，亦多新奇可喜；其间游士袭其谈锋，经生资为策括，足下亦既知之。近则遨游南北，目见耳闻，自命专门著述者，率多阴用其言，阳更其貌，且有明翻其说，暗剿其意，几于李义山之敝缊，身无完肤；杜子美之残膏，人多沾丐。鄙昔著《言公》篇，久有谢名之意，良以立言垂后，无非欲世道之阐明，今既著有文辞，何必名出于我。”《遗书》卷九。其思想议论影响于当世者又如此。百余年来，先生之学渐显，洎乎今日，几于家有其书矣。然知其学者未必能谙其识，歆以迹者未必能接以心，此所以读其书求其旨而不得者十常八九也。

先生之学，盖远祖阳明、蕺山王守仁、刘宗周，近祧梨洲、思复黄宗羲、邵廷采，所著《浙东学术》一文，乃先生自道其学之所从出，讲性命而兼攻史学，固是浙东学派一脉相传者。先生一生景仰余姚邵廷采念鲁。邵氏所著《思复堂集》，先生叹为五百年来所罕见。以为“班、马、韩、欧，程、朱、陆、王，其学其文，如五金贡自九牧，各有地产，不相合也，洪炉鼓铸，自成一家，更无金品州界之分，谈何容易！文以集名，而按其旨趣义理，乃在子史之间，五百年来，谁能办此？”《邵与桐别传》后贻选按语，《遗书》卷十八。故其为学宗旨，即欲步趋邵氏，萃合马、班之史，韩、欧之文，程、朱之理，陆、王之学，以成一子之书。而性耽史学，出于天授，发凡起例，多为后世开山。而其别识心裁，在明史意，不在言史法，取著述成家，不取方圆求备，自谓与刘知几截然两途者在此。先生有此抱负，惜未能紬石室之秘藏，成名山之鸿业，尝约邵二云晋涵改修《宋史》，欲为千百年后史学开蚕丛者，既美志不遂，而为毕秋帆所修造端宏大之《史籍考》，亦未能卒业，乃仅应用其理论而小试之于方志。方志之在前人，多为图经之概念所囿，视为地理之书而已。先生则以为方志乃《周官》外史小史之遗，为国史之所取资，其视国史，具体而微耳。吾国方志学之成立，自先生始。所修和州、永清、亳州诸志，及《湖北通志稿》等，其创造天才，从可概见。然先生深识所寄，不在是也。《与严冬友书》云：“日月倏忽，得过日多，检点前后，识力颇进，而记诵日衰。思敛精神为校雠之学，上探班、刘，溯源官礼，下该《雕龙》《史通》，甄别名实，品藻流别，为《文史通义》一书，草创未多，颇用自赏。”

《遗书》卷二十九。外著有《校雠通义》，自成一家之言，于吾国学术源流及宗旨，辨之最晢。《文史通义》辨宗旨，《校雠通义》辨源流。源流清，则各种学术地位之高下轻重，其间互相之关系，豁然呈露。宗旨明，则衡定古今述作，正伪纯驳，若坐堂上而指数之于堂下也。先生尝谓"史学本于《春秋》，专家著述本于《官礼》，辞章泛应本于《风诗》，天下之文，尽于是矣。子有杂家，杂于众不杂于己，杂而犹成其家者也。文有别集，集亦杂也，杂于体不杂于旨，集亦不异于诸子也。故诸子杂家与文集中之具本旨者，皆著述之事，立言之选也。"《立言有本》，《遗书》卷七。著述贵有宗旨，而辨之不可不严。与先生并世诸贤，若休宁戴东原，通经服古，一贯多闻，学出于朱子，而反以攻朱为能事，乃先生平日反对最力者也。而称其"所学深通训诂，究于名物制度，而得其所以然，将以明道也。著《论性》《原善》诸篇，于天人理气，实有发前人所未发。"《书朱陆篇后》本书附录。若江都汪容甫中处考证风气正盛之时，斐然有志于著述，期欲有所树立，先生许为工辞章而优于辞令者也。而所著《述学》，内其所外而外其所内，病其"博学能文，而不知宗本。"《立言有本》，《遗书》卷七。若余姚邵二云，远承家学，汲流浙东，精训诂而兼长史裁，敦孝行而知尊文献，为先生平日所最引为深契者也。而论为学祈向，则谓"足下于义，漫不留意，立言宗旨，未见有所发明，此非足下有疏于学，恐于闻道之日犹有待也。"《与邵二云论学》，《遗书》卷九。批评人物，有时似近深刻，而持论警辟，辄能洞垣一方，非惟好而知其恶，恶而知其美也，而立言宗旨，辨之惟恐不严，从可知矣。

不第此也，先生立说之用意，有盛心在，不仅为文史计也。清代学风，肇自亭林顾炎武，至乾、嘉间，大师辈出，惠定宇、庄方耕惠栋、庄存与兴于吴，戴东原、程易畴戴震、程瑶田兴于皖，而江、淮间汪容甫、刘端临、王怀祖念孙复翕声桴应而起，以考证训诂讲经学，风靡一时，洸肤受之疏陋，宏汉家之遗绪，其茂绩度越前古，可云盛矣。先生起于浙东，独病其时“风气征实过多，发挥过少，有如蚕食叶而不能抽丝。”《与汪龙庄书》，《遗书》卷九。故平日论学，不主逐时趋而徇风气，而主逆时趋而持风气，良以“所贵君子之学术，为能持世而救偏”故也。其《文史通义》一书，即半为矫正此种风气而作。其言曰：“《文史通义》，专为著作之林校雠得失。著作本乎学问，而近人所谓学问，则以《尔雅》名物，六书训故，谓尽经世之大业，虽以周、程义理，韩、欧文辞，不难一吷置之。”《与陈鉴亭论学》，《遗书》卷九。当时偏重考据，而略弃义理与辞章，流弊至此。又曰：“学诚从事于文史校雠，盖将有所发明；然辨论之间，颇乖时人好恶，故不欲多为人知，所上敝帚，乞勿为外人道也！”《上钱辛楣宫詹书》，《遗书》卷二十九。又曰：“鄙著《文史通义》之书，诸知己者，许其可与论文，不知中多有为之言，不尽为文史计者。关于身世有所枨触，发愤而笔于书。尝谓百年而后，有能许《通义》文辞，与老杜歌诗同其沉郁，是仆身后之桓谭也。”《与朱少白》，《遗书》逸篇。以其与时异趋，不为时流所喜，弦外之音，不无身世寂寞之感，而自甘为举世不为之学，期以持世而救偏，则自信之笃，固可质鬼神而无疑，俟百世而不惑者矣。

然先生之反抗时代风尚，非故自立异以鸣高，好恶有拂人之性也。良由先生高瞻远瞩，不为时代风气所囿，晓然洞明于经史百家支与流裔，而有以得其大原。故其论学，千举万变而不穷于辩，昂首天表而不汩于俗。其基本观念“即器以明道”一语，足以蔽之。《易》曰：“形而上者谓之道，形而下者谓之器。”道不离器，犹之影不离形。造学之途有百，而其要期于明道。故曰：“学者，学于道也。道混沌而难分，故须义理以析之；道恍惚而难凭，故须名数以质之；道隐晦而难宣，故须文辞以达之：三者不可有偏废也。”《与朱少白论文》，《遗书》卷二十九。又曰：“学博者长于考索，岂非道中之实积？而骛于博者,终身敝精劳神以徇之,不思博之何所取也。才雄者健于属文,矜其艳于云霞,岂非道体之发挥?而擅于文者,终身苦心焦思以构之,不思文之何所用也。言义理者,似能思矣,而不知义理虚悬而无薄,则义理亦无当于道矣。"《原学下》,本书卷二。故为明道而治学,则学有指归,即器以明道,则道非虚牝,由是而立言,则言出于己,而所以为言者非由己也。世儒言道,不知即事物而求所以然,故诵法圣人之言,以为圣人别有一道,在我辈日用事为之外,是离器而言道也。故宋学流弊,"以道名学,而外轻经济事功,内轻学问文章,则守陋自是,枵腹空谈性天,无怪通儒耻言宋学也。"《家书五》,《遗书》卷九。其治汉学者,知即器以求之矣,而其致力之途,初不出乎名物、度数、章句、训诂之间,以为学问在是,而不知是乃明道之具,而非道也。清代学者,自亭林以来,惩于王学末流空疏之弊,主张实事求是,倡经学即理学之说,以为道在六经,学者穷经有得,为已尽天下之能事。先生则以为道在事物,学者明道,在即事物而求其所以然,六经固不足以尽之。故曰:"道备于六经,义蕴之匿于前者,章句训诂足以发明之。事变之出于后者,六经不能言,固贵约六经之旨而随时撰述,以究大道也。"《原道下》,本书卷二。知即器以明道,故知古人不离事而言理。知古人不离事而言理,则知六籍皆经世之书,而初非空言。其中所蕴含先民之智慧与经验,多具有普通性与永久性,能阐发而日新之,在在与吾人现实生活相联系。此六经皆史之说,微意所在也。

虽然,学固贵明道矣,而学问本乎性情,所谓道欲通方而学贵自得。故先生论学教人,最尊重个性。人生难得全才,得于天者,必有所近。从其性之所近,尽其力之所能,因以推微而知著,因偏以得全,此不拘于从入之途,人人可自勉焉者也。若夫"不问天质之所近,不求心性之所安,惟逐风气所趋,而徇当世之所尚,勉强为之，固已不若人矣。世人誉之，则沾沾以喜，世人毁之，则戚戚以忧，而不知天质之良，日已离矣。夫风气所在，毁誉随之，得失是非，岂有定哉？辞章之习既盛，辄诋马、郑为章句，性理之焰方张，则嗤韩、欧为文人，循环无端，莫知所底。而好名无识之徒，乃谓托足于是，天下莫能加焉，不亦惑欤！"《答沈枫墀论学》，《遗书》卷九。

一九二九年秋，余执教天津南开学校，为诸生授《文史通义》，苦无注本，阅读弗便也，爰疏记其崖略若干篇。抗战事起，南开中敌火，笥衍为烬。随校转渝后，惩空言之无裨，慨学术之弗章，课暇辄取《通义》疏注之。一九四二年秋，移教武汉大学，侨居乐山，境益坚苦，注事中废者累年。已而任授是课，因复稍稍董理旧业。复员来汉，图书稍集，翻检较便矣。夫注书之事，有类胥钞，而其难在乎明审。《通义》文字易憭，而牵涉猥繁，其间检一语征一事而究全书遍群籍者，往往而有。然则区区微绩，庶期涓埃注附，不无小益于高深乎？校注既竟，爰识数语如上。一九四八年立秋后三日，桐城叶瑛记于落伽山。

例　言

一、《文史通义》一书，当日章氏曾自刻其一部，今仅附见于燕肆所传钞本（见《章氏遗书》，载四川省图书馆《图书集刊》第二期）。清道光十二年，次子华绂始刻其书于河南，号大梁本，即世所通行者。清季以还，翻刻滋多，习见之本，不下十数种（见张述祖《文史通义版本考》，载燕大《史学年报》第三卷第一期）。刘氏嘉业堂所刊《章氏遗书》，征辑较备，而《通义》篇第，乃与通行本迥异。内篇较多《礼教》《所见》《博杂》《同居》《感赋》《杂说》六篇；外篇所收为与内篇相发诸文字，似较通行本专取方志叙例者为胜。刘刻系据萧山王谷塍（宗炎）所定本，而王氏固实斋易箦时以全稿付托者；然华绂序谓王本多与先人原编互异，则亦未必尽得先生意也。兹为便于采用起见，仍以通行本为据，其间有阙文，则于注中从别本录入。《校雠通义》例亦准此。

二、是书翻刻，以浙本伍氏《粤雅堂丛书》本（咸丰元年）较早。浙本年代未详，兹所校以粤雅堂本为主，诸本文字有异同者，则注明于后，其有他本不能胜此本者，则不复注，凡以明所从也。其分段起讫，亦准此例。

三、本注为便于一般读者起见，凡涉经史之词句，悉将原文注出。而出处必据其最先，援引必著其篇卷，固无论已。其原书自注有须加注者，亦为之注明，务求读者一目了然。

四、有前后迭见而上下文义须待详而后明者，则重为注出，并注明已见某篇，使详略可以互见。

五、原书作者或征引故实，疏于检点；或摅写文字，涉笔偶讹，悉于注中疏正之。

六、章氏生际考据风气极盛之世，思有以救弊补偏，乃昌言其课虚之学，于文史创见，近世学者多能言之。兹于其书要旨所在，亦略为引发，以期不至晦其原意，而时贤有修正之说者，则酌要采入，庶以见学术之公云。

七、注文采自时贤者，必一一注明，不敢攘美。近有叶君长青注，于章氏之说，间有辨正，而疏略之处，时亦难免。缮稿垂成，乃始见及，兹摘其胜义，随注标明，援引从同，则不复识别。

八、各篇撰著年月，则据《章实斋年谱》《章实斋文字编年》，及参证《遗书》，分别注明，庶于章氏思想进展，读者亦可考知。

九、每篇注首揭明全篇大旨，藉资省览，每段大意，亦时分别注明，以期昭晰。其注引用旧说，间厕鄙见者，悉加一按字以别之。

十、注者多年从事教读，牵于人事，涉览不周，疏漏之咎，在所难免。尚祈海内贤达，进而教之，实所企幸！是书注成，得徐中舒先生事前惠寄各钞本篇目，感铭盛谊，并附记之。

序

先君子幼资甚鲁，赋禀复瘠弱，少从童子塾，日诵百余言，常形亟亟。先大父顾而怜之，从不责以课程。惟性耽坟籍，不甘为章句之学。塾师所授举子业，不甚措意。塾课稍暇，辄取子史等书，日夕披览，孜孜不倦。观书常自具识力，知所去取，意所不惬，辄批抹涂改，疑者随时札记，以俟参考。自游朱竹君先生之门，先生藏书甚富，因得遍览群书，日与名流讨论讲贯，备知学术源流同异；以所闻见，证平日之见解，有幼时所见及，至老不可移者。乃知一时创见，或亦有关天授，特少时学力未充，无所取证，不能发挥尽致耳。从此所学益以坚定。著有《文史通义》一书，其中倡言立议，多前人所未发。大抵推原官礼，而有得于向、歆父子之传，故于古今学术渊源，辄能条别而得其宗旨。易箦时，以全稿付萧山王谷塍先生，乞为校定，时嘉庆辛酉年也。谷塍先生旋游道山。道光丙戌，长兄杼思，自南中寄出原草，并谷塍先生订定目录一卷。查阅所遗尚多，亦有与先人原编篇次互异者，自应更正，以复旧观。先录成副本十六册，其中亥豕鲁鱼，别无定本，无从校正。庚寅辛卯，幸得交洪洞刘子敬、华亭姚春木二先生，将副本乞为覆勘。今勘定《文史通义》内篇五卷，外篇三卷，《校雠通义》三卷，先为付梓。

尚有杂篇，及《湖北通志》检存稿并文集等若干卷，当俟校定，再为续刊。

道光壬辰十月，男华绂谨识。

文史通义校注卷一

内篇一

易教上〔一〕

六经皆史也。〔二〕古人不著书，古人未尝离事而言理，〔三〕六经皆先王之政典也。〔四〕或曰：《诗》《书》《礼》《乐》《春秋》，则既闻命矣。《易》以道阴阳，〔五〕愿闻所以为政典，而与史同科之义焉。曰：闻诸夫子之言矣。"夫《易》开物成务，冒天下之道。""知来藏往，吉凶与民同患。"〔六〕其道盖包政教典章之所不及矣。象天法地，"是兴神物，以前民用。"〔七〕其教盖出政教典章之先矣。《周官》太卜掌三《易》之法，夏曰《连山》，殷曰《归藏》，周曰《周易》，各有其象与数，各殊其变与占，不相袭也。〔八〕然三《易》各有所本，《大传》所谓庖羲、神农与黄帝、尧、舜，是也。〔九〕《归藏》本庖羲，《连山》本神农，《周易》本黄帝。〔一〇〕由所本而观之，不特三王不相袭，三皇、五帝亦不相沿矣。〔一一〕盖圣人首出御世，作新视听，神道设教，〔一二〕以弥纶乎礼乐刑政之所不及者，一本天理之自然；非如后世托之诡异妖祥，谶纬术

数，[一三]以愚天下也。[一四]

夫子曰："我观夏道，杞不足征，吾得夏时焉。我观殷道，宋不足征，吾得坤乾焉。"[一五]夫夏时，夏正书也。坤乾，《易》类也。夫子憾夏、商之文献无所征矣，[一六]而坤乾乃与夏正之书同为观于夏、商之所得；则其所以厚民生与利民用者，盖与治历明时，[一七]同为一代之法宪；而非圣人一己之心思，离事物而特著一书，以谓明道也。夫悬象设教，[一八]与治历授时，[一九]天道也。《礼》《乐》《诗》《书》，[二〇]与刑、政、教、令，人事也。天与人参，王者治世之大权也。韩宣子之聘鲁也，观书于太史氏，得见《易象》《春秋》，以为周礼在鲁。[二一]夫《春秋》乃周公之旧典，谓周礼之在鲁可也，《易象》亦称周礼，其为政教典章，切于民用而非一己空言，自垂昭代而非相沿旧制，则又明矣。夫子曰："《易》之兴也，其于中古乎？作《易》者，其有忧患乎？"[二二]顾氏炎武尝谓《连山》《归藏》，不名为《易》。太卜所谓三《易》，因《周易》而牵连得名。[二三]今观八卦起于伏羲，《连山》作于夏后，而夫子乃谓《易》兴于中古，作《易》之人独指文王，则《连山》《归藏》不名为"易"，又其征矣。[二四]

或曰：文王拘幽，[二五]未尝得位行道，岂得谓之作《易》以垂政典欤？曰：八卦为三《易》所同，文王自就八卦而系之辞，商道之衰，文王与民同其忧患，故反覆于处忧患之道，而要于无咎，[二六]非创制也。周武既定天下，遂名《周易》，[二七]而立一代之典教，非文王初意所计及也。夫子生不得位，不能创制立法，以前民用；因见《周易》之于道法，美善无可复加，惧其久而失传，故作《彖》《象》《文言》诸传，[二八]以申其义蕴，所谓述而不作；非力有所不能，理势固有所不可也。[二九]

后儒拟《易》，则亦妄而不思之甚矣！彼其所谓理与数者，有以出《周易》之外邪！无以出之，而惟变其象数法式，以示与古不相袭焉，此王者宰制天下，作新耳目，殆如汉制所谓色黄数五，事与改正朔而易服色者〔三〇〕为一例也。扬雄不知而作，则以九九八十一者，变其八八六十四矣。〔三一〕后代大儒，多称许之，则以其数通于治历，而蓍揲〔三二〕合其吉凶也。夫数乃古今所共，凡明于历学者，皆可推寻，岂必《太玄》而始合哉？蓍揲合其吉凶，则又阴阳自然之至理。诚之所至，探筹钻瓦，〔三三〕皆可以知吉凶；何必支离〔三四〕其文，艰深其字，然后可以知吉凶乎？〔三五〕《元包》妄托《归藏》，〔三六〕不足言也。司马《潜虚》，又以五五更其九九，〔三七〕不免贤者之多事矣。故六经不可拟也。先儒所论仅谓畏先圣而当知严惮耳。此指扬氏《法言》，〔三八〕王氏《中说》，〔三九〕诚为中其弊矣。〔四〇〕若夫六经，皆先王得位行道，经纬世宙之迹，而非托于空言。故以夫子之圣，犹且述而不作。如其不知妄作，不特有拟圣之嫌，抑且蹈于僭窃王章之罪也，可不慎欤！〔四一〕

〔一〕清嘉庆元年丙辰，实斋年五十九，是年有《上朱中堂世叔珪书》云："近刻数篇呈诲，题似说经，而文实论史。议者颇讥小子攻史而强说经，以为有意争衡，此不足辨也。"是当时《文史通义》已有自刻本。所呈数篇，盖即《易教》三篇，《书教》三篇，《诗教》二篇，故云题似说经；据燕大所藏武昌柯氏《章氏遗书》钞本，于此八篇下皆注"已刻"二字，可证也。《书教》《诗教》作年，分见各篇注。惟此篇惜钞本将实斋原注年岁略去，遂不知撰著年月矣。按《易教》三篇大旨在明《易》乃周之政典，其为史与他经无异。本篇但就悬象设教与治历明时为说。

〔二〕六经皆史：按此说实倡自王守仁，（《传习录》："爱曰：'先儒论六经，以《春秋》为史，史专记事，恐与五经事体终或稍异。'先生曰：'以事言谓之史，以道言谓之经，事即道，道即事，《春秋》亦经，五经亦史。《易》是包羲之史，《书》是尧、舜以下史，《礼》《乐》是三代史，其事同，其道同，安有所谓异？'"）特至章氏推阐其义而益精耳。《报孙渊如书》云："愚之所见，以为盈天地间凡涉著作之林，皆是史学。六经特圣人取此六种之史以垂训者耳。子集诸家，其源皆出于史，末流忘所自出，自生分别，故于天地之间，别为一种不可收拾不可部次之物，不得不分四种门户矣。"（刘刻《章氏遗书》卷九。）经史各自为部，始于晋荀勖为《中经簿》，以甲乙丙丁分次，非旧法也。《七略》录《太史公书》在《春秋》家。明经为史所包，章氏盖据其始言之。其立说之根据有二：古时学在王官，而掌之者史，六艺分掌，具见《周官》（说详《校雠通义·原道》篇），此就学术源流言，知六经皆史者，一也。古人学不离事，孔子之述六经，皆取先王典章，未尝离事而著理（《经解中》语），记事与言事之理，体势相因，此就经史本质言，知六经皆史者，又一也。龚自珍《古史钩沉论》曰："六经者，周史之宗子也。《易》也者，卜筮之史也。《书》也者，记言之史也。《春秋》也者，记动之史也。《风》也者，史所采于民，而编之竹帛，付之司乐者也。《雅》《颂》也者，史所采于士大夫也。《礼》也者，一代之律令，史职藏之官府，而时以诏王者也。小学也者，外史达之四方，瞽史谕之宾客之所为也。今夫宗伯虽掌礼，礼不可以口舌存，儒者得之史，非得之宗伯。乐虽司乐掌之，乐不可口耳存，儒者得之史，非得之司乐。故曰六经者，周史之宗子也。"张尔田《史微·史学》篇曰："《周易》为伏羲至文王之史，《尚书》为尧、舜至秦穆之史，《诗》为汤、武至陈灵之史，《春秋》为东周至鲁哀之史，《礼》《乐》为统贯二帝三王之史。《太史公自序》曰：'伏羲至纯厚，造《易》八卦。尧、舜之盛，《尚书》载之，礼乐作焉。汤、武之隆，诗人歌之。《春秋》采善贬恶，推三代之德，褒周室，非独刺讥而已也。'则六艺相续为史，可以心知其意矣。"

〔三〕盖道不离器，犹影不离形，离器而言道，是犹离形而求影，此天下所必无者，故云古人未尝离事而言理。

〔四〕《原道中》："《易》掌太卜，《书》在外史，《诗》领太师，《礼》自宗伯，《乐》有司成，《春秋》各有国史。"是六艺所明，不出当日官司典守，国家政教，故云为先王政典。《庄子·天运》："六经，先王之陈迹也。"刘咸炘《文史通义识语》："《通义》全书以三教篇为纲，三篇又以此篇首三句为纲。"

〔五〕《庄子·天下》："《易》以道阴阳。"《释文》："道，音导。"

〔六〕《易·系辞上》："夫《易》何为者也？夫《易》开物成务，冒天下之道，如斯而已者也。"注："冒，覆也。言《易》通万物之志，成天下之务，其道可以覆冒天下也。"又云："吉凶与民同患，神以知来，知以藏往。"疏："《易》道以示人吉凶，民则亦忧患其吉凶，是与民同其所忧患也。蓍定数于始，于卦为来；卦成象于终，于蓍为往。以蓍望卦，则是知卦将来之事，故言神以知来。以卦望蓍，则是聚于蓍象往去之事，故言知（智）以藏往也。"

〔七〕《易·系辞上》："知崇礼卑；崇效天，卑法地。"注："极知之崇，象天高而统物；备礼之用，象地广而载物也。"又云："是兴神物，以前民用。"注："定吉凶于始也。"指豫卜吉凶，为民所用。

〔八〕《周礼·春官》："太卜掌三《易》之法，一曰《连山》，二曰《归藏》，三曰《周易》。其经卦皆八，其别皆六十有四。"注："《易》者，揲蓍变易之数可占者也。三《易》卦别之数亦同，其名占异也。"疏云："《连山易》其卦以纯艮为首，艮为山，云气出内于山，故名《易》为连山。《归藏易》以纯坤为首，坤为地，万物莫不归而藏于其中，故名为归藏也。《周易》以纯乾为首，乾为天，天能周匝于四时，故名《易》为周也。云三《易》卦别之数亦同者，三代《易》之卦皆八，而别皆六十四也。云其名占异也者，谓《连山》《归藏》《周易》，是名异也。《连山》《归藏》占七八，《周易》占九六，是占异也。"郑玄《易赞》及《易论》云："夏曰《连山》，殷曰《归藏》，周曰

《周易》。”(《正义·论三代易名》引)按《周易》八卦分阴爻阳爻,阳爻称九,阴爻称六,《连山》《归藏》称阳爻为七,阴爻为八,与《周易》不同。

〔九〕《史记·太史公自序》:“《易·大传》。”《集解》引张晏云:“谓《易·系辞》也。”《易·系辞下》:“庖羲氏没,神农氏作。”又:“神农氏没,黄帝、尧、舜氏作。”

〔一〇〕按《周易正义》:“《世谱》群书,神农一曰连山氏,亦曰列山氏。黄帝一曰归藏氏。”是《连山》本于神农,《归藏》本于黄帝;此云《归藏》本于包羲,而《周易》本于黄帝,未知何据。

〔一一〕三王,三代之王也。《史记·五帝本纪》正义云:“太史公依《世本》《大戴礼》以黄帝、颛顼、帝喾、唐尧、虞舜为五帝,谯周、应劭、宋均皆同。而孔安国《尚书序》,皇甫谧《帝王世纪》,孙氏注《世本》,并以伏羲、神农、黄帝为三皇,少昊、颛顼、高辛、唐、虞为五帝。”《礼记·乐记》:“五帝殊时,不相沿乐。三王异世,不相袭礼。”

〔一二〕《易·观卦》彖辞云:“圣人以神道设教,而天下服矣。”

〔一三〕《后汉书·方术传》:“樊英少受业三辅,习《京氏易》,又善风角、星算、河洛、七纬、推步灾异。”章怀太子注:“七纬者,《易》纬《稽览图》、《乾凿度》、《坤灵图》、《通卦验》、《是类谋》、《辨终备》也,《书》纬《璇玑钤》、《考灵曜》、《刑德收》、《帝命验》、《运期授》也,《诗》纬《推度灾》、《记历枢》、《含神雾》也,《礼》纬《含文嘉》、《稽命征》、《斗威仪》也,《乐》纬《动声仪》、《稽曜嘉》、《叶图征》也,《孝经》纬《援神契》、《钩命决》也,《春秋》纬《演孔图》、《元命包》、《文耀钩》、《运斗枢》、《感精符》、《合诚图》、《考异邮》、《保乾图》、《汉含孳》、《佐助期》、《握诚图》、《潜潭巴》、《说题辞》也。”《后汉书·桓谭传》:“会议灵台所处,帝谓谭曰:‘吾欲谶决之,何如?’谭默然良久曰:‘吾不读谶。’帝问其故。谭复极言谶之非经。帝大怒曰：'桓谭非圣无法。'"陈振孙《直斋书录解题》："谶纬之说，起于哀、平，王莽之际，以此济其篡逆，公孙述效之。而光武绍复旧物，乃亦以赤伏符自累，笃好而推崇之，甘与莽、述同志。于是佞臣陋士，从风而靡，贾逵以此论左氏学，曹褒以此定汉礼，作大予乐，大儒郑康成专以谶言经，何休又不足言矣。二百年间，惟桓谭、张衡力非之，而不能回也。魏、晋以革命受终，莫不傅会符命，其源实出于此。隋、唐以来，其学浸微矣。考《唐志》犹存九部八十四卷。今其书皆亡，惟《易纬》仅存。"《左传》僖五年："公既视朔，遂登观台以望。"注："朔旦冬至，历数之所始，治历者因此可以明其术数，审别阴阳。"术数者，究阴阳五行生克之理，以推知人事吉凶者也。

〔一四〕按此上言先王神道设教，作《易》所以作新视听，以弥纶礼乐刑政之所不及。

〔一五〕《礼记·礼运》："孔子曰：'我欲观夏道，是故之杞，而不足征也，吾得夏时焉。我欲观殷道，是故之宋，而不足征也，吾得坤乾焉。'"注："夏时，得夏四时之书也。其书存者，有《夏小正》。坤乾，得殷阴阳之书也。其书存者，为《归藏》。"

〔一六〕《论语·八佾》："子曰：'夏礼吾能言之，杞不足征也；殷礼吾能言之，宋不足征也；文献不足故也。'"刘宝楠《正义》云："文，谓典策。献，谓秉礼之士大夫。子贡所谓贤者识大，不贤者识小，皆谓献也。"

〔一七〕《易·革卦》："象曰：'泽中有火，革。君子以治历明时。'"历，原刻以避清高宗讳弘历，改作宪，今仍改为历，下同。

〔一八〕《易·系辞上》："悬象著明，莫大乎日月。"此谓悬《易》象以教民也。

〔一九〕《尚书·尧典》："乃命羲和，钦若昊天历象日月星辰，敬授人时。"此所谓治历授时也。

〔二〇〕《礼记·王制》:“乐正崇四术,立四教,顺先王《诗》《书》《礼》《乐》以造士,春秋教以《礼》《乐》,冬夏教以《诗》《书》。”

〔二一〕《左传》昭二年:“春,晋侯使韩宣子(起)来聘,且告为政而来见,礼也。观书于太史氏,见《易象》与鲁《春秋》,曰:‘周礼尽在鲁矣。吾乃今知周公之德,与周之所以王也。’”

〔二二〕《易·系辞下》文。

〔二三〕《日知录》卷一云:“夫子曰:‘《易》之兴也,当文王与纣之事邪?’是文王所作之辞,始名为《易》。而《周官》太卜掌三《易》之法,一曰《连山》,二曰《归藏》,三曰《周易》。《连山》《归藏》,非《易》也,而云三《易》者,后人因《易》之名以名之也。”顾炎武,见后《朱陆》篇注〔四六〕。

〔二四〕按此上言《易象》称周礼,以其为周之政典。

〔二五〕《史记·周本纪》:“崇侯虎谮西伯于殷纣曰:‘西伯积善累德,诸侯皆向之,将不利于帝。’帝纣乃囚西伯于羑里。”今河南汤阴县有牖城,《魏书·地形志》云:“即羑里。”

〔二六〕《易·系辞下》:“《易》之兴也,其当殷之末世,周之盛德邪?当文王与纣之事邪?是故其辞危。危者使平,易者使倾,其道甚大,百物不废,惧以终始,其要无咎,此之谓《易》之道也。”

〔二七〕按《周易》之“周”,宜从《易纬》“因代以题周”之说,与《周书》《周礼》并同。周代之名,因地而起。文王演《易》,初只行于本国,则《周易》之名已有,不必待武王既定天下以后也。故《隋志》谓“文王作卦辞,谓之《周易》”。

〔二八〕《史记·孔子世家》:“孔子晚而喜《易》,序《彖》《系》《象》《说卦》《文言》。”张守节《正义》:“夫子作十翼,谓上《彖》、下《彖》、上《象》、下《象》、上《系》、下《系》、《文言》、《序卦》、《说卦》、《杂卦》也。”《隋书·经籍志》:“昔宓羲始画八卦,以通神明之德,以类万物之情,并因而重之,为六十四卦。及乎三代,实为三《易》,

夏曰《连山》，殷曰《归藏》，文王作卦辞，谓之《周易》。周公作《爻辞》，孔子为《彖》《象》《系辞》《文言》《序卦》《说卦》《杂卦》，而子夏为之传。"《彖》者，《易正义》引庄氏云："断也。断一卦之义，所以名为彖也。"《象》者，《易正义》云："万物之体，自然各有形象，圣人设卦，以写万物之象。今夫子释此卦之所象也。"《文言》者，《易正义》云："夫子赞明《易》道，申说义理，释《乾》《坤》二卦经文之言，故称《文言》。"

〔二九〕按此上言武王定名《周易》，立一代之典教。

〔三〇〕《礼记·大传》："立权度量，考文章，改正朔，易服色，殊徽号，异器械，别衣服，此其所得与民变革者也。"《史记·武帝本纪》："(元封七年)夏，汉改历，以正月为岁首，而色尚黄，官名更印章以五字，因以为太初元年。"《集解》引张晏曰："汉据土德，上数五，故用五为印文也。"按秦并六国，自以为获水德之瑞，正以十月，色尚黑。汉初袭制未改，至武帝时，落下闳运算转历，乃始改元，以建寅之月为岁首，与夏正同，此所谓改正朔也。

〔三一〕《汉书·扬雄传》："雄字子云，蜀郡成都人也。雄少好学，年四十余，自蜀来游京师，大司马王音诏以为门下史，荐雄待诏，岁余为郎中，给事黄门，卒。"《书录解题》儒家类："《太玄经》十卷，扬雄撰，晋范望解赞。按《汉志》，扬雄所叙三十八篇，《太玄》十九。本传，三方九州七十二部八十一家二百四十三表七百二十九赞，分为三卷。有首、冲、错、测、攡、莹、数、文、掜、图、告十一篇，皆以解剥玄体，盖与本经三卷共为十四。今《志》云十九，未详。"扬雄拟《易》作《太玄》，变八八六十四卦为九九八十一首。

〔三二〕蓍，蓍草，用以筮者。揲，数蓍也，谓持而数之。

〔三三〕《荀子·君道》："探筹投钩者，所以为公也。"探筹，犹拈阄也。《史记·龟策列传》："卜，先以造灼钻。钻中已，又灼。"《庄子·外物》："七十二钻而无遗策。"古时钻龟甲，用火灼，看裂纹以卜。

钻瓦，言趋简易也。

〔三四〕《文选》王延寿《鲁灵光殿赋》："支离分赴。"李善注："支离，分散也。"

〔三五〕理数不能外乎《周易》。徒变其法式，以示新奇，自非王者改制，作新耳目，夫何取焉？此章氏所以讥其不智也。余杭章太炎氏于此独有辨解，其言曰："尚考九流之学，其根极悉在有司。而《易》亦掌之太卜，同为周礼；然非礼器制度符节玺印幡信之属不可刊者，故周时《易》有二种（《六艺略》有《易经》十二篇，《数术略》蓍龟家复有《周易》三十卷），与《连山》《归藏》而四。及汉扬雄犹得摹略为之，是亦依则古初，不愆于素。学诚必以公私相格，是九流悉当燔烧，何独《太玄》也。"（说详《国故论衡·原理》篇，不具引。）

〔三六〕《书录解题》易类："《元包》十卷，唐卫元嵩撰，武功苏源明传，赵郡李江注。其书以八卦为八篇首，而一世至归魂各附其下。先坤，次乾，次兑、艮、离、坎、巽、震。坤曰太阴，乾曰太阳，余六子有孟仲少之目。每卦之下，各为数语，用意僻怪，文字险涩，不可深晓也。"蒋超伯《南漘楛语》云："其体略近《太玄》。以《太玄》义本《连山》，《元包》遂袭《归藏》，首坤而次乾，文多诘屈，术家从无用以占卜者。"

〔三七〕《书录解题》儒家类："《潜虚》一卷，司马光撰。言万物皆祖于虚。《玄》以准《易》，《虚》以准《玄》。"《郡斋读书志》："此书以五行为本，五行相乘为二十五。"故称"五五"。用"五五"来变更扬雄《太玄》的"九九"八十一首。

〔三八〕《书录解题》儒家类："《法言》十卷，汉扬雄撰。凡十三篇，篇各有序，本在篇卷末，如班固《叙传》，然今本分冠篇首，自宋咸始也。"

〔三九〕《书录解题》儒家类："《中说》十卷，隋王通仲淹撰。《唐志》五卷。今本第十卷有《文中子世家》房、魏论礼乐事，书关子明事，及王氏家书杂录，旧传以此为前后序，非也。”晁公武《郡斋读书志》谓是书系王通门人共集其师之语。按粤雅堂本“中说”作“中论”，误。《遗书》本作“中说”。

〔四〇〕宋濂《诸子辨》云：“《法言》者，为拟《论语》而作。《论语》出于群弟子之所记，岂孔子自为哉？雄拟之，僭矣。”王仲言《挥麈录》曰：“有疑《中说》为阮逸伪造者。按《唐志》已有五卷，胡元瑞谓刘蕡已斥其拟经之罪，则非皆逸伪造矣。”（姚际恒《古今伪书考》引）此并谓畏先圣而当知严惮也。

〔四一〕王章：《左传》僖十五年：“晋侯朝王，请隧，弗许，曰：‘王章也。’”按此上言《易》为政典，非私门著述之业，后世拟之者妄。

易教中〔一〕

孔仲达曰：“夫《易》者，变化之总名，改换之殊称。”〔二〕先儒之释《易》义，未有明通若孔氏者也。得其说而进推之，《易》为王者改制之钜典，事与治历明时相表里，其义昭然若揭矣。许叔重〔三〕释“易”文曰：“蜥易，守宫，象形。秘书说‘日月为易’，象阴阳也。”〔四〕《周官》太卜，掌三《易》之法。郑氏注：“易者，揲蓍变易之数可占者也。”〔五〕朱子以谓“《易》有交易变易之义”。〔六〕是皆因文生解，各就一端而言，非当日所以命《易》之旨也。三《易》之名，虽始于《周官》，而《连山》《归藏》，可并名《易》，《易》不可附《连山》《归藏》而称为三连三归者，诚以《易》之为义，实该羲、农以来不相沿袭之法数也。易之初见于文字，则帝典之“平在朔易”也，《孔传》谓岁改易，〔七〕而周人即取以名揲卦之书，〔八〕则王者改制更新之大义，显而可知矣。《大传》曰：“生生之谓易。”〔九〕韩康伯〔一〇〕谓“阴阳转易，以成化生”。〔一一〕此即朱子交易变易之义所由出也。三《易》之文虽不传，今观《周官》太卜有其法，《左氏》记占有其辞，〔一二〕则《连山》《归藏》，皆有交易变易之义。是羲、农以来，《易》之名虽未立，而《易》之意已行乎其中矣。上古淳质，文字无多，固有具其实而未著其名者。后人因以定其名，则彻前后，而皆以是为主义焉，一若其名之向著者，此亦其一端也。〔一三〕

钦明之为敬也，允塞之为诚也，〔一四〕历象之为历也，〔一五〕历象之历，作推步解，非历书之名。皆先具其实而后著之名也。《易·革·象》曰："泽中有火，君子以治历明时。"〔一六〕其《彖》曰："天地革而四时成。汤武革命，顺乎天而应乎人。"〔一七〕历自黄帝以来，代为更变，〔一八〕而夫子乃为取象于泽火，且以天地改时、汤武革命为《革》之卦义；则《易》之随时废兴，道岂有异乎？《易》始羲、农，而备于成周；历始黄帝，而递变于后世；上古详天道，而中古以下详人事之大端也。然卦气之说，虽创于汉儒，〔一九〕而卦序卦位，〔二〇〕则已具函其终始；则疑大挠未造甲子〔二一〕以前，羲、农即以卦画为历象，所谓天人合于一也。《大传》曰："古者，庖羲氏之王天下也，仰则观象于天，俯则观法于地，观鸟兽之文与地之宜，近取诸身，远取诸物，于是始作八卦，以通神明之德，以类万物之情。"〔二二〕此黄帝未作干支之前所创造也。观于羲和分命，则象法文宜，其道无所不备，皆用以为授人时也。〔二三〕是知上古圣人，开天创制，立法以治天下，作《易》之与造历，同出一源，未可强分孰先孰后。故《易》曰"开物成务，冒天下之道"，〔二四〕《书》曰平秩敬授、作讹成易，〔二五〕皆一理也。〔二六〕

夫子曰："加我数年，五十以学《易》，可以无大过矣。"〔二七〕又曰："吾学周礼，今用之，吾从周。"〔二八〕学《易》者，所以学周礼也，韩宣子见《易象》《春秋》，以为周礼在鲁。〔二九〕夫子学《易》而志《春秋》，〔三〇〕所谓学周礼也。夫子语颜渊曰："行夏之时，乘殷之辂，服周之冕，乐则《韶》舞。"〔三一〕是斟酌百王，损益四代，为万世之圭臬[三二]也。历象递变，而夫子独取于夏时；筮占不同，而夫子独取于《周易》。此三代以后，至今循行而不废者也。然三代以后，历显而《易》微；历存于官守，而《易》流于师传；故儒者敢于拟《易》，而不敢造历也。历之薄蚀盈亏，[三三]有象可验，而《易》之吉凶悔吝，[三四]无迹可拘；是以历官不能穿凿于私智，而《易》师各自为说，不胜纷纷也。故学《易》者，不可以不知天。[三五]观此，益知《太玄》《元包》《潜虚》之属，乃是万无可作之理，其故总缘不知为王制也。

〔一〕按本篇明《易》为王者改制之钜典，事与治历明时相表里。

〔二〕《新唐书·儒学传上》："孔颖达字仲达，冀州衡水人。隋大业初，举明经高第，授河内郡博士。（唐）太宗平洛，授文学馆学士，迁国子博士。贞观初，除国子司业，久之，拜祭酒，侍讲东宫，后致仕，卒。初，颖达与颜师古、司马才章、王恭、王琰受诏撰五经义训，凡百余篇（《旧书》本传作一百八十卷），号《义赞》，诏改为《正义》云。虽包贯异家为详博，然其中不能无谬冗。博士马嘉运驳正其失，至相讥诋。有诏令更裁定，功未就。永徽二年，诏中书门下与国子三馆博士、弘文馆学士考正之。于是尚书左仆射于志宁、右仆射张行成、侍中高季辅，就加增损，书始布下。"《周易正义·论易名》云："夫《易》者，变化之总名，改换之殊称。自天地开辟，阴阳运行，寒暑迭来，日月更出，孚萌庶类，亭毒（犹成熟，指秋时谷物成熟）群品，新新不停，生生相续，莫非资变化之力，改换之功。"

〔三〕《后汉书·儒林传》："许慎字叔重，汝南召陵人也。性淳笃，少博学经籍，马融尝推敬之。时人为之语曰：'五经无双许叔重。'为郡功曹，举孝廉，再迁除洨长，卒于家。初，慎以五经传说臧否不同，于是慎为《五经异义》。又作《说文解字》十四篇，皆传于世。"

〔四〕《说文》："易，蜥易，蝘蜓，守宫也。象形。秘书说'日月为易'，象阴阳也。”段玉裁注云：“秘书，谓纬书。按《参同契》曰：‘日月为易，刚柔相当。’陆氏德明引虞翻注《参同契》云：‘字从日下月。’”

〔五〕此《周礼·春官》三《易》下注文。贾疏云：“按《易·系辞》云：‘分而为二以象两，挂一以象三，揲之以四以象四时，归奇于扐以象闰。’此揲蓍变易之数可占者也。”揲蓍，见前篇注〔三二〕。《后汉书·郑玄传》：“玄字康成，北海高密人也。事扶风马融，游学十余年乃归。及党事起，隐修经业，杜门不出。党禁解，征辟皆不就。弟子自远方至者数千。建安五年卒，年七十四。凡玄所注《周易》《尚书》《毛诗》《仪礼》《礼记》《论语》《孝经》《尚书大传》《中候》《乾象历》，又著《天文七政论》《鲁礼禘祫义》《六艺论》《毛诗谱》《驳许慎五经异义》《答临孝存周礼难》，凡百余万言。”

〔六〕朱子《周易本义》云：“《易》，书名也。其卦本伏羲所画，有交易变易之义，故谓之易。”朱熹字元晦，徽州婺源人。宋高宗建炎四年，生于闽之尤溪。绍兴中，登进士。历高、孝、光、宁四朝，累官转运副使、焕章阁待制、秘阁修撰，卒，谥曰文。尝学于李侗及罗从彦，而得于延平者为尤多。其学以居敬为主，主张穷理以致其知，反躬以践其实，仰承周、张、二程诸子之绪，而集其大成。所编著有《周易本义》《周易启蒙》《诗经集传》《大学章句》《中庸章句》《论语集注》《孟子集注》《楚辞集注》《韩文考异》《参同契考异》《近思录》《通鉴纲目》等书。（《宋史》卷四二九《道学传》）

〔七〕《尚书·尧典》：“申命和叔，宅朔方，曰幽都，平在朔易。”伪《孔传》：“易，谓岁改易于北方，平均在察其政，以顺天常。”《正义》云：“易谓岁改易于北方者，人则三时在野，冬入隩室；物则三时生长，冬入囷仓，是人之与物皆改易也。”

〔八〕按八卦最初为一种象征的名号，后乃专用于卜筮，夏曰《连山》，殷曰《归藏》，周曰《周易》，是周始以《易》名揲卦之书也。

〔九〕《易·系辞上》文，见注〔一一〕。

〔一〇〕《晋书·韩伯传》:"伯字康伯,颍川长社人也。清和有思理,留心文艺。简文帝居藩,引为谈客。自司徒左西属,转抚军掾、中书郎、散骑常侍、豫章太守。入为侍中,转丹阳尹、吏部尚书、领军将军。卒,年四十九。"《书录解题》易类:"《周易注》六卷,《略例》一卷,《系辞注》三卷。魏尚书郎王弼注上下经,撰《略例》。晋太常颍川韩康伯注《系辞》《说》《序》《杂卦》。"

〔一一〕《易正义》云:"生生,不绝之辞。阴阳转变,后生次于前生,是万物恒生,谓之易也。"

〔一二〕按《左传》所引《易》繇辞,其称《周易》者,文皆与今《周易》合。其不称《周易》者,盖即《连山》《归藏》之遗文也。《周礼正义》云:"夏殷《易》以七八不变为占。《周易》以九六变者为占。按襄九年《左传》云:'穆姜薨于东宫,始往而筮之,遇艮之八。'"《周易》之阳爻称九,阴爻称六。《连山》《归藏》易之阳爻称七,阴爻称八。此言"遇艮之八",即遇《连山》《归藏》易艮卦之阴爻,不用《周易》。

〔一三〕按此上明《易》之名定于周,取王者改制更新之义。

〔一四〕《书·尧典》:"钦明文思,安安。"伪《孔传》:"钦,敬也。"今本《书·舜典》:"温恭允塞。"《正义》引《诗毛传》训塞为实。

〔一五〕历象:原作"宪象",以避讳改,见前篇注〔一七〕。本篇中之"历"字,原皆作"宪"。

〔一六〕原文作"泽中有火,革。君子以治历明时"。《易正义》曰:"泽中有火革者,火在泽中,二性相违,必相改变,故为革象也。君子以治历明时者,天时变改,故须历数;所以君子观兹革象,修治历数,以明天时也。"

〔一七〕《易正义》曰:"此先明天地革者,天地之道,阴阳升降,温暑凉寒,迭相变革,然后四时之序皆有成也。汤武革命,顺乎天而应乎人者,以明人革也。夏桀、殷纣凶狂无度,天既震怒,人亦叛王。

殷汤、周武聪明睿智，上顺天命，下应人心，放桀鸣条，诛纣牧野，革其王命，改其恶俗，故曰汤武革命，顺乎天而应乎人。”

〔一八〕中国历法，相传肇自黄帝，以后代有变益。《史记·历书》：“黄帝考定星历。”《索隐》云：“《系本》及《律历志》，黄帝使羲和占日，常仪占月，臾区占星，泠纶造律吕，大挠作甲子，隶首作筭数，容成综此六术而著调历也。”

〔一九〕卦气者，谓以六十四卦分配节气也。《易·复》彖辞“七日来复”疏：“案《易纬稽览图》云：卦气起中孚，故离坎震兑，各主其一方，其余六十卦，卦有六爻，爻别主一日，凡主三百六十日。余有五日四分日之一者，每日分为八十分，五日分为四百分，四分日之一又为二十分，是四百二十分。六十卦分之，六七四十二，卦别各得七分，是每卦得六日七分也。”焦循《易图略》曰：“《汉上易卦图》引《是类谋》云：冬至日在坎，春分日在震，夏至日在离，秋分日在兑，四正之卦，卦有六爻，爻主一气。余六十卦，卦主六日七分，八十分日之七。岁十二月，三百六十五日四分日之一，六十而一周。”

〔二〇〕卦序，卦之次序也。《易正义》曰：“文王既繇六十四卦，分为上下篇，先后之次，其理不见。孔子就上下二经，各序其相次之义。”然《史记·孔子世家》仅言孔子序《彖》《系》《说卦》《文言》，而不及《序卦》，疑《序卦》乃筮人相传之旧记。卦位，卦之方位也。钱大昕《十驾斋养新录》卷一：“八卦方位，震东方，巽东南，离南方，乾西北，坎北方，艮东北，见于《说卦传》。坤兑次于离后乾前，则坤西南、兑西方可知也。”

〔二一〕《世本》：“大挠作甲子。”

〔二二〕《易·系辞下》文。

〔二三〕《尚书·尧典》：“乃命羲和，钦若昊天，历象日月星辰，敬授人时。”伪《孔传》：“重黎之后羲氏和氏，世长天地四时之官，故尧命使敬顺昊天。昊天，言元气广大。星，四方中星。辰，日月所会。历象其分节，敬记天时，以授人也。”

〔二四〕见前篇注〔六〕。

〔二五〕平秩：平均安排耕作次序。敬授：见上条注。作讹成易：春东作，夏南讹，秋西成，冬朔易。春耕作，夏作物生长变化，讹是化，秋收成，冬到达一年改变期，易，改变。东南西北分属四季，见《书·尧典》“平秩东作”，“平秩南讹”，“平秩西成”，“平在朔易”。

〔二六〕按此上明作《易》与造历同源。

〔二七〕《论语·述而》文。

〔二八〕《礼记·中庸》文。

〔二九〕见前篇注〔二一〕。

〔三〇〕《孝经钩命决》云：“孔子在庶，德无所施，功无所就，志在《春秋》，行在《孝经》。”(《公羊传序》疏引)

〔三一〕《论语·卫灵公》文。《韶》为舜乐。

〔三二〕圭臬：准的，标准。《周礼·春官》：“土圭以致四时日月。”注：“土，犹度也。土圭，测日景之圭。”《说文》：“臬，射的。从木，自声。”徐曰：“射之高下准的。”

〔三三〕薄蚀：日月食也。《释名·释天》：“日月亏曰蚀。稍稍侵亏，如虫食草木叶也。”盈亏：《礼记·礼运》：“大秉阳，垂日星，地秉阴，窍于山川，播五行于四时，和而后月生也。三五而盈，三五而阙。”

〔三四〕《易·系辞上》：“吉凶者，失得之象也。悔吝者，忧虞之象也。”注云：“由有失得故吉凶生。失得之微者，足以致忧虞而已，故曰悔吝。”

〔三五〕按此上明《易》与历同为政典，而玄著有别，故后人敢于拟《易》，而不敢造历。

易教下[一]

《易》之象也,《诗》之兴也,[二]变化而不可方物矣。《礼》之官也,[三]《春秋》之例也,[四]谨严而不可假借[五]矣。夫子曰:"天下同归而殊途,一致而百虑。"[六]君子之于六艺,一以贯之,[七]斯可矣。物相杂而为之文,[八]事得比而有其类。[九]知事物名义之杂出而比处也,非文不足以达之,非类不足以通之;六艺之文,可以一言尽也。夫象欤,兴欤,例欤,官欤,风马牛之不相及也,[一〇]其辞可谓文矣,其理则不过曰通于类也。故学者之要,贵乎知类。[一一]

象之所包广矣,非徒《易》而已,六艺莫不兼之;盖道体之将形而未显者也。雎鸠之于好逑,[一二]樛木之于贞淑,[一三]甚而熊蛇之于男女,[一四]象之通于《诗》也。五行之征五事,[一五]箕毕之验雨风,[一六]甚而傅岩之入梦赉,[一七]象之通于《书》也。古官之纪云鸟,[一八]《周官》之法天地四时,[一九]以至龙翟章衣,[二〇]熊虎志射,[二一]象之通于《礼》也。歌协阴阳,[二二]舞分文武,[二三]以至磬念封疆,[二四]鼓思将帅,[二五]象之通于《乐》也。笔削不废灾异,[二六]《左氏》遂广妖祥,[二七]象之通于《春秋》也。《易》与天地准,故能弥纶天地之道。[二八]万事万物,当其自静而动,形迹未彰而象见矣。故道不可见,人求道而恍若有见者,皆其象也。[二九]

有天地自然之象,有人心营构之象。[三〇]天地自然之象,《说卦》为天为圜诸条,[三一]约略足以尽之。人心营构之象,睽车之载鬼,[三二]翰音之登天,[三三]意之所至,无不可也。然而心虚用灵,人累[三四]于天地之间,不能不受阴阳之消息;心之营构,则情之变易为之也。情之变易,感于人世之接构,而乘于阴阳倚伏为之也。是则人心营构之象,亦出天地自然之象也。[三五]

《易》象虽包六艺，与《诗》之比兴，尤为表里。夫《诗》之流别，盛于战国人文，所谓长于讽喻，〔三六〕不学《诗》，则无以言也。〔三七〕详《诗教》篇。然战国之文，深于比兴，即其深于取象者也。《庄》《列》之寓言也，〔三八〕则触蛮可以立国，〔三九〕蕉鹿可以听讼。〔四〇〕《离骚》之抒愤也，〔四一〕则帝阙可上九天，〔四二〕鬼情可察九地。〔四三〕他若纵横〔四四〕驰说之士，飞钳〔四五〕捭阖〔四六〕之流，徙蛇〔四七〕引虎〔四八〕之营谋，桃梗土偶之问答，〔四九〕愈出愈奇，不可思议。然而指迷从道，固有其功；饰奸售欺，亦受其毒。故人心营构之象，有吉有凶；宜察天地自然之象，而衷〔五〇〕之以理，此《易》教之所以范天下也。〔五一〕

诸子百家，不衷大道，其所以持之有故而言之成理者，则以本原所出，皆不外于《周官》之典守。〔五二〕其支离而不合道者，师失官守，〔五三〕末流之学，各以私意恣其说尔。非于先王之道，全无所得，而自树一家之学也。〔五四〕至于佛氏之学，来自西域，〔五五〕毋论彼非世官典守之遗，且亦生于中国，言语不通，没于中国，文字未达也。然其所言与其文字，持之有故而言之成理者，殆较诸子百家为尤盛。反覆审之，而知其本原出于《易》教也。盖其所谓心性理道，名目有殊，〔五六〕推其义指，初不异于圣人之言。其异于圣人者，惟舍事物而别见有所谓道尔。至于丈六金身，〔五七〕庄严色相，〔五八〕以至天堂清明，地狱阴惨，〔五九〕天女散花，〔六〇〕夜叉披发，〔六一〕种种诡幻，非人所见，儒者斥之为妄，不知彼以象教，〔六二〕不啻《易》之龙血玄黄，〔六三〕张弧载鬼。〔六四〕是以阎摩变相，〔六五〕皆即人心营构之象而言，非彼造作诳诬以惑世也。至于末流失传，凿而实之，夫妇之愚，偶见形于形凭于声者，而附会出之，遂谓光天之下，别有境焉。儒者又不察其本末，攘臂以争，愤若不共戴天，而不知非其实也。令彼所学，与夫文字之所指拟，但切入于人伦之所日用，即圣人之道也。以象为教，非无本也。〔六六〕

《易》象通于《诗》之比兴;《易》辞通于《春秋》之例。严天泽之分〔六七〕则二多誉,四多惧焉。〔六八〕谨治乱之际,则阳君子,阴小人也。〔六九〕杜微渐之端,姤一阴,而已惕女壮。〔七〇〕临二阳,而即虑八月焉。〔七一〕慎名器之假,〔七二〕五戒阴柔,三多危惕焉。〔七三〕至于四德尊,〔七四〕元而无异称,亨有小亨,〔七五〕利贞有小利贞,〔七六〕贞有贞吉贞凶,〔七七〕吉有元吉,〔七八〕悔有悔亡,〔七九〕咎有无咎,〔八〇〕一字出入,谨严甚于《春秋》。盖圣人于天人之际,以谓甚可畏也。《易》以天道而切人事,《春秋》以人事而协天道,〔八一〕其义例之见于文辞,圣人有戒心焉。〔八二〕

〔一〕按本篇明《易》象通于六艺。

〔二〕兴:《诗经》六义之一,是先言他物以引起所咏之事。《文心雕龙·比兴》:"兴者,起也。起情者,依微以拟议。"陈启源《毛诗稽古编》:"兴者,兴会所致,非即非离,言在此,意在彼,其词微,其旨远。"

〔三〕《礼记·明堂位》郑注:"周之六卿,其属各六十,则周三百六十官也。"《周礼》即《周官》。《汉志》:"《周官经》六篇。"原注:"王莽时刘歆置博士。"师古曰:"即今之《周官礼》也。亡其冬官,以《考工记》充之。"

〔四〕杜预《春秋左氏传序》:"发传之体有三,而为例之情有五:一曰微而显,二曰志而晦,三曰婉而成章,四曰尽而不污,五曰惩恶而劝善。"

〔五〕韩愈《进学解》:"《春秋》谨严。"《左氏春秋正义序》云:"夫子因鲁史之有得失,据周经以正褒贬,一字所加,有同华衮之赠,一言所黜,无异萧斧之诛。"

〔六〕《易·系辞下》文。

〔七〕贾谊《新书·六术》:"《诗》《书》《易》《春秋》《礼》《乐》六者之

术，谓之六艺。”《史记·滑稽列传》：“孔子曰，六艺于治，一也。”《论语·里仁》：“吾道一以贯之。”

〔八〕《易·系辞下》：“物相杂故曰文。”

〔九〕《礼记·学记》：“比物丑类。”注：“以事相况而为之，丑犹比也。”

〔一〇〕《左传》僖四年：“楚子使与师言曰：‘君处北海，寡人处南海，唯是风马牛不相及也。’”注：“风，放也。马牛牝牡相诱也。言两地远隔，牝牡不能相诱也。”

〔一一〕《礼记·学记》：“九年，知类通达，强立而不反。”郑注：“知类，知事义之比也。”按此节明六艺之理，归于通类。

〔一二〕《诗·周南·关雎》：“关关雎鸠，在河之洲。窈窕淑女，君子好逑。”毛传：“雎鸠，王鸠也，鸟挚而有别。逑，匹也。”即以雎鸠雌雄之挚而有别，为淑女与君子好配之象。

〔一三〕《诗·樛木序》：“《樛木》，后妃逮下也。言能逮下而无嫉妒之心焉。”贞淑，指妇女。

〔一四〕《诗·小雅·斯干》：“大人占之，维熊维罴，男子之祥；维虺维蛇，女子之祥。”

〔一五〕《尚书·洪范》：“一五行：一曰水，二曰火，三曰木，四曰金，五曰土。二五事：一曰貌，二曰言，三曰视，四曰听，五曰思。”

〔一六〕《尚书·洪范》：“庶民维星，星有好风，星有好雨。”伪《孔传》云：“箕星好风，毕星好雨。”

〔一七〕《尚书·伪说命上》：“（高宗）梦帝赉（赐）予良弼（辅相），其代予言；乃审厥（其）像，俾（使）以形（像）旁（广）求于天下，说筑傅岩之野，惟肖，爰立作相。”指在傅岩得傅说，用为相。

〔一八〕《左传》昭十七年：“秋，郯子来朝，公与之宴。昭子问焉，曰：‘少皞氏鸟名官，何谓也？’郯子曰：‘吾祖也，我知之。昔者，黄帝氏以云纪，故为云师而云名。炎帝氏以火纪，故为火师而火名。共工氏以水纪，故为水师而水名。太皞氏以龙纪，故为龙师而龙名。我高祖少皞挚之立也，凤鸟适至，故纪于鸟，为鸟师而鸟名。'"

〔一九〕《周官》六卿，为天官、地官、春官、夏官、秋官、冬官。

〔二〇〕《礼记·礼器》："礼有以文为贵者，天子龙衮（绣卷龙之礼服）。"《左传》桓二年："火、龙、黼黻（礼服上绣的火、龙及半黑半白斧形与半青半黑两己相背形），昭其文也。"《诗·君子偕老》："其之翟也。"毛传云："褕翟、阙翟（两种有雉文的后服），羽饰衣也。"《左传》闵二年："衣，身之章也。"

〔二一〕《仪礼·乡射礼》："凡侯（箭靶），天子熊侯白质（画熊白底），诸侯麋侯赤质，大夫布侯，画以虎豹，士布侯，画以鹿豕。"

〔二二〕《礼记·乐记》："是故先王本之情性，稽之度数，制之礼乐，合生气之和，道五常之行，使之阳而不散，阴而不密。"

〔二三〕《礼记·内则》："十有三年，学乐，诵诗，舞勺。成童舞象，学射御。"郑注云："先学勺，后学象，文武之次也。"《乐记》："比音而乐之，及干戚羽旄。"郑注云："干，盾也。戚，斧也。武舞所执也。羽，翟（雉）羽也。旄，旄牛尾也。文舞所执。"

〔二四〕《礼记·乐记》："石声磬，磬以立辨，辨以致死。君子听磬声，则思死封疆之臣。"

〔二五〕《礼记·乐记》："鼓鼙之声讙，讙以立动，动以进众。君子听鼓鼙之声，则思将帅之臣。"

〔二六〕《史记·孔子世家》："孔子为《春秋》，笔则笔，削则削，游、夏之徒不能赞一辞。"《公羊传》隐三年："己巳，日有食之。何以书？记异也。"徐彦疏云："僖十四年，沙鹿崩。成五年，梁山崩。传皆云，何以书？记异也。外异不书，此何以书？为天下记异也。"《春秋》记灾异之事，其例视此。

〔二七〕《左传》所记妖祥，如庄公十四年蛇斗于郑，昭公八年石语于晋等事皆是。

〔二八〕《易·系辞上》文。

〔二九〕按此节明《易》象通于《诗》《书》《礼》《乐》《春秋》。

〔三〇〕自然之象,物象也。营构之象,意象也。

〔三一〕《易·说卦》:"乾为天,为圜,为君,为父,为玉,为金,为寒,为冰,为大赤,为良马,为老马,为瘠马,为驳马,为木果。"《正义》:"此下历就八卦广明卦象者也。"

〔三二〕见下〔六四〕注。

〔三三〕《易·中孚》:"上九、翰音(鸡声)登于天,贞凶。"

〔三四〕累,系累也。

〔三五〕按此节明心象一切本于自然。

〔三六〕《诗》之比兴,借物喻意或托讽。《文心雕龙·比兴》:"比则畜愤以斥言,兴则环譬以托讽。"演变而成为战国策士之议论,善用寓言来托讽。

〔三七〕《论语·季氏》:"不学《诗》,无以言。"春秋时代之外交,多念《诗》句以喻意,所以不学《诗》,不好参加外交。

〔三八〕《汉书·艺文志》道家有《庄子》五十二篇(今存三十三篇)。《史记·老庄申韩列传》:"庄子者,蒙人也,名周。周尝为蒙漆园吏,与梁惠王、齐宣王同时。其学无所不窥,然其要本归于老子之言。故其著书十余万言,大抵率寓言也。"《索隐》:"寓,寄也。寄辞于其人,故《庄子》有《寓言》篇。"《汉志》有《列子》八篇。原注云:"名圄寇,先庄子,庄子称之。"高似孙《子略》曰:"太史公不传列子。如庄周所载许由、务光,迁犹疑之;所谓列御寇之说,独见于寓言耳;迁于此讵得不致疑邪?是书与《庄子》合者十七章,其间尤有浅近迂怪者,出于后人会萃而成之耳。"

〔三九〕《庄子·则阳》:"有国于蜗之左角者曰触氏,有国于蜗之右角者曰蛮氏,时相与争地而战,伏尸数万,逐北,旬有五日而后反。"

〔四〇〕《列子·周穆王》:"郑人有薪于野者,遇骇鹿,御而击之,毙之,恐人之见之也，遽而藏诸隍中，覆之以蕉，不胜其喜。俄而遗其所藏之处，遂以为梦焉。顺涂而咏其事。傍有人闻者，用其言而取之。既归，告其室人曰：‘向薪者梦得鹿而不知其处，吾今得之，彼直真梦者矣。’室人曰：‘若将是梦见薪者之得鹿邪？讵有薪者邪？今真得鹿，是若之真梦邪？’夫曰：‘吾据得鹿，何用知彼梦我梦邪？’薪者之归，不厌失鹿，其夜真梦藏之之处，又梦得之之主。爽旦，按所梦而寻得之，遂讼而争之，归之士师。”

〔四一〕《史记·屈原列传》：“屈平疾王听之不聪也，谗谄之蔽明也，邪曲之害公也，方正之不容也，故忧愁幽思而作《离骚》。”《楚辞·惜诵》：“惜诵以致愍兮，发愤以抒情。”

〔四二〕帝阙：天帝之宫门。《离骚》：“吾令帝阍开关兮，倚阊阖而望予。”王逸注云：“阊阖，天门也。”又：“指九天以为正兮，夫惟灵修之故也。”《九歌·大司命》注：“九天，八方中央也。”

〔四三〕《天问》：“地方九则，何以坟之？”王逸注云：“坟，分也。谓九州之地，凡有九品，禹何以能分别之乎？”《招魂》云：“魂兮归来，君无下此幽都些！”王逸注云：“幽都，地下后土所治也。”此盖兼用其义。梅尧臣《孙子》注云：“九地，言深不可知。”

〔四四〕《史记·吴起列传》：“破驰说之言从横者。”又《苏秦传》：“从合则楚王，衡成则秦霸。”南北曰从，东西曰衡。合六国以摈秦为合从，连六国以事秦为连衡。

〔四五〕《文心雕龙·论说》：“飞钳伏其精术。”黄注云：“鬼谷子著《飞钳》篇。”飞钳，游说时抓住对方的方法。

〔四六〕尹知章《鬼谷子序》云：“苏秦张仪受捭阖之术。”《鬼谷子》有《捭阖》篇。捭阖，开合，即一擒一纵。

〔四七〕《韩非子·说林上》：“鸱夷子皮事田成子。田成子去齐，走而之燕。鸱夷子负传（符信）而从，至望邑。子皮曰：‘子独不闻涸泽之蛇乎？泽涸，蛇将徙，有小蛇谓大蛇曰：“子行而我随之，人以为蛇之行者耳，必有杀子者。子不如相衔负我以行，人必以我为神君也。"乃相衔负以越公道而行。人皆避之曰，神君也。今子美而我恶，以子为我上客，千乘之君也；以子为我使者，万世之卿也；子不如为舍人。'田成子因负传而从之，至逆旅，逆旅之君待之甚敬，因献酒肉。"

〔四八〕《战国策·楚策》："荆宣王问群臣曰：'吾闻北方之畏昭奚恤也，果诚何如？'群臣莫对。江一对曰：'虎求百兽而食之，得狐。狐曰："子无敢食我也，天帝使我长百兽；今子食我，是逆天帝命也。子以我为不信，吾为子先行，子随我后，观百兽之见我而敢不走乎？"虎以为然，故遂与之行，兽见之皆走。虎不知兽畏己而走也，以为畏狐也。今王之地方五千里，带甲百万，而专属之昭奚恤；故北方之畏奚恤也，其实畏王之甲兵也，犹百兽之畏虎也。'"

〔四九〕《战国策·齐策》："孟尝君将入秦，苏秦欲止之，谓孟尝君曰：'今者臣来过于淄上，有土偶人与桃梗相与语。桃梗谓土偶人曰："子，西岸之土也，埏子以为人，至岁八月，降雨下，淄水至，则汝残矣！"土偶曰："不然，吾西岸之土也，吾残则复西岸耳。今子东国之桃梗也，削刻子以为人，降雨下，淄水至，流子而去，则子漂漂者将何如耳。"今秦四塞之国，譬若虎口，而君入之，则臣不知君所出矣！'孟尝君乃止。"

〔五〇〕《史记·孔子世家赞》："中国言六艺者，折衷于夫子。"《索隐》引宋均云："折，断也。衷，当也。"

〔五一〕按本节明战国之文深于取象，见《易》教之广。

〔五二〕《汉书·艺文志》叙儒、道、阴阳、名、法、墨、纵横、杂、农、小说十家之学，谓各出于古之某官，此所谓不外周官之典守也。

〔五三〕《左传》昭十四年："天子失官，学在四夷。"

〔五四〕《庄子·天下》："其数散于天下而设于中国者，百家之学，时或称而道之。"

〔五五〕《魏书·释老志》:“汉哀帝元寿元年,博士弟子秦景宪,受大月氏王使伊存口授浮屠经,中土闻之,未之信了也。后孝明帝夜梦金人顶有白光,飞行殿庭,乃访群臣,傅毅始以佛对。帝遣郎中蔡愔、博士弟子秦景等使于天竺,写浮屠遗范。愔仍与沙门摄摩腾、竺法兰东还洛阳。中国有沙门及跪拜之法,自此始也。”

〔五六〕宋仁宗曰:“明心见性,佛教为深。修身治国,儒道为切。”

〔五七〕《传灯录》:“西方有佛,其形丈六而黄金色。”

〔五八〕《法华经》:“诸佛身金色百宝庄严相。”

〔五九〕此佛家托以劝惩之说也。李丹《天堂地狱偈》云:“释迦生中国,设教如周孔,周孔生西方,设教如释迦。天堂无则已,有则君子登。地狱无则已,有则小人入。”

〔六〇〕《维摩经·观众生品》:“时维摩诘室有一天女,见诸大人闻所说法,便现其身,即以天华散诸菩萨大弟子上。华至诸菩萨,即皆堕落,至大弟子,便著不堕。一切弟子神力去华,不能令去。尔时天女问舍利弗:‘何故去华?’答曰:‘此华不如法,是以去之。’天女曰:‘勿谓此华为不如法,所以者何,是华无所分别,仁者自此生分别想耳。观诸菩萨华不著者,已断一切分别想故。譬如人畏时,非人得其便,如是,弟子畏生死故,声色香味触得其便也。已离畏者,一切五欲不能为也。’”

〔六一〕夜叉,鬼物之丑恶见形者。法云《翻译名义集》:“夜叉,此云勇健,亦云暴恶,旧云阅叉。《西域记》云,药叉旧讹曰夜叉,能飞腾空中。”

〔六二〕《文选》王简栖《头陀寺碑文》:“正法既没,象教陵夷。”李善注引昙无罗谶曰:“释迦佛正法住世五百年,像法一千年,末法一万年。”释迦牟尼去世后,大弟子刻木为佛像,以形象教人。

〔六三〕《易·坤卦》:“上六,龙战于野,其血玄黄。”

〔六四〕《易·睽卦》:“上九,睽孤,见豕负涂(泥),载鬼一车。先张之弧，后说（脱）之弧，匪寇昏媾，往遇雨则吉。”

〔六五〕阎摩变相：阎罗王地狱中之种种变动形象。《法苑珠林》卷十二：“如《起世经》云，佛告诸比丘，有三天使在于世间。何等为三？一老，二病，三死。有人放逸三业，恶行身坏命终，生地狱中，诸守狱者，应时即来，驱彼众生至阎摩王前，白言：‘大王，此等众生，昔在人间纵逸自恣，不善三业，今来生此，惟愿大王善教示之。’”（《六道篇》地狱部之余）

〔六六〕按此节明象教有通于《易》象。

〔六七〕《易·履》：“象曰：‘上天下泽，履。君子以辨上下，定民志。’”天泽之分，指上下之分。

〔六八〕《易·系辞下》：“二与四，同功而异位，其善不同，二多誉，四多惧，近也。”一卦六爻，倒数第二爻在下，故多誉；倒数第四爻，逼近上，故多惧。此指阴爻，处于臣位，故在下多誉，在上逼近君多惧。

〔六九〕《易·系辞下》云：“阳卦多阴，阴卦多阳，其故何也？阳卦奇，阴卦耦。其德行何也？阳一君而二民，君子之道也。阴二君而一民，小人之道也。”阳卦如震☳、坎☵，一阳二阴，犹一君二民。阴卦如巽☴、离☲，一阴二阳，犹二君一民。

〔七〇〕《易》：“䷫（巽下乾上）《姤》，女壮，勿用取女。”《正义》云：“姤，遇也。此卦一柔（阴）而遇五刚（阳），故名为姤。施之于人，则是女而遇五男，为壮至甚，故戒之曰，此女壮甚，勿用取此女也。”

〔七一〕《易》：“䷒（兑下坤上）《临》，元亨利贞，至于八月有凶。”《正义》云：“至于八月有凶者，以物盛必衰，阴长阳退。《临》为建丑之月，从建丑至于七月建申之时，三阴既盛，三阳方退，小人道长，君子道消，故八月有凶也。”阴历正月建寅，建丑为十二月，建申为七月。冬至一阳生，十二月二阳生，正月三阳开泰。五月一阴生，六月二阴生，七月三阴盛。阳为君子，阴为小人，故八月为君子道消，小人道长。

〔七二〕《左传》成二年："惟器与名，不可以假人（借与人）。"

〔七三〕《易·系辞下》："三与五，同功而异位，三多凶，五多功，贵贱之等也。其柔危，其刚胜邪。"一卦六爻，倒数第三爻在下多凶，倒数第五爻在上多功。此指阳爻，属君，故在下则多凶，在上则有功。

〔七四〕乾卦四德：元，善；亨，通；利，和；贞，正。《易·乾·文言》："君子行此四德者，故曰乾元亨利贞。"焦循《易通释》："八卦始于乾坤，六十四卦生于八卦，其行也以元亨利贞，而括其要，不过元而已。"

〔七五〕《易》："《旅》，小亨。"《正义》曰："既为羁旅，苟求仅存，非甚光大，故旅之为义，小亨而已。"

〔七六〕《易》："《遁》，亨，小利贞。"《正义》曰："小利贞者，阴道初始浸长，正道亦未全灭也。"

〔七七〕《易通释》："经称贞吉二十四，称贞凶九。"

〔七八〕《易》："《坤》，六五，黄裳元吉。"《正义》："元，大也。以其德能如此，故得大吉也。"

〔七九〕《易通释》："按《易》爻称悔亡十八，而彖辞止《革》一卦称悔亡。"

〔八〇〕《易通释》："按《易》彖称无咎者八，爻称无咎者八十五。"

〔八一〕《汉书·董仲舒传》："臣谨按《春秋》之中，视前世已行之事，以观天人相与之际，甚可畏也。"《史记·司马相如传赞》："《春秋》推见至隐。《易》本隐以之显。"《索隐》引虞喜《志林》曰："《春秋》以人事通天道，是推见至隐也。《易》以天道接人事，索隐以之明显也。"

〔八二〕按此节明《易》辞之谨严，同于《春秋》。

书教上[一]

《周官》外史，掌三皇五帝之书。今存虞、夏、商、周之策而已，五帝仅有二，而三皇无闻焉。[二]左氏所谓《三坟》《五典》，[三]今不可知，未知即是其书否也？以三王之誓、诰、贡、范诸篇，[四]推测三皇诸帝之义例，则上古简质，结绳未远，文字肇兴，书取足以达微隐通形名而已矣。因事命篇，本无成法，[五]不得如后史之方圆求备，拘于一定之名义者也。夫子叙而述之，取其疏通知远，足以垂教矣。[六]世儒不达，以谓史家之初祖，实在《尚书》，因取后代一成之史法，纷纷拟《书》者，皆妄也。[七]

三代以上之为史，与三代以下之为史，其同异之故可知也。三代以上，记注有成法，而撰述无定名；三代以下，撰述有定名，而记注无成法。[八]夫记注无成法，则取材也难；撰述有定名，则成书也易。[九]成书易，则文胜质矣。取材难，则伪乱真矣。伪乱真而文胜质，史学不亡而亡矣。良史之才，间世一出，补偏救弊，惫且不支。非后人学识不如前人，《周官》之法亡，而《尚书》之教绝，其势不得不然也。[一〇]

《周官》三百六十，具天下之纤析矣，然法具于官，而官守其书。观于六卿联事之义，[一一]而知古人之于典籍，不惮繁复周悉，以为记注之备也。即如六典之文，繁委如是，太宰掌之，小宰副之，司会、司书、太史又为各掌其贰，[一二]则六典之文，盖五倍其副贰，而存之于掌故焉。[一三]其他篇籍，亦当称是。是则一官失其守，一典出于水火之不虞，他司皆得藉征于副策。斯非记注之成法，详于后世欤？汉至元、成之间，典籍可谓备矣。然刘氏《七略》，[一四]虽溯六典之流别，亦已不能具其官；而律令藏于法曹，章程存于故府，朝仪守于太常者，〔一五〕不闻石渠天禄〔一六〕别储副贰，以备校司之讨论，可谓无成法矣。汉治最为近古，而荒略如此，又何怪乎后世之文章典故，杂乱而无序也哉？〔一七〕

孟子曰："王者之迹息而《诗》亡；《诗》亡然后《春秋》作。"〔一八〕盖言王化之不行也，推原《春秋》之用也。不知《周官》之法废而《书》亡，《书》亡而后《春秋》作。则言王章之不立也，可识《春秋》之体也。何谓《周官》之法废而《书》亡哉？盖官礼制密，而后记注有成法；记注有成法，而后撰述可以无定名。以谓纤悉委备，有司具有成书，而吾特举其重且大者，笔而著之，以示帝王经世之大略；而典、谟、训、诰、贡、范、官、刑之属，〔一九〕详略去取，惟意所命，不必著为一定之例焉，斯《尚书》之所以经世也。至官礼废，而记注不足备其全；《春秋》比事以属辞，〔二〇〕而左氏不能不取百司之掌故，与夫百国之宝书，以备其事之始末，其势有然也。〔二一〕马、班以下，演左氏而益畅其支焉。〔二二〕所谓记注无成法，而撰述不能不有定名也。故曰：王者迹息而《诗》亡，见《春秋》之用；《周官》法废而《书》亡，见《春秋》之体也。〔二三〕

《记》曰："左史记言，右史记动。"其职不见于《周官》，其书不传于后世，殆礼家之愆文欤？〔二四〕后儒不察，而以《尚书》分属记言，《春秋》分属记事，则失之甚也。〔二五〕夫《春秋》不能舍传而空存其事目，则左氏所记之言，不啻千万矣。《尚书》典谟之篇，记事而言亦具焉；训诰之篇，记言而事亦见焉。古人事见于言，言以为事，未尝分事言为二物也。刘知几以二典、贡、范诸篇之错出，转讥《尚书》义例之不纯，〔二六〕毋乃因后世之空言，而疑古人之实事乎！《记》曰："疏通知远，《书》教也。"岂曰记言之谓哉？〔二七〕

六艺并立，《乐》亡而入于《诗》《礼》，〔二八〕《书》亡而入于《春秋》，皆天时人事，不知其然而然也。《春秋》之事，则齐桓、晋文，〔二九〕而宰孔之命齐侯，〔三〇〕王子虎之命晋侯，〔三一〕皆训诰之文也，而左氏附传以翼经；夫子不与《文侯之命》同著于篇，〔三二〕则《书》入《春秋》之明证也。马迁绍法《春秋》，而删润典谟，以入纪传；〔三三〕班固承迁有作，〔三四〕而《禹贡》取冠《地理》，《洪范》特志《五行》，〔三五〕而《书》与《春秋》不得不合为一矣。后儒不察，又谓纪传法《尚书》，而编年法《春秋》，〔三六〕是与左言右事之强分流别，又何以异哉？〔三七〕

〔一〕按乾隆五十七年，实斋《与邵二云论修宋史书》云："近撰《书教》之篇，所见较前似有进境，与《方志三书》之议，同出新著。"是《书教》三篇，盖成于是年，实可代表章氏晚年（时年五十五）史学见解。本篇论记注与撰述之异。

〔二〕《周官》即《周礼》，见《易教下》注〔三〕。外史，属《周礼》春官宗伯。《尚书》乃虞、夏、商、周四代之书。策，简也。连编诸简乃名为策，见《独断》。《史记·五帝本纪赞》："学者多称五帝，尚矣。然《尚书》独载尧以来。"《汉书·艺文志》："《书》之所起远矣，至孔子篹焉，上断于尧，下讫于秦，凡百篇。"孔子删书，断自唐虞，是五帝仅有二也。

〔三〕《左传》昭十二年："左史倚相趋过，王曰：'是良史也，子善视之。是能读《三坟》《五典》《八索》《九丘》。'"《正义》引孔安国《尚书序》云："伏羲、神农、黄帝之书，谓之《三坟》，言大道也。少昊、颛顼、高辛、唐、虞之书，谓之《五典》，言常道也。"

〔四〕三王，夏、商、周三代之王也。誓、诰、贡、范，皆《书》体之名，若《汤誓》《汤诰》《禹贡》《洪范》是也。孔颖达《书疏》："书体有十，一曰典，二曰谟，三曰贡，四曰歌，五曰誓，六曰诰，七曰训，八曰命，九曰征，十曰范。"

〔五〕《易·系辞下》："上古结绳而治，后世圣人易之以书契。"书契即文字。皇甫谧《帝王世纪》："黄帝垂衣裳，苍颉造文字，然后书契始作。"《尚书·尧典》疏："书篇之名，因事而立，既无体例，随便为文。"

〔六〕《礼记·经解》："疏通知远，《书》教也。"

〔七〕按此节明古书因事命篇，本无成法，总提全篇大意。

〔八〕杜预《春秋序》："诸所记注，多违旧章。"《唐书·百官志》："史馆修撰掌修国史。"按记注与撰述之分，刘知几已启其旨。《史通·史官建置》："为史之道，其流有二。何者？书事记言，出自当时之简；勒成删定，归于后来之笔。然则当时草创者，资乎博闻实录，若董狐、南史是也。后来经始者，贵乎俊识通才，若班固、陈寿是也。必论其事业，先后不同，然相须而成，其归一揆。"此所谓当时之简，属于记注之史料。所谓后来之笔，属于撰述之史著。二者流别不同，事实相须。实斋盖本此言之，特为详尽耳。古者，各国有史，据事直书，而《尚书》因事命篇，初无定体，是记注有成法，而撰述无定名也。后世史职既略，文献不备，而纪传因袭陈规，代无变革，是撰述有定名，而记注无成法也。

〔九〕后世修史，以记注无成法，史料不备，故取材难。而纪传志表，体势相承，故成书易。章氏主张州县立志科（见外篇《州县请立志科议》），所以救前者之失；而史著必须体有因创，贵于变通，所以矫后者之弊也。

〔一〇〕按此节论记注与撰述，古今相异。

〔一一〕《周官》，太宰、大司徒、大宗伯、大司马、大司寇、大司空为六卿。《周礼·天官》："大宰以八法治官府。三曰官联，以会官治。"注："官联谓国有大事，一官不能独共，则六官共举之。联读为连，古书连作联。联谓连事通职，相佐助也。"又小宰职："以官府之六联合邦治，一曰祭祀之联事，二曰宾客之联事，三曰丧荒之联事，四曰军旅之联事，五曰田役之联事，六曰敛弛之联事，凡小事皆有联。”

〔一二〕按“繁委”，菁华阁本作“繁悉”。《周礼·天官》：“大宰掌建邦之六典，以佐王治邦国：一曰治典，以经邦国，以治官府，以纪万民；二曰教典，以安邦国，以教官府，以扰万民；三曰礼典，以和邦国，以统百官，以谐万民；四曰政典，以平邦国，以正百官，以均万民；五曰刑典，以诘邦国，以刑百官，以纠万民；六曰事典，以富邦国，以任百官，以生万民。”又：“小宰之职，掌邦之六典、八法、八则之贰，以逆邦国都鄙官府之治。”司会同。“司书掌邦之六典、八法、八则、九职、九正、九事，邦中之版，土地之图，以周知入出百物，以叙其财。”《春官》：“大史掌建邦之六典，以逆邦国之治。”

〔一三〕《汉书·司马相如传》封禅文：“宜命掌故悉奏其仪而览焉。”《音义》曰：“掌故，太常官属，主故事者也。”

〔一四〕《汉书·艺文志》：“成帝时，以书颇散亡，使谒者陈农求遗书于天下。诏光禄大夫刘向校经传、诸子、诗赋，兵部校尉任宏校兵书，太史令尹咸校数术，侍医李柱国校方技。每一书已，向辄条其篇目，撮其指意，录而奏之。会向卒，哀帝复使向子侍中奉车都尉歆卒父业，于是总群书而奏其《七略》，故有《辑略》，有《六艺略》，有《诸子略》，有《诗赋略》，有《兵书略》，有《术数略》，有《方技略》。”《隋书·经籍志》：“《七略》七卷，刘歆撰。”《唐书·艺文志》同。《宋史·艺文志》不载，盖已亡。清严可均所辑佚文数十条，载《全汉文》卷三十九。

〔一五〕《史记·自序》：“汉兴，萧何次律令，韩信申军法，张苍为章程，叔孙通定礼仪。”《汉书·成帝纪》注引《汉旧仪》：“尚书四人为四曹。成帝置五人，有三公曹，主断狱事。”《隋书·经籍志·旧事序》：“古者，朝廷之政，发号施令，百官奉之，藏于官府，各修其职，守而弗忘。《春秋传》曰：‘吾视诸故府’，则其事也。”《汉书·百官公卿表》：“奉常，秦官，掌宗庙礼仪。景帝中元六年，更名太常，秩中二千石。”

〔一六〕《文选》班固《东都赋》：“又有天禄石渠典籍之府。”注引《三辅故事》：“天禄阁在大殿北，石渠阁在秘殿北，以藏秘书。”《三辅皇图》卷六：“石渠阁，萧何造，其下礱石为渠以导水，若今御沟，因以为阁名。所藏入关所得秦之图籍。至于成帝，又于此藏秘书焉。”又：“天禄阁，藏典籍之所。”

〔一七〕按此节明后世记注无成法。

〔一八〕语见《孟子·离娄下》。朱注：“王者之迹熄，谓平王东迁，而政教号令不及于天下也。《诗》亡，谓《黍离》降为《国风》，而《雅》亡也。《春秋》始于鲁隐公之元年，实周平王四十九年也。”

〔一九〕典、谟、训、诰、贡、范，见上注〔四〕。官、刑：孔疏云：“《周官》上诰于下，《吕刑》陈刑于王，亦诰也。”

〔二〇〕《礼记·经解》：“属辞比事，《春秋》教也。”章太炎先生云：“属辞比事，谓一事而涉数国者，各国皆记其一耑（端），至《春秋传》乃排比整齐，犹司马《通鉴》比辑诸史纪传表志之事，同为一篇，此为属辞比事。自非良史，则耑绪纷然，首尾横决，故春秋之失乱矣。”（《检论·春秋故言》自注）

〔二一〕《史记·十二诸侯年表序》：“鲁君子左丘明，惧弟子人人异端，各安其意，失其真，故因孔子史记，具论其语，成《左氏春秋》。”《公羊传》疏引闵因叙云：“昔孔子受端门之命，制《春秋》之义，使子贡等求周史记，得百二十国宝书。”杜预《春秋左氏传序》略云：“左丘明受经于仲尼，身为国史，躬览载籍，必广记而备言之，将令学者原始要终，涣然冰释，怡然理顺，然后为得。”此所谓备其事之始末也。《太平御览》六百十引桓谭《新论》：“左氏经之与传，犹衣之表里，相待而成。有经而无传，使圣人闭门思之，十年不能知也。”

〔二二〕《汉书·司马迁传》：司马迁字子长，汉左冯翊夏阳人。十岁诵古文,二十而南游江淮,北涉汶泗,仕为郎中。继父为太史令。遭李陵之祸,退而卒述陶唐以来,至于麟止,凡百三十篇,为《太史公书》。《后汉书·班固传》:班固字孟坚,九岁能属文,及长,博贯载籍,九流百家之言,无不穷究。固以父彪所续前史未详,欲就其业,显宗使终成前书,乃为《汉书》,凡百篇。按左氏之传《春秋》,年经事纬,叙次分明。马、班之书,本纪纪年,详于《春秋》之经,列传叙人,异于左氏之传,而表志用补纪传之所未备,实宏左氏之支流而加畅者也。

〔二三〕按本节明后世撰述有定名。

〔二四〕《礼记·玉藻》:"动则左史书之,言则右史书之。"黄以周曰:"左右字今互讹。郑《玉藻》注云:'其书《春秋》《尚书》具在。'谓右史书动为《春秋》,左史书言为《尚书》也。荀悦《申鉴》云:'古者,天子诸侯有事必告于庙,朝有二史,左史记言,右史书事,事为《春秋》,言为《尚书》。'与郑注合。"(《礼书通故》卷三十四)

〔二五〕《汉书·艺文志》:"古之王者,世有史官,君举必书,所以慎言行,昭法式也。左史记言,右史记事,事为《春秋》,言为《尚书》,帝王靡不同之。"

〔二六〕刘知几,见《史德》注〔二〕。《史通·六家》:"盖《书》之所主,本于号令,所以宣王道之正义,发话言于臣下,故其所载皆典、谟、训、诰、誓、命之文。至如尧、舜二典,直叙人事,《禹贡》一篇,惟言地理,《洪范》总记灾祥,《顾命》都陈丧礼,兹亦为例不纯者也。"

〔二七〕按此节明《尚书》之体,非纯属记言。

〔二八〕沈约《宋书·乐志》:"及秦焚典籍,《乐经》用亡。"朱彝尊《经义考》一百六十七《乐经》:"《隋志》四卷,佚。《汉书·王莽传》:'元始三年,立《乐经》。'应劭曰:'周室陵迟,礼崩乐坏,重遭暴秦,遂以阙亡。'按《周官》成均之法,所以教国子,乐德、乐语、乐舞三者而已。乐德，则《舜典》命夔教胄子教言，已括其要。乐语，则《三百篇》可被弦歌者是。乐舞，则铿锵鼓舞之节，不可以为经。乐之有经，大略存其纲领。然则《大司乐》一章，即《乐经》可知矣。《乐记》从而畅言之，无异《冠礼》之有义，《丧服》之有传，即谓《乐经》至今存，可也。”

〔二九〕《孟子·离娄下》：“王者之迹熄而《诗》亡，《诗》亡然后《春秋》作。晋之《乘》，楚之《梼杌》，鲁之《春秋》，一也。其事则齐桓、晋文，其文则史，孔子曰：‘其义则丘窃取之矣。’”

〔三〇〕《左传》僖九年：“夏，会于葵丘。王使宰孔赐齐侯胙（祭肉），曰：‘天子有事于文、武（祭文王、武王），使孔赐伯舅胙。’齐侯将下拜，孔曰：‘且有后命，天子使孔曰，以伯舅耋老，加劳赐一级，无下拜。’对曰：‘天威不违颜咫尺，小白余，敢贪天子之命，无下拜，恐陨越于下，以遗天子羞，敢不下拜。’下拜，登（登堂），受。”

〔三一〕《左传》僖二十八年：“晋侯献楚俘于王。王命尹氏及王子虎、内史叔兴父策命晋侯为侯伯，赐之大辂（车）之服，戎辂之服，彤（赤）弓一，彤矢百，玈（黑）弓矢千，秬鬯一卣（黑黍香酒一樽），虎贲（武士）三百人。曰：‘王谓叔父，敬服王命，以绥四国，纠逖王慝（王之所恶）。’晋侯三辞，从命曰：‘重耳敢再拜稽首，奉扬天子之丕（大）显休命。’奉策以出，出入三覲（见）。”

〔三二〕《书序》：“平王锡晋文侯秬鬯圭瓒（玉器），作《文侯之命》。”按刘刻《遗书》本，“篇”作“编”。兹依粤雅堂本。志古堂本同。

〔三三〕《史记》绍法《春秋》，见史公《自序》。《殷本纪》：“成汤以来，采于《诗》《书》。”而《五帝本纪》亦称书阙有间，旁采轶文之见于他书，择其言尤雅者，此采书以入纪传之明征也。

〔三四〕《后汉书·班彪传》：“《史记》自太初以后，阙而不录，彪乃继采前史遗事，旁贯旧闻，作《后传》数十篇，因斟酌前史，而讥正得失。固以彪所续未详，乃潜精研思，致就其业，为纪、表、志、传凡百篇。”

〔三五〕《汉书·地理志》录入《尚书·禹贡》文。《五行志》录入《尚书·洪范》文。

〔三六〕《十七史商榷》卷一：“司马迁创立本纪、表、书、世家、列传体例，后之作史者，递相祖述，莫能出其范围。即班范称书，陈寿称志，李延寿南北朝称史，欧阳于五代称史记，小异其目，大指总在司马氏牢笼中。司马取法《尚书》及《春秋》内外传，自言述而不作，其实以述兼作者。”《史通》左传家：“汉代史书，以迁、固为主，而纪传互出，表志相重，于文为烦，颇难周览。至孝献帝，始命荀悦撮其书为编年体，依《左传》著《汉纪》三十篇。自是每代国史，皆有斯作。”

〔三七〕按此节明《书》入《春秋》，合而为一，乃为纪传体。

书教中〔一〕

《书》无定体，故易失其传；亦惟《书》无定体，故托之者众。周末文胜，官礼失其职守，〔二〕而百家之学，多争托于三皇五帝之书矣。艺植托于神农，兵法医经托于黄帝，〔三〕好事之徒，传为《三坟》之逸书而《五典》之别传矣。不知书固出于依托，旨亦不尽无所师承，官礼政举而人存，世氏师传之掌故耳。〔四〕惟“三”“五”之留遗，多存于《周官》之职守，则外史所掌之书，〔五〕必其籍之别具，亦如六典各存其副之制也。左氏之所谓《三坟》《五典》，〔六〕或其概而名之，或又别为一说，未可知也。必欲确指如何为三皇之坟，如何为五帝之典，则凿矣。〔七〕

《逸周书》七十一篇，多《官礼》之别记与《春秋》之外篇，殆治《尚书》者杂取以备经书之旁证耳。刘、班以谓孔子所论百篇之余，〔八〕则似逸篇，初与典、谟、训、诰，同为一书，而孔子为之删彼存此耳。毋论其书文气不类，醇驳互见，即如《职方》《时训》诸解，明用经记之文，[九]《太子晋解》，明取春秋时事，[一〇]其为外篇别记，不待繁言而决矣。而其中实有典言宝训，识为先王誓诰之遗者，[一一]亦未必非百篇之逸旨，而不可遽为删略之余也。夫子曰："信而好古。"[一二]先王典诰，衰周犹有存者，而夫子删之，岂得为好古哉？惟《书》无定体，故《春秋》《官礼》之别记外篇，皆得从而附合之，亦可明《书》教之流别矣。[一三]

《书》无定体，故附之者杂。后人妄拟《书》以定体，故守之也拘。古人无空言，安有记言之专书哉？汉儒误信《玉藻》记文，而以《尚书》为记言之专书焉。于是后人削趾以适屦，[一四]转取事文之合者，削其事而辑录其文，以为《尚书》之续焉；若孔氏《汉》《魏尚书》，王氏《续书》之类皆是也。[一五]无其实，而但貌古人之形似，譬如画饼饵之不可以充饥。[一六]况《尚书》本不止于记言，则孔衍、王通之所拟，并古人之形似而不得矣。刘知几尝患史策记事之中，忽间长篇文笔，欲取君上诏诰，臣工奏章，别为一类，编次纪传史中，略如书志之各为篇目，[一七]是刘亦知《尚书》折而入《春秋》矣。然事言必分为二，则有事言相贯、质与文宣之际，如别自为篇，则不便省览，如仍然合载，则为例不纯；是以刘氏虽有是说，后人讫莫之行也。至如论事章疏，本同口奏，辨难书牍，不异面论，次于纪传之中，事言无所分析，后史恪遵成法可也。乃若扬、马之辞赋，原非政言，[一八]严、徐之上书，亦同献颂，[一九]邹阳、枚乘之纵横，[二〇]杜钦、谷永之附会，[二一]本无关于典要，马、班取表国华，削之则文采灭如，存之则纪传猥滥，斯亦无怪刘君之欲议更张也。[二二]

杜氏《通典》为卷二百，[二三]而《礼典》乃八门之一，已占百卷，盖其书本《官礼》之遗，宜其于礼事加详也。然叙典章制度，不异诸史之文，而礼文疑似，或事变参差，博士经生，折中详议，或取裁而径行,或中格而未用,入于正文,则繁复难胜,削而去之,则事理未备;杜氏并为采辑其文,附著礼门之后,凡二十余卷,可谓穷天地之际,而通古今之变者矣。〔二四〕史迁之书,盖于《秦纪》之后,存录秦史原文。〔二五〕惜其义例未广,后人亦不复踵行,斯并记言记事之穷,别有变通之法,后之君子所宜参取者也。〔二六〕

滥觞流为江河,事始简而终钜也。〔二七〕东京〔二八〕以还,文胜篇富,史臣不能概见于纪传,则汇次为《文苑》之篇。〔二九〕文人行业无多,但著官阶贯系,略如《文选》人名之注,〔三〇〕试榜履历之书,本为丽藻篇名,转觉风华消索;则知一代文章之盛,史文不可得而尽也。萧统《文选》以还,为之者众,今之尤表表者,姚氏之《唐文粹》,〔三一〕吕氏之《宋文鉴》,〔三二〕苏氏之《元文类》,〔三三〕并欲包括全代,与史相辅,此则转有似乎言事分书,其实诸选乃是春华,正史其秋实尔。〔三四〕史与文选,各有言与事,故仅可分华与实,不可分言与事。

四部既分,〔三五〕集林大畅。文人当诰,则内制外制之集,〔三六〕自为编矣。宰相论思,言官白简,〔三七〕卿曹各言职事,阃外料敌善谋,〔三八〕陆贽《奏议》之篇,〔三九〕苏轼进呈之策,又各著于集矣。〔四〇〕萃合则有名臣经济、〔四一〕策府议林,〔四二〕连编累牍,可胜数乎!大抵前人著录,不外别集总集二条,〔四三〕盖以一人文字观也。其实应隶史部,追源当系《尚书》;但训诰乃《尚书》之一端,不得如汉人之直以记言之史目《尚书》耳。〔四四〕

名臣章奏,隶于《尚书》,以拟训诰,人所易知。撰辑章奏之人,宜知训诰之记言,必叙其事,以备所言之本末,故《尚书》无一空言,有言必措诸事也。后之辑章奏者,但取议论晓畅,情辞概切,以为章奏之佳也,不备其事之始末。虽有佳章,将何所用?文人尚华之习见,不可语于经史也。班氏董、贾二传,则以《春秋》之学为《尚书》也,即《尚书》折入《春秋》之证也。其叙贾、董生平行事,无意求详,前后寂寥数言，不过为政事诸疏、天人三策备始末尔。〔四五〕贾、董未必无事可叙，班氏重在疏策，不妨略去一切，但录其言，前后略缀数语，备本末耳，不似后人作传，必尽生平，斤斤求备。噫！观史裁者，必知此意，而始可与言《尚书》《春秋》之学各有其至当，不似后世类钞征事，但知方圆求备而已也。〔四六〕

〔一〕按本篇明记言非《书》之正体，后世托之非是。

〔二〕《礼记·表记》："殷、周之质不胜其文。"《论语·雍也》："文胜质则史。"《集解》引包曰："史者，文多质少。"周末政教式微，百家驰说，是文多质少也。《史记·历书》："幽、厉之后，周室微，陪臣执政，史不记时，君不告朔，故畴人子弟分散，或在诸夏，或在夷狄。"此官礼失守之征也。《论语·微子》："太师挚适齐，亚饭干适楚，三饭缭适蔡，四饭缺适秦，鼓方叔入于河，播鼗武入于汉，少师阳、击磬襄入于海。"邢疏谓"此章记鲁哀公时礼坏乐崩，乐人皆去"。此虽列国之事，亦可以推见王朝之一般。

〔三〕《汉书·艺文志·诸子略》农家："《神农》二十篇。"原注云："六国时，诸子疾时怠于农业，道耕农事，托之神农。"又《兵书略》阴阳类："《黄帝》十六篇。"原注："图三卷。"又《方伎略》医经类："《黄帝内经》十八卷，《外经》三十七卷。"姚际恒《古今伪书考》："《汉志》所载《黄帝内外经》，并依托也。"

〔四〕《礼记·中庸》："其人存，则其政举。"《孟子·告子下》："士无世官，官事无摄。"古者世官，或以官为氏，故曰世氏。掌故，见前篇注〔一三〕。

〔五〕即三皇五帝之书。

〔六〕见《书教》上注〔三〕。

〔七〕按此节明《书》无定体，故托之者众。

〔八〕《汉志·六艺略》书类："《周书》七十一篇。"原注："周史记。"师古曰："刘向云：'周时诰誓号令也。盖孔子所论百篇之余也。'今之存者，四十五篇。"《隋书·经籍志》于《周书》十卷下，注曰"汲冢书"。《唐书·艺文志》仍之，后人遂于今本《周书》冠以汲冢二字。然考《晋书·束皙传》，汲冢所得杂书十九篇，中虽有《周书》之名，而篇帙太少。许氏《说文解字》，马注《论语》，郑注《周礼》《仪礼》，所引《周书》，皆在今本《逸周书》七十篇中，其非出汲冢甚明。详见《困学纪闻》卷二。

〔九〕《职方解》为《逸周书》第六十二篇，文与《周礼·夏官·职方氏》相类。《时训解》为《逸周书》第五十二篇，文与《礼记·月令》相类。《史通·六家》尚书家："至若《职方》之言，与《周官》无异；《时训》之说，比《月令》多同；斯百王之正书，五经之别录者也。"

〔一〇〕《太子晋解》为《逸周书》第六十四篇，记师旷与太子晋问答语。

〔一一〕宋丁黼《周书序》曰："夫子定《书》为百篇矣，孟子于《武成》取其二三策，谓血流漂杵等语，近于夸也。今所谓《汲冢周书》，多夸诩之辞，且杂以诡谲之说，此岂文、武、周公之事，而孔孟之所取哉？然其间畏天敬民，尊贤尚德，古先圣王之格言遗制，尚多有之。至于《时训》《明堂》，记礼者之所采录，克殷度邑，司马迁之所援据，是盖有不可尽废者。"

〔一二〕《论语·述而》文。

〔一三〕按此节明《书》无定体，故附之者杂。

〔一四〕《玉藻》记文，见前篇注〔二四〕。《三国志·魏志·明帝纪》注引《魏略》载帝露布曰："削趾适屦，刻骨伤肌。"《广雅·释器》："屦，履也。"

〔一五〕《史通·六家》云："晋广陵相鲁国孔衍，以为国史所以表言行，昭法式，至于人理常事，不足备列，乃删汉魏诸史，取其美词典言，足为龟镜者，定以篇第，纂成一家，由是有《汉尚书》《后汉尚书》《魏尚书》，凡为二十六卷。寻其义例，皆准《尚书》。"《晋书·儒林传》:"孔衍字舒元,孔子二十二世孙。中兴初,补中书郎,出为广陵郡。凡所撰述百余万言。"《唐书·艺文志》杂史类:"孔衍《汉尚书》十卷,《后汉尚书》六卷,《魏尚书》十四卷。"《唐书》一九六《隐逸·王绩传》:"绩,绛州龙门人。兄通,隋末大儒也,聚徒河汾间。仿古作六经,又为《中说》以拟《论语》,不为诸儒称道,故书不显,惟《中说》独传。"《新唐书》二〇一《文艺上·王勃传》:"勃尤喜著书。初,祖通,隋末居白牛溪,教授门人甚众。尝起汉魏尽晋,作书百二十篇,以续古《尚书》,后亡其序,有录无书者十篇,勃补完缺逸,定著二十五篇。"

〔一六〕《传灯录》:"智闲被沩山问,寻一句雠对不得,自叹曰:'画饼不可充饥。'"

〔一七〕《史通·载言》:"古者,言为《尚书》,事为《春秋》,左右二史,分尸其职。逮左氏为书,不遵古法,言之与事,同在传中。然而言事相兼,烦省合理,故使读者寻绎不倦,览讽忘疲。至于《史》《汉》则不然,凡所包举,务存恢博,文辞入记,繁富为多;是以贾谊、晁错、董仲舒、东方朔等传,唯尚录言,罕逢载事。夫方述一事,得其纪纲,而隔以大篇,分其次序,遂使披阅之者,有所懵然。后史相承,不改其辙,交错分扰,古今是同。按迁、固列君臣于纪传,统遗逸于表志,虽篇名甚广,而言无独录。愚谓凡为史者,宜于表志之外,更立一书,若人主之制册诰令,群臣之章表移檄,收之纪传,悉入书部,题为制册章表书,以类区别,他皆放此,亦犹志之有《礼乐志》《刑法志》者也。又诗人之什,自成一家,故风、雅、比、兴,非三传所取。自六义不作,文章生焉,若韦孟《讽谏》之诗,扬雄《出师》之颂,马卿之书《封禅》,贾谊之论《过秦》,诸如此文,皆施纪传。窃谓宜从古诗例,断入书中,亦犹《舜典》列元首之歌,《夏书》包五子之咏者也。夫能使史体如是,庶几《春秋》《尚书》之道备矣。"

〔一八〕扬雄见《易教上》注〔三一〕。《汉书·扬雄传》载有《甘泉》《河东》《长杨》《羽猎》等赋,《反离骚》《解嘲》等文。又《司马相如传》:"相如字长卿,蜀郡成都人也。少好读书,事景帝,为武骑常侍。病免,客游梁,得与诸侯游士居,乃著《子虚》之赋。武帝读而善之,召问相如。相如请为天子游猎赋,赋奏,天子以为郎。数岁,唐蒙已略通夜郎,邛筰君长请吏,上拜相如为中郎将,建节往使。后失官,岁余复为郎。后拜文园令,病卒。"本传载有《上林》《子虚》《哀二世》《大人》等赋,及《封禅文》。

〔一九〕严安,临菑人。以故丞相史上书,有云:"今徇南夷,朝夜郎,降羌僰,略薉州,建城邑,深入匈奴,燔其龙城,议者美之,此人臣之利,非天下之长策也。"徐乐,燕都无终人。上书曰:"臣闻天下之患,在于土崩,不在瓦解,古今一也。臣窃以为陛下天然之质,宽仁之资,而诚以天下为务,则禹、汤之名不难侔,而成、康之俗未必不复兴也。"其辞实类献颂。书俱载《汉书》本传。

〔二〇〕《汉书·邹阳传》:"邹阳,齐人也,事吴王濞。王以太子事阴有邪谋,阳奏书谏。后以吴王不可说,去之梁,从孝王游。羊胜、公孙诡等疾阳,恶之于孝王。孝王怒阳,下狱。吏将杀之,阳乃从狱中上书,书奏,孝王立出之,卒为上客。"又《枚乘传》:"乘字叔,淮阴人也,为吴王濞郎中。吴王之初怨望,谋为逆也,乘奏书谏,王不用。遂去之,从梁孝王游。后景帝拜乘弘农都尉,卒。"邹阳《上书吴王》与《狱中上书自明》,枚乘《上书谏吴王》,文并载本传。纵横:指他们上书,与战国策士相似。

〔二一〕《汉书·杜周传》:"钦字子夏(周之孙,南阳杜衍人),少好经书,家富而目偏盲,故不好为吏。大将军王凤辅政,以钦为武库令。后有日食地震之变,诏举贤良方正能直言士,合阳侯梁放举钦,钦上对。"又《谷永传》:"谷永字子云,长安人也。少为长安小吏,后博学经书。(成帝)建始三年,冬,日食地震,同日俱发,诏举方正直言极谏之士，太常刘庆忌举永，待诏公车，时对者数千人，永与杜钦为上第焉。”附会：指二人结合灾异来论政治。

〔二二〕《汉书·董仲舒传》：“窃譬之，琴瑟不调，甚者必解而更张之，乃可鼓也。”按此节明后世拟《书》以定体，故守之也拘。

〔二三〕《书录解题》典故类：“《通典》二百卷，唐宰相杜佑撰。采五经群史、历代沿革废置、群士论议，迄于天宝，凡为八门，曰《食货》《选举》《职官》《礼》《乐》《兵刑》《州郡》《边防》。贞元中，表上之，李瀚为之序。初，刘秩为《政典》三十五篇，佑以为未尽，广而成之。”《新唐书·杜佑传》：“佑字君卿，京兆万年人。以荫补济南参军，历岭南淮南节度使。德宗崩，诏摄冢宰。宪宗即位，迁司徒，封岐国公，以太保致仕，卒谥安简。佑性嗜学，虽贵，犹夜分读书。先是刘秩采百家，侔周六官法，为《政典》三十五篇。房琯称才过刘向。佑以为未尽，因广其阙，参以新礼，为二百篇，自号《通典》，奏之，优诏嘉美。儒者服其书约而详。”

〔二四〕《汉书·司马迁传》：“亦欲以究天人之际，通古今之变，成一家之言。”

〔二五〕《史记·秦始皇本纪》后录襄公以下立年及葬处。《索隐》云：“皆据《秦纪》为说，与正史小有不同，今取异说重列于后。”

〔二六〕按此节明史有变通，所以济记言记事之穷。

〔二七〕滥觞：酒杯中酒溢出。叶注引《荀子·子道》：“昔者，江出于岷山，其始出也，其源可以滥觞。”按《家语·三恕》王肃注：“觞所以盛酒者，言其微也。”《庄子·人间世》：“其作始也简，其将毕也必巨。”

〔二八〕东京，指后汉也。《帝王世纪》：“高祖都长安，光武都洛阳；是以时人谓洛阳为东京，长安为西京。”

〔二九〕范晔《后汉书》始立《文苑传》，后史因之。

〔三〇〕晁公武《郡斋读书志》总集类：“《文选》六十卷，梁昭明太子萧统纂。选赋、诗、骚、七、诏、册、令、教等类，辑之为三十卷。唐李善集注，析之为六十卷。”李善注人名，如《两都赋序》：“《汉书》曰：‘王褒字子渊。上令褒待诏，褒等数从猎，擢为谏大夫。’”又曰：“刘向字子政，为辇郎，迁中垒校尉。”注文较简。

〔三一〕《郡斋读书志》总集类：“《唐文粹》一百卷，皇朝姚铉宝臣编。铉，庐州人，太平兴国初进士。文辞敏丽，善书札。藏书至多，颇有异本，累迁两浙漕司，课吏写书，采唐世文章，分门编类，初为五十卷，后复增广之。”

〔三二〕《书录解题》总集类：“《皇朝文鉴》一百五十卷，吕祖谦编。朱晦庵晚年尝语学者曰：‘此书编次，篇篇有意。每篇首必取大文字作压卷，如赋取《五凤楼》之类；其所载奏议，亦系一时政治大节，祖宗二百年规模，与后来中变之意，尽在其间，非《选》《粹》比也。’”

〔三三〕《四库全书总目》总集类：“《元文类》七十卷，目录三卷，元苏天爵编。所录诸作，自元初迄于延祐，正元文极盛之时，凡分四十有三类。天爵三居史职，于当代掌故，最为娴习，而词章典雅，亦足追迹前修，故是编去取精严，具有体要，论者谓与姚铉《唐文粹》、吕祖谦《宋文鉴》鼎立而三。”

〔三四〕《颜氏家训·勉学》：“夫学者犹种树也，春玩其华，秋登其实。讲论文章，春华也。修身利行，秋实也。”按此节明史与文选华实相资而为用。

〔三五〕《隋书·经籍志》：“魏秘书郎郑默始制《中经》。秘书监荀勖又因《中经》更著《新簿》，分为四部，总括群书。一曰甲部，纪六艺及小学等书。二曰乙部，有古诸子家、近世子家、兵书兵家、术数。三曰丙部，有史记旧事，皇览簿杂事。四曰丁部，有诗赋、图赞、汲冢书。”《唐书·艺文志》：“两都各聚书四部，以甲乙丙丁为次，列经史子集四库。”《晋书·荀勖传》：“勖字公曾，颍川颍阴人。”

〔三六〕《独断》:“制者,王者之言必为法制也。”按天子敕书,不经外朝者,谓之内制。唐以后均由学士代撰。东坡有《内制集》十卷,《外制集》三卷。

〔三七〕班固《西都赋》:“朝夕论思,日月献纳。”《晋书·傅玄传》:“玄天性峻急,不能有所容,每有奏劾,或值日暮,捧白简,整簪带,竦踊不寐,坐而待旦,于是贵游慑伏,台阁生风。”

〔三八〕《史记·冯唐传》:“阃以内者,寡人制之。阃以外者,将军制之。”韦昭曰:“此郭门之阃也。门中橛曰阃。”

〔三九〕《书录解题》章奏类:“《陆宣公奏议》二十卷,唐宰相陆贽撰。”《新唐书·陆贽传》:“贽字敬舆,苏州嘉兴人。年十八,第进士,中博学宏词,以书判拔萃补渭南尉。德宗立,召为翰林学士,从幸奉天,书诏日数百,他学士阁笔不得下,而贽沛然有余。

〔四〇〕《宋史·苏轼传》:轼字子瞻,眉山人,嘉祐二年试礼部,擢第二,治平二年直史馆。熙宁初,王安石创行新法,轼上书论其不便。元祐中,累官翰林学士,兼侍读。有《奏议》十五卷,《内制》十卷,《外制》三卷。

〔四一〕《四库简明目录》奏议类:“《名臣经济录》五十三卷,明黄训编。辑洪武至嘉靖九朝名臣经济之文,中阙建文一朝,以革除故也。凡分十门。”

〔四二〕策府议林:未详。明何乔新有《策府群玉》,是备对策用,包括各种议论文章,当是。

〔四三〕《隋书·经籍志》:“别集之名,盖汉东京之所创也。自灵均(屈原)以降,属文之士众矣,然其志尚不同,风流殊别。后之君子,欲观其体势,而见其心灵,故别聚焉,名之曰集。”又:“总集者,以建安之后,辞赋转繁,众家日以滋广,晋代挚虞采摘孔翠,芟剪繁芜,自诗赋以下,各为条贯,合而编之,谓为《流别》。是后又集总钞,作者继轨,属辞之士,以为覃奥而取则焉。”

〔四四〕按此节明文集中奏章,应隶于《尚书》类。

〔四五〕《汉书·贾谊传》全录其《论政事疏》,《董仲舒传》全录其《贤良对策》三首,称"天人三策"。

〔四六〕按此节明辑奏章,必叙事以备始末。

书教下〔一〕

《易》曰:"蓍之德圆而神,卦之德方以智。"〔二〕间尝窃取其义,以概古今之载籍,撰述欲其圆而神,记注欲其方以智也。夫智以藏往,神以知来,〔三〕记注欲往事之不忘,撰述欲来者之兴起,故记注藏往似智,而撰述知来拟神也。藏往欲其赅备无遗,故体有一定,而其德为方;知来欲其决择去取,故例不拘常,而其德为圆。《周官》三百六十,〔四〕天人官曲之故〔五〕可谓无不备矣。然诸史皆掌记注,而未尝有撰述之官;〔六〕祝史命告,未尝非撰述,然无撰史之人。如《尚书》誓诰,自出史职,至于帝典诸篇,并无应撰之官。则传世行远之业,不可拘于职司,必待其人而后行;非圣哲神明,深知二帝三王精微之极致,不足以与此。此《尚书》之所以无定法也。〔七〕

《尚书》《春秋》,皆圣人之典也。《尚书》无定法,而《春秋》有成例。故《书》之支裔,折入《春秋》,而《书》无嗣音。有成例者易循,而无定法者难继,此人之所知也。然圆神方智,自有载籍以还,二者不偏废也。不能究六艺之深耳,未有不得其遗意者也。史氏继《春秋》而有作,莫如马、班,〔八〕马则近于圆而神,班则近于方以智也。〔九〕

《尚书》一变而为左氏之《春秋》,《尚书》无成法而左氏有定例,〔一〇〕以纬经也。左氏一变而为史迁之纪传,左氏依年月而迁书分类例,〔一一〕以搜逸也。迁书一变而为班氏之断代,迁书通变化,而班氏守绳墨，[一二]以示包括也。就形貌而言，迁书远异左氏，而班史近同迁书，盖左氏体直，自为编年之祖，而马、班曲备，皆为纪传之祖也。推精微而言，则迁书之去左氏也近，而班史之去迁书也远[一三]；盖迁书体圆用神，多得《尚书》之遗；班氏体方用智，多得《官礼》之意也。[一四]

迁书纪、表、书、传，本左氏而略示区分，不甚拘拘于题目也。《伯夷列传》，乃七十篇之序例，非专为伯夷传也。[一五]《屈贾列传》所以恶绛、灌之谗，其叙屈之文，非为屈氏表忠，乃吊贾之赋也。[一六]《仓公》录其医案，《货殖》兼书物产，《龟策》但言卜筮，[一七]亦有因事命篇之意，初不沾沾为一人具始末也。《张耳陈余》，因此可以见彼耳。[一八]《孟子荀卿》，总括游士著书耳。[一九]名姓标题，往往不拘义例，仅取名篇，譬如《关雎》《鹿鸣》，所指乃在嘉宾淑女，[二〇]而或且讥其位置不伦，如孟子与三邹子。或又摘其重复失检，如子贡已在《弟子传》，又见于《货殖》。不知古人著书之旨，而转以后世拘守之成法，反訾古人之变通，亦知迁书体圆而用神，犹有《尚书》之遗者乎！[二一]

迁《史》不可为定法，固《书》因迁之体，而为一成之义例，遂为后世不祧之宗焉。[二二]三代以下，史才不世出，而谨守绳墨，待其人而后行，势之不得不然也。然而固《书》本撰述而非记注，则于近方近智之中，仍有圆且神者，以为之裁制，是以能成家，而可以传世行远也。后史失班史之意，而以纪表志传，同于科举之程式，[二三]官府之簿书，则于记注撰述，两无所似，而古人著书之宗旨，不可复言矣。史不成家，而事文皆晦，而犹拘守成法，以谓其书固祖马而宗班也，而史学之失传也久矣！[二四]

历法久则必差，推步后而愈密，[二五]前人所以论司天也。而史学亦复类此。《尚书》变而为《春秋》，则因事命篇，不为常例者，得从比事属辞为稍密矣。《左》《国》变而为纪传，则年经事纬，不能旁通者，得从类别区分为益密矣。〔二六〕纪传行之千有余年，学者相承，殆如夏葛冬裘，渴饮饥食，无更易矣。然无别识心裁，可以传世行远之具，而斤斤如守科举之程式，不敢稍变；如治胥吏之簿书，繁不可删。以云方智，则冗复疏舛，难为典据；以云圆神，则芜滥浩瀚，不可诵识。盖族史但知求全于纪表志传之成规，〔二七〕而书为体例所拘，但欲方圆求备，不知纪传原本《春秋》，《春秋》原合《尚书》之初意也。《易》曰："穷则变，变则通，通则久。"〔二八〕纪传实为三代以后之良法，而演习既久，先王之大经大法，转为末世拘守之纪传所蒙，曷可不思所以变通之道欤？〔二九〕

左氏编年，不能曲分类例，《史》《汉》纪表传志，所以济类例之穷也。族史转为类例所拘，以致书繁而事晦；亦犹训诂注疏，所以释经，俗师反溺训诂注疏而晦经旨也。〔三〇〕夫经为解晦，当求无解之初；史为例拘，当求无例之始。例自《春秋》左氏始也，盍求《尚书》未入《春秋》之初意欤？〔三一〕

神奇化臭腐，臭腐复化为神奇，〔三二〕解《庄》书者，以谓天地自有变化，人则从而奇腐云耳。事屡变而复初，文饰穷而反质，〔三三〕天下自然之理也。《尚书》圆而神，其于史也，可谓天之至矣。非其人不行，故折入左氏，而又合流于马、班，盖自刘知几以还，莫不以谓书教中绝，〔三四〕史官不得衍其绪矣。又自《隋·经籍志》著录，以纪传为正史，编年为古史，〔三五〕历代依之，遂分正附，莫不甲纪传而乙编年。则马、班之史，以支子而嗣《春秋》，荀悦、袁宏，〔三六〕且以左氏大宗，而降为旁庶矣。司马《通鉴》病纪传之分，而合之以编年。〔三七〕袁枢《纪事本末》又病《通鉴》之合，而分之以事类。〔三八〕按本末之为体也，因事命篇，不为常格；非深知古今大体，天下经纶，不能网罗隐括，无遗无滥。文省于纪传，事豁于编年，决断去取，体圆用神，斯真《尚书》之遗也。〔三九〕在袁氏初无其意，且其学亦未足与此，书亦不尽合于所称。故历代著录诸家,次其书于杂史。[四〇]自属纂录之家,便观览耳。但即其成法,沉思冥索,加以神明变化,则古史之原,隐然可见。[四一]书有作者甚浅,而观者甚深,此类是也。故曰:神奇化臭腐,而臭腐复化为神奇,本一理耳。[四二]

夫史为记事之书。[四三]事万变而不齐,史文屈曲而适如其事,则必因事命篇,不为常例所拘,而后能起讫自如,无一言之或遗而或溢也。此《尚书》之所以神明变化,不可方物。降而左氏之传,已不免于以文徇例,理势不得不然也。以上古神圣之制作,而责于晚近之史官,岂不悬绝欤!不知经不可学而能,意固可师而仿也。且《尚书》固有不可尽学者也,即《纪事本末》,不过纂录小书,亦不尽取以为史法,而特以义有所近,不得以辞害意[四四]也。斟酌古今之史,而定文质之中,则师《尚书》之意,而以迁《史》义例,通左氏之裁制焉,所以救纪传之极弊,非好为更张也。[四五]

纪传虽创于史迁,然亦有所受也。观于《太古年纪》[四六]《夏殷春秋》[四七]《竹书纪年》,[四八]则本纪编年之例,自文字以来,即有之矣。《尚书》为史文之别具,如用左氏之例,而合于编年,即传也。以《尚书》之义,为《春秋》之传,则左氏不致以文徇例,而浮文之刊落者多矣。以《尚书》之义,为迁《史》之传,则八书三十世家,不必分类,皆可仿左氏而统名曰传。或考典章制作,或叙人事终始,或究一人之行,即列传本体。或合同类之事,或录一时之言,训诰之类。或著一代之文,因事命篇,以纬本纪。则较之左氏翼经,可无局于年月后先之累;较之迁《史》之分列,可无歧出互见之烦。文省而事益加明,例简而义益加精,岂非文质之适宜,古今之中道欤?至于人名事类,合于本末之中,难于稽检,则别编为表,以经纬之;天象地形,舆服仪器,非可本末该之,且亦难以文字著者,别绘为图,以表明之。盖通《尚书》《春秋》之本原,而拯马《史》、班《书》之流弊,其

道莫过于此。至于创立新裁,疏别条目,较古今之述作,定一书之规模,别具《圆通》之篇,〔四九〕此不具言。〔五〇〕

邵氏晋涵云:〔五一〕"纪传史裁,参仿袁枢,是貌同心异。以之上接《尚书》家言,是貌异心同。是篇所推,于六艺为支子,于史学为大宗;于前史为中流砥柱,于后学为蚕丛〔五二〕开山。"

〔一〕按本篇明《书》之为体,在能因事命篇,后史应师其意,以为变通。

〔二〕《易·系辞上》文,言用蓍草占吉凶,可以求得各种卦,没有一定,故圆;一卦之卦辞有一定,故方。韩康伯注:"圆者,运而不穷。方者,止而有分。言蓍以圆象神,卦以方象智也。唯变所适,无数不周,故曰圆。卦列爻分,各有其体,故曰方。"按诸本"蓍"误作"筮"。惟志古堂本不误。

〔三〕《易·系辞上》传文。韩康伯注:"明蓍卦之用同神知也。蓍定数于始,于卦为来,卦成象于终,于蓍为往,往来之用相成,犹神知也。"

〔四〕见《易教下》注〔三〕。

〔五〕《礼记·礼器》:"人官有能也。物曲有利也。"孔颖达疏云:"人官有能也者,人居其官,各有所能,若司徒奉牛,司马奉羊,及庖人治庖,祝治尊俎,是也。物曲有利也者,谓万物委曲,各有所利,若麴蘖利为酒醴,丝竹利为琴笙,皆自然有其性各异也。"

〔六〕古时诸史之任,太史最优,然止于载言记事而已。汉司马迁继父谈为太史令而作《史记》,盖托孔子因鲁史而作《春秋》,犹是私家之著述。东汉明帝以班固为兰台令史,诏撰《世祖本纪》,时以兰台为著述之所。章、和二帝以后,图籍盛于东观,撰汉记者,相继在乎其中,谓之著作东观。然仅有著作之名,而未有其官也。魏明帝太和中始置著作郎,以当撰著之任。晋称著作郎为大著作,增置佐著作郎。是撰述之有专官,自魏始也。详见《史通·史官建置》篇。

〔七〕按此节明《尚书》无定法,即无定体例,体圆而用神。

〔八〕《史记》通叙古今,识趣奇高。《汉书》专述一代,体裁茂密。刘氏《识语》云:"马圆而神,而变为纪传,以济编年之穷,又方以智也。班方以智,而中有因事命篇之意,不失其为圆而神也。"此所谓二者入载籍,不偏废也。

〔九〕按此节明继《春秋》而作者,必兼有《尚书》遗意。

〔一〇〕左氏传例有五,见《易教下》注〔四〕。杜预《春秋左氏传序》曰:"经之条贯,必出于传,传之义例,总归诸凡。"《春秋释例·终篇》曰:"丘明之传有称《周礼》以正常者,诸称凡以发例是也。有明经以立新意者,诸显义例而不称凡是也。称凡者五十,其别四十有九。"

〔一一〕张守节《正义序》:"《史记》上起轩辕,下既天汉,作十二本纪,帝王兴废悉详;三十世家,君国存亡毕著;八书,赞阴阳礼乐;十表,定代系年封;七十列传,忠臣孝子之诚备矣。"

〔一二〕《史通·六家》:"《汉书》者,究西都之首末,穷刘氏之废兴,包举一代,撰成一书,言皆精练,事甚该密。故学者寻讨,易为其功;自尔迄今,无改斯道。"

〔一三〕刘氏《识语》:"马书初变编年之传为分篇之传,而一气卷舒,多因事附见,未严类例,故曰去左氏近,得《尚书》之遗,不甚拘拘于题目,故传少而事该。"《史记》之传无一定写法,变化多;《汉书》之传写法比较相近,变化少。

〔一四〕按此节明《史记》体圆,多得《尚书》之意。

〔一五〕章氏《丙辰札记》:"太史《伯夷传》盖为七十列传作叙例。惜由、光让国无征,而幸伯夷、吴太伯之经夫子论定,以明己之去取是非,奉夫子为折衷。篇末隐然以七十列传窃比夫子之表幽显微。传虽以伯夷名篇,而文实兼七十篇之发凡起例。"(刘刻《遗

书》外编三)

〔一六〕《史记·贾生列传》:"贾生名谊,雒阳人也。吴廷尉为河南守,召置门下。文帝初立,闻河南守吴公治平为天下第一,乃征为廷尉。廷尉乃言贾生,召以为博士,超迁一岁中至太中大夫。贾生以为汉兴二十余年,天下和洽,当改正朔,易服色,法制度,定官名,兴礼乐,乃悉草具其事仪法。于是天子议以为贾生任公卿之位。绛、灌、东阳侯、冯敬之属尽害之,乃短贾生曰:'雒阳之人,年少初学,专欲擅权,纷乱诸事。'于是天子后亦疏之,不用其议,乃以贾生为长沙王太傅。"此明著绛、灌之谗也。又《屈原传》曰:"屈平正道直行,竭忠尽智,以事其君,谗人间之,可谓穷矣。信而见疑,忠而被谤,能无怨乎?"又曰:"人君无愚智贤不肖,莫不欲求忠以自为,举贤以自佐;然亡国破家相随属,而圣君治国累世而不见者,其所谓忠者不忠,而所谓贤者不贤也。"此虽为屈子抒愤,亦所以吊贾生者也。

〔一七〕仓公,淳于意也。传备载药案。史公慨上下交征利而传《货殖》,盖与《平准书》相表里,《平准书》讥上之政,《货殖传》讥下之俗。传中带叙物产。《龟策列传》,陈仁锡曰:"《龟策》叙乃子长(司马迁)之笔,'臣以通经术'以下,乃褚先生所补。"

〔一八〕《史通·列传》:"传之为体,大抵相同,而述者多方,有时而异。如二人行事,首尾相随,则有一传并书,包括令尽,若陈余张耳合体成篇,是也。"

〔一九〕《孟荀列传》中叙三驺子及稷下先生,以著当日游说风气,见仁义所由路塞也。

〔二〇〕《毛诗·关雎序》:"《关雎》,乐得淑女以配君子。"《鹿鸣序》:"《鹿鸣》,燕群臣嘉宾也。"

〔二一〕按此节证《史记》体圆用神之妙。《粤雅堂丛书》本此下连上不分段。

〔二二〕古者宗庙之数，依贵贱定制。天子七庙，诸侯五庙，卿大夫三庙，士一庙。远祖世次逾定制，则迁其神主于祧庙。惟始祖之庙不废，其神主不迁入祧庙。祧庙为迁主所藏之庙。

〔二三〕《日知录》卷十六云："唐制取士之科，有秀才，有明经，有进士，有俊士，有明法，有明字，有明算，有一史，有三史，有开元礼，有道举，有童子；而明经之别，有五经，有三经，有二经，有学究一经，有三礼，有三传，有史料，此岁举之常选也。其天子自诏曰制举，姚崇下笔成章，张九龄道侔伊吕之类，见于史者凡五十余科，故谓科目。"唐用科目取士，谓之科举，后宋用帖括，明清用八股试士，亦沿用此称。

〔二四〕按此节明后世史家拘守成法，有失班氏之意。

〔二五〕历，原作"宪"，避清高宗讳改。《左传》文元年疏："日月运转于天，犹如人之行步，故推历谓之步历。"推步谓推日月五星之度，昏旦节气之差也。

〔二六〕《左传》为编年之传，《国语》为国别之史，均有所局限，司马氏变为纪传，曲注旁通，区分益密。

〔二七〕《庄子·养生主》"族庖"，注引崔譔云："族，众也。"族史，即众史也。

〔二八〕《易·系辞下》传文。

〔二九〕按此节明后世史书拘于成例，有待变通。

〔三〇〕《汉书·艺文志》："古之学者耕且养，三年而通一蓺。后世经传既已乖离，博学者又不思多闻阙疑之义，而务碎义逃难，便辞巧说，破坏形体，说五字之文至于二三万言，后进弥以驰逐，故幼童而守一蓺，白首而后能言。"此可见经为解晦之弊。

〔三一〕按此节明变通之道在反求《尚书》。

〔三二〕《庄子·知北游》："故万物一也，是其所美者为神奇，其所恶者为臭腐，臭腐复化为神奇，神奇复化为臭腐，故曰通天下一气耳。"

〔三三〕《易·贲》:"上九,白贲无咎。"王弼注:"处饰之终,饰终反质,故任其质素,不劳文饰而无咎也。"

〔三四〕《史通·六家》:"自宗周既陨,《书》体遂废,迄乎汉、魏,无能继者。"

〔三五〕《隋书·经籍志》史部叙例云:"自是世有著述,皆拟班、马,以为正史。作者尤广,一代之史,至数十家。今依其世代,聚而编之,以备正史。"又云:"《竹书纪年》,盖魏国之史记,其著书皆编年相次,文意大似《春秋经》,诸所记事,多与《春秋左氏》扶同。学者因之,以为《春秋》则古史记之正法,有所著述,多依《春秋》之体。今依其世代,编而叙之,谓之古史。"

〔三六〕《后汉书·荀淑传》:"淑孙悦,字仲豫,献帝时官秘书监。帝以班固《汉书》文繁难省,乃令悦依《左氏传》体,为《汉纪》三十卷,辞约而事详。"《晋书·文苑传》:"袁宏字彦伯。父勖,临汝令。谢尚镇牛渚,引宏参其军事。后自吏部郎出为东阳郡。撰《后汉纪》三十卷。"

〔三七〕《宋史·司马光传》:"光字君实,陕州夏县人。神宗即位,擢为翰林学士。光常患历代史繁,人主不能遍览,遂为《通志》八卷以献。英宗悦之,命置局秘阁续其书。至是,神宗名之曰《资治通鉴》。"《书录解题》编年类:"《资治通鉴》二百九十四卷,目录三十卷,考异三十卷,丞相温公河内司马光君实撰。初,光尝约战国至秦二世,如左氏体,为《通志》八卷以进。英宗悦之,遂命论次历代君臣事迹。起周威烈,迄乎五代,就秘阁置局。神宗御制序,赐名《资治通鉴》。及补外,听以书局自随,元丰七年,书成。上曰:'贤于荀悦《汉纪》远矣。'目录仿《史记》年表,年经国纬,用刘羲叟长历气朔,而撮新书精要,散于其中。考异参诸家异同,正其谬误,而归于一。总三百五十四卷。"

〔三八〕《宋史·袁枢传》:"枢字机仲,建安人。乾道七年,除太学录,求外补，出为严州教授。枢尝喜诵司马光《资治通鉴》，苦其浩博，乃区别其事而贯通之，号《通鉴纪事本末》。”

〔三九〕《四库简明目录》纪事本末类：“《通鉴纪事本末》四十二卷，宋袁枢撰。因司马光《资治通鉴》之文，分类排纂，以一事为一篇，各详其起讫，使节目分明，经纬条贯，遂于史家二体之外，自为一体，迄今不可磨灭。然溯其根柢，实则《尚书》每事为篇，先有此例，究亦六家之枝流也。”

〔四〇〕按袁书《宋史·艺文志》及陈氏《直斋书录解题》次于编年类，《明史·艺文志》始入杂史类。

〔四一〕章氏《与邵二云论修宋史书》：“《纪事本末》本无深意，而因事命篇，不为成法，则引而申之，扩而充之，遂觉体圆用神。《尚书》神圣制作，数千年来，可仰望而不可接者，至此可以仰追。”（刘刻《遗书》卷九）

〔四二〕按此节明纪事本末体，文省于纪传，事豁于编年，实乃《尚书》之遗。

〔四三〕《说文》：“史，记事者也。”是史字之义，本为记事，初以名典文书之职守，后乃被于记事之载籍焉。

〔四四〕《孟子·万章上》：“故说诗者，不以文害辞，不以辞害志，以意逆志，是为得之。”

〔四五〕按此节明后世修史，应师《尚书》之意，以求变通。

〔四六〕《汉志》春秋类：“《太古以来年纪》二篇。”按司马贞《三皇本纪》：“《春秋纬》称自开辟至于获麟，凡三百二十七万六千岁，分为十纪。”不知与《太古年纪》异同如何？

〔四七〕《史通·六家》：“《汲冢琐语》记太丁时事，目为《夏殷春秋》。”

〔四八〕杜预《左传后序》：“余成《春秋释例》及《经传集解》始讫，会汲郡汲县有发其界内旧冢者，大得古书，皆简编科斗文字，多杂碎怪妄，不可训知。《纪年》最为分了，起自夏、殷、周，皆三代王事，无诸国别也，唯特记晋国，起自殇叔，次文侯、昭侯以至曲沃庄伯。庄伯之十一年十一月，鲁隐公之元年正月也。皆用夏正建寅之月为岁首，编年相次。晋国灭，独记魏事，下至魏哀王之二十年，盖魏国之史记也。推校哀王二十年太岁在壬戌，是周赧王之十六年，秦昭王之八年，韩襄王之十三年，赵武灵王之二十七年，楚怀王之三十年，燕昭王之十三年，齐湣王之二十五年也。哀王二十三年乃卒，故特不称谥，谓之今王。其著书文意大似《春秋经》，推此足见古者国史策书之常也。”

〔四九〕胡适谓此篇始终未成。

〔五〇〕按此节具体说明远师《尚书》，以求变通之意。

〔五一〕邵晋涵字与桐，一字二云，余姚人，清乾隆三十六年进士，累官至侍读学士。性嗜学，于四库七略，无不推极本原，实事求是。精通小学而邃于史。著有《尔雅正义》，而毕氏《续资治通鉴》，亦经其手校定（见《遗书·邵与桐别传》）。生平与实斋相知最深，切磋素密，此评要非阿好之辞。

〔五二〕蚕丛：相传为蜀王之先祖，指新史学之开创者。

诗教上〔一〕

周衰文弊，六艺道息，而诸子争鸣。〔二〕盖至战国而文章之变尽，至战国而著述之事专，〔三〕至战国而后世之文体备；故论文于战国，而升降盛衰之故可知也。战国之文，奇衺错出，而裂于道，〔四〕人知之；其源皆出于六艺，〔五〕人不知也。后世之文，其体皆备于战国，〔六〕人不知；其源多出于《诗》教，〔七〕人愈不知也。知文体备于战国，而始可与论后世之文。知诸家本于六艺，而后可与论战国之文，〔八〕知战国多出于《诗》教，而后可与论六艺之文；可与论六艺之文，而后可与离文而见道；可与离文而见道，而后可与奉道而折诸

家之文也。[九]

战国之文，其源皆出于六艺，何谓也？曰：道体无所不该，六艺足以尽之。[一〇]诸子之为书，其持之有故而言之成理者，[一一]必有得于道体之一端，而后乃能恣肆其说，以成一家之言也。所谓一端者，无非六艺之所该，[一二]故推之而皆得其所本；非谓诸子果能服六艺之教，而出辞必衷于是也。[一三]《老子》说本阴阳，[一四]《庄》《列》寓言假象，[一五]《易》教也。邹衍侈言天地，[一六]关尹推衍五行，[一七]《书》教也。管、商法制，义存政典，[一八]《礼》教也。申、韩刑名，旨归赏罚，[一九]《春秋》教也。其他杨、墨、尹文之言，[二〇]苏、张、孙、吴之术，[二一]辨其源委，挹其旨趣，九流之所分部，《七录》之所叙论，[二二]皆于物曲人官，[二三]得其一致，而不自知为六典之遗也。[二四]

战国之文，既源于六艺，又谓多出于《诗》教，何谓也？曰：战国者，纵横之世也。纵横之学，本于古者行人之官。[二五]观春秋之辞命，[二六]列国大夫，聘问诸侯，出使专对，盖欲文其言以达旨而已。[二七]至战国而抵掌揣摩，[二八]腾说以取富贵，其辞敷张而扬厉，变其本而加恢奇焉，[二九]不可谓非行人辞命之极也。孔子曰："诵诗三百，授之以政，不达；使于四方，不能专对，虽多奚为？"[三〇]是则比兴之旨，讽谕之义，[三一]固行人之所肄也。纵横者流，推而衍之，是以能委折而入情，微婉而善讽也。[三二]九流之学，承官曲于六典，虽或原于《书》《易》《春秋》，其质多本于《礼》教，[三三]为其体之有所该也。及其出而用世，必兼纵横，所以文其质也。古之文质合于一，至战国而各具之质；当其用也，必兼纵横之辞以文之，周衰文弊之效也。故曰：战国者，纵横之世也。[三四]

后世之文其体皆备于战国，何谓也？曰：子史衰而文集之体盛；著作衰而辞章之学兴。文集者，辞章不专家，而萃聚文墨，以为蛇龙之菹也。[三五]详见《文集》篇。后贤承而不废者，江河导而其势不容复遏也。经学不专家，而文集有经义；史学不专家，而文集有传记；立言不专家，[三六]即诸子书也。而文集有论辨。后世之文集，舍经义与传记、论辨之三体，其余莫非辞章之属也。而辞章实备于战国，承其流而代变其体制焉。学者不知，而溯挚虞所裒之《流别》，[三七]挚虞有《文章流别传》。甚且以萧梁《文选》，举为辞章之祖也，其亦不知古今流别之义矣。[三八]

今即《文选》诸体，以征战国之赅备。挚虞《流别》孔逭《文苑》，[三九]今俱不传，故据《文选》。京都诸赋，[四〇]苏、张纵横六国，侈陈形势之遗也。[四一]《上林》《羽猎》，[四二]安陵之从田，[四三]龙阳之同钓也。[四四]《客难》《解嘲》，屈原之《渔父》《卜居》，庄周之惠施问难也。[四五]韩非《储说》，比事征偶，《连珠》之所肇也；[四六]前人已有言及之者。而或以为始于傅毅之徒，傅玄之言。非其质矣。[四七]孟子问齐王之大欲，历举轻暖肥甘，声音采色，[四八]《七林》之所启也；[四九]而或以为创之枚乘，忘其祖矣。[五〇]邹阳辨谤于梁王，[五一]江淹陈辞于建平，[五二]苏秦之自解忠信而获罪也。[五三]《过秦》《王命》《六代》《辨亡》诸论，[五四]抑扬往复，诗人讽谕之旨，孟、荀所以称述先王，儆时君也。[五五]屈原上称帝喾，中述汤、武，下道齐桓，亦是。淮南宾客，[五六]梁苑辞人，[五七]原、尝、申、陵之盛举也。[五八]东方、司马，侍从于西京，[五九]徐、陈、应、刘，征逐于邺下，[六〇]谈天雕龙之奇观也。[六一]遇有升沉，时有得失，畸才汇丁末世，利禄萃其性灵，[六二]廊庙山林，江湖魏阙，[六三]旷世而相感，不知悲喜之何从，文人情深于《诗》《骚》，[六四]古今一也。[六五]

至战国而文章之变尽，至战国而后世之文体备，其言信而有征矣。至战国而著述之事专，何谓也？曰：古未尝有著述之事也，官师守其典章，[六六]史臣录其职载。文字之道，百官以之治，而万民以之察，[六七]而其用已备矣。是故圣王书同文以平天下，[六八]未有不用之于政教典章，而以文字为一人之著述者也。详见外篇《校雠略·著录先明大道论》。〔六九〕道不行而师儒立其教,〔七〇〕我夫子之所以功贤尧、舜也。然而予欲无言,无行不与,〔七一〕六艺存周公之旧典,夫子未尝著述也。〔七二〕《论语》记夫子之微言,〔七三〕而曾子、子思,俱有述作以垂训,〔七四〕至孟子而其文然后闳肆焉,〔七五〕著述至战国而始专之明验也。《论语》记曾子之没,吴起尝师曾子,则曾子没于战国初年,而《论语》成于战国之时明矣。春秋之时,管子尝有书矣,《鬻子》《晏子》,后人所托。〔七六〕然载一时之典章政教,〔七七〕则犹周公之有《官礼》也。记管子之言行,则习管氏法者所缀辑,而非管仲所著述也。或谓管仲之书,不当称桓公之谥,阎氏若璩又谓后人所加,非《管子》之本文,皆不知古人并无私自著书之事,皆是后人缀辑,详《诸子》篇。〔七八〕兵家之有《太公阴符》,〔七九〕医家之有《黄帝素问》,〔八〇〕农家之《神农》《野老》,〔八一〕先儒以谓后人伪撰,而依托乎古人;其言似是,而推究其旨,则亦有所未尽也。盖末数小技,造端皆始于圣人,苟无微言要旨之授受,则不能以利用千古也。三代盛时,各守人官物曲之世氏,〔八二〕是以相传以口耳,而孔、孟以前,未尝得见其书也。至战国而官守师传之道废,〔八三〕通其学者,述旧闻而著于竹帛焉。中或不能无得失,要其所自,不容遽昧也。以战国之人,而述黄、农之说,是以先儒辨之文辞,而断其伪托也;不知古初无著述,而战国始以竹帛代口耳。外史掌三皇五帝之书,及四方之志,〔八四〕与孔子所述六艺旧典,皆非著述一类,其说已见于前。实非有所伪托也。然则著述始专于战国,盖亦出于势之不得不然矣。著述不能不衍为文辞,而文辞不能不生其好尚。〔八五〕后人无前人之不得已,而惟以好尚逐于文辞焉,然犹自命为著述,是以战国为文章之盛,而衰端亦已兆于战国也。〔八六〕

〔一〕据《年谱》,乾隆四十八年癸卯,实斋在永平主讲敬胜书院,有《再答周筤谷论课蒙书》云:"近日生徒散去,荒斋阒然,补苴《文史通义》内篇,撰《言公》上中下三篇、《诗教》上下二篇,其言实有开凿鸿蒙之功，立言家于是必将有取。”（刘刻《遗书》卷九）意颇自负。《诗教》二篇，乃实斋论文之大纲。本篇主旨，在明后世文体备于战国，而战国之文源于《诗》教。程君千帆《文学发凡》，注颇详审，是篇爰本《言公》之义多采取焉。

〔二〕六艺，见《易教下》注〔七〕。《汉书·艺文志》：“昔仲尼没而微言绝，七十子丧而大义乖，故《春秋》分为五，《诗》分为四，《易》有数家之传。战国从衡，真伪分争，诸子之言，纷然肴乱。”此所谓六艺道息，诸子争鸣也。

〔三〕实斋《与孙渊如论学十规》云：“文字最古，莫过羲画、虞典。《五经》则多三代之文，下逮春秋而止。若夫传记与诸子家言，皆出战国，同为籍去官亡而作。春秋以前，凡有文字，莫非官司典守，即大小术艺，亦莫非世氏师传，未有空言著述不隶官籍，如后世之家自为书者也。”（《章氏遗书》逸篇）

〔四〕衺，邪之本字。《周礼·天官·宫正》：“去其淫怠与其奇衺之民。”《庄子·天下》：“后世之学者，不幸不见天地之纯，古人之大体，道术将为天下裂。”按《粤雅堂丛书》本，“战国”作“后世”，志古堂本同。

〔五〕《汉书·艺文志》：“诸子十家，其可观者，九家而已。皆起于王道既微，诸侯力政，时君世主，好恶殊方，是以九家之术，蜂出并作，各引一端，崇其所善，以此驰说，取合诸侯，其言虽殊，譬犹水火相灭亦相生也。《易》曰：‘天下同归而殊涂，一致而百虑。’今异家者，各推所长，穷知究虑，以明其指，虽有蔽短，合其要归，亦六经之支与流裔。”此谓诸子之学皆出六经，实斋则进论其文亦本于经也。

〔六〕按《文心雕龙·宗经》：“论说辞序，则《易》统其旨；诏策章奏，则《书》发其源；赋颂歌赞，则《诗》立其本；铭诔箴祝，则《礼》总其端；纪传铭檄，则《春秋》为根；并穷高以树表，极远以启疆，所以百家腾跃，终入环内者也。”（《颜氏家训·文章》所论，与此略同。）章氏《论课蒙学文法》：“论事之文，疏通致远，《书》教也。传赞之文，抑扬咏叹，辞命之文，长于讽谕，皆《诗》教也。叙例之文与考订之文，明体达用，辨名正物，皆《礼》教也。叙事之文，比事属辞，《春秋》教也。五经之教，于是得其四矣。若夫《易》之为教，系辞尽言，类情体撰，其要归于洁净精微，说理之文所从出也。”（刘刻《遗书》补遗）是后世之文并导源《五经》，特至战国而其体始备耳。

〔七〕《汉书·艺文志》：“纵横家者流，盖出于行人之官。孔子曰：‘诵《诗》三百，使于四方，不能颛对，虽多亦奚以为！’又曰：‘使乎使乎！’言当权事制宜，受命不受辞，此其所长也。”《礼记·经解》：“入其国，其教可知也，其为人也，温柔敦厚，《诗》教也。”战国者，纵横之世，而纵横家则本于《诗》教。

〔八〕诸家，谓战国诸子也。《文心雕龙·诸子》：“孟、荀所述，理懿而辞雅；管、晏属篇，事核而言练。列御寇之书，气伟而采奇；邹子之说，心奢而辞壮；墨翟、随巢，意显而语质；尸佼、尉缭，术通而文钝。鹖冠绵绵，亟发深言；鬼谷眇眇，每环奥义。清辨以泽，文子擅其能；辞约而精，尹文得其要。慎到析密理之巧，韩非著博喻之富。吕氏鉴远而体周，淮南泛采而文丽（按惟此一家汉人所集）。”诸子之文，观此可知其概。

〔九〕折，谓折中也。见《易教下》注〔五〇〕。按此节论古今文章之流变，以战国为枢纽。

〔一〇〕《谷梁传》哀元年注：“该，备也。”《史记·太史公自序》：“《礼》以节人，《乐》以发和，《书》以道事，《诗》以达意，《易》以道化，《春秋》以道义。”《荀子·劝学》：“《礼》之敬文也，《乐》之中和也，《诗》《书》之博也，《春秋》之微也，在天地之间者，毕矣。”以其兼该道体，故云毕耳。

〔一一〕二语见《荀子·非十二子》。

〔一二〕《庄子·天下》:"《诗》以道志,《书》以道事,《礼》以道行,《乐》以道和,《易》以道阴阳,《春秋》以道名分。其数散于天下而设于中国者,百家之学,时或称而道之。"六艺该道,而诸子各得道之一端,故为六艺所该。

〔一三〕《左传》昭十六年:"发命之不衷。"注:"衷,当也。"《汉志》谓诸子为六经之支与流裔,又以九流十家出于王官,以六艺为王官所掌耳。《国故论衡·原学》:"九流皆出王官,及其发舒,王官所不能与。官人守要,而九流宣其义,是以滋长。"说与此正相参。

〔一四〕《汉志》道家:"《老子邻氏经传》四篇。"原注:"姓李,名耳,邻氏传其学。"刘师培《国学发微》云:"《易》言阴阳,即《老子》之有无,乃对待之词也。又言阴阳生于太极,太极者,即绝对之词也。《老子》以有无二字代阴阳,以玄字代太极,所谓真宰真空,即玄之义也。"按《老子》言"玄"与"有无",与《易》言"太极""阴阳"其实不同。

〔一五〕庄、列寓言,见《易教下》注〔三八〕。假象如《庄子·逍遥游》以鲲鹏为喻即是。《左传》桓六年:"申繻曰:'以类命为象,取于物为假。'"注:"象,若孔子首象尼丘。假,若伯鱼生,人有馈之鱼,因名之曰鲤。"按假象是借象来达意,是《易》教。

〔一六〕邹衍齐人,尝为燕昭王师。《尚书·禹贡》始列九州,《洪范》始陈五行;邹子推而衍之,称引天地剖判以来,五德转移。又言中国外复有九州,瀛海环之,天地之际。其说具见《史记·孟荀列传》。《汉志·诸子略》阴阳家有《邹子》四十九篇,《邹子终始》五十六篇。今佚。

〔一七〕《汉志》道家有《关尹子》九篇。原注:"名喜,为关吏。老子过关,喜去吏而从之。"其书《隋志》已不载,今本孙定所传。宋濂《诸子辨》:"前有刘向序文,既与向不类,事亦无据,疑即定之所为也。间读其书,多法释氏及神仙方技家,而藉吾儒言文之。其为假托,盖无疑者。”其《二柱》篇中言五行者,乃衍二氏之说。按五行说本于《书经·洪范》。

〔一八〕《史记·齐太公世家》:“桓公既得管仲,修齐国政,连五家之兵,设轻重鱼盐之利,以赡贫穷,禄贤能,齐人皆说。”《管晏列传》称仲之言曰:“仓廪实而知礼节,衣食足而知荣辱。上服度,则六亲固。四维不张,国乃灭亡。”又《商君列传》述卫鞅变法强秦之政甚详。《荀子·劝学》:“礼者,法之大分、类之纲纪也。”礼与法本相承,法家立制,通于儒家隆礼,其所以纳民轨物,实源于《礼》教也。《汉志》,《管子》八十六篇(今存七十六篇),列道家。《隋志》依《七略》还隶法家。又《商君书》二十九篇(今存一十六篇),诸录并在法家。

〔一九〕《史记·申韩列传》:“申不害之学,本于黄、老而主刑名,著书二篇,号曰《申子》。韩非喜刑名法术之学,而其归本于黄、老。”按刑,本作形。《尹文子》云:“名者,名形者也。形者,应名者也。今万物具存,不以名正之则乱;万名具列,不以形应之则乖。故形名者,不可不正也。”施之于政,循名责实,参伍不失,其所长也。《史记·孔子世家》谓孔子之作《春秋》,“约其文辞而指博,故吴、楚之君自称王,而《春秋》贬之曰子;践土之会,实召周天子,而《春秋》讳之曰,‘天子狩于河阳’;推此类以绳当世贬损之义。后有王者,举而开之,《春秋》之义行,则天下乱臣贼子惧焉。”此《春秋》正名之义,赏罚之旨,战国刑名家言所从出也。《汉志》法家有《申子》六篇,今佚。《韩子》五十五篇,今存。

〔二〇〕《淮南子·泛论训》:“全真保性,不以物累形,杨子之所立也。”杨朱书不传,其遗说散见于《列子·杨朱》《说符》及《韩非子·说林》《说苑·权谋》中。《汉志》墨家有《墨子》七十一篇(今存五十三篇),名家有《尹文子》一篇。各家皆得道之一端。

〔二一〕《汉志》从横家有《苏子》三十一篇，《张子》十篇。今并佚。《兵书略》权谋家有《吴孙子兵法》八十二篇，图九卷（今存十三篇）。师古曰："孙武也。"《齐孙子》八十九篇，图四卷，佚（今存银雀山汉墓出土竹简《孙膑兵法》）。师古曰："孙膑。"又《吴起》四十八篇（今存六篇）。按苏秦、张仪、孙武、吴起，《史记》并有传。

〔二二〕班固《汉书》本刘歆《七略》而志《艺文》，其《诸子略》除小说家外，儒、道、阴阳、法、名、墨、从横、杂、农为九流。范宁《谷梁传序》："九流分而微言隐。"疏："不数小说家。"《梁书·处士传》："阮孝绪字士宗，所著《七录》等书传于世。"《隋书·经籍志》："普通中，有处士阮孝绪，博采宋、齐以来王公之家凡有书记，参校官簿，更为《七录》，一曰经典录，二曰记传录，三曰子兵录，四曰文集录，五曰技术录，六曰佛录，七曰道录。"其书今佚，惟《序》存《广弘明集》中。

〔二三〕见《书教下》注〔五〕。

〔二四〕六典，见《书教上》注〔一二〕。按此节论战国之文，皆源于六艺。

〔二五〕《周礼·秋官》："大行人掌大宾之礼，及大客之仪，以亲诸侯。小行人掌邦国之礼籍，以待四方之使者。"

〔二六〕《周礼·大行人》："谕言语，协辞命。"郑注："六辞之命也。"《孟子·公孙丑》："我于辞命，则不能也。"赵注："言辞教命。"焦循《正义》："辞，谓解说也。命，教令也。"

〔二七〕《左传》襄公二十五年，郑入陈，子产献捷于晋，晋不能难。仲尼曰："志有之：'言以足志，文以足言。'不言，谁知其志？言之无文，行而不远。晋为伯，郑入陈，非文辞不为功，慎辞哉。"

〔二八〕《战国策·秦策》："苏秦乃夜发书，陈箧数十，得太公《阴符》之谋，伏而诵之，简练以为揣摩。期年，揣摩成，见说赵王于华屋之下，抵掌而谈。"

〔二九〕《礼记·乐记》:“发扬蹈厉,太公之志也。”《文选序》:“变其本而加厉。”

〔三〇〕语见《论语·子路》。末句原书作“虽多亦奚以为”。

〔三一〕《诗大序》:“诗有六义,三曰比,四曰兴。”陈启源《毛诗稽古编》:“比兴皆喻,而体不同。兴者,兴会所生,非即非离,言在此,意在彼,其词微,其旨远。比者,一正一喻,两相譬况,其词决,其旨显;且与赋交错而成文,不若兴语之用以发端,多在首章也。”《诗大序》:“风以动之。”疏:“言王者施化,先依违讽谕以动之。”

〔三二〕《左传》成十四年:“《春秋》之称,微而显,婉而成章。”

〔三三〕近人钟泰云:“《周礼·春官》:‘太卜掌三《易》之法:一曰《连山》,二曰《归藏》,三曰《周易》。’则《易》在《礼》之中矣。‘大师教六诗:曰风,曰赋,曰比,曰兴,曰雅,曰颂。’则《诗》在《礼》之中矣。‘大司乐以乐舞教国子,舞云门、大卷、大咸、大磬、大夏、大濩、大武。’则《乐》在《礼》之中矣。‘小史掌邦国之志,外史掌四方之志,掌三皇五帝之书。’则《书》与《春秋》在《礼》之中矣。是故言《礼》,而六艺即无不在。晋韩宣子之聘鲁也,观书于太史氏,得见《易象》与鲁《春秋》,曰:‘周礼尽在鲁矣。吾乃今知周公之德,与周之所以王也。’是可证也。”(《中国哲学史》第二章)诸子之学,承流六艺;六艺之在官守,统为典礼;故云其质多本于《礼》教也。

〔三四〕按此节论战国为纵横之世,其文多出于《诗》教。

〔三五〕《孟子·滕文公下》:“驱蛇龙而放之菹。”赵注:“泽生草曰菹。”

〔三六〕《左传》襄二十四年:“太上有立德,其次有立功,其次有立言。”孔疏:“立言,谓言得其要,理足可传,其身既没,其言尚存。老、庄、管、晏、杨、墨、孙、吴之徒,制作子书;屈原、宋玉、贾逵、扬雄、马迁、班固以后,撰集史传,及制作文章,使后世学习,皆是立言者也。”

〔三七〕《晋书·挚虞传》:“虞字仲洽,京兆长安人也。少事皇甫谧,才学通博,著述不倦。拜郎中,久之,补尚书郎,将作大匠。历秘书监、卫尉卿、光禄勋、太常卿,卒。撰《文章志》四卷,注解《三辅决录》。又撰古文章类聚,区分为三十卷,名曰《流别集》,各为之论,辞理惬当,为世所重。”按原注《文章流别传》,传当作集。

〔三八〕《文选》见《书教中》注〔三〇〕。按此节论后世之文,其体备于战国。

〔三九〕《隋志》总集类:“《文苑》一百卷,孔逭撰。”

〔四〇〕《文选》有班固《两都赋》,张衡《两京赋》《南都赋》,左思《三都赋》。

〔四一〕苏、张之辞,具见《国策》。刘向《别录》云:“苏秦、张仪之属,生从横短长之说,左右倾侧。苏秦为从,张仪为横,横则秦帝,从则楚王,所在国重,所去国轻。”苏秦、张仪之游说,称一国之地势、物产等,与京都赋略相似。

〔四二〕《文选》司马相如《上林赋》,扬雄《羽猎赋》,皆赋畋游之作。与下《战国策》“从畋”相似,下“同钓”作陪衬。

〔四三〕《战国策·楚策》:“楚王游于云梦,结驷千乘,旌旗蔽日,野火之起也若云霓,兕虎嗥之声若雷霆。有狂兕䍧车依轮而至。王亲引弓而射,壹发而殪。王抽旃旄而抑兕首,仰天而笑曰:‘乐矣今日之游也。寡人万岁千秋之后,谁与乐此矣?’安陵君泣数行而进曰:‘臣入则编席,出则陪乘,大王万岁千秋之后,愿得以身试黄泉,蓐蝼蚁,又何如得此乐而乐之!’王大悦,乃封缠为安陵君。”(《文选》注引《说苑》,“缠”作“缠”。)

〔四四〕《战国策·魏策》:“魏王与龙阳君共船而钓。龙阳君得十余鱼而涕下。王曰:‘有所不安乎?如是,何不相告也?’对曰:‘臣无敢不安也。’王曰:‘然则何为出涕?’曰:‘臣为王之所得鱼也。’王曰:‘何谓也?’对曰:‘臣之始得鱼也,臣甚喜。后得又益大,今臣直欲弃臣前之所得矣。今以臣凶恶而得为王拂枕席,今臣爵至人君,走人于庭,辟人于途。四海之内,美人亦甚多矣,闻臣之得幸于王也,必褰裳而趋王,臣亦犹曩臣之前所得鱼也,臣亦将弃矣,臣安能无涕出乎?'魏王曰:'嘻!有是心也,何不相告也?'于是布令于四境之内曰:'有敢言美人者,族。'"

〔四五〕东方朔《答客难》,扬雄《解嘲》,并载《文选》。《文心雕龙·杂文》谓其体本于宋玉《对楚王问》,曰:"自《对问》以后,东方朔效而广之,名为《客难》托古慰志,疏而有辨。扬雄《解嘲》,杂以谐谑,回环自释,颇亦为工。"《客难》《解嘲》设为问答之辞,以舒愤懑之意,而《渔父》《卜居》二篇,正对问体,极为显然。《庄子·秋水》:"庄子与惠子游于濠梁之上。庄子曰:'儵鱼出游从容,是鱼乐也。'惠子曰:'子非鱼,安知鱼之乐?'庄子曰:'子非我,安知我不知鱼之乐?'惠子曰:'我非子,固不知子矣。子固非鱼矣,子不知鱼之乐全矣。'庄子曰:'请循其本。子曰,女安知鱼乐云者,既已知吾知之而问我,我知之濠上也。'"也是对问体。

〔四六〕《文心雕龙·杂文》:"扬雄覃思文阔,业深综述,碎文琐语,肇为《连珠》。"杨升庵曰:"《北史·李先传》:'魏帝召先读《韩子·连珠》二十二篇。'《韩子》即韩非书,中有连语,先列其目而后著其解,谓之《连珠》。据此则《文章缘起》谓始于扬雄,非也。"(刘氏《识语》引)今《韩非子》无《连珠》,殆即《内》《外储说》耳。

〔四七〕《后汉书·文苑传》:"傅毅字武仲,扶风茂陵人。肃宗召文学之士,以毅为兰台令史,与班固、贾逵共典校书。永元初,窦宪迁大将军,以毅为司马,早卒。著诗、赋、诔、颂、祝文、七激、连珠,凡二十八篇。"《文选》载陆机《演连珠》五十首,注引傅玄叙《连珠》曰:"所谓连珠者,兴于汉章之世,班固、贾逵、傅毅三子受诏作之。其文体辞丽而言约,不指说事情,必假喻以达其旨,而览者微悟,合于古诗讽兴之义,欲使历历如贯珠,易看(《艺文类聚》引作睹)而可悦,故谓之连珠。"

〔四八〕《孟子·梁惠王上》:"曰:'王之所大欲,可得闻与?'王笑而不言。曰:'为肥甘不足于口与?轻暖不足于体与?抑为采色不足视于目与?声音不足听于耳与?便嬖不足使令于前与?王之诸臣皆足以供之,而王岂为是哉?'曰:'否,吾不为是也。'曰:'然则王之所大欲可知已,欲辟土地,朝秦、楚,莅中国而抚四夷也。以若所为,求若所欲,犹缘木而求鱼也。'"

〔四九〕洪迈《容斋随笔》七:"枚乘作《七发》,创意造端,丽旨腴词,上薄骚些,盖文章领袖,故为可喜。其后继之者,如傅毅《七激》、张衡《七辩》、崔骃《七依》、马融《七广》、曹植《七启》、王粲《七释》、张协《七命》之类,规仿太切,了无新意。傅玄又集之以为《七林》,使人读未终篇,往往弃诸几格。"

〔五〇〕枚乘见《书教中》注〔二〇〕。《文选》录乘《七发》外,有曹植《七启》、张协《七命》二篇。《文心雕龙·杂文》:"枚乘摛艳,首制《七发》,腴词云构,夸丽风骇。盖七窍所发,发乎嗜欲,始邪末正,所以戒膏腴之子也。"《左传》昭十五年:"数典而忘其祖。"

〔五一〕见《书教中》注〔二〇〕。《文选》有邹阳《狱中上书自明》一首。

〔五二〕《梁书·江淹传》:"淹字文通,济阳考城人。宋建平王景素好士,淹随景素在南兖州,广陵令郭彦文得罪,辞连淹,系州狱中,上书。景素览书,即日出之。"《文选》有江淹《诣建平王上书》一首。

〔五三〕《战国策·燕策》:"人有恶苏秦于燕王者曰:'武安君,天下不信人也;王以万乘下之,尊之于廷,示天下与小人群也。'武安君从齐来,而燕王不馆也,谓燕王曰:'臣,东周之鄙人也,见足下,身无咫尺之功,而足下迎臣于郊,显臣于廷。今臣为足下使,利得十城,功存危燕,足下不听臣者,人必有言臣不信,伤臣于王者。臣之不信,是足下之福也。臣邻家有远为吏者,其妻私人,其夫且归,其私之者忧之。其妻曰:"公勿忧也,吾已为药酒以待之矣。"

后二日，夫至，妻使妾奉卮酒进之。妾知其药酒也，进之则杀主父，言之则逐主母，乃阳僵弃酒。主父大怒而笞之。故妾一僵而弃酒，上以活主父，下以存主母也。忠至如此，然不免于笞，此以忠信得罪者也。臣之事，适不幸而类妾之弃酒也。'"

〔五四〕贾谊《过秦论》、班彪《王命论》、曹冏《六代论》、陆机《辨亡论》，并载《文选》。陈前代之得失，资当世之鉴戒，其用心一也。

〔五五〕《史记·孟荀列传》："天下方务于合从连衡，以攻伐为贤，而孟轲乃述唐、虞、三代之德，是以所如不合。退而与万章之徒，序诗书，述仲尼之意，作《孟子》七篇。荀卿嫉浊世之政，亡国乱君相属，不遂大道，而营巫祝，信禨祥；于是推儒墨道德之行事兴坏，序列著万言而卒。"

〔五六〕《汉书·淮南王传》："淮南王安为人好书，招致宾客方术之士数千人，作为内书二十一篇，外书甚众。"《楚辞》有淮南小山《招隐士》一篇。王逸《章句序》曰："《招隐士》者，淮南小山之所作也。昔淮南王安博雅好古，招怀天下俊伟之士，自八公之徒，咸慕其德而归其仁，各竭才智，著作篇章，分造辞赋，以类相从，故或称小山，或称大山，其义犹《诗》有《小雅》《大雅》也。"《文选·招隐士》下署名"刘安"。《汉志·诗赋略》有《淮南王群臣赋》四十四篇，殆即小山、大山之属所作也。

〔五七〕《史记·梁孝王世家》："孝王，窦太后少子也，爱之，赏赐不可胜道。于是梁王筑东苑，方三百余里，招延四方豪杰。自山以东，游说之士，莫不毕至，齐人羊胜、公孙诡、邹阳之属。"

〔五八〕平原君赵胜、孟尝君田文、春申君黄歇、信陵君魏无忌，招致宾客各数千人，得士之力，取重当时。具见《史记》本传。

〔五九〕《汉书·严助传》："郡举贤良对策百余人，武帝善助对，擢为中大夫。后得朱买臣、吾丘寿王、司马相如、主父偃、徐乐、严安、东方朔、枚皋、胶仓、终军、严葱奇等，并在左右。"《史记·滑稽列传》："武帝时，齐人有东方生名朔，初入长安，诏拜以为郎，常在侧侍中，数召至前谈语，人主未尝不说（悦）也。"《文选》录朔《答客难》《非有先生论》。《汉书》本传称"朔之文辞，以此二篇为最善"。司马相如见《书教中》注〔一八〕。《文选》录相如《子虚》《上林》《长门》三赋，《谕巴蜀檄》《难蜀父老》《谏猎书》《封禅文》。惟《长门赋》不载本传，《日知录》《何义门读书记》并以为赝品。

〔六〇〕《魏志·王粲传》："始文帝为五官中郎将，及平原侯植，皆好文学，粲与北海徐干字伟长，广陵陈琳字孔璋，陈留阮瑀字元瑜，汝南应玚字德琏，东平刘桢字公干，并见友善。"邺，魏都，今河南安阳县，《文选》录邺下诸子之文颇多，兹不具举。

〔六一〕《史记·孟荀列传》："齐有三驺子，其前驺忌先孟子；其次驺衍，后孟子。驺奭者，亦采驺衍之术以纪文。驺衍之术，迂大而闳辩，奭也文具难施，故齐人颂曰：'谈天衍，雕龙奭。'"《集解》引刘向《别录》曰："驺衍之所言，五德终始，天地广大，书言天事，故曰谈天。驺奭修衍之文饰，若雕镂龙文，故曰雕龙。"司马相如有《大人赋》，有似"谈天"，又《子虚》《上林》有似"雕龙"。

〔六二〕《庄子·大宗师》，《释文》引李奇曰："畸，奇异也。"《史记·儒林传》："余读功令，至于广厉学官之路，未尝不废书而叹也。"盖利禄之途，自是开也。

〔六三〕《中说·礼乐》："在山泽而有廊庙之志。"《庄子·让王》："中山公子牟谓瞻子曰：'身在江海之上，心居魏阙之下，奈何？'"《释文》引许慎曰："魏阙，天子两观也。"按江海，《吕氏春秋·开春论》作江湖。此言身在野而心在朝廷，即"遇有升沉"之意。

〔六四〕《文心雕龙·辨骚》："自风雅寝声，莫或抽绪，奇文郁起，其《离骚》哉！"刘熙载《艺概》："《骚》按之而逾深。"

〔六五〕按此节即《文选》诸体证后世之文，战国已肇其端。

〔六六〕《礼记·曲礼》:"宦学事师,非礼不亲。"疏:"宦谓学仕宦之事,学谓学习六艺,此二者俱是事师,非礼不亲。"《说文》:"官,吏事君也。从宀,从𠂤。𠂤,犹众也。此与师同意。"《广雅·释诂》:"师,官也。"盖古者政教不分,官师合一,故二字异名而同训。

〔六七〕《易·系辞下》:"上古结绳而治,后世圣人易之以书契,百官以治,万民以察。"

〔六八〕《礼记·中庸》:"今天下车同轨,书同文。"

〔六九〕今《通义》外篇无此,盖即《校雠通义·原道》篇,兹不具引。

〔七〇〕《周礼·天官》:"师以贤得民,儒以道得民。"注:"师,诸侯师氏,有德行以教民者。儒,诸侯保氏,有六艺以教民者。"此指私家讲学者,与本义别。

〔七一〕《论语·阳货》:"子曰:'予欲无言。'"《述而》:"吾无行而不与二三子者,是丘也。"

〔七二〕《论语·述而》:"子曰:'述而不作,信而好古,窃比于我老彭。'"《校雠通义·原道》曰:"六艺非孔子之书,乃《周官》之旧典也,《易》掌太卜,《书》藏外史,《礼》在宗伯,《乐》隶司乐,《诗》领太师,《春秋》存乎国史。夫子自谓述而不作,明乎官司失守,而师弟子之传业于是判焉。"

〔七三〕《汉书·艺文志》:"《论语》者,孔子应答弟子时人,及弟子相与言而接闻于夫子之语也。当时弟子各有所记。夫子既卒,门人相与辑而论篹,故谓之《论语》。"按《论语》记曾子临死之言,则非孔子所能闻。又曰:"昔仲尼没而微言绝。"师古曰:"精微要妙之言也。"

〔七四〕《汉志》儒家:"《子思》二十三篇。《曾子》十八篇。"《礼记·中庸》注:"孔子之孙子思作之。"《子思》,除《中庸》外,已佚,定海黄以周有辑本。《曾子》今存十篇,在《大戴记》中,仪征阮元有注释本。

〔七五〕《庄子·天下》:“深闳而肆。”张英《聪训斋语》:“《孟子》文雄奇跌宕,变幻洋溢。”

〔七六〕《汉志》道家:“《鬻子》二十二篇。”原注:“名熊,为周师,自文王以下问焉。”今存一卷,凡十四篇。沈钦韩曰:“今十四篇标题甲乙,数目杂乱不可晓,又短僿不成章。而《列子》三引《鬻子》,贾谊书述《鬻子》七章,皆今书所无。今本其糟粕耳。”(《汉书疏证》二十五)又儒家:“《晏子》八篇。”孙星衍《序》曰:“《晏子》名《春秋》,疑其文出于齐之《春秋》,晏子死,其宾客集其行事为书,虽无年月,尚仍旧名。凡称子书,多非自著,无足怪者。”

〔七七〕《史记·管晏列传赞》:“吾读管氏《牧民》《山高》《乘马》《轻重》《九府》,详哉其言之也。”《集解》引刘向《别录》曰:“《山高》,一名《形势》。”所举篇目,皆《管子》纲要,而《立政》《幼官》中载政令,《地员》《弟子职》存古典籍,此所谓载典章政教也。

〔七八〕按《校雠通义·汉志诸子》未究及此,而《言公》颇申其说,可参阅。又《述学驳文》曰:“孔子未修《春秋》以前,并无诸子著书之事。如其有之,则夫子必从而讨论,不容绝不置于口也。其人有生孔子前者,如《管子》上溯太公之类,皆是后人撰辑,非其本人之所自为。”(刘刻《遗书》卷七)

〔七九〕《汉志》无,《隋志》始有《太公阴谋》《太公阴符钤录》等书,今并佚。

〔八〇〕姚际恒《古今伪书考》:“《汉志》有《黄帝内经》十八卷。《隋志》始有《黄帝素问》九卷,唐王砯为之注,以《素问》九卷、《灵枢》九卷,当《内经》十八卷,实附会也。”《书录解题》医书类:“《素问》,黄帝与岐伯问答,此固出于后世依托,要是医书之祖也。”章氏《与孙渊如观察论学十规》云:“《本草》《素问》道术原本炎、黄,历三代以至《春秋》,守在官书世氏,其间或存识记,或传耳口,迭相受授,言不尽于书也。至战国而官亡籍去,遂有医家

者流，取所受授而笔之于书，今所传本是也。”（《章氏遗书》逸篇）

〔八一〕《神农》，见《书教中》注〔三〕。《汉志》农家：“《野老》十七篇。”原注：“六国时在齐、楚间。”应劭曰：“年老居田野，相民耕种，故号野老。”今佚。

〔八二〕见《书教中》注〔四〕。

〔八三〕参看《书教中》注〔二〕。

〔八四〕按外史所掌云云，见《周礼·春官》。

〔八五〕按《校雠通义·汉志诗赋》曰：“古之赋家者流，源本《诗》《骚》，出入战国诸子。虽其文逐声韵，旨存比兴，而深探本源，实能自成一子之学，与夫专门之书，初无差别。”又《遗书·杂说》曰：“诸子不难其文，而难于宗旨有其不可灭。故诸子仅工文辞，即后文集之滥觞。”盖为学贵乎专门，著述贵有宗旨，则博而能约，自足成家；否则浮声泛响，偶然而无所归宿；故谓古之辞赋实具子风，而后来子书大类文集者，此也。俞樾《宾萌集·自序》云：“文集始于诸子，古之君子既没，而其徒撰次其行事，与其文词，以传于后。后世人各有集，而不知其原出于诸子，于是集日以多，而文日以卑矣。”刘师培《论文杂记》：“古人学术，各有专门，故发为文章，亦复旨无旁出，成一家言，与诸子同。”均足为章说佐证。

〔八六〕按此节论学至战国而著述之事乃专。

诗教下〔一〕

或曰：若是乎三代以后，六艺惟《诗》教为至广也。敢问文章之用，莫盛于《诗》乎？曰：岂特三代以后为然哉？三代以前，《诗》教未尝不广也。夫子曰：“不学《诗》，无以言。”〔二〕古无私门之著述，未尝无达衷之言语也。惟托于声音，而不著于文字，故秦人禁《诗》《书》，〔三〕《书》阙有间，〔四〕而《诗》篇无有散失也。〔五〕后世竹帛之功，胜于口耳；而古人声音之传，胜于文字；则古今时异，而理势亦殊也。自古圣王以礼乐治天下，三代文质，出于一也。〔六〕世之盛也，典章存于官守，礼之质也；情志和于声诗，乐之文也。迨其衰也，典章散，而诸子以术鸣。故专门治术，皆为官礼之变也。情志荡，而处士以横议，〔七〕故百家驰说，皆为声诗〔八〕之变也。名、法、兵、农、阴阳之类，主实用者，谓之专门治术，其初各有职掌，故归于官，而为礼之变也。谈天、雕龙、坚白、异同之类，主虚理者，谓之百家驰说。其言不过达其情志，故归于诗，而为乐之变也。战国之文章，先王礼乐之变也。六艺为官《礼》之遗，其说亦详外篇《校雠略》中《著录先明大道论》。〔九〕然而独谓《诗》教广于战国者，专门之业少，而纵横腾说之言多。后世专门子术之书绝〔一〇〕伪体子书，不足言也。而文集繁，虽有醇驳高下之不同，其究不过自抒其情志。故曰：后世之文体，皆备于战国，而《诗》教于斯可谓极广也。学者诚能博览后世之文集，而想见先王礼乐之初焉，庶几有立而能言，学问有主即是立，不尽如朱子所云肌肤筋骸之束而已也。〔一一〕可以与闻学《诗》学《礼》之训矣。〔一二〕

学者惟拘声韵为之诗，而不知言情达志，敷陈讽谕，抑扬涵泳之文，皆本于《诗》教。〔一三〕是以后世文集繁，而纷纭承用之文，相与沿其体，而莫由知其统要也。至于声韵之文，古人不尽通于《诗》，而后世承用诗赋之属，亦不尽出六义之教也，〔一四〕其故亦备于战国。是故明于战国升降之体势，而后礼乐之分可以明，六艺之教可以别；七略九流、诸子百家之言，可以导源而浚流；两汉、六朝、唐、宋、元、明之文，可以畦分而塍别；〔一五〕官曲术业，〔一六〕声诗辞说，口耳竹帛之迁变，可坐而定矣。〔一七〕

演畴皇极，训诰之韵者也，〔一八〕所以便讽诵，志不忘也。六象赞言，《爻》《系》之韵者也，〔一九〕所以通卜筮，阐幽玄也。〔二〇〕六艺非可皆通于《诗》也，而韵言不废，则谐音协律，不得专为《诗》教也。传记如《左》《国》，〔二一〕著说如《老》《庄》，〔二二〕文逐声而遂谐，语应节而遽协，岂必合《诗》教之比兴哉？焦贡之《易林》，[二三]史游之《急就》，[二四]经部韵言之不涉于《诗》也。《黄庭经》之七言，《参同契》之断字，[二五]子术韵言之不涉于《诗》也。后世杂艺百家，诵拾名数，率用五言七字，演为歌诀，咸以取便记诵，皆无当于诗人之义也。而文指存乎咏叹，取义近于比兴，多或滔滔万言，少或寥寥片语，不必谐韵和声，而识者雅赏其为《风》《骚》遗范也。故善论文者，贵求作者之意指，而不可拘于形貌也。[二六]

传曰："不歌而诵谓之赋。"[二七]班氏固曰："赋者古诗之流。"[二八]刘氏勰曰："六艺附庸，蔚为大国。"[二九]盖长言咏叹之一变，[三〇]而无韵之文可通于诗者，亦于是而益广也。屈氏二十五篇，刘、班著录，以为《屈原赋》也。[三一]《渔父》之辞，未尝谐韵，而入于赋，[三二]则文体承用之流别，不可不知其渐也。文之敷张而扬厉者，皆赋之变体，不特附庸之为大国，抑亦陈完之后，离去宛邱故都，而大启疆宇于东海之滨也。[三三]后世百家杂艺，亦用赋体为拾诵，窦氏《述书赋》，吴氏《事类赋》，[三四]医家药性赋，星卜命相术业赋之类。盖与歌诀同出六艺之外矣。然而赋家者流，犹有诸子之遗意，居然自命一家之言者，其中又各有其宗旨焉。殊非后世诗赋之流，拘于文而无其质，茫然不可辨其流别也。是以刘、班《诗赋》一略，区分五类，而屈原、陆贾、荀卿，定为三家之学也。说详外篇《校雠略》中《汉志诗赋论》。[三五]马、班二史，于相如、扬雄诸家之著赋，俱详著于列传，自刘知几以还，从而抵排非笑者，[三六]盖不胜其纷纷矣，要皆不为知言也。盖为后世文苑之权舆，而文苑必致文采之实迹，以视范史而下，[三七]标文苑而止叙文人行略者，为远胜也。然而汉廷之赋，实非苟作，长篇录入于全传，足见其人之极思，[三八]殆与贾疏、董策，为用不同，而同主于以文传人也。[三九]是则赋家者流，纵横之派别，而兼诸子之余风，此其所以异于后世辞章之士也。[四〇]故论文于战国而下，贵求作者

之意指，而不可拘于形貌也。[四一]

论文拘形貌之弊，至后世文集而极矣。盖编次者之无识，亦缘不知古人之流别，作者之意指，不得不拘貌而论文也。集文虽始于建安，[四二]魏文撰徐、陈、应、刘文为一集，此文集之始，挚虞《流别集》，犹其后也。而实盛于齐、梁之际；[四三]古学之不可复，盖至齐、梁而后荡然矣。挚虞《流别集》，乃是后人集前人。人自为集，自齐之《王文宪集》始，而《昭明文选》又为总集之盛矣。范、陈、晋、宋诸史所载，文人列传，总其撰著，必云诗、赋、碑、箴、颂、诔若干篇而未尝云文集若干卷；[四四]则古人文字，散著篇籍，而不强以类分可知也。孙武之书，盖有八十二篇矣，说详外篇《校雠略》中《汉志兵书论》。而阖闾以谓“子之十三篇，吾既得而见”，[四五]是始《计》[四六]以下十三篇，当日别出独行，而后世始合之明征也。韩非之书，今存五十五篇矣。而秦王见其《五蠹》《孤愤》，恨不得与同时。[四七]是《五蠹》《孤愤》，当日别出独行，而后世始合之明征也。《吕氏春秋》自序，以为良人问十二纪，[四八]是八览六论，[四九]未尝入序次也。董氏《清明》《玉杯》《竹林》之篇，班固与《繁露》并纪其篇名，[五〇]是当日诸篇，未入《繁露》之书也。夫诸子专家之书，指无旁及，而篇次犹不可强绳以类例；况文集所裒，体制非一，命意各殊，不深求其意指之所出，而欲强以篇题形貌相拘哉！[五一]

赋先于诗，[五二]骚别于赋，[五三]赋有问答发端，误为赋序，[五四]前人之议《文选》，犹其显然者也。若夫《封禅》《美新》《典引》，皆颂也。称符命以颂功德，而别类其体为符命，[五五]则王子渊以圣主得贤臣而颂嘉会，[五六]亦当别类其体为主臣矣。班固次韵，乃《汉书》之自序也。[五七]其云述《高帝纪第一》，述《陈项传第一》者，所以自序撰书之本意，史迁有作于先，故已退居于述尔。今于史论之外，别出一体为史述赞，[五八]则迁书自序，所谓作《五帝纪第一》，作《伯夷传第一》者，又当别出一体为史作赞矣。[五九]汉武诏策贤良，即策问也。今以出于帝制，遂于策问之外，别名曰诏。〔六〇〕然则制策之对，当离诸策而别名为表矣。〔六一〕贾谊《过秦》，盖《贾子》之篇目也。〔六二〕今传贾氏《新书》，首列《过秦》上下二篇，此为后人辑定，不足为据。《汉志》，《贾谊》五十八篇，又赋七篇，此外别无论著，则《过秦》乃《贾子》篇目明矣。因陆机《辨亡》之论，规仿《过秦》，〔六三〕遂援左思"著论准《过秦》"之说，而标体为论矣。〔六四〕左思著论之说，须活看，不可泥。魏文《典论》，〔六五〕盖犹桓子《新论》、〔六六〕王充《论衡》〔六七〕之以论名书耳。《论文》，其篇目也。今与《六代》《辨亡》诸篇，同次于论。然则昭明《自序》，所谓"老、庄之作，管、孟之流，立意为宗，不以能文为本"，其例不收诸子篇次者；岂以有取斯文，即可裁篇题论，而改子为集乎？《七林》之文，皆设问也。今以枚生发问有七，而遂标为七，〔六八〕则《九歌》《九章》《九辨》，〔六九〕亦可标为九乎？《难蜀父老》，亦设问也。今以篇题为难，而别为难体，则《客难》当与同编，而《解嘲》当别为嘲体，《宾戏》当别为戏体矣。〔七〇〕《文选》者，辞章之圭臬，〔七一〕集部之准绳，〔七二〕而淆乱芜秽，不可殚诘；则古人流别，作者意指，流览诸集，孰是深窥而有得者乎？集人之文，尚未得其意指，而自裒所著为文集者，何纷纷耶？若夫总集别集之类例，编辑撰次之得失，今古详略之攸宜，录选评钞之当否，别有专篇讨论，不尽述也。〔七三〕

〔一〕按本篇大旨，谓论文宜以情质为准，不可拘于形貌，承上篇而推言之。

〔二〕见《论语·季氏》。

〔三〕《史记·秦始皇本纪》："三十四年，始皇置酒咸阳宫。博士齐人淳于越进曰：'臣闻殷周之王千余岁，封子弟功臣，自为枝辅。今陛下有海内，而子弟为匹夫，卒有田常六卿之臣，无辅拂，何以相救哉？事不师古而能长久者，非所闻也。'始皇下其议。丞相李斯曰：'五帝不相复，三代不相袭，各以治，非其相反，时变异也。

今陛下创大业，建万世之功，固非愚儒所知。且越言乃三代之事，何足法也。异时诸侯并争，厚招游学。今天下已定，法令出一，百姓当家则力农工，士则学习法令辟禁。而诸生不师今而学古，以非当世，惑乱黔首，禁之便。臣请史官非秦纪皆烧之；非博士官所职，天下敢有藏《诗》、《书》、百家语者，悉诣守尉杂烧之。有敢偶语《诗》《书》，弃市。以古非今者，族。令下三十日不烧，黥为城旦。所不去者，医药卜筮种树之书。若欲有学法令，以吏为师。'制曰：'可。'"

〔四〕《史记·五帝本纪赞》："《书》缺有间矣。"《索隐》："言古典残缺有年载，故曰有间。"《汉志·六艺略》："《书》之所起，远矣，至孔子纂焉；上断于尧，下迄于秦，凡百篇而为之序，言其作意。秦燔书禁学，济南伏生独壁藏之。汉兴，亡失，求得二十九篇。武帝末，鲁共王坏孔子宅，欲以广其宫，而得《古文尚书》及《礼记》《论语》《孝经》凡数十篇，皆古文也。孔安国者，孔子后也，悉得其书，以考二十九篇，得多十六篇。"此《书》阙之由来。

〔五〕《汉志·六艺略》："孔子纯取周《诗》，上采殷，下取鲁，凡三百五篇。遭秦火而全者，以其讽诵，不独在竹帛故也。"

〔六〕出于一，谓其时政教，文质相丽，不若后世礼乐分流。说详下。

〔七〕《孟子·滕文公下》："圣王不作，诸侯放恣，处士横议，杨朱、墨翟之言盈天下。"

〔八〕《诗谱序》疏引《六艺论》曰："诗者，弦歌讽谕之声也。"

〔九〕见前篇注〔六九〕。

〔一〇〕江瑔《读子卮言》曰："古人著书，必持之有故，言之成理，卓然成一家言，而后可以名为子书。唐、宋以后，诸子道衰，类书繁起，钞胥是务，剿袭相因，亦褎然列名于子部之中。子书之体不明，先民之绪遂湮，无惑乎诸子百家之学，响沉景绝于后世，而缀学汲古之士，所以佁(惕)然而惧也。"

〔一一〕《论语·泰伯》:"立于礼。"朱注:"礼以恭敬辞逊为本,而有节文度数之详,可以固人肌肤之会,筋骸之束;故学者之中,所以能卓然自主,而不为事物之所摇夺者,必于此而得之。"

〔一二〕按此节论《诗》教之广,于战国为尤盛。

〔一三〕按章氏《论课蒙学文法》谓传赞之文,抑扬咏叹,辞命之文,长于讽谕,皆原于《诗》教。已见前篇注〔六〕引。

〔一四〕《诗大序》:"《诗》有六义焉:一曰风,二曰赋,三曰比,四曰兴,五曰雅,六曰颂。"章氏《陈东浦方伯诗序》云:"学诚尝推刘、班区别五家之义(《汉志·诗赋略》分五目),以校古今诗赋,寥寥鲜有合者。诗家不胜患苦,或反诘如何方合五家之推?则报之曰:古诗去其音节铿锵,律诗去其声病对偶,且并去其谋篇用事琢句炼字一切工艺之法,而令翻译者流,但取诗之意义,演为通俗语言,其中果有卓然其不可及,迥然其不同于人者,斯可以入五家之推矣。苟去是数者,而枵然一无所有,是工艺而非诗也。"(刘刻《遗书》卷十三)可与此参证。

〔一五〕《说文》:"田五十亩曰畦。"又:"塍,稻中畦也。"章氏《陈东浦方伯诗序》云:"顾尝从事于校雠之业,略辨诗教源流,谓六经教衰,诸子争鸣,刘向条别其流有九。至诸子衰而为文集,后世史官不能继刘向条辨文集流别,故文集滥焉。六义风衰,而骚赋变体,刘向条别其流有五,则诗赋亦非一家已也。第刘向九流之说犹存,今推其意以校后世之文,如韩出儒家,柳出名家,苏出兵家,王出法家,子瞻纵横,子固校雠,犹可推类以治其余。诗赋五家之说已逸,而后世遂混合诗赋而为一流,不知其中流别,古人甚于诸子之分家学,此则刘、班以后千七百年,未有议焉者也。"仪征刘氏,即历代诗文而条其流别,主张以集还子(《论文杂记》),盖本章说而引发之。

〔一六〕《礼记·儒行》:"营道同术。"注:"术,业也。"

〔一七〕按此节言论文不拘形貌，乃能明其体要。

〔一八〕《尚书·洪范》："天乃锡禹洪范九畴。"伪《孔传》："洪，大，范，法也。"《正义》："乃赐禹大法九类。"又："五曰建用皇极。"伪《孔传》："皇，大，极，中也。凡立事当用大中之道。"演畴者，《正义》云："此经开源于首，覆更演说，非复一问一答之势，必是箕子自为之也。"训诰，皆书体之名。《洪范》乃箕子告武王彝伦大法，亦训诰之属也。古重耳学，故书多用韵。兹就江有诰《群经韵读》《先秦韵读》二书，各录一例，以证章说。《洪范》："而康而色，曰予攸好德，汝则锡之福，时人斯其为皇之极。"色、德、福、极，同在之部。

〔一九〕六象，谓六爻之象。孔子作十翼，赞明《易》道，其释六爻之《象辞》，谓之小象，多用韵语，与爻《系辞》同。《屯卦》："六二，屯如邅如，乘马班如。"邅、班同在元部。其《象》曰："六二之难，乘刚也。十年乃字，反常也。"刚、常同在阳部。

〔二〇〕《礼记·曲礼》："龟为卜，策为筮。卜筮者，先圣王所以使民信时日，敬鬼神，畏法令也。所以使民决嫌疑，定犹与也。"《易·系辞下》："夫《易》彰往而察来，而微显阐幽。"韩康伯注："夫《易》无往不彰，无来不察，而微以之显，幽以之阐。阐，明也。"按玄本作元，避清圣祖讳改。

〔二一〕《左传》用韵者，如隐十一年："山有木，工则度之。宾有礼，主则择之。"度、择同在鱼部。《国语》用韵者，如《越语》："不乱民功，不逆天时，五谷稑熟，民乃蕃滋。君臣上下，交得其志。"时、滋、志同在之部。

〔二二〕《老子》用韵者，如二章："故有无相生，难易相成，长短相形，高下相倾。"生、成、形、倾同在耕部。《庄子》用韵者，如《人间世》："迷阳迷阳，无伤吾行。"阳、行同在阳部。

〔二三〕《隋书·经籍志》五行类："《易林》十六卷，焦赣撰。"《书录解题》云："凡四千九十六卦，其辞假出于经史，其意雅通于神祇，盖一卦可以变六十四也。皆韵语古雅，颇类左氏所载繇辞。"

〔二四〕《汉志》小学类："《急就》一篇，元帝时黄门令史游作。"《郡斋读书志》："书凡三十二章，杂记姓名诸物五官等字，以教童蒙。急就者，谓字之难知者，缓急可就而求焉。"《书录解题》："其文多古语、古字、古韵，有足观者。"全书无复字，皆作韵语。

〔二五〕《唐书·艺文志》道家类："《老子黄庭经》一卷。"又五行类："魏伯阳《周易参同契》二卷。"二书传世者，异本颇多，而皆用韵。朱子尝为《参同契》作《考异》一卷。

〔二六〕按此节承上详证声韵之文，古不尽通于诗。

〔二七〕语见《汉志·诗赋略》。

〔二八〕语见班固《两都赋序》。

〔二九〕《文心雕龙·诠赋》："赋也者，受命于诗人，拓宇于《楚辞》也。于是荀况《礼》《智》，宋玉《风》《钓》，爰锡名号，与诗画境，六义附庸，蔚为大国。"按六义，章氏引作六艺，乃涉笔之误。

〔三〇〕《礼记·乐记》："故歌之为言也，长言之也。说(悦)之，故言之；言之不足，故长言之；长言之不足，故嗟叹之；嗟叹之不足，不知手之舞之足之蹈之也。"

〔三一〕《汉志·诗赋略》："《屈原赋》二十五篇。"班固《汉志》本于刘歆《七略》，故称刘、班。

〔三二〕姚氏《古文辞类纂序》云："辞赋固当有韵，然古人亦有无韵者，以义在托讽，亦谓之赋耳。"按《渔父》之辞，并非全无韵者。如："举世皆浊我独清，众人皆醉我独醒。"清、醒同在耕部。"圣人不凝滞于物，而能与世推移。举世皆浊，何不淈其泥而扬其波；众人皆醉，何不餔其糟而歠其釃。何故深思高举，自令放为！"移、波、釃、为同在歌部。其用韵较然可知，特非通体皆然耳。

〔三三〕宛邱，陈都，今河南淮阳县。《史记·田敬仲完世家》："陈完者，陈厉公佗之子也。宣公十一年，杀其太子御寇。御寇与田完相爱，恐祸及已，完故奔齐，桓公使为工正。完卒，谥为敬仲。敬仲之如齐，以陈字为田。"六世田乞行阴德于民，得齐众心，已而为相，专齐政。十世田和迁齐康公于海上，自请立为齐侯。

〔三四〕《四库总目·子部》艺术类："《述书赋》二卷，唐窦臮撰。品题叙述，皆极精核。"又类书类："《事类赋》三十卷，宋吴淑撰，并自注。淑本徐铉之婿，学有渊源；又预修《太平御览》《文苑英华》两大书，见闻尤博；故赋既工雅，又注与赋出自一手，事无舛误，故传诵至今。"

〔三五〕《校雠通义·汉志诗赋》："《汉志》分《艺文》为六略，每略又各别为数种，每种始叙列为诸家，论辨流别，义至详也。惟赋一略，区为五种，而每种之后，更无叙论，不知刘、班之所遗耶，抑流传之脱简耶？今观《屈原赋》二十五篇以下，共二十家为一种，《陆贾赋》三篇以下，共二十一家为一种，《孙卿赋》十篇以下，共二十五家为一种；名类相同，而区种有别，当日必有其义例。今诸家之赋，十逸八九，而叙论之说，阙焉无闻，非著录之遗憾与！"又曰："古之赋家者流，原本《诗》《骚》，出入战国诸子。假设问对，庄、列寓言之遗也。恢廓声势，苏、张纵横之体也。排比谐隐，韩非《储说》之属也。征材聚事，《吕览》类辑之义也。虽其文逐声韵，旨存比兴，而深探本原，实能自成一子之学，与夫专门之书，初无差别。故其叙列诸家之所撰述，多或数十，少仅一篇，列于文林，义不多让，为此志也。然则三种之赋，亦如诸子之各别为家，而当时不能尽归一例者耳。岂若后世诗赋之家，裒然成集，使人无从辨别者哉？"

〔三六〕《史通·载文》："夫观乎人文，以化成天下，观乎国风，以察兴亡，是知文之为用，远矣，大矣。是以虞帝思理，夏后失御，《尚书》载其元首禽荒之歌；郑庄至孝，晋献不明，《春秋》录其大隧狐袤之什。其理谠而切,其文简而要,足以惩恶劝善,观风察俗者矣。若马卿之《子虚》《上林》,扬雄之《甘泉》《羽猎》,班固《两都》,马融《广成》,喻过其体,词没其义,繁华而失实,流宕而亡返,无裨劝奖,有长奸诈,而前后《史》《汉》,皆书诸列传,不其谬乎?"

〔三七〕《宋书·范晔传》:"晔字蔚宗,彭城王义康冠军参军,迁尚书郎,左迁宣城太守。乃删众家《后汉书》,为一家之作。后以狂悖诛。"按晔作《后汉书》,以怨望被收,十志未成而卒,存纪传九十卷。唐章怀太子贤注。今本志三十卷,晋司马彪撰,梁刘昭注。合之,共一百二十卷。范书列传,始著《文苑》之目,后史因之者,亦多不载文辞焉。

〔三八〕《楚辞·招魂》:"结撰至思,兰芳假些。人有所极,同心赋些。"

〔三九〕《汉书·贾谊传》载《陈政事疏》《请封建子弟疏》《谏封淮南四子疏》。《董仲舒传》载《对贤良策》三首。

〔四〇〕刘熙载《艺概》曰:"古人一生之志,往往于赋寓之。《史记》《汉书》之例,赋可载入列传,所以使读其赋者,即知其人也。"又曰:"《鹏赋》为赋之变体,即其体而通之,凡能为子书者,于赋皆足自成一家。"可为章说张目。

〔四一〕按此节证后世诗赋之属,不尽出于六义,而古赋家者流,则兼诸子余风;故论文于战国而下,贵求作者之意指。

〔四二〕魏文帝《与吴质书》:"徐、陈、应、刘,一时俱逝,痛可言邪!顷撰其遗文,都为一集。"

〔四三〕按《蜀志·诸葛亮传》载陈寿所定诸葛氏目录,名虽为集,实乃子书。《艺文类聚》载曹植《文章序》云:"余少而好赋,所著繁多,删定别撰为《前录》七十八篇。"自定其文,而不以集名。盖体式初兴,尚无定称耳。任昉《王文宪(俭)集序》:"昉以笔札见知,思以薄技效德,是用缀缉遗文,永为世范。所撰《古今集记》《今书七志》为一家言，不列于集。”《南史·张融传》：“融文集数十卷行于世，自名其集为《玉海》。”王集由人编次，张集乃自定名，以其时集部乃大盛也。参看《文集》篇。

〔四四〕如《后汉书·马融传》：“所著赋、颂、碑、诔、书、记、表、奏、七言、琴歌、对策、遗令，凡二十一篇。”《魏志·王粲传》：“著诗、赋、论、议，垂六十篇。”按范史见上。《晋书·陈寿传》：“寿字承祚，巴蜀安汉人。仕蜀为馆阁令史。及蜀平，司空张华爱其才，举为孝廉，除著作郎，撰魏、蜀、吴《三国志》，凡六十五篇。”《旧唐书·房玄龄传》：“贞观十八年，玄龄与褚遂良受诏重撰《晋书》。于是奏请许敬宗、来济、陆元仕、刘子翼、令狐德棻、李义府、薛元超、上官仪等八人，分功撰录；以臧荣绪《晋书》为主，参考详洽。然史官多文咏之士，好采碎事，竞为绮艳。李淳风修天文、律历、五行三志最可观。太宗自著宣武二帝、陆机、王羲之四论，于是总题曰御撰。凡一百三十卷。”《梁书·沈约传》：“约字休文，吴兴武康人。笃志好学，能属文。高祖受禅，为尚书仆射，转左光禄大夫。卒，谥曰隐。著《宋书》百卷。”

〔四五〕《史记·孙武传》：“孙子武者，齐人也。以兵法见于吴王阖闾。阖闾曰：‘子之十三篇，吾尽观之矣。’”

〔四六〕《孙子》第一篇为《计》篇，为十三篇之首篇。

〔四七〕《史记·韩非传》：“观往者得失之变，故作《孤愤》《五蠹》《内外储》《说林》《说难》十余万言。人或传其书至秦，秦王见《孤愤》《五蠹》之书曰：‘嗟乎！寡人得见此人，与之游，死不恨矣。’”

〔四八〕《吕氏春秋·序意》：“维秦八年，岁在涒滩，秋甲子朔，朔之日，良人问十二纪。”十二纪者，《孟春纪》《仲春纪》《季春纪》《孟夏纪》《仲夏纪》《季夏纪》《孟秋纪》《仲秋纪》《季秋纪》《孟冬纪》《仲冬纪》《季冬纪》也。

〔四九〕八览者，《有始览》《孝行览》《慎大览》《先识览》《审分览》《审应览》《离俗览》《恃君览》。六论者,《开春论》《慎行论》《贵直论》《不苟论》《似顺论》《士容论》。

〔五〇〕《汉书·董仲舒传》:"《玉杯》《蕃露》《清明》《竹林》之属,复数十篇十余万言,皆传于后世。"今《玉杯》《清明》《竹林》,并《春秋繁露》中篇名。

〔五一〕按此节言论文拘形貌之弊,至后世文集而极。

〔五二〕章氏评《昭明文选》不当赋先于诗,参看外篇《永清县志文征序例》。

〔五三〕吴子良《林下偶谈》卷二:"太史公曰:《离骚》,遭忧也。离训遭,骚训忧,屈原以此命名,其文则赋也。故班固《艺文志》有《屈原赋》二十五篇。梁昭明集《文选》,不并归赋门,而别名之曰骚;后人沿袭,皆以骚称,可谓无义。"

〔五四〕苏轼《答刘沔书》曰:"梁萧统《文选》,世以为工,以轼观之,拙于文而陋于识者,莫统若也。宋玉赋《高唐》《神女》,其初略陈所梦之因,如子虚、亡是公相与问答,皆赋矣,而乃谓之序,此与儿童之见何异?"(《东坡后集》卷十四)

〔五五〕《文选》载司马相如《封禅文》、扬雄《剧秦美新》、班固《典引》三篇,别为符命一类。《文心雕龙》则归之封禅,其《封禅》曰:"相如《封禅》,蔚为唱首;及扬雄《剧秦》、班固《典引》,事非镌石,而体因纪禅。"

〔五六〕《文选》颂类有王褒《圣主得贤臣颂》。《易·乾·文言》:"亨者,嘉之会也。"又曰:"嘉会足以合礼。"

〔五七〕《史记·自序》及《汉书·叙传》,中各以数言,述其每篇作意。次韵者,谓《史记》序目间作韵语,《汉书·叙传》因之,后以次前也。

〔五八〕《文选》史述赞类载《汉书》之《述高纪赞》《述成纪赞》《述韩彭英卢吴传赞》三篇。

〔五九〕《汉书·叙传》师古注曰:"自'皇矣高祖'以下诸叙,皆班固自论撰《汉书》意,此亦依放《史记》之叙目耳。史迁则云为某事作某本纪,某列传。班固谦不言然,而改言述,盖避作者之谓圣,而取述者之谓明也。但后之学者,不晓此为《汉书》叙目,见有述字,因谓此文追叙《汉书》之事,乃呼为'《汉书》述',失之远矣,挚虞尚有此惑,其余曷足怪乎?"

〔六〇〕《文选》有策问类,而以贤良诏入诏类。

〔六一〕蔡邕《独断》:"汉天子正号曰皇帝,其言曰制诏。其命令一曰策书,二曰制书,三曰诏书,四曰戒书。"又云:"凡群臣上书于天子者,有四名,一曰章,二曰奏,三曰表,四曰驳议。"此汉时公文书制之大略。《文心雕龙·议对》云:"对策者,应诏而陈政,即议之别体也。"以此推之,则策问者,或策之别体,盖策问之与对策,非岁以为常,故不列于公文之中,而萧《选》归类,遂亦不能无失矣。

〔六二〕《汉志》儒家:"《贾谊》五十八篇。"《书录解题》:"今书首载《过秦论》,末为《吊湘赋》,余皆录《汉书》语,且略节谊本传于第十一传中,其非《汉书》所有者,辄浅驳不足观,决非谊本书也。"《文选》贾谊《过秦论》注引应劭曰:"贾谊书第一篇名也,言秦之过。"

〔六三〕陆机《辨亡论》亦载《文选》。注引孙盛曰:"陆机著《辨亡论》,言吴之所以亡也。"《文心雕龙·论说》:"陆机《辨亡》,效《过秦》而不及。"

〔六四〕按左思语见《咏史诗》。《吴志·阚泽传》云:"孙权问书传篇赋何者为美?泽欲讽谕以明治乱,因对贾谊《过秦论》最善。"是《过秦》名论,不始晋人。或此篇初本别出独行,如《吕览》六论之类。此言《过秦》是《贾子》中之一篇,属子部类,不当属集部中之论。

〔六五〕《文选》吕向注:"文帝《典论》二十篇,兼论古者经典文事。"今存《论文》一篇,载《文选》;《自叙》一篇,见《魏志·文帝纪》注。

〔六六〕《后汉书·桓谭传》:"谭字君山,沛国相人也,博学多通。谭著书言当世行事二十九篇,号曰《新论》。"《隋书·经籍志》儒家:"《桓子新论》十七卷,后汉六安丞桓谭撰。"原书今佚。清严可均《全汉文》有辑本三卷。此亦言《典论》为子部书,非集部之论文。

〔六七〕《后汉书·王充传》:"充字仲任,会稽上虞人也。师事扶风班彪,好博览,而不守章句。充好论说,始若诡异,终有理实。以为俗儒守文,多失其真,乃闭门潜思,绝庆吊之礼,户牖墙壁,各置刀笔,著《论衡》八十五篇。"《隋书·经籍志》杂家:"《论衡》二十九卷,后汉征士王充撰。"今佚其一篇。

〔六八〕见前篇注〔四九〕。

〔六九〕屈原《九歌》《九章》,宋玉《九辨》,《文选》载入骚类。

〔七〇〕设问当作设论。东方朔《答客难》,扬雄《解嘲》,班固《答宾戏》,《文选》并入设论类。司马相如《难蜀父老》,《文选》作《喻巴蜀檄》,入檄类,流俗本有析出此篇别题《难蜀父老》入难类者,非昭明之旧,章氏误据俗本为说,殊疏。

〔七一〕见《易教中》注〔三二〕。

〔七二〕《汉书·律历志》:"准者,所以揆平取正也。绳者,上下端直,经纬四通也。"准指水平仪,绳如木匠所用之墨线。

〔七三〕按此节论《文选》义例之失,益见论文不可拘于形貌。

经解上〔一〕

六经不言经,〔二〕三传不言传,〔三〕犹人各有我而不容我其我也。依经而有传,〔四〕对人而有我,是经传人我之名,起于势之不得已,而非其质本尔也。《易》曰:"上古结绳而治,后世圣人易之以书契,百官以治,万民以察。"〔五〕夫为治为察,所以宣幽隐而达形名,布政教而齐法度也,〔六〕未有以文字为一家私言者也。《易》曰:"云雷屯,君子以经纶。"[七]经纶之言,纲纪世宙之谓也。郑氏注,谓"纶撰书礼乐,施政事"。[八]经之命名,所由昉乎![九]然犹经纬经纪云尔,未尝明指《诗》《书》六艺为经也。三代之衰,治教既分,夫子生于东周,[一〇]有德无位,惧先圣王法积道备,至于成周,无以续且继者而至于沦失也,于是取周公之典章,所以体天人之撰而存治化之迹者,独与其徒,相与申而明之。[一一]此六艺之所以虽失官守,而犹赖有师教也。然夫子之时,犹不名经也。逮夫子既殁,微言绝而大义将乖,[一二]于是弟子门人,各以所见、所闻、所传闻者,[一三]或取简毕,[一四]或授口耳,[一五]录其文而起义。左氏《春秋》,子夏《丧服》诸篇,皆名为传,[一六]而前代逸文,不出于六艺者,称述皆谓之传,如孟子所对汤武及文王之囿,[一七]是也。则因传而有经之名,犹之因子而立父之号矣。[一八]

至于官师既分,处士横议,[一九]诸子纷纷,著书立说,而文字始有私家之言,不尽出于典章政教也。儒家者流,[二〇]乃尊六艺而奉以为经,则又不独对传为名也。荀子曰:"夫学始于诵经,终于习礼。"[二一]庄子曰:"孔子言治《诗》《书》《礼》《乐》《易》《春秋》六经。"[二二]又曰:"翻十二经,[二三]以见老子。"荀庄皆出子夏门人,[二四]而所言如是,六经之名,起于孔门弟子亦明矣。[二五]

然所指专言六经,则以先王政教典章,纲维天下,故《经解》疏别六经,以为入国可知其教也。[二六]《论语》述夫子之言行,[二七]《尔雅》为群经之训诂,[二八]《孝经》则又再传门人之所述,[二九]与《缁衣》《坊》《表》诸记,相为出入者尔。[三〇]刘向、班固之徒,序类有九,而称艺为六,则固以三者为传,而附之于经,所谓离经之传,不与附经之传相次也。[三一]当时诸子著书,往往自分经传,如撰辑《管子》者之分别经言,[三二]《墨子》亦有《经》篇,[三三]《韩非》则有《储说》经传,[三四]盖亦因时立义,自以其说相经纬尔,非有所拟而僭其名也。

经同尊称，其义亦取综要，非如后世之严也。圣如夫子，而不必为经。诸子有经，以贯其传，其义各有攸当也。后世著录之家，因文字之繁多，不尽关于纲纪，于是取先圣之微言，与群经之羽翼，皆称为经。如《论语》《孟子》《孝经》，与夫《大》《小戴记》之别于《礼》，〔三五〕《左氏》《公》《谷》之别于《春秋》，皆题为经，乃有九经、十经、十三、十四诸经，〔三六〕以为专部，盖尊经而并及经之支裔也。而儒者著书，始严经名，不敢触犯，则尊圣教而慎避嫌名，盖犹三代以后，非人主不得称我为朕也。〔三七〕然则今之所谓经，其强半皆古人之所谓传也。古之所谓经，乃三代盛时，典章法度，见于政教行事之实，而非圣人有意作为文字以传后世也。〔三八〕

〔一〕据浙江图书馆所藏会稽徐氏钞本，《经解》三篇题下原注云："庚戌钞存《通义》。"庚戌为乾隆五十五年，当是其前一年己酉作。是年三月，实斋游太平，馆于徐立纲学使署，为徐经纪宗谱。自四月十一日至五月初八日，得《通义》内外二十三篇，约二万余言。自言"生平为文，未有捷于此者"。以体例分甲乙二编。统名《姑熟夏课》。其《甲编小引》云："向病诸子言道，率多破碎，儒者又尊道太过，不免推而远之，无怪前人诋文史之儒不足与议于道矣。因推原道术，为书得五十三篇，以为文史缘起，亦见儒之流为文史，儒者自误以谓有道在文史外耳。新著一十二篇，附存旧稿一篇。"十二篇之目，以意推之，当是《经解》三篇，《原道》三篇，《原学》三篇，《博约》三篇。其附录一篇，钱宾四（穆）氏或谓疑是《朱陆篇》。其余篇目可考者，内篇有《史释》《史注》《习固》《文集》《篇卷》《天喻》《师说》《假年》《感遇》《辨似》《说林》《知难》《匡谬》《黠陋》，外篇有《亳州人物志例议》上中下，皆称"庚戌钞存《通义》"，大率皆作于己酉年也。按《经解》三篇乃申明六经皆史之义，谓六艺皆先王旧典，而非人可臆为者。本篇论经只有六，后世滋多，乃以传为经。

〔二〕《庄子·天下》："《诗》以道志，《书》以道事，《礼》以道行，《乐》以道和，《易》以道阴阳，《春秋》以道名分。"《史记·滑稽列传》："《礼》以节人，《乐》以发和，《书》以道事，《诗》以达意，《易》以神化，《春秋》以道义。"又《自序》同。所引六艺，并无经名。

〔三〕《史记·十二诸侯年表序》："鲁君子左丘明惧弟子人人异端，各安其意，失其真，故因孔子《史记》，具论其语，成《左氏春秋》。"《左氏春秋》初本自为一书，而刘歆《移书议太常博士》，亦称《公羊春秋》《谷梁春秋》，《汉书·儒林传》同，是则离经而言，皆不称传。

〔四〕《史通·六家》："孔子既著《春秋》，而丘明受经作传。盖传者，转也，转受经旨，以授后人。或曰，传者，传也，所以传示来世。案孔安国注《尚书》，亦谓之传，斯则传者，亦训释之义乎？"

〔五〕见《易·系辞下》文。

〔六〕形名，见《诗教上》注〔一九〕。《周礼·春官》："外史掌达书名于四方。"郑注："古曰名，今曰字。使四方知书之文字，得能读之。"古时学在官府，学者以吏为师，故文字大用，在宣布政教，齐一法度也。

〔七〕见《易·屯卦》象辞。《正义》曰："经，谓经纬，纶，谓纲纶，言君子法此屯象有为之时，以经纶天下，约束于物，故云君子以经纶也。"

〔八〕《释文》引郑玄注，纶作论，谓"论撰书礼乐，施政事。"郑注，丁杰有补辑本十二卷。

〔九〕《公羊传》隐二年："始灭昉于此乎？"注："昉，适也。"按适有始义。

〔一〇〕周自平王东都雒邑，迄赧王之世，史家称为东周。《公羊传》："襄公二十二年十有一月庚子，孔子生。"（生于东周灵王二十一年，卒于周敬王四十年，享年七十三。）

〔一一〕杜预《春秋左氏传序》："周德既衰，官失其守，上之人不能使

《春秋》昭明，赴告策书，诸所记注，多违旧章。仲尼因鲁史策书成文，考其真伪，而志其典礼，上以遵周公之遗制，下以明将来之法。其发凡以言例，皆经国之常制，周公之垂法，史书之旧章，仲尼从而修之。”

〔一二〕《汉书·艺文志》：“昔仲尼没而微言绝，七十子丧而大义乖。”

〔一三〕《公羊传》哀十四年：“《春秋》何始乎隐？祖之所逮闻也。所见异辞，所闻异辞，所传闻异辞。”

〔一四〕毕，亦简也。《礼记·学记》：“呻其佔毕。”注：“简谓之毕。”

〔一五〕《史记·十二诸侯年表序》：“七十子之徒，口授其传指，为有所刺讥讳褒挹损之文辞，不可以书见也。”《公羊传》隐二年：“纪子伯者何？无闻焉尔。”何休《解诂》：“《春秋》有改周受命之制，孔子畏时远害，又知秦将燔《诗》《书》，其说口授相传，至汉公羊氏（寿）及弟子胡母生等，乃始记于竹帛，故有失也。”

〔一六〕《仪礼·丧服》题子夏传。内有“传曰”之文。贾公彦疏云：“‘传曰’者，不知何人所作；人皆云孔子弟子卜商字子夏所为，师师相传，盖不虚也。”

〔一七〕《孟子·梁惠王下》：“齐宣王问曰：‘汤放桀，武王伐纣，有诸？’孟子对曰：‘于传有之。’”又：“齐宣王问曰：‘文王之囿方七十里，有诸？’孟子对曰：‘于传有之。’”赵岐注：“于传文有是言。”

〔一八〕按此上言因传而有经名。然章太炎云：“经者，编丝缀属之称，异于百名以下用版者。传者，专之假借。《说文》训专为六寸簿。专之得名，以其体短，有异于经。郑康成《论语序》云：‘《春秋》二尺四寸，《孝经》一尺二寸，《论语》八寸。’此则专之简策，当复短于《论语》，所谓六寸者也。”（《国故论衡·文学总略》）是则经传之名，由此言因传而有经名，传则由弟子各记所闻于简编而起，与章氏说异。

〔一九〕语见《孟子·滕文公下》。焦循《正义》：“《汉书·异姓诸侯王表》云：'秦既称帝，患周之败，以为起于处士横议。'注云：'处士谓不官朝而居家者也。横，音胡孟反。'按纵则顺，横则逆，故政之不顺者为横政，行之不顺者为横行，则议之不顺者为横议。"

〔二〇〕《汉志·诸子略》："儒家者流，盖出于司徒之官，助人君顺阴阳，明教化者也。"

〔二一〕《荀子·劝学》："学恶乎始，恶乎终？曰：其数始乎诵经，终乎读礼。"杨倞注："数，术也。经，谓《诗》《书》。礼，谓典礼之属。"

〔二二〕见《庄子·天运》篇文。

〔二三〕《庄子·天道》："孔子西藏书于周室。子路谋曰：'由闻周之征藏史有老聃者，免而归居，夫子欲藏书，则试往因焉。'孔子曰：'善。'往见老聃，而老聃不许，于是翻十二经以说。"《释文》："十二经，说者云《诗》《书》《礼》《乐》《易》《春秋》六经，又加六纬，合为十二经也。一说云，《易》上下经，并十翼为十二，又一云，《春秋》十二公经也。"

〔二四〕杨士勋《谷梁传序》疏："谷梁子名俶，字元始，鲁人，一名赤，受经于子夏，为经作传，传孙卿。"汪中《荀子通论》："《经典》叙录《毛诗》，徐整云：'子夏传曾申，申传魏人李克，克传鲁人孟仲子，孟仲子传根牟子，根牟子传赵人孙卿子，孙卿子传鲁人大毛公。'（按陆玑《毛诗草木虫鱼疏》说同）由是言之，《毛诗》，荀卿子之传也。今考其书，始于《劝学》，终于《尧问》，篇次实仿《论语》。《六艺论》云：'《论语》，仲弓、子夏合撰。'知荀卿之学，实出子夏、仲弓也。"韩愈《送王秀才序》云："子夏之学，其后有田子方，子方之后，流而为庄周，故周之书喜称子方之为人。"此所谓荀、庄皆出子夏门人也。然章太炎云："韩愈疑田子方为庄子师。按庄子所称钜人明哲，非独一田子方，其题篇者，又有则阳、徐无鬼辈，将悉是庄子师邪？"（《国故论衡·原道上》篇原注）则又不以韩说为可据矣。

〔二五〕按此上谓六经之名,起于孔门弟子。

〔二六〕《礼记·经解》:"孔子曰:'入其国,其教可知也。其为人也,温柔敦厚,《诗》教也;疏通知远,《书》教也;广博易良,《乐》教也;洁静精微,《易》教也;恭俭庄敬,《礼》教也;属辞比事,《春秋》教也。'"

〔二七〕见《诗教上》注〔七三〕。

〔二八〕《书录解题》小学类:"《尔雅》三卷,晋弘农太守河东郭璞景纯注。按《汉志》,《尔雅》二十篇,今书惟十九篇。《志》初不著撰人名氏,璞《序》亦但称兴于中古,隆于汉世而已。至陆氏《释文》始谓《释诂》为周公所作。其说盖本于魏张揖所上《广雅表》,言周公制礼以道天下,著《尔雅》一篇,以释其义。今俗所传三卷,或言仲尼所增,或言子夏所益,或言叔孙通所补,或言沛郡梁文所考,皆解家所说,先师传疑,莫能明也。"清邵晋涵引证郑君之言,谓为孔子门人所作,以释六艺之文。

〔二九〕唐徐彦《公羊解诂序》疏引《孝经钩命决》:"孔子在庶,德无所施,功无所就,志在《孝经》,行在《春秋》。"《汉书·艺文志》:"《孝经》者,孔子为曾子陈孝道也。"按书发端云,"仲尼居,曾子侍",则著之竹帛,其为再传弟子,从可知已。

〔三〇〕《缁衣》《坊记》《表记》,并《礼记》篇名。伪《尚书序》:"及传《论语》《孝经》。"《正义》:"汉武帝谓东方朔云:'《传》曰:"时然后言,人不厌其言。"(见《论语·宪问》)'又汉东平王刘云与其太师策书云:'《传》曰:"陈力就列,不能者止。"(见《论语·季氏》)'又成帝赐翟方进策书云:'《传》曰:"高而不危,所以长守贵也。"(见《孝经·诸侯章》)'是汉世通谓《论语》《孝经》为传也。"

〔三一〕《校雠通义·汉志六艺》:"至于《论语》《孝经》《尔雅》,则非六经之本体也,学者崇圣人之绪余,而尊以经名,其实皆传也,可与六经相表里，而不可与六经为并列也。盖官司典常为经，而师儒讲习为传，其体判然有别，非谓圣人之书有优劣也。是以刘歆《七略》，班固《艺文》，叙列六艺之名实为九种，盖经为主而传为附，不易之理也。”龚自珍《六经正名》：“六经、六艺之名，由来久远，不可以臆增益。善夫！刘向之为《七略》也。班固因之造《艺文志》，序六艺为九种。有经，有传，有记，有群书。传则附于经，记则附于传，群书颇关经，则附于经。何谓传？《书》之有大小夏侯、欧阳，传也。《诗》之有齐、鲁、韩、毛，传也。《春秋》之有公羊、谷梁、左氏、邹、夹氏，亦传也。何谓记？大小戴氏所录凡百三十有一篇，是也。何谓群书？《易》之有《淮南·道训》《古五子》十八篇，群书之关《易》者也。《书》之有《周书》七十一篇，群书之关《书》者也。《春秋》之有《楚汉春秋》《太史公书》，群书之关《春秋》者也。然则《礼》之有《周官》《司马法》，群书之颇关《礼经》者也。”此言只有六经，此外称经者皆非经，乃本章说而申详之。

〔三二〕《管子》见《诗教上》注〔一八〕。自《牧民》至《幼官图》九篇为经言，《五辅》至《兵法》八篇为外言，《大匡》至《戒》九篇为内言，《地图》至《九变》十八篇为短语，《任法》至《内业》五篇为区言，《封禅》至《问霸》十三篇为杂篇，《牧民解》至《明法解》五篇为《管子》解，《臣乘马》至《轻重庚》十九篇为《管子》轻重，凡八十六篇。今亡十篇，尹知章注本二十四卷，七十六篇。

〔三三〕《墨子》，见《诗教上》注〔二〇〕。内有《经上》《经下》《经说上》《经说下》四篇。

〔三四〕《汉志》法家：“《韩子》五十五篇。”今本篇数同。中有《内》《外储说》六篇，每篇首段为经，标举其义而证以实例，其下则详述所举事例之始末，犹之传也。

〔三五〕《隋书·经籍志》：“汉初，河间献王得仲尼弟子及后学者所记一百三十一篇，献之，时无传之者。至刘向考校经籍，检得一百三十篇（按一在十之下，写者乱之），向因第而叙之，又得《明堂阴阳记》三十三篇，《孔子三朝记》七篇，《王史氏记》二十一篇，《乐记》二十三篇，凡五种，合二百十四篇。戴德删其烦重，合而记之，为八十五篇，谓之《大戴记》。而戴圣又删《大戴》之书，为四十六篇，谓之《小戴记》。汉末马融遂传《小戴》之学。融又足（按《通典》引作"定"，是）《月令》一篇、《明堂位》一篇、《乐记》一篇，合四十九篇。而郑玄受业于融，又为之注。"《书录解题》礼类："《大戴记》十三卷，《隋》《唐志》所载卷数，皆与今同，而篇第乃自三十九而下止于八十一，中又缺四篇，第七十二复出一篇，实存四十篇。"又："《礼记》二十卷，所谓《小戴礼》也，凡四十九篇。汉儒辑录前记，固非一家之言，大抵驳而不纯，独《大学》《中庸》为孔氏之正传，然非专为礼作也。唐魏征尝以《小戴礼》综汇不伦，更作《类礼》二十篇，盖有以也。"

〔三六〕《宋书·百官志》："国子助教十人。《周易》《尚书》《毛诗》《礼记》《周官》《仪礼》《春秋左氏传》《公羊》《谷梁》各为一经，《论语》《孝经》为一经，合十经，助教分掌。"皮锡瑞《经学历史》云："唐分三《礼》、三《传》，合《易》《诗》《书》为九经。宋又增《论语》《孝经》《孟子》《尔雅》为十三经。"十四经者，又加《大戴记》也。宋史绳祖《学斋佔毕》："先时尝并《大戴记》于十三经末，称十四经。"

〔三七〕《史记·秦始皇本纪》："天子自称曰朕。"《集解》引蔡邕曰："朕，我也。古者上下共称之，贵贱不嫌，则可以同号之义也。皋陶与舜言：'朕言惠，可底止。'屈原曰：'朕皇考。'至秦然后天子独以为称，汉因而不改。"此言经为专称，犹朕为专称也。

〔三八〕按此上言后世尊六经而及其支裔，其所称经，强半已非先王政典。

经解中[一]

事有实据，而理无定形。故夫子之述六经，皆取先王典章，未尝离事而著理。后儒以圣师言行为世法，则亦命其书为经，此事理之当然也。然而以意尊之，则可以意僭之矣。盖自官师之分也，官有政，贱者必不敢强干之，以有据也。师有教，不肖者辄敢纷纷以自命，以无据也。孟子时，以杨、墨为异端矣。[二]杨氏无书，[三]墨翟之书，初不名经。虽有《经》篇、《经说》，未名全书为经。而庄子乃云："苦获、邓陵之属，皆诵《墨经》。"则其徒自相崇奉而称经矣。[四]东汉秦景之使天竺，《四十二章》，[五]皆不名经；佛经皆中国翻译，竺书无经字。其后华言译受，附会称经，则亦文饰之辞矣。[六]《老子》二篇，刘、班著录，初不称经，[七]《隋志》乃依阮《录》，称《老子经》，[八]意者阮《录》出于梁世，梁武崇尚异教，则佛老皆列经科，[九]其所仿也。而加以《道德真经》，与《庄子》之加以《南华真经》，《列子》之加以《冲虚真经》，则开元之玄教设科，[一〇]附饰文致，又其后而益甚者也。韩退之曰："道其所道，非吾所谓道。"则名教既殊，又何防于经其所经，非吾所谓经乎？[一一]

若夫国家制度，本为经制。李悝《法经》，[一二]后世律令之所权舆；[一三]唐人以律设科，[一四]明祖颁示《大诰》，[一五]师儒讲习，以为功令，[一六]是即《易》取经纶之意，国家训典，臣民尊奉为经，义不背于古也。孟子曰："行仁政，必自经界始。"[一七]地界言经，取经纪之意也。是以地理之书，多以经名，《汉志》有《山海经》，[一八]《隋志》乃有《水经》，[一九]后代州郡地理，多称图经，义皆本于经界，书亦自存掌故，不与著述同科，其于六艺之文，固无嫌也。[二〇]

至于术数诸家，均出圣门制作。周公经理垂典，皆守人官物曲，而不失其传。及其官司失守，而道散品亡，则有习其说者，相与讲贯而授受，亦犹孔门传习之出于不得已也。然而口耳之学，不能历久而不差，则著于竹帛，以授之其人，说详《诗教上》篇。亦其理也。是以至战国而羲、农、黄帝之书，一时杂出焉。其书皆称古圣，如天文之甘、石《星经》，〔二一〕方技之《灵》《素》《难经》，〔二二〕其类实繁，则犹匠祭鲁般，〔二三〕兵祭蚩尤，〔二四〕不必著书者之果为圣人，而习是术者，奉为依归，则亦不得不尊以为经言者也。〔二五〕

又如《汉志》以后，杂出春秋战国时书，若师旷《禽经》，〔二六〕伯乐《相马》之经，〔二七〕其类亦繁，不过好事之徒，因其人而附合，或略知其法者，托古人以鸣高，亦犹儒者之传梅氏《尚书》，〔二八〕与子夏之《诗大序》也。〔二九〕他若陆氏《茶经》，〔三〇〕张氏《棋经》，〔三一〕酒则有《甘露经》，〔三二〕货则有《相贝经》，〔三三〕是乃以文为谐戏，本无当于著录之指。譬犹毛颖可以为传，〔三四〕蟹之可以为志，〔三五〕琴之可以为史，〔三六〕荔枝牡丹之可以为谱耳。〔三七〕此皆若有若无，不足议也。〔三八〕

盖即数者论之，异教之经，如六国之各王其国，不知周天子也。而《春秋》名分，人具知之，彼亦不能窃而据也。制度之经，时王之法，一道同风，不必皆以经名，而礼时为大，〔三九〕既为当代臣民，固当率由而不越；即服膺六艺，亦出遵王制之一端也。术艺之经，则各有其徒，相与守之，固无虞其越畔〔四〇〕也。至谐戏而亦以经名，此赵佗之所谓妄窃帝号，聊以自娱〔四一〕，不妨谐戏置之，六经之道，如日中天，岂以是为病哉！〔四二〕

〔一〕按本篇论异教杂书其题名经，无损于六经之尊。

〔二〕《孟子·滕文公下》："杨、墨之道不息，孔子之道不著，是邪说诬民，充塞仁义也。仁义充塞，则率兽食人，人将相食。吾为此惧。闲先圣之道，距杨、墨，放淫辞。"韩愈《进学解》："抵排异端。"

〔三〕见《诗教上》注〔二〇〕。

〔四〕《墨子》见《诗教上》注〔二〇〕。《庄子·天下》："相里勤之弟子五侯之徒，南方之墨者苦获、己齿、邓陵子之属，俱诵《墨经》；而倍谲不同，相谓别墨。"按《晋书·隐逸传》注引鲁胜《墨辩叙》云："《墨辩》有上下《经》，《经》各有《说》，凡四篇，与其书众篇连第，故独存。"《庄子》称诵《墨经》，盖指此，非谓全书，章说未谛。

〔五〕梁慧皎《高僧传》："汉明帝梦金人飞行于庭，以占所梦，傅毅以佛对。帝遣郎中蔡愔、博士弟子秦景等往天竺。愔等于彼遇见摄摩腾、竺法兰二梵僧，乃要还汉地，译《四十二章经》。腾所住处，今雒阳雍门白马寺也。"《书录解题》释氏类："《四十二章经》一卷，后汉竺法兰译。佛书到中国，此其首也。"

〔六〕《国故论衡·文学总略》曰："经者，编丝缀属之称，亦犹浮屠称修多罗。修多罗者，直译为线，译义为经，盖彼以贝叶为书，故用线连贯也。"据此则佛书称经，质素应尔，非尽缘文饰矣。

〔七〕按《汉志》道家有《老子邻氏经传》四篇，《老子傅氏经说》三十七篇，《老子徐氏经说》六篇，不得谓"刘、班著录，初不称经"也。章氏失考。

〔八〕阮孝绪《七录》，见《诗教上》注〔二二〕。《隋志》道家类《老子道德经》二卷，有河上公、王弼、钟会、孙登、刘仲融、卢景裕各家注本。

〔九〕《梁书·武帝纪》："高祖笃信正法，犹长佛典，制《涅槃》《大品》《净名》《三慧》诸经义记，复数百卷。"《隋书·经籍志》："梁武大崇佛法于华林园中，总集释氏经典，凡五千四百卷。"此所谓梁崇异教也。阮《录》外篇《佛法录》著录佛经，《仙道录》著录道经。《隋志》道经、佛经附集部。

〔一〇〕李日华《紫桃轩杂缀》卷二："老君所授尹喜五千文，至汉河上公有章句，蜀严遵有指归，俱未有《道德经》之名。自唐玄宗既作注释，始改定章句，称《道德经》。"《新唐书·艺文志》道家类："王士元《亢仓子》二卷下注：'天宝元年，诏号《庄子》为《南华真经》，《列子》为《冲虚真经》。"玄教，粤雅堂本因避清圣祖讳作元教，今仍改作玄教。《新唐书·选举志》："开元二十九年，始置崇玄学，习《老子》《庄子》《文子》《列子》，谓之道举。"

〔一一〕韩语见《原道》。按此上言佛老称经，名教既殊，无防于义。

〔一二〕《汉志》法家类："《李子》三十二篇。"原注云："名悝，相魏文侯，富国强兵。"《晋书·刑法志》："律文起自李悝。悝撰次诸国法，著《法经》六篇，商君受之以相秦。"《唐六典·刑部》注："魏文侯师李悝集诸国刑书，造《法经》六篇，一盗法，二贼法，三囚法，四捕法，五杂法，六具法。"《法经》，《隋志》已亡，清黄奭辑《李子法经》六篇。

〔一三〕《尔雅·释诂》："权舆，始也。"

〔一四〕《唐书·选举志》："唐制，取士之科，有明法。"律科即明法。

〔一五〕《明史·刑法志》云："《大诰》者，太祖患民狃元习，循私灭公，戾日滋。（洪武）十八年，采辑官民过犯，条为《大诰》。其目十条，曰揽纳户，曰安保过付，曰诡寄田粮，曰民人经该不解物，曰洒派抛荒田土，曰倚法为奸，曰空引偷军，曰黥刺在逃，曰官吏长解卖囚，曰寰中士夫不为君用，其罪至抄札。"明焦竑《国史经籍志》卷一制书类："《御制大诰》一卷。《大诰续编》一卷，《大诰三编》一卷。"

〔一六〕《史记·儒林传》："余读功令，至于广厉学官之路，未尝不废书而叹也。"《索隐》："谓学者课功著之于令，即今之学令，是也。"今则通指政令。

〔一七〕见《孟子·滕文公上》文。赵岐注："经，亦界也。"

〔一八〕《汉志·数术略》："《山海经》十三篇。"不著撰人名氏。《书录解题》："《山海经》十八卷，汉刘歆校，晋郭璞注。世传禹、益所作，其事见《吴越春秋》曰：'禹东巡，登南岳，得金简玉字，通水之理，遂行四渎，与益共谋所至，使益疏而记之，名《山海经》。'此其为说，恢诞不典。然莫能名其为何人也。"

〔一九〕《隋志》地理类："《水经》三卷，郭璞注。"不著撰人名氏。《郡斋读书志》："《水经》四十卷，汉桑钦撰，后魏郦道元注。"今所传本，宋时已佚五卷，清全祖望、戴震、赵一清均有校刊之本。戴氏据书中地理考证，定为三国魏人所作。

〔二〇〕图经始见于《隋志》，郎蔚之著有《隋诸州图经集》一百卷。按此上言地理之书称经，旨存掌故；不同著述，固自无嫌。

〔二一〕《郡斋读书志》天文类："《星经》一卷，汉甘公、石申撰。以日月五星三垣二十八舍恒星，图象次舍，有占诀以候休咎。"钱大昕《十驾斋养新录》卷十四云："今世俗所传甘、石《星经》，不知何人伪撰，大约采晋、隋二志成之。《续汉书·天文志》注引《星经》五六百言，今本皆无之，是刘昭所见之《星经》，久失其传矣。"

〔二二〕《灵枢》《素问》，见《诗教上》注〔八〇〕。《书录解题》医书类："《难经》二卷，渤海秦越人撰，济阳丁德用补注。《汉志》但有《扁鹊内外经》而已，《隋志》始有《难经》，《唐志》遂题为秦越人，皆不可考。八十一难，分为十三篇，而首篇为诊候，最详，凡二十四难。盖脉学自扁鹊始也。"

〔二三〕公输般，鲁人，为楚造云梯将以攻宋，墨子止之，见《墨子·公输》。又尝为木鸢，乘之以窥宋城，见《渚宫遗事》。后世木作奉为祖师。

〔二四〕《御览》二百七十引《世本》："蚩尤以金作兵器。"《公羊传》庄八年："甲午，祠兵。"祠者，祠五兵矛戟、剑、楯、弓、鼓，及蚩尤之造兵者。

〔二五〕按此上言技艺之书称经，各崇其术，亦复无碍。

〔二六〕《书录解题》刑法类："师旷《禽经》一卷，称张华注。"《汉魏丛书》本王谟《识语》云："自《汉志·七略》、《隋·经籍》、《唐·艺文志》、宋《崇文书目》皆不载，陈氏《书录解题》始列其目，称晋张华注，马氏《文献通考》因之，而陆氏《埤雅》亦引其说，则是书盖唐、宋间人所作，而记名师旷也。"

〔二七〕《隋志》五行类："《相马经》一卷。"不著撰人名氏。《唐书·艺文志》农家："伯乐《相马经》一卷。"

〔二八〕蒋超伯《南漘楛语》云："《古文尚书》，晋元帝时，由豫章内史梅赜奏上。自云，太保郑冲以授扶风苏愉，愉授天水梁柳，柳授城阳臧曹，曹授汝南梅赜。此书从无师说，盖即赜伪作也。至南齐姚方兴又增"曰若稽古帝舜"二十八字，时梁武帝为齐博士，驳之，不行。古文之伪，其理本不难推。凡《左氏》所引，杜预皆注曰逸书，即晋初未有此书之确证。无如孔冲远等作为《正义》，又并姚方兴二十八字录之，公然与伏生二十九篇混而为一，此六经中之一大异事也。迨吴棫始生异议，朱子亦稍稍疑之，吴澄、梅鷟诸人相继抉摘，伪迹益著，然尚未穷形尽相也。本朝（清）阎百诗、惠定宇两先生，援经据古，一一攻其症结，如老吏断狱，不容后有遁辞，虽毛西河极口呼冤，不能翻案，此又我朝汉学重兴之大快事矣。"按阎若璩著《古文尚书疏证》八卷，惠栋著《古文尚书考》二卷，毛奇龄著《古文尚书冤词》八卷。

〔二九〕《诗序》，旧说自"《关雎》后妃之德也"，至"用之邦国焉"，名《关雎序》，谓之小序；自"风，风也"至末，名为大序。小序，序明篇旨，分置诸篇之首。大序总论诗之纲领，并举《关雎》篇端。郑《诗谱》云："意《大序》是子夏作，《小序》是子夏、毛公合作，卜商意有不尽，毛公足成之。"故《昭明文选》录《诗序》而署名子夏。《后汉书·儒林传》："卫宏字敬仲，东海人。初，九江谢曼卿善《毛诗》，宏从受学，作《毛诗序》。"故或谓《小序》为宏所作。《隋志》谓"《诗序》，子夏所创，毛公及敬仲又加润饰"。

〔三〇〕《书录解题》杂艺类:“《茶经》一卷(按《文献通考》作三卷),唐陆羽鸿渐作。”

〔三一〕《宋史·艺文志》杂艺术类:“张学士《棋经》一卷。”《南滑楛语》:“《棋经》十三篇,宋张凝著。”

〔三二〕崔豹《古今注》:“甘露,一名天酒。”《说郛》九十四有王琎《甘露经》,阙。

〔三三〕《唐志》农家类:“《相贝经》一卷。”不著撰人名氏。

〔三四〕韩愈作《毛颖传》,时柳宗元在永州,读之,书其后曰:“韩子穷古书,好斯文,嘉颖之能尽其意,故奋而为之传,以发其郁积,而学者得之励,其有益于世欤!”又《与杨诲之书》云:“足下所持韩生《传》来,仆甚奇其书,恐世人非之,今作数百言,知前圣不必罪俳也。”

〔三五〕《蟹志》,唐陆龟蒙著,载《笠泽丛书》卷四。清焦循有《续蟹志》,载《雕菰楼集》卷七。

〔三六〕《书录解题》音乐类:“《琴史》六卷,吴郡朱长文伯原撰。”按前五卷纪自古通琴理者一百五十五人,后一卷论制度之损益,操弄之沿起,颇称详备。

〔三七〕《书录解题》农家类:“《荔枝谱》一卷,莆田蔡襄君谟撰,且书而刻之,与《牡丹记》并行。”又:“《牡丹谱》一卷,欧阳修撰,蔡君谟书之,盛行于世。”

〔三八〕按此上言谐戏称经,无关著录宏指,原无足议。

〔三九〕《礼记·礼器》文。

〔四〇〕《左传》襄二十五年:“行无越思,如农之有畔。”

〔四一〕赵佗,真定人,高后时,自称南越武帝,发兵攻长沙边邑。文帝即位,以书让佗,佗上书谢曰:“僭窃帝号,亦聊以自娱耳。”事详《汉书·南粤传》。

〔四二〕按此上总束上文,言各类称经,俱与六经之道无妨。

经解下[一]

异学称经以抗六艺，愚也。儒者僭经以拟六艺，[二]妄也。六经初不为尊称，义取经纶为世法耳，六艺皆周公之政典，故立为经。夫子之圣，非逊周公，而《论语》诸篇不称经者，以其非政典也。后儒因所尊而尊之，分部隶经，以为传固翼经[三]者耳。佛老之书，本为一家之言，非有纲纪政事；其徒欲尊其教，自以一家之言，尊之过于六经，无不可也。强加经名以相拟，何异优伶效楚相哉。[四]亦其愚也。扬雄、刘歆，儒之通经者也。扬雄《法言》，盖云时人有问，用法应之，抑亦可矣。乃云象《论语》者，抑何谬邪？虽然，此犹一家之言，其病小也。其大可异者，作《太玄》以准《易》，[五]人仅知谓僭经尔，不知《易》乃先王政典而非空言，雄盖蹈于僭窃王章之罪，弗思甚也。详《易教》篇。卫氏之《元包》，司马之《潜虚》，[六]方且拟《玄》而有作，不知《玄》之拟《易》已非也。刘歆为王莽作《大诰》，[七]其行事之得罪名教，固无可说矣。即拟《尚书》，亦何至此哉？河汾六籍，或谓好事者之缘饰，王通未必遽如斯妄也。[八]诚使果有其事，则六经奴婢之诮，犹未得其情矣。奴婢未尝不服劳于主人，王氏六经，服劳于孔氏者，又何在乎？[九]

束皙之《补笙诗》，[一〇]皮日休之《补九夏》，[一一]白居易之《补汤征》，[一二]以为文人戏谑而不为虐，称为拟作，抑亦可矣。标题曰补，则亦何取辞章家言，以缀《诗》《书》之阙邪？[一三]

至《孝经》，虽名为经，其实传也。[一四]儒者重夫子之遗言，则附之经部矣。马融诚有志于劝忠，自以马氏之说，援经征传，纵横反复，极其言之所至可也。必标《忠经》，[一五]亦已异矣。乃至分章十八，引《风》缀《雅》，一一效之，何殊张载之《拟四愁》，[一六]《七林》之仿《七发》哉！[一七]诚哉非马氏之书，俗儒所依托也。宋氏之《女孝经》，[一八]郑氏之《女论语》，[一九]以谓女子有才，嘉尚其志可也。但彼如欲明女教，自以其意立说可矣。假设班氏惠姬，[二〇]与诸女相问答，则是将以书为训典，而先自托于子虚、亡是之流，[二一]使人何所适从？彼意取其似经传耳，夫经岂可似哉？经求其似，则诨諞有卦，[二二]见《辍耕录》。靴始收声，有《月令》矣。[二三]皆谐谑事。

若夫屈原抒愤，有辞二十五篇，刘、班著录，概称之曰《屈原赋》矣。[二四]乃王逸作注，《离骚》之篇，已有经名。王氏释经为径，亦不解题为经者，始谁氏也。[二五]至宋人注屈，乃云"一本《九歌》以下有传字"，[二六]虽不知称名所始，要亦依经而立传名，不当自宋始也。夫屈子之赋，固以《离骚》为重，史迁以下，至取《骚》以名其全书，[二七]今犹是也。然诸篇之旨，本无分别，惟因首篇取重，而强分经传，欲同正《雅》为经，变《雅》为传之例；[二八]是《孟子》七篇，当分《梁惠王》经，与《公孙》《滕文》诸传矣。[二九]

夫子之作《春秋》，庄生以谓议而不断，[三〇]盖其义寓于其事其文，不自为赏罚也。[三一]汉魏而下，仿《春秋》者，盖亦多矣。其间或得或失，更仆不能悉数。后之论者，至以迁、固而下，拟之《尚书》；诸家编年，拟之《春秋》。[三二]不知迁、固本纪，本为《春秋》家学，书志表传，殆犹《左》《国》内外之与为终始发明耳。[三三]诸家《阳秋》，[三四]先后杂出，或用其名而变其体，《十六国春秋》之类。[三五]或避其名而拟其实，《通鉴纲目》之类。[三六]要皆不知迁、固之书，本绍《春秋》之学，并非取法《尚书》者也。故明于《春秋》之义者，但当较正迁、固以下其文其事之中，其义固何如耳。若欲萃聚其事，以年分编，则荀悦、袁宏之例具在，[三七]未尝不可法也。必欲于纪传编年之外，别为《春秋》，则亦王氏《元经》之续耳。夫异端抗经，不足道也。儒者服习六经，而不知经之不可以拟，则浅之乎为儒者矣！[三八]

〔一〕按本篇论后儒拟经之妄。

〔二〕儒者僭经，指扬雄、王通所作，详下。

〔三〕说详上篇。

〔四〕《史记·滑稽列传》："楚相孙叔敖死，其子穷困负薪。优孟曰：'若无远有所之。'即为孙叔敖衣冠，抵掌谈语，岁余，像孙叔敖。庄王置酒，优孟前为寿，庄王大惊，以为孙叔敖复生，欲以为相。优孟曰：'请归与妇计之。'三日后，优孟复来。王曰：'妇言谓何？'孟曰：'妇言慎无为，楚相不足为也。孙叔敖为相，尽忠为廉以治楚，王得以霸。今死，其子无立锥之地，贫困负薪，以自饮食。必如孙叔敖，不如自杀。'于是庄王谢优孟，乃召孙叔敖子，封之寝丘四百户，以奉其祀。"

〔五〕《法言》《太玄》，见《易教上》注〔三一〕及注〔三八〕。《汉书·扬雄传》："雄以为经莫大于《易》，作《太玄》；传莫大于《论语》，作《法言》。"

〔六〕《元包》《潜虚》见《易教上》注〔三六〕及〔三七〕。

〔七〕王莽居摄二年九月，东郡太守翟义举兵讨莽。莽大惧，于是仿《周书》作《大诰》，遣大夫桓谭等颁于天下，谕以当反位孺子之意。见《汉书·翟义传》。

〔八〕王通，见《书教中》注〔一五〕。《中说·礼乐》曰："吾续《书》，以存汉、晋之实。续《诗》，以辩六代之俗。修《元经》，以断南北之疑。赞《易》道，以申先师之旨。正礼乐，以旌后王之失。"又杜淹《文中子世家》曰："《礼论》二十五篇，《乐论》二十篇，《续书》一百五十篇，《续诗》三百六十篇，《元经》五十篇，《赞易》七十篇，并未及行，遭时丧乱。"《书录解题》编年类："《元经薛氏传》十五卷，称王通撰薛收传。按河汾王氏诸书，自《中说》之外，皆《唐·艺文志》所无，其传出阮逸，或云皆逸伪作也。"

〔九〕宋钱希白《南部新书》："刘蕡精于儒术，看《文中子》，忿然曰：'才非殆庶，拟上圣述作，不亦过乎！’客曰：‘《文中子》于六籍何如？’赉曰：‘若以人望人，《文中子》于六籍，犹奴婢之于郎主也。’世遂以《文中子》为六籍奴婢。”晁氏《读书志·元经叙录》曰：“予从兄子逸事安康，尝得其本归而示四父。四父读至帝问蛙鸣，哂其陋曰：‘六籍奴婢之言不为过。’”按此上言扬雄、刘歆、王通拟经续经之妄。

〔一〇〕《文选》载《补亡诗》六篇，为《南陔》《白华》《华黍》《由庚》《崇丘》《由仪》。李善注引王隐《晋书》曰：“束皙字广微，平阳阳干人也。尝览古诗，惜其不备，故作诗以补之。”按笙诗，乃乡饮酒燕礼笙入所奏者。《毛诗序》曰：“有其义而亡其辞。”洪迈《容斋续笔》云：“亡其辞者，元未尝有辞也。束皙《补亡》六篇，不作可也。”

〔一一〕《周礼·春官》：“钟师掌金奏，凡乐事以钟鼓奏《九夏》，王夏、肆夏、昭夏、纳夏、章夏、齐夏、族夏、陔夏、骜夏。”郑注：“《九夏》，皆诗篇名，颂之族类也。载在乐章，乐崩亦从而亡。”《全唐诗》小传：皮日休字袭美，襄阳人，隐居鹿门。咸通八年，登进士第。入朝授太常博士。黄巢入长安，署学士，使为谶文，疑其讥己，遂及祸。著有《皮子文薮》。《补周礼九夏》，见《文薮》卷三。

〔一二〕《全唐诗》小传：白居易字乐天，华州下邽人。贞元中擢进士第，补校书郎。元和时，为翰林学士，左拾遗，拜赞善大夫，以言事贬江州司马。穆宗初，征为主客郎中，知制诰，历杭、苏二州刺史。会昌初，以刑部尚书致仕。著有《白氏长庆集》。《补逸书序》卷二十九云：“葛伯不祀，汤始征之，作《汤征》。”

〔一三〕按此上言束皙、皮日休、白居易补经之妄。

〔一四〕见《经解上》注〔二九〕。

〔一五〕《四库总目》儒家类：“《忠经》一卷，旧题汉马融撰，郑玄注。其文拟《孝经》为十八章，经与注如出一手。《玉海》引宋《两朝志》

载有海鹏《忠经》，然则此书本有撰人，后人诈题马、郑耳。”

〔一六〕后汉张衡于顺帝阳嘉中，出为河间相，时天下渐敝，郁郁不得志，为《四愁诗》。《晋书·张载传》：“载字孟阳，安平人。长沙王乂请为记室督，拜中书侍郎。载见世方乱，无复仕进意，遂称病笃告归，卒。”载作《拟四愁诗》，《文选》录其一首。

〔一七〕见《诗教上》注〔四九〕。

〔一八〕《四库总目》儒家类：“《女孝经》一卷，唐郑氏撰。郑氏，朝散郎侯莫陈邈之妻。前载进书表，称侄女策为永王妃，因作此以戒。其书仿《孝经》十八章，章首皆假曹大家以立言，进表所谓不敢自专也。”按宋氏应作郑氏，与下互误。

〔一九〕《旧唐书·后妃下》：“女学士尚宫宋氏者，名若莘，著《女论语》十篇。”其言模仿《论语》，以韦逞母宣文君宋氏代仲尼，以曹大家等代颜、闵，其间问答，悉以妇道所尚。妹若昭注解，皆有理致。”

〔二〇〕《后汉书·列女传》：“扶风曹世叔妻，同郡班彪之女也，名昭字惠班，一名姬，博学多才，世叔早卒，有节行法度。兄固著《汉书》，八表及《天文志》未竟而卒，帝诏昭就东观续成之。和帝数召入宫，令皇后诸贵人师事焉，号曰大家。作《女诫》七篇，有助内训。”

〔二一〕司马相如《子虚赋》《上林赋》，设子虚、亡是公为问答之辞。

〔二二〕陶宗仪《辍耕录》卷十：“淮南潘子素纯尝作《辊卦》，讥世之人，以突梯滑稽而得显爵者。近世扶风马文璧琬，又作《谝卦》，切中时病，真得风刺之正。”

〔二三〕未详。按此上言郑氏、宋氏等托经之妄。

〔二四〕见《诗教下》注〔三一〕。

〔二五〕《后汉书·文苑传》：“王逸字叔师，南郡宜城人。元初中举上计吏，为校书郎，顺帝时为侍中，著《楚辞章句》行于世。”其《离骚经章句叙》云：“屈原执履忠贞而被谗邪，忧心烦乱，不知所愬，乃作《离骚经》。离,别也。骚,愁也。经,径也。言己放逐离别,中心愁思,犹依道径以讽谏者也。"

〔二六〕朱子《楚辞辨证》上:"洪氏目录,《九歌》下注云:'一本此下皆有传字。'晁氏本则自《九辩》以下乃有之。"皆不知题"传"始于何时。

〔二七〕周中孚《郑堂札记》:"《史记·太史公自序》:'屈原放逐,著《离骚》。'又云:'作辞以讽谏,连类以争议,《离骚》有之。'《汉书·(司马)迁传》:'屈原放逐,乃赋《离骚》。'皆举首政以统号其全书。"(李详《文心雕龙黄注补正》引,见己酉年《国粹学报》文篇)

〔二八〕郑玄《诗谱序》略云:"文武之德,光熙前绪。其时《诗》,《风》有《周南》《召南》,《雅》有《文王》《鹿鸣》之属,故皆录之,谓之《诗》之正经。后王陵夷,厉也幽也,政教尤衰,周室大坏,故孔子录懿王、夷王时诗,讫于陈灵公淫乱之事,谓之变《风》变《雅》。"《正义》曰:"懿王时诗,《齐风》是也;夷王时诗,《邶风》是也。"诗自《邶风》至《豳风》一百三十五篇,为变《风》。自《六月》至《何草不黄》五十八篇,为变《小雅》。自《民劳》至《召旻》一百三十篇,为变《大雅》。章氏《乙卯札记》云:"郑氏《诗谱》,《小雅》十六篇,《大雅》十八篇为正经。孔颖达曰:'凡书非正者谓之传,《六月》以下,《小雅》之传,《民劳》以下,《大雅》之传也。'《离骚》为经,而《九歌》以下马传,义取乎此,朱子云尔。"(刘刻《遗书》外编卷二)

〔二九〕《孟子》七篇,其目为《梁惠王》《公孙丑》《滕文公》《离娄》《万章》《告子》《尽心》。按此上言《屈赋》强分经传之妄。

〔三〇〕《庄子·齐物论》:"《春秋》经世,先王之志,圣人议而不辩。"郭注:"顺其成迹,而凝乎至当之极,不执其所是,以非众人也。"

〔三一〕寓义于事文,见《书教上》注〔二九〕。《春秋元命苞》:"赏罚者,天子之事也。夫子有德无位,寄赏罚于《春秋》,一字之褒贬,荣于华衮,严于斧钺。”

〔三二〕按《隋志》录《史记》以下为正史,纪年以下为古史,似以纪传准《尚书》,编年准《春秋》,后世著录多因之。

〔三三〕《史通·六家》春秋家:“太史公著《史记》,始以天子为本纪,考其宗旨,如法《春秋》,自是为国史者,皆用斯法。”史公本《春秋》义而著史,已具于《自序》,近人金静庵云:“《史记》之有本纪,以编年为体,义同于《春秋经》。本纪之外,别作列传,义同于《左氏传》。凡本纪不能详者,皆具于列传,即列传为释本纪而作也。《周礼》外史掌三皇五帝之书,而古人尝称‘史诵书’(《左》襄十四年),而《汉志》亦著录《周书》七十一篇,故班史以下称史曰书,皆取以传释经之义。”(《中国史学史》第三章)

〔三四〕晋简文帝母郑后名阿春,故避讳谓《春秋》为《阳秋》。《隋志》:“《汉晋阳秋》四十七卷,晋习凿齿撰。《晋阳秋》三十二卷,孙盛撰。《续晋阳秋》三十卷,宋檀道鸾撰。”此所谓诸家阳秋也。

〔三五〕《隋志》霸史类:“《十六国春秋》一百卷,魏崔鸿撰。”

〔三六〕《资治通鉴》见《书教下》注〔三七〕。《书录解题》编年类:“《通鉴纲目》五十九卷,新安朱熹撰。始司马公《通鉴》有目录举要。朱晦翁别为义例,表岁以著年,因年以著统,大书以提要,而分注以备言。大书者为纲,分注者为目,纲如经,目如传。”

〔三七〕见《书教下》注〔三六〕。

〔三八〕按此上言后史以编年体拟《春秋》之妄。

文史通义校注卷二

内篇二

原道上〔一〕

道之大原出于天,〔二〕天固谆谆然命之乎? 曰:天地之前,则吾不得而知也。天地生人,斯有道矣,而未形也。三人居室,而道形矣,〔三〕犹未著也。人有什伍而至百千,一室所不能容,部别班分,而道著矣。仁义忠孝之名,刑政礼乐之制,皆其不得已而后起者也。〔四〕

人生有道,人不自知;三人居室,则必朝暮启闭其门户,饔飧〔五〕取给于樵汲,既非一身,则必有分任者矣。或各司其事,或番易其班,所谓不得不然之势也,而均平秩序之义出矣。又恐交委而互争焉,则必推年之长者持其平,亦不得不然之势也,而长幼尊卑之别形矣。至于什伍千百,部别班分,亦必各长其什伍,而积至于千百,则人众而赖于干济,必推才之杰者理其繁,势纷而须于率俾,必推德之懋者〔六〕司其化,是亦不得不然之势也;而作君作师,〔七〕画野分州，〔八〕井田〔九〕封建〔一〇〕学校〔一一〕之意著矣。故道者，非圣人智力之所能为，皆其事势自然，渐形渐著，不得已而出之，故曰天也。〔一二〕

《易》曰："一阴一阳之谓道。"〔一三〕是未有人而道已具也。继之者善，成之者性。〔一四〕是天著于人，而理附于气。故可形其形而名其名者，皆道之故，而非道也。〔一五〕道者，万事万物之所以然，而非万事万物之当然也。〔一六〕人可得而见者，则其当然而已矣。人之初生，至于什伍千百，以及作君作师，分州画野，盖必有所需而后从而给之，有所郁而后从而宣之，有所弊而后从而救之。〔一七〕羲、农、轩、颛〔一八〕之制作，初意不过如是尔。法积美备，至唐、虞而尽善焉，殷因夏监，〔一九〕至成周而无憾焉。譬如滥觞积而渐为江河，培塿积而至于山岳，〔二〇〕亦其理势之自然；而非尧、舜之圣，过乎羲、轩，文、武之神，胜于禹、汤也。后圣法前圣，非法前圣也，法其道之渐形而渐著者也。三皇无为而自化，五帝开物而成务，〔二一〕三王立制而垂法，后人见为治化不同有如是尔。当日圣人创制，〔二二〕则犹暑之必须为葛，寒之必须为裘，〔二三〕而非有所容心，以谓吾必如是而后可以异于圣人，吾必如是而后可以齐名前圣也。此皆一阴一阳往复循环所必至，而非可即是以为一阴一阳之道也。一阴一阳往复循环者，犹车轮也。圣人创制，一似暑葛寒裘，犹轨辙也。〔二四〕

道有自然，圣人有不得不然，其事同乎？曰：不同。道无所为而自然，圣人有所见而不得不然也。〔二五〕圣人有所见，故不得不然；众人无所见，则不知其然而然。孰为近道？曰：不知其然而然，即道也。〔二六〕非无所见也，不可见也。不得不然者，圣人所以合乎道，非可即以为道也。〔二七〕圣人求道，道无可见，即众人之不知其然而然，圣人所藉以见道者也。故不知其然而然，一阴一阳之迹也。学于圣人，斯为贤人。学于贤人，斯为君子。学于众人，斯为圣人。非众可学也，求道必于一阴一阳之迹也。自有天地，而至唐、虞、夏、商，迹既多而穷变通久之理亦大备。周公以天纵生知之圣，〔二八〕而适当积古留传，道法大备之时，是以经纶制作，〔二九〕集千古之大成，则亦时会使然，非周公之圣智能使之然也。盖自古圣人，皆学于众人之不知其然而然，而周公又遍阅于自古圣人之不得不然，而知其然也。周公固天纵生知之圣矣，此非周公智力所能也，时会使然也。譬如春夏秋冬，各主一时，而冬令告一岁之成，亦其时会使然，而非冬令胜于三时也。故创制显庸〔三〇〕之圣，千古所同也。集大成者，周公所独也。时会适当然而然，周公亦不自知其然也。〔三一〕

孟子曰："孔子之谓集大成。"〔三二〕今言集大成者为周公，毋乃悖于孟子之指欤？曰：集之为言，萃众之所有而一之也。自有天地，而至唐、虞、夏、商，皆圣人而得天子之位，经纶治化，一出于道体之适然。周公成文、武之德，适当帝全王备，殷因夏监，至于无可复加之际，故得藉为制作典章，而以周道集古圣之成，斯乃所谓集大成也。孔子有德无位，即无从得制作之权，不得列于一成，安有大成可集乎？非孔子之圣，逊于周公也，时会使然也。孟子所谓集大成者，乃对伯夷、伊尹、柳下惠而言之也。恐学者疑孔子之圣，与三子同，无所取譬，譬于作乐之大成也。〔三三〕故孔子大成之说，可以对三子，而不可以尽孔子也。以之尽孔子，反小孔子矣。何也？周公集羲、轩、尧、舜以来之大成，周公固学于历圣而集之，无历圣之道法，则固无以成其周公也。孔子非集伯夷、尹、惠之大成，孔子固未尝学于伯夷、尹、惠，且无伯夷、尹、惠之行事，岂将无以成其孔子乎？〔三四〕夫孟子之言，各有所当而已矣，岂可以文害意乎？〔三五〕

达巷党人曰："大哉孔子！博学而无所成名。"〔三六〕今人皆嗤党人不知孔子矣；抑知孔子果成何名乎？以谓天纵生知之圣，不可言思拟议，而为一定之名也，于是援天与神，以为圣不可知〔三七〕而已矣。斯其所见，何以异于党人乎？天地之大，可一言尽。〔三八〕孔子虽大，不过天地，独不可以一言尽乎？或问何以一言尽之，则曰：学周公而已矣。〔三九〕周公之外，别无所学乎？曰：非有学而孔子有所不至；周公既集群圣之成，则周公之外，更无所谓学也。周公集群圣之大成，孔子学而尽周公之道，〔四〇〕斯一言也，足以蔽孔子之全体矣。“祖述尧、舜”，周公之志也。“宪章文、武”，周公之业也。〔四一〕一则曰：“文王既没，文不在兹。”〔四二〕再则曰：“甚矣吾衰，不复梦见周公。”〔四三〕又曰：“吾学《周礼》，今用之。”〔四四〕又曰：“郁郁乎文哉！吾从周。”〔四五〕哀公问政，则曰：“文、武之政，布在方策。”〔四六〕或问“仲尼焉学？”子贡以谓“文、武之道，未坠于地”。〔四七〕“述而不作”，〔四八〕周公之旧典也。“好古敏求”，〔四九〕周公之遗籍也。党人生同时而不知，乃谓无所成名，亦非全无所见矣。后人观载籍，而不知夫子之所学，是不如党人所见矣。而犹嗤党人为不知，奚翅百步之笑五十步乎？〔五〇〕故自古圣人，其圣虽同，而其所以为圣，不必尽同，时会使然也。惟孔子与周公，俱生法积道备无可复加之后，周公集其成以行其道，孔子尽其道以明其教，符节吻合，如出于一人，不复更有毫末异同之致也。然则欲尊孔子者，安在援天与神，而为恍惚难凭之说哉？〔五一〕

或曰：孔子既与周公同道矣，周公集大成，而孔子独非大成欤？曰：孔子之大成，亦非孟子所谓也。盖与周公同其集羲、农、轩、顼、唐、虞、三代之成，而非集夷、尹、柳下之成也。盖君师分而治教不能合于一，气数之出于天者也。周公集治统之成，而孔子明立教之极，皆事理之不得不然，而非圣人异于前人，此道法之出于天者也。故隋唐以前，学校并祀周、孔，以周公为先圣，孔子为先师，〔五二〕盖言制作之为圣，而立教之为师。故孟子曰：“周公、仲尼之道一也。”〔五三〕然则周公、孔子，以时会而立统宗之极，圣人固藉时会欤？宰我以谓夫子“贤于尧、舜”，子贡以谓“生民未有如夫子”，有若以夫子较古圣人，则谓“出类拔萃”，〔五四〕三子皆舍周公，独尊孔氏。朱子以谓事功有异，〔五五〕是也。然而治见实事，教则垂空言矣。后人因三子之言，而盛推孔子，过于尧、舜，因之崇性命而薄事功，于是千圣之经纶，不足当儒生之坐论矣。伊川论禹、稷、颜子，谓禹、稷较颜子为粗。朱子又以二程与颜、孟切比长短。盖门户之见，贤者不免，古今之通患。夫尊夫子者，莫若切近人情。不知其实，而但务推崇，则玄之又玄，圣人一神天之通号耳，世教何补焉？故周、孔不可优劣也，尘垢秕糠，陶铸尧、舜，庄生且谓寓言，〔五六〕曾儒者而袭其说欤？故欲知道者，必先知周、孔之所以为周、孔。〔五七〕

〔一〕《淮南子·原道训》高诱注：“原，本也。本道根真，包裹天地，以历万物，故曰原道。”本篇因仍旧题，义多新创，其要旨实斋已自言之。《与陈鉴亭论学书》曰：“道无不该，治方术者各以所见为至。古人著《原道》者三家，淮南托于空蒙，刘勰专言文指，韩昌黎氏特为佛老塞源，皆足以发明立言之本。鄙著宗旨，则与三家又殊。《文史通义》专为著作之林校雠得失。著作本乎学问，而近人所谓学问，则以《尔雅》名物，六书训故，谓足尽经世之大业；虽以周、程义理，韩、欧文辞，不难一映置之。其稍通方者，则分考订、义理、文辞为三家，而谓各有其所长；不知此皆道中之一事耳。著述纷纷，出奴入主，正坐此也。鄙著《原道》之作，盖为三家之分畛域设也。篇名为前人叠见之余，其所发明，实从古未尽之窦。诸君似见题袭前人，遂觉文如常习耳。夫文章以六艺为归，人伦以孔子为极，三尺孺子能言之矣。然学术之未进于古，正坐儒者流误欲法六经而师孔子耳。孔子不得位而行道，述六经以垂教于万世，孔子之不得已也。后儒非处衰周不可为之世，辄谓师法孔子，必当著述以垂后，岂有不得已者乎？何其蔑视同时之人，而惓惓于后世邪！故学孔子者，当学孔子之所学，不当学孔子之不得已。然自孟子以后，命为通儒者，率皆愿学孔子之不得已也。以孔子之不得已而误为孔子之本志，则虚尊道德文章别为一物；大而经纬世宙，细而日用伦常，视为粗迹矣。故知道器合一，方可言学。道器合一之故，必求端于周、孔之分，此实古今学术之要旨，而前人于此，言议或有未尽也。故篇中所举，如言道出于天，其说似廓，则切证之于三人居室。若夫穷变通久，则推道体之存，即在众人之不知其然而然。集大成者，实周公而非孔子。孔子虽大如天，亦可一言而尽。孔子于学周公之外，更无可言。六经未尝离器言道，道德之衰，道始因人而异其名。皆妄自诩谓开凿鸿蒙，前人从未言至此也。"（刘刻《遗书》卷九）盖清儒自顾亭林以来，以为道在六经，通经即所以明道。实斋则谓道在事物，初不出乎人伦日用之间。学者明道，应即事物而求其所以然，六经固不足以尽之。《文史通义》本为救当时经学之流弊而作，此三篇实为全书总汇。作年见《经解上》注〔一〕。本篇言圣人之经纶治化，出于道体之自然，而周公集其大成。

〔二〕董仲舒语，见《汉书》本传。

〔三〕人营社会生活，日用饮食，胥有其共由之则以维持之。道犹路也，人生不可离道，犹之行必由路，三人极言其少耳。王宗炎《复实斋书》云："奉到大著，取《原道》一篇读之，于'三人居室而道形'一语，尚有未能融彻者。夫男女居室，《孟子》以为人之大伦。而《中庸》言道造端夫妇。今言三人居室，已近不辞；若以居室作居处解，则三人二字亦无著落。盖必一生二，二乃生三，一即未形，二已渐著，断无舍偶而言参之道。鄙见别楮具之，未识有当否也？"（见刘刻《遗书》附录）欲将此句改为"有彼我而道形矣"。殊于作者原意未谛。

〔四〕人文演进，由部落而为国家，教养卫各事，缘之日趋于复杂，故曰礼乐刑政，不得已而起。按此节明道出于自然。

〔五〕朝曰饔,夕曰飧,熟食也。

〔六〕率俾:《周书·伪武成》:"华夏蛮貊,罔不率俾。"伪《孔传》:"皆相率而使。"懋:盛大之意。《书·伪大禹谟》:"予懋乃德。"

〔七〕《周书·伪泰誓》:"天佑下民,作之君,作之师。"

〔八〕《夏书·禹贡》:"禹别九州。"传引《周公职录》云:"黄帝受命,风后受图割地布九州。"《汉书·地理志》:"昔在黄帝,方制万里,画壄分州,得百里之国万区。"师古曰:"画,谓为之界也。壄,古野字。"

〔九〕《孟子·滕文公上》:"方里而井,井九百亩,其中为公田,八家皆私百亩,同养公田。"《汉书·食货志》:"一井八家共之,各受私田百亩,公田十亩,是为八百八十亩。余二十亩以为庐舍。"

〔一〇〕《周礼·大司徒》:"凡建邦国,以土圭土其地而制其域。诸公之地,封疆方五百里,其食者半。诸侯之地封疆方四百里,其食者参之一。诸伯之地,封疆方三百里,其食者参之一。诸子之地,封疆方二百里,其食者四之一。诸男之地封疆方百里,其食者四之一。"《左传》僖二十四年:"昔周公吊二叔之不咸,故封建亲戚以蕃屏周。"

〔一一〕《孟子·滕文公上》:"设为庠序学校以教之。庠者,养也。校者,教也。序者,射也。夏曰校,殷曰序,周曰庠。学则三代共之,皆所以明人伦也。"朱注:"庠以养老为义,校以教民为义,序以习射为义,皆乡学也。学,国学也。"

〔一二〕按此节言道渐形渐著,申明上意。

〔一三〕《易·系辞上》:"一阴一阳之谓道。继之者,善也。成之者,性也。"

〔一四〕程子云:"生生之谓易,是天之所以为道也。天只是以生为道,继此生理者,即是善也。善便有一个元底意思。元者善之长,万物皆有春意,便是继之者善也。成之者性也,成却待他万物自成

其性须得。"(《二程遗书》卷二)

〔一五〕《庄子·知北游》:"无始曰:道不可闻,闻而非也。道不可见,见而非也。道不可言,言而非也。知形形之不形乎,道不当名。"道为万物之本体,万物乃道体之显现,故凡可闻见而名言之者,皆道之迹而非道也。故,事也。

〔一六〕《韩非子·解老》:"道者,万物之所以成也。"道乃形成万物之第一因,故曰道者万事万物之所以然。《庄子·天道》:"悲夫!世人以形色名声为足以得彼之情。夫形色名声,果不足以得彼之情,则知者不言,言者不知,而世岂识之哉?"道该万事万物当然之理,而其当然之迹则非道。故曰道非万事万物之当然。

〔一七〕"从而给"以下原脱十七字,刘刻《遗书》本有,《原道下》篇正同。据补。

〔一八〕太皞伏羲氏,炎帝神农氏,黄帝轩辕氏,颛顼高阳氏。相传伏羲氏始作八卦,神农氏教民播种五谷,轩辕氏作舟车以济不通,颛顼作历法,以孟春为元。见《通鉴外纪》。

〔一九〕《论语·为政》:"子张问:'十世可知也?'子曰:'殷因于夏礼,所损益可知也。周因于殷礼,所损益可知也。其或继周者,虽百世可知也。'"《八佾》:"子曰:'周监于二代,郁郁乎文哉!吾从周。'"

〔二〇〕滥觞:见《书教中》注〔二七〕。《左传》襄二十四年:"部娄无松柏。"杜注:"部娄,小阜也。"应劭《风俗通》、《文选·魏都赋》注并引作"培塿"。《荀子·儒效》:"积土为山,积水为海。"

〔二一〕《老子》五十七章:"我无为而民自化。"《易·系辞上》:"夫易开物成务,冒天下之道,如斯而已者也。"三皇五帝,见《易教上》注〔一一〕。

〔二二〕按刘刻《遗书》本"如是"下有"尔"字,"创制"下有"只觉事势出于不得不然"十字。

〔二三〕韩愈《原道》:"夏葛而冬裘。"按刘刻《遗书》本"则犹"作"一似"。

〔二四〕按此节言圣人创制,由于道之渐形渐著,不得不然。

〔二五〕按刘刻《遗书》本此下有"故言圣人体道可也,言圣人与道同体不可也"十八字。

〔二六〕《庄子·齐物论》:"已而不知其然谓之道。"

〔二七〕此语甚吃紧。实斋论学之旨,与戴东原迥异,而论道之意,则有采诸东原而略变者。钱君宾四曰:"实斋谓道不外人伦日用,此在东原《绪言》《疏证》两书中,主之甚力,即《原善》亦本此旨,惟发之未畅耳。实斋所谓道之自然与不得不然者,亦即《原善》自然与必然之辨。故主求道于人伦日用,乃两氏之所同。惟东原谓归于必然,适全其自然,必然乃自然之极致,而尽此必然者为圣人。圣人之遗言存于经,故六经乃道之所寄。实斋则谓圣人之不得不然,乃所以合乎道,而非可即为道。自然变则圣人之不得不然者亦将随而变,故时会不同,则所以为圣人亦不同。故曰圣人学于众人,又曰六经皆史,则六经固不足以尽夫道也。"(《中国近三百年学术史》)

〔二八〕《论语·子罕》:"固天纵之将圣。"《集解》引孔曰:"言天固纵大圣之德。"又《季氏》:"生而知之者,上也。"《正义》曰:"谓圣人也。"

〔二九〕《易·屯》:"象曰,云雷屯,君子以经纶。"疏:"经,谓经纬。纶,谓纲纶。"《尚书大传》:"周公居摄三年,制礼作乐。"

〔三〇〕《国语·周语二》:"叔父若能光裕大德,更姓改物,以创制天下,自显庸也。"韦昭注:"创,造也。庸,用也。谓为天子造制度,自显用于天下。"

〔三一〕按此节言周公逢其时会,集制作之大成。

〔三二〕《孟子·万章下》文。

〔三三〕《孟子·万章下》:"孟子曰:'伯夷,圣之清者也;伊尹,圣之任也;柳下惠,圣之和者也;孔子,圣之时者也。孔子之谓集大成。集大成也者,金声而玉振之也。'"朱注:"谓犹作乐者集众音之小成而为一大成也。成者,乐之一终,《书》所谓箫韶九成,是也。"按刘刻《遗书》本,"与三子同"下有"公孙丑氏尝有若是其般(王秉恩校作班)之问矣。故言三子之偏,与孔子之全"二十四字。

〔三四〕刘咸炘《识语》云:"孟子言孔集大成,是言气质天德,此言周公集大成,是言制作王道,应分别言之。"

〔三五〕《孟子·万章上》:"故说《诗》者,不以文害辞,不以辞害志。"按此节明周公集历来制作之大成,与孟子言孔集大成者有别。

〔三六〕《论语·子罕》文。《集解》引郑曰:"达巷者,党名也。五百家为党,此党之人,美孔子博学道艺,不成一名而已。"

〔三七〕《孟子·尽心下》:"圣而不可知之之谓神。"

〔三八〕《礼记·中庸》:"天地之道,可一言而尽也。"

〔三九〕《法言·学行》:"孔子习周公者也。"《淮南子·要略》:"孔子修成康之道,述周公之训,以教七十子,使服其衣冠,修以篇籍,故儒者之学生焉。"

〔四〇〕《荀子·解蔽》:"孔子仁知且不蔽,故学乱术,足以为先王者也。一家得周道,举而用之,不蔽于成积也,故德与周公齐,名与三王并。"

〔四一〕《礼记·中庸》:"仲尼祖述尧、舜,宪章文、武。"

〔四二〕《论语·子罕》文。

〔四三〕《论语·述而》文。

〔四四〕《礼记·中庸》文。

〔四五〕《论语·八佾》文。

〔四六〕《礼记·中庸》文。郑注:"方,版也。策,简也。"

〔四七〕《论语·子张》文。

〔四八〕《论语·述而》文。朱注:"孔子删《诗》《书》,定《礼》《乐》,赞《周易》,修《春秋》,皆传先王之旧,而未尝有所作也。"此言孔子"述而不作"。

〔四九〕《论语·述而》:"子曰:'我非生而知之者,好古敏以求之者也。'"朱注:"尹氏曰:'孔子以生知之圣,每云好学者,非惟勉人也;盖生而可知者,义理尔;若夫礼乐名物,古今事变,亦必待学而后有以验其实也。'"按孔子自言非生知,朱注不确。

〔五〇〕《孟子·梁惠王上》:"兵刃既接,弃甲曳兵而走,或百步而后止,或五十步而后止,以五十步笑百步则何如?"

〔五一〕按此节言孔子学周公。

〔五二〕《礼记·文王世子》:"凡始立学者,必释奠于先圣先师。及行事必以币。"郑注:"先圣,周公若孔子。"《唐书·礼乐志五》:"唐武德二年,始诏国子学立周公、孔子庙。七年,高祖释奠焉,以周公为先圣,孔子配。贞观二年,左仆射房玄龄、博士朱子奢建言:'周公、尼父俱圣人,然释奠于学,以夫子也。大业以前,皆孔子为先圣,颜回为先师。'乃罢周公,升孔子为先圣,以颜回配。四年,诏州县皆作孔子庙。"

〔五三〕《孟子·滕文公上》:"陈良,楚产也,悦周公、仲尼之道,北学于中国。"又《离娄下》:"先圣后圣,其揆一也。"此言周公、孔子之道是一致的。

〔五四〕《孟子·公孙丑上》:"宰我曰:'以予观于夫子,贤于尧、舜远矣。'子贡曰:'见其礼而知其政,闻其乐而知其德,由百世之后,等百世之王,莫之能违也。自生民以来,未有夫子也。'有若曰:'岂惟民哉?麒麟之于走兽,凤凰之于飞鸟,太山之于丘垤,河海之于行潦,类也。圣人之于民,亦类也,出于其类,拔乎其萃。自生民以来,未有盛于孔子也。'"

〔五五〕朱注:"程子曰:'语圣则不异,事功则有异。'夫子贤于尧、舜,语事功也。盖尧、舜治天下，夫子又推其道以垂教万世。”按朱子宜作程子。

〔五六〕《庄子·逍遥游》：“之人也，物莫之伤，大浸稽天而不溺，大旱金石流、土山焦而不热，是其尘垢秕糠，犹将陶铸尧、舜者也。”

〔五七〕按此节言周公集大成在制作，孔子集大成在立教。

原道中[一]

韩退之曰：“由周公而上，上而为君，故其事行；由周公而下，下而为臣，故其说长。”[二]夫说长者，道之所由明，而说长者，亦即道之所由晦也。夫子明教于万世，[三]夫子未尝自为说也。表章六籍，存周公之旧典，故曰：“述而不作，信而好古。”又曰：“盖有不知而作之者，我无是也。”[四]“子所雅言，《诗》《书》执《礼》”，[五]所谓明先王之道以导之也。非夫子推尊先王，意存谦牧而不自作也，夫子本无可作也。有德无位，即无制作之权。空言不可以教人，所谓无征不信也。[六]教之为事，羲、轩以来，盖已有之。观《易·大传》之所称述，[七]则知圣人即身示法，因事立教，[八]而未尝于敷政出治之外，别有所谓教法也。虞廷之教，则有专官矣；司徒之所敬敷，[九]典乐之所咨命；[一〇]以至学校之设，通于四代；[一一]司成师保之职，详于《周官》。[一二]然既列于有司，则肄业存于掌故，其所习者，修齐治平之道，[一三]而所师者，守官典法之人。治教无二，官师合一，岂有空言以存其私说哉？儒家者流，尊奉孔子，若将私为儒者之宗师，则亦不知孔子矣。孔子立人道之极，岂有意于立儒道之极耶？儒也者，贤士不遇明良之盛，[一四]不得位而大行，于是守先王之道，以待后之学者，[一五]出于势之无可如何尔。人道所当为者，广矣，大矣。岂当身皆无所遇，而必出于守先待后，不复涉于人世哉？学《易》原于羲画，〔一六〕不必同其卉服野处也。〔一七〕观《书》始于虞典，〔一八〕不必同其呼天号泣也。〔一九〕以为所处之境，各有不同也。然则学夫子者，岂曰屏弃事功，预期道不行而垂其教邪？〔二〇〕

《易》曰："形而上者谓之道，形而下者谓之器。"〔二一〕道不离器，犹影不离形。后世服夫子之教者自六经，以谓六经载道之书也，而不知六经皆器也。《易》之为书，所以开物成务，〔二二〕掌于《春官》太卜，〔二三〕则固有官守而列于掌故矣。《书》在外史，〔二四〕《诗》领大师，〔二五〕《礼》自宗伯，〔二六〕《乐》有司成，〔二七〕《春秋》各有国史。〔二八〕三代以前，《诗》《书》六艺，未尝不以教人，不如〔二九〕后世尊奉六经，别为儒学一门，而专称为载道之书者。盖以学者所习，不出官司典守，国家政教；而其为用，亦不出于人伦日用之常，是以但见其为不得不然之事耳，未尝别见所载之道也。夫子述六经以训后世，亦谓先圣先王之道不可见，六经即其器之可见者也。后人不见先王，当据可守之器而思不可见之道。故表章先王政教，与夫官司典守以示人，而不自著为说，以致离器言道也。夫子自述《春秋》之所以作，则云："我欲托之空言，不如见诸行事之深切著明。"〔三〇〕则政教典章，人伦日用之外，更无别出著述之道，亦已明矣。秦人禁偶语《诗》《书》，而云"欲学法令，以吏为师"。〔三一〕夫秦之悖于古者，禁《诗》《书》耳。至云学法令者，以吏为师，〔三二〕则亦道器合一，而官师治教，未尝分歧为二之至理也。其后治学既分，不能合·，天也。官司守一时之掌故，经师传授受之章句，〔三三〕亦事之出于不得不然者也。然而历代相传，不废儒业，为其所守先王之道也。而儒家者流，守其六籍，以谓是特载道之书耳。夫天下岂有离器言道，离形存影者哉？彼舍天下事物、人伦日用，而守六籍以言道，则固不可与言夫道矣。〔三四〕

《易》曰"仁者见之谓之仁，智者见之谓之智，百姓日用而不知"

矣。[三五]然而不知道而道存，见谓道而道亡。大道之隐也，不隐于庸愚，而隐于贤智之伦者纷纷有见也。盖官师治教合，而天下聪明范于一，故即器存道，而人心无越思。官师治教分，而聪明才智，不入于范围，则一阴一阳，入于受性之偏，[三六]而各以所见为固然，亦势也。夫礼司乐职，各守专官，虽有离娄之明，师旷之聪，[三七]不能不赴范而就律也。今云官守失传，而吾以道德明其教，则人人皆自以为道德矣。故夫子述而不作，而表章六艺，以存周公旧典也，不敢舍器而言道也。而诸子纷纷，则已言道矣。庄生譬之为耳目口鼻，[三八]司马谈别之为六家，[三九]刘向区之为九流。[四〇]皆自以为至极，而思以其道易天下者也。由君子观之，皆仁智之见而谓之，而非道之果若是易也。夫道因器而显，不因人而名也。自人有谓道者，而道始因人而异其名矣。仁见谓仁，智见谓智，是也。人自率道而行，道非人之所能据而有也。自人各谓其道，而各行其所谓，而道始得为人所有矣。墨者之道，[四一]许子之道，[四二]其类皆是也。夫道自形于三人居室，而大备于周公、孔子，历圣未尝别以道名者，盖犹一门之内，不自标其姓氏也。至百家杂出而言道，而儒者不得不自尊其所出矣。一则曰尧、舜之道，再则曰周公、仲尼之道，故韩退之谓"道与德为虚位"也。[四三]夫"道与德为虚位"者，道与德之衰也。[四四]

〔一〕按本篇明道不离器，学者宜即器以求道，离器而言道，则道为虚位，而人各自道其所道矣。

〔二〕见韩愈《原道》。

〔三〕按刘刻《遗书》本作"夫子尽周公之道，而明其教于万世"。

〔四〕并见《论语·述而》。

〔五〕同上。朱注："雅，常也。执，守也。《诗》以理情性，《书》以道政事，《礼》以谨节文，皆切于日用之实，故常言之。《礼》独言执者，以人所执守而言,非徒诵说而已也。”雅言当指当时之普通话,即以普通话讲课。

〔六〕《礼记·中庸》:“上焉者,虽善无征,无征不信。不信,民弗从。”

〔七〕《易·系辞下》:“古者,庖羲氏之王天下也,仰则观象于天,俯则观法于地,观鸟兽之文与地之宜,近取诸身,远取诸物,于是始作八卦,以通神明之德,以类万物之情。作结绳而为网罟,以佃以渔,盖取诸离。庖羲氏没,神农氏作,斫木为耜,揉木为耒,耒耜之利,以教天下,盖取诸益。日中为市,致天下之民,聚天下之货,交易而退,各得其所,盖取诸噬嗑。神农氏没,黄帝、尧、舜氏作,通其变,使民不倦,神而化之,使民宜之。《易》穷则变,变则通,通则久。是以自天祐之,吉无不利。黄帝、尧、舜,垂衣裳而天下治,盖取诸乾坤。刳木为舟,剡木为楫,舟楫之利,以济不通,致远以制天下,盖取诸涣。服牛乘马,引重致远,以利天下,盖取诸随。重门击柝,以待暴客,盖取诸豫。断木为杵,掘地为臼,臼杵之利,万民以济,盖取诸小过。弦木为弧,剡木为矢,弧矢之利,以威天下,盖取诸睽。上古穴居而野处,后世圣人易之以宫室,上栋下宇,以待风雨,盖取诸大壮。古之葬者,厚衣之以薪,葬之中野,不封不树,丧期无数,后世圣人易之以棺椁,盖取诸大过。上古结绳而治,后世圣人易之以书契,百官以治,万民以察,盖取诸夬。”按司马谈《论六家要旨》引《易·系辞》传文,称《易·大传》,因谈受《易》于杨何,何自著《易传》,所以称孔子所著者,为《易·大传》,以示区别,后人故沿用之。

〔八〕刘咸炘《识语》云:“此八字(即身示法二句)最精。黄梨洲已发此论,是先生所从出。”

〔九〕今本《虞书·舜典》:“帝曰:契,百姓不亲,五品不逊,汝作司徒,敬敷五教,在宽。”《国语》韦昭注:“五教,父义、母慈、兄友、弟恭、子孝也。”

〔一〇〕《虞书·舜典》:"帝曰:夔!命汝典乐。教胄子,直而温,宽而栗,刚而无虐,简而无傲。诗言志,歌永言,声依永,律和声,八音克谐,无相夺伦,神人以和。"

〔一一〕《礼记·王制》:"有虞氏养国老于上庠,养庶老于下庠。夏后氏养国老于东序,养庶老于西序。殷人养国老于右学,养庶老于左学。周人养国老于东胶,养庶老于虞庠。"

〔一二〕《礼记·文王世子》:"大司成论说在东序。"郑注:"大司成,司徒之属,师氏也。"《周礼·地官·司徒》:"师氏掌以媺诏王,以三德三行教国子。保氏掌谏王恶,而养国子以道,乃教之六艺六仪。"

〔一三〕掌故,见《书教上》注〔一三〕。《礼记·大学》:"身修而后家齐,家齐而后国治,国治而后天下平。"

〔一四〕《书·益稷》:"乃赓载歌曰:元首明哉!股肱良哉!庶事康哉!"

〔一五〕见《孟子·滕文公下》。

〔一六〕伏羲始画八卦,见《易·系辞下》。

〔一七〕《夏书·禹贡》:"岛夷卉服。"《易·系辞下》:"上古穴居而野处。"

〔一八〕谓《虞书·尧典》也。孔子篹书,上断于尧。

〔一九〕《书·伪大禹谟》:"帝初于历山,往于田,日号泣于旻天、于父母。"《孟子·万章上》:"舜往于田,号泣于旻天。"

〔二〇〕按本节言圣人因事立教,随所处之境而有不同。

〔二一〕见《易·系辞上》。

〔二二〕同上。韩康伯注云:"言《易》通万物之志,成天下之务。"

〔二三〕见《易教上》注〔八〕。

〔二四〕《周礼·春官》:"外史掌三皇五帝之书。"

〔二五〕《周礼·春官》:"大师教六诗:曰风,曰赋,曰比,曰兴,曰雅,曰颂。"

〔二六〕《周礼·春官》:"大宗伯之职,掌建邦之天神、人鬼、地示之礼,以佐王建保邦国。"郑注云:"建,立也。立天神、地祇、人鬼之礼者,谓祀之、祭之、享之。礼,吉礼是也。保,安也。所以佐王立安邦国者,主谓凶礼、宾礼、军礼、嘉礼也。"

〔二七〕《礼记·文王世子》:"乐正司业,父师司成。"《正义》曰:"司,是职司。谓乐正主大子《诗》《书》之业。父师主大子成就其德行也。"按郑注大司成即师氏(见上注),为掌教之官。惟宗伯之属大司乐,掌成均之法,以乐德、乐语、乐舞教国子,以六律、六同、五声、八音、六舞大合乐,以致鬼神示,以和邦国,为掌乐之官。此以司成主《乐》,失考。

〔二八〕杜预《春秋左氏传序》:"《周礼》有史官掌邦国四方之事,达四方之志。诸侯亦有国史,大事书之于策,小事简牍而已。"

〔二九〕按"不如"旧讹作"不知",兹依志古堂本正。刘刻《遗书》本作"非如","非如后世尊奉六经",文义更顺。

〔三〇〕《春秋繁露·俞序》《史记·太史公自序》引孔子语。

〔三一〕见《诗教下》注〔三〕。

〔三二〕按刘刻《遗书》本,无此上"夫秦之悖于古者,禁《诗》《书》耳。至云学法令者,以吏为师"二十一字。

〔三三〕沈钦韩《汉书疏证》曰:"章句者,师法指括其文,敷畅其义,以相教授。《左》宣二年传疏,服虔载贾逵、郑众、或人二说,解叔牂曰'子之马然也',此章句之体。"余详下篇注〔六〕。

〔三四〕按本节言道不出乎人伦日用之常,六经乃明道之器,不可舍人伦日用而专守六经。

〔三五〕见《易·系辞上》。按刘刻《遗书》本,此下有"道之所由隐也,夫见而谓之,则固贤于日用不知"十九字。

〔三六〕刘咸炘《识语》云:"此《质性》篇所由作。直达本原,由此推求,乃见先生真识。”

〔三七〕见《孟子·离娄上》。朱注:“离娄,古之明目者。”赵注:“师旷,晋平公之乐太师也。”

〔三八〕《庄子·天下》:“譬如耳目口鼻,皆有所明,不能相通,犹百家众技也,皆有所长,时有所用。虽然,不该不遍,一曲之士也。”

〔三九〕司马谈列阴阳、儒、墨、法、名、道德六家而论其要旨,见《史记·太公自序》。

〔四〇〕见《诗教上》注〔二二〕。

〔四一〕《孟子·滕文公下》:“杨朱、墨翟之言盈天下。”又:“杨、墨之道不息,孔子之道不著。”

〔四二〕《孟子·滕文公上》:“有为神农之言者许行。”朱注引程子曰:“许行所谓神农之言,乃后世称述上古之事失其义理者耳。”

〔四三〕见韩愈《原道》。

〔四四〕按本节言舍器而言道,道始因人而名,而非天下共由之者。

原道下〔一〕

人之萃处也,因宾而立主之名。言之庞出也,因非而立是之名。自诸子之纷纷言道,而为道病焉,儒家者流,乃尊尧、舜、周、孔之道,以为吾道矣。道本无吾,而人自吾之,以谓庶几别于非道之道也。而不知各吾其吾,犹三军之众,可称我军,对敌国而我之也;非临敌国,三军又各有其我也。夫六艺者,圣人即器而存道;而三家之《易》,〔二〕四氏之《诗》,〔三〕攻且习者,不胜其入主而出奴也。〔四〕不知古人于六艺,被服如衣食,人人习之为固然,未尝专门以名家者也。〔五〕后儒但即一经之隅曲,而终身殚竭其精力,犹恐不得一当焉,是岂古今人不相及哉?其势有然也。古者道寓于器,官师合一,学士所肄,非国家之典章,即有司之故事,耳目习而无事深求,故其得之易也。后儒即器求道，有师无官，事出传闻，而非目见，文须训故而非质言，是以得之难也。夫六艺并重，非可止守一经也；经旨闳深，非可限于隅曲也；而诸儒专攻一经之隅曲，必倍古人兼通六艺之功能，则去圣久远，于事固无足怪也。但既竭其心思耳目之智力，则必于中独见天地之高深，因谓天地之大，人莫我尚也；亦人之情也。而不知特为一经之隅曲，未足窥古人之全体也。训诂章句，〔六〕疏解义理，〔七〕考求名物，〔八〕皆不足以言道也。〔九〕取三者而兼用之，则以萃聚之力，补遥溯之功，或可庶几耳。而经师先已不能无牴牾，〔一〇〕传其学者，又复各分其门户，〔一一〕不啻儒墨之辨焉；则因宾定主，而又有主中之宾，因非立是，而又有是中之非，门径愈歧，而大道愈隐矣。〔一二〕

“上古结绳而治，后世圣人易之以书契，百官以治，万民以察。”〔一三〕夫文字之用，为治为察，古人未尝取以为著述也。以文字为著述，起于官师之分职，治教之分途也。夫子曰：“予欲无言。”〔一四〕欲无言者，不能不有所言也。孟子曰：“予岂好辨哉？予不得已也。”〔一五〕后世载笔之士，作为文章，将以信今而传后，其亦尚念欲无言之旨，与夫不得已之情，庶几哉言出于我，而所以为言，初非由我也。〔一六〕夫道备于六经，义蕴之匿于前者，章句训诂足以发明之。事变之出于后者，六经不能言，固贵约六经之旨，而随时撰述以究大道也。〔一七〕太上立德，其次立功，其次立言，〔一八〕立言与立功相准。盖必有所需而后从而给之，有所郁而后从而宣之，有所弊而后从而救之，〔一九〕而非徒夸声音采色，以为一己之名也。《易》曰：“神以知来，智以藏往。”〔二〇〕知来，阳也。藏往，阴也。一阴一阳，道也。文章之用，或以述事，或以明理。事溯已往，阴也。理阐方来，阳也。〔二一〕其至焉者，则述事而理以昭焉，言理而事以范焉，〔二二〕则主适不偏，〔二三〕而文乃衷于道矣。迁、固之史，董、韩之文，〔二四〕庶几哉有所不得已于言者乎？不知其故，而但溺文辞，其人不足道已。即为高论者，以谓文贵明道，何取声情色采以为愉悦，亦非知道之言也。夫无为之治而奏薰风，〔二五〕灵台之功而乐钟鼓，〔二六〕以及弹琴遇文，〔二七〕风雩言志，〔二八〕则帝王致治，贤圣功修，未尝无悦目娱心之适；而谓文章之用，必无咏叹抑扬之致哉？〔二九〕

子贡曰："夫子之文章，可得而闻也。夫子之言性与天道，不可得而闻也。"〔三〇〕盖夫子所言，无非性与天道，而未尝表而著之曰，此性此天道也。故不曰性与天道，不可得闻；而曰言性与天道，不可得闻也。所言无非性与天道，而不明著此性与天道者，恐人舍器而求道也。夏礼能言，殷礼能言，皆曰"无征不信"。〔三一〕则夫子所言，必取征于事物，而非徒托空言，以为明道也。曾子真积力久，〔三二〕则曰："一以贯之。"〔三三〕子贡多学而识，则曰："一以贯之。"〔三四〕非真积力久，与多学而识，则固无所据为一之贯也。训诂名物，将以求古圣之迹也，而侈记诵者，如货殖之市矣。撰述文辞，欲以阐古圣之心也，而溺光采者，如玩好之弄矣。异端曲学，道其所道，而德其所德，固不足为斯道之得失也。记诵之学，文辞之才，不能不以斯道为宗主，而市且弄者之纷纷忘所自也。宋儒起而争之，以谓是皆溺于器而不知道也。夫溺于器而不知道者，亦即器而示之以道，斯可矣。而其弊也，则欲使人舍器而言道。夫子教人博学于文，〔三五〕而宋儒则曰："玩物而丧志。"〔三六〕曾子教人辞远鄙倍，〔三七〕而宋儒则曰："工文则害道。"〔三八〕夫宋儒之言，岂非末流良药石哉？〔三九〕然药石所以攻脏腑之疾耳。宋儒之意，似见疾在脏腑，遂欲并脏腑而去之。将求性天，乃薄记诵而厌辞章，〔四〇〕何以异乎？然其析理之精，践履之笃，汉唐之儒，未之闻也。孟子曰："义理之悦我心，犹刍豢之悦我口。"〔四一〕义理不可空言也，博学以实之，文章以达之，三者合于一，庶几哉周、孔之道虽远，不啻累译而通矣。顾经师互诋，文人相轻，〔四二〕而性理诸儒，又有朱、陆之同异，〔四三〕从朱从陆者之交攻，而言学问与文章者，又逐风气而不悟，庄生所谓“百家往而不反，必不合矣”，悲夫！〔四四〕

邵氏晋涵曰：“是篇初出，传稿京师，同人素爱章氏文者皆不满意，谓蹈宋人语录习气，不免陈腐取憎，与其平日为文不类，至有移书相规诫者。余谛审之，谓朱少白名锡庚。曰：此乃明其《通义》所著一切，创言别论，皆出自然，无矫强耳。语虽浑成，意多精湛，未可议也。”

族子廷枫曰：“叔父《通义》，平日脍炙人口，岂尽得其心哉？不过清言高论，类多新奇可喜，或资为掌中之谈助耳。不知叔父尝自恨其名隽过多，失古意也。是篇题目，虽似迂阔，而意义实多创辟。如云道始三人居室，而君师政教，皆出乎天；贤智学于圣人；圣人学于百姓；集大成者，为周公而非孔子，学者不可妄分周、孔；学孔子者，不当先以垂教万世为心；孔子之大，学周礼一言，可以蔽其全体；皆乍闻至奇，深思至确，《通义》以前，从未经人道过，岂得谓陈腐耶？诸君当日诋为陈腐，恐是读得题目太熟，未尝详察其文字耳。”

〔一〕按本篇言学术愈歧而大道愈隐。明道之要，应由合而统分，因偏以得全。

〔二〕《汉书·儒林传》：“丁宽，梁人，从田何受《易》。宽授同郡砀田王孙。王孙授施雠、孟喜、梁丘贺，繇是《易》有施、孟、梁丘之学。”又《艺文志·六艺略》易类：“《易经》十二篇，施、孟、梁丘三家。”

〔三〕《汉书·儒林传》：“汉兴，言《诗》，于鲁则申培公，于齐则辕固生，于燕则韩太傅。”又：“毛公，赵人，治《诗》，为河间献王博士。”按汉初说《诗》者四家，《鲁诗》始申培而盛于韦贤，《齐诗》始辕固而盛于匡衡，《韩诗》始韩婴而盛于王吉，三家皆立于学官。自鲁国毛亨作《故训传》，授赵国毛苌，时人谓亨为大毛公，苌为小毛公，以其所传为《毛诗》，至平帝时亦立于学官。而谢曼卿为之训，郑众、贾逵为之传，郑玄为之笺，于是《毛诗》行而三家废。《齐诗》亡于魏，《鲁诗》亡于西晋，《韩诗内传》亡于北宋，惟《外传》仅存。

〔四〕韩愈《原道》："入者主之，出者奴之。"

〔五〕《汉书·儒林传》："（严）彭祖、（颜）安乐各自颛门教授。"师古曰："颛与专同。专门，言各自名家。"刘咸炘《识语》："强莌叔《佩雅堂书目》序儒家类曰：'异哉！书之有儒家之名，古未始有也。古学出于一，六艺简策所传，莫非儒书。盖甚矣非儒者之多而后有是名也。'此语极当，可以证此。"

〔六〕《汉书·刘歆传》："初《左氏传》多古字古音，学者传训故而已。"训故通作训诂，《尔雅》有《释诂》《释训》两篇。诂者，古也。古今异言，通之使人知也。训者，道也。以物之事义形貌告道人也。《汉书·夏侯胜传》："胜从父子建，自师事胜及欧阳高，左右采获，又从五经诸儒问与《尚书》相出入者，牵引以次章句，具文饰说。胜非之曰：'建所谓章句小儒，破碎大道。'"《关雎》诗疏云："句者，局也，联字分疆，所以局言者也。章者，明也。总义包体，所以明情者也。"《文心雕龙·章句》："夫设情有宅，置言有位，宅情曰章，位言曰句。"曾国藩云："自六籍燔于秦火，汉世掇拾残遗，征诸儒能通其读者，支分节解，于是有章句之学。"（《经史百家简编序》）指分章断句。

〔七〕《孟子·告子上》："心之所同然者何也？谓理也，义也。"朱注引程子曰："在物为理，处物为义，体用之谓也。"《说文》："疏，通也。"疏通其义也。

〔八〕《周礼·天官》："庖人掌共六畜、六兽、六禽，辨其名物。"贾疏："此禽兽等皆有名号物色，故云辨其名物。"此云考求名物，指清人考据之学。

〔九〕方东树曰:“汉学诸人坚称义理存乎训诂典章制度,而如车制,江氏有考,戴氏有图,阮氏、金氏、程氏、钱氏皆言车制,同时著述,言人人殊,讫不知谁为定论。他如蔡氏赋役,沈氏禄田,任氏、江氏、盛氏、张氏宫室,黄氏、江氏、任氏、戴氏衣服冕弁,各自专门,亦互相驳斥,不知谁为真知定见。庄子所谓有待而定者邪?窃以此等明之固佳,即未能明,亦无关于身心性命,国计民生。学术之大,物有本末,是何足善也。以荀子法后王之语推之,则冕服车制赋田役等,虽古圣之制,亦尘饭木胔耳。”(《汉学商兑》卷下)

〔一〇〕《说文》:“牴,触也。”牾正作啎。说文:“啎,屰(逆)也。”《国故论衡·明解故下》:“传记有古今文。今文流别有数家。(原注,如《春秋》二家,《诗》三家,《书》三家,《礼》三家,《易》七家,汉博士亦未备。)一家之中,又自参错。(原注,如《公羊》分胡母生、董仲舒二师,董氏之徒又分严、颜〔严彭祖、颜安乐〕。何休依胡母生条例,则不取严、颜。严与颜亦相攻,张玄为颜氏博士,诸生以其兼说严氏攻之,光武令还署,是其事也。)古文准是。(原注,如刘、杜、郑、贾、马、郑〔刘歆、杜林、郑众、贾逵、马融、郑玄〕各有异说。)又古文师出今文后者,既染俗说,弗能捐弃,或身自傅会之,违其本真。(原注,如贾逵谓《左氏》同《公羊》者十有七八之类。)今文传记师说,或反与《周官》《左氏》应,古文师说顾异。略此三事,则足以明去就之涂矣。”经师先已不能无牴牾,于此可见。

〔一一〕《法言·君子》:“或曰:孙卿非数家之书,侻(轻易)也。至于子思、孟轲,诡哉!曰:吾于孙卿与?见同门而异户也。”门户之见,指各守一家之说,互相攻击。见上条注。

〔一二〕按此节言学由专而精,亦由专而隘,以至门径愈歧,大道愈隐。

〔一三〕见《易·系辞下》。

〔一四〕见《论语·阳货》。

〔一五〕见《孟子·滕文公下》。

〔一六〕《礼记·曲礼上》:“史载笔。”刘咸炘《识语》云:“此二语是先生论文之大义。由我者,真知真情也,其根本在气质。详《史德》《文德》《质性》诸篇。非由我者,切时切事也,其根本在风气。详《原学下》、《说林》、《古文十弊》第五。”

〔一七〕清儒以为由训诂章句以通经,即经以求道,此自顾炎武以至戴震皆然。章学诚以道在穷变通久,非六经所能尽。

〔一八〕《左传》襄二十四年:“穆叔如晋,范宣子逆之,问焉,曰:‘古人有言曰,死而不朽,何谓也?’穆叔曰:‘豹闻之,太上有立德,其次有立功,其次有立言,虽久不废,此之谓不朽。’”

〔一九〕此为立言者吃紧语。顾炎武自言著述之德云:“必古人所未及就,后世之所必不可无者,而后为之。”(《日知录》卷十九《著书之难》条)属意虽殊,亦可与此处相参。

〔二〇〕见《易·系辞上》。

〔二一〕于慎行曰:“知来,悟性也。藏往,记性也。”(刘氏《识语》引)

〔二二〕刘咸炘《识语》:“史主事而御以理,子主理而证以事,子史合一。”

〔二三〕《论语·里仁》:“君子之于天下也,无适也,无莫也,义之与比。”朱注:“适,专主也。”

〔二四〕刘熙载《艺概》:“董仲舒学本《公羊》,而进退容止,非礼不行,则其于礼也,深矣。至观其论大道,深奥宏博,又知于诸经之义,无所不贯。”又云:“昌黎自言约六经之旨而成文。旨字专以本领言,不必其文之相似,故虽于《庄》、《骚》、太史、子云、相如之文,博取兼资,其约经旨者自在也。”

〔二五〕《论语·卫灵公》:“子曰:‘无为而治者,其舜也与!夫为何哉?恭己正南面而已矣。’”《家语·难郑》:“舜弹五弦之琴,歌南风之诗。诗曰:‘南风之薰兮,可以解吾民之愠兮。南风之时兮,可以阜吾民之财兮。’”

〔二六〕文王受命而民附，作灵台。《诗·大雅·灵台》五章，后二章合乐于辟雍，以验民物之和。

〔二七〕《史记·孔子世家》："孔子学鼓琴于师襄子，十日不进。师襄子曰：'可以益矣。'孔子曰：'丘已习其曲矣，未得其数也。'有间，曰：'已习其数，可以益矣。'孔子曰：'丘未得其志也。'有间，曰：'已习其志，可以益矣。'孔子曰：'丘未得其人也。'有间，曰：'有所穆然深思焉，有所怡然高望而远志焉。'曰：'丘得其为人，黯然而黑，几然而长，眼如望羊，心如王四国，非文王其谁能为此也？'师襄子辟席而拜曰：'师盖云《文王操》也。'"

〔二八〕《论语·先进》："'（曾）点，尔何如？'鼓瑟希，铿尔，舍瑟而作，对曰：'异乎三子者之撰。'子曰：'何伤乎？亦各言其志也。'曰：'莫（暮）春者，春服既成，冠者五六人，童子六七人，浴乎沂，风乎舞雩（求雨坛），咏而归。'夫子喟然叹曰：'吾与点也。'"曾皙名点，曾参之父。

〔二九〕按本节言文贵衷于道，所以为文，初非由己。又按刘刻《遗书》本，此下有"但溺于文辞之末则害道已"十一字。

〔三〇〕见《论语·公冶长》。

〔三一〕见《易教上》注〔一六〕。

〔三二〕《荀子·劝学》："真积力久则入，学至乎没而后止也。"

〔三三〕《论语·里仁》："子曰：'参乎！吾道一以贯之。'曾子曰：'唯。'子出。门人问曰：'何谓也？'曾子曰：'夫子之道，忠恕而已矣。'"朱注："尽己之谓忠。推己之谓恕。夫子之一理浑然，而泛应曲当，譬则天地之至诚无息，而万物各得其所也。曾子故借学者尽己推己之目，以著明之，欲人之易晓也。"

〔三四〕《论语·卫灵公》："子曰：'赐也！女以予为多学而识之者与？'对曰：'然。非与？'曰：'非也。予一以贯之。'"邢昺疏："予一以贯之者，孔子答言己之善道，非多学而识之也，但用一理以贯通之。”朱注：“说已见前，然彼以行言，而此以知言也。”

〔三五〕《论语·雍也》：“子曰：‘博学于文，约之以礼，亦可以弗畔矣夫！’”

〔三六〕《二程外书·上蔡语录》：“昔录《五经》语作一册，伯淳见之谓曰：‘玩物丧志。’”又：“明道见谢子记问甚博，曰：‘贤却记得许多。’谢子不觉身汗面赤。先生曰：‘只此便是恻隐之心。’”谢良佐字显道，上蔡人，元丰中从学。

〔三七〕《论语·泰伯》：“曾子言曰：‘君子所贵乎道者三：动容貌，斯远暴慢矣；正颜色，斯近信矣；出辞气，斯远鄙倍矣。’”朱注：“倍，与背同，谓背理也。”

〔三八〕《二程遗书》卷一八：“或问伊川先生曰：‘作文害道否？’曰：‘害也。凡为文，不专意则不工，若专意，则志局于此，又安能与天地同其大也。《书》云：“玩物丧志。”为文，亦玩物也。吕与叔有诗云：“学如元凯方成癖，文似相如始类俳。独立孔门无一事，只输颜氏得心斋。”此诗甚好。古之学者惟务养情性，其他则不学。今为文者，专务章句，悦人耳目，既务悦人，非俳优而何？’”

〔三九〕《史记·留侯世家》：“忠言逆耳利于行。毒药苦口利于病。”

〔四〇〕《二程遗书》卷十八：“伊川先生曰：‘古之学者一，今之学者三，异端不与焉。一曰文章之学，二曰训诂之学，三曰儒者之学。欲趋道，舍儒者之学不可。’”

〔四一〕见《孟子·告子上》。

〔四二〕魏文帝《典论·论文》：“文人相轻，自古而然。”

〔四三〕朱子，见《易教中》注〔六〕。陆九渊字子静，金谿人。乾道八年，登进士第。官至知荆门军。年五十四卒。嘉定十年，赐谥文安（《宋史》本传）。按陆九渊以主静存心为主。尝与朱子会讲于鹅湖，论多不合。盖朱言道问学，而陆重尊德性，一则内外交修，一则专尚涵养也。由是门弟子遂分立门户。明王阳明尊陆学，因辑《朱子语录》中之近陆者，为《朱子晚年定论》。罗钦顺以其所言系以年月，多在未见陆之前，起而驳正之。清初孙承泽又本此作《考正晚年定论》。朱陆异同，自明中叶以还，遂纷纷矣。余详《朱陆》篇。

〔四四〕见《庄子·天下》文。按此节言义理、考据、词章三者合一，由是而明道，庶足以见其全。

原学上〔一〕

《易》曰："成象之谓乾，效法之谓坤。"〔二〕学也者，效法之谓也。道也者，成象之谓也。夫子曰："下学而上达。"〔三〕盖言学于形下之器，而自达于形上之道也。士希贤，贤希圣，圣希天。〔四〕希贤希圣，则有其理矣。"上天之载，无声无臭"，〔五〕圣如何而希天哉？盖天之生人，莫不赋之以仁义礼智之性，天德也；〔六〕莫不纳之于君臣父子夫妇兄弟朋友之伦，天位也。〔七〕以天德而修天位，虽事物未交隐微之地，已有适当其可，而无过与不及之准焉，所谓成象也。平日体其象，事至物交，一如其准以赴之，所谓效法也。此圣人之希天也，此圣人之下学上达也。伊尹曰："天之生斯民也，使先知觉后知，使先觉觉后觉也。"〔八〕人生禀气不齐，固有不能自知适当其可之准者，则先知先觉之人，从而指示之，所谓教也。教也者，教人自知适当其可之准，〔九〕非教之舍己而从我也。故士希贤，贤希圣，希其效法于成象，而非舍己之固有〔一〇〕而希之也。然则何以使知适当其可之准欤？何以使知成象而效法之欤？则必观于生民以来，备天德之纯，而造天位之极者，求其前言往行，〔一一〕所以处夫穷变通久者而多识之，而后有以自得所谓成象者，而善其效法也。故效法者，必见于行事。《诗》《书》诵读，〔一二〕所以求效法之资，而非可即为效法也。然古人不以行事为学，而以《诗》《书》诵读为学者，何邪？盖谓不格物而致知，则不可以诚意，[一三]行则如其知而出之也。故以诵读为学者，推教者之所及而言之，非谓此外无学也。子路曰："有民人焉，有社稷焉，何必读书，然后为学？"夫子斥以为佞者，[一四]盖以子羔为宰，不若是说，非谓学必专于诵读也。专于诵读而言学，世儒之陋也。

〔一〕按《原学》三篇，盖由《原道》推论而出。章氏《与陈鉴亭论学书》云："《原学》之篇，即申《原道》未尽之意。以其学而不思，为俗学之因缘；思而不学，为异端之底蕴，颇自喜其能得要领。"（刘刻《遗书》卷九）其作年已见《经解上》注〔一〕。本篇言下学人事，自可上达天理。博学多识，仍须自得。故《诗》《书》诵读，乃所以求效法之资，而非即可为效法。

〔二〕见《易·系辞上》文。

〔三〕《论语·宪问》："子曰：'不怨天，不尤人，下学而上达，知我者其天乎！'"朱注引程子曰："学者须守下学上达之要。盖凡下学人事，便是上达天理，然习而不察，则亦不能以上达矣。"

〔四〕见周敦颐《通书》文。

〔五〕见《诗·大雅·文王》。

〔六〕《礼记·中庸》："苟不固聪明圣知，达天德者，其孰能知之。"天德，天生之德性，即仁义礼智。《孟子·尽心上》："君子所性，仁义礼智根于心。"

〔七〕《孟子·万章下》："弗与共天位也。"朱注引范氏曰："位曰天位，言天所待贤人，使治天民，非人君所得专者。"天位指爵位，章氏引作五伦，相当于《孟子·滕文公上》："圣人有忧之，使契为司徒，教以人伦，父子有亲，君臣有义，夫妇有别，长幼有序，朋友有信。"

〔八〕见《孟子·万章上》文。

〔九〕《孟子·离娄下》:"君子深造之以道,欲其自得之也。"又《尽心下》:"君子引而不发,跃如也。中道而立,能者从之。"《礼记·学记》:"君子之教喻也,道而弗牵,强而弗抑,开而弗达。"《白虎通》四:"学之为言,觉也。悟所不知也。"

〔一〇〕《孟子·告子上》:"仁义礼智,非由外铄我也,我固有之也。"

〔一一〕《易·大畜·象传》:"君子以多识前言往行,以畜其德。"

〔一二〕《荀子·劝学》:"其数始乎诵经,终乎读礼。"杨注:"经,谓《诗》《书》。"

〔一三〕《礼记·大学》:"欲诚其意者,先致其知。致知在格物。"朱子《补传》云:"所谓致知在格物者,言欲致吾之知,在即物而穷其理也。盖人心之灵莫不有知,而天下之物莫不有理,惟于理有未穷,故其知有不尽也。"

〔一四〕《论语·先进》:"子路使子羔为费宰。子曰:'贼夫人之子!'子路曰:'有民人焉,有社稷焉,何必读书,然后为学?'子曰:'是故恶夫佞者!'"

原学中〔一〕

古人之学,不遗事物,〔二〕盖亦治教未分,官师合一,而后为之较易也。司徒敷五教,典乐教胄子,〔三〕以及三代之学校,〔四〕皆见于制度。彼时从事于学者,入而申其佔毕,〔五〕出而即见政教典章之行事,是以学皆信而有征,而非空言相为授受也。然而其知易入,其行难副,则从古已然矣。尧之斥共工也,则曰:"静言庸违。"〔六〕夫静而能言,则非不学者也。试之于事而有违,则与效法于成象者异矣。傅说之启高宗〔七〕也,则曰:"非知之艰,行之惟艰。"〔八〕高宗旧学于甘盘,〔九〕久劳于外,岂不学者哉?未试于事,则恐行之而未孚也。又曰:“人求多闻,时惟建事,学于古训乃有获。”〔一〇〕说虽出于古文,〔一一〕其言要必有所受也。夫求多闻而实之以建事,则所谓学古训者,非徒诵说,亦可见矣。夫治教一而官师未分,求知易而实行已难矣;何况官师分,而学者所肄,皆为前人陈迹哉?夫子曰:“学而不思则罔,思而不学则殆。”〔一二〕又曰:“吾尝终日不食,终夜不寝,以思,无益,不如学也。”〔一三〕夫思亦学者之事也,而别思于学,若谓思不可以言学者,盖谓必习于事,而后可以言学,〔一四〕此则夫子诲人知行合一〔一五〕之道也。诸子百家之言,起于徒思而不学也。〔一六〕是以其旨皆有所承禀,〔一七〕而不能无敝耳。刘歆〔一八〕所谓某家者流,其源出于古者某官之掌,其流而为某家之学,其失而为某事之敝。〔一九〕夫某官之掌,即先王之典章法度也。流为某家之学,则官守失传,而各以思之所至,自为流别也。失为某事之敝,则极思而未习于事,虽持之有故,言之成理,〔二〇〕而不能知其行之有病也。〔二一〕是以三代之隆,学出于一,所谓学者,皆言人之功力也。统言之,十年曰幼学,〔二二〕是也。析言之,则十三学乐,二十学礼,〔二三〕是也。国家因人功力之名,而名其制度,则曰乡学国学,学则三代共之,〔二四〕是也。未有以学属乎人,而区为品诣之名者。官师分而诸子百家之言起,于是学始因人品诣以名矣,所谓某甲家之学,某乙家之学,是也。学因人而异名,学斯舛矣。是非行之过而至于此也,出于思之过也。故夫子言学思偏废之弊,即继之曰:“攻乎异端,斯害也已。”〔二五〕夫异端之起,皆思之过,而不习于事者也。

〔一〕按本篇论学不遗事,故必习于事而后可以言学。学因人而名,乃思而不学之弊。

〔二〕此为章氏论学吃紧语,全篇意义由此衍发。

〔三〕见《原道中》注〔九〕及注〔一〇〕。

〔四〕见《原道上》注〔一一〕。

〔五〕《礼记·学记》:“今之教者,呻其佔毕,多其讯。”郑注:“呻,吟也。佔,视也。简谓之毕。讯,犹问也。言今之师自不晓经之义,但吟诵其视简之文,多其难问也。”

〔六〕《书·尧典》:“静言庸违。”蔡传:“共工,官名。静言庸违者,静则能言,用则违背也。”

〔七〕傅说,殷高宗之贤相也。高宗,名武丁。《书序》:“高宗梦得说,使百工营求诸野,得诸傅岩,作《说命》三篇。”按阎若璩、惠栋谓三篇为伪书。

〔八〕见《商书·伪说命中》文。

〔九〕《伪说命下》:“台(我)小子,旧学于甘盘,既乃遁于荒野。”伪《孔传》:“甘盘,殷贤臣有道德者。”

〔一〇〕见《伪说命下》,亦为傅说之辞。

〔一一〕今文《尚书》二十八篇无《说命》。此三篇并出伪古文《尚书》也。

〔一二〕《论语·为政》文。《集解》引包咸曰:“学不寻思其义,则罔然无所得。不学而思终卒不得,徒使人精神疲殆。”邢昺疏:“此章言教学法也。学而不思则罔者,言为学之法,既从师学,则自思其余蕴。若虽从师学而不寻思其义,则罔然无所得也。思而不学则殆者,言自寻思而不往从师学,终卒不得其义,则徒使人精神疲劳倦殆。”朱注云:“不求诸心,故昏无所得。不习其事,故危而不安。”朱解甚精,较旧义为胜。

〔一三〕见《论语·卫灵公》文。朱注云:“此为思而不学者言之。盖劳心以必求,不如逊志以自得也。”

〔一四〕按学必习于事,清初博野颜元以此树其独特之学风,戴望所为《颜先生别传》,足以觇其梗概。其言曰:“先生名其居曰习斋,帅门弟子行孝弟,存忠信,日习礼、习乐、习射、习书数,究兵农水火诸学,堂上琴竽弓矢筹管森列。尝曰:'必有事焉,学之要也。心有事则存,身有事则修,家之齐,国之治,皆有事也。无事则道与治俱废。故正德、利用、厚生曰事,不见诸事,非德、非用、非生也。德、行、艺曰物,不征诸物,非德、非行、非艺也。'先生之学,以事物为归,而生平未尝空言立教。"(《颜氏学记》)实斋不无受其影响;惟习斋以此立教,而实斋则本之以建树其史学耳。

〔一五〕按知行合一之说,虽倡自王阳明,然前贤实已启之。墨子将行包在知内,见于《经上》("知闻说亲名实合为"条);知而不行,不得谓知,见于《贵义》("今瞽者曰钜者白也"条)。荀子亦曰:"不闻不若闻之,闻之不若见之,见之不若知之,知之不若行之,学至于行之而止矣。行之,明也。明之为圣人。"(《儒效》)其他见于群籍者,兹不具引,特阳明以诚意证知行,阐之而益精耳。

〔一六〕刘咸炘《识语》云:"二语至精。"

〔一七〕《庄子·天下》谓古之道术有在于是者,某氏闻其风而悦之云云,即此所谓旨有所承禀也。

〔一八〕《汉书·楚元王传》:"刘歆字子骏,少以通《诗》《书》、能属文,召见成帝,待诏宦者署,为黄门郎。河平中,受诏与父向领校秘书。讲六艺传记,诸子诗赋,术数方技,无所不究。向死,歆复为中垒校尉。哀帝即位,迁光禄大夫,贵幸,复领《五经》,卒父前业。歆乃集六艺群书,种别为《七略》。"班固著《汉书》,即本歆《七略》作《艺文志》。

〔一九〕以上数语,乃约《汉书·艺文志·诸子略》之文。

〔二〇〕见《荀子·非十二子》篇文。

〔二一〕以上一节,刘咸炘云:"是先生入手处。"

〔二二〕《礼记·曲礼上》:"人生十年曰幼学。"

〔二三〕《礼记·内则》:"十有三年,学乐,诵《诗》,舞勺,成童舞象,学射御。二十而冠,始学礼。"

〔二四〕见《原道上》注〔一一〕。

〔二五〕见《论语·为政》篇文。何晏《集解》:"攻,治也。善道有统,故殊涂而同归。异端不同归也。"邢昺疏:"此章禁人杂学。异端,诸子百家之书也。"

原学下〔一〕

诸子百家之患,起于思而不学;世儒之患,起于学而不思;〔二〕盖官师分而学不同于古人也。后王以谓儒术不可废,故立博士,置弟子,而设科取士,〔三〕以为诵法先王者劝焉。盖其始也,以利禄劝儒术,〔四〕而其究也,以儒术徇利禄,斯固不足言也。而儒宗硕师,由此辈出,则亦不可谓非朝廷风教之所植也。夫人之情,不能无所歆而动,既已为之,则思力致其实,而求副乎名。中人以上,可以勉而企焉者也。学校科举,〔五〕奔走千百才俊,岂无什一出于中人以上者哉?去古久远,不能学古人之所学,则既以诵习儒业,即为学之究竟矣。而攻取之难,势亦倍于古人,故于专门攻习儒业者,苟果有以自见,而非一切庸俗所可几,吾无责焉耳。学博者长于考索,〔六〕岂非道中之实积?〔七〕而骛于博者,终身敝精劳神以徇之,不思博之何所取也。才雄者健于属文,〔八〕岂非道体之发挥?〔九〕而擅于文者,终身苦心焦思以构之,不思文之何所用也。言义理者似能思矣,而不知义理虚悬而无薄,〔一〇〕则义理亦无当于道矣。此皆知其然,而不知所以然也。程子曰:"凡事思所以然,〔一一〕天下第一学问。"人亦盍求所以然者思之乎?天下不能无风气,风气不能无循环,一阴一阳之道,见于气数者然也。所贵君子之学术,为能持世而救偏,〔一二〕一阴一阳之道,宜于调剂者然也。风气之开也,必有所以取;学问文辞与义理,所以不无偏重畸轻之故也。风气之成也,必有所以敝；人情趋时而好名，徇末而不知本也。是故开者虽不免于偏，必取其精者，为新气之迎；敝者纵名为正，必袭其伪者，为末流之托；此亦自然之势也。而世之言学者，不知持风气，而惟知徇风气，〔一三〕且谓非是不足邀誉焉，则亦弗思而已矣。

〔一〕按本篇论世儒之患，起于学而不思。学术贵能持世而救偏，故宜以导虚之学矫其敝。

〔二〕《论衡·超奇》："能说一经者为儒生。"章氏《与汪龙庄书》："近日学者风气，征实太多，发挥太少，有如桑蚕食叶而不能抽丝。"（刘刻《遗书》卷九）此所谓患在学而不思也。

〔三〕《荀子·非相》杨倞注："后王，近时之王也。"汉武帝崇儒学，立五经博士，置弟子员。《史记·儒林传》："今上即位，赵绾、王臧之属明儒学，而上亦乡之，于是招方正贤良文学之士。自是之后，言《诗》，于鲁则申培公，于齐则辕固生，于燕则韩太傅。言《尚书》，自济南伏生。言《礼》，自鲁高堂生。言《易》，自菑川田生。言《春秋》，于齐鲁自胡母生，于赵自董仲舒。公孙弘请为博士官，置弟子五十人，复其身。"《索隐》引如淳曰："《汉仪》，弟子射策，甲科百人，补郎中；乙科二百人，补太子舍人；皆秩比二百石。次郡国文学，秩百石也。"

〔四〕《汉书·儒林传赞》："自武帝立五经博士，开弟子员，设科射策，劝以官禄，讫于元始，百有余年，传业者浸盛，支叶蕃滋，一经说至百余万言，大师众至千余人，盖利禄之途然也。"

〔五〕李光地云："立太学以教于国，设庠序以化于邑，董子虽言之而莫行也。故在汉代，辟雍太学之制，博士弟子员之设，仅于京师而已。自后天下州邑，亦徒庙祀孔子而无学。宋之中世，始诏天下有州者皆得立学，而县之学士满二百人始得为之，少则不能中律。今荒州僻县，无不设之学矣。"（焦循《孟子正义》引）科举，见《书教下》注〔二三〕。

〔六〕此指考据家。按刘刻《遗书》本此下有"侈其富于山海"六字。

〔七〕实积:学问之切实积累。《荀子·劝学》:"不积小流,无以成江海。"

〔八〕此指词章家。按刘刻《遗书》本此下有"矜其艳于云霞"六字。

〔九〕章氏《答沈枫墀论学》:"文非学不立,学非文不行,二者相须,如左右手。"(刘刻《遗书》卷九)

〔一〇〕《荀子·正名》:"然而征知必将待天官(如耳目等)之当簿其类(接触各类事物)然后可也。"刘师培云:"簿与薄同,义训为迫,迫又训为附。"此处盖用其义。

〔一一〕程子曰:"穷物理者,穷其所以然也。天之高,地之厚,鬼神之幽显,必有所以然者。"(《二程粹言》卷二)

〔一二〕张尔田云:"先生当举世溺于训诂、音韵、名物、度数之时,已虑恒干之将亡,独昌言六艺皆史之谊,又推其说施之于一切立言之书,而条其义例,比于子政辩章旧闻,一人而已。为先生之学,则务矫世趋,群言肴列,必寻其原而遂之于大道。"(刘刻《章氏遗书序》)此所谓持世救偏也。

〔一三〕章氏《信摭》曰:"吾浙此时文人习气正如患虚损耳。阮宗伯(元)为学使,进以十全大补之剂,对症药也。然阮公,江南人也。江南方患停满之症,如得槟榔枳实,亦更当有进境。大抵风气所趋,虚则实之,实则虚之,凡以云救剂也。今人但知以水济水耳。"(刘刻《遗书》外编卷一)

博约上〔一〕

沈枫墀以书问学,〔二〕自愧通人广座,不能与之问答。余报之以学在自立,人所能者,我不必以不能愧也。因取譬于货殖,居布帛者，不必与知粟菽，藏药饵者，不必与闻金珠；患己不能自成家耳。譬市布而或阙于衣材，售药而或欠于方剂，则不可也。〔三〕或曰：此即苏子瞻之教人读《汉书》法也，〔四〕今学者多知之矣。余曰：言相似而不同，失之毫厘，则谬以千里矣。〔五〕或问苏君曰："公之博赡，亦可学乎？"苏君曰："可，吾尝读《汉书》矣，凡数过而尽之。如兵、农、礼、乐，每过皆作一意求之，久之而后贯彻。"因取譬于市货，意谓货出无穷，而操贾〔六〕有尽，不可不知所择云尔。学者多诵苏氏之言，以为良法，不知此特寻常摘句，如近人之纂类策括〔七〕者尔。问者但求博赡，固无深意。苏氏答之，亦不过经生决科之业，〔八〕今人稍留意于应举业者，多能为之，未可进言于学问也。而学者以为良法，则知学者鲜矣。夫学必有所专，苏氏之意，将以班书为学欤？则终身不能竟其业也，岂数过可得而尽乎？将以所求之礼、乐、兵、农为学欤？则每类各有高深，又岂一过所能尽一类哉？就苏氏之所喻，比于操贾求货，则每过作一意求，是欲初出市金珠，再出市布帛，至于米粟药饵，以次类求矣。如欲求而尽其类欤？虽陶朱、猗顿〔九〕之富，莫能给其贾也。如约略其贾，而每种姑少收之，则是一无所成其居积也。苏氏之言，进退皆无所据，而今学者方奔走苏氏之不暇，则以苏氏之言，以求学问则不足，以务举业则有余也。举业比户皆知诵习，未有能如苏氏之所为者，偶一见之，则固矫矫流俗之中，人亦相与望而畏之；而其人因以自命，以谓是学问，非举业也，而不知其非也。苏氏之学，出于纵横。〔一〇〕其所长者，揣摩〔一一〕世务，切实近于有用，而所凭以发挥者，乃策论也。〔一二〕策对必有条目，论锋必援故实，苟非专门夙学，必须按册而稽，诚得如苏氏之所以读《汉书》者尝致力焉，则亦可以应猝备求，无难事矣。韩昌黎曰："记事者必提其要，纂言者必钩其玄。"〔一三〕钩玄提要，千古以为美谈；而韩氏所自为玄要之言，不但今不可见，抑且当日绝无流传，亦必寻章摘句，取备临文摭拾者耳。而人乃欲仿钩玄提要之意而为撰述，是亦以苏氏类求，误为学问，可例观也。或曰：如子所言，韩、苏不足法欤？曰：韩、苏用其功力，以为文辞助尔，非以此谓学也。

〔一〕按实斋论学，以为必习于事而后乃能经世而致用。然博综须归乎自得，从入多本于情性，性有所偏，则所长不能兼备，极其所致，则以专家为归，故曰"道欲通方，而业归专一"，此《博约》所为作也。刘咸炘《识语》曰："章炳麟谓'《文史通义》遗害甚大，后生读之，但知抵掌谈六艺诸子，翻阅书录而无所归宿'。此弊诚有之，但坐不读《博约》篇耳。"语颇有见。三篇作年见《经解上》注〔一〕。本篇论类求为待问之资而非学问。

〔二〕沈在廷字枫墀，乾隆举人。其父业富，号既堂，乾隆进士，为实斋荐卷房师。乾隆三十年，实斋至京师，应顺天乡试。沈业富与分校，荐先生文于主司，不录。沈大惋惜，因馆于其家。（据胡作《年谱》）五十四年，秋冬之际，实斋由鄂返亳州，十一月有《答沈枫墀论学》，义与是篇相发。其言曰："足下所问节目虽多，可以一言而蔽，曰，学以求心得也。足下欲进于学，必先求端于道。道不远人，即万事万物之所以然也。道无定体，即如文之无难无易，惟其是也。人生难得全才，得于天者必有所近，学者不自知也。博览以验其趣之所入，习试以求其性之所安，旁通以究其量之所至，是亦足以求进乎道矣。今之学者则不然，不问天质之所近，不求心性之所安，惟逐风气所趋，而循当世之所尚，勉强为之，固已不若人矣。人生有能有不能，耳目有至有不至，虽圣人有所不能尽也。立言之士，读书但观大意。专门考索，名数究于细微。二者之于大道，交相为功，殆犹女余布而农余粟也。"（刘刻《遗书》卷九）后复来书相问，此谓其后书也。

〔三〕实斋《又答沈枫墀书》："足下自谓通人广座不能与之问答，因而内愧，此由自信未真，未免气夺于外也。人心不同如面，彼有所能而吾不解，情理之常，何足愧哉？但学人必有所以自恃，如市廛居货，待人求索，贵于不匮，不贵兼也。居布帛者不必与知米粟，市陶冶者不必愧无金珠。是以学欲其博，守欲其约。学而不博，是贷乏而不足以应人求也。守而不约，是欲尽百货而出于一门也。昔扬子云默而好深湛之思。范蔚宗自谓口不调利，以此无谈功。然彼二家之所成就，岂不卓然可观哉！比见江湖游士，于诸门之学，略窥其樊，乍与之言，则其所不知者盖寡；切磋究之，则或离或遁，古人之深未尝有一得焉。仆谓是直可供觞燕清谈，科场对策，舍是二者，别无用之矣，曷足贵乎！愿足下反求诸己，深无所忽！"（刘刻《遗书》卷二十九）

〔四〕苏轼《与王庠书》："卑意欲少年为学者，每一书皆作数次读之。书之富如入海，百货皆有。人之精力，不能兼收尽取，但得其所欲求者耳。故愿学者每一次作一意求之，如欲求古今兴亡治乱，圣贤作用，且只作此意求之，勿生余念。又别作一次求事迹、故实、典章、文物之类，亦如之，他皆仿此。此虽迂钝，而他日学成，八面受敌，与慕涉猎者，不可同日而语也。"（宋沈作喆《寓简》卷八引）

〔五〕《礼记·经解》："《易》曰，'君子慎始，差若豪牦，缪以千里。'此之谓也。"

〔六〕贾，音价。下同。

〔七〕策，对策也。括，帖括也。唐制帖经试士，后以应试者多，故帖孤章绝句以惑之。应试者，则取其难者编为歌诀，以便记忆，谓之帖括。

〔八〕谓弋取科名也。《法言·学行》："或曰：'书与经同而世不尚，治之可乎？'曰：'可。'或人哑尔笑曰：'须以发策决科。'"

〔九〕《史记·货殖传》："范蠡既雪会稽之耻，乃变姓易名，适齐为鸱夷子皮，之陶为朱公。十九年之中，三致千金。再分散与贫交疏昆弟，子孙修业而息之，遂致巨万。故言富者皆称陶朱公。”又：“猗顿用盬盐起。”《集解》引《孔丛子》曰：“猗顿，鲁之穷士也，耕则常饥，桑则常寒。闻朱公富，往而问术焉。朱公告之曰：‘子欲速富，当畜五牸。’于是乃适西河，大畜牛羊于猗氏之南，十年之间，其息不可计，赀拟王公，驰名天下。以兴富于猗氏，故曰猗顿。”

〔一〇〕刘师培《论文杂记》：“子瞻之文，以粲花之舌，运捭阖之辞，往复卷舒，一如意中所欲出，而属辞比事，翻空易奇，纵横家之文也。”自注云：“子瞻之文，说理多未确，惟工于博辩，层出不穷，皆能自圆其说，于苏、张之学殊有得也。”

〔一一〕《战国策·秦策》：“简炼以为揣摩。”

〔一二〕刘咸炘云：“苏氏本以议论长，其门多为策论。”（《宋元文派略述》）

〔一三〕见韩愈《进学解》文。韩愈字退之，邓州南阳人。幼孤，读书日记数千百言，比长，尽通六艺百家学，擢进士第。裴度讨淮西，愈为行军司马，以功迁刑部侍郎。明年谏迎佛骨，贬潮州刺史。穆宗即位，召拜国子祭酒、兵部侍郎，转吏部。长庆四年卒，年五十七，谥曰文。其先世居昌黎，世称韩昌黎。

博约中〔一〕

或曰：举业所以觇人之学问也。举业而与学问科殊，末流之失耳。苟有所备以俟举，即《记》之所谓博学强识以待问也，〔二〕宁得不谓之学问欤？余曰：博学强识，儒之所有事也。以谓自立之基，不在是矣。学贵博而能约，未有不博而能约者也。〔三〕以言陋儒荒俚，学一先生之言以自封域，不得谓专家也。然亦未有不约而能博者也。以言俗儒记诵漫漶，〔四〕至于无极，妄求遍物，〔五〕而不知尧、舜之知所不能也。博学强识，自可以待问耳，不知约守，而只为待问设焉，则无问者，儒将无学乎？且问者固将闻吾名而求吾实也；名有由立，非专门成学不可也，故未有不专而可成学者也。或曰：苏氏之类求，韩氏之钩玄提要，皆待问之学也，子谓不足以成家矣。王伯厚氏搜罗摘抉，穷幽极微；[六]其于经、传、子、史，名物制数，贯串旁骛，实能讨先儒所未备。其所纂辑诸书，至今学者资衣被焉，岂可以待问之学而忽之哉？答曰：王伯厚氏，盖因名而求实者也。昔人谓韩昌黎因文而见道，[七]既见道，则超乎文矣。王氏因待问而求学，既知学，则超乎待问矣。然王氏诸书，谓之纂辑可也，谓之著述，则不可也，[八]谓之学者求知之功力可也，谓之成家之学术，则未可也。今之博雅君子，疲精劳神于经传子史，而终身无得于学者，正坐宗仰王氏，而误执求知之功力，以为学即在是尔。学与功力，实相似而不同。学不可以骤几，人当致攻乎功力则可耳。指功力以谓学，是犹指秫黍以谓酒也。[九]

夫学有天性焉，读书服古之中，有入识最初，而终身不可变易者是也。学又有至情焉，读书服古之中，有欣慨会心，而忽焉不知歌泣何从者是也。[一〇]功力有余，而性情不足，未可谓学问也。性情自有，而不以功力深之，所谓有美质而未学者也。[一一]夫子曰："发愤忘食，乐以忘忧，不知老之将至。"[一二]不知孰为功力，孰为性情。斯固学之究竟，夫子何以致是？则曰："好古敏以求之者也。"[一三]今之俗儒，且憾不见夫子未修之《春秋》，[一四]又憾戴公得《商颂》，而不存七篇之阙目，[一五]以谓高情胜致，至相赞叹。充其僻见，且似夫子删修，不如王伯厚之善搜遗逸焉。[一六]盖逐于时趋，而误以擘绩补苴[一七]谓足尽天地之能事也。幸而生后世也，如生秦火未毁以前，典籍具存，无事补辑，[一八]彼将无所用其学矣。

〔一〕按本篇论纂辑为求知之功力而非著述。

〔二〕《礼记·曲礼上》:"博闻强识而让。"注:"识,如字,又式异反。"又《儒行》:"夙夜强学以待问。"

〔三〕《法言·吾子》:"多闻则守之以约,多见则守之以卓。寡闻则无约也,寡见则无卓也。"别详前篇注引《又答沈枫墀书》。

〔四〕漫,即曼。《汉书·扬雄传》:"为其泰曼漶。"注:"曼漶,不分貌,犹言蒙鸿也。"

〔五〕《孟子·尽心上》:"尧、舜之知而不遍物,急先务也。"

〔六〕《宋史·儒林传》:王应麟字伯厚,庆元府人。淳祐元年进士。官至礼部侍郎,兼中书舍人。所著有《深宁集》一百卷,《困学纪闻》二十卷,《玉海》二百卷。牟应垄《困学纪闻序》:"盖九经诸子之指趣,历代史传之事要,制度名物之原委,以至宗工钜儒之诗文议论,皆后学所当知者。公作为是书,各以类聚,考订评论,皆出己意,发前人之所未发,词约而明,理融而达,该邃渊综,非读书万卷,何以能之?"

〔七〕伊川先生曰:"退之晚来为文,所得处甚多。学本是修德,有德然后有言。退之却倒学了,因学文日求所未至,遂有所得。如曰:'轲之死,不得其传。'似此言语,非是蹈袭前人,又非凿空撰得出,必有所见,若无所见,不知所传者何事。"(《二程遗书》卷十八)

〔八〕章氏《与林秀才书》:"为今学者计,札录之功必不可少。然存为功力,而不可以为著作。"又曰:"宋人所为章氏《考索》、王氏《玉海》之类,皆为制科对策,如峙糗粮,初亦未为著作。惟用功勤而征材富,亦遂自为一书。"(刘刻《遗书》卷九)

〔九〕章氏《又与正甫论文》:"学问文章,古人本一事,后乃分为二途。近人则不解文章,但言学问,而所谓学问者,乃是功力,非学问也。功力之与学问,实相似而不同。记诵名数,搜剔遗逸,排纂门类,考订异同,途辙多端,实皆学者求知所用之功力尔。即于数者之中，能得其所以然，因而上阐古人精微，下启后人津逮，其中隐微，不独喻而难为他人言者，乃学问也。今人误执古人功力以为学问，毋怪学问之纷纷矣。”（刘刻《遗书》卷二十九）

〔一〇〕刘咸炘《识语》云：“所谓天性，即《质性》篇所论。所谓至情，即切时切事而生者。”章氏《与朱沧湄中翰论学书》：“人之性情才质，必有所近，童子塾时，知识初启，盖往往以无心得之，行之而不著也。其后读书作文，与夫游思旷览，亦时时若有会焉，又习而不察焉。此即道之见端，而充之可以垂弗达者。”（刘刻《遗书》卷九）

〔一一〕按此节论功力与性情交相为用而不同，义最精美。

〔一二〕见《论语·述而》文。

〔一三〕《论语·述而》：“子曰：‘我非生而知之者，好古敏以求之者也。’”

〔一四〕《困学纪闻》卷六：“《公羊》庄七年传云：不修《春秋》曰：雨星不及地尺而复。君子修之曰：‘星陨如雨。’何氏曰：‘不修《春秋》，谓史记也。古者谓史记为《春秋》。’刘原父谓‘何休以不修《春秋》百二十国宝书修为《春秋》’。朱文公谓‘二书不传，不得圣人笔削之意’。”按章氏泛论，不必指朱子。

〔一五〕周武王灭商，封纣之庶兄微子于宋，修其礼乐，以奉商后。其后乐章放失，至戴公时，其大夫正考父校得《商颂》十二篇于周太师。至孔子编诗，又亡其七篇。《国语·鲁语》：“昔正考父校商之名《颂》十二篇于周太师，以《那》为首。”《毛诗序》：“微子至于戴公，其间礼乐废坏，有正考父者，得《商颂》十二篇于周之太师，以《那》为首。”郑司农云：“自考父至孔子，又亡其七篇，故余五耳。”（《国语》韦昭《注》引）

〔一六〕王应麟辑有《三家诗考》一卷，《周易郑氏注》一卷，附刻《玉海》中，开后世辑佚之业。

〔一七〕擘绩，应作襞积。《汉书·司马相如传》："襞积褰绉。"师古曰："襞积，即今之裙褶。"犹编集。韩愈《进学解》："补苴罅漏，张皇幽眇。"盖用《吕氏春秋》语，"衣敝不补，履决不苴。"犹辑佚。

〔一八〕辑佚入清，成为专门之业。惠栋不喜王韩《易注》而从事汉《易》，于是有《汉易》八卷之作，后又扩充为《九经古义》十六卷。余萧客用其师法，辑《古经解钩沉》三十卷，所收益富。乾隆三十八年，朱筠奏请开四库馆，从《永乐大典》辑出之书，合计凡三百七十五种，四千九百二十六卷。自是辑佚风气益盛。

博约下〔一〕

或曰：子言学术，功力必兼性情，为学之方，不立规矩，但令学者自认资之所近与力能勉者，而施其功力，殆即王氏良知〔二〕之遗意也。夫古者教学，自数与方名，诵诗舞勺，各有一定之程，〔三〕不问人之资近与否，力能勉否。而子乃谓人各有能有所不能，不相强也，岂古今人有异教与？答曰：今人不学，不能同于古人，非才不相及也，势使然也。自官师分，而教法不合于一，学者各以己之所能私相授受，其不同者一也。且官师既分，则肄习惟资简策，道不著于器物，事不守于职业，其不同者二也。故学失所师承，六书九数，〔四〕古人幼学，皆已明习，而后世老师宿儒，专门名家，殚毕生精力求之，犹不能尽合于古，其不同者三也。天时人事，今古不可强同，非人智力所能为也。然而六经大义，昭如日星，三代损益，可推百世。〔五〕高明者由大略而切求，沉潜者循度数而徐达。资之近而力能勉者，人人所有，则人人可自得也，〔六〕岂可执定格以相强欤？王氏致良知之说，即孟子之遗言也。良知曰致，则固不遗功力矣。〔七〕朱子欲人因所发而遂明，孟子所谓察识其端而扩充之，〔八〕胥是道也。而世儒言学，辄以良知为讳，无亦惩于末流之失，〔九〕而谓宗指果异于古所云乎？

或曰：孟子所谓扩充，固得仁、义、礼、智之全体也。子乃欲人自识所长，遂以专其门而名其家，〔一〇〕且戒人之旁骛焉，岂所语于通方之道欤？答曰：言不可以若是其几也。〔一一〕道欲通方，而业须专一，其说并行而不悖也。圣门身通六艺者七十二人，〔一二〕然自颜、曾、赐、商，所由不能一辙。〔一三〕再传而后，荀卿言《礼》，〔一四〕孟子长于《诗》《书》，〔一五〕或疏或密，途径不同，而同归于道也。后儒途径所由寄，则或于义理，或于制数，或于文辞，三者其大较矣。三者致其一，不能不缓其二，理势然也。知其所致为道之一端，而不以所缓之二为可忽，则于斯道不远矣。徇于一偏，而谓天下莫能尚，则出奴入主，交相胜负，所谓物而不化者也。是以学必求其心得，〔一六〕业必贵于专精，类必要于扩充，道必抵于全量，性情喻于忧喜愤乐，理势达于穷变通久，〔一七〕博而不杂，约而不漏，庶几学术醇固，而于守先待后之道，〔一八〕如或将见之矣。

〔一〕本篇论学问必本性情，为学须从其性之所近，而深之以功力，极于专精，始能成学。

〔二〕王守仁字伯安，余姚人。弘治十二年进士。正德初，刘瑾矫旨逮南京科道官，抗章论救，谪贵州龙场驿丞。累官擢左佥都御史，巡抚南赣。十四年，以平宸濠功，拜南京兵部尚书，封新建伯。嘉靖七年卒于南安，年五十七，谥文成。王氏良知之说，本于《孟子》。《孟子》曰："人之所不学而能者，其良能也。所不虑而知者，其良知也。"（《尽心上》）阳明以此与《大学》格物致知相联系，而倡"致良知"之说。《与陆元静书》曰："孟子云：'是非之心，知也。''是非之心，人皆有之。'即所谓良知也。孰无良知乎？但不能致之耳。《易》谓'知至，至之'。知至者，知也。至之者，致知也。此知行之所以合一也。近世格物致知之说，只一知字尚未有下落,若致字工夫,全不曾道著矣。此知行之所以二也。"(《王阳明全集·文录》卷五)是致良知者,又知行合一说所从出也。

〔三〕《礼记·内则》:"六年,教之数与方名。七年,男女不同席,不共食。八年,出入门户,及即饮食,必后长者,始教之让。九年,教之数日。十年,出就外傅,居宿于外,学书记,衣不帛襦裤。礼师初,朝夕学幼仪,请肄简谅。十有三年,学乐诵诗,舞勺。成童舞象,学射御。二十而冠,始学礼,可以衣裘帛,舞大夏,惇行孝弟,博学不教,内而不出。"

〔四〕《周礼·地官》:"保氏养国子以道,乃教之六艺,一曰五礼,二曰六乐,三曰五射,四曰五驭,五曰六书,六曰九数。"郑注:"六书,象形、会意、转注、处事、假借、谐声也。九数,方田、粟米、差分、少广、商功、均输、方程、赢不足、旁要也。"九数指算田地、算粟米即百分法,算廪税、算积幂方圆、算工程之立方体圆锥等,算远近劳费、算赢亏,即联立方程、勾股等。

〔五〕见《原道上》注〔一九〕。

〔六〕《商书·洪范》:"沉潜刚克,高明柔克。"章氏《通说为邱君题南乐官舍》:"凡人之性必有所近,必有所偏,偏则不可以言通,古来人官物曲,守一而不可移者,皆是选也。薄其执一,而舍其性之所近,徒泛骛以求通,则终无所得矣。惟即性之所近,而用力之能勉者,因以推微而知著,会偏而得全,斯古人所以求通之方也。然则学者不患通之量,而患无以致通之原,盖欲自得资深,然后可以取资左右而无絯(限)也。"

〔七〕《王阳明年谱》:"阳明尝曰:某于此良知之说,从百死千难中得来,不得已与人一口说尽,只恐学者得之容易,把作一种光景玩弄,不实落用功,负此知耳。"

〔八〕《孟子·公孙丑上》:"恻隐之心,仁之端也。羞恶之心,义之端也。辞让之心,礼之端也。是非之心,智之端也。凡有四端于我者，知皆扩而充之矣，若火之始然，泉之始达。”朱注：“四端在我，随处发知，皆即此扩广而充满其本然之量，则其日新又新，将有不能自已者矣。”

〔九〕王学末流之失，指王守仁门人王艮、王栋之泰州学派，以讲学为事。黄宗羲《明儒学案》称泰州之学，时时不满师说，益启瞿昙之秘，故跻阳明而为禅。当时称为狂纵。有鉴于王学末流之失，以良知为讳。如顾炎武《与友人论学书》：“愚所谓圣人之道者如之何？曰博学于文，曰行己有耻。自一身至于天下国家，皆学之事也；自子臣弟友以至出入往来辞受取与之间，皆有耻之事也。”讳言“致良知”。

〔一〇〕见《原道下》注〔五〕。

〔一一〕《论语·子路》文。朱注：“几，期也。言一言之间，未可以如此而必期其效。”

〔一二〕语见《史记·孔子世家》。

〔一三〕颜回，字子渊。曾参，字子舆。端木赐，字子贡。卜商字子夏。颜渊在德行之科，曾子学最笃实，子贡在言语之科，子夏在文学之科，故云所由不一辙。

〔一四〕荀卿名况，赵人，其学盖出于仲弓。黄震曰：“荀子所主在礼，而曰‘礼之敬文也’，则礼之本于内心者，卿殆未之深考，故其议礼之效，惟欲辨分以足用。”

〔一五〕赵岐《孟子题辞》：“长师孔子之孙子思，治儒者之道，治《五经》，尤长于《诗》《书》。”

〔一六〕《孟子·离娄下》：“君子深造之以道，欲其自得之也。”王夫之《四书笺解》：“自得者，心自得之，知其所以然也。”

〔一七〕《易·系辞下》传：“《易》穷则变，变则通，通则久。”

〔一八〕见《原道中》注〔一五〕。

言公上〔一〕

古人之言,所以为公也,未尝矜于文辞,而私据为己有也。志期于道,言以明志,文以足言。〔二〕其道果明于天下,而所志无不申,不必其言之果为我有也。《虞书》曰:"敷奏以言,明试以功。"〔三〕此以言语观人之始也。必于试功而庸服,〔四〕则所贵不在言辞也。誓诰之体,言之成文者也。苟足立政而敷治,君臣未尝分居立言之功也。周公曰:"王若曰多方。"〔五〕诰四国之文也。说者以为周公将王之命,不知斯言固本于周公,成王允而行之,是即成王之言也。盖圣臣为贤主立言,是谓贤能任圣,是亦圣人之治也。曾氏巩曰:〔六〕"典谟载尧、舜功绩,并其精微之意而亦载之,是岂寻常所及哉?当时史臣载笔,亦皆圣人之徒也。"〔七〕由是观之,贤臣为圣主述事,是谓贤能知圣,是亦圣人之言也。文与道为一贯,言与事为同条,犹八音相须而乐和,〔八〕不可分属一器之良也。五味相调而鼎和,〔九〕不可标识一物之甘也。故曰:古人之言,所以为公也,未尝矜于文辞,而私据为己有也。〔一〇〕

司马迁曰:"《诗》三百篇,大抵贤圣发愤所为作也。"〔一一〕是则男女慕悦之辞,思君怀友之所托也。〔一二〕征夫离妇之怨,忠国忧时之所寄也。〔一三〕必泥其辞,而为其人之质言,则《鸱鸮》实鸟之哀音,〔一四〕何怪鲋鱼忿诮于庄周,〔一五〕《苌楚》乐草之无家,〔一六〕何怪雌风慨叹于宋玉哉?〔一七〕夫诗人之旨,温柔而敦厚,〔一八〕主文而谲谏,言之者无罪,闻之者足戒,〔一九〕舒其所愤懑,而有裨于风教之万一焉,是其所志也。因是以为名,则是争于艺术之工巧,古人无是也。故曰:古人之言,所以为公也,未尝矜于文辞,而私据为己有也。〔二〇〕

夫子曰:"述而不作。"〔二一〕六艺皆周公之旧典,夫子无所事作也。《论语》则记夫子之言矣。"不恒其德",证义巫医,〔二二〕未尝明著《易》文也。"不忮不求"之美季路,〔二三〕"诚不以富"之叹夷齐,〔二四〕未尝言出于《诗》也。"允执厥中"之述尧言,〔二五〕"玄牡昭告"之述汤誓,〔二六〕未尝言出于《书》也。《墨子》引《汤誓》。《论语》记夫子之微言,而《诗》《书》初无识别,盖亦述作无殊之旨也。王伯厚常据古书出孔子前者,考证《论语》所记夫子之言,多有所本。古书或有伪托,不尽可凭,要之古人引用成说,不甚拘别。夫子之言,见于诸家之称述,诸家不无真伪之参,而子思、孟子之书,所引精粹之言,亦多出于《论语》所不载。而《论语》未尝兼收,盖亦详略互托之旨也。夫六艺为文字之权舆,〔二七〕《论语》为圣言之荟粹,创新述故,未尝有所庸心,盖取足以明道而立教,而圣作明述,〔二八〕未尝分居立言之功也。故曰:古人之言,所以为公也,未尝矜其文辞,而私据为己有也。〔二九〕

周衰文弊,诸子争鸣,盖在夫子既殁,微言绝而大义之已乖也。〔三〇〕然而诸子思以其学易天下,固将以其所谓道者,争天下之莫可加,〔三一〕而语言文字,未尝私其所出也。先民旧章,存录而不为识别者,《幼官》《弟子》之篇,〔三二〕《月令》《土方》之训是也。〔三三〕《管子·地圆》,《淮南·地形》,皆土训之遗。辑其言行,不必尽其身所论述者,管仲之述其身死后事,〔三四〕韩非之载其李斯《驳议》是也。〔三五〕《庄子·让王》《渔父》之篇,苏氏谓之伪托;〔三六〕非伪托也,为庄氏之学者所附益尔。《晏子春秋》,柳氏以谓墨者之言。非以晏子为墨,为墨学者述晏子事,以名其书,〔三七〕犹孟子之《告子》《万章》名其篇也。〔三八〕《吕氏春秋》,〔三九〕先儒与《淮南鸿烈》之解同称,〔四〇〕盖谓集众宾客而为之,不能自命专家,斯固然矣。然吕氏、淮南,未尝以集众为讳,如后世之掩人所长以为己有也。二家固以裁定之权,自命家言,故其宗旨,未尝不约于一律,〔四一〕吕氏将为一代之典要,刘安托于道家之支流。斯又出于宾客之所不与也。诸子之奋起,由于道术既裂,而各以聪明才力之所偏，每有得于大道之一端，而遂欲以之易天下。其持之有故，而言之成理者，故将推衍其学术，而传之其徒焉。苟足显其术而立其宗，而援述于前，与附衍于后者，未尝分居立言之功也。故曰：古人之言，所以为公也，未尝矜其文辞，而私据为己有也。〔四二〕

夫子因鲁史而作《春秋》，孟子曰："其事齐桓、晋文，其文则史"，孔子自谓窃取其义焉耳。〔四三〕载笔之士，有志《春秋》之业，固将惟义之求，其事与文，所以藉为存义之资也。世之讥史迁者，责其裁裂《尚书》《左氏》《国语》《国策》之文，以谓割裂而无当，〔四四〕出苏明允《史论》。世之讥班固者，责其孝武以前之袭迁书，以谓盗袭而无耻，〔四五〕出郑渔仲《通志》。此则全不通乎文理之论也。迁史断始五帝，沿及三代、周、秦，使舍《尚书》《左》《国》，岂将为凭虚、亡是之作赋乎？〔四六〕必谓《左》《国》而下，为迁所自撰，则陆贾之《楚汉春秋》，高祖孝文之《传》，皆迁之所采摭，〔四七〕其书后世不传，而徒以所见之《尚书》《左》《国》，怪其割裂焉，可谓知一十而不知二五者矣。〔四八〕固书断自西京一代，使孝武以前，不用迁史，岂将为经生决科之同题而异文乎？必谓孝武以后，为固之自撰，则冯商、扬雄之纪，刘歆、贾护之书，皆固之所原本，〔四九〕其书后人不见，而徒以所见之迁史，怪其盗袭焉，可谓知白出而不知黑入者矣。〔五〇〕以载言为翻空欤？扬、马词赋，尤空而无实者也。马、班不为文苑传，藉是以存风流文采焉，乃述事之大者也。〔五一〕以叙事为征实欤？年表传目，尤实而无文者也。《屈贾》《孟荀》《老庄申韩》之标目，《同姓侯王》《异姓侯王》之分表，初无发明，而仅存题目，褒贬之意，默寓其中，乃立言之大者也。〔五二〕作史贵知其意，非同于掌故，仅求事文之末也。夫子曰："我欲托之空言，不如见诸行事之深切著明也。"〔五三〕此则史氏之宗旨也。苟足取其义而明其志，而事次文篇，未尝分居立

言之功也。故曰:古人之言,所以为公也,未尝矜其文辞,而私据为己有也。〔五四〕

汉初经师,抱残守缺,〔五五〕以其毕生之精力,发明前圣之绪言,师授渊源,等于宗支谱系;观弟子之术业,而师承之传授,不啻凫鹄黑白之不可相淆焉,〔五六〕学者不可不尽其心也。公、谷之于《春秋》,〔五七〕后人以谓假设问答以阐其旨尔。〔五八〕不知古人先有口耳之授,而后著之竹帛焉,非如后人作经义,苟欲名家,必以著述为功也。商瞿受《易》于夫子,其后五传而至田何。施、孟、梁丘,皆田何之弟子也。〔五九〕然自田何而上,未尝有书,则三家之《易》,著于《艺文》,〔六〇〕皆悉本于田何以上口耳之学也。是知古人不著书,其言未尝不传也。治韩《诗》者,不杂齐、鲁,〔六一〕传伏《书》者,不知孔学;〔六二〕诸学章句训诂,有专书矣。门人弟子,据引称述,杂见传纪章表者,不尽出于所传之书也,而宗旨卒亦不背乎师说。则诸儒著述成书之外,别有微言绪论,口授其徒,而学者神明其意,推衍变化,著于文辞,不复辨为师之所诏,与夫徒之所衍也。而人之观之者,亦以其人而定为其家之学,不复辨其孰为师说,孰为徒说也。盖取足以通其经而传其学,而口耳竹帛,未尝分居立言之功也。故曰:古人之言,所以为公也,未尝矜于文辞,而私据为己有也。〔六三〕

〔一〕按《原道下》:"言出于我,而所以为言,初非由我。"《言公》三篇,即由此义引发之者也。刘咸炘《识语》:"'言公'一义,自先生始详发之,其初不过欲明班(固)非矫马(司马迁)、诸子书出于其徒二义,为史与校雠之要义,既推而扩之,遂无所不通。"三篇作年见《诗教上》注〔一〕。本篇论古人之言,期于达意以明道,所以为公,未尝私据而为己有。

〔二〕《论语·述而》:"志于道。"《左传》襄二十五年:"仲尼曰:志有之,言以足志,文以足言。不言,谁知其志?言之无文,行而不远,慎辞也。”

〔三〕《虞书·舜典》文。

〔四〕今本《书·舜典》:“车服以庸。”

〔五〕《周书·多方》:“周公曰:‘王若曰:猷,告尔四国多方。(四国,四方诸侯之国。多方,多方诸侯,不限于四方。)”《正义》曰:“成王新始即政,周公留而辅之。周公以王命告令诸侯,所告实非王言,故加‘周公曰’于‘王若曰’之上,以明周公宣成王之意也。”

〔六〕《宋史》卷三一九本传:“曾巩字子固,(建昌)南丰人。幼警敏,读书脱口辄诵。嘉祐进士,擢史馆修撰、中书舍人。”工文章,以简洁著称。著有《元丰类稿》五十卷,《隆平集》二十卷。生于天禧三年,卒于元丰六年,年六十五岁。

〔七〕曾巩《南齐书目录序》:“昔者,虞舜有神明之性,有微妙之德,使由之者不能知,知之者不能名,以为治天下之本,号令之所布,法度之所设,其言至约,其体至备。以为治天下之具而为至典者,推而明之。则方事之时,岂特任政者皆天下之士哉? 盖执简操笔而随者,亦皆圣人之徒也。”(《元丰类稿》卷十一)

〔八〕今本《尚书·舜典》:“四海遏密八音。”伪《孔传》:“八音,金石丝竹匏土革木。”

〔九〕《礼记·王制》:“五味异和。”《礼运》郑注:“五味,酸苦辛咸甘也。”

〔一〇〕按此节即《书》以明言公之义。

〔一一〕《史记·太史公自序》文。

〔一二〕诗尚比兴,思君怀友,每托为男女慕悦之辞。如曹植《七哀》:“愿为西南风,长逝入君怀!”此思君之作也。江淹《杂拟》:“日暮碧云合,佳人殊未来。”此怀友之词也。

〔一三〕如《诗·黍离》《君子于役》,虽写征夫离妇之怨,实是忠国忧时之所寄也。

〔一四〕《周书·金縢》:"武王既丧,管叔及其群弟(蔡叔、霍叔)乃流言于国曰:'公将不利于孺子(周成王)。'周公乃告二公(召公、太公)曰:'我之弗辟,我无以告我先王。'周公居东二年,则罪人斯得,于后公乃为诗以贻王,名之曰《鸱鸮》。"

〔一五〕《庄子·外物》:"庄周家贫,故往贷粟于监河侯。监河侯曰:'诺。我将得邑金,将贷子三百金,可乎?'庄周忿然作色曰:'周昨来,有中道而呼者。周顾视车辙中,有鲋鱼焉。周问之曰:鲋鱼来,子何为者邪? 对曰:我东海之波臣也。君岂有斗升之水而活我哉? 周曰:诺。我且南游吴、越之王,激西江之水而迎子,可乎? 鲋鱼忿然作色曰:吾失我常与,我无所处,吾得斗升之水然活耳。君乃言此,曾不如早索我于枯鱼之肆!'"

〔一六〕《诗·桧风·隰有苌楚》第二章:"隰有苌楚(羊桃),猗傩(柔顺)其华;夭之沃沃,乐子之无家!"

〔一七〕《文选》宋玉《风赋》:"楚襄王游于兰台之宫,宋玉、景差侍。有风飒然而至,王乃披襟而当之,曰:'快哉此风! 寡人所与庶人共者邪?'宋玉对曰:'此独大王之雄风耳! 庶人安得而共之!'"下写大王之雄风与庶人之雌风,以见王与庶人不同之寓意。文长不录。

〔一八〕《礼记·经解》:"温柔敦厚,《诗》教也。"

〔一九〕语见《毛诗序》。

〔二〇〕按此节即《诗》以明言公之义。

〔二一〕见《论语·述而》。

〔二二〕《论语·子路》:"子曰:'南人有言曰:"人而无恒,不可以作巫医。"善夫! "不恒其德,或承其羞。"'子曰:'不占而已矣。'"不恒其德二句,乃《易·恒卦》九三爻辞,孔子取以证巫医之不可无恒。

〔二三〕《论语·子罕》:"子曰:'衣敝缊袍,与衣狐貉者立而不耻者,其由也与！‘不忮不求，何用不臧。’”季由，字子路。“不忮不求”二句，乃《卫风·雄雉》之诗；子路能不以贫富动其心，故孔子引此以美之。

〔二四〕《论语·季氏》：“齐景公有马千驷，死之日，民无德而称焉。伯夷、叔齐饿于首阳之下，民到于今称之。‘诚不以富，亦衹以异’，其斯之谓与！”“诚不以富”二句，乃《小雅·我行其野》之词，孔子引之以赞夷、齐也。

〔二五〕《论语·尧曰》：“尧曰：‘咨！尔舜，天之历数在尔躬。允执厥中，四海困穷，天禄永终。’”文见《虞书·伪大禹谟》。

〔二六〕《书·汤诰》：“尧曰：‘予小子履，敢用玄牡，敢昭告于皇皇后帝。有罪不敢赦，帝臣不蔽，简在帝心。朕躬有罪，无以万方。万方有罪，罪在朕躬。’”《墨子·兼爱下》引作《汤誓》。

〔二七〕见《经解中》注〔一三〕。

〔二八〕《礼记·乐记》：“故知礼乐之情者能作，识礼乐之情者能述；作者之谓圣，述者之谓明。明圣者，述作之谓也。”

〔二九〕按此节即《论语》以明言公之义。

〔三〇〕《汉书·艺文志》：“仲尼没而微言绝，七十子丧而大义乖。”

〔三一〕《庄子·天下》：“天下之治方术者多矣，皆以其有为不可加矣。”

〔三二〕刘向校《管子》书，定著八十六篇，《汉志》列入道家。今存七十六篇。《幼官》说五行政令，《弟子职》盖古礼书，辑《管子》者收之。

〔三三〕《礼记·月令》，郑《目录》云：“名《月令》者，以其记十二月政之所行也。本《吕氏春秋》十二月纪之首章也，以礼家好事合钞之。”《周礼》夏官之属有土方氏、训方氏。《管子》杂篇有《地员》篇。《淮南子》有《地形训》。皆为土训之遗。

〔三四〕晁公武曰：“杜佑《指略叙》云：其书载管仲将没，对齐桓公之语，疑后人续之。”(《郡斋读书志》)宋濂曰：“是书非仲自著也。其中有绝似《曲礼》者，有近似《老》《庄》者，有论霸术而极精微者，或小智自私而其言至卑污者。疑战国时人采掇仲之言行，附以他书成之。不然，毛嫱、西施，吴王好剑，威公之死，五公子之乱，事皆出仲后，不应豫载之也。”(《诸子辩》)

〔三五〕《韩非子·存韩》，前半当是非事秦时所上书。后半自“诏以韩客之所上书，书言韩之未可举，下臣斯”以下，备载李斯《驳议》，及秦、韩交涉事迹，明是秦史官或李斯徒党所记录。

〔三六〕见《庄子祠堂记》(《东坡前集》卷三十二)。

〔三七〕柳宗元《辩晏子春秋》曰：“吾疑其墨子之徒有齐人者为之。墨好俭，晏子以俭名于世，故墨子之徒，尊著其事，以增高为己术者。”(《柳河东集》卷四)

〔三八〕告子名不害，从孟子论性。万章，孟子弟子。均以在篇首，取以名篇。

〔三九〕《史记·吕不韦传》：“是时诸侯多辩士，如荀卿之徒，著书布天下。吕不韦乃使其客人人著所闻，论集以为八览、六论、十二纪，二十余万言。以为备天地万物古今之事，号曰《吕氏春秋》。”

〔四〇〕《汉志》杂家：“《淮南》内二十一篇，外三十三篇。”师古曰：“内篇论道。外篇杂说。”《西京杂记》：“淮南王安著《鸿烈》二十一篇。鸿，大也。烈，明也。言大明礼教。”梁章钜《退庵随笔》十七：“鸿烈之义，一见于本书《要略训》，而高诱叙中亦言‘讲论道德，总统仁义，而著此书，号曰《鸿烈》’。故内篇亦有称《鸿烈解》者。诱又曰：‘光禄大夫刘向，校定撰具，名之《淮南》。’《艺文志》亦向、歆所述，是当时品题《淮南》，不必称子，直至《隋志》始题《淮南子》也。”别详《诗教上》注〔五六〕。

〔四一〕《汉书·艺文志》谓杂家“兼儒墨，合名法”，盖能节取其长而去其偏宕，杂于众而不杂于己，此其所以成家也。

〔四二〕按此节言子术之公。

〔四三〕见《孟子·离娄下》。

〔四四〕苏洵《史论下》:"迁之辞,淳健简直,自成一家,而乃裂取六经传记,杂于其间,以破碎汩乱其体。五帝三代纪多《尚书》之文。齐、鲁、晋、楚、宋、卫、陈、郑、吴、越世家,多《左传》《国语》之文。《孔子世家》《仲尼弟子传》,多《论语》之文。夫《尚书》《左传》《国语》《论语》之文,非不善也,杂之则不善也。今夫绣绘锦縠,衣服之穷美者也。尺寸而割之,错而纫之以为服,则绨缯之不若。迁之书,无乃类是乎?"(《嘉祐集》卷八)

〔四五〕《通志·自序》:"班固者,浮华之士也。全无学术,专事剽窃。由其断汉为书,是致周、秦不相因,古今成间隔。自高祖至武帝,凡六世之前,尽窃迁书,不以为惭。自昭帝至平帝,凡六世,资于贾逵、刘歆,复不以为耻。况又有曹大家终篇,则固之自为书也,几希。后世众手修书,道傍筑室,掠人之文,窃钟掩耳,皆固之作俑也。"

〔四六〕《史记》一书,起《五帝本纪》。《太史公自序》:"述往事,思来者,于是卒述陶唐以来,至于麟止,自黄帝始。"《文选》张衡《西京赋》有凭虚公子。司马相如《上林赋》有亡是公。皆无是人之意。

〔四七〕《汉书·艺文志》:"《楚汉春秋》九篇,陆贾所记。"《后汉书·班彪传》:"汉兴,定天下。太中大夫陆贾记录时功,作《楚汉春秋》九篇。孝武之世,太史令司马迁采《左氏》《国语》,删《世本》《国策》,据楚汉列国时事,上自黄帝,下讫获麟,作本纪、世家、列传、书、表,凡百三十篇,而十篇缺焉。"《史记·陆贾传》索隐:"《楚汉春秋》九篇,陆贾记项氏与汉高祖初起,及说惠文间事。"《汉书·司马迁传赞》称:"述《楚汉春秋》,接其后事。"《汉志·诸子略》儒家类有《高祖传》十一篇,自注:"高祖及大臣述古语及诏策也。"又《孝文传》十一篇,自注:"文帝所称及诏策。"

〔四八〕《史记·越王句践世家》:“且王之所求者,斗晋楚也。晋楚不斗,越兵不起,是知二五不知十也。”

〔四九〕《史通·古今正史》:“《史记》所书,年止汉武,太初已后,阙而不录。其后刘向、向子歆及诸好事者,若冯商、卫衡、扬雄、史岑、梁审、肆仁、晋冯、段肃、金丹、冯衍、韦融、萧奋、刘恂等,相次撰续,迄于哀、平间,犹名《史记》。至建武中,司徒掾班彪,以为其言鄙俗,不足以踵前史。又雄、歆褒美伪新,误后惑众,不当垂之后代者也。于是采其旧事,旁贯异闻,作《后传》六十五篇。其子固以父所撰,未尽一家,乃起元高皇,终乎王莽,十有二世,二百三十年,综其行事,上下通洽,为《汉书》纪、表、志、传百篇。”按《汉书·艺文志》冯商所续《太史公》七篇。贾护,未详。《答客问上》又作贾逵。郑樵谓班固《汉书》资于贾逵,见上注〔四五〕。

〔五〇〕《韩非子·说林下》:“杨朱之弟杨布,衣素衣而出,天雨,解素衣,衣缁衣而反。其狗不知而吠之。杨布怒,将击之。杨朱曰:‘子毋击也,子亦犹是。曩者,使汝狗白而往,黑而来,子岂能毋怪哉?’”

〔五一〕按《史记·司马相如传》《汉书·扬雄传》,并录其辞赋以入传,不别立文苑,所以著其风流文采。刘知几欲取史传中所载诗文,更立一书,以清史体。(《史通·载言》)浦起龙折之曰:“是篇盖就列传而言,方诠事状,忽夹长篇,未免文气隔越,故设此论。尝窃计之,就如贾生、董傅、方朔、马卿,未作要官,无他政迹,其生平不朽,正在陈书、对策、诗颂、论著等文;设检去之,以何担重?”浦氏之说可与此相参。

〔五二〕《书教下》:“《屈贾列传》,所以恶绛、灌之谗,其叙屈之文,非为屈氏表忠,乃吊贾之赋也。”又云:“《孟子荀卿》,总括游士著书耳。”方苞曰:“驺衍以下十一人,错出《孟子荀卿传》,若无伦次,及推其意义,然后知其不苟然也。盖战国时,守孔子之道而不志乎利者，孟子一人耳。其次惟荀卿，而少驳矣。故首论商鞅、吴起、田忌以及从横之徒，著仁义所由充塞也。自驺衍至驺奭，说犹近正，而著书以干世主为志，则已骛于功利矣。其序荀卿于衍、奭诸人后者，非独以时相次也。荀卿之学，虽不能无驳，而著书则非干世，所以别于衍、奭之伦也。自公孙龙至吁子，则舛杂鄙近，视衍、奭而又下矣。"(《书孟荀传后》，《望溪文集》卷二。)此发明合传之意，较然详明。《史记・老庄申韩传》："申子卑卑，施于名实，韩子引绳墨，切事情，明是非，其极惨覈少恩；皆原于道德之意。"名法之学，其鹄归于无为，而因循为用之说，适启刑名之渐，故史公明其合传之故如此。苏轼谓"事固有不相谋而相感者，老、庄之后，其祸为申、韩。"(《韩非论》)说犹浅之。《汉书・异姓诸侯王表》在卷十三。《(同姓)诸侯王表》在卷十四。苏洵《史论中》："固之表八，而王侯书六，其人也必曰某土某王若侯某，或功臣外戚，则加其姓而首目之曰号谥姓名，此异姓列侯之例也。诸侯王其目止号谥，岂以其尊故不曰名之邪？不曰名之而实名之，岂以不名而不著邪？此同姓诸侯王例也。"(《嘉祐集》卷八)

〔五三〕见《春秋繁露・俞序》及《史记・太史公自序》引。

〔五四〕按此节言史文之公。

〔五五〕刘歆《移让太常博士书》中语。

〔五六〕《庄子・天运》："鹄不日浴而白，乌不日黔而黑。"臯当作乌。

〔五七〕《汉志・六艺略》春秋："《公羊传》十一卷。《谷梁传》十一卷。"蒋超伯云："公羊高，齐人，受《春秋》于子夏。四传而至董仲舒，及胡母子都。胡母生再传而至严彭祖、颜安乐，是为严、颜之学。仲舒以《公羊》显，又数传而至何休。晋刘实精于《公羊》，王接父子尤多新义，其《公羊论》二篇，乃庾翼问，王愆期答也。其后高龙、孔衍、徐彦、邢昺，或注或疏，此《公羊》之源流也。谷梁赤亦子夏弟子，一说名喜，以《春秋》传孙卿，卿传申公，申公传江翁，至尹更始，始为章句。此后有唐固、麋信、孔衍、江熙等十余家。范武子以其肤浅，复为之注，至今宗之。此外如石、赵、聂、熊之注，唐杨士勋之疏，今皆不传，（按《十三经注疏》，《谷梁传》正用杨疏。）此《谷梁》之大概也。”（《南滑楛语》）

〔五八〕《公羊》《谷梁》二传，均为问答体。

〔五九〕《汉书·儒林传》：“自鲁商瞿子木受《易》孔子，以授鲁桥庇子庸。子庸授江东馯臂子弓。子弓授燕周丑子家。子家授东武孙虞子乘。子乘授齐田何子装。丁宽从田何受《易》，授同郡砀田王孙。王孙授施仇、孟喜、梁丘贺，由是《易》有施、孟、梁丘之学。”

〔六〇〕《汉书·艺文志·六艺略》易类：“《章句》，施、孟、梁丘各二篇。”

〔六一〕《汉书·儒林传》：“韩婴，燕人也。孝文时为博士，孝景时，至常山太傅。婴推诗人之意而作内外传数万言，其语与齐、鲁殊，然归一也。”按《齐诗》亡于魏，《鲁诗》亡于晋，《韩诗》亡于北宋，今存《韩诗外传》十卷。

〔六二〕《汉书·儒林传》：“伏生，济南人也，故为秦博士。秦时禁书，伏生壁藏之，大兵起，流亡。汉定，伏生求其书，亡数十篇，独得二十九篇，即以教于齐、鲁之间。”一传为欧阳生，三传为夏侯胜，胜授族兄子建，于是《书》有欧阳、大小夏侯之学。是为今文《尚书》。又《儒林传》：“孔氏有《古文尚书》（皆科斗文），孔安国以今文读之，因以起其家，逸书得十余篇，盖《尚书》兹多于是矣。遭巫蛊，未立于学官。”按安国《尚书》（五十九篇）不传于世。后张霸有《尚书》百两篇，亦不传于世。东汉贾逵、马融、郑玄作《古文尚书》注解，亦不传于世，至晋梅赜献《古文尚书》，并孔安国传，即今所通行者，盖伪托也。余详《经解中》注〔二八〕。

〔六三〕按此节言经学之公。

言公中[一]

呜呼！世教之衰也，道不足而争于文，则言可得而私矣；实不充而争于名，则文可得而矜矣。言可得而私，文可得而矜，则争心起而道术裂矣。古人之言，欲以喻世；而后人之言，欲以欺世。非心安于欺世也，有所私而矜焉，不得不如是也。古人之言，欲以淑人；后人之言，欲以炫己。非古人不欲炫，而后人偏欲炫也，有所不足与不充焉，不得不如是也。[二]孟子曰："矢人岂不仁于函人哉？操术不可不慎也。"[三]古人立言处其易，后人立言处其难。何以明之哉？古人所欲通者，道也。不得已而有言，[四]譬如喜于中而不得不笑，疾被体而不能不呻，岂有计于工拙敏钝，而勉强为之效法哉？若夫道之所在，学以趋之，学之所在，类以聚之，古人有言，先得我心之同然者，[五]即我之言也。何也？其道同也。传之其人，能得我说而变通者，即我之言也。何也？其道同也。穷毕生之学问思辨于一定之道，[六]而上通千古同道之人以为之藉，下俟千古同道之人以为之辅，其立言也，不易然哉？惟夫不师之智，务为无实之文，则不喜而强为笑貌，无病而故为呻吟，已不胜其劳困矣；而况挟恐见破之私意，[七]窃据自擅之虚名，前无所藉，后无所援，处势孤危而不可安也，岂不难哉？大外饰之言，与中出之言，其难易之数可知也。不欲争名之言，与必欲争名之言，其难易之数，又可知也。通古今前后，而相与公之之言，与私据独得，必欲己出之言，其难易之数，又可知也。立言之士，将有志于道，而从其公而易者欤？抑徒竞于文，而从其私而难者欤？公私难易之间，必有辨矣。呜呼！安得知言之士，而与之勉进于道哉？[八]

古未有窃人之言以为己有者，伯宗梁山之对，[九]既受无后之诮，而且得蔽贤之罪矣。古未有窃人之文以为己有者，屈平属草稿未定，上官大夫见而欲夺，〔一〇〕既思欺君，而且以谗友矣。窃人之美，等于窃财之盗，老氏言之断断如也。〔一一〕其弊由于自私其才智，而不知归公于道也。向令伯宗荐辇者之贤，而用缟素哭祠之成说，是即伯宗兴邦之言也，功不止于梁山之事也。上官大夫善屈平而赞助所为宪令焉，是即上官造楚之言也，功不止于宪令之善也。韩琦为相，而欧阳修为翰林学士。或谓韩公无文章，韩谓"琦相而用修为学士，天下文章，孰大于琦？"〔一二〕呜呼！若韩氏者，可谓知古人言公之旨矣。〔一三〕

窃人之所言，以为己有者，好名为甚，而争功次之。功欺一时，而名欺千古也。以己之所作，伪托古人者，奸利为甚，而好事次之；好事则罪尽于一身，奸利则效尤而蔽风俗矣。齐丘窃《化书》于谭峭，〔一四〕郭象窃《庄》注于向秀，〔一五〕君子以谓儇薄无行矣。作者如有知，但欲其说显白于天下，而不必明之自我也。然而不能不恫心于窃之者，盖穿窬胠箧之智，〔一六〕必有窜易更张以就其掩著，而因以失其本指也。刘炫之《连山》，〔一七〕梅赜之《古文尚书》，〔一八〕应诏入献，将以求禄利也。侮圣人之言，而窃比河间、〔一九〕河内之搜讨，〔二〇〕君子以为罪不胜诛矣。夫坟典既亡，而作伪者之搜辑补苴，如古文之采辑逸书，散见于记传者，几无遗漏。亦未必无什一之存也。然而不能不深恶于作伪者，遗篇逸句，附于阙文，〔二一〕而其义犹存；附会成书，而其义遂亡也。向令易作伪之心力，而以采辑补缀为己功，则功岂下于河间之《礼》，河内之《书》哉？王伯厚之《三家诗考》，吴草庐之《逸礼》，〔二二〕生于宋、元之间，去古浸远，而尚有功于经学。六朝古书不甚散亡，其为功，较之后人，必更易为力，惜乎计不出此，反藉以作伪。郭象《秋水》《达生》之解义，〔二三〕非无精言名理可以为向之亚也；向令推阐其旨，与秀之所注，相辅而行，观者亦不辨其孰向孰郭也，岂至遽等穿窬之术哉？不知言公之旨，

而欲自私自利以为功,大道隐而心术不可复问矣。[二四]

学者莫不有志于不朽,而抑知不朽固自有道乎?言公于世,则书有时而亡,其学不至遽绝也。盖学成其家,而流衍者长,观者考求而能识别也。孔氏古文虽亡,[二五]而史迁问故于安国,[二六]今迁书具存,而孔氏之《书》,未尽亡也。韩氏之《诗》虽亡,而许慎治《诗》兼韩氏;[二七]今《说文》具存,而韩婴之《诗》,未尽亡也。刘向《洪范五行传》[二八]与《七略别录》虽亡,[二九]而班固史学出刘歆;歆之《汉记》,《汉书》所本。今《五行》《艺文》二志具存,而刘氏之学未亡也。[三〇]亦有后学托之前修者,褚少孙之藉灵于马迁,[三一]裴松之之依光于陈寿,[三二]非缘附骥,其力不足自存也。又有道同术近,其书不幸亡逸,藉同道以存者,《列子》残阙,半述于庄生,[三三]杨朱书亡,多存于《韩子》;[三四]盖庄、列同出于道家,而杨朱为我,其术自近名法也。[三五]又有才智自骋,未足名家,有道获亲,幸存斧琢之质者,[三六]告子杞柳湍水之辨,[三七]藉孟子而获传;惠施白马三足之谈,[三八]因庄生而遂显;虽为射者之鹄,亦见不羁之才,非同泯泯也。又有琐细之言,初无高论,而幸入会心,竟垂经训。孺子濯足之歌,[三九]通于家国;时俗苗硕之谚,[四〇]证于身心。其喻理者,即浅可深;而获存者,无俗非雅也。凡若此者,非必古人易而后人难也,古人巧而后人拙也,古人是而后人非也,名实之势殊,公私之情异,而有意于言与无意于言者,不可同日语也。故曰:无意于文而文存,有意于文而文亡。[四一]

今有细民之讼,两造具辞,有司受之,必据其辞而赏罚其直枉焉。所具之辞,岂必乡曲细民能自撰哉?而曲直赏罚,不加为之辞者,而加之讼者,重其言之之意,而言固不必计其所出也。墓田陇亩,祠庙宗支,履勘碑碣,不择鄙野,以谓较论曲直,舍是莫由得其要焉。岂无三代钟鼎,秦、汉石刻,款识奇古,文字雅奥,为后世所不可得者哉？取辨其事，虽庸而不可废；无当于事，虽奇而不足争也。然则后之学者，求工于文字之末，而欲据为一己之私者，其亦不足与议于道矣。〔四二〕

或曰：指远辞文，〔四三〕《大传》之训也。辞远鄙倍，〔四四〕贤达之言也。"言之不文，行之不远"，〔四五〕辞之不可以已也。今曰求工于文字之末者非也，其何以为立言之则欤？曰：非此之谓也。《易》曰："修辞立其诚。"〔四六〕诚不必于圣人至诚之极致，始足当于修辞之立也。学者有事于文辞，毋论辞之如何，其持之必有其故，而初非徒为文具者，皆诚也。有其故，而修辞以副焉，是其求工于是者，所以求达其诚也。"《易》奇而法，《诗》正而葩"，〔四七〕"《易》以道阴阳"，《诗》以道性情也。〔四八〕其所以修而为奇与葩者，则固以谓不如是，则不能以显阴阳之理与性情之发也。故曰：非求工也。无其实而有其文，即六艺之辞，犹无所取，而况其他哉？〔四九〕

文，虚器也；道，实指也。文欲其工，犹弓矢欲其良也。弓矢可以御寇，亦可以为寇，非关弓矢之良与不良也。文可以明道，亦可以叛道，非关文之工与不工也。陈琳为袁绍草檄，声曹操之罪状，辞采未尝不壮烈也。他日见操，自比矢之不得不应弦焉。〔五〇〕使为曹操檄袁绍，其工亦必犹是尔。然则徒善文辞，而无当于道，譬彼舟车之良，洵便于乘者矣，适燕与粤，未可知也。〔五一〕

圣人之言，贤人述之，而或失其指。贤人之言，常人述之，而或失其指。人心不同，如其面焉。〔五二〕而曰言托于公，不必尽出于己者，何也？盖谓道同而德合，其究终不至于背驰也。且赋诗断章，不啻若自其口出，〔五三〕而本指有所不拘也。引言互辨，与其言意或相反，而古人并存不废也。前人有言，后人援以取重焉，是同古人于己也。前人有言，后人从而扩充焉，是以己附古人也。仁者见仁，知者见知，〔五四〕言之从同而异，从异而同者，殆如秋禽之毛，不可遍举也。是以后人述前人，而不废前人之旧也。以为并存于天壤，而是非失得，自听知者之别择，乃其所以为公也。君子恶夫盗人之言，而遽铲去其迹，以遂掩著之私也。若夫前人已失其传，不得已而取裁后人之论述，是乃无可如何，譬失祀者，得其族属而主之，亦可通其魂魄尔。非喻言公之旨，不足以知之。〔五五〕

〔一〕按本篇论道不足而竞于文，实不足而争于名，其弊流为盗窃。刘咸炘《识语》云："先生议论多被人窜取，故有此论。"

〔二〕《砭异》："夫内重则外轻，实至则名忘。凡求异于人者，由于内不足也。自知不足，又不胜其好名之心，斯欲求异以加人，而人亦卒莫为所加也。内不足不得不矜于外，实不至不得不骛于名，又人情之大抵类然也。"即申此意而畅言之。

〔三〕《孟子·公孙丑上》："孟子曰：'矢人岂不仁于函人哉？矢人惟恐不伤人，函人惟恐伤人。巫匠亦然。故术不可不慎也。'"

〔四〕《近思录》卷二："伊川先生《答朱长文书》曰：'圣贤之言，不得已也。盖有是言，则是理明。无是言，则天下有阙焉。如彼耒耜陶冶之器不制，则生人之道有不足矣。圣贤之言，虽欲已得乎？然其包涵天下之理，亦甚约也。后之人始执卷则以文章为先，平生所为，动多于圣人，然有之无所补，无之靡所阙，乃无用之赘言也。'"刘咸炘《识语》："孟子、庄子皆自言不得已。不得已三字，是论文论著述之要义。重其所以为言之义，详于此篇。"

〔五〕《孟子·告子上》："心之所同然者，何也？谓理也，义也。圣人先得我心之所同然耳。"

〔六〕《礼记·中庸》："博学之，审问之，慎思之，明辨之，笃行之。"

〔七〕刘歆《移让太常博士书》："犹欲抱残守缺，挟恐见破之私意，而无从善服义之公心。"

〔八〕按此节言中无实得，而欲自私其言，为事甚难。

〔九〕《左传》成五年:"梁山崩。晋侯以传(车)召伯宗。伯宗辟重(避重载车)曰:'辟传!'重人曰:'待我,不如捷之速也。'问其所,曰:'绛人也。'问绛事焉。曰:'梁山崩,将召伯宗谋之。'问:'将若之何?'曰:'山有朽壤而崩,可若何!国主山川,故山崩川竭,君为不举,降服,垂缦,彻乐,出次,祝币,史辞以礼焉。其如此而已。虽伯宗若之何!'伯宗请见之,不可。遂以告而从之。"《韩诗外传》卷八:"君问伯宗何以知之。伯宗不言受辇者,诈以自知。孔子闻之曰:'伯宗其无后,攘人之善。'"按后十年,三郤杀伯宗,子伯州犁奔楚。

〔一〇〕《史记·屈原传》:"怀王使屈原造为宪令。屈原属草稿未定,上官大夫见而欲夺之,屈平不与,因谗之曰:'王使屈平为令,众莫不知,每一令出,平伐(夸)其功曰,以为非我莫能为也。'王怒而疏屈平。"

〔一一〕《左传》昭十四年:"己恶而掠美为昏。"又僖二十四年:"窃人之财,犹谓之盗,况贪天之功以为己力乎?"《老子》第四十六章:"咎莫大于欲得。"

〔一二〕明曾大有《韩魏公集序》:"至其自谓:'某为相,欧阳永叔为翰林学士,天下文章,孰大于此?'则公之志在经世,而其文有非人所及知者。"

〔一三〕按本节言窃人言以为己有,由于自私其才智,而不知归公于道。

〔一四〕宋濂曰:"《齐丘子》六卷,一名《化书》,言道、术、德、仁、食、俭六化为甚悉。是书之作,非齐丘也。终南山隐者谭峭景升也,齐丘窃之者也。"(《诸子辩》)《列仙传》:"谭景升以《化书》授齐丘,曰:'是书之化,其道无穷,愿子序之,流于后世。'齐丘因夺为己有而传之,遂不得其死。"(《古今伪书考》引)按《粤雅堂丛书》本,"齐丘""谭峭"误倒。

〔一五〕《世说新语·文学》:"初注《庄》者数十家,莫能究其要旨。向秀于旧注外为解义，妙析奇致，大畅玄风。惟《秋水》《至乐》二篇未竟而秀卒。秀子幼，义遂零落，然犹有别本。郭象者，为人薄行，有俊才，见秀义不传于世，遂窃以为己注，乃自注《秋水》《至乐》，又易《马蹄》一篇，其余众篇，或点定文句而已。后秀义别本出，故今有向、郭二《庄》，其义一也。"陈振孙云："秀义今不传，但时见陆氏《释文》。"《四库总目提要》称以《释文》校之，郭、向两家注有同有异，是所谓窃据向书点定文句者殆非无证。

〔一六〕《论语·阳货》："子曰：'色厉而内荏，譬诸小人，其犹穿窬之盗也与！'"《集解》："穿，穿壁。窬，窬墙。"《庄子·胠箧》注引司马云："从旁开为胠。"胠箧，谓发箧盗物者。

〔一七〕《隋书·儒林传》："刘炫字光伯，河间景城人。开皇中，预修国史，除殿内将军。时牛弘奏请购求天下遗逸之书。炫伪造书百余卷，题为《连山易》《鲁史记》等，录上送官，取赏而去。后有人讼之，经赦免死，除名归家。"

〔一八〕见《经解中》注〔二八〕。

〔一九〕《汉书·景十三王传》："河间献王德，修学好古，实事求是。从民间得善书，必为好写与之，留其真，加金帛赐以招之。由是四方道术之人，不远千里，或有先祖旧书，多奉之以奏献王者。献王所得，皆古文先秦旧书，《周官》《尚书》《礼记》《孟子》《老子》之属。"

〔二〇〕《论衡·正说》："孝宣皇帝之时，河内女子发老屋，得逸《易》《礼》《尚书》各一篇，奏之。宣帝下示博士，然后《易》《礼》《尚书》各益一篇，而《尚书》二十九篇始定。"《隋书·经籍志》："河内女子得《泰誓》一篇献之。"又按汉河内郡，晋改置汲郡。《晋书·束皙传》："太康二年，汲郡人不准盗发魏襄王冢，得竹书数十车，皆漆书科斗字。武帝以其书付秘阁，校缀次第，以今文写之，皙在著作，得观竹书。"按竹书凡七十五篇，今世所传《竹书纪年》《汲冢周书》《穆天子传》,皆在其中。

〔二一〕《论语·卫灵公》:"子曰:'吾犹及史之阙文也。'"《集解》引包咸曰:"古之良史,于书字有疑则阙之,以待知者。"

〔二二〕《隋书·经籍志》:"汉初,有高堂生传十七篇。又有古经出于淹中,而河间献王得而献之,合五十六篇(除十七篇,《逸礼》三十九篇)。有李氏得《周官》,上于河间献王,独阙《冬官》一篇,取《考工记》以补其处,合成六篇,奏之。又得仲尼弟子及后学者所记一百三十一篇,献之。时亦无传之者。"河内之书,见上注。南宋王应麟字伯厚,撰《三家诗考》三卷,搜集齐、鲁、韩三家诗说。元吴澄号草庐,撰《仪礼逸经传》二卷,掇拾逸经,以补《仪礼》之遗。

〔二三〕按《世说新语》谓象所自注者,为《秋水》《至乐》二篇。此云《达生》,误。

〔二四〕按本节言盗窃者必窜易,作伪者多附会,所以可恶。

〔二五〕惠栋云:"孔安国古文五十八篇,汉世未尝亡,至东京时惟亡《武成》一篇,而《艺文志》所载五十七篇而已。其所逸十六篇,当时学者或能案其篇目,举其遗文,虽无章句训故之学,翕然皆知孔氏之逸书也。今世所谓古文者,乃梅赜之书,非壁中之文也。赜采摭传记,作为古文,以绐后世。后世儒者,靡然信从。于是东晋之古文出,而西汉之古文亡矣。"(《古文尚书考》卷一)

〔二六〕《汉书·儒林传》:"(孔)安国为谏大夫,授都尉朝。而司马迁亦从安国问故。迁书载《尧典》《禹贡》《洪范》《微子》《金縢》诸篇,多古文说。"

〔二七〕《后汉书·儒林传》:"许慎字叔重,汝南召陵人。慎以《五经》传说,臧否不同,于是撰为《五经异义》,又作《说文解字》十四篇,皆传于世。"《说文叙》云:"其称《诗》毛氏。"段玉裁注云:"毛氏者,许《诗》学之宗也。"然亦时采《韩诗》为说。如馗,九达之道也。《兔罝》"施于中逵",《韩诗》逵作馗。荠,蒺藜也。《墙有茨》,《韩诗》茨作荠。漼,深也。《新台》"新台有洒",《韩诗》洒作漼。皆用《韩诗》之证。

〔二八〕《汉书·刘向传》:"上方精于《诗》《书》,观古文,诏向领校中五经秘书。向见《尚书·洪范》,箕子为武王陈五行阴阳休咎之应;向乃合上古以来,历春秋、六国至秦、汉符瑞灾异之记,推迹行事,连传祸福,著其占验,比类相从,各有条目,凡十一篇,号曰《洪范五行传》。"《汉志·六艺略》书类:"刘向《五行传记》十一卷。"

〔二九〕《隋书·经籍志》:"《七略别录》二十卷,刘向撰。"《唐书·艺文志》同。其书宋时已佚,清严可均辑《别录》一卷,载《全汉文》卷三十八。

〔三〇〕《史通·书志》:"班固缀孙卿之词,以序《刑法》;探孟轲之语,用裁《食货》;《五行》出刘向《洪范》,《艺文》取刘歆《七略》,因人成事,其目遂多。"

〔三一〕《汉书·司马迁传》:"十篇缺,有录无书。"注引张晏曰:"亡《景纪》《武纪》《礼书》《乐书》《兵书》《汉兴以来将相年表》《日者列传》《三王世家》《龟策列传》《傅靳列传》。元成之间,褚先生补缺,作《武帝纪》《三王世家》《日者》《龟策列传》,言辞鄙陋,非迁本意也。"《史记·孝武本纪》索隐引张晏云:"褚先生,颍川人,仕元成间。"韦稜云:"褚颉《家传》,褚少孙,梁相褚大弟之孙,宣帝时为博士,寓居沛,事人儒王式,故号先生,续《太史公书》。"

〔三二〕陈寿:见《诗教下》注〔四四〕。《宋书·裴松之传》:"松之字世期,河东闻喜人,仕至中书侍郎。元嘉中,奉诏注陈寿《三国志》。"赵翼曰:"其《表》云:'寿书铨叙可观,然失在于略,时有所脱漏。臣奉旨寻详,务在周悉,其寿所不载而事宜存录者,罔不毕取。或同说一事,而辞有乖杂,或出事本异,疑不能判者,并皆钞内,以备异闻。'此松之作注大旨,在于搜辑之博,以补寿之缺

也。”(《廿二史札记》卷六)

〔三三〕《列子》,见《易教下》注〔三八〕。按张湛《序》云:“所存仅《杨朱》《说符》目录三卷,后在刘正舆家得四卷,赵季子家得六卷,参校有无,始得全备。”是知今所传本,未必原书。宋林希逸谓:“其间有绝到语,非汉后所可及。此书晚出,或者因其散佚不完,故后人附益之。”说尚允。(今人马叙伦《列子伪书考》,辨之甚详。)《庄子》除有《列御寇》篇外,多所称述。

〔三四〕按杨朱遗说,多存于《列子·杨朱》篇。(又《力命》篇引《杨子》二条,《说符》篇引《杨子》三条,《黄帝》篇、《仲尼》篇各一条。)其见《韩非子·说林》者,仅二条耳。

〔三五〕按杨朱不近名法,惟其贵存我而贱侵物之意,通于明分。《列子·杨朱》:“古之人,损一毫利天下,不与也。悉天下奉一身,不取也。人人不损一毫,人人不利天下,天下治矣。”又曰:“智之所贵,存我为贵。力之所贱,侵物为贱。”严人己之分,杜侵夺之萌,实名法所尚。

〔三六〕《庄子·徐无鬼》:“庄子送葬,过惠子之墓,顾谓从者曰:郢人垩漫其鼻端,若蝇翼,使匠石斫之。匠石运斤成风,听而斫之,尽垩而鼻不伤,郢人立不失容。宋君闻,召匠石曰:‘试为寡人为之。’匠石曰:‘臣则尝能斫之,虽然,臣之质死久矣。’自夫子之死也,吾无以为质矣!吾无与言之矣!”此用其事。宣颖曰:“质,施技之地,谓郢人也。”

〔三七〕《孟子·告子上》:“告子曰:‘性,犹杞柳也。义,犹杯棬也。以人性为仁义,犹以杞柳为杯棬。’又曰:‘性,犹湍水也,决诸东方则东流,决诸西方则西流。人性之无分于善不善也,犹水之无分于东西也。’”

〔三八〕《公孙龙子》有《白马论》。《庄子·天下》:“惠施以此为大观于天下,而晓辩者。天下之辩者,相与乐之,卵有毛,鸡三足。”按惠施当作施龙。

〔三九〕《孟子·离娄上》:“有孺子歌曰:‘沧浪之水清兮,可以濯我缨。沧浪之水浊兮,可以濯我足。’孔子曰:‘小子听之!清,斯濯缨;浊,斯濯足矣。自取之也。’夫人必自侮而后人侮之,家必自毁而后人毁之,国必自伐而后人伐之。”

〔四〇〕《礼记·大学》:“故谚有之曰:‘人莫知其子之恶,莫知其苗之硕。’此谓身不修不可以齐其家。”

〔四一〕按本节言古人无意于文而文存。

〔四二〕按本节言立言取其辨理当事,不求工于文字之末。

〔四三〕《易·系辞下》:“其旨远,其辞文。”

〔四四〕《论语·泰伯》:“出辞气,斯远鄙倍矣。”倍,通背。按“倍”,旧作“背”,兹依志古堂本正。

〔四五〕见《言公上》注〔二〕。

〔四六〕见《易·乾·文言》文。

〔四七〕见韩愈《进学解》文。

〔四八〕《庄子·天下》:“《诗》以道志,《书》以道事,《礼》以道行,《乐》以道和,《易》以道阴阳,《春秋》以道名分。”

〔四九〕按本节言文欲其工,所以求达其诚。

〔五〇〕《三国·魏志·王粲传》:“陈琳字孔璋,避难冀州,袁绍使典文章。袁氏败,琳归太祖。太祖谓曰:‘卿昔为本初移书,但可罪状孤而已,恶恶止其身,何乃上及父祖邪?’琳谢罪。太祖爱其才而不咎。”按琳《为袁绍檄豫州》文载《文选》。李善注引《魏志》:“琳谢罪曰:‘矢在弦上,不可不发。’”

〔五一〕按本节言徒善文辞而无当于道,适足为病。

〔五二〕《左传》襄三十一年:“子产曰:‘人心之不同,如其面焉。吾岂敢谓子面如吾面乎?’”

〔五三〕《左传》襄二十八年:“赋诗断章,余取所求焉。”《尚书·秦誓》:

"人之彦圣,其心好之,不啻若自其口出。"

〔五四〕《易·系辞上》:"仁者见之谓之仁。知者见之谓之知。"知,音智。

〔五五〕按本节言言有同异,彼此并存,得失自见,至盗窃人言而去其迹乃可恶。

言公下〔一〕

于是泛滥文林,回翔艺苑;离形得似,弛羁脱韁;〔二〕上窥作者之指,下挹时流之撰。口耳之学既微,竹帛之功斯显。窟巢托足,遂启璇雕;毛叶御寒,终开组纂。〔三〕名言忘于太初,流别生于近晚。譬彼鬻沸酌于觞窦,斯褰裳以厉津;〔四〕堤防拯于横流,必方舟而济乱。〔五〕推言公之宗旨,得吾道之一贯。惟日用而不知,鸮炙忘乎飞弹。〔六〕试一揽夫沿流,蔚春畦之葱蒨。

若乃九重高拱,六合同风。〔七〕王言纶綍,元气寰中。〔八〕秉钧燮鼎之臣,襄谟殿柏;〔九〕珥笔执简之士,承旨宸枫。〔一〇〕于是西掖挥麻,〔一一〕北门视草。〔一二〕天风四方,渊雷八表。〔一三〕敷洋溢之德音,〔一四〕述忧勤之怀抱。〔一五〕崇文则山《韶》海《濩》,〔一六〕厉武则泰秣汎驱。〔一七〕敷政则云龙就律,恤灾则鸠鹄回腴。〔一八〕斯并石室金縢,史宬尊藏掌故;〔一九〕而缥函缃轴,学士辑为家书。〔二〇〕左史右史之纪,王者无私;内制外制之集,词臣非擅。〔二一〕虽木天清闷,〔二二〕公言自有专官;而竹篳茅檐,〔二三〕存互何妨于外传也。制诰之公。

至于右文稽古,购典延英。〔二四〕鸾台述史,虎观谈经。〔二五〕议簧校帜,六天、五帝、三统、九畴〔二六〕之论,专家互执;《礼》仇《书》讼,齐言、鲁故、孔壁、梁坟〔二七〕之说,称制以平。《正义》定著乎一家〔二八〕,《晋史》约删以百卷。〔二九〕六百年之解诂章疏,《五经正义》,取两汉六朝专家之说而定于一。十八家之编年纪传。〔三〇〕《晋史》一十八家。譬彼漳分江合,〔三一〕济伏河横,〔三二〕淮申沔曲,汩兮朝宗于谷王;〔三三〕翡翠空青,蔚蓝芝紫,水碧砂丹,〔三四〕烂兮章施于采绚。凡以统车书而一视听,齐钧律而抑邪滥。〔三五〕虽统名乎敕定,实举职于儒臣。领袖崇班,表进勒名首简;群工集事,一时姓氏俱湮。盖新庙献功,岂计众匠奔趋,而将作用纪?〔三六〕明禋成礼,何论庖人治俎,而尸祝辞陈!〔三七〕馆局之公。

尔其三台八座,〔三八〕百职庶司,节镇统部,郡县分治。罗群星于秋旻,〔三九〕茁百谷于东菑。〔四〇〕簿书稠叠,卷牒纷披。文昌武库,〔四一〕礼司乐署〔四二〕之灿烂,若辐凑而运轴于车轮;甲兵犴讼,〔四三〕钱货农田之条理,若棋置而列枰以方罫。〔四四〕雁行进蓝田之牒,准令式而文行;〔四五〕牛耳招平原之徒,奉故事而画诺。〔四六〕是则命笔为刀,〔四七〕称书曰隶。〔四八〕遣言出自胥徒,得失归乎长吏。盖百官治而万民察,所以易结绳而为书契。〔四九〕昧者徒争于末流,知者乃通其初意。文移之公。

若夫侯王将相,岳牧群公。铃阁〔五〇〕启事,戟门〔五一〕治戎。称崇高之富贵,具文武之威风。则有书记翩翩,风流名士,〔五二〕幕府宾客,〔五三〕文学掾史。〔五四〕鹞击海滨,仲连飞书于沙漠;〔五五〕鹰扬河朔,孔璋驰檄于当涂。〔五六〕王粲慷慨而依刘,赋传荆阙;〔五七〕班固倜傥以从窦,铭勒狼居。〔五八〕刍毁涂摧,死魄感惠连之吊;〔五九〕莺啼花发,生魂归希范之书。〔六〇〕斯或精诚贯金石之坚,忠烈奋风云之气。〔六一〕输情则青草春生,腾说则黄涛夏沸。感幽则山鬼夜啼,显明则海灵朝霁。〔六二〕并能追杳入冥,传心达志。变化从人,曲屈如意。盖利禄之途既广,则揣摩之功微至。中晚文人之集,强半捉刀之技。既合驭而和鸾,岂分途而争帜?书记之公。〔六三〕

盖闻富贵愿足,则慕神仙。黄白之术〔六四〕既绌,文章之尚斯专。度生人之不朽,久视弗若名传;〔六五〕既惩愚而显智,遂以后而胜前。

则有爵擅七貂，抑或户封[六六]十万，当退食之委蛇，或休沐之闲宴。[六七]耻汩没于世荣，乃雅羡乎述赞。于是西园集雅，[六八]东阁宾儒，[六九]列铅置椠，纷墨披朱。[七〇]求艺林之胜事，遂合力而并图。或抱荆山之璞，[七一]或矜隋侯之珠，[七二]或宝燕市之石，[七三]或滥齐门之竽；[七四]皆怀私而自媚，视匠指而奔趋。既取多而用闳，[七五]譬峙粮而聚稿。藉大力以赅存，供善学之搜讨。立功固等乎立言，何尝少谢于专家之独造也哉？募集之公。

至如《诗》《骚》体变，乐府[七六]登场。《朱鹭》《悲翁》，《上邪》《如张》之篇题，学士无征于诠解；[七七]呼豨、瑟二，存吾、几令之音拍，工师惟记乎铿锵。[七八]则有拟议形容，敷陈推表。好事者为之说辞，伤心人别有怀抱。金羁白马，[七九]酒市钗楼，[八〇]年少之乐也；关山杨柳，行李风烟，[八一]离别之情也。草稿禽肥，马骄弓逸，[八二]游猎之快也；陇水呜咽，塞日昏黄，[八三]征戍之行也。或以感愤而申征夫之怨，或以悒郁而抒去妾之悲；或以旷怀而恢游宴之兴，或以古意而托艳冶之词。盖传者未达其旨，遂谓《子夜》乃女子之号，[八四]《木兰》为自叙之诗。[八五]苟不背于六义之比兴，作者岂欲以名姓而自私。乐府之公。

别有辞人点窜，略仿史删。[八六]因袭成文，或稍加点窜，惟史家义例有然。诗文集中，本无此例。间有同此例者，大有神奇臭腐之别，不可不辨。凤困荆墟，悲迷阳于南国；[八七]庄子改《凤兮歌》。鹿鸣萍野，诵《宵雅》于东山。[八八]魏武用《小雅》诗。女萝薜荔，陌上演山鬼之辞；[八九]绮纻流黄，狭斜袭妇艳之故。[九〇]乐府《陌上桑》与《三妇艳》之辞也。梁人改《陇头》之歌，[九一]增减古辞为之。韩公删《月蚀》之句，[九二]删改卢仝之诗。岂惟义取断章，不异宾筵奏赋。歌古人诗，见己意也。以至河分冈势，乃联春草青痕；[九三]宋诗僧用唐句。积雨空林，爰入水田白鹭。[九四]譬之古方今效，神加减于刀圭；赵壁汉师，变旌旗于节度。[九五]艺林自有雅裁，条举难穷其数者也。苟为不然，效出于尤。仿同谷之《七歌》，[九六]宋后诗人颇多。拟河间之《四愁》，[九七]傅玄、张载，尚且为之，大可骇怪。非由中以出话，如随声而助讴。直是孩提学语，良为有识所羞者矣。点窜之公。

又有诗人流别，怀抱不同。变韵言兮裁文体，拟古事兮达私衷。旨原诸子之寓辞，文人沿袭而成风；后人不得其所自，因疑作伪而相攻。盖伤心故国，斯传塞外之书；[九八]李陵《答苏武书》，自刘知几以后，众口一辞，以为伪作。以理推之，伪者何所取乎？当是南北朝时，有南人羁北，而事类李陵，不忍明言者，拟此书以见志耳。灰志功名，乃托河边之喻；[九九]世传鬼谷子《与苏秦张仪书》，言河边之树，处非其地，故招剪伐，托喻以招二子归隐，疑亦功高自危之人所托言也。读者以意逆志，不异骚人之赋。出之本人，其意反浅，出之拟作，其意甚深，同于骚也。其后词科取士，用拟文为掌故。庄严则诏诰章表，威猛则文檄露布。[一〇〇]作颂准于王褒，著论裁于贾傅。[一〇一]兹乃为矩为规，亦趋亦步。庶几他有心而予忖，亦足阐幽微而互著。[一〇二]拟文之公。

又如文人假设，变化不拘。《诗》通比兴，《易》拟象初。庄入巫咸之座，屈造詹尹之庐。[一〇三]楚太子疾，有客来吴。[一〇四]乌有、子虚之徒，争谈于较猎；[一〇五]凭虚、安处之属，讲议于京都。[一〇六]《解嘲》《客难》《宾戏》[一〇七]之篇衍其绪，镜机、玄微、冲漠之类[一〇八]浚其途。此则寓言十九，[一〇九]诡说万殊者也。乃其因事著称，缘人生义。譬若酒袭杜康之名，[一一〇]钱用邓通之字。[一一一]空槐落火，桓温发叹于仲文之迁；[一一二]庾信《枯树赋》所借用者。其实殷仲文迁东阳，在桓温久卒之后。素月流天，王粲抽毫于应、刘之逝。[一一三]谢庄《月赋》所借用者，其实王粲卒于应、刘之前。斯则善愁即为宋玉，岂必楚廷？旷达自是刘伶，何论晋世？[一一四]善读古人之书，尤贵心知其意。愚者介介而争，古人不以为异也已。假设之公。

及夫经生制举，演义为文；[一一五]虽源出于训故，实解主于餐新。截经书兮命题，制变化兮由人。长或连篇累章，短或片言只字。脱增减兮毫厘，即步移兮影徙。为圣贤兮立言，或庸愚兮申志。并欲描情摩态，设身处地。或语全而意半，或神到而形未。如云去而尚留，如马跃而未逝。纵收俄顷之间，刻画几希之际。水平剂量，〔一一六〕何足喻其充周；历算交躔，〔一一七〕曾莫名其微至。《易》奇《诗》正，〔一一八〕《礼》节《乐》和，〔一一九〕以至《左》夸《庄》肆，《屈》幽《史》洁〔一二〇〕之文理，无所不包；天人性命，经济闳通，以及儒纷墨俭，名钲法深之学术，〔一二一〕无乎不备。惟制颁于功令，而义得于师承。严民生之三事，〔一二二〕约智力于规绳。守共由之义法，申各尽之精能。体会为言，曾何嫌乎拟圣；因心作则，岂必纵己说而成名。制义之公。

凡此区分类别，鳞次部周。夭华媚春，硕果酣秋。极浅深之殊致，标左右之分流。其匿也几括，〔一二三〕其争也寇仇。其同也交誉，其异也互纠。其合也沾沾而自喜，〔一二四〕其违也耿耿而孤忧。〔一二五〕孰鸿鹄而高举，孰鹖鹊而啁啾？〔一二六〕孰梧桐于高冈，孰茅苇于平洲，〔一二七〕众自是而人非，喜伐异而党俦。饮齐井而相捽，〔一二八〕曾不知伏泉之在幽。由大道而下览夫群言，奚翅激、謞、叱、吸、叫、嚎、宎、咬之殊声，而酝酿于鼻、口、耳、枅、圈、臼、洼、污之异窍。厉风济而为虚，〔一二九〕知所据而有者，一土囊〔一三〇〕之噫啸。能者无所竞其名，黠者无所事其剽。核者无所恃其辨，夸者无所争其耀。识言公之微旨，庶自得于道妙。或疑著述不当入辞赋，不知著述之体，初无避就，荀卿有《赋篇》〔一三一〕矣，但无实之辞赋，自不宜溷著述尔。

〔一〕按本篇申上篇之意，推而言之。

〔二〕韩愈《复志赋》："朝驰骛乎书林兮，夕翱翔乎艺苑。"（《昌黎集》卷一）《世说新语·排调》："桓豹奴（嗣）是王丹阳（混）外生，形似其舅，桓甚讳之。宣武云：'不恒相似，时似耳。恒似是形，时似是神。'桓逾不说。"韅，音显。《广韵》："羁，勒也。"《荀子·礼论》"蛟韅"杨注:"马服之革也。"此言求神似,去拘束。

〔三〕《孟子·滕文公下》:"当尧之时,水逆行,泛滥于中国,蛇龙居之,民无所定,下者为巢,上者为营窟。"谢灵运《山居赋》:"宫室以瑶璇致美。"《礼记·礼运》:"未有麻丝,衣其羽皮。"《楚辞·招魂》:"纂组绮缟,结琦璜些。"王逸注:"纂组,绶类也。"此言由简陋进于文华。

〔四〕《诗·小雅·采菽》:"觱沸槛泉。"传:"觱沸,泉出貌。"《家语·三恕》:"江始于岷山,其源可以滥觞。"窦,渎也。《诗·邶风·匏有苦叶》:"深则厉,浅则揭。"传:"以衣涉水为厉。揭,褰衣也。"《说文》:"津,渡也。"言由小到大。

〔五〕《说文》:"方,并船也。"《庄子·山木》:"方舟而济于河。"《尔雅·释水》:"正绝流曰乱。"注:"横流而济之也。"

〔六〕《易·系辞上》:"百姓日用而不知。"《庄子·齐物论》:"见弹而求鸮炙。"司马云:"鸮,小鸠,可炙。"

〔七〕《楚辞·九辩》:"岂不郁陶而思君兮,君之门以九重。"洪兴祖补注:"天子有九门。"《庄子·齐物论》:"六合之外,圣人存而不论。"成玄英云:"六合,天地四方。"此言朝廷政令影响极远。

〔八〕《礼记·缁衣》:"王言如丝,其出如纶。王言如纶,其出如綍。"注:"纶,绶也。綍,引棺索也。"《说文》:"寰,天子封畿内县也。"此言王言影响极大。

〔九〕《诗·节南山》:"秉国之均。"传:"均,平也。"秉钧,喻执政也。《书·伪周官》:"兹惟三公,论道经邦,燮理阴阳。"言调和阴阳。《伪说命下》:"若作和羹,尔惟盐梅。"言调鼎调味,喻治理政事。《汉书·朱博传》:"博为御史大夫,其府中列柏树,常有野乌数千,栖宿其上,晨去暮来,号为朝夕乌。"后遂名御史台曰柏台。此言宰相在朝谋划。

〔一〇〕《文选》曹植《求通亲亲表》:"执鞭珥笔。"注:"珥笔,载笔也。"

何晏《景福殿赋》:“槐枫被宸。”《说文》:“宸,屋宇也。”汉宫殿中多植枫,故曰枫宸。此言起草诏令之臣,承旨起草。

〔一一〕《汉官仪》:“左右曹受尚书事,前世文士以中书在右,因谓中书为右曹,亦称西掖。”《唐书·百官志》:“开元二十六年,又改翰林供奉为学士,别置学士院,专掌内命。凡拜免将相,号令征伐,皆用白麻。”此言学士用白麻书写重大王命。

〔一二〕《唐书·百官志》:“自太宗时,名儒学士,时时召以草制,然犹未有名号。乾封以后,始号北门学士。”《汉书·淮南王传》:“武帝方好文艺,以安辩传,善为文辞,每为报书及赐,常召司马相如等视草乃遣。”

〔一三〕《易·姤》象辞:“天下有风姤,后以施命诰四方。”《庄子·在宥》:“渊默而雷声。”《文心雕龙·诏策》:“皇帝御宇,其言也神,渊默黼扆,而响盈四表,唯诏策乎!”此言诏令如天风震雷影响极远。

〔一四〕《礼记·中庸》:“是以声名洋溢乎中国。”《诗·大雅·皇矣》:“貊其德音。”疏引服虔曰:“在己为德,施行为音。”

〔一五〕《诗·鱼丽序》曰:“始于忧勤,终于逸乐。”

〔一六〕《庄子·天下》:“舜有《大韶》,汤有《大濩》。”此言崇文则奏乐。

〔一七〕《尔雅·释地》:“东至于泰远,西至于邠国。”《说文》引作汃国,云:“汃(同邠),西极之水也。”按“秣”,浙本粤雅堂本均作“袜”。此从黔本。泰秣,指东方远处供粮秣。汃驱,指西方远国效奔走。

〔一八〕《易·乾·文言》:“云从龙。”《礼记·乐记》:“八风从律而不奸。”《通鉴》:“梁简文时,江南百姓乏食,皆鸠形鹄面。”此言政令皆从,灾祸得救。

〔一九〕《史记·自序》:“抽石室金匮之书。”《索隐》:“石室金匮,皆国家藏书之处。”《周书·金縢》:“公归,乃纳册于金縢之匮中。”疏引郑云："縢，束也。凡藏秘书，藏之于匮，必以金缄其表。"《字汇补》："宬，藏书之室也。明大内有皇史宬，藏列圣御笔实录秘典。"掌故，见《书教上》注〔一三〕。此言珍藏文书。

〔二〇〕缥，帛青白色也。缃，帛浅黄色也。缥帙缃素，皆谓书卷。《隋书·经籍志》："荀勖分中经为四部，总括群书，盛以缥囊，书用缃素。"学士，见上。家书，谓一家之书也。

〔二一〕左史右史，见《书教上》注〔二四〕。内制外制，见《书教中》注〔三六〕。

〔二二〕《唐六典》："内阁，惟秘书阁最闳壮，穹隆高敞，谓之木天。"《诗·閟宫传》："閟者，闭也。先妣姜嫄之庙，在周常闭而无事。"

〔二三〕欧阳修《内制集序》："呜呼！予且老矣，方买田淮颍之间。若夫凉竹簟之暑风，曝茅檐之冬日，睡余支枕，念昔平生仕宦出处，顾瞻玉堂，如在天上。因览遗藁，见其所载职官名氏，以较其人盛衰先后，孰存孰亡，足以知荣宠为虚名而资谈笑之一噱也。"（《欧阳文忠公全集》卷八十二）此言朝廷命令可以外传。

〔二四〕《汉书·武帝纪赞》："文景务在养民，至于稽古礼文之事，犹多阙焉。"《隋书·经籍志》："武帝开献书之路，置写书之官。"《后汉书·班彪传》："开东阁，延英雄。"

〔二五〕《唐书·百官志》："垂拱元年，改门下省为鸾台。"述史，未详。鸾台，疑为兰台之误。班固为兰台令史，受诏撰《光武本纪》，见《汉书》本传。《后汉书·章帝纪》："建初四年，于是下太常将大夫、博士、议郎、郎官及诸生诸儒，会白虎观，讲议五经同异。帝亲称制临决，如孝宣甘露石渠故事，作《白虎议奏》。"此言朝廷下令记述历史，谈论经书同异。

〔二六〕议簧，议论"巧言如簧"使人迷惑之论。校帜，校正各种标帜。《礼记·郊特牲》疏："郑氏以为天有六天，丘郊各异。云，大微宫有五帝坐星，青帝曰灵威仰，赤帝曰赤熛怒，白帝曰白招拒，黑帝曰汁光纪,黄帝曰含枢纽,是五帝与大帝六也。"《周礼·春官·小宗伯》:"兆五帝于四郊。"郑注:"五帝,苍曰灵威仰,太昊食焉;赤曰赤熛怒,炎帝食焉;黄曰含枢纽,黄帝食焉;白曰白招拒,少昊食焉;黑曰汁光纪,颛顼食焉。黄帝亦于南郊。"《尚书大传》:"夏以孟春月为正,殷以季冬月为正,周以仲冬月为正。"《白虎通·三正》:"正朔有三何?本天有三统,明王者受命各统一正也。周为天正,色尚赤。殷为地正,色尚白。夏为人正,色尚黑。"九畴,见《诗教下》注〔一八〕。

〔二七〕《汉书·夏侯胜传》:"胜从父子建,自师事胜,及欧阳高,左右采获,又从五经诸儒问与《尚书》相出入者,牵引以次章句,具文饰说。胜非之曰:'建所谓章句小儒,破碎大道。'建亦非胜疏略,难以应敌。建卒自颛门名经。"此即"《礼》仇《书》讼"。《公羊传》庄二十八年:"《春秋》,伐者为客,伐者为主。"何休注云:"伐人者为客,读伐,长言之,齐人语也。见伐者为主,读伐,短言之,齐人语也。"《汉书·艺文志·六艺略》诗类:"《鲁故》二十五卷。"师古曰:"故者,通其指义也。它皆类此,今本《毛诗》改《故训传》为诂字,失真耳。"又《艺文志·书叙》:"古文《尚书》者,出孔子壁中。武帝末,鲁共王坏孔子宅,欲以广其宫,而得古文《尚书》及《礼记》《论语》《孝经》凡数十篇,皆古字也。"梁坟即指汲冢,见前篇注〔二〇〕。

〔二八〕又见《易教中》注〔二〕。《日知录》卷十八:"《旧唐书·儒学传》:太宗以经籍去圣久远,文字多讹谬,诏前中书侍郎颜师古考定《五经》,颁于天下,又以儒学多门,章句繁杂,诏国子祭酒孔颖达与诸儒撰定《五经》义疏,凡一百七十卷,名曰《五经正义》,令天下传习。《高宗纪》:永徽四年,三月壬子朔,颁孔颖达《五经正义》于天下,每年明经令依此考试。今人但知《五经正义》为孔颖达作,不知非一人之书也。"

〔二九〕《史通·古今正史》:“贞观中,有诏以前后《晋书》十有八家,制作虽多,未能尽善。乃敕史官更加纂录,采正典与杂说数十余部,兼引伪史十六国书,为纪十、志二十、列传七十、载记三十,并叙列目录,合为百三十二卷。自是言晋史者,皆弃其旧本,竞从新撰者焉。”

〔三〇〕据《隋书·经籍志》正史类,王隐《晋书》八十六卷,虞预《晋书》二十六卷,朱凤《晋书》十卷,何法盛《晋中兴书》七十八卷,谢灵运《晋书》三十六卷,臧荣绪《晋书》一百一十卷,萧子云《晋书》十一卷,萧子显《晋史草》三十卷,凡八家。编年类,陆机《晋纪》四卷,干宝《晋纪》二十三卷,曹嘉之《晋纪》十卷,习凿齿《汉晋阳秋》四十七卷,邓粲《晋纪》十一卷,孙盛《晋阳秋》三十一卷,刘谦之《晋纪》二十三卷,王韶之《晋纪》十卷,徐广《晋纪》四十五卷,檀道鸾《续晋阳秋》二十卷,郭季产《续晋纪》五卷,凡十一家。浦起龙曰:“据志盖十九家,岂缘习氏书独主汉斥魏,以为异议,遂废不用欤?”

〔三一〕漳河源二,清漳出山西定平县沾岭,浊漳出山西长子县发鸠山。二水分流,至河南涉县之合漳村,始合为一,下流注入卫河。《禹贡》岷山道江,是以岷江为江之正源。源出岷山台地,南流至灌县,乃夹离堆分流,向东别出者为沱江,向东南者又分歧为数渠,网络成都附近之锦绣平原,最西者为岷江正流,直趋省会者曰锦江,至新津彭山,数支复合,乃放流而南,至乐山,大渡河来注,复东南流至宜宾,合金沙江,始称长江。

〔三二〕济水源出河南济源县西王屋山,东南流为潴龙河,入黄河。其故道本过黄河而南,东流至山东,与黄河平行入海。今下游为黄河、大清河、小清河所占,惟河北发源处尚存耳。

〔三三〕淮水源出河南桐柏山,东流至苏、皖界上,潴为洪泽湖。下游昔循黄河故道入海,自被黄河所夺,河又北徙以后,遂行淤塞。今惟藉洪泽湖东出诸细流，经宝应、高邮诸湖，以入长江。沔、汉本一水，汉水源出陕西嶓冢山，初名漾水，东流经沔县称沔水，经褒城县纳褒水，始称汉水，东流入湖北境，至汉阳入江。《楚辞·怀沙》：“浩浩沅、湘，分流汩兮。”王逸注：“汩，流也。”《书·禹贡》：“江、汉朝宗于海。”《老子》第六十六章：“江海所以能为百谷王者，以其善下之，故能为百谷王。”

〔三四〕《汉书·贾山传》：“饰以翡翠。”注：“雄曰翡，雌曰翠。”《本草》：“空青产铜矿中，大块中空有水者良，可明目。”《说文》：“蔚，牝蒿也。”《本草》：“芝有青赤黄白黑紫六色。”《史记·武帝本纪》：“致物而丹砂可化为黄金。”丹砂即今朱砂也。

〔三五〕《左传》襄二十六年：“多鼓钧声。”注：“钧，同其声。”又大钧为宫商，细钧为角、徵、羽，见《国语》注。《礼记·王制》：“考时月，定日，同律。”《汉书·律历志》：“律有十二，阳六为律，阴六为吕，黄帝之所作也。”《文心雕龙·乐府》：“夫乐本心术，故响浃肌肤，先王慎焉，务塞淫滥。”

〔三六〕秦置将作，掌营造宫室，汉曰将作大匠。

〔三七〕《庄子·逍遥游》：“庖人虽不治庖，尸祝不越樽俎而代之矣。”

〔三八〕《周礼》疏：“三台一名天柱，上台司命为太尉，中台司中为司徒，下台司禄为司空。”《通典》：“汉以六尚书并一令一仆射为八座，魏以五曹、一令、二仆射为八座，隋、唐以左右仆射六尚书为八座。”

〔三九〕《尔雅·释天》：“秋为旻天。”注：“旻，犹愍也，愍万物雕落。”

〔四〇〕《尔雅·释地》：“田一岁曰菑。”注：“今江东呼初耕地反草为菑。”

〔四一〕《史记·天官书》：“斗柄戴匡六星曰文昌宫。”《汉书·高帝纪》：“萧何治未央宫，立东阙、北阙、前殿、武库、太仓。”

〔四二〕汉成帝置客曹尚书，魏、晋为祠部，北魏又称仪曹，隋以后为礼部。《汉书·礼乐志》:“武帝始立乐府,采诗夜诵。”《日知录》卷二十八:“乐府是官署之名,其官有令,有音监,有游徼。后人乃以乐府所采之诗即名之曰乐府。”

〔四三〕犴讼,狱讼也。《诗·小雅·小宛》“宜岸宜狱”,《释文》:“《韩诗》作犴。乡亭之系曰犴,朝廷曰狱。”

〔四四〕韦昭《博弈论》:“所志不出一枰之上,所务不出方罫之间。”李善注:“《方言》曰:投博谓之枰。皮兵切。”《集韵》:“罫,古买切,音枴,博局方目也。”

〔四五〕韩愈《蓝田县丞厅壁记》:“丞位高而逼,例以嫌不可否事。文书行,吏抱成案诣,丞卷其前,钳以左手,右手摘纸尾,雁鹜行以进,平立睨丞曰‘当署’。丞涉笔占位署惟谨。”(《昌黎集》卷十三)

〔四六〕《左传》定八年:“卫人请执牛耳。”疏云:“盟用牛耳,卑者执之,尊者莅之。”《史记·平原君传》:“毛遂奉铜盘而跪进之楚王曰:‘王当歃血而定从,次者吾君,次者遂。’遂定从于殿上。毛遂左手持盘血,而右手招十九人曰:‘公相与歃此血于堂下,公等录录,所谓因人成事者也。’”《后汉书·党锢传序》:“南阳宗资主画诺。”

〔四七〕《史记·萧相国世家》:“萧相国何,于秦时为刀笔吏,录录未有奇节。”张守节云:“古用簡牍,书有错谬,以刀削之,故号曰刀笔吏。”(见《周昌传》注)

〔四八〕《汉书·艺文志》:“秦时始有隶书,起于官狱多事,苟趋省易,施之于徒隶也。”

〔四九〕《易·系辞下》:“上古结绳而治,后世圣人易之以书契,百官以治,万民以察。”

〔五〇〕《晋书·羊祜传》:“铃閤之下,侍卫者不过数十人。”铃閤,谓将帅所居之地。

〔五一〕显贵之家，立戟于门。唐制，官阶勋俱三品，始听立戟，见《唐书·卢坦传》。

〔五二〕魏文帝《与吴质书》："元瑜书记翩翩，致足乐也。"《世说新语·伤逝》："卫洗马（玠）以永嘉六年丧，丞相王公曰：'此君风流名士，海内所瞻。'"

〔五三〕《史记·李牧传》："市租皆输入幕府。"《索隐》曰："古者，出征为将帅，军还则罢，理无常处，以幕帟为府署，故曰幕府。"《晋书·郗超传》："谢安笑曰：'郗生可谓入幕之宾矣。'"

〔五四〕《汉书·儒林传》："文学掌故补郡属，备员。"汉时郡国置文学，魏、晋以来因之。唐时太子诸王置文学，侍奉文章。《六书故》："掾，乃属官通称。"《玉篇》："史，掌书之官也。"

〔五五〕韩愈《嘲鲁连子》："鲁连细而黠，有似黄鹞子。"（《昌黎集》卷五）《史记·鲁仲连传》："燕将攻下聊城，聊城人或谗之燕，燕将惧诛，因保守聊城，不敢归。齐田单攻聊城，岁余，士卒多死，而聊城不下。鲁连乃为书，约之矢，射城中，遗燕将书。燕将见鲁连书，泣三日，犹预不能自决，喟然叹曰：'与人刃我，宁自刃。'乃自杀。聊城乱。田单遂屠聊城，归而言鲁连，欲爵之。鲁连逃隐于海上，曰：'吾与富贵而诎于人，宁贫贱而轻世肆志焉。'"

〔五六〕陈琳，字孔璋。曹植《与杨德祖书》云："孔璋鹰扬于河朔。"李善注："孔璋，广陵人，在冀州袁绍记室，故曰河朔。"《后汉书·献帝纪》："当涂高者，魏也。"陈琳为袁绍草檄声曹氏罪状，见前篇注〔五〇〕。

〔五七〕《魏志·王粲传》："粲字仲宣，山阳高平人也。献帝西迁，粲徙长安，年十七，司徒辟，诏除黄门侍郎，以西京扰乱，不就，乃之荆州，依刘表。表以粲貌寝而体弱，通侻，不甚重也。"《文选·登楼赋》注引《荆州记》："当阳县城楼，王粲登之而作赋。"

〔五八〕班固，见《书教上》注〔二二〕。《后汉书·班固传》："永元初，大将军窦宪出征匈奴，以固为中护军，与参议。”又《窦宪传》：“齐殇王子都乡侯畅来吊国忧，窦宪遣客刺杀畅，发觉，宪惧诛，自求击匈奴以赎死。会南单于请兵北伐，乃拜宪车骑将军，以执金吾、耿秉为副，大破单于，遂发燕然山，刻石勒功，纪汉威德，令班固作铭。”铭文载《文选》。按蒙古杭爱山即古燕然山。封狼居胥山，系霍去病事，此误。

〔五九〕《宋书·谢惠连传》：“谢惠连，陈郡阳夏人也。幼而聪敏，年十岁，能属文，族兄灵运深加知赏。本州辟主簿，不就。元嘉七年，为司徒彭城王义康法曹参军。义康修东府城，城堑中得古冢，为之改葬，使惠连为祭文，留信待成也。”《文选》载其文曰：“刍灵已毁，涂车既摧。”《礼记·檀弓下》：“涂车刍灵，自古有之。”郑注：“刍灵，束茅为人马。谓之灵者，神之类。”

〔六〇〕《梁书·文学传》：“丘迟字希范，吴兴人。八岁，能属文。及长，辟徐州从事，高祖践阼，拜中书郎，迁司徒从事中郎，卒。”陈伯之初事齐东昏侯，后降梁，继复叛附魏。天监（梁武帝年号）四年十月，梁临川王宏北伐，军于洛口。明年春，宏以记室丘迟为伯之乡人，又工文章，乃使作书招之。伯之得书，果自寿阳梁城率众八千来归，时天监五年也。书载《文选》，有云：“暮春三月，江南草长，杂花生树，群莺乱飞。见故国之旗鼓，感平生于畴昔，抚弦登陴，岂不怆恨！”通之以情，故为感动耳。

〔六一〕《新序·杂事》：“熊渠子见其诚心而金石为之开，况人心乎！”《后汉书》卷五十二《二十八将传论》：“咸能感会风云，奋其智勇。”

〔六二〕《淮南子·本经训》：“昔者，苍颉作书，而天雨粟，鬼夜哭。”韩愈《南海神庙碑》：“将事之夜，天地开除，月星明概。五鼓既作，牵牛正中，公乃盛服执笏，以入即事。海之百灵秘怪，慌惚毕出，蜿蜿蛇蛇，来享饮食。”（《昌黎集》卷三十一）

〔六三〕《世说新语·容止》:“魏武将见匈奴使,自以形陋,不足雄远国,使崔季珪代。帝自捉刀立床头。既毕,令间谍问曰:‘魏王何如?’匈奴使答曰:‘魏王雅望非常,然床头捉刀人,此乃英雄也。’”俗称代人作文字曰捉刀,本此。《左传》桓二年注:“鸾在镳,和在衡,动皆有鸣声。”皆指铃。《史记·淮阴侯传》索隐:“帜,帛长丈五,广半幅。”

〔六四〕《汉书·淮南王传》:“又有《中书》八卷,言神仙黄白之术。”颜注引张晏曰:“黄,黄金也。白,白银也。”

〔六五〕长生久视,语见《老子》。阮籍《咏怀》:“千秋万岁后,荣名安所之?乃悟羡门子,噭噭今自嗤。”曾国藩云:“千秋二句言荣名不足称。羡门二句,言长生不足慕。”魏文帝《典论·论文》:“盖文章经国之大业,不朽之盛事,年寿有时而尽,荣乐止乎其身,二者必至之长期,未若文章之无穷。”

〔六六〕《文选》左思《咏史》:“金张藉旧业,七叶珥汉貂。”注引董巴《舆服志》曰:“侍中、中常侍冠武弁,貂尾为饰。”《史记·吕不韦传》:“食河南洛阳十万户。”

〔六七〕《诗·召南·羔羊》:“退食自公,委蛇委蛇。”传云:“委蛇,行可从迹也。”郑笺:“委曲自得之貌。”徐坚《初学记》:“汉律,吏五日得一休沐,言休息以洗沐也。”《汉书·东方朔传》:“得赐清宴之闲。”

〔六八〕张衡《东京赋》:“岁惟仲冬,大阅西园。”李善注:“西园,上林苑也。”曹植《公宴诗》:“清夜游西园,飞盖相追随。明月澄清影,列宿正参差。”

〔六九〕《汉书·公孙宏传》:“宏自见为举首,起徒步,数年至宰相,封侯,于是起客馆,开东阁,以延贤人。”

〔七〇〕《西京杂记》卷三:“扬雄好事,常怀铅提椠,从诸计吏访殊方绝俗之语,作《方言》。”古时校雠,以色为别。《唐书·陆龟蒙传》:

"得书熟诵乃录,雠比勤勤,朱黄不去手。所藏虽少,其精皆可传。"

〔七一〕《韩非子·和氏》:"楚人和氏得玉璞楚山中,奉而献之厉王。王使玉人相之。玉人曰:'石也。'王以和为诳,而刖其左足。及厉王薨,武王即位,和又奉其璞而献之武王。武王使玉人相之,又曰:'石也。'王又以和为诳,而刖其右足。武王薨,文王即位。和乃抱其璞而哭于楚山之下,三日三夜,泣尽而继之以血。王闻之,使人问其故曰:'天下之刖者多矣,子奚哭之悲也?'和曰:'吾非悲刖也,悲夫宝玉而题之以石,贞士而名之以诳,此吾所以悲也。'王乃使人理其璞而得宝焉,遂命曰和氏之璧。"

〔七二〕《淮南子·览冥训》高诱注云:"隋侯,汉东之国,姬姓诸侯也。隋侯见大蛇伤断,以药傅之。后蛇于江中衔大珠以报之,因曰隋侯之珠。盖明月珠也。"

〔七三〕《文选》应璩《百一诗》:"宋人宝燕石,惭愧靡所如。"注引《阚子》曰:"宋之愚人,得燕石于梧台之侧,藏之以为大宝。周客闻而观焉,主人斋七日,端冕玄服以发宝,革匮十重,巾十袭。客见,俯而掩口,卢胡而笑曰:'此特燕石也,其与瓦甓不殊。'主人大怒曰:'商贾之言,医匠之心。'藏之愈固,守之弥谨。"(按《艺文类聚》引作《阙子》。《汉志》从横家有《阙子》一篇。)

〔七四〕《韩非子·内储说上》:"齐宣王使人吹竽,必三百人,南郭处士请为王吹竽,宣王说之,廪食以数百人。宣王死,湣王立,好一一听之,处士逃。"

〔七五〕《左传》昭七年:"其用物也弘矣,其取精也多矣。"

〔七六〕胡应麟《诗薮》内编卷一:"四言变而《离骚》,《离骚》变而五言。"又曰:"四言盛于周,汉一变而为五言,《离骚》盛于楚,汉一变而为乐府,体虽不同,词实并驾,皆变之善者也。"《汉书·礼乐志》:"武帝定郊祀之礼,乃立乐府,采诗夜诵,有赵、代、秦、楚之讴，以李延年为协律都尉，多举司马相如等数十人，造为诗赋，略论律吕，以合八音之调，作十九章之歌。”

〔七七〕《古今乐录》曰：“汉鼓吹铙歌十八曲，字多讹误：一曰《朱鹭》，二曰《思悲翁》，三曰《艾如张》，十五曰《上邪》。”（《乐府诗集》卷十六）

〔七八〕汉铙歌《有所思》：“妃呼豨，秋风肃肃晨风飔。”王士祯曰：“妃呼豨，皆有声而无字。”（《池北偶谈》）瑟二，待详。汉铙歌《临高台》：“令吾主寿万年，收中吾。”刘履曰：“篇末收中吾三字其义未详，疑曲调之余声，如《乐录》所谓羊无夷伊那何之类。”（《古诗源》引）宋鼓吹铙歌《晚芝曲》：“几令吾几令诸韩乱发正令吾。”（《乐府诗集》卷十九）沈约曰：“乐人以音声相传，训诂不可复解；凡古乐录，皆大字是辞，细字是声，声辞合写，故致然尔。”（《宋书·乐志》）《汉书·艺文志叙》：“汉兴，制氏以雅乐声律世在乐官，颇能纪其铿锵鼓舞，而不能言其义。”

〔七九〕曹植《白马篇》：“白马饰金羁，连翩西北驰。”

〔八〇〕李白《少年行》：“五陵年少金市东，银鞍白马度春风。落花踏尽归何处，笑入胡姬酒肆中。”又《少年子》：“金丸落飞乌，夜入琼楼卧。”

〔八一〕王之涣《出塞》：“黄河远上白云间，一片孤城万仞山。羌笛何须怨杨柳，春风不度玉门关。”《左传》僖三十年：“行李之往来。”杜注：“行李，使人也。”王勃诗：“风烟望五津。”

〔八二〕李白《行行且游猎》：“胡马秋肥宜白草，骑来蹑影何矜骄。”魏文帝《典论·自叙》：“岁之暮春，句芒司节，风和扇物，弓燥手柔，草浅兽肥，与族兄子丹，猎于邺西，终日。”（《魏志·文帝纪》注引）

〔八三〕《陇头歌》：“陇头流水，鸣声呜咽。遥望秦川，肝肠断绝。”王昌龄《从军行》：“大漠风尘日色昏，红旗半卷出辕门。前军夜战洮河北,已报生禽吐谷浑。”

〔八四〕《宋书·乐志》:“《子夜歌》者,有女子名子夜,造此声。晋孝武太元中,琅玡王轲之家,有鬼歌《子夜》。”

〔八五〕《木兰诗》当系北歌,而经后人修改者。《独异志》谓木兰姓花,商丘人,恐系附会。

〔八六〕《史记·十二诸侯年表序》:“为成学治古文者要删焉。”章氏《覆崔荆州书》:“要删,犹云删要以备用尔。”

〔八七〕《论语·微子》:“楚狂接舆歌而过孔子曰:‘凤兮,凤兮!何德之衰。往者不可谏,来者犹可追。已而,已而!今之从政者殆而!’”《庄子·人间世》:“孔子适楚,楚狂接舆游其门曰:‘凤兮凤兮,何如德之衰也!来世不可待,往世不可追也。天下有道,圣人成焉。天下无道,圣人生焉。方今之时,仅免刑焉。福轻乎羽,莫之知载。祸重乎地,莫之知避。已乎已乎!临人以德。殆乎殆乎!画地而趋。迷阳迷阳,无伤吾行。吾行却曲,无伤吾足。’”王先谦云:“迷阳,谓棘刺也。生于山野,践之伤足。”《诗·汉广序》:“文王之化,被于南国。”

〔八八〕魏武帝《短歌行》:“呦呦鹿鸣,食野之苹。我有嘉宾,鼓瑟吹笙。”用《诗·小雅·鹿鸣》。《礼记·学记》:“《宵雅》肄三。”注:“宵之言小也,习《小雅》之三(首)。”《诗·豳风·东山序》:“《东山》,周公东征也。”魏武帝《苦寒行》:“悲彼《东山》诗,悠悠使我哀。”

〔八九〕郭茂倩《乐府诗集》卷二十八《陌上桑》:“今有人,山之阿,被服薜荔带女萝。既含睇,又宜笑,子恋慕予善窈窕。乘赤豹,从文狸,辛夷车驾结桂旗。被石兰,带杜衡,折芳拔荃遗所思。处幽室,终不见天,路险艰,独后来。表独立,山之上,云何容容而在下。杳冥冥,羌昼晦,东风飘飖神灵雨。风瑟瑟,木搜搜,思念公子徒以忧。”题《楚辞钞》,系录《九歌·山鬼》之辞。

〔九〇〕乐府《长安有狭邪行》末谓:"大妇织罗绮,中妇织流黄。小妇无所为,挟瑟上高堂。丈人且安坐,调丝方未央。"沈德潜云:"后人摘为《三妇艳》。"王融《三妇艳》作"小妇独无事""调弦讵未央"(《乐府诗集》卷三十五),余同。

〔九一〕梁《陇头流水歌辞》:"陇头流水,流离四下。念吾一身,飘然旷野。西上陇阪,羊肠九回,山高谷深,不觉脚酸。手攀弱枝,足逾弱泥。"又《陇头歌辞》前四句同上,下作:"朝发欣城,暮宿陇头;寒不能语,舌卷入喉。陇头流水,鸣声幽咽;遥望秦川,肝肠断绝。"(《乐府诗集》卷二十五)盖增改古辞为之。

〔九二〕卢仝《月蚀诗》载《玉川子集》卷一。韩愈《月蚀诗效玉川子作》载《昌黎集》卷五。陈齐之曰:"退之效玉川子《月蚀诗》,乃删卢仝冗语耳,非效玉川也。韩虽法度森严,便无卢仝豪放之气。"

〔九三〕《中山诗话》:"僧惠崇诗云:'河分冈势断,春入烧痕青。'然唐人诗句。而崇之弟子吟赠其师曰:'河分冈势司空曙,春入烧痕刘长卿;不是师偷古人句,古人诗句似师兄。'"

〔九四〕王维《积雨辋川庄作》:"积雨空林烟火迟,蒸藜炊黍饷东菑。漠漠水田飞白鹭,阴阴夏木啭黄鹂。"李日华曰:"李嘉祐诗:'水田飞白鹭,夏木啭黄鹂。'王摩诘但加漠漠阴阴四字,而气象斗生,所谓点铁成金也。"(《寒厅诗话》引)按王维盛唐在前,李嘉祐中唐在后,非王维取嘉祐句而加"漠漠""阴阴"四字。

〔九五〕刀圭:药物量名。一刀圭为十分方寸匕之一。见《本草纲目序例》。《史记·淮阴侯传》:"韩信张耳已入水上军,军皆殊死战,不可败。信所出奇兵二千骑,共候赵空壁逐利,则驰入赵壁,皆拔赵帜,立汉赤帜二千。"

〔九六〕《左传》僖二十四年:"尤而效之,罪又甚焉。"肃宗乾元二年,杜甫自秦州赴同谷县,寓居同谷,作歌七首。

〔九七〕《文选·四愁诗序》:"张衡不乐久居机密,阳嘉中(《后汉书》本传作永和初),出为河间相。……时天下渐弊,郁郁不得志,为《四愁诗》。"张载有拟平子《四愁诗》,《文选》录其一。

〔九八〕《史通·杂说下》:"《李陵集》有与苏书,词采壮丽,音句流靡,观其体不类西汉人,殆后来所为,假称陵作也。"苏轼《与刘沔书》:"陵与武书,词句儇薄,正齐、梁间小儿所拟作,决非西汉文。"今谓拟作以见志,说尤得之。

〔九九〕袁淑《真隐传》:"鬼谷先生,不知何许人也,居鬼谷山,因以为称。苏秦、张仪师之,遂立功名。先生遗书责之曰:'若二君岂不见河边之树乎?仆御执其枝,波浪荡其根,上无径尺之阴,下被数千之痕(《太平御览》五百十引无此二句),此木岂与天地有仇怨,所居然也。子不见嵩岱之松柏,华霍之檀桐乎?上枝干于青云,下根通于三泉,千秋万岁,不受斧斤之患,此木岂与天地有骨肉哉?盖所居然也。"(据《艺文类聚》三十八引)

〔一〇〇〕《易·姤·象传》:"天下有风,姤。后以施命诰四方。"正义曰:"后以施命四方者,风行草偃,天之威令,故人君法此施行教命,诰于四方也。"《文心雕龙·章表》:"章以谢恩,表以陈请。"《后汉书·光武纪》注:"《说文》曰:檄以木简为书,长尺二寸,谓之檄以征召也。"《封氏闻见记》:"露布者,谓不封检,露而宣布,欲四方速知。亦谓之露版者,《魏武奏事》云,有警急,辄露版插羽,是也。"

〔一〇一〕王褒字子渊,蜀人。《汉书》本传:"益州刺史王襄,欲宣风化于众,使褒作《中和》《乐职》《宣布》诗,因奏褒有轶才。上乃征褒,既至,诏为《圣主得贤臣颂》。"按贾谊《过秦》在《贾子新书》中,本有三篇,《文选》录其一而题之以论。《诗教下》云:"贾谊《过秦》,盖《贾子》之篇目也。岂以有取斯文,即可裁篇题论,改子为集乎?"左思《咏史》:"著论准《过秦》。"

〔一〇二〕《庄子·田子方》:"颜渊问于仲尼曰:'夫子步亦步,夫子趋亦趋,夫子驰亦驰,夫子奔逸绝尘,而回瞠若乎后矣。'"《诗·小雅·巧言》:"他人有心,予忖度之。"《易·系辞下》:"夫《易》彰往而察来,而微显阐幽。"

〔一〇三〕《庄子·应帝王》:"郑有神巫曰季咸,知人之生死存亡祸福寿夭,期以岁月旬日若神。郑人见之,皆弃而走。列子见之而心醉。"《楚辞·卜居》:"屈原既放,三年不得复见,竭知尽忠,而蔽鄣于谗,心烦虑乱,不知所从,乃往见太卜郑詹尹曰:'余有所疑,愿因先生决之。'"

〔一〇四〕枚乘《七发》:"楚太子有疾,而吴客往问之,曰:'伏闻太子玉体不安,亦少间乎?'"

〔一〇五〕司马相如《子虚赋》:"楚使子虚使于齐,王悉发车骑与使者出畋。畋罢,子虚过姹(诧)乌有先生。"

〔一〇六〕张衡《西京赋》:"有凭虚公子者,心奓体忲,雅好博古,学乎旧史氏,是以多识前代之载,言于安处先生。"

〔一〇七〕东方朔《答客难》、扬雄《解嘲》、班固《答宾戏》,皆主客答问,体同《卜居》《七发》《子虚赋》等篇,并载《文选》。

〔一〇八〕曹植《七启》:"玄微子隐于大荒之庭,飞遁离俗,澄神定灵,轻禄傲贵,与物无营。耽虚好静,羡此永生。独驰思于天云之际,无物象而能倾。于是镜机子闻而将往说焉。"张协《七命》:"冲漠公子含华隐曜,嘉遁龙盘。"

〔一〇九〕《庄子·寓言》篇文。郭注:"寄之他人,则十言而九见信。"

〔一一〇〕《文选》魏武帝《短歌行》:"何以解忧,惟有杜康。"李善注:"《博物志》曰:'杜康造酒'。王著《与杜康绝交书》曰:'康字仲宁。'或云,黄帝时宰人,号酒泉太守。"

〔一一一〕《史记·平准书》:"孝文帝时,邓通以铸钱,财过王者,故邓氏钱布天下。"又《佞幸列传》:"邓通,蜀郡南安人,独自谨其身以媚上。上使善相者相通,曰:'当贫饿死。'帝曰:'能富通者在我也,何谓贫乎?'于是赐邓通蜀严道铜山,得自铸钱,邓氏钱布天下,其富如此。"

〔一一二〕庾信《枯树赋》:"殷仲文风流儒雅,海内知名,世异时移,出为东阳太守。常忽忽不乐,顾庭槐而叹曰:'此树婆娑,生意尽矣!'"又:"火入空心,膏流断节。"又:"桓大司马闻而叹曰:'昔年种柳,依依汉南;今看摇落,凄凄江潭。树犹如此,人何以堪!'"(《庾子山集》卷一)《世说新语·言语》:"桓公北征,经金城,见前为琅邪时种柳,皆已十围,慨然曰:'木犹如此,人何以堪!'攀枝执条,泫然流泪。"庾信将两个典故合而为一。

〔一一三〕谢庄《月赋》:"陈王初丧应、刘,端忧多暇,绿苔生阁,芳尘凝榭,悄焉疚怀,不怡中夜。乃清兰路,肃桂苑,腾吹寒山,弭盖秋阪,临浚壑而怨遥,登崇岫而伤远。于时斜汉左界,北陆南躔,白露暖空,素月流天。沉吟齐章,殷勤陈篇,抽毫进牍,以命仲宣。"《日知录》卷十九《假设之辞》条:"古人为赋,多假设之辞,叙述往事,以为点缀,不必一一符同也。子虚、亡是公、乌有先生之文,已肇始于相如矣。后之作者,实祖此意。谢庄《月赋》:'陈王初丧应、刘,端忧多暇。'又曰:'抽毫进牍,以命仲宣。'按王粲以建安从征吴,二十二年春,道病卒,徐、陈、应、刘,一时俱逝,亦是岁也。至明帝太和六年,植封陈王。岂可掎摭史传以议此赋之不合哉?庾信《枯树赋》既言殷仲文出为东阳太守,乃复有桓大司马,亦同此例。"

〔一一四〕《史记·屈原列传》:"原死之后,楚有宋玉、唐勒、景差之徒,皆好辞而以赋见称。"王逸以《九辩》为宋玉作,中多悲秋语。《世说新语·任诞》:"刘伶恒纵酒放达,或脱衣裸形在屋中,人见讥之。伶曰:'我以天地为栋宇,屋室为裈衣,诸君何为入我裈中?'"又《文学》篇注引《名士传》曰:"伶字伯伦,沛郡人。肆意放荡,以宇宙为狭。常乘鹿车,携一壶酒,使人荷锸随之,云:死便掘地以埋。土木形骸，遨游一世。”

〔一一五〕《日知录》卷十六：“经义始于宋熙宁中王安石所立之法。”章氏《课蒙文法》：“四书文字本于经义，与论同出一源，其途径之分，则自演人口气始，盖代圣贤以立言，所贵处身设地，非如论说之惟我欲言也。”（刘刻《遗书》补遗）

〔一一六〕《释名》：“水，准也，准平物也。”《周礼·考工记》：“准之，先后量之。”

〔一一七〕《说文》：“躔，践也。”徐曰：“星之躔次，星所履行也。”《汉书·律历志》：“日月初躔，星之纪也。”孟康曰：“躔，舍也。二十八舍，列在四方，日月行焉，起于星纪，而又周之，犹四声为宫也。”

〔一一八〕韩愈《进学解》：“《易》奇而法，《诗》正而葩。”（《昌黎集》卷十二）

〔一一九〕《史记·自序》：“《礼》以节人，《乐》以发和。”

〔一二〇〕韩愈《进学解》：“《春秋》谨严，《左氏》浮夸。”庄子自叙其学，“宏大而辟，深闳而肆”（《天下》）。柳宗元《答韦中立论师道书》：“参之《离骚》以致其幽，参之《太史》以著其洁。”

〔一二一〕儒者博而寡要，墨者俭而难遵，法家严而少恩，见司马谈《论六家要指》。《汉志·诸子略》叙名家云：“及謷（揭发阴私）者为之，则苟钩釽析乱而已。”师古曰：“釽，破也，音普革反。”按“鈲”《方言》二同，似指烦躁不安。应依《汉志》作“釽”。菁华阁本不误。

〔一二二〕《国语·晋语一》：“栾共子曰：‘民生于三，事之如一，父生之，师教之，君食之。非父不生，非食不长，非教不知，生之族也，故一事之。’”

〔一二三〕《庄子·齐物论》：“其发若机栝，其司是非之谓也。”《释文》：“机，弩牙。栝，箭栝。”机为弓上发弩箭之装置，几括疑本此。

〔一二四〕《史记·魏其武安列传》：“魏其者，沾沾自喜耳。”师古曰：

"沾沾，轻薄也。"

〔一二五〕《诗·邶风·柏舟》："耿耿不寐，如有隐忧。"传："耿耿，犹儆儆也。"

〔一二六〕《楚辞·惜誓》："黄鹄之一举兮，知山川之纡曲；再举兮，睹天地之圆方。"《荀子·礼论》："小者是燕爵（雀），犹有啁噍之顷焉。"

〔一二七〕《诗·大雅·卷阿》："凤凰鸣矣，于彼高冈。梧桐生矣，于彼朝阳。"苏轼《答张文潜书》："地之美者，同于生物，不同于所生；惟荒瘠斥卤之地，弥望皆黄茅白苇。"（《东坡前集》卷三十）

〔一二八〕《庄子·列御寇》："齐人之井，饮者相捽也。"郭注："言穿井之人，为己有造泉之功而捽饮者，不知泉之天然也。"捽，揪打。

〔一二九〕《庄子·齐物论》："山林之畏佳（犹崔巍），大木百围之窍穴，似鼻，似口，似耳，似枅（柱上方木），似圈，似臼，似洼（深池）者，似污（低处）者。激者，謞者，叱者，吸者，叫者，譹者，宎者，咬者，前者唱于，而随者唱喁。泠风则小和，飘风则大和，厉风济，则众窍为虚。"宣颖云："激，如水激声。謞，如如箭去声。叱，出而声粗。吸，入而声细。叫，高而声扬。譹，下而声浊。宎，深而声留。咬，鸣而声清。皆状窍声。"于、喁，相和声。枅，音鸡。泠风，小风，厉风，烈风也。济，止也。

〔一三〇〕《文选》宋玉《风赋》："夫风生于地，起于青蘋之末，侵淫谿谷，盛怒于土囊之口。"李善注："土囊，大穴也。盛弘之《荆州记》曰：'宜都佷山县有山，山有穴，口大数尺，为风井。'土囊当此之类也。"

〔一三一〕《荀子·赋篇》分礼、知（智）、云、蚕、箴五赋，赋末有佹诗（怪异激切之诗）。五赋中礼、知论学术，不限于艺文。

文史通义校注卷三

内篇三

史　德[一]

才、学、识三者，得一不易，而兼三尤难，千古多文人而少良史，职是故也。昔者刘氏子玄，盖以是说谓足尽其理矣。[二]虽然，史所贵者义也，而所具者事也，所凭者文也。孟子曰："其事则齐桓、晋文，其文则史，义则夫子自谓窃取之矣。"[三]非识无以断其义，非才无以善其文，非学无以练其事，三者固各有所近也，其中固有似之而非者也。记诵以为学也，辞采以为才也，击断以为识也，非良史之才、学、识也。[四]虽刘氏之所谓才、学、识，犹未足以尽其理也。夫刘氏以谓有学无识，如愚估操金，不解贸化。[五]推此说以证刘氏之指，不过欲于记诵之间，知所决择，以成文理耳。故曰：古人史取成家，退处士而进奸雄，排死节而饰主阙，亦曰一家之道然也。[六]此犹文士之识，非史识也。能具史识者，必知史德。德者何？谓著书者之心术也。[七]夫秽史者所以自秽，[八]谤书者所以自谤，[九]素行为人所羞，文辞何足取重。魏收之矫诬，沈约之阴恶，〔一〇〕读其书者，先不信其人，其患未至于甚也。所患夫心术者，谓其有君子之心，而所养未底于粹也。夫有君子之心，而所养未粹，大贤以下，所不能免也。此而犹患于心术，自非夫子之《春秋》，不足当也。以此责人，不亦难乎？是亦不然也。盖欲为良史者，当慎辨于天人之际，〔一一〕尽其天而不益以人也。〔一二〕尽其天而不益以人，虽未能至，苟允知之，亦足以称著述者之心术矣。而文史之儒，竞言才、学、识，而不知辨心术以议史德，乌乎可哉？〔一三〕

夫是尧、舜而非桀、纣，人皆能言矣。崇王道而斥霸功，〔一四〕又儒者之习故矣。至于善善而恶恶，〔一五〕褒正而嫉邪，凡欲托文辞以不朽者，莫不有是心也。然而心术不可不虑者，则以天与人参，其端甚微，非是区区之明所可恃也。夫史所载者事也，事必藉文而传，故良史莫不工文，而不知文又患于为事役也。盖事不能无得失是非，一有得失是非，则出入予夺相奋摩矣。奋摩不已，而气积焉。事不能无盛衰消息，一有盛衰消息，则往复凭吊生流连矣。流连不已，而情深焉。凡文不足以动人，所以动人者，气也。〔一六〕凡文不足以入人，所以入人者，情也。〔一七〕气积而文昌，情深而文挚；气昌而情挚，天下之至文也。然而其中有天有人，不可不辨也。气得阳刚，而情合阴柔。〔一八〕人丽〔一九〕阴阳之间，不能离焉者也。气合于理，天也；气能违理以自用，人也。情本于性，天也；情能汩性〔二〇〕以自恣，人也。史之义出于天，而史之文，不能不藉人力以成之。人有阴阳之患，而史文即忤于大道之公，其所感召者微也。夫文非气不立，而气贵于平。人之气，燕居〔二一〕莫不平也。因事生感，而气失则宕，〔二二〕气失则激，气失则骄，毗于阳矣。文非情不深，而情贵于正。人之情，虚置无不正也。因事生感，而情失则流，情失则溺，情失则偏，毗于阴矣。〔二三〕阴阳伏沴之患，〔二四〕乘于血气而入于心知，其中默

运潜移，似公而实逞于私，似天而实蔽于人，发为文辞，至于害义而违道，其人犹不自知也。故曰心术不可不慎也。〔二五〕

夫气胜而情偏，犹曰动于天而参于人也。才艺之士，则又溺于文辞，以为观美之具焉，而不知其不可也。史之赖于文也，犹衣之需乎采，食之需乎味也。采之不能无华朴，味之不能无浓淡，势也。华朴争而不能无邪色，浓淡争而不能无奇味。邪色害目，奇味爽口，〔二六〕起于华朴浓淡之争也。文辞有工拙，而族史方且以是为竞焉，〔二七〕是舍本而逐末矣。以此为文，未有见其至者。以此为史，岂可与闻古人大体乎？〔二八〕

韩氏愈曰："仁义之人，其言蔼如。"〔二九〕仁者情之普，义者气之遂也。〔三〇〕程子尝谓："有《关雎》《麟趾》之意，而后可以行《周官》之法度。"〔三一〕吾则以谓通六义比兴之旨，而后可以讲春王正月之书。〔三二〕盖言心术贵于养也。史迁百三十篇，《报任安书》〔三三〕所谓"究天人之际，通古今之变，成一家之言"。自序以谓"绍名世，正《易传》，本《诗》《书》《礼》《乐》之际"，〔三四〕其本旨也。所云发愤著书，〔三五〕不过叙述穷愁，而假以为辞耳。后人泥于发愤之说，遂谓百三十篇，皆为怨诽所激发，〔三六〕王允亦斥其言为谤书。〔三七〕于是后世论文，以史迁为讥谤之能事，以微文为史职之大权，〔三八〕或从羡慕而仿效为之；是直以乱臣贼子之居心，而妄附《春秋》之笔削，不亦悖乎！今观迁所著书，如《封禅》之惑于鬼神，〔三九〕《平准》之算及商贩，〔四〇〕孝武之秕政也。后世观于相如之文，〔四一〕桓宽之论，〔四二〕何尝待史迁而后著哉？《游侠》《货殖》诸篇，不能无所感慨，〔四三〕贤者好奇，〔四四〕亦洵有之。余皆经纬古今，折衷六艺，〔四五〕何尝敢于讪上哉？〔四六〕朱子尝言，《离骚》不甚怨君，后人附会有过。〔四七〕吾则以谓史迁未敢谤主，读者之心自不平耳。夫以一身坎轲，怨诽及于君父，且欲以是邀千古之名，此乃愚不安分，名教中之罪人，天理所诛,又何著述之可传乎?夫《骚》与《史》,千古之至文也。其文之所以至者,皆抗怀于三代之英,[四八]而经纬乎天人之际者也。所遇皆穷,固不能无感慨。而不学无识者流,且谓诽君谤主,不妨尊为文辞之宗焉,大义何由得明,心术何由得正乎?夫子曰:"《诗》可以兴。"[四九]说者以谓兴起好善恶恶之心也。[五〇]好善恶恶之心,惧其似之而非,故贵平日有所养也。《骚》与《史》,皆深于《诗》者也。言婉多风,皆不背于名教,而梏于文者不辨也。故曰必通六义比兴之旨,而后可以讲春王正月之书。[五一]

〔一〕按本篇论著书者之心术,而进及史家之素养,必学养淳粹,不恣情,不使气,文乃能如事而出,传信诏后。据《年谱》是篇作于乾隆五十六年。章氏《与史余村简》:"近撰《史德》诸篇,所见较前有进,与《原道》《原学》诸篇相足表里。而《原道》诸篇,既不为人所可,此篇亦足下观之可耳,勿示人也。"(刘刻《遗书》卷九)

〔二〕《新唐书·刘知几传》:"刘子玄名知几,通览群史,与兄知柔俱以善文词知名,擢进士第。武后时,累迁凤阁舍人,兼修国史。中宗时,擢太子率更令,迁秘书监。始子玄修《武后实录》,有所改正,而武三思等不听,自以为见用于时,而志不遂,乃著《史通》内外四十九篇,讥评今古。徐坚读之,叹曰:'为史者宜置此坐右也。'"其论史谓有三长,说见下。

〔三〕语见《孟子·离娄下》。

〔四〕刘咸炘《识语》:"记诵以为学,近世之史考也。辞采以为才,沈、萧以下之陋史也。击断以为识,宋人之史论也。"

〔五〕《新唐书·刘知几传》:"礼部尚书郑惟忠尝问:'自古文士多,史才少,何耶?'对曰:'史有三长,才、学、识,世罕兼之,故史才少。夫有学无才,犹愚贾操金,不能殖货。有才无学,犹巧匠无楩楠斧斤,弗能成室。善恶必书,使骄君贼臣知惧,此为无可加者。'时以为笃论。”

〔六〕《史通·忤时》:“古者刊定一史,纂成一家,体统各殊,指归咸别。夫《尚书》之为教也,以疏通知远为主。《春秋》之义也,以惩恶劝善为先。《史记》则退处士而进奸雄,《汉书》则抑忠臣而饰主阙,斯并曩时得失之列,良史是非之准,作者言之详矣。”

〔七〕《礼记·乐记》:“夫民有血气心知之性,而无哀乐喜怒之常,应感起物而动,然后心术形焉。”疏云:“术,谓所由道路也。”

〔八〕《史通·古今正史》:“齐天保二年,敕秘书监魏收博采旧闻,勒成一史,于是成《魏书》百三十卷。收谄齐氏,于魏室多不平。既党北朝,又厚诬江左;性憎胜己,喜念旧恶;甲门盛德,与之有怨者,莫不被以丑言,没其善事;迁怒所至,毁及高曾。书成始奏,诏收于尚书省,与诸家论讨,前后列诉者,百有余人。时尚书令杨遵彦一代贵臣,势倾朝野,收撰其家传甚美,是以深被党援,诸讼史者皆获重罚,或毙于狱中,群怨谤声不息。孝昭世敕收更加研审,然后宣布于外。武成尝访诸群臣,犹云不实,又令治改,其所变易甚多。由是世薄其书,号为秽史。”

〔九〕谢承《汉书》曰:“蔡邕在王允坐,闻卓死,有叹惜之音。允责邕曰:‘卓,国之大贼,杀主残臣,天地所不祐,人神所同疾;君为王臣,世受汉恩,国主危难,曾不倒戈,卓受天诛,而更嗟痛乎?’便使收付廷尉。邕谢允曰:‘虽以不忠,犹识大义,今古安危,耳所厌闻,口所常玩,岂当背国而向卓也!狂瞽之词,谬出患入,愿黥首为刑,以继汉史。’公卿惜邕才,咸共谏允。允曰:‘昔武帝不杀司马迁,使作谤书,流于后世。方今国祚中衰,戎马在郊,不可令佞臣执笔在幼主左右,后令吾徒并受谤议。’遂杀邕。”(《魏志·董卓传》注引)洪迈曰:“司马迁作《史记》,于《封禅书》中述武帝神仙鬼灶方士之事甚备,故王允谓之谤书。”(《容斋随笔》卷四)

〔一〇〕《北齐书·魏收传》:“收字伯起,小字佛助,钜鹿下曲阳人。以文华显，辞藻富逸，撰《魏书》一百三十卷。"《梁书·沈约传》："约字休文，吴兴武康人，笃志好学，能属文。高祖受禅，为尚书仆射，转左光禄大夫，卒，谥曰隐。著《宋书》百卷。"《史通·采撰》："沈氏著书，好诬先代，于晋则故造奇说，在宋则多出谤言，前史所载，已讥其谬矣。而魏收党附北朝，尤苦南国。遂云，马叡出于牛金，刘骏上淫路氏，可谓助桀为虐，幸人之灾。寻其生绝胤嗣，死遭剖斫，盖亦阴过之所致也。"

〔一一〕《庄子·天地》："无为而尊者，天道也。有为而累者，人道也。"《大宗师》："不以人助天。"《秋水》："无以人灭天。"《徐无鬼》："不以人入天。"皆明不以人累天之义。

〔一二〕刘咸炘《识语》："尽其天者，各如其分也。后之为史者，岂能如孔子。惟有各如其分，以待论定，不敢以私意击断。"《庄子·山木》："无受天损易，无受人益难。"益以人，谓主观的情感用事也。

〔一三〕按此上言具史识者，必知史德而慎心术。

〔一四〕《汉书·董仲舒传》："夫仁人者，正其谊不谋其利，明其道不计其功。是以仲尼之门，五尺之童，羞称五伯，为其先诈力而后仁义也。"

〔一五〕《公羊传》昭二十年："君子之善善也长，恶恶也短。恶恶止其身，善善及子孙。"

〔一六〕《孟子·公孙丑上》："气，体之充也。"赵岐注云："气，所以充满形体为喜怒也。"

〔一七〕《论衡·初禀》："情，接于物而然者也。"黄宗羲云："文以理为主，然而情不至，则亦文之郛廓耳。庐陵之志交游，无不呜咽。子厚之言身世，莫不凄怆。郝陵川之处真州，戴剡源之入故都，其言皆恻恻动人。古今自有一种文章不可磨灭，真是天若有情天亦老者。而世不乏堂堂之阵，正正之旗，皆以大文目之，顾其中无可以移人之情者，所谓刳然无物者也。"(《论文管见》)

〔一八〕《孟子·公孙丑上》:"其为气也,至大至刚。"《说文》:"情,人之阴气有欲者。"

〔一九〕《礼记·王制》:"邮(过)罚丽于事。"注:"丽,附也。"

〔二〇〕汩,音骨,乱也。《书·洪范》:"汩陈其五行。"正义曰:"言五行陈列皆乱也。"

〔二一〕《论语·述而》:"子之燕居。"朱注云:"燕居,闲暇无事之时。"

〔二二〕宕,与荡通,放荡也。

〔二三〕《庄子·在宥》:"人大喜邪,毗于阳。大怒邪,毗于阴。"司马云:"毗,助也。"俞樾云:"喜属阳,怒属阴。毗阳毗阴,言伤阴阳之和也。"(《诸子平议》卷十八)

〔二四〕《庄子·大宗师》:"阴阳之气有沴。"郭注云:"沴,陵乱也。"沴,音轸。

〔二五〕按此上言史文备情与气,著史者应慎辨于天人之际。

〔二六〕《老子》第十二章:"五色令人目盲,五音令人耳聋,五味令人口爽。"王弼注:"爽,差失也。"

〔二七〕《庄子·养生主》"族庖"注,崔云:"族,众也。"

〔二八〕按此上言史而溺于文辞,为舍本逐末。

〔二九〕见《答李翊书》。

〔三〇〕程颢《答横渠先生论定性书》:"夫天地之常,以其心普万物而无心。圣人之常,以其情顺万事而无情。故君子之学,莫若廓然而大公,物来而顺应。"(《明道文集》卷三)《孟子·尽心上》:"君子之于物也,爱之而弗仁。于民也,仁之而弗亲。亲亲而仁民,仁民而爱物。"此所谓仁者,情之普也。又《公孙丑上》:"其为气也,配义与道,无是馁也。是集义所生者,非义袭而取之也。行有不慊于心,则馁矣。我故曰:告子未尝知义,以其外之也。"此所谓义者气之遂也。

〔三一〕《二程外书》卷十二:"明道云:必有《关雎》《麟趾》之意,而后可以行周公法度。”

〔三二〕六义，见《诗教下》注〔一四〕。比兴，见《诗教上》注〔三一〕。《春秋》隐公元年春王正月。《公羊传》云：“元年者何？君之始年也。春者何？岁之始也。王者孰谓？谓文王也。曷为先言王而后言正月？王正月也。何言乎王正月？大一统也。”春王正月之书，此谓史籍。

〔三三〕见《汉书·司马迁传》。

〔三四〕按《史记·太史公自序》，“正《易传》”下有“继《春秋》”三字。刘熙载云：“太史公文，兼括六艺百家之旨，第论其恻怛之情，抑扬之致，则得于《诗》三百篇及《离骚》居多。”(《文概》)

〔三五〕《史记·太史公自序》：“于是论次其文，七年而太史公遭李陵之祸，幽于缧绁，乃喟然而叹曰：‘是余之罪也夫！是余之罪也夫！身毁不用矣。’退而深惟曰：‘夫《诗》《书》隐约者，欲遂其志之思也。昔西伯拘羑里，演《周易》。孔子厄陈、蔡，作《春秋》。屈原放逐，著《离骚》。左丘失明，厥有《国语》。孙子膑脚，而论兵法。不韦迁蜀，世传《吕览》。韩非囚秦，《说难》《孤愤》。《诗》三百篇，大抵贤圣发愤之所为作也。此人皆意有所郁结，不得通其道，故述往事，思来者。’于是卒述陶唐以来，至于麟止。”

〔三六〕刘熙载云：“太史公文，悲世之意多，愤世之意少，是以立身常在高处。至读者或谓之悲，或读之愤，又可以自征气量焉。”(《文概》)足证成此说。

〔三七〕《后汉书·王允传》：“允字子师，太原祁人也。中平元年，黄巾贼起，特选拜豫州刺史。献帝即位，拜太仆，再迁守尚书令。初平元年，代杨彪为司徒。见董卓篡逆已兆，乃结吕布为内应，卓入朝，布刺杀之。卓将李傕、郭汜为乱，杀允。”谓史公作谤书，见上。

〔三八〕班固《典引序》：“司马迁著书成一家之言，扬名后世，至以身陷刑之故，反微文刺讥，贬损当世，非谊士也。”微文，隐约讽刺。按

《史记》中是有微文讽刺，讽刺得当，此正《史记》胜于《汉书》处。

〔三九〕方苞曰："封禅用事虽希旷，其礼仪不可得而详，然以是为合不死之名，致怪物，接仙人蓬莱方士之术，则夫人而知其妄矣。子长恨群儒不能辨明，为天下笑，故寓其意于自序，以明其父未尝与此，而所以发愤以死者，盖以天子建汉家之封，接千载之统，乃重为方士所愚迷，恨己不得从行，而辨明其事也。"（《书太史公自序后》，《望溪文集》卷二）史公作书之意，由此亦可推见。

〔四〇〕汉武帝设平准令丞，职主均天下之输敛，贵则粜之，贱则籴之，平赋以相准，输归于京师，故曰平准。史公病其与民争利，而书《平准》，说见下。

〔四一〕《汉书·司马相如传》："相如既病免，家居茂陵。天子使所忠往，而相如已死，家无遗书，问其妻。对曰：'长卿未尝有书也，时时著书，人又取去。长卿未死时为一卷书，曰：有使来求书，奏之。'其遗札书言封禅事，所忠奏焉。"文载本传及《文选》。

〔四二〕《汉书·食货志》："昭帝即位六年，诏郡国举贤良文学之士，问以民所疾苦，教化之要。皆对愿罢盐铁酒榷均输官，毋与天下争利，示以节俭，然后教化可兴。（桑）弘羊难，以此国家大业，所以制四夷，安边足用之本，不可废也。"又《车千秋传赞》："至宣帝时，汝南桓宽次公治《公羊春秋》，举为郎，至庐江太守丞，博通，善属文。推衍盐铁之议，增广条目，极其论难，著数万言，亦欲以究治乱，成一家之法焉。"又《艺文志》儒家："桓宽《盐铁论》六十篇。"

〔四三〕班固《汉书·司马迁传赞》云："其是非颇缪于圣人，论大道，则先黄、老而后六经；序游侠，则退处士而进奸雄；述货殖，则崇势利而羞贫贱；此其所蔽也。"而姚鼐云："世言司马子长因己被罪于汉，不能自赎，发愤而传《货殖》，余谓不然。盖子长见其时天子不能以宁静淡薄先海内，无校于物之盈绌，而以制度防礼俗之末流，乃令其民仿效淫侈，去廉耻而逐利资。贤士困于穷约，素封僭于君长。又念里巷之徒，逐取什一，行至猥贱；而盐铁酒沽均输，以帝王之富，亲细民之役，为足羞也。”（《书货殖传后》，《惜抱轩集》卷五）钟惺谓《货殖传》乃补《平准书》之所未备。

〔四四〕《法言·君子》：“仲尼多爱，爱义也。子长多爱，爱奇也。”

〔四五〕《史记·孔子世家》：“中国言六艺者折中于老子。”折中，取中正无偏，亦作折衷。

〔四六〕《史记·封禅书》对武帝有微文讥刺，即敢于讪上，此正其胜处。

〔四七〕《朱子语类》卷百三十七：“屈原一书，近偶阅之，从头被人误解了，自古至今，讹谬相传，更无一人能破之者，而又为说以增饰之。看来屈原本是一个忠诚恻怛爱君底人。观他所作《离骚》数篇，尽是归依爱慕，不忍舍去怀王之意，所以拳拳反复，不能自已，何尝有一句是骂怀王？亦不见他有褊躁之心，后来没出气处，不奈何方投河殒命。而今句句解作骂怀王，枉屈说了屈原。只是不平心看他语意，所以如此。”又同书卷百三十九：“《楚词》不甚怨君；今被诸家解得都成怨君，不成模样。”按“有过”二字黔本作“之过”。

〔四八〕《礼记·礼运》：“大道之行也，与三代之英。”

〔四九〕《论语·阳货》文。

〔五〇〕《论语·泰伯》：“兴于《诗》。”朱注：“兴，起也。诗本性情，有邪有正，其为言既易知，而吟咏之间，抑扬反复，其感人又易入。故学者之初，所以兴起其好善恶恶之心而不能自已者，必于此而得之。”王阳明曰：“今教童子，惟当以孝弟忠信礼义廉耻为专务，其栽培涵养之方，则宜诱之歌诗，以发其志意；导之习礼，以肃其威仪；讽之读书，以开其知识。”（《传习录》卷二）意亦同此。

〔五一〕按此上言《骚》与《史》皆深于《诗》，而心术贵有所养。

史　释〔一〕

或问《周官》府史之史，〔二〕与内史、外史、太史、小史、御史之史，〔三〕有异义乎？曰：无异义也。府史之史，庶人在官供书役者，今之所谓书吏是也。五史，则卿、大夫、士为之，所掌图书、纪载、命令、法式之事，今之所谓内阁六科、〔四〕翰林中书〔五〕之属是也。官役之分，高下之隔，流别之判，如霄壤矣。然而无异义者，则皆守掌故，而以法存先王之道也。〔六〕

史守掌故而不知择，犹府守库藏而不知计也。先王以谓太宰制国用，司会质岁之成，〔七〕皆有调剂盈虚、均平秩序之义，非有道德贤能之选，不能任也，故任之以卿士、大夫之重。若夫守库藏者，出纳不敢自专，庶人在官，足以供使而不乏矣。然而卿士、大夫，讨论国计，得其远大，若问库藏之纤悉，必曰府也。〔八〕

五史之于文字，犹太宰司会之于财货也。典、谟、训、诰，曾氏以谓"唐、虞、三代之盛，载笔而纪，亦皆圣人之徒"，〔九〕其见可谓卓矣。五史以卿士、大夫之选，推论精微；史则守其文诰、图籍、章程、故事，而不敢自专；然而问掌故之委折，〔一〇〕必曰史也。〔一一〕

夫子曰："民可使由之，不可使知之。"〔一二〕先王道法，非有二也，卿士、大夫能论其道，而府史仅守其法；人之知识，有可使能与不可使能尔。非府史所守之外，别有先王之道也。夫子曰："俎豆之事，则尝闻之矣。"〔一三〕曾子乃曰："君子所贵乎道者三。笾豆之事，则有司存。"〔一四〕非曾子之言异于夫子也，夫子推其道，曾子恐人泥其法也。子贡曰："文武之道，未坠于地，在人。夫子焉不学，亦何常师之有？"〔一五〕"入太庙，每事问。"〔一六〕则有司贱役，巫祝百工，皆夫子之所师矣。问礼问官，〔一七〕岂非学于掌故者哉？故道不可以空铨，[一八]文不可以空著。三代以前未尝以道名教，而道无不存者，无空理也。三代以前未尝以文为著作，而文为后世不可及者，无空言也。盖自官师治教分，而文字始有私门之著述，于是文章学问，乃与官司掌故为分途，而立教者可得离法而言道体矣。《易》曰："苟非其人，道不虚行。"[一九]学者崇奉六经，以谓圣人立言以垂教，不知三代盛时，各守专官之掌故，而非圣人有意作为文章也。[二〇]

《传》曰："礼，时为大。"[二一]又曰："书同文"。[二二]盖言贵时王之制度也。学者但诵先圣遗言，而不达时王之制度，是以文为鞶帨絺绣之玩，[二三]而学为斗奇射覆[二四]之资，不复计其实用也。故道隐而难知，士大夫之学问文章，未必足备国家之用也。法显而易守，书吏所存之掌故，实国家之制度所存，亦即尧、舜以来，因革损益之实迹也。故无志于学则已，君子苟有志于学，则必求当代典章，以切于人伦日用；必求官司掌故，而通于经术精微；则学为实事，而文非空言，所谓有体必有用也。不知当代而言好古，不通掌故而言经术，则鞶帨之文，射覆之学，虽极精能，其无当于实用也审矣。[二五]

孟子曰："力能举百钧，而不足举一羽。明足察秋毫之末，而不见舆薪。"[二六]难其所易，而易其所难，谓失权度之宜也。学者昧今而博古，荒掌故而通经术，是能胜《周官》卿士之所难，而不知求府史之所易也。故舍器而求道，舍今而求古，舍人伦日用而求学问精微，皆不知府史之史通于五史之义者也。[二七]

以吏为师，[二八]三代之旧法也。秦人之悖于古者，禁《诗》《书》而仅以法律为师耳。三代盛时，天下之学，无不以吏为师。《周官》三百六十，[二九]天人之学备矣。其守官举职，而不坠天工者，[三〇]皆天下之师资也。东周以还，君师政教不合于一，于是人之学术，不尽出于官司之典守。秦人以吏为师，始复古制。而人乃狃于所习，转以秦人为非耳。秦之悖于古者多矣，犹有合于古者，以吏为

师也。[三一]

孔子曰:"生乎今之世,反古之道,裁及其身者也。"[三二]李斯请禁《诗》《书》,以谓儒者是古而非今,[三三]其言若相近,而其意乃大悖。后之君子,不可不察也。夫三王不袭礼,五帝不沿乐。[三四]不知礼时为大,而动言好古,必非真知古制者也。是不守法之乱民也,故夫子恶之。若夫殷因夏礼,百世可知。[三五]损益虽曰随时,未有薄尧、舜,而诋斥禹、汤、文、武、周公而可以为治者。李斯请禁《诗》《书》,君子以谓愚之首也。后世之去唐、虞、三代,则更远矣。要其一朝典制,可以垂奕世而致一时之治平者,未有不于古先圣王之道,得其仿佛者也。故当代典章,官司掌故,未有不可通于《诗》《书》六艺之所垂。而学者昧于知时,动矜博古,譬如考西陵之蚕桑,[三六]讲神农之树艺,[三七]以谓可御饥寒而不须衣食也。[三八]

〔一〕按史以记事为职,故史字本义为记事。《说文》:"史,记事者也。从又持中。中,正也。"江永为之说云:"凡官府簿书谓之中,故诸官言治中、受中,小司徒断庶民讼狱之中,皆谓簿书,犹今之案卷也。此中字之本义。故掌文书者谓之史。其字从又持中,又者右手,以手持簿书也。"(《周礼疑义举例》)吴大澄则以中为简册,持中,即持册之象。(《说文古籀补》)余杭章君谓用从卜中,字形作[illegible],乃纯象[illegible]形,以证成其说。(《文始》卷七)王氏国维则以中为盛算之器,亦用以盛简,简之多者自当编之为篇,若数在十简左右者,盛之于中,为用较便。(《释史》)近人金静庵则谓中盖对贰而言,贰者副本,中者秘藏之正本也。(《中国史学史》第一章)释中之义,所说各殊,胥以明史为记事之官则一也。本篇主旨在明掌故与记注之重要,申证《原道》《原学》之义,以见道不离事,文无空言,一切文章皆归于史也。作年见《经解上》注〔一〕。

〔二〕《周礼·天官》:"大宰府六人,史十有二人。"郑注云:"府,治藏。

史，掌书者。”又宰夫八职：“五曰府，掌官契以治藏。六曰史，掌官书以赞治。”郑注云：“治藏，藏文书及器物。赞治，若今起文书草也。”六官所属诸职司莫不有史，即后世所谓书吏耳。

〔三〕《周礼·春官》：“大史掌建邦之六典，以逆邦国之治，掌法以逆官府之治，掌则以逆都鄙之治。凡辨法者考焉，不信者刑之。凡邦国都鄙及万民之有约剂者藏焉，以贰六官。”又：“小史掌邦国之治，奠系世，辨昭穆。”又：“内史掌王之八枋之法，以诏王治，执国法及国令之贰，以考政事，以逆会计，掌叙事之法，受纳访，以诏王听治。”又：“外史掌书外令，掌四方之志，掌三皇五帝之书，掌达书名于四方。”又：“御史掌邦国都鄙及万民之治令，以赞冢宰，凡治者受法令焉。掌赞书，凡数从政者。”清黄以周云：“《大戴记·盛德》：‘内史大史，左右手也。’谓内史居左，大史居右。《觐礼》曰：‘大史在右。’是其证也。古者尊左，内史中大夫，尊，故内史左，大史右。《玉藻》：‘动则左史书之，言则右史书之。’左右字今互讹。《汉·艺文志》、郑《六艺论》并云‘左史记言，右史记事’可证。”（《礼书通故》三十四）依此可知周之内史即古之左史，周之大史即古之右史也。

〔四〕《清通典》卷二十六《职官四》：“都察院：吏科、户科、礼科、兵科、刑科、工科掌印给事中，满洲汉人各一人。给事中，满洲汉人各一人，掌传达纶音，稽考庶政。”内阁，见下。

〔五〕《清通典》卷二十三《职官一》：“内阁：殿大学士，满汉各二人，兼各部尚书衔，掌宣纶綍，赞理庶政。内外诸司题疏到，票拟进呈，得报转下部科。学士，兼礼部侍郎衔，满洲六人，汉四人，掌敷本章，传宣纶綍。中书，满洲七十人，蒙古十六人，汉军八人，汉人三十人，掌撰拟纪载翻译缮写之事。中书科中书，满洲二人，汉人四人，掌缮写诰敕。”又：“翰林院：掌院学士，满汉各一人。侍读学士，满二人，汉三人。侍讲学士，满二人，汉三人。侍读，满二人，汉三人。侍讲,满二人,汉三人。修撰、编修、检讨,无定员。凡翰林院官,掌国史、图籍、制诰、文章之事。”

〔六〕按此上言史守掌故,以法存道,无间于品位之高下。

〔七〕《周礼》,大宰之职“以九职任万民”,“以九赋敛财贿”,“以九式均节财用”,“以九贡致邦国之用”。此所谓大宰制国用也。司会为钩考之官,掌“凡在书契版图者之贰,以逆群吏之治,而听其会计,以参互考日成,以月要考月成,以岁会考岁成”。疏云:“岁计曰会。以一岁之会计,考当岁成事文书。”此所谓司会质岁之成也。

〔八〕《史记·陈丞相世家》:“孝文皇帝既益明习国家事,朝而问丞相勃曰:‘天下一岁决狱几何?’勃对曰:‘不知。’问:‘一岁钱谷出入几何?’勃又谢不知,汗出沾背,愧不能对。于是上亦问左丞相平。平曰:‘有主者。’上曰:‘主者谓谁?’平曰:‘陛下即问决狱责廷尉,问钱谷责治粟内史。’上曰:‘苟各有主者,而君所主者何事也?’平对曰:‘主臣。陛下不知其驽下,使待罪宰相。宰相者,上佐天子理阴阳,顺四时,下育万物之宜,外镇抚四夷诸侯,内亲附百姓,使卿大夫各得任其职焉。’孝文帝乃称善。”此暗用其事。

〔九〕见《言公上》注〔七〕。

〔一〇〕原委曲折也。

〔一一〕按此上言问掌故之委曲,皆在府史。

〔一二〕见《论语·泰伯》文。朱注云:“民可使之由丁是理之当然,而不能使之知其所以然也。”

〔一三〕见《论语·卫灵公》文。

〔一四〕《论语·泰伯》:“曾子有疾,孟敬子问之。曾子言曰:‘鸟之将死,其鸣也哀。人之将死,其言也善。君子所贵乎道者三:动容貌,斯远暴慢矣;正颜色,斯近信矣;出辞气,斯远鄙倍矣。笾豆之事,则有司存。’”

〔一五〕《论语·子张》:"卫公孙朝问于子贡曰:'仲尼焉学?'子贡曰:'文、武之道,未坠于地,在人,贤者识其大者,不贤者识其小者,莫不有文、武之道焉。夫子焉不学?而亦何常师之有?'"

〔一六〕见《论语·八佾》文。

〔一七〕孔子问礼于老聃,见《史记·孔子世家》。问官于郯子,见昭十七年《左传》。

〔一八〕《文选·魏都赋注》:"铨,次也。"

〔一九〕见《易·系辞下》。

〔二〇〕按此上言三代以前,政教合一,学习于事,故无空理无空言。

〔二一〕见《经解中》注〔三九〕。

〔二二〕见《诗教上》注〔六八〕。

〔二三〕《法言·寡见》:"今之学也,不独为之华藻也,又从而绣其鞶帨。"注云:"鞶,大带也。帨,佩巾也。鞶帨已是外饰,又从而绣之,言章句华多实少。"

〔二四〕《汉书·东方朔传》:"上尝使诸数家射覆。"师古曰:"数家,术数之家也。于覆器之下而置诸物,令闇射之,故云射覆。"

〔二五〕按此节言学须通今乃有实用。

〔二六〕见《孟子·梁惠王上》文。

〔二七〕按此上言掌故乃国家制度所存,必由此以通于经术精微,乃为实学。否则舍易得难。

〔二八〕见《诗教下》注〔三〕。近人金静庵云:"秦人以吏为师,吏即史也。惟古今有不同者,一则学下逮于庶民,而百家之学以兴。一则所学以法令为限,而百家之学以绝耳。"(《中国史学史》第一章)所说甚谛。

〔二九〕见《周礼·天官》疏。

〔三〇〕《书·皋陶谟》:"天工,人其代之。"

〔三一〕按此上言秦以吏为师,有合古制。

〔三二〕《礼记·中庸》:“生乎今之世,反古之道,如此者,烖及其身者也。”朱注:“烖,古灾字。反,复也。”

〔三三〕见《诗教下》注〔三〕。

〔三四〕见《易教上》注〔一一〕。

〔三五〕见《原道上》注〔一九〕。

〔三六〕《史记·五帝本纪》:“黄帝娶于西陵之女,是为嫘祖。”嫘祖为黄帝元妃,始教民蚕桑。

〔三七〕《史记·五帝本纪》:“神农氏世衰。”《集解》引班固曰:“教民耕农,故号曰神农。”

〔三八〕按此上言古今损益,道有可通。博古贵能知时,掌故通乎经术,结束全篇。

史　注〔一〕

昔夫子之作《春秋》也,笔削〔二〕既具,复以微言大义,口授其徒。〔三〕三传〔四〕之作,因得各据闻见,推阐经蕴,于是《春秋》以明。诸子百家,既著其说,亦有其徒相与守之,然后其说显于天下。至于史事,则古人以业世其家,学者就其家以传业。孔子问礼,必于柱下史。盖以域中三大,〔五〕非取备于一人之手,程功于翰墨之林者也。史迁著百三十篇,《汉书》为《太史公》,《隋志》始曰《史记》。乃云:“藏之名山,传之其人。”〔六〕其后外孙杨恽,始布其书。〔七〕班固《汉书》,自固卒后,一时学者,未能通晓。马融乃伏阁下,从其女弟受业,然后其学始显。〔八〕夫马、班之书,今人见之悉矣,而当日传之必以其人,受读必有所自者,古人专门之学,必有法外传心,笔削之功所不及,则口授其徒,而相与传习其业,以垂永久也。迁书自裴骃为注,〔九〕固书自应劭作解,〔一〇〕其后为之注者,犹若干家,〔一一〕则皆阐其家学者也。〔一二〕

魏、晋以来，著作纷纷，[一三]前无师承，后无从学。且其为文也，体既滥漫，绝无古人笔削谨严[一四]之义；旨复浅近，亦无古人隐微难喻之故；[一五]自可随其诣力，孤行于世耳。至于史籍之掌，代有其人，而古学失传，史存具体。惟于文诰案牍[一六]之类次，月日记注之先后，不胜扰扰，而文亦繁芜复沓，尽失迁、固之旧也。是岂尽作者才力之不逮，抑史无注例，其势不得不日趋于繁富也。古人一书，而传者数家。后代数人，而共成一书。夫传者广，则简尽微显之法存。[一七]作者多，则牴牾复沓之弊出。循流而日忘其源，古学如何得复，而史策何从得简乎？是以《唐书》倍汉，[一八]《宋史》[一九]倍唐，检阅者不胜其劳，传习之业，安得不亡？[二〇]

夫同闻而异述者，见崎而分道也。源正而流别者，历久而失真也。九师之《易》，[二一]四氏之《诗》，[二二]师儒林立，传授已不胜其纷纷。士生三古而后，[二三]能自得于古人，勒成一家之作，方且彷徨乎两间，孤立无徒，而欲抱此区区之学，待发挥于子长之外孙，孟坚之女弟，必不得之数也。太史《自叙》之作，其自注[二四]之权舆[二五]乎？明述作之本旨，见去取之从来，已似恐后人不知其所云，而特笔以标之。所谓不离古文，[二六]乃考信六艺云云者，[二七]皆百三十篇之宗旨，或殿卷末，或冠篇端，未尝不反复自明也。班《书》年表十篇，与《地理》《艺文》二志皆自注，则又大纲细目之规矩也。[二八]其陈、范二史，尚有松之、章怀为之注。[二九]至席惠明注《秦记》，[三〇]刘孝标注《世说新语》，[三一]则杂史支流，犹有子注，是六朝史学家法未亡之一验也。自后史权既散，纪传浩繁，惟徐氏《五代史》注，[三二]亦已简略，尚存饩羊[三三]于一线。而唐、宋诸家，则茫乎其不知涯涘焉。宋范冲修《神宗实录》，别为《考异》五卷，以发明其义。[三四]是知后无可代之人，而自为之解。当与《通鉴举要》《考异》[三五]之属，同为近代之良法也。[三六]

刘氏《史通》,〔三七〕画补注之例为三条,〔三八〕其所谓小书人物之《三辅决录》〔三九〕《华阳士女》,〔四〇〕与所谓史臣自刊之《洛阳伽蓝》〔四一〕《关东风俗》〔四二〕者,虽名为二品,实则一例。皆近世议史诸家之不可不亟复者也。惟所谓思广异闻之松之《三国》、〔四三〕刘昭《后汉》一条,〔四四〕则史家之旧法,与《索隐》《正义》之流,〔四五〕大同而小异者也。〔四六〕

夫文史之籍,日以繁滋,一编刊定,则征材所取之书,不数十年,尝失亡其十之五六,宋、元修史之成规,可覆按焉。〔四七〕使自注之例得行,则因援引所及,而得存先世藏书之大概,因以校正艺文著录之得失,是亦史法之一助也。且人心日漓,风气日变,缺文之义不闻,而附会之习,且愈出而愈工焉。在官修书,惟冀塞责,私门著述,苟饰浮名,或剽窃成书,或因陋就简。使其术稍黠,皆可愚一时之耳目,而著作之道益衰。诚得自注以标所去取,则闻见之广狭,功力之疏密,心术之诚伪,灼然可见于开卷之顷,而风气可以渐复于质古,是又为益之尤大者也。然则考之往代,家法既如彼;揆之后世,繁重又如此;夫翰墨省于前,而功效多于旧,孰有加于自注也哉?〔四八〕

〔一〕按本篇主旨在明史为专门之业,法外时有传心,而史注为用甚钜,义与《申郑》篇相参。作年见《经解上》注〔一〕。

〔二〕见《易教下》注〔二六〕。

〔三〕《史记·十二诸侯年表序》:“孔子明王道,干七十余君莫能用,故西观周室,论史记旧闻,兴于鲁而次《春秋》。上记隐,下至哀之获麟,约其文辞,去其烦重,以制义法。王道备,人事浃。七十子之徒,口受其传指,为有所刺讥褒讳挹损之文辞,不可以书见也。鲁君子左丘明惧弟子人人异端,各安其意,失其真,故因孔子史记具论其语,成《左氏春秋》。”

〔四〕《汉书·艺文志》春秋家:“《左氏传》三十卷。《公羊传》十一卷。《谷梁传》十一卷。”叙云:“丘明论本事而作传,明夫子不以空言说经也。《春秋》所贬损大人,当世君臣,有威权势力,其事实皆形于传,是以隐其书而不宣,所以免时难也。及末世口说流行,故有《公羊》《谷梁》、邹、夹之传。四家之中,《公羊》《谷梁》立于学官,邹氏无师,夹氏未有书。”参看《言公上》注〔五七〕。

〔五〕《老子》第二十五章:“故道大,天大,地大,王亦大。域中有四大,而王处其一焉。”三大,谓天地道也。徐陵《劝进梁元帝表》:“拟兹三大,宾是四门。”上官仪《劝封禅表》:“号均三大,体覆载以曲成。”

〔六〕见《汉书·司马迁传》文。

〔七〕《汉书·司马迁传》:“迁既死后,其书稍出。宣帝时,迁外孙平通侯杨恽祖述其书,遂宣布焉。”亦见《杨恽传》。

〔八〕班昭续《汉书》,见《经解下》。《后汉书·列女传》:“《汉书》始出,多未能通者,同郡马融伏于阁下,从昭受读。”《史通·古今正史》:“固后坐窦氏事,卒于洛阳狱,书颇散乱,莫能综理。其妹曹大家,博学能属文,奉诏校叙;又选高才郎马融等十人,从大家受读。”元王恽《玉堂嘉话》卷二:“许鲁斋云:‘古人看《汉书》皆有传授,不然,有难者。岂《律历》《天文》之谓乎?’”

〔九〕裴骃字龙驹,河东闻喜人,宋兵曹参军。父松之字世期,注《三国志》。《宋书》父子同传。《隋书·经籍志》正史类:“《史记》八十卷,裴骃注。”骃《史记集解序》曰:“考校此书,文句不同,有多有少,莫辩其实。而世之惑者,定彼从此,是非相贸,真伪舛杂。故中散大夫东莞徐广研核众本,为作《音义》,具列异同,兼述训解,粗有所发明,而殊恨省略。聊以愚管,增演徐氏,采经传百家并先儒之说,有所裨补,以徐为本,号曰《集解》。”

〔一〇〕《后汉书·应奉传》:“奉,汝南人。子劭,字仲远,少笃学,博览多闻。灵帝举孝廉,拜泰山太守。建安二年,诏拜为袁绍军谋校尉。时迁许,书记罕存。劭慨然缀集所闻,著《汉官礼仪》《风俗通》《集解汉书》,皆行于世。"《隋书·经籍志》正史类:"《汉书集解音义》二十四卷,应劭撰。"按颜师古《汉书叙例》:"《汉书》旧无注解,惟服虔、应劭等各为《音义》,自别施行。至典午中朝,爰有晋灼,集为一部,凡十四卷,号曰《汉书集注》。属永嘉丧乱,金行播迁,南方学者,皆弗之见。有臣瓒者,莫知氏族,考其时代,亦在晋初,又总集诸家音义,稍以己之所见,续厕其末,凡二十四卷,分为两帙,今之《集解音义》则是其书。而后人见者,不知臣瓒所作,乃谓之应劭等集解。王氏《七志》,阮氏《七录》,并题云然,斯不审耳。"钱大昕云:"依小颜说,知《隋志》所载,即臣瓒所集,非出于应劭一人。《隋志》多承阮《录》旧文,则应劭下当有等字,殆传写失之也。"(《十驾斋养新录》卷六)

〔一一〕按《隋志》除《集解》外,尚有服虔《汉书音训》一卷,韦昭《汉书音义》七卷,刘显《汉书音》二卷,夏侯咏《汉书音》二卷,萧该《汉书音义》十二卷,包恺《汉书音》十一卷,晋灼《汉书集注》十三卷,陆澄《汉书注》一卷,韦稜《汉书续训》三卷,姚察《汉书训纂》三十卷,《汉书集解》一卷。后颜注出,尽掩诸家,独行于世。《书录解题》正史类:"《汉书》一百卷,唐秘书监颜师古注。师古以太子承乾之命,总先儒注解,服虔、应劭而下二十余人,删繁补略,裁以己说,遂成一家。"

〔一二〕《史记·历书》:"畴人子弟分散。"《集解》引如淳曰:"家业世世相传为畴。律,年二十三,传之畴官,各从其父学。"《索隐》引韦昭曰:"畴,类也。"《北史·江式传》:"式少专家学,数年中常梦两人时相教授,及寤,每有记识。"古时专门术业,父子相传,故有家学之称。按此上言前世史有注例,文简而学传。

〔一三〕按魏、晋、南北朝以迄唐初,私家修史之风盛,如后汉史在刘宋以前有九家，自范晔《后汉书》成，而九家之书乃废。晋史在唐以前有十八家，自唐文皇官修之《晋书》成，而十八家之书乃废。三国史在陈寿《三国志》未成书前，各有作者，不只一家，自陈书行，而众书就湮。皆初多家纂集，最后勒为一编也。

〔一四〕见《易教下》注〔五〕。

〔一五〕《史记·司马相如传》："《春秋》推见以至隐，《易》本隐以之显。"《匈奴传》："孔子著《春秋》，隐、桓之间则章，至定、哀之际则微，为其切当世之文而罔褒，忌讳之辞也。"

〔一六〕《文心雕龙·诏策》："誓以训戎，诰以敷政。"《国语·周语》："先王耀德不观兵，有威让之令，有文诰之辞。"

〔一七〕《左传》成十四年："《春秋》之称，微而显，志而晦，婉而成章，尽而不污，惩恶而劝善，非圣人谁能修之！"

〔一八〕《书录解题》正史类："《唐书》二百卷，五代晋宰相涿郡刘昫等撰。《新唐书》二百二十五卷，翰林学士庐陵欧阳修永叔、端明殿学士安陆宋祁子京撰。初，庆历中，诏王尧臣、张方平刊修，久而未就。至和初，乃命修为纪志，祁为列传，范镇、王畴、宋敏求、吕夏卿、刘羲叟同编修。嘉祐五年上之。凡废传六十一，增传三百三十一，志三，表四。故其进书上表曰：'其事则增于前，其文则省于旧。'"《日知录》卷二十六："《旧唐书》虽颇涉繁芜，然事迹明白，首尾该赡，亦自可观。《新唐书》志，欧阳永叔所作，颇有裁断，文亦明达。而列传出宋子京之手，简而不明，二手高下，迥然不侔。"

〔一九〕《四库全书总目》正史类："《宋史》四百九十六卷，元托克托等奉敕撰。其总目题本纪四十七，志一百六十二，表三十二，列传二百五十五。然卷四百七十八，至卷四百八十三，实为世家六卷，总目未列，盖偶遗也。其书大旨以表章道学为宗，余事皆不甚措意，故舛谬不胜殚数。"

〔二〇〕《论语·学而》:“传不习乎?”《正义》:“传,谓师有传于己也。”按此上谓后世史无注例,文虽繁而传业亡。

〔二一〕《汉书·艺文志》易类:“《淮南道训》二篇。”自注:“淮南王安聘明《易》者九人,号九师说。”刘向《别录》曰:“所雠校中《易传》《淮南九师道训》,除复重,定著十二篇。淮南王聘善为《易》者九人,从之采获,署曰《淮南九师书》。”(《初学记》卷二十一引,《太平御览》六百九所引同。)

〔二二〕《汉书·艺文志》:“汉兴,鲁申公为《诗》训故,而齐辕固、燕韩生皆为之传,三家列于学官。又有毛公之学,未得立。”别详《原道下》注〔三〕。

〔二三〕《汉书·艺文志》:“世历三古。”孟康曰:“《易·系辞》曰:‘《易》之兴,其于中古乎?’然则伏羲为上古,文王为中古,孔子为下古。”

〔二四〕按“自叙”刘刻《章氏遗书》本作“叙例”。章氏《史篇别录叙例》:“史家自注之例,或谓始于班氏诸志,其实史迁诸表已有子注矣。”(刘刻《遗书》卷七)《太史公自序》末述各篇作意,称“作《五帝本纪第一》”等,应是正文,不同于自注,至《三代世表》列各帝名后加注,则可称“子注”。

〔二五〕权舆,开始,指最早之自注。《史记·三代世表》:“余读谍记,黄帝以来皆有年数,稽其终始五德之传。”世表本于谍记,则最早自注,或出于谍记欤?

〔二六〕《史记·五帝本纪赞》:“余尝西至崆峒,北过涿鹿,东渐于海,南浮江、淮矣。至长老皆各往往称黄帝、尧、舜之处,风教固殊焉。总之,不离古文者近是。”《索隐》:“古文,即《帝德》《帝系》二书也。”

〔二七〕按“乃”,刘刻《遗书》本作“及”。《史记·伯夷列传》:“学者载籍极博,犹考信于六艺,《诗》《书》虽缺,然虞夏之文可知也。”

〔二八〕《汉书》年表,分大纲细目,《地理志》《艺文志》亦同,正文如大纲,子注如细目。

〔二九〕按裴松之于宋元嘉中,奉诏注《三国志》,征引之书,多至百五十余种,其目具见赵翼《廿二史札记》卷六,别详《言公中》注〔三二〕。《旧唐书·高宗诸子传》:"章怀太子贤,字明允,高宗第六子也。上元二年六月,立为皇太子。贤招集当时学者,太子左庶子张大安,洗马刘讷言,洛川司户格希玄,学士许叔牙、成元一、史藏诸、周宝宁等,注范晔《后汉书》,表上之。"

〔三〇〕《隋书·经籍志》霸史类:"《秦记》十一卷,宋殿中将军裴景仁撰,梁雍州主簿席惠明注。"

〔三一〕《隋书·经籍志》小说类:"《世说》十卷,刘孝标注。"《梁书·文学传》:"刘峻字孝标,荆州户曹参军。高祖招文学之士,峻不能随众沉浮,故不任用。"高氏《纬略》云:"刘义庆采襭汉、晋以来佳事佳话,为《世说新语》,孝标注此书,引援汉、魏诸史,如晋氏一代,凡一百六十五家,皆出于正史之外。"

〔三二〕《廿二史札记》卷二一:"宋太祖开宝六年四月,诏修梁、唐、晋、汉、周书,七年闰十月,书成,凡一百五十卷,目录二卷。监修者为薛居正,同修者为卢多逊、扈蒙、张澹、李昉、刘兼、李穆、李九龄,皆本前朝实录为稿本,此官修之本也。其后欧阳修私撰《五代史记》七十五卷,藏于家。修没后,熙宁五年,诏求其书刊行,于是薛、欧二史并行于世。"《宋史·艺文志》:"欧阳修《新五代史》七十四卷(目录一卷),徐无党注。"

〔三三〕《论语·八佾》:"子贡欲去告朔之饩羊。"《集解》引郑玄曰:"牲生曰饩。礼,人君每月告朔于庙,有祭,谓之朝享。鲁自文公始,不视朝。子贡见其礼废,故欲去其羊。"

〔三四〕《书录解题》起居注类:"《神宗实录考异》二百卷,监修赵鼎,史官范冲等撰。《考异》者,备朱墨黄三书,而明著其去取之意也。

阙百六十一至百七十一卷。"《宋史·儒林传五》:"范冲字元长,登绍圣进士第,仕至翰林侍读学士,以龙图阁直学士奉祠,卒,年七十五。冲之修《神宗实录》也,为《考异》一书,明示去取,旧文以墨书,删去者以黄书,新修者以朱书,世号朱墨史。"

〔三五〕《通鉴》见《书教下》注〔三七〕。《通鉴举要》,《书录解题》称"光患李书浩大难领略,而《目录》无首尾,晚著《通鉴举要历》八十卷,其稿在晁说之以道家。今其本不传"。《资治通鉴考异》,司马光撰。光编集《通鉴》,有一事用三四出处纂成者,光既择可信者从之,复参考同异,别为此书辨正谬误,祛将来之惑。成书三十卷。

〔三六〕按此上言史注所由起,及其后史法仅存者。

〔三七〕见《史德》篇注〔二〕。

〔三八〕《史通·补注》:"昔《诗》《书》既成,而毛、孔(毛苌、孔安国)立传。传之时义,以训诂为主,亦犹《春秋》之传,配经而行也。降及中古,始名传曰注。盖传者,转也,转授于无穷。注者,流也,流通而靡绝。进此二名,其归一揆。如韩、戴、服、郑(韩婴、戴德、戴圣、服虔、郑玄),钻仰六经,裴、李、应、晋(裴骃、李奇、应劭、晋灼)训解三史,开导后学,发明先义,古今传授,是曰儒宗。(一)既而史传小书,人物杂记,若挚虞之《三辅决录》,陈寿之《季汉辅臣》,周处之《阳羡风土》,常璩之《华阳士女》,文言美辞,列于章句,委曲叙事,存于细书,此之注释,异夫儒士者矣。(二)次有好事之子,思广异闻,而才短力微,不能自达,庶凭骥尾,千里绝群,遂乃掇众史之异辞,补前书之所阙,若裴松之《三国志》、陆澄刘昭两《汉书》、刘彤《晋纪》、刘孝标《世说》之类,是也。(三)亦有躬为史臣,手自刊补,虽志存该博,而才阙伦叙,除烦则意有所吝,毕载则言有所妨,遂乃定彼榛楛,列为子注,若萧大圜《淮海乱离志》、羊衒之《洛阳伽蓝记》、宋孝王《关东风俗传》、王劭《齐志》

之类，是也。”

〔三九〕《后汉书·赵岐传》：“岐字邠卿，初名嘉，字台卿，拜太常，著《三辅决录》。”《晋书·挚虞传》：“虞字仲洽，京兆长安人。少事皇甫谧，才学博通，著述不倦。官至太常卿，卒。撰《文章志》四卷，注解《三辅决录》。”《隋志》杂传类：“《三辅决录》七卷，汉太仆赵岐撰，挚虞注。”

〔四〇〕吕大防《华阳国志引》：“晋常璩作《华阳国志》，自先汉至晋初，逾四百岁，士女可书者四百人。”《晋书·常璩传》：“璩字道将，散骑常侍。”《华阳士女》书无考。

〔四一〕晁公武《郡斋读书志》：“《洛阳伽蓝记》三卷（按《隋志》作五卷），元魏杨衒之撰。魏迁都洛阳，一时王公大人多造佛寺，或舍其私第为之，故僧舍多，为天下最。衒之载其本末及事迹甚备。”《书录解题》：“尔朱之乱，城郭丘墟，追述此记。”《四库总目提要·洛阳伽蓝记》云：“据《史通·补注》篇则衒之此记，实有自注，世所传本皆无之，不知何时佚脱。然自宋以来，未闻有引用其注者，则其刊落已久，今不复可考矣。”

〔四二〕《北史·宋隐传》：“族裔世景从孙孝王，为北平王文学，非毁朝士，撰《朝士别录》二十卷。会周武灭齐，改为《关东风俗传》，更广见闻，成三十卷。”宋书注，未详。

〔四三〕见《言公中》注〔三二〕。

〔四四〕《南史·文学传》：“刘昭字宣卿，临川王记室。初，昭伯父彤，集众家《晋书》，注干宝《晋纪》，为四十卷。至昭集《后汉》同异，以注范晔《后汉》，世称博悉，一百八十卷。”《十驾斋养新录》卷六：“刘昭本注范史纪传，又取司马氏（彪）《续汉志》兼注之，以补蔚宗之阙。后章怀太子别注范史，而刘注遂废。惟《志》三十卷，章怀以非范书，故注不及焉。”按刘注《续汉志》三十卷，今并于范史，始于宋乾兴元年，因孙奭之请也。

〔四五〕《郡斋读书志》史评类："《史记索隐》三十卷，唐司马贞撰。据徐、裴注，纠正牴牾，援据密致，如东坡辨宰我未尝从田常为辞，盖本诸贞也。"《书录解题》正史类："《史记正义》三十卷，唐张守节撰，开元二十四年，作序。"《四库简明目录》云："是书征引故实，颇为赅博，于地理尤详，音义亦较他注为密。"

〔四六〕按此上论刘氏三条注例。

〔四七〕按宋太祖开宝六年，诏修梁、唐、晋、汉、周书。以五代诸帝，本各有实录，薛居正即本之以成书，故一年之内，即能告成（见《廿二史札记》卷二十一）。至仁宗时，诏欧阳修、宋祁刊修《唐书》，所藉以补辑《旧书》者，唐代史事，据《唐志》所载，无虑数十百种。如孙甫撰《唐史记》七十五卷，赵瞻著《唐春秋》五十卷，赵邻几追补《唐实录》会昌以来日历二十六卷，陈彭年著《唐纪》四十卷，宋敏求尝补武宗以下六世实录百四十卷，皆欧、宋得藉为笔削之地者（同书卷十六）。至若元顺帝时，修宋、辽、金三史，不及三年而成书，亦以三史皆有旧本。《辽史》在辽时已有耶律俨本，在金时又有陈大任本，此《辽史》旧本也。金亡后，累朝实录在顺天张万户家，后据以修史。此《金史》旧本也。宋亡后，董文炳在临安主留事，曰："国可灭，史不可灭。"遂以宋史馆诸记注尽归于元都，贮国史院。此《宋史》旧本也。三史元世祖时有纂修本，祗以正统持论不决，至顺帝时，诏宋、辽、金各为一史，于是托克托等遂据以编排之耳（同书卷二十三）。而诸史征材所取之书，不数十年，亡失太半。

〔四八〕按此上言注例当复，结出本意。

传　记〔一〕

传记之书，其流已久，盖与六艺先后杂出。古人文无定体，经史亦无分科。《春秋》三家之传，[二]各记所闻，依经起义，虽谓之记可也。经《礼》二戴之记，[三]各传其说，附经而行，虽谓之传可也。其后支分派别，至于近代，始以录人物者，区为之传；叙事迹者，区为之记。盖亦以集部繁兴，人自生其分别，不知其然而然，遂若天经地义之不可移易。此类甚多，学者生于后世，苟无伤于义理，从众可也。然如虞预《妒记》、[四]《襄阳耆旧记》之类，[五]叙人何尝不称记？《龟策》《西域》诸传，[六]述事何尝不称传？大抵为典为经，皆是有德有位，纲纪人伦之所制作，今之六艺是也。[七]夫子有德无位，则述而不作，故《论语》《孝经》，[八]皆为传而非经，而《易·系》亦止称为《大传》。[九]其后悉列为经，诸儒尊夫子之文，而使之有以别于后儒之传记尔。周末儒者，及于汉初，皆知著述之事，不可自命经纶，蹈于妄作；又自以立说，当禀圣经以为宗主，遂以所见所闻，各笔于书而为传记。若二《礼》诸记、《诗》《书》《易》《春秋》诸传是也。盖皆依经起义，其实各自为书，[一〇]与后世笺注自不同也。后世专门学衰，集体日盛，叙人述事，各有散篇，亦取传记为名，附于古人传记专家之义尔。明自嘉靖[一一]而后，论文各分门户，[一二]其有好为高论者，辄言传乃史职，身非史官，岂可为人作传？[一三]世之无定识而强解事者，群焉和之，以谓于古未之前闻。夫后世文字，于古无有，而相率而为之者，集部纷纷，大率皆是。若传则本非史家所创，马、班以前，早有其文。孟子答苑囿汤、武之事，皆曰："于传有之。"彼时并未有纪传之史，岂史官之文乎！今必以为不居史职，不宜为传，试问传记有何分别？不为经师，又岂宜更为记耶？记无所嫌，而传为厉禁，则是重史而轻经也。文章宗旨，著述体裁，称为例义。今之作家，昧焉而不察者多矣。独于此等无可疑者，辄为无理之拘牵。殆如村俚巫妪，妄说阴阳禁忌，愚民举措为难矣。明末之人，思而不学，其为瞽说，可胜唾哉！今之论文章者，乃又学而不思，反袭其

说，以矜有识，是为古所愚也。[一四]

辨职之言，尤为不明事理。如通行传记，尽人可为，自无论经师与史官矣。必拘拘于正史列传，而始可为传，则虽身居史职，苟非专撰一史，又岂可别自为私传耶？若但为应人之请，便与撰传，无以异于世人所撰。惟他人不居是官，例不得为，己居其官，即可为之，一似官府文书之须印信者然；是将以史官为胥吏，而以应人之传，为倚官府而舞文之具也，说尤不可通矣。道听之徒，乃谓此言出大兴朱先生，[一五]不知此乃明末之矫论，持门户以攻王、李者也。[一六]

朱先生尝言："见生之人，不当作传。"自是正理。但观于古人，则不尽然。按《三国志》庞淯母赵娥，为父报仇杀人，注引皇甫《烈女传》云："故黄门侍郎安定梁宽为其作传。"[一七]是生存之人，古人未尝不为立传。李翱撰《杨烈妇传》，彼时杨尚生存。[一八]恐古人似此者不乏。盖包举一生而为之传，《史》《汉》列传体也。随举一事而为之传，《左氏》传经体也。朱先生言，乃专指列传一体尔。[一九]

邵念鲁与家太詹，尝辨古人之撰私传，曰："子独不闻邓禹之传，范氏固有本欤？"[二〇]按此不特范氏，陈寿《三国志》，裴注引东京、魏、晋诸家私传相证明者，凡数十家。[二一]即见于隋、唐《经籍》《艺文志》者，如《东方朔传》《陆先生传》之类，[二二]亦不一而足，事固不待辨也。彼挟兔园之册，[二三]但见《昭明文选》、[二四]唐宋八家[二五]鲜入此体，遂谓天下之书，不复可旁证尔。[二六]

往者聘撰《湖北通志》，[二七]因恃督府深知，遂用别识心裁，勒为三家之学。[二八]人物一门，全用正史列传之例，撰述为篇。而隋、唐以前，史传昭著，无可参互详略施笔削者，则但揭姓名，为《人物表》。[二九]说详本篇《序例》。其诸史本传，悉入《文征》，以备案检。所谓三家之学，《文征》以拟《文选》。其于撰述义例，精而当矣。时有佥人，穷于宦拙，求余荐入书局，无功冒餐给矣。值督府左迁，[三〇]小人涎利构谗，群刺蜂起，当事惑之，檄委其人校正。余方恃其由余荐也，而不虞其背德反噬，昧其平昔所服膺者，而作譸张以罔上也。[三一]别有专篇辨例。[三二]乃曰《文征》例仿《文选》《文苑》，《文选》《文苑》本无传体。因举《何蕃》《李赤》《毛颖》《宋清》诸传，出于游戏投赠，不可入正传也。[三三]上官乃亟赞其有学识也，而又阴主其说，匿不使余知也。噫！《文苑英华》有传五卷，[三四]盖七百九十有二，至于七百九十有六，其中正传之体，公卿则有兵部尚书梁公李岘，节钺则有东川节度卢坦，[三五]皆李华撰传。[三六]文学如陈子昂，卢藏用撰传。[三七]节操如李绅，沈亚之撰传。[三八]贞烈如杨妇、李翱。[三九]窦女，杜牧。[四〇]合于史家正传例者，凡十余篇，而谓《文苑》无正传体，真丧心矣！[四一]

宋人编辑《文苑》，类例固有未尽，然非佥人所能知也。即传体之所采，盖有排丽如碑志者，庾信《邱乃敷敦崇传》之类。自述非正体者，《陆文学自传》之类。立言有寄托者，《王承福传》之类。借名存讽刺者，《宋清传》之类。投赠类序引者，《强居士传》之类。俳谐为游戏者，《毛颖传》之类。亦次于诸正传中；[四二]不如李汉集韩氏文，[四三]以《何蕃传》入杂著，以《毛颖传》入杂文，义例乃皎然矣。[四四]

〔一〕按本篇乃为史部中之传记义例而发。作年未详。

〔二〕见前篇注〔四〕。

〔三〕《汉书·儒林传》："后苍说《礼》数万言，曰后氏《曲台记》，授闻人通、汉子方、梁戴德延君、戴圣次君、沛庆普孝公。孝公为东平太傅。德号大戴，为信都太傅。圣号小戴，以博士论石渠，至九江太守。由是《礼》有大戴、小戴、庆氏之学。"余见《经解上》注〔三五〕。

〔四〕《隋书·经籍志》杂传类："《妒记》二卷，虞通之撰。"《南史》：宋世诸主，莫不严妒，明帝每嫉之，使近臣虞通之撰《妒妇记》。按虞通之，梁余姚人，善言《易》，仕至兵部校尉。虞预，晋余姚人，字叔宁，官终散骑常侍。系两人，此失考。

〔五〕《隋志》杂传类："《襄阳耆旧记》五卷，晋习凿齿撰。"晁氏曰："前载襄阳人物，中载其山川城邑，后载其牧守。"

〔六〕《龟策传》，见《史记》卷一百二十八。《西域传》见《汉书》卷九十六。

〔七〕即六经，见《汉书·艺文志》注。

〔八〕《论语》，见《诗教上》注〔七三〕。《孝经》，见《经解上》注〔二九〕。

〔九〕按《史记·自序》引《易·系辞》文，称《易·大传》。

〔一〇〕如《左传》旧与《春秋》别行，至晋杜预为《春秋左氏传》作注，始取以相合。其《序》云："分经之年，与传之年相附，比其义类，各随而解之，名曰《经传集解》。"

〔一一〕嘉靖：明世宗年号。

〔一二〕《明史·文苑传序》："弘、正之间，李东阳出入宋、元，溯流唐代，擅声馆阁。而李梦阳、何景明倡言复古，文自西京、诗自中唐而下，一切唾弃。操觚谈艺之士，翕然宗之。明之诗文，于斯一变。迨嘉靖时，王慎中、唐顺之辈文宗欧、曾，诗仿初唐。李攀龙、王世贞辈，文主秦、汉，诗规盛唐。王、李之持论，大率与梦阳、景明相倡和也。归有光颇后出，以司马、欧阳自命，力排李、何、王、李；而徐渭、汤显祖、袁宏道、钟惺之属，亦各争鸣一时，于是宗李、何、王、李者稍衰。至启、祯时，钱谦益、艾南英准北宋之矩矱，张溥、陈子龙撷东汉之芳华，又一变矣。"

〔一三〕《日知录》卷十九："列传之名，始于太史公，盖史体也。不当作史之职，无为人立传者，故有碑，有志，有状，而无传。梁任昉《文章缘起》言传始于东方朔作《非有先生传》，是以寓言而为之传。韩文公集中传三篇，《太学生何蕃》《圬者王承福》《毛颖》。柳子厚集中传六篇,《宋清》《郭橐驼》《童区寄》《梓人》《李赤》《蝜蝂》。《何蕃》仅采其一事而谓之传,《王承福》之辈皆微者而谓之传,《毛颖》《李赤》《蝜蝂》则戏耳而谓之传,盖比于稗官之属耳。若《段太尉》则不曰传,曰"逸事状",子厚之不敢传太尉,以不当史任故也。自宋以后,乃有为人立传者,侵史官之职矣。"

〔一四〕按此盖指姚鼐《古文辞类纂序》引刘海峰之说。此上明传记于古无别。身非史官不得为人立传,乃明人之谬论。

〔一五〕朱先生:即朱筠也。实斋年二十八,从筠学文(《湖北按察使冯君家叔传》),故称朱先生而不名。章氏《朱先生别传》云:"先生讳筠,字美叔,一字竹君,学者称为笥河先生。先世萧山,曾祖始家大兴,遂为大兴人。提督安徽学政,以兴起斯文为己任,搜罗逸献遗文。适诏求遗书,先生欣然,因上书具言条例,于是遂开四库之馆。乾隆四十六年,卒,春秋五十有三。登乾隆甲戌科进士,终翰林编修。"(刘刻《遗书》卷第十八)

〔一六〕《明史·文苑传》:"李攀龙字于鳞,历城人。与谢榛、王世贞、宗臣、梁有誉、徐中孚、吴国伦称七子,攀龙为之魁。其持论,谓文自西京、诗自天宝而下,俱无足观。攀龙才思劲鸷,名最高,独心重世贞,天下并称王、李。"又:"王世贞字元美,太仓人。始与李攀龙狎主文盟。攀龙没,独操柄二十年。才最高,地望最显,声华意气,笼盖海内。其持论,文必西汉,诗必盛唐,大历以后,书勿读,而藻饰特甚。晚年攻者渐起,颇渐造平淡。世贞自号凤洲,又号弇州山人。"按此上破传乃史职之说。

〔一七〕《三国志·魏书·庞淯传》:"初,淯外祖父赵安,为同县李寿所杀,淯舅兄弟三人同时病死,寿家喜。淯母娥,自伤父仇不报,乃帏车袖剑,白日刺寿于都亭前,讫,徐诣县,颜色不变。曰:'父仇已报,请受戮。'禄福长尹嘉,解印绶纵娥。娥不肯去,遂强载还家,会赦得免。州郡叹赏,刊石表闾。"注引皇甫谧《烈女传》曰:

"故黄门侍郎安定梁宽,追述娥亲,为其作传。"娥,作娥亲。章氏《乙卯札记》曰:"疑梁宽传有娥亲奋刀砍之之语,皇甫遂连亲字为娥之名也。"(刘刻《遗书》外编二)

〔一八〕《杨烈妇传》略曰:"建中四年,李希烈陷汴京,分兵数千,抵项城县。县令李侃不知所为。其妻杨氏曰:'重赏以令死士,其必济。'得数百人,侃率之以乘城。杨氏亲为之爨,以食之。有蜚箭集侃手,侃伤而归。杨氏责之,复登陴,率其徒将超城而下。有以弱弓射贼者,中其帅,堕马死,贼遂散走。项城之人无伤焉。刺史上侃功,诏迁绛州太平县。杨氏至兹犹存。"(《李文公集》卷十二)

〔一九〕按此上破不为生人立传之说。

〔二〇〕《清史列传·儒林传上二》:邵廷采字念鲁,浙江余姚人。问学于黄宗羲,好求经世大略,生平于历算占候阵图击刺无不学。康熙五十年卒,年六十四。弟子刻其文为《思复堂集》十卷。章太颛名大来,山阴人,毛西河门人,官至太詹。其《书念鲁先生传后》云:"来交先生晚,然与先生上下千百年论史传甚悉,又熟其行事,有人未识者。先生没五年,故人长老日就凋谢,疑事无可质,嘉言懿行亦不尽表章。故以所闻见,杂次为传后。或言:'不当为人作传。传,史也。而无其职,妄矣。'先生大不然。来尝与之辩,曰:'汉《非有先生传》,寓言也。在唐则《毛颖》《李赤》为戏,《梓人》《圬者》《郭橐驼》为讽,非真欲传其人也。宋时乃有传。'先生曰:'子独不闻邓禹之传,范蔚宗固有本乎?古者太史辖轩,每采家乘;稗官纪载,实裨史宬。《庞娥》《高士》,初非国书也,而皆为传。传,可也。"(《太颛后甲集》)

〔二一〕《史通·正史》:"宋文帝以《国志》载事伤于简略,乃命中书郎裴松之兼采群书补注其阙。由是世言《三国志》者以裴注为本。"按《廿二史札记》卷六列举裴注所引书目,其中私传,若吴人《曹瞒传》、《郑玄别传》、《荀彧别传》、《祢衡传》、《邴原别传》、《程晓别传》、《王弼传》、《孙资别传》、《曹志别传》、《陈思王传》、《王朗家传》、《刘廙别传》、《任昭别传》、《钟会母传》、《虞翻别传》、《赵云别传》、《费祎别传》、《华陀别传》、《管辂别传》、何邵作《王弼传》、陆机作《顾谭传》、《机云别传》不下二十余家。(《裴松之三国志注》条)

〔二二〕《隋书·经籍志》杂传类:"《东方朔传》八卷。"不著撰者名氏。《唐书·艺文志》同。又:"《陆先生传》一卷,孔稚珪撰。"《唐书·艺文志》未载。

〔二三〕《西京杂记》:"梁孝王好营宫室苑囿之乐,作曜华之宫,筑兔园。"(《文选》谢惠连《雪赋》注引)《郡斋读书志》类书类:"《兔园策》十卷,唐虞世南奉王命撰。纂古今事,为四十八门,皆偶丽之语。至五代时,行于民间,村墅以授学童,故有遗下《兔园策》之诮。"又《困学纪闻》卷十四:"《兔园策府》三十卷,唐蒋王恽令僚佐杜嗣先仿应科目策,自设问对,引经史为训注。恽,太宗子,故用梁王兔园名其书。冯道《兔园册》谓此也。"按《五代史·刘岳传》:"冯道世本田家,状貌质野。旦入朝,兵部侍郎任赞及岳在其后。道行数反顾,赞问岳,道反顾何为。岳曰:'遗下《兔园册》耳。'《兔园册》者,乡校俚儒教田夫牧子之所诵也,故岳举以诮道。"

〔二四〕见《书教中》注〔三〇〕。

〔二五〕《明史·文苑·茅坤传》:"坤善古文,最心折唐顺之。顺之喜唐、宋诸大家,所著《文编》,唐、宋人自韩、柳、三苏、曾、王八家外,无所取,故坤选《八大家文钞》。其书盛行海内,乡里小生无不知茅鹿门者。鹿门,坤别号也。"

〔二六〕按此上历证古有私传。《粤雅堂丛书》本此下连上文不分段。志古堂本同。

〔二七〕按实斋因周震荣之介绍,受知毕沅。沅以乾隆五十三年秋,官湖广总督。实斋与至友邵晋涵均在幕,助修《续通鉴》。五十七年,修《湖北通志》(据《年谱》假定作于是年),使实斋主其事。再逾年而脱稿。会毕氏入觐,嘱实斋于湖北巡抚惠龄。龄不之契,而谤议以兴。时有进士陈熷者,嘉兴人,求章氏推荐,任校刊事。受委后,乃颇指摘《通志》全书之失。当局不明,竟谓其所论颇见本源。毕氏返,闻其事,令实斋答复,于是章氏作《通志辨例》以正之。(外有《修湖北通志驳陈熷议》一卷,载刘刻《遗书》补遗。)《方志辨体》叙其事云:"余撰《湖北通志》,初恃督府一人之知,竟用别裁独断,后为小人谗毁,乘都府入觐之隙,诸当道凭先入之言,委人磨勘,而向依督府为生计者,只窥数十金之利,一时腾跃而起,无不关蒙弓而反射,名士习气然也。"又自述其义例以见一斑云:"《通志·食货考》,田赋一门,余取赋役全书、布政使司总汇之册,登其款数,而采明人及本朝人所著财赋利病奏议详揭,与士大夫私门论撰之属,联络为篇。为文亦不过四五千言,而读者于十一府州数百年之间,财赋沿革利弊,洞如观火。盖有布政司册以总大数,又有议论以明得失,故文简而事理明也。旧志尽取各府州县赋役全书,挨次排纂,书盈五六百纸,阅者连篇累卷,但见赋税钱谷之数,其十一府州数百年来利病得失,则茫然无可求矣。"(刘刻《遗书》卷第十四)由此可知其书宏深肃括,文简而事详,允为志书中一部杰作。惜不久毕氏去职,全局皆翻,嘉庆官本,章著痕迹,渺不复存。幸而《遗书》中尚存《湖北通志检存稿》二十卷(刘刻本卷二十四至二十七)及《湖北通志未成稿》一卷(刘刻本卷三十),得以窥见其崖略耳。

〔二八〕章氏《为毕制府拟进湖北三书序》:"昔隋儒王通尝谓古史有三,《诗》《书》与《春秋》也。臣愚以为方志义本百国春秋,掌故义本三百官礼,文征义本十五国风。古者各有师授渊源,各有官司典守。后世浸失其旨，故其为书离合分并，往往不伦。然历久推衍，其法渐著。故唐、宋以来，正史而外，有《会要》《会典》以法官礼，《文鉴》《文类》以仿风诗；盖不期而合于古也。惟方志厘剔未清，义例牵混，前后一辙，难为典则，不足以备国史要删。臣忝为旧史官，用是兢兢与从事诸臣，丁宁往复，勒为三家之书，以庶几于行人五物之义。他日柱下发藏，未必无所取也。”（江标《灵鹣阁文史通义补编》）

〔二九〕《湖北通志·凡例》：“方志人物，为旧史列传之遗，而志为史所取裁，于法宜详于史。近代志家乃反删节史传，误仿地理类书，摘取人物典故之例，非史裁也。但古人名在史传，本自昭彰，原不藉方志表扬；若一概全钞，便成漫漶，若一概删去，又成缺典。今将史传彰著之人，录其本传入于《文征》，本志不复重为立传，但列其名为《人物表》，览者自可互考而知。”（刘刻《遗书》卷第廿四）又《答朱少白书》：“此传诸体出于史传常例之外者，准之于古，皆有所受，并无片言只义出于杜撰。惟肉眼读书，太不留意，故不知其所本耳。陈熷多闻寡识，乃谓诸传并非传体，甚至言《左传》之传，主训诂解义之属，与史传之传判若天渊，此真痰迷心窍人语也。”（刘刻《遗书》补遗）

〔三〇〕乾隆五十九年八月，毕沅以湖北邪教案奏报不详实，被议降补山东巡抚，并罚湖广总督养廉五年，再罚山东巡抚养廉三年。（事详《东华录》乾隆一百十九）

〔三一〕《书·无逸》：“民无或胥譸张为幻。”譸，音辀。《玉篇》：“譸张，诳也。”

〔三二〕文载刘刻《遗书》卷二十七。

〔三三〕按此盖本《日知录》。见前注引。

〔三四〕《四库简明目录》总集类：“《文苑英华》一千卷，宋太平兴国七年，李昉等奉敕撰。盖以续《昭明文选》，故《文选》讫于梁初，此书即托始梁末，而下迄于唐。然南北朝之文十之一而弱，唐代之文，十之九而强，往往全部收入。”

〔三五〕李岘，先世陇西人。自太子通事舍人，五迁为魏州刺史，化行河朔，再迁为京兆尹，官终兵部尚书。卒，赠梁公。李华《李岘传》，载《文苑英华》卷七九二。

〔三六〕卢坦字保衡，洛阳人，为寿安令。宪宗时，累迁户部侍郎，判度支。出为东川节度使。卒，年六十九。李华《卢坦传》，载《文苑英华》卷七九二。

〔三七〕陈子昂字伯玉，梓州射洪人。文明初，登进士第。武后朝，为麟台阁正字。数上书言事，迁右拾遗。武攸宜北讨，表为管记，军中文翰皆委之。以父老解官归侍。县令段简涎其富，因事系狱，忧愤而卒。有《陈拾遗集》。卢藏用《陈子昂别传》，载《文苑英华》卷七九三。

〔三八〕李绅字公垂，本赵人，徙家吴中。元和元年进士。时节度使李锜在吴，客舍之。明年，锜以骄闻，有诏召，锜称疾不行，迫绅作疏，不从，幽之外狱。锜诛，兵散，乃出。穆宗召为右拾遗。武宗时，累官尚书右仆射门下侍郎。卒，谥文肃。有《追昔游集》。沈亚之《李绅传》，载《文苑英华》卷七九五。

〔三九〕见上注〔一八〕，文载《文苑英华》卷七九六。

〔四〇〕杜牧《窦烈女传》略云：窦氏小字桂娘。美颜色。李希烈破汴州，取桂娘以去。桂娘尝谓希烈曰：“忠而勇，一军莫如陈先奇。其妻窦氏，先奇宠信之，愿得相往来。”希烈然之。桂娘以姊事先奇妻。兴元元年四月，希烈欲尽诛老将，桂娘为腊帛书以遗先奇妻。先奇因斩希烈。杜牧文，载《文苑英华》卷七九六。

〔四一〕按此上引《文苑英华》证有正传之体。

〔四二〕《文苑英华》有传五卷，庾信《丘乃敦崇传》（王秉恩校，原注敷字衍）载卷七九二。陆羽《陆文学自传》，韩愈《圬者王承福传》

《毛颖传》，并载卷七九三。柳宗元《宋清传》，载卷七九四。释皎然《强居士传》，载卷七九六。

〔四三〕李汉《韩昌黎集序》："长庆四年冬，先生没。门人陇西李汉辱知最厚且亲，遂收拾遗文，无所失坠。得赋四，古诗二百一十，联句十一，律诗一百六十，杂著六十五，书启序九十六，哀词祭文三十九，碑志七十六，笔砚鳄鱼文三，表状五十二，总七百。并目录合为四十一卷，目为《昌黎先生集》。"汉字南纪，韩愈之婿。元和七年，登进士第，累辟使府。文宗即位，召为屯田员外郎、史馆修撰，预修《宪宗实录》。太和四年，转兵部员外郎，知制诰，寻迁驾部郎中。太和九年六月，出为郐州刺史，改汾州司马。会昌中，卒。

〔四四〕按此上辨正《文苑》编辑类例。

习　固〔一〕

辨论乌乎起？起于是非之心也。是非之心乌乎起？起于嫌介疑似之间也。乌乎极？极于是尧非桀也。世无辨尧、桀之是非，世无辨天地之高卑也。目力尽于秋毫，〔二〕耳力穷乎穴蚁。〔三〕能见泰山，不为明目，能闻雷霆，不为聪耳。故尧、桀者，是非之名，而非所以辨是非也。嫌介疑似，未若尧、桀之分也。推之而无不若尧、桀之分，起于是非之微，而极于辨论之精也。故尧、桀者，辨论所极；而是非者，隐微之所发端也。

隐微之创见，〔四〕辨者矜而宝之矣。推之不至乎尧、桀，无为贵创见焉。推之既至乎尧、桀，人亦将与固有之尧、桀而安之也。故创得之是非，终于无所见是非也。

尧、桀无推者也。〔五〕积古今之是非而安之如尧、桀者，皆积古今人所创见之隐微而推极之者也。安于推极之是非者，不知是非之所在也。不知是非之所在者，非竟忘是非也，以谓固然而不足致吾意焉尔。

触乎其类而动乎其思，于是有见所谓诚然者，非其所非而是其所是，矜而宝之，以谓隐微之创见也。推而合之，比而同之，致乎其极，乃即向者安于固然之尧、桀也。向也不知所以，而今知其所以，故其所见有以异于向者之所见，而其所云实不异于向之所云也。故于是非而不致其思者，所矜之创见，皆其平而无足奇者也。

酤家酿酒而酸，〔六〕大书酒酸减直于门，以冀速售也。有不知书者，入饮其酒而酸，以谓主人未之知也。既去而遗其物，主家追而纳之，又谓主人之厚己也。屏人语曰："君家之酒酸矣，盍减直而急售？"主人闻之而哑然也。〔七〕故于是非而不致其思者，所矜之创见，乃告主家之酒酸也。

尧、桀固无庸辨矣。然被尧之仁，必有几，〔八〕几于不能言尧者，乃真是尧之人也。遇桀之暴，必有几，几于不能数桀者，乃真非桀之人也。千古固然之尧、桀，犹推始于几，几不能言与数者，而后定尧、桀之固然也。故真知是非者，不能遽言是非也。真知是尧非桀者，其学在是非之先，不在是尧非桀也。

是尧而非桀，贵王而贱霸，尊周、孔而斥异端，正程、朱而偏陆、王，〔九〕吾不谓其不然也；习固然而言之易者，吾知其非真知也。

〔一〕按本篇言学贵真知，若习于固然而言之，则非真知。盖发《原学下》篇未尽之义。作年见《经解上》注〔一〕。

〔二〕《孟子·梁惠王上》："明足以察秋毫之末，而不见舆薪。"

〔三〕《晋书·殷仲堪传》："父师尝患耳聪，闻床下蚁动，谓之牛斗。帝素闻之而不知其人，问仲堪曰：'患此者为谁？'仲堪流涕而起曰：'臣进退维谷。'"

〔四〕《礼记·中庸》："莫见乎隐，莫显乎微。"

〔五〕谓尧、桀为是非极致，无可再推。

〔六〕《韩非子·外储说右上》："宋人有酤酒者，升概甚平，遇客甚谨，为酒甚美，县帜甚高，然而不售，酒酸。"按《粤雅堂丛书》本，此文连上不提行。

〔七〕《易·震》象辞："笑言哑哑。"疏云："哑哑，笑语之声也。"哑，音厄。

〔八〕《尔雅·释诂》："几，近也。"

〔九〕陆陇其曰："今之论学者，无他，亦宗朱子而已。宗朱子为正学，不宗朱子即非正学。董子云：'诸不在六艺之科，孔子之术者，皆绝其道，勿使并进，然后统纪可一，而法度可明。'今有不宗朱子，亦当绝其道，勿使并进。"清儒恪守程、朱家法者，陆桴亭先生外，推陇其。陇其字稼书，谥清献。《国朝先正事略》云："公教人必授以朱子《小学》及程氏《读书分年日程》，俾学者循序致功。其学以居敬穷理为主。谓穷理而不居敬，玩物丧志，而失于支离。居敬而不穷理，则将埽见闻，空善恶，其不至师心自用，堕于佛老者，几希。所著《学术辨》，力辟阳明为禅学。谓阳明之病，在认心为性。顾泾阳、高景逸之病，在忘动求静。论者谓程、朱之统，自明薛敬轩、胡敬斋后，惟公能得其正宗云。"

朱　陆〔一〕

天人性命之理，〔二〕经传备矣。经传非一人之言，而宗旨未尝不一者，其理著于事物，而不托于空言也。师儒释理以示后学，〔三〕惟著之于事物，则无门户之争矣。理，譬则水也。事物，譬则器也。器有大小浅深，水如量以注之，无盈缺也。今欲以水注器者，姑置其器，而论水之挹注盈虚，与夫量空测实之理，争辨穷年，未有已也，而器固已无用矣。〔四〕

子夏之门人,问交于子张。[五]治学分而师儒尊知以行闻,[六]自非夫子,其势不能不分也。高明沉潜之殊致,[七]譬则寒暑昼夜,知其意者,交相为功,[八]不知其意,交相为厉也。宋儒有朱、陆,千古不可合之同异,[九]亦千古不可无之同异也。末流无识,争相诟詈,与夫勉为解纷,[一〇]调停两可,皆多事也。然谓朱子偏于道问学,故为陆氏之学者,攻朱氏之近于支离;[一一]谓陆氏之偏于尊德性,故为朱氏之学者,攻陆氏之流于虚无;各以所畸重者,[一二]争其门户,是亦人情之常也。但既自承朱氏之授受,而攻陆、王,必且博学多闻,通经服古,若西山、[一三]鹤山、[一四]东发、[一五]伯厚[一六]诸公之勤业,然后充其所见,当以空言德性为虚无也。今攻陆、王之学者,不出博洽之儒,而出荒俚无稽之学究,则其所攻,与其所业相反也。问其何为不学问,则曰支离也。诘其何为守专陋,则曰性命也。是攻陆、王者,未尝得朱之近似,即伪陆、王以攻真陆、王也,是亦可谓不自度矣。[一七]

荀子曰:"辨生于末学。"[一八]朱、陆本不同,又况后学之哓哓乎?[一九]但门户既分,则欲攻朱者,必窃陆、王之形似;欲攻陆、王,必窃朱子之形似。朱之形似必繁密,陆、王形似必空灵,一定之理也。而自来门户之交攻,俱是专己守残,[二〇]束书不观,而高谈性天之流也。[二一]则自命陆、王以攻朱者,固伪陆、王;即自命朱氏以攻陆、王者,亦伪陆、王,不得号为伪朱也。同一门户,而陆、王有伪,朱无伪者,空言易,而实学难也。黄、[二二]蔡、[二三]真、魏,皆承朱子而务为实学,则自无暇及于门户异同之见,亦自不致随于消长盛衰之风气也。是则朱子之流别,优于陆、王也。然而伪陆、王之冒于朱学者,犹且引以为同道焉,吾恐朱氏之徒,叱而不受矣。[二四]

传言有美疢,亦有药石焉。[二五]陆、王之攻朱,足以相成而不足以相病。伪陆、王之自谓学朱而奉朱,朱学之忧也。盖性命、事功、学问、文章，合而为一，朱子之学也。求一贯于多学而识，而约礼于博文，是本末之兼该也。[二六]诸经解义不能无得失，[二七]训诂考订不能无疏舛，是何伤于大礼哉？且传其学者，如黄、蔡、真、魏，皆通经服古，躬行实践之醇儒，其于朱子有所失，亦不曲从而附会，[二八]是亦足以立教矣。乃有崇性命而薄事功，弃置一切学问文章，而守一二章句集注之宗旨，因而斥陆讥王，愤若不共戴天，[二九]以谓得朱之传授，是以通贯古今、经纬世宙之朱子，而为村陋无闻、[三〇]傲狠自是之朱子也。且解义不能无得失，考订不能无疏舛，自获麟绝笔以来，[三一]未有免焉者也。今得陆、王之伪，而自命学朱者，乃曰：墨守朱子，虽知有毒，犹不可不食。[三二]又曰：朱子实兼孔子与颜、曾、孟子之所长。噫！其言之是非，毋庸辨矣。朱子有知，忧当何如邪？[三三]

告子曰："不得于言，勿求于心，不得于心，勿求于气。"不动心者，不求义之所安，[三四]此千古墨守之权舆也。是非之心，人皆有之。不能充之以义理，而又不受人之善，此墨守之似告子也。然而藉人之是非以为是非，不如告子之自得矣。

藉人之是非以为是非，如佣力佐斗，知争胜而不知所以争也。故攻人则不遗余力，而诘其所奉者之得失为何如，则未能悉也。故曰：明知有毒，而不可不服也。[三五]

末流失其本，朱子之流别，以为优于陆、王矣。然则承朱氏之俎豆，必无失者乎？曰：奚为而无也。今人有薄朱氏之学者，即朱氏之数传而后起者也。[三六]其与朱氏为难，学百倍于陆、王之末流，思更深于朱门之从学，充其所极，朱子不免先贤之畏后生矣。[三七]然究其承学，实自朱子数传之后起也，其人亦不自知也。而世之号为通人达士者，亦几几乎褰裳[三八]以从矣。有识者观之，齐人之饮井相捽也。[三九]性命之说，易入虚无。朱子求一贯于多学而识，寓约礼于博文，其事繁而密，其功实而难；虽朱子之所求，未敢必谓无失也。然沿其学者，一传而为勉斋、九峰，[四〇]再传而为西山、鹤山、东发、厚斋，[四一]三传而为仁山、[四二]白云，[四三]四传而为潜溪、[四四]义乌，[四五]五传而为宁人、[四六]百诗，[四七]则皆服古通经，学求其是，而非专己守残，空言性命之流也。自是以外，文则入于辞章，学则流于博雅，[四八]求其宗旨之所在，或有不自知者矣。生乎今世，因闻宁人、百诗之风，上溯古今作述，有以心知其意，[四九]此则通经服古之绪，又嗣其音矣。无如其人慧过于识而气荡乎志，反为朱子诟病焉，[五〇]则亦忘其所自矣。夫实学求是，与空谈性天不同科也。考古易差，解经易失，如天象之难以一端尽也。历象之学，后人必胜前人，势使然也。因后人之密而贬羲、和，[五一]不知即羲、和之遗法也。今承朱氏数传之后，所见出于前人，不知即是前人之遗绪，是以后历而贬羲、和也。盖其所见，能过前人者，慧有余也。抑亦后起之智虑所应尔也，不知即是前人遗蕴者，识不足也。其初意未必遂然，其言足以慑一世之通人达士，而从其井捽者，气所荡也。其后亦遂居之不疑者，志为气所动也。攻陆、王者，出伪陆、王，其学猥陋，不足为陆、王病也。贬朱者之即出朱学，其力深沉，不以源流互质，言行交推；世有好学而无真识者，鲜不从风而靡矣。[五二]

古人著于竹帛，皆其宣于口耳之言也。言一成而人之观者，千百其意焉，故不免于有向而有背。今之黠者则不然，以其所长，有以动天下之知者矣。知其所短，不可以欺也，则似有不屑焉。徙泽之蛇，[五三]且以小者神君焉。其遇可以知而不必且为知者，则略其所长，以为未可与言也；而又饰所短，以为无所不能也。雷电以神之，鬼神以幽之，键箧以固之，标帜以市之，于是前无古人，而后无来者矣。天下知者少，而不必且为知者之多也；知者一定不易，而不必且为知者之千变无穷也；故以笔信知者，而以舌愚不必深知者，天下由是靡然相从矣。夫略所短而取其长，遗书具存，强半皆当遵从而不废者也。天下靡然从之，何足忌哉！不知其口舌遗厉，深入似知非知之人心，去取古人，任惼衷而害于道也。〔五四〕语云："其父杀人报仇，其子必且行劫。"〔五五〕其人于朱子盖已饮水而忘源；及笔之于书，仅有微辞隐见耳，未敢居然斥之也。此其所以不见恶于真知者也。而不必深知者，习闻口舌之间，肆然排诋而无忌惮，以谓是人而有是言，则朱子真不可以不斥也。故趋其风者，未有不以攻朱为能事也。非有恶于朱也，惧其不类于是人，即不得为通人也。〔五六〕夫朱子之授人口实，强半出于《语录》。〔五七〕《语录》出于弟子门人杂记，未必无失初旨也。然而大旨实与所著之书相表里，则朱子之著于竹帛，即其宣于口耳之言。是表里如一者，古人之学也。即以是义责其人，亦可知其不如朱子远矣，又何争于文字语言之末也哉。〔五八〕

〔一〕按实斋之学，源本浙东，上溯陆、王，主经世而不空言义理，有宗主而不存门户之见；于当日骛博而学无归宿，快抨击以赴一哄之市者，实欲有所折衷而救其偏也。清初毛西河攻击朱子，其失易见。戴东原以经学大师，而论朱子语，不无偏宕；实斋于此，殆欲一平反之。钱穆云："实斋此篇，即为东原而作，时东原犹未卒，故文中隐其名。后又为《书后》一篇，始明说《朱陆》篇为正戴而发，则东原下世已十余年矣。"又云："《书后》亦似成于己酉，与《原道》诸篇同时。《姑熟夏课甲编》所谓附有旧稿一篇，即《朱陆》，又加以《书后》也。"(《中国近三百年学术史》)己酉，为乾隆五十四年。《书后》若成于是年，而文云"戴君下世今十余年"，则《朱陆》篇之作，当在乾隆四十三年以前也。

〔二〕《汉书·司马迁传》："欲以究天人之际。"《论语·宪问》："下学而上达。"朱注引程子曰："盖凡下学人事，便是上达天理。"此释天人最为平实。《易·乾》彖辞曰:"乾道变化,各正性命。"孔颖达疏云:"性者,天生之资,若刚柔迟速之别。命者,人所禀受,若贵贱寿夭之属。"《大戴记·本命》:"分于道谓之命。形于一谓之性。"此释性命亦甚明确。

〔三〕见《诗教上》注〔七〇〕。

〔四〕按此节谓理著事物,可以息争。古人学不离事之说,见《原学中》。

〔五〕《论语·子张》:"子夏之门人,问交于子张。子张曰:'子夏云何?'对曰:'子夏曰:可者与之,其不可者拒之。'子张曰:'异乎吾所闻。君子尊贤而容众,嘉善而矜不能。我之大贤与,于人何所不容;我之不贤与,人将拒我,如之何其拒人也?'"《集解》引包咸曰:"交友当如子夏,泛交当如子张。"

〔六〕按《汉书·董仲舒传》:"曾子曰:'尊其所闻,则高明矣。行其所知,则光大矣。'"此当云尊闻以行知。

〔七〕见《博约下》注〔六〕。

〔八〕刘咸炘《识语》云:"此即论诸子之大识,先生由史学而得之。"

〔九〕《宋史·儒林·陆九渊传》:"初,陆九渊与朱熹会鹅湖,论辨所学多不合。及熹守南康,九渊访之,熹与至白鹿洞。九渊为讲君子小人喻义利一章,听者至有泣下。熹以为切中学者隐微深痼之病。"朱子之学,近师延平(李侗),而上宗伊川。陆子之学,出于上蔡(谢良佐),而远师明道。虽同出程门,而各有宗主。黄宗羲《象山学案》云:"按先生之学,以尊德性为宗,谓先立乎其大,而后大之所以与我者,不为小者所夺。夫苟本体不明,而徒致功于外索,是无源之水也。同时紫阳之学,则以道问学为主,谓格物穷理,乃吾人入圣之阶梯。夫苟信心自是,而惟从事于覃思,是师心自用也。继先生与兄复斋会紫阳于鹅湖。复斋倡诗有'留情传注翻榛塞,著意精微转陆沉'之句。先生和诗亦云:'简易工夫终久大，支离事业竟浮沉。’紫阳以为讥己，不怿，而朱、陆之异益甚。于是宗朱者诋陆为狂禅，宗陆者以朱为俗学，两家之学，各成门户，几如冰炭矣。”（《宋元学案》卷五十八）

〔一〇〕《史记·鲁仲连传》：“鲁连笑曰：‘所谓贵于天下之士者，为人排患释难，解纷乱而无所取也。’”又《滑稽列传》：“谈言微中，亦可以解纷。”

〔一一〕见《易教上》注〔三四〕。

〔一二〕《史记·自序》：“道家无为，其术以虚无为本。”虚无本此。《象山年谱》：“淳熙二年乙未，吕伯恭约先生与季兄复斋会朱元晦诸公于信之鹅湖寺。”又：“鹅湖之会，论及教人，元晦之意，欲令人泛观博览而复归之约。二陆之意，欲先发明人之本心，而后使之博览。朱以陆之教人为太简，陆以朱之教人为支离，此颇不合。”

〔一三〕《宋史·儒林传》：“真德秀字景元，后更为景希，建之浦城人。庆元（宋宁宗年号）五年进士，继中博学宏词科，累官起居舍人兼太常少卿。绍定五年，召为户部尚书，改翰林学士，寻得疾，拜参知政事而卒（端平二年）。年五十八。谥文忠。”德秀尝受学于詹体仁，体仁师朱子，故其学以紫阳为宗，学者称西山先生，所著有《西山集》五十六卷，《大学衍义》四十三卷。

〔一四〕《宋史·儒林传》：“魏了翁字华父，邛州蒲江人。庆元五年进士，以校书郎出知嘉定府。以父忧解官，筑室于白鹤山下，以所闻于辅广李燔者，开门授徒。士争负笈从之，由是蜀人尽知义理之学。在蜀十七年，入进兵部郎中，累官至权工部侍郎。以端明殿学士同签枢密院事，督视京湖军马，寻复召还，出知绍兴府，浙东安抚使，嘉熙元年卒，赠太师，谥文靖。”所著有《鹤山全集》一百九卷。

〔一五〕《宋史·儒林传》：“黄震字东发，慈溪人，宝祐（理宗年号）四年，登进士第。（度宗时）擢史馆检阅，与修宁宗、理宗两朝实录，出通判广德军。抚州饥，起知其州，多善政。升提举常平，改提典刑狱。移浙东提举常平。（尝师王文贯。）居官，恒未明视事，事至立决。自奉薄，人有急难，则周之不少吝。所著《日钞》一百卷。卒，门人私谥曰文洁先生。”

〔一六〕见《博约中》注〔六〕。黄百家曰：“清江贝琼言：‘自厚斋尚书倡学者以考亭朱子之说，一时从之而变，故今粹然皆出于正，无陆氏偏驳之弊。’然则四明之学，以朱而变陆者，同时凡三人，史果斋（蒙卿）、黄东发、王伯厚也。深宁论学，盖亦兼取诸家，然其综罗文献，实师法东莱。”（《宋元学案》卷八十五）

〔一七〕按此节言无实学而攻陆、王为不自量。

〔一八〕韩愈《读墨子》：“余以为辩生于末学，各务售其师之说，非二师之道本然也。”（《昌黎集》卷十一）此云荀子误。

〔一九〕《诗·豳风·鸱鸮》：“予维音哓哓。”传：“哓哓，惧也。”此用以状饶舌。

〔二〇〕刘歆《移太常博士书》中语，见《汉书》本传。

〔二一〕性天，谓性与天道。《论语·公冶长》：“夫子之言性与天道，不可得而闻也。”顾炎武《与友人论学书》痛言束书不观，高谈性天之弊。见《博约下》注〔九〕。

〔二二〕《宋史·道学传》：“黄榦字直卿，闽县人。父瑀，监察御史，以笃行直道著闻。瑀殁，往见刘清之。清之奇之，因命受业朱熹。榦自见熹，夜不设榻，不解带，稍倦则微坐一倚，或至达曙。熹语人曰：‘直卿志坚思苦。’以其子妻榦。及病革，以所著书授榦，手书与诀曰：‘吾道之托在此。’历官汉阳军，寻知安庆府，创郡城，备战守。后金人破黄州沙窝诸关，淮东西皆震，独安庆安堵如故，舒人德之，相谓曰：‘生汝者，黄父也。’制置李珏辟为参议官，再辞不受。弟子日盛，巴蜀江湖之士皆来。俄差主管亳州明道宫，逾月，乞致仕，特受承议郎，卒，谥文肃。有《经解》《文集》行于世。”

〔二三〕《宋史·儒林传》:“蔡元定字季通,建阳人。父发博览群书,以程氏《语录》、邵氏《经世》、张氏《正蒙》授之,曰:‘此孔子正脉也。’元定深涵其义,既长,辨析益精,闻朱熹名,往师之。熹叩其学,大惊曰:‘此吾老友也,不当在弟子列。’四方来学者,熹必俾先从元定质正焉。尤袤、杨万里荐,坚以疾辞。筑室西山,将为终焉之计。卒谥文节,学者尊之曰西山先生。所著有《大衍详说》《律吕新书》《燕乐原辨》《星极经世》《太玄潜虚要旨》《洪范解》《八阵图说》。子沈,字仲默,少事朱熹。熹晚欲著《书传》,未及为,遂以属沈。《洪范》之数,学者久失其传,元定独心得之,然未及论者,曰:‘成吾书者沈也。’沈沉潜反复者数十年,然后成书。隐居九峰,名卿荐用,不屑就。”学者称九峰先生。

〔二四〕按此节言实学难冒。冒朱学以攻陆、王者亦为伪陆、王。

〔二五〕《左传》襄公二十三年:“臧孙曰:‘季孙之爱我,疾疢也。孟孙之恶我,药石也。美疢不如恶石,石犹生我,疢之美,其毒滋多。’”

〔二六〕一贯多识,见《原道下》注〔三四〕。博文约礼,见《原道下》注〔三五〕。《日知录》卷六引宛平孙承泽云:“夫子以天纵之圣,不以生知自居,而曰‘好古敏求’,曰‘多闻’‘多见’,曰‘博文约礼’。至老删述不休,犹欲假年学《易》。朱子一生效法孔子,进学必在致知,涵养必在主敬,德行在是,学问在是。”

〔二七〕朱子著述丰富,尤殚虑于经训,于《易》则有《本义》,有《启蒙》,于《诗》则有《集传》,于《大学》《中庸》则有《章句》,于《论语》《孟子》则有《集注》,而于《太极图》《通书》《西铭》又各有解。

〔二八〕按东发《日钞》折衷诸儒,归于至当,即于考亭,亦不肯苟同,要以求心之所安而已。蔡西山、真西山、魏鹤山其立论皆然。

〔二九〕《礼记·曲礼上》:“父之仇,弗与共戴天。”

〔三〇〕《礼记·学记》:“独学无友,则孤陋而寡闻。”

〔三一〕《春秋》:“哀公十四年春,西狩获麟。”《左传》杜注:“麟者,仁兽,圣王之嘉瑞也。时无明王,出而遇获。仲尼伤周道不兴,感嘉瑞之无应,故因鲁《春秋》而修中兴之教。绝笔于获麟之一句,所感而作,固所以为终也。”按《公羊》《谷梁》经终于此。《左传》经终哀公十六年夏,孔丘卒。

〔三二〕《后汉书·儒林传》:“何休作《公羊墨守》。”章怀注云:“言《公羊》之义不可攻,如墨翟之守城也。”章氏《丙辰札记》:“程、朱流弊,虽较陆、王为轻,而迂怪不近人情,则与狂禅相去亦不甚远。如陆当湖最为得程、朱之深矣,犹附和砒霜可吃之谬论,况他人远不若当湖先生者乎?”(刘刻《遗书》外编卷三)此语《陆稼书文集》未见,未详所出。

〔三三〕按此节言伪陆、王而冒朱学之陋。

〔三四〕告子之语,见《孟子·公孙丑上》。毛奇龄云:“不动心,有养勇一道,皆以气制心,而使之不动,此即告子所云求气也。有直养一道,则专以直道养其心,使心得慊然而气不馁,此即孟子所云持志,告子所云求心也。是不动心之道,有直从心上求者,自反是也。有转从心之所制上求者,养勇是也。曾子自反,只求心。北宫黝、孟施舍养勇,则但求气。惟告子则不求心,并不求气。”(焦循《孟子正义》引)

〔三五〕按此上一节言墨守者,中无自得而助攻,惟知争胜。

〔三六〕此指戴东原震,见《书朱陆篇后》(附录)。东原师婺源江慎修永。永著有《礼书纲目》八十八卷,裒集经传,厘析篇章,足终朱子未竟之绪。《近思录集注》十四卷,病近本破碎,仍还原书次第,皆有关学术之大者。是其兼为性理之学,实远宗朱子,而东原乃其后起。

〔三七〕杜甫《戏为六绝句》:“今人嗤点流传赋,不觉前贤畏后生。”

〔三八〕《诗·郑风·褰裳》:"子惠思我,褰裳涉溱。"褰,揭衣也。言揭衣涉水而相从也。

〔三九〕见《言公下》注〔一二八〕。

〔四〇〕黄榦勉斋、蔡沈九峰,皆朱子门人,见上。

〔四一〕按真德秀西山受学于詹体仁,魏了翁鹤山闻学于辅广李燔,故于晦翁为再传。黄震东发受学于王文贯,王应麟厚斋受学于王埜、徐几,于朱子应为四传。

〔四二〕《元史·儒学传》:"金履祥字吉父,兰溪人。幼而敏睿,比长,益自策励,凡天文、地形、礼乐、田乘、兵谋、阴阳、律历之书,靡不毕究。及壮,问濂、洛之学,事同郡王柏,从登何基之门,自是讲贯益密,造诣益邃。宋亡,屏舍金华山中,视世故泊如也。居仁山之下,学者称仁山先生。大德中,卒,谥文安。"所著有《通鉴前编》二十卷,《大学章句疏义》二卷,《论语孟子集注考证》十七卷,《仁山集》六卷。按何基为勉斋门人,金氏受学北山,故于晦翁为三传。

〔四三〕《元史·儒学传》:"许谦字益之,金华人。生数岁而孤,稍长,肆力于学,立程自课,既乃受业于金履祥之门,居数年,尽得其所传。延祐(元仁宗年号)初,居东阳,入华山中,学者翕然从之,及门之士,著录者千余人,随其材分,咸有所得。不出里闾者四十年,中外列荐皆莫能致。至元三年卒,年六十八,尝以白云山人自号,世称白云先生,赐谥文懿。"著有《许白云集》(《宋元学案》卷八二)。按许氏,仁山门人,于晦翁应为四传。

〔四四〕《明史·宋濂传》:"宋濂字景濂,其先金华之潜溪人,至濂乃迁浦江。幼英敏强记,就学于闻人梦吉,通《五经》,复往从吴莱学,已,游柳贯、黄溍之门。明初,征除江南儒学提举,命授皇太子经,寻改起居注,总修《元史》。进翰林学士承旨、知制诰,以年老致仕。长孙慎坐胡惟庸党,乃安置茂州,卒于夔,年七十二。正统中，赐谥文宪。”濂博极群书，文章醇古，一代制度典章，多所裁定。所著有《潜溪集》《翰苑集》《芝园集》《萝山集》《龙门子》《浦阳人物记》，合一百四十余卷。按晦翁之学，由勉斋而北山（何基）、鲁斋（王柏）、桂山（闻人铣）、凝熙（闻人梦吉）以至景濂，应为六传。

〔四五〕《明史·忠义传·王祎传》：“王祎字子充，义乌人，幼敏慧，长师柳贯、黄溍，遂以文章名世。元政衰敝，为书八九千言，上时宰，危素、张起岩并荐，不报。隐青岩山，著书。明洪武初，授江南儒学提举司校理，迁起居注，同知南康府事。召修《元史》，命与宋濂为总裁。书成，擢翰林待制，兼国史编修。奉使云南，为梁王（把都）所害。正统间，追谥文忠。”其遗文有《华川集》《玉堂杂著》诸书。按晦翁之学，由毅斋（徐侨）而唐卿（王世杰）、蟠松（石一鳌）、晋卿（黄溍）以至义乌，应为五传。

〔四六〕《清史列传·儒林传下·顾炎武传》：“顾炎武初名绛，字宁人，江南昆山人。读书一目十行。年十四，为诸生，耿介绝俗，与同里归庄善，时有归奇顾怪之目。见明季多故，弃举业，讲求经世之学。母王氏守节，明亡，不食卒。往还河北，最后至华阴，置田五十亩，因定居焉。尝谓经学即理学。自有舍经学以言理学者，而邪说以起；不知舍经学则其所谓理学者，禅学也。于同时诸人，虽以苦节推孙奇逢、李容，以经世之学推黄宗羲，而论学则皆不合。炎武之学，大抵主于敛华就实，凡国家典制、郡邑掌故、天文仪象、河漕兵农之属，莫不穷原究委，考正得失。撰《天下郡国利病书》百二十卷，《肇域志》一编，《音论》三卷，《诗本音》十卷，《易音》三卷，《唐韵正》二十卷，《古音表》二卷，《韵补正》一卷。而《日知录》三十卷尤为精诣之书。又作《杜解补正》三卷。其他著作有《亭林文集》《诗集》，并有补于学术世道。二十一年，卒，年七十。”

〔四七〕《清史列传·儒林传下·阎若璩传》:"阎若璩字百诗,山西太原人。世业盐策,侨寓淮安。年二十,读《尚书》至古文二十五篇,即疑其伪。沉潜三十余年,乃尽得其症结所在,作《古文尚书疏证》八卷,引经据古,一一陈其矛盾之故,古文之伪大明。昆山顾炎武以所撰《日知录》相质,即为改定数条,炎武虚心从之。编修汪琬著《五服考异》,若璩纠其缪数条,尚书徐乾学叹服。及乾学奉敕修《一统志》,开局洞庭山,既又移嘉善,复归昆山,若璩皆与其事。局中人辑其绪论一编曰《阎氏碎金》。撰《四书释地》等五卷,《孟子生卒年月考》一卷,《潜邱札记》六卷,《毛朱诗说》一卷,手校《困学纪闻》二十卷。又有《日知录补正》诸书。康熙四十三年卒,年六十九。"

〔四八〕伪孔安国《尚书序》:"若好古博雅君子,与我同志,亦所不隐也。"

〔四九〕《史记·五帝本纪赞》:"非好学深思,心知其意,固难为浅见寡闻道也。"

〔五〇〕按此指戴氏当日口说,未形于笔墨,见《书朱陆篇后》。

〔五一〕见《易教中》注〔二三〕。

〔五二〕按此节言戴氏以实学而攻朱子,为饮水忘源。

〔五三〕见《易教下》注〔四七〕。

〔五四〕犹褊心也。《诗·魏风·葛屦》:"维是褊心,是以为刺。"惼,褊,通。

〔五五〕苏轼《荀卿论》中语。

〔五六〕《论衡·超奇》:"博览古今者为通人。"

〔五七〕《书·仲虺之诰》:"予恐来世以台(我)为口实。"《书录解题》儒家类:"陵阳李道传哀晦庵门人廖德明而下三二十家,刻之九江,为《晦庵语录》四十六卷。其弟性传又得黄榦而下四十一家,及前录所无者刻之,为《晦庵续录》四十卷。"

〔五八〕按此节言戴氏口诋朱子，不必深知者，将为所惑。

【附录】 书朱陆篇后（据刘刻《遗书》卷二）

戴君学问，深见古人大体，不愧一代钜儒，而心术未醇，颇为近日学者之患，故余作《朱陆》篇正之。戴君下世今十余年，同时有横肆骂詈者，固不足为戴君累。而尊奉太过，至有称谓孟子后之一人，则亦不免为戴所愚。身后恩怨俱平，理宜公论出矣，而至今无人能定戴氏品者，则知德者鲜也。凡戴君所学，深通训诂，究于名物制度，而得其所以然，将以明道也。时人方贵博雅考订，见其训诂名物，有合时好，以谓戴之绝诣在此。及戴著《论性》《原善》诸篇，于天人理气，实有发前人所未发者；时人则谓空说义理，可以无作，是固不知戴学者矣。戴见时人之识如此，遂离奇其说曰："余于训诂、声韵、天象、地理四者，如肩舆之隶也。余所明道，则乘舆之大人也。当世号为通人，仅堪与余舆隶通寒温耳。"言虽不为无因，毕竟有伤雅道，然犹激于世无真知己者，因不免于已甚耳，尚未害于义也。其自尊所业，以谓学者不究于此，无由闻道。不知训诂名物，亦一端耳。古人学于文辞，求于义理，不由其说，如韩、欧、程、张诸儒，竟不许以闻道，则亦过矣。然此犹自道所见，欲人惟己是从，于说尚未有欺也。

其于史学义例、古文法度，实无所解，而久游江湖，耻其有所不知，往往强为解事，应人之求，又不安于习故，妄矜独断。如修《汾州府志》，乃谓僧僚不可列之人类，因取旧志名僧入于古迹。又谓修志贵考沿革，其他皆可任意，此则识解渐入庸妄，然不过自欺，尚未有心于欺人也。余尝遇戴君于宁波道署，居停代州冯君廷丞，冯既名家子，夙重戴名，一时冯氏诸昆从，又皆循谨敬学，钦戴君言，若奉神明。戴君则故为高论，出入天渊，使人不可测识。人询班、马二史优劣，则全袭郑樵讥班之言，以谓己之创见。又有请学古文辞者，则曰："古文可以无学而能。余生平不解古文辞，后忽欲为之而不知其道，乃取古人之文，反覆思之，忘寝食者数日，一夕忽有所悟，翼日，取所欲为文者，振笔而书，不假思索而成，其文即远出《左》《国》《史》《汉》之上。"虽诸冯敬信有素，闻此亦颇疑之。盖其意初不过闻大兴朱先生辈论为文辞不可有意求工，而实未尝其甘苦。又觉朱先生言平淡无奇，遂恢怪出之，冀耸人听，而不知妄诞至此，见由自欺而至于欺人，心已忍矣。然未得罪于名教也。

戴君学术，实自朱子道问学而得之，故戒人以凿空言理，其说深探本原，不可易矣。顾以训诂名义，偶有出于朱子所不及者，因而丑贬朱子，至斥以悖谬，诋以妄作，且云："自戴氏出，而朱子傲幸为世所宗，已五百年，其运亦当渐替。"此则谬妄甚矣！戴君笔于书者，其于朱子有所异同，措辞与顾氏宁人、阎氏百诗相似，未敢有所讥刺，固承朱学之家法也。其异于顾、阎诸君，则于朱子间有微辞，亦未敢公然显非之也。而口谈之谬，乃至此极，害义伤教，岂浅鲜哉！或谓言出于口而无踪，其身既殁，书又无大牴牾，何为必欲摘之以伤厚道？不知诵戴遗书而兴起者尚未有人，听戴口说而加厉者，滔滔未已。至今徽歙之间，自命通经服古之流，不薄朱子，则不得为通人。而诽圣排贤，毫无顾忌，流风大可惧也。向在维扬，曾进其说于沈既堂先生曰："戴君立身行己，何如朱子，至于学问文章，互争不释，姑缓定焉可乎？"此言似粗而实精，似浅而实深也。

戴东原云："凡人口谈倾倒一席，身后书传，或反不如期期不能自达之人。"此说虽不尽然，要亦情理所必有者。然戴氏既知此理，而生平口舌求胜，或致愤争伤雅，则知及而仁不能守之为累欤？大约戴氏生平口谈，约有三种：与中朝显官负重望者，则多依违其说，间出己意，必度其人所可解者，略见锋颖，不肯竟其辞也。与及门之士，则授业解惑，实有资益；与钦风慕名，而未能遽受教者，则多为慌惚无据，玄之又玄，使人无可捉摸，而疑天疑命，终莫能定。故其身后，缙绅达者咸曰："戴君与我同道，我尝定其某书某文字矣。"或曰："戴君某事质成于我，我赞而彼允遵者也。"而不知戴君当日特以依违其言，而其所以自立，不在此也。及门之士，其英绝者，往往或过乎戴。戴君于其逼近己也，转不甚许可之，然戴君固深知其人者也。后学向慕，而闻其恍惚玄渺之言，则疑不敢决，至今未能定戴为何如人，而信之过者，遂有超汉、唐、宋儒为孟子后一人之说，则皆不为知戴者也。

文　德〔一〕

凡言义理，有前人疏而后人加密者，不可不致其思也。古人论文，惟论文辞而已矣。〔二〕刘勰氏出，本陆机氏说而昌论文心；〔三〕苏辙氏出，本韩愈氏说而昌论文气；〔四〕可谓愈推而愈精矣。未见有论文德者，〔五〕学者所宜深省也。夫子尝言"有德必有言"，〔六〕又言"修辞立其诚"，〔七〕孟子尝论"知言""养气"，本乎集义，〔八〕韩子亦言"仁义之途"，"《诗》《书》之源"，〔九〕皆言德也。今云未见论文德者，以古人所言，皆兼本末，包内外，犹合道德文章而一之；〔一〇〕未尝就文辞之中言其有才，有学，有识，〔一一〕又有文之德也。凡为古文辞者，必敬以恕。临文必敬，非修德之谓也。论古必恕，非宽容之谓也。敬非修德之谓者，气摄而不纵，纵必不能中节也。〔一二〕恕非宽容之谓者，能为古人设身而处地也。〔一三〕嗟乎！知德者鲜，〔一四〕知临文之不可无敬恕，则知文德矣。〔一五〕

昔者陈寿《三国志》，纪魏而传吴、蜀，〔一六〕习凿齿为《汉晋春秋》，正其统矣。〔一七〕司马《通鉴》〔一八〕仍陈氏之说，朱子《纲目》〔一九〕

又起而正之。“是非之心,人皆有之。”[二〇]不应陈氏误于先,而司马再误于其后,而习氏与朱子之识力,偏居于优也。而古今之讥《国志》与《通鉴》者,殆于肆口而骂詈,则不知起古人于九原,[二一]肯吾心服否邪?陈氏生于西晋,司马生于北宋,苟黜曹魏之禅让,将置君父于何地?而习与朱子,则固江东南渡之人也,惟恐中原之争天统也。此说前人已言。[二二]诸贤易地则皆然,[二三]未必识逊今之学究也。[二四]是则不知古人之世,不可妄论古人文辞也。知其世矣,不知古人之身处,亦不可以遽论其文也。[二五]身之所处,固有荣辱隐显、屈伸忧乐之不齐,而言之有所为而言者,虽有子不知夫子之所谓,[二六]况生千古以后乎?圣门之论恕也,“己所不欲,勿施于人”,[二七]其道大矣。今则第为文人,论古必先设身,以是为文德之恕而已尔。[二八]

韩氏论文,“迎而拒之,平心察之”。[二九]喻气于水,言为浮物。柳氏之论文也,“不敢轻心掉之”,“怠心易之”,“矜气作之”,“昏气出之”。[三〇]夫诸贤论心论气,未即孔、孟之旨,及乎天人、性命之微也。然文繁而不可杀,[三一]语变而各有当。要其大旨则临文主敬,一言以蔽之矣。主敬则心平,而气有所摄,自能变化从容以合度也。夫史有三长,才、学、识也。古文辞而不由史出,[三二]是饮食不本于稼穑也。夫识生于心也,才出于气也。学也者,凝心以养气,炼识而成其才者也。心虚难恃,气浮易弛。主敬者,随时检摄于心气之间,而谨防其一往不收之流弊也。夫缉熙敬止,[三三]圣人所以成始而成终也,其为义也广矣。今为临文,检其心气,以是为文德之敬而已尔。[三四]

〔一〕按本篇所论,与《史德》相发,敬即不得已之义,恕即心知其意之义,彼论著史,此则论一切文字耳。作于嘉庆元年丙辰。(据柯氏钞本,《丙辰山中草》有其目。)章太炎先生云:“文德之论,发诸王充《论衡》,(原注:《论衡·佚文》篇:上书陈便宜,奏记荐吏士,一则为身,二则为人,繁文丽辞,无文德之操,治身完行,徇吏为私,无为主者。)杨彦遵依用之,(原注:《魏书·文苑传》:杨彦遵作《文德论》,以为古今辞人,皆负才遗行,浇薄险忌;惟邢子才、王元景、温子昇,彬彬有德素。)而章学诚窃焉。”(《国故论衡·文学总略》)刘咸炘则谓:“按北齐杨愔已有《文德论》,岂但仲任一语?然未倡之,先生已自言之矣,未尝于才学识之外言德也。刘勰乃昌论文心,文心之论,则始于陆机也。苏辙乃昌论文气,文气之论,则始于曹子桓也。然则论文德自先生始耳,何必以前此已有,为讥议之论哉?”(《识语》)按实斋所谓文德,专指作者态度而不涉及修养,旨固殊乎前人;而阐发幽微,独参胜义,情尤异乎窃取。刘氏平反章说,颇为得之。(本篇注参取程君千帆《文学发凡》)

〔二〕《论语·卫灵公》:“子曰:‘辞达而已矣。’”《左传》襄二十五年引孔子“非文辞不为功”之语,已见《诗教上》注〔二七〕。《史记·十二诸侯年表序》,谓《春秋》“约其文辞,去其烦重,以制义法”。是论文辞,自孔子以来为然矣。

〔三〕《文选》李善注引臧荣绪《晋书》曰:“机字士衡,吴郡人。祖逊,吴丞相。父抗,吴大司马。机少袭领父兵,为牙门将军。年二十而吴灭,退临旧里,与弟云勤学,积十一年,誉流京华,声溢四表。被征为太子洗马,与弟云俱入洛,司徒张华素重其名,旧相识以文呈华,天才绮练,当时独绝,新声妙句,系踪张、蔡。机妙解情理,心识文体,故作《文赋》。”《文赋序》云:“余观才士之所作,窃有以得其用心。”《梁书·文学传》:“刘勰字彦和,依沙门僧祐,与之居处,积十余年,遂博通经论。天监初,起家奉朝请,中军临川王宏引兼记室,迁车骑仓曹参军,出为太末令,政有清绩,除仁威南康王记室,兼东宫通事舍人。初,勰撰《文心雕龙》五十篇,论古今文体，引而次之。既成，未为时流所称。勰自重其文，欲取定于沈约。约时贵盛，无由自达，乃负其书候约出，干之于车前，状若货鬻者。约便命取读，大重之，谓为深得文理，常陈诸几案。"《文心雕龙·序志》："夫文心者，言为文之用心也。昔涓子琴心，王孙巧心，心哉美矣！故用之焉。"又品陆氏《文赋》，谓"陆赋巧而碎乱。"黄师季刚云："按《文赋》以辞赋之故，举体未能详备，彦和拓之，所载文体，几于网罗无遗。然经传子史，笔札杂文，难于觑缕，视其经略，诚恢廓于平原，至其诋陆氏非知言之选，则尚待商兑也。"

〔四〕韩愈《答李翊书》："气，水也。言，浮物也。水大而物之浮者大小毕浮。气之与言犹是也，气盛则言之短长与声之高下者皆宜。"（《昌黎集》卷十六）韩愈，见《博约上》注〔一三〕。苏辙《上枢密韩太尉书》："文者，气之所形。然文不可学而能，气可养而致。"（《栾城集》卷二十）《宋史·苏辙传》："辙字子由，年十九，与兄轼同登进士科，又同策制举。哲宗朝，累迁御史中丞，拜尚书右丞，进门下侍郎。徽宗时致仕，筑室于许，号颍滨遗老。政和二年卒，年七十四。谥文定。辙性沉静简洁，为文汪洋淡泊，似其为人。所著《诗传》《春秋传》《古史》《老子解》《栾城集》并行于世。"按文气之说，始于魏文帝。其《典论·论文》云："文以气为主，气之清浊有体，不可力强而致。"又云："徐干时有齐气。孔融体气高妙，有过人者。"盖就人才性禀赋有不齐言。而韩氏、苏氏所论文气，一则指文章之气势，一则及文人之修养，而皆本《孟子》"我知言，我善养吾浩然之气"一义而发挥之。

〔五〕按经传言文德者，《书·大禹谟》："帝乃诞敷文德。"《易·大畜·象传》："君子以懿文德。"《论语·季氏》："故远人不服，则修文德以来之。"凡此之类，均就文教德化而言，无与文学。王充《论衡》始论及之，而杨愔、杨遵彦《文德论》，皆与本篇命意有别，以其未尝就文辞之中，于才学识外而言德也。

〔六〕见《论语·宪问》文。

〔七〕见《易·乾·文言》文。

〔八〕《孟子·公孙丑上》："'敢问夫子恶乎长？'曰：'我知言，我善养吾浩然之气。''敢问何谓浩然之气？'曰：'难言也。其为气也，至大至刚，以直养而无害，则塞于天地之间。其为气也，配义与道，无是馁也。是集义所生者，非义袭而取之也，行有不慊于心，则馁矣。'"

〔九〕韩愈《答李翊书》："虽然，不可以不养也，行之乎仁义之途，游之乎《诗》《书》之源，无迷其途，无绝其源，终吾身而已矣。"(《昌黎集》卷十六)按"源"，旧讹作"流"，兹依刘刻《遗书》本正。

〔一〇〕按古人之学，贵乎有体有用，蓄德能文。《日知录》卷十九："典、谟、爻、象，此二帝三王之言也。《论语》《孝经》，此夫子之言也。文章在是，性与天道亦不外乎是。故曰：'有德必有言。'"此合道德文章而一之也。

〔一一〕刘知几谓史有三长，才、学、识。见《史德》篇注〔五〕。

〔一二〕《礼记·中庸》："喜怒哀乐之未发，谓之中；发而皆中节，谓之和。"朱注："发皆中节，情之正也。"临文不能检束心气，则所发必有过情陵节之弊。

〔一三〕设身处地，从古人所处地位立论，见下。

〔一四〕见《论语·卫灵公》文。

〔一五〕按此上论敬恕为文德之要。

〔一六〕见《言公中》注〔三二〕。《廿二史札记》六《三国志书法》云："其体例显为分别者，曹魏则立本纪，蜀、吴二主则但立传，以魏为正统，二国皆僭窃也。"又云："正统在魏，则晋之承魏为正统，自不待言，此陈寿仕于晋，不得不尊晋也。"然殿本《三国志》目录考证云："史家之例，帝曰本纪，臣曰列传，始自马迁，述于班固，

《晋书》则以十六国为载纪,历代未之有改也。惟《三国志》既无本纪之称,并无列传之目,不别吴、蜀以他称,统名之曰《三国志》,然则陈寿之意亦可见矣。今考证悉遵寿原书例,不书纪传等字。”是陈书原无纪传之目。按《隋志》正史叙例云:“三国鼎峙,魏氏及吴并有史官,晋时巴西陈寿删集三国之事,惟魏帝为纪,其功臣及吴、蜀之主,并皆为传。”则唐时所行本已有纪传之别矣。

〔一七〕《晋书·习凿齿传》:“习齿字彦威,襄阳人。为荥阳太守,在郡著《汉晋春秋》,起汉光武,终晋愍帝。于三国时,蜀以宗室为正,魏虽受汉禅晋,尚为篡逆,至文帝(司马昭)平蜀,乃为汉亡而晋始兴焉。引世祖讳炎,兴为禅受,明天心不可以势力强也。”《史通·探赜》:“凿齿以魏为伪国者,盖定邪正之途,明顺逆之理耳。”其书今佚。

〔一八〕见《书教下》注〔三七〕。《通鉴·魏文帝纪》黄初二年,附论曰:“秦焚书坑儒,汉兴,学者始推五德生胜,以秦为闰位,在木火之间,霸而不王,于是正闰之论兴矣。臣今所述,止欲叙国家之兴衰,著生民之休戚,使观者自择其善恶得失,以为劝戒,非若《春秋》立褒贬之法,拨乱世,反诸正也。正闰之际,非所敢知。然天下离析之际,不可无岁时日月以识事之先后,据汉传于魏,而晋受之,晋传于宋,以至于陈,而隋取之,唐传于梁,以至于周,而大宋承之,故不得不取魏、宋、齐、梁、陈、后梁、后唐、后晋、后汉、后周年号,以纪诸国之事,非尊此而卑彼,有正闰之辨也。昭烈之于汉,虽云中山靖王之后,而族属疏远,不能纪其世数名位,是非难辨,故不敢以光武及晋元帝为比,使得绍汉氏之遗统也。”

〔一九〕朱子《纲目》:见《经解下》注〔三六〕。建安二十六年四月,先主即位改元,《纲目》特书:“昭烈皇帝章武元年。”刘友益《纲目书法》云:“大书章武何?绍昭烈于高光也。魏篡立,吴割据,昭烈亲中山靖王之裔，名正言顺，舍此安归？故曰统正于下而道定矣。”（原注：本习凿齿《汉晋春秋》。）

〔二〇〕见《孟子·告子上》文。

〔二一〕《礼记·檀弓下》：“赵文子与叔誉观乎九原。文子曰：‘死者如可作也，吾谁与归？’”郑注：“作，起也。”

〔二二〕《退庵随笔》卷十六引翟晴江（灏）曰：“陈寿《三国志》纪魏而传蜀，习凿齿《汉晋春秋》继汉而越魏，非其识有高下也，时也。陈撰志于晋武受禅之初，晋受魏禅，魏之见废，蜀已破亡，安得不尊魏？习著《春秋》于晋元中兴之后，蜀以宗室而存汉绪，犹元帝以藩庶而复晋统，安得不尊蜀？司马公《通鉴》作于北宋受周禅时，安得不以魏为正统？朱子《纲目》作于南渡偏安之后，安得不以蜀为正统？陈与习，司马与朱子，易地则皆然。”《四库总目提要·三国志》：“其书以魏为正统，至习凿齿作《汉晋春秋》，始立异议。自朱子以来，无不是凿齿而非寿。然以理而论，寿之谬，万万无辞。以势而论，则凿齿帝汉顺而易，寿欲帝汉逆而难。盖凿齿时，晋已南渡，其事有类乎蜀，为偏安者争正统，此孚于当代之论者也。寿则身为晋武之臣，而晋武承魏之统，伪魏是伪晋矣，其能行于当代哉？此犹宋太祖篡立近于魏，而北汉、南唐迹于蜀，故北宋诸儒皆有所避而不伪魏。高宗以后，偏安江左，近于蜀，而中原魏地，全入于金，故南宋诸儒纷纷起而帝蜀，此皆当论其世，未可以一格绳也。”此与实斋同时之说，原注云前人已言，未详所指。

〔二三〕《孟子·离娄下》：“禹、稷、颜子，易地则皆然。”

〔二四〕《唐书·选举志》：“明经之别有五，经有三经，有二经，有学究一经。”学究之名本此。此泛指鄙儒。

〔二五〕《孟子·万章下》：“以友天下之善士为未足，又尚论古之人，颂其诗，读其书，不知其人可乎？是以论其世也。是尚友也。”焦循《正义》：“按古人各生一时，则其言各有其当；惟论其世，乃不执泥其言，亦不鄙弃其言，斯为能上友古人。”

〔二六〕《史记·仲尼弟子列传》：“有若少孔子十三岁。”《集解》引郑玄曰：“鲁人。”《礼记·檀弓上》：“有子问于曾子曰：‘问丧于夫子乎？’曰：‘闻之矣。丧欲速贫，死欲速朽。’有子曰：‘是非君子之言也。’曾子曰：‘参也闻诸夫子也。’有子又曰：‘是非君子之言也。’曾子曰：‘参也与子游闻之。’有子曰：‘然。然则夫子有为言之也。’曾子以斯言告于子游。子游曰：‘甚哉！有子之言似夫子也。昔者，夫子居于宋，见桓司马自为石椁，三年而不成。夫子曰：“若是其靡也，死不如速朽之愈也。”死之欲速朽，为桓司马言之也。南宫敬叔反，必载宝而朝。夫子曰：“若是其货也，丧不如速贫之愈也。”丧之欲速贫，为敬叔言之也。’曾子以子游之言告于有子。有子曰：‘然。吾固曰：非夫子之言也。’曾子曰：‘子何以知之？’有子曰：‘夫子制于中都，四寸之棺，五寸之椁，以斯知不欲速朽也。昔者，夫子失鲁司寇，将之荆，盖先之以子夏，又申之以冉有，以斯知不欲速贫也。’”

〔二七〕《论语·卫灵公》：“子贡问曰：‘有一言而可以终身行之者乎？’子曰：‘其恕乎！己所不欲，勿施于人。’”

〔二八〕按此上论古必恕。

〔二九〕韩愈《答李翊书》：“迎而拒之，平心而察之，其皆淳也，然后肆焉。”

〔三〇〕柳宗元《答韦中立论师道书》：“吾每为文章，未尝敢以轻心掉之，惧其剽而不留也；未尝敢以怠心易之，惧其弛而不严也；未尝敢以昏气出之，惧其昧没而杂也；未尝敢以矜气作之，惧其偃蹇而骄也。”（《柳河东集》卷三十四）

〔三一〕僖公二十二年《公羊传》：“《春秋》辞繁而不杀者，正也。”注：“杀，省也。”

〔三二〕《文心雕龙·宗经》《颜氏家训·文章》皆谓文本于经，而章氏独谓文由史出者,盖以六经皆史(见《易教上》),经为史所包故也。

〔三三〕《诗·大雅·文王》:“穆穆文王,于缉熙敬止。”传云:“穆穆,美也。缉熙,光明也。”

〔三四〕按此上言临文主敬。

文　理〔一〕

偶于良宇案间,见《史记》录本,取观之,乃用五色圈点,各为段落,反覆审之,不解所谓。询之良宇,哑然失笑,以谓己亦厌观之矣。其书云出前明归震川氏,〔二〕五色标识,各为义例,不相混乱。〔三〕若者为全篇结构,若者为逐段精彩,若者为意度波澜,若者为精神气魄,以例分类,便于拳服揣摩,〔四〕号为古文秘传。前辈言古文者,所为珍重授受,而不轻以示人者也。又云:“此如五祖传灯,〔五〕灵素受箓,〔六〕由此出者,乃是正宗;不由此出,纵有非常著作,释子所讥为野狐禅也。〔七〕余幼学于是,及游京师,闻见稍广,乃知文章一道,初不由此。然意其中或有一二之得,故不遽弃,非珍之也。”〔八〕

余曰:文章一道,自元以前,衰而且病,尚未亡也。明人初承宋、元之遗,粗存规矩。至嘉靖、隆庆之间,〔九〕晦蒙否塞,而文几绝矣。归震川氏生于是时,力不能抗王、李之徒,而心知其非,故斥凤洲以为庸妄。〔一〇〕谓其创为秦、汉伪体,至并官名地名,而改用古称,〔一一〕使人不辨作何许语,故直斥之曰文理不通,〔一二〕非妄言也。然归氏之文,气体清矣,而按其中之所得,则亦不可强索。故余尝书识其后,以为先生所以砥柱中流者,特以文从字顺,不汩没于流俗;〔一三〕而于古人所谓闳中肆外,〔一四〕言以声其心之所得,〔一五〕则未之闻尔。然亦不得不称为彼时之豪杰矣。但归氏之于制艺,〔一六〕则犹汉之子长,唐之退之,百世不祧之大宗也。故近代时文家之言古文者,多宗归氏。唐、宋八家之选,〔一七〕人几等于五经四子所由来矣。惟归、唐之集,〔一八〕其论说文字皆以《史记》为宗;而其所以得力于《史记》者,乃颇怪其不类。盖《史记》体本苍质,而司马才大,故运之以轻灵。今归、唐之所谓疏宕顿挫,其中无物,〔一九〕遂不免于浮滑,而开后人以描摩浅陋之习。故疑归、唐诸子,得力于《史记》者,特其皮毛,而于古人深际,未之有见。今观诸君所传五色订本,然后知归氏之所以不能至古人者,正坐此也。〔二〇〕

夫立言之要,在于有物。〔二一〕古人著为文章,皆本于中之所见,初非好为炳炳烺烺,如锦工绣女之矜夸采色已也。〔二二〕富贵公子,虽醉梦中,不能作寒酸求乞语;疾痛患难之人,虽置之丝竹华宴之场,不能易其呻吟而作欢笑。此声之所以肖其心,而文之所以不能彼此相易,各自成家者也。今舍己之所求,而摩古人之形似,是杞梁之妻,〔二三〕善哭其夫,而西家偕老之妇,亦学其悲号;屈子自沉汨罗,〔二四〕而同心一德之朝,其臣亦宜作楚怨也;不亦傎乎?〔二五〕至于文字,古人未尝不欲其工。孟子曰:"持其志,无暴其气。"〔二六〕学问为立言之主,犹之志也;文章为明道之具,犹之气也。求自得于学问,固为文之根本;求无病于文章,亦为学之发挥。故宋儒尊道德而薄文辞,〔二七〕伊川先生谓工文则害道,〔二八〕明道先生谓记诵为玩物丧志,〔二九〕虽为忘本而逐末者言之;然推二先生之立意,则持其志者,不必无暴其气。而出辞气之远于鄙倍,辞之欲求其达,〔三〇〕孔、曾皆为不闻道矣。但文字之佳胜,正贵读者之自得;如饮食甘旨,衣服轻暖,衣且食者之领受,各自知之,而难以告人。如欲告人衣食之道,当指脍炙而令其自尝,可得旨甘;指狐貉而令其自被,可得轻暖,则有是道矣。必吐己之所尝而哺人以授之甘,搂人之身而置怀

以授之暖，则无是理也。〔三一〕

韩退之曰："记事者必提其要，纂言者必钩其玄。"〔三二〕其所谓钩玄提要之书，不特后世不可得而闻，虽当世籍、湜之徒，〔三三〕亦未闻其有所见，果何物哉？盖亦不过寻章摘句，以为撰文之资助耳。此等识记，古人当必有之。如左思十稔而赋《三都》，门庭藩溷，皆著纸笔，得即书之。〔三四〕今观其赋，并无奇思妙想，动心駴魄，当藉十年苦思力索而成。其所谓得即书者，亦必标书志义，先掇古人菁英，而后足以供驱遣尔。然观书有得，存乎其人，各不相涉也。故古人论文，多言读书养气之功，博古通经之要，亲师近友之益，取材求助之方，则其道矣。至于论及文辞工拙，则举隅反三，〔三五〕称情比类，如陆机《文赋》，刘勰《文心雕龙》，〔三六〕钟嵘《诗品》，〔三七〕或偶举精字善句，或品评全篇得失，令观之者得意文中，会心言外，其于文辞思过半矣。至于不得已而摘记为书，标识为类，是乃一时心之所会，未必出于其书之本然。比如怀人见月而思，月岂必主远怀？久客听雨而悲，雨岂必有愁况？然而月下之怀，雨中之感，岂非天地至文？而欲以此感此怀，藏为秘密，或欲嘉惠后学，以谓凡对明月与听霖雨，必须用此悲感，方可领略，则适当良友乍逢，及新昏宴尔之人，必不信矣。是以学文之事，可授受者规矩方圆；其不可授受者心营意造。〔三八〕至于纂类摘比之书，标识评点之册，本为文之末务，不可揭以告人，只可用以自志。父不得而与子，师不得以传弟。盖恐以古人无穷之书，而拘于一时有限之心手也。〔三九〕

律诗当知平仄，古诗宜知音节。顾平仄显而易知，音节隐而难察；能熟于古诗，当自得之。执古诗而定人之音节，则音节变化，殊非一成之诗所能限也。赵伸符氏取古人诗为《声调谱》，〔四〇〕通人讥之，余不能为赵氏解矣。然为不知音节之人言，未尝不可生其启悟；特不当举为天下之式法尔。时文当知法度，古文亦当知有法度。时文法度显而易言，古文法度隐而难喻，能熟于古文，当自得之。执古文而示人以法度，则文章变化，非一成之文所能限也。〔四一〕归震川氏取《史记》之文，五色标识，以示义法；今之通人，如闻其事必窃笑之，余不能为归氏解也，〔四二〕然为不知法度之人言，未尝不可资其领会；特不足据为传授之秘尔。据为传授之秘，则是郢人宝燕石矣。〔四三〕夫书之难以一端尽也，仁者见仁，智者见智。诗之音节，文之法度，君子以谓可不学而能，如啼笑之有收纵，歌哭之有抑扬；必欲揭以示人，人反拘而不得歌哭啼笑之至情矣。〔四四〕然使一己之见，不事穿凿过求，而偶然浏览，有会于心，笔而志之，以自省识，未尝不可资修辞之助也。乃因一己所见，而谓天下之人，皆当范我之心手焉，后人或我从矣，起古人而问之，乃曰："余之所命，不在是矣！"毋乃冤欤？〔四五〕

〔一〕按文有一定之妙，而无一定之法，至持定式以衡万变之文，不特厚诬古人，且将遗误来学。本篇就归氏标《史记》之文以示义法一事，历述文章不可拘泥程式，秉识闳通，为言文术者所当取则。实斋际生清学极盛之世，文质分流，尝谓："主义理者拙于词章，能文辞者疏于征实。"是篇一再致意于言求有物，以矫当日文人空疏之失，故谓不当舍己所求而规橅古人之形似，此其立论前提所在也。《年谱》："乾隆五十四年，先生游太平，馆于安徽学使署中。张小兮、左良宇皆一时名俊，比屋而处，暇则聚谈，谈亦不必皆文字，而引机触发，则时有感会。《文理》，因见良宇案上录本而作，自是此年在太平作品。"《辨似》："文亦自有其理，妍媸好丑，人见之者，不约而有同然之情，又不关于所载之理者，即文之理也。"文理二字之义，其自释如此。（本篇注参取赵君西陆《文论笺证》）

〔二〕《明史·文苑传》："归有光字熙甫，昆山人，徙居嘉定安亭江上，读书谈道，学徒常数百人，称为震川先生。为古文，原本经术，好《太史公书》，得其神理。”

〔三〕归氏《评点史记·例意》：“《史记》起头处来得勇猛者圈，缓些者点。朱圈点处总是意句与叙事好处，黄圈点处总是气脉。亦有转折处用黄圈而事乃联下去者。黑掷是背理处，青掷是不好要紧处，朱掷是好要紧处，黄掷是一篇要紧处。”录上数则，用见一斑。

〔四〕《礼记·中庸》：“得一善，则拳拳服膺而弗失之矣。”揣摩：见《诗教上》注〔二八〕。

〔五〕佛教禅宗，衣钵相传凡六世，初祖达摩，二祖慧可，三祖灿，四祖道信，五祖弘忍，六祖慧能，是为震旦六祖。传灯，佛家语谓传法也。《大般若经》：“佛所言如灯传照。”唐释法海《六祖大师法宝坛经略序》：“年二十有四，闻经悟道，往黄梅求印可，五祖器之，付衣法，令嗣祖位。”按慧能居韶州宝林寺，对弟子但说法要，不传衣钵，见《正宗记》。

〔六〕《宋史·方技传》：“林灵素，温州人，少从浮屠学，苦其师笞骂，去为道士，善妖幻，往来淮、泗间。政和末，徽宗访方士于左道录，徐知常以灵素对。赐号通真达灵先生。建上清宝录宫。假帝诰天书云篆，务以欺世惑众，令吏民诣宫受神霄秘录，朝士之嗜进者，亦靡然趋之。”

〔七〕《四家玄录》：“百丈大智禅师，一老人听法，曰：‘僧住此山，有人问大修行底人，还落因果也无？遂对曰：“不落因果，堕在野狐禅。”请和尚代一转语。’师曰：‘汝但问。’老人便问。师曰：‘不昧因果。’老人大悟曰：‘今已免老狐身，只在山后住，乞依亡僧例，焚烧。’岩中果见一死狐，积薪化之。”野狐禅，禅家称外道也。

〔八〕按此上述良宇语，为本文缘起。

〔九〕嘉靖，明世宗年号。隆庆，明穆宗年号。

〔一〇〕王、李，见《传记》注〔一六〕。钱谦益《题归太仆文集》：“熙甫生与王弇州同时。尝为人叙其文曰：'今之所谓文者，未始为古人之学，苟得一二妄庸人为之巨子，以诋排前人。'（《项思尧文集序》）弇州笑曰：'妄诚有之，庸则未敢闻命。'熙甫曰：'唯庸故妄，未有妄而不庸者也。'"

〔一一〕《日知录》卷十九《文人求古之病》："以今日之地名为不古而借古地名，以今日之官名为不古而借古官名，舍今日恒用之字，而借古字之通用者，皆文人所以自盖其俚浅也。"

〔一二〕钱谦益《题归太仆文集》："传闻熙甫上公车，赁骡车以行，熙甫俨然中坐，后生弟子执书夹侍。嘉定徐宗伯年最少，从问李空同文云何，因取集中《于肃愍庙碑》以进。熙甫读毕，挥之曰：'文理那得通！'"（《牧斋初学集》卷八十三）

〔一三〕《书·禹贡》："厎柱析城。"陆德明《音义》："厎柱，山名，在河水中。"韩愈《樊绍述墓志铭》："文从字顺各识职。"曾国藩《书归震川文集后》："当时颇崇茁轧之习，假齐、梁之雕琢，号为力追周、秦者，往往而有。熙甫一切弃去，不事涂饰，而选言有序，不刻画而足以昭物情，与古作者合符，而后来者取则焉，则不可谓不智已。"

〔一四〕韩愈《进学解》："先生之于文，可谓闳其中而肆其外矣。"（《昌黎集》卷十二）

〔一五〕扬子《法言·问神》："言，心声也。书，心画也。"

〔一六〕《明史·文苑·归有光传》："有光制举义，湛深经术，卓然成大家。后德清胡友信与齐名，世并称归、胡。"钱谦益《归震川文集序》论归氏制艺云："少年应举，笔放墨饱，一洗熟烂，人惊其颉颃眉山，不知汪洋跌荡，得之庄周者为多。"

〔一七〕见《传记》篇注〔二五〕。

〔一八〕《明史·唐顺之传》："唐顺之字应德，武进人。于学无所不窥，为古文，洸洋纡折，有大家风。"

〔一九〕方苞《书归震川文集后》:“震川之文,乡曲应酬者十六七,而又徇请者之意,袭常缀琐,虽欲大远于俗言,其道无由。其发于亲旧,及人微而语无忌者,盖多近古之文。至事关天属,其尤善者,不事修饰而辞情并得,使览者恻然有隐,其气韵盖得之子长,故能取法于欧、曾,而少更其形貌耳。孔子于《艮》五爻辞释之曰:‘言有序。’《家人》之象系之曰:‘言有物。’凡文之愈久而传,未有越此者也。震川之文,于所谓有序者盖庶几矣,而有物者则寡焉。”(《望溪文集》卷五)

〔二〇〕按此上言归氏虽宗《史记》,但得其皮毛,未至深际。

〔二一〕《易·家人》象辞:“君子以言有物而行有恒。”刘熙载《艺概》:“论事叙事,皆以穷尽事理为先,事理尽后,斯可再讲笔法。不然,离有物以求有章,曾足以适用而不朽乎?”章氏《评沈梅村古文》:“《易》曰:‘言有物而行有恒。’又曰:‘修辞立其诚。’所谓物与诚者,本于人心之不容已,仁者见仁,智者见智,要于实有所见,故其所言,自成仁智而不诬,不必遽责圣贤道德之极至,始谓修辞之诚也。盖人各有能有不能,与其饰言而道中庸,不若偏举而谈狂狷,此言贵诚不尚饰也。”(刘刻《遗书》补遗)

〔二二〕柳宗元《答韦中立论师道书》:“始吾幼且少,学为文章,以辞为工,及长,乃知文者以明道,是固不苟为炳炳烺烺,务采色夸声音而以为能也。”(《柳河东集》卷三十四)《广雅·释训》:“炳炳,明也。”烺与朗同。章氏《信摭》:“论文以清真为训。清之为言,不杂也。真之为言,实有所得而著于言也。清则就文而论,真则未论文而先言学问也。”(刘刻《遗书》外编一)实有所得而著于言,即文本于中之所见也。

〔二三〕《孟子·告子下》:“华周、杞梁之妻,善哭其夫,而变国俗。”

〔二四〕汨、罗二水名,合流曰汨罗江,在今湖南湘阴县北。屈原不复见用于楚怀王、襄王,自沉于此。

〔二五〕傎,同颠。《谷梁传》僖二十八年:“晋文公之行事,为已傎矣。”

〔二六〕见《孟子·公孙丑上》文。

〔二七〕周敦颐《通书》:“文,所以载道也。轮辕饰而弗庸,徒饰也,况虚车乎?文辞,艺也;道德,实也。笃其实而艺者书之,美则爱,爱则传焉。贤者得以学而至之,是为教。故曰:‘言之无文,行之不远。’不知务道德而第以文辞为能者,艺焉而已。”宋儒轩轾道艺,于此可见。

〔二八〕《宋史·道学传》:“程颐字正叔,哲宗初,召为秘书省校书郎,擢崇正殿说书。绍圣中,削籍窜涪州;徽宗即位,徙峡州,卒,年七十五。颐于书无所不读,其学本于诚,以《大学》《语》《孟》《中庸》为标指,而达于六经。平生诲人不倦,故学者出其门最多;渊源所渐,皆为名士。涪人祠颐于北岩。世称伊川先生。”工文则害道,见《原道下》注〔三八〕。

〔二九〕《宋史·道学传》:“程颢,字伯淳,世居山中,后从开封徙河南。熙宁初,为太子中允,监察御史,以正心窒欲、求贤育才为言,务以诚意感悟主上。王安石执政,乞去言职,出提点京西刑狱,改佥书镇宁军判官。哲宗立,为宗正丞,卒,年五十四。颢资性过人,充养有道,和粹之气,盎于背面。厌科举之习,慨然有求道之志,泛滥诸家,出入老释者几十年,返求诸六经而后得之。文彦博题其墓曰明道先生。”大程子谓记诵为玩物丧志,见《原道下》注〔三六〕。

 〔三〇〕《论语·泰伯》:“曾子曰:‘出辞气,斯远鄙倍矣。’”又《卫灵公》:“子曰:‘辞,达而已矣。’”

〔三一〕按此上言文须言之有物,而其佳胜贵在自得。

〔三二〕见韩愈《进学解》文。

〔三三〕《新唐书·韩愈传》:“张籍字文昌,和州乌江人,第进士。性狷直,尝责愈喜博簺,及为驳杂之说,论议好胜人,不排释老,不能著书若孟轲、扬雄以垂世者。仕终国子司业。”又：“皇甫湜字持正，睦州新安人，擢进士第，为陆浑尉，仕至工部郎中。”

〔三四〕《晋书·文苑传》：“左思字太冲，齐国临淄人也。欲赋《三都》，乃诣著作郎张载，访岷、邛之事。遂构思十年，门庭藩溷，皆著纸笔，遇得一句，即便疏之。及成，皇甫谧为作赋序，张载为注《魏都》，刘逵注《吴》《蜀》。司空张华见而叹曰：‘班、张之流也。’于是豪贵之家，竞相传写，洛阳为之纸贵。”

〔三五〕《论语·述而》：“子曰：不愤不启，不悱不发，举一隅不以三隅反，则不复也。”

〔三六〕俱见《文德》篇注〔三〕。

〔三七〕《梁书·文学传》：“钟嵘字仲伟，颍川长社人。好学有思理。衡阳王元简出守会稽，引为宁朔记室，专掌文翰，迁西中郎晋安王记室。嵘尝品古今五言诗，论其优劣，名为《诗评》。”《书录解题》文史类：“《诗品》三卷，梁记室参军钟嵘撰。以古今作者为三品而评之，上品十一人，中品三十九人，下品六十九人。”

〔三八〕《孟子·尽心下》：“孟子曰：‘梓匠轮舆，能与人规矩，不能使人巧。’”朱注引尹氏曰：“规矩法度，可告人者。巧则在其人，虽大匠亦末如之何也。”心营意造，即独出心裁，所谓巧也。

〔三九〕按此上言摘记标识，可资自省，不须示人。

〔四〇〕《清史列传·文苑传二》：“赵执信字伸符，山东益都人。康熙十八年进士，改翰林院庶吉士，散馆，授编修，寻擢右春坊右赞善。以国恤中宴饮，被劾落职。年八十三卒。执信诗，自写性真，力去浮靡。娶王士祯甥女。尝问古诗声调于士祯，士祯靳之。执信乃发唐人诸集，排比钩稽，竟得其法，为《声调谱》一卷。”

〔四一〕姚姬传《答翁学士书》：“文字者，犹人之言语也。有气以充之，则观其文也，虽百世而后，如立其人而与言于此。无气，则积字焉而已。意与气相御而为辞，然后有声音节奏、高下抗坠之度，反复进退之态，采色之华。故声色之美，因乎意与气而时变者也。是安得有定法哉！”（《惜抱轩文集》卷六）可与此参证。

〔四二〕章氏评归有光圈点和评点《史记》，称：“盖《史记》体本苍质，而司马才大，故运之以轻灵。今归、唐（顺之）之所谓疏宕顿挫，其中无物，遂不免于浮滑，而开后人以描摩浅陋之习。”见《文理》。

〔四三〕宋人宝燕石，见《言公下》注〔七三〕。按此作郢人，偶误。

〔四四〕章氏《赵立斋时文题式引言》：“余惟古人文成法立，如语言之有起止，啼笑之有收纵，自然之理，岂有一定式哉？文而有式，则面目雷同，性灵锢蔽，而古人立言之旨晦矣。”（刘刻《遗书》卷第廿九）

〔四五〕按此上言文多变化，无式可拘，持定式以语文术，则为诬往而欺来。

文　集〔一〕

集之兴也，其当文章升降之交乎？古者朝有典谟，官存法令，风诗采之闾里，〔二〕敷奏登之庙堂，未有人自为书，家存一说者也。刘向校书，叙录诸子百家，皆云出于古者某官某氏之掌，是古无私门著述之征也。余详外篇。〔三〕自治学分途，百家风起，周、秦诸子之学，不胜纷纷；识者已病道术之裂矣。然专门传家之业，未尝欲以文名，苟足显其业，而可以传授于其徒，诸子俱有学徒传授，《管》《晏》二子书，多记其身后事，《庄子》亦记其将死之言，《韩非·存韩》之终以李斯驳议，〔四〕皆非本人所撰，盖为其学者，各据闻见而附益之尔。则其说亦遂止于是，而未尝有参差庞杂之文也。两汉文章渐富，为著作之始衰。然贾生奏议，编入《新书》；〔五〕即《贾子书》。唐《集贤书目》始有《新书》之名。相如词赋，但记篇目：《艺文志》《司马相如赋》二十九篇，次《屈原赋》二十五篇之后，而叙录总云，诗赋一百六家，一千三百一十八篇。盖各为一家言，与《离骚》等。皆成一家之言，与诸子未甚相远，〔六〕初未尝有汇次诸体，裒焉而为文集者也。自东京以降，讫乎建安、黄初〔七〕之间，文章繁矣。然范、陈二史，《文苑传》始于《后汉书》。所次文士诸传，识其文笔，〔八〕皆云所著诗、赋、碑、箴、颂、诔若干篇，而不云文集若干卷，则文集之实已具，而文集之名犹未立也。《隋志》："别集之名，《东京》所创。"盖未深考。自挚虞创为《文章流别》，学者便之，于是别聚古人之作，标为别集；则文集之名，实仿于晋代。〔九〕陈寿定《诸葛亮集》二十四篇，本云《诸葛亮故事》，其篇目载《三国志》，亦子书之体。而《晋书·陈寿传》云定《诸葛集》，寿于目录标题，亦称《诸葛氏集》，盖俗误云。而后世应酬牵率之作，决科俳优之文，〔一〇〕亦泛滥横裂，而争附别集之名，是诚刘《略》所不能收，班《志》所无可附。〔一一〕而所为之文，亦矜情饰貌，矛盾参差，非复专门名家之语无旁出也。〔一二〕夫治学分而诸子出，公私之交也。言行殊而文集兴，诚伪之判也。势屡变则屡卑，文愈繁则愈乱。苟有好学深思之士，因文以求立言之质，因散而求会同之归，则三变而古学可兴。惜乎循流者忘源，而溺名者丧实，二缶犹且以钟惑，〔一三〕况滔滔之靡有底极者。〔一四〕

昔者，向、歆父子之条别，其《周官》之遗法乎？聚古今文字而别其家，合天下学术而守于官，非历代相传有定式，则西汉之末，无由直溯周、秦之源也。《艺文志》有录无书者，亦归其类，则刘向以前必有传授矣。且《七略》分家，亦未有确据，当是刘氏失其传。班《志》而后，纷纷著录者，或合或离，不知宗要，其书既不尽传，则其部次之得失，叙录之善否，亦无从而悉考也。荀勖《中经》有四部，〔一五〕诗赋图赞，与汲冢之书归丁部。王俭《七志》，〔一六〕以诗赋为文翰志，而介于诸子军书之间，则集部之渐日开，而尚未居然列专目也。至阮孝绪撰《七录》，〔一七〕惟技术、佛、道分三类，而经典、纪传、子兵、文集之四录，已全为唐人经、史、子、集之权舆；是集部著录，实仿于萧梁，而古学源流，至此为一变，亦其时势为之也。呜呼！著作衰而有文集，典故穷而有类书。〔一八〕学者贪于简阅之易，而不知实学之衰；狃于易成之名，而不知大道之散。江河日下，豪杰之士，从狂澜既倒之后，而欲障百川于东流，〔一九〕其不为举世所非笑，而指目牵引为言词，何可得耶？〔二〇〕

且名者，实之宾也。类者，例所起也。古人有专家之学，而后有专门之书；有专门之书，而后有专门之授受。〔二一〕郑樵盖尝云尔。即类求书，因流溯源，部次之法明，虽三坟五典，〔二二〕可坐而致也。自校雠失传，而文集类书之学起，一编之中，先自不胜其庞杂；后之兴者，何从而窥古人之大体哉？夫《楚词》，〔二三〕屈原一家之书也。自《七录》初收于集部，《隋志》特表楚词类，因并总集别集为三类，遂为著录诸家之成法。充其义例，则相如之赋，〔二四〕苏、李之五言，〔二五〕枚生之《七发》，〔二六〕亦当别标一目，而为赋类、五言类、七发类矣。总集别集之称，何足以配之？其源之滥，实始词赋不列专家，而文人有别集也。《文心雕龙》，〔二七〕刘勰专门之书也。自《集贤书目》〔二八〕收为总集，《隋志》已然。《唐志》乃并《史通》《文章龟鉴》《史汉异义》为一类；〔二九〕遂为郑略、马《考》〔三〇〕诸子之通规。郑《志》以《史通》入通史类，以《雕龙》入《文集》类。夫渔仲校雠，义例最精，犹舛误若此，则俗学之传习已久也。充其义例，则魏文《典论》，〔三一〕葛洪《史钞》，〔三二〕张骘《文士传》，〔三三〕《典论·论文》如《雕龙》，《史钞》如《史汉异义》，《文士传》如《文章龟鉴》，类皆相似。亦当混合而入总集矣。史部子部之目何得而分之？《典论》，子类也。《史钞》《文士传》，史类也。其例之混实由文集难定专门，而似者可乱真也。著录既无源流，作者标题，遂无定法。郎蔚之《诸州图经集》，〔三四〕则史部地理而有集名矣。《隋志》所收。王方庆《宝章集》，〔三五〕则经部小学而有集名矣。《唐志》所收。玄觉《永嘉集》，〔三六〕则子部释家而有集名矣。《唐志》所收。百家杂艺之末流，识既庸闇，文复鄙俚，或抄撮古人，或自明小数，〔三七〕本非集类，而纷纷称集者，何足胜道？虽曾氏《隆平集》，〔三八〕亦从流俗，当改为传志，乃为相称。然则三集既兴，九流必混，学术之迷，岂特黎丘有鬼，〔三九〕歧路亡羊〔四〇〕而已耶？〔四一〕

〔一〕按后世文集，包络总杂，而其初实止辞赋。《昭明文选》惟取沉思翰藻固有以者。王俭《七志》变《七略》辞赋之名为文翰，其时杂文已多，不止于赋。阮孝绪《七录》改翰为集，而《隋志》因之，然亦止主翰藻，无经史子三门阑入也。至唐人而论著传记乃无不入集矣（本刘咸炘说）。本篇论其源流得失，与《诗教下》时相出入，有助校雠。作年见《经解上》注〔一〕。

〔二〕《礼记·王制》："岁二月东巡狩，命太师陈诗，以观民风。"刘歆《与扬雄书》："三代、周、秦轩车使者、遒人使者，以岁八月巡路，宋（求）代语僮谣歌戏。"（附载《方言》及《古文苑》）《汉书·食货志》："孟春之月，群居者将散，行人振木铎徇于路，以采诗，献之太师，比其音律，以闻于天子。"何休《公羊传注》："男子六十、女年五十无子者，官衣食之，使之民间求诗，乡移於邑，邑移于国，国以闻于天子。"

〔三〕《校雠通义·原道》："理大物博，不可殚也，圣人为之立官分守，而文字亦从而纪焉。有官斯有法，故法具于官。有法斯有书，故官守其书。有书斯有学，故师传其学。有学斯有业，故弟子习其业。官守学业，皆出于一，而天下以同文为治，故私门无著述文字。私门无著述文字，则官守之分职，即群书之部次，不复别有著录之法也。"

〔四〕《管子》记身后事、《韩非》书附李斯驳议，并见《言公上》注〔三四〕及注〔三五〕。《书录解题》儒家类："《晏子春秋》十二卷，齐大夫平仲晏婴撰。《汉志》八篇，但曰《晏子》。《隋》《唐》七卷，始号《晏子春秋》。今卷数不同，未知果本书否？""案《崇文总目》

谓其书已亡，今所传者，盖后人采婴行事而成，故柳宗元谓墨氏之徒有齐人者为之，非婴所自著也。”《庄子·列御寇》：“庄子将死，弟子欲厚葬之，庄子曰：‘吾以天地为棺椁，以日月为连璧，星辰为珠玑，万物为赍送，吾葬具岂不备邪！’”此亦为其学者所附益也。

〔五〕见《诗教下》注〔六二〕。卢文弨《书校本贾谊新书后》：“《新书》非贾生所自为也，乃习于贾生者，萃其言以成此书耳。《过秦论》，史迁全录其文。《治安策》，见班书者乃一篇，此离而为四五。后人以此为是贾生平日所草创（《朱子语录》），岂其然欤？书中为《汉书》所不载者，虽往往类《说苑》《新序》《韩诗外传》，然如青史氏之记，具载胎教之古礼，《修政语》上下两篇，多帝王之遗训，《保傅篇》《容经》并陈古典，具有源本。其解《诗》之驺虞，《易》之潜龙亢龙，亦深得经义，魏晋人决不能为。故曰：是习贾生者萃而为之，其去贾生之世不大相辽绝，可知也。”（《抱经堂文集》卷十）

〔六〕刘师培《论文杂记》云：“《汉书·艺文志》叙诗赋为五种，而赋则析为四类，屈原以下二十家为一类，陆贾以下二十一家为一类，荀子以下二十五家为一类，客主赋以下十二家为一类。而班《志》于区分之意，不注一词；近代校雠家亦鲜有讨论及此者。自吾观之，客主赋以下十二家皆汉代之总集类也，余则皆为分集。而分集之赋，复分三类：有写怀之赋，有骋词之赋，有阐理之赋。写怀之赋，屈原以下二十家，是也。骋词之赋，陆贾以下二十一家，是也。阐理之赋，荀卿以下二十五家，是也。写怀之赋，其源出于《诗经》。骋词之赋，其源出于纵横家。阐理之赋，其源出于儒道两家。”

〔七〕建安，汉献帝年号。黄初，魏文帝年号。

〔八〕《文心雕龙·总术》：“今之常言，有文有笔。以为无韵者，笔也；

有韵者,文也。”识,记也。

〔九〕按“仿”宜作“昉。”《文章流别》,见《诗教上》注〔三七〕。又按《诗教下》:“集文虽始于建安,而实盛于齐、梁之际。”自注:“魏文撰徐、陈、应、刘文为一集,此文集之始,挚虞《流别集》犹其后也。”与此说微异。

〔一〇〕决科,见《博约上》注〔八〕。《汉书·扬雄传》:“又颇似俳优。”

〔一一〕刘歆《七略》,见《书教上》注〔一四〕。阮孝绪《七录》叙目:“后汉校书郎班固因《七略》之辞为《汉书·艺文志》。”

〔一二〕《校雠通义·宗刘》:“汉、魏、六朝著述,略有专门之意,至唐、宋诗文之集,则浩如烟海矣。今即世俗所谓唐、宋大家之集论之,如韩愈之儒家,柳宗元之名家,苏洵之兵家,苏轼之纵横家,王安石之法家,皆以平生所得,见于文字,旨无旁出,即古人之所以自成一子者也。其体既谓之集,自不得强列以诸子部次矣。”

〔一三〕《庄子·天地》:“以二缶钟惑,而所适不得矣。”郭象注:“各自信据,故不知所之。”《小尔雅》:“釜二有半谓之薮。薮二有半谓之缶。缶二谓之钟。”缶钟皆量器,今各执一器,则不知所适矣。

〔一四〕章氏《丙辰札记》:“盖自东都而后,文集日繁,其为之者,大抵应酬取给,鲜有古人立言之旨。故文人撰述,但有赋、颂、碑、箴、铭、诔诸体,而子史专门著述之书,不稍概见。而其文亦华胜于质,不能定为谁氏之言,何家之学也。其故由于无立言之质,致文靡而文不足贵,非文集之体必劣于子史诸书也。”(刘刻《遗书》外编)按此上言文集之名始于《流别》,而后世泛滥,所作非复专家,循流忘源,颓波莫返。“底”,旧讹作“抵”,兹依刘刻《遗书》本正。

〔一五〕王隐《晋书》:“荀勖字公曾,领秘书监,与中书令张华,依刘向《别录》,整理错乱,又得汲冢竹书,身自撰次,以为《中经》。”(《文选》任昉《王文宪集序》注引)别见《书教中》注〔三五〕。

〔一六〕《齐书·王俭传》:“俭字仲宝,琅邪临沂人。幼专心笃学,手不释卷，为中书监，薨。”《隋书·经籍志》：“元徽元年，秘书丞王俭别撰《七志》（四十卷）。一曰经典志，纪六艺小学史记杂传。二曰诸子志，纪古今诸子。三曰文翰志，纪诗赋。四曰军书志，纪兵书。五曰阴阳志，纪阴阳图纬。六曰术艺志，纪方技。七曰图谱志，纪地域及图书，道佛附见。”

〔一七〕见《诗教上》注〔二二〕。吴仁杰曰：“《汉志》载赋颂歌诗一百家，皆不曰集。晋荀勖分书为四部，其四曰丁部。宋王俭撰《七志》，其三曰文翰志，亦未以集名之。梁阮孝绪为《七录》，始有文集录。《隋志》遂以荀况等诗赋之文皆谓之集。”（王先谦《汉书补注》引）

〔一八〕《后汉书·东平献王苍传》：“事过典故。”典故，谓典例故实也。蒋超伯《南漘楛语》：“《艺文类聚》《北堂书钞》，类书之鼻祖也。”《四库全书目录叙》：“类事之书，兼收四部，而非经非史非子非集。《皇览》始于魏文而《隋志》载入子部，历代相承，莫之或易。”然则类书不始于唐人矣。按《唐书·艺文志》子部始立类书一门。

〔一九〕韩愈《进学解》：“障百川而东之，挽狂澜于既倒。”（《昌黎集》卷十二）

〔二〇〕按此上言文集盛而专门之学衰。

〔二一〕《通志·图谱略·序例》：“有专门之书，则有专门之学。有专门之学，则其学必传。”

〔二二〕见《书教上》注〔三〕。

〔二三〕《汉书·艺文志》诗赋略：“《屈原赋》二十五篇。”王逸《楚辞章句序》：“屈原依诗人之义而作《离骚》，上以讽谏，下以自慰。遭时闇乱，不见省纳，不胜愤懑，遂复作《九歌》以下凡二十五篇。楚人高其行义，玮其文采，以相教传。至于孝武帝恢廓道训，使淮南王安作《离骚经》章句，则大义粲然，后世雄俊莫不瞻慕，舒肆妙虑，缵述其词。逮至刘向典校经书，分为十六卷。"《隋书·经籍志》："其后贾谊、东方朔、刘向、扬雄嘉其文彩，拟之而作。盖以原，楚人也，谓之《楚辞》。"《四库总目·楚辞类叙》："《隋志》集部，以《楚辞》别为一门，历代因之。"

〔二四〕《汉书·艺文志》诗赋略："《司马相如赋》二十九篇。"

〔二五〕《文选》杂诗类，录李陵《与苏武诗》三首，苏武《古诗》四首。按苏、李诗除《文选》所录者外，《初学记》及《古文苑》有苏武《别李陵诗》一首，《艺文类聚》及《古文苑》有苏武《答李陵诗》一首，李陵《录别诗》八首，殆后人依托。

〔二六〕见《诗教上》注〔五〇〕。

〔二七〕见《文德》篇注〔三〕。

〔二八〕《通志·文艺略四》："《唐集贤书目》一卷，韦述撰。"

〔二九〕《唐书·艺文志》总集类："刘子玄《史通》二十卷。倪宥《文章龟鉴》一卷。裴杰《史汉异义》二卷。"

〔三〇〕王鸣盛《蛾术编》十三："《通志》辑自郑樵。樵居夹漈山，搜奇访古，初为经旨、礼乐、文字、天文、地理、虫鱼、草木、方书之学，皆有论辨，条其纲目，而名之曰略，凡二十略。又取史迁以下十五代之史，删并纪传，以《唐书》《五代史》本朝大臣所修，不敢议，讫隋而止。合二十略，统曰《通志》。高宗幸建康，尝命奏进，会樵病卒。淳熙间上之。"《通志》凡二百卷，精采在其二十略。马端临《文献通考》三百四十八卷，详后《申郑》注〔一八〕。

〔三一〕见《诗教下》注〔六五〕。

〔三二〕《唐书·艺文志》杂史类："葛洪《史记钞》十四卷。"《晋书·葛洪传》："洪字稚川，丹阳句容人。从祖玄得仙，号葛仙公，洪悉得其法。干宝荐洪领著作，洪固辞，求为句漏令，曰：'非欲为荣，以有丹耳。'自号抱朴子，因以名书。"

〔三三〕《唐书·艺文志》杂传记类："张骘《文士传》五十卷。"

〔三四〕《隋书·经籍志》地理类:"《隋诸州图经集》一百卷,郎蔚之撰。"

〔三五〕《唐书·艺文志》小学类:"王方庆《宝章集》十卷。"

〔三六〕《唐书·艺文志》释家类:"玄觉《永嘉集》十卷,庆州刺史魏靖编次。"

〔三七〕《孟子·告子上》:"今夫弈之为数,小数也。"焦循《正义》:"数,术也。"

〔三八〕《郡斋读书志》杂史类:"《隆平集》二十卷,皇朝曾巩撰。记五朝君臣事迹。其间记事多误,如以《太平御览》与《总类》为两书之类。或疑非巩书。"《四库简明目录》:"今考巩行状神道碑,列所著述,无此名,公武之言当信也。"

〔三九〕《吕氏春秋·慎行论·疑似》:"梁北有黎丘部,有奇鬼焉,善效人之子侄昆弟之状。邑丈人有之市而醉归者,黎丘之鬼效其子之状,扶而道苦之。酒醒而诮其子曰:'吾为汝父也,岂谓不慈哉?我醉,汝道苦我,何故?'其子泣而触地曰:'孽矣!无此事也。昔也往责于东邑人,可问也。'其父信之,曰:'嘻!是必夫奇鬼也,我固尝闻之矣。'明日,端复饮于市,欲遇而刺杀之。明旦之市而醉。其真子恐其父之不能反也,遂逝迎之。丈人望其真子,拔剑而刺之。丈人智惑于似其子者而杀其真子。"

〔四〇〕《列子·说符》:"杨子之邻人亡羊,既率其党,又请杨子之竖追之。杨子曰:'嘻!亡一羊,何追之众?'邻人曰:'多歧路。'既反,问:'获羊乎?'曰:'亡之矣。'曰:'奚亡之?'曰:'歧路之中,又有歧焉,吾不知所之,所以反也。'杨子戚然变容,不言者移时,不笑者竟日。"

〔四一〕按以上言校雠失传,不克辨章流别,著录失序,集部益杂。

篇卷〔一〕

《易》曰:"艮其辅,言有序。"〔二〕《诗》曰:"出言有章。"〔三〕古人之于言，求其有章有序而已矣。著之于书，则有简策。[四]标其起讫，是曰篇章。[五]孟子曰："吾于《武城》，取二三策而已矣。"[六]是连策为篇之证也。《易·大传》曰："二篇之策，万有一千五百二十。"[七]是首尾为篇之证也。左氏引《诗》，举其篇名，而次第引之，则曰某章云云。是篇为大成，而章为分阕之证也。[八]要在文以足言，成章有序，取其行远可达而已。篇章简策，非所计也。后世文字繁多，爰有较雠之学。[九]而向、歆著录，多以篇卷为计。大约篇从竹简，卷从缣素，因物定名，无他义也。而缣素为书，后于竹简，故周、秦称篇，入汉始有卷也。第彼时竹素并行，而名篇必有起讫；卷无起讫之称，往往因篇以为之卷；故《汉志》所著几篇，即为后世几卷，其大较也。然《诗经》为篇三百，而为卷不过二十有八；[一〇]《尚书》《礼经》，亦皆卷少篇多，[一一]则又知彼时书入缣素，亦称为篇。篇之为名，专主文义起讫，而卷则系乎缀帛短长，此无他义，盖取篇之名书，古于卷也。故异篇可以同卷，而分卷不闻用以标起讫。至班氏《五行》之志、《元后》之传，篇长卷短，则分子卷。[一二]是篇不可易，而卷可分合也。嗣是以后，讫于隋、唐，书之计卷者多，计篇者少。著述诸家，所谓一卷，往往即古人之所谓一篇；则事随时变，人亦出于不自知也。惟司马彪《续后汉志》，[一三]八篇之书，分卷三十，割篇徇卷，大变班书子卷之法，作俑唐、宋史传，失古人之义矣。[一四]

《史》《汉》之书，十二本纪、七十列传、八书、十志之类，但举篇数，全书自了然也。《五行志》分子卷五，《王莽传》分子卷三，而篇目仍合为一，总卷之数，仍与相符，是以篇之起讫为主，不因卷帙繁重而苟分也。自司马彪以八志为三十卷，遂开割篇徇卷之例，篇卷混淆，而名实亦不正矣。欧阳《唐志》五十，其实十三志也，年表十五，其实止四表也。《宋史》列传二百五十有五，《后妃》以一为二，《宗室》以一为四，李纲一人，传分二卷，再并《道学》《儒林》，以至《外国》《蛮夷》之同名异卷，凡五十余卷；其实不过一百九十余卷耳。

至于其间名小异而实不异者，道书称弓，[一五]即卷之别名也，元人《说郛》用之。[一六]蒯通《隽永》称首，[一七]则章之别名也，梁人《文选》用之。[一八]此则标新著异，名实故无伤也。唐、宋以来，卷轴之书，又变而为纸册；则成书之易，较之古人，盖不啻倍蓰已也。[一九]古人所谓简帙繁重，不可合为一篇者，分上中下之类。今则再倍其书，而不难载之同册矣。故自唐以前，分卷甚短。六朝及唐人文集，所为十卷，今人不过三四卷也。自宋以来，分卷遂长。以古人卷从卷轴，势自不能过长；后人纸册为书，不过存卷之名，则随其意之所至，不难钜册以载也。以纸册而存缣素为卷之名，亦犹汉人以缣素而存竹简为篇之名，理本同也。然篇既用以计文之起讫矣，是终古不可改易，虽谓不从竹简起义可也。卷则限于轴之长短，而并无一定起讫之例。今既不用缣素而用纸册，自当量纸册之能胜而为之界。其好古而标卷为名，从质而标册为名，自无不可，不当又取卷数与册本，故作参差，使人因卷寻篇，又复使人挟册求卷，徒滋扰也。夫文之繁省起讫，不可执定；而方策之重，今又不行；古人寂寥短篇，亦可自为一书，孤行于世。盖方策体重，不如后世片纸，难为一书也。则篇自不能孤立，必依卷以连编，势也。卷非一定而不可易，既欲包篇以合之，又欲破册而分之，使人多一检索于离合之外，又无关于义例焉，不亦扰扰多事乎？故著书但当论篇，不当计卷。卷不关于文之本数，篇则因文计数者也。故以篇为计，自不忧其有阙卷，以卷为计，不能保其无阙篇也。必欲计卷，听其量册短长，而为铨配可也。不计所载之册，而铢铢分卷，以为题签著录之美观，皆是泥古而忘实者也。[二〇]《崇文》《宋志》，间有著册而不详卷者。明代《文渊阁目》，[二一]则但计册而无卷矣。是虽著录之阙典，然使卷册苟无参差，何至有此弊也。古人已成之书，自不宜强改。[二二]

〔一〕按篇用以计文之起讫，卷则系乎缀帛短长，别无意义，故著书当论篇不当计卷，此本篇作意也。作年见《经解上》注〔一〕。

〔二〕见《易·艮》六五爻辞。艮,止也。辅,面颊也。止于颊辅,处于中,出言有次序。

〔三〕见《诗·小雅·都人士》文。

〔四〕《左氏春秋传序》正义:“单执一札谓之简,连编诸简乃名为策。”

〔五〕《正韵》:“篇,简成章也。”《文心雕龙·章句》:“积句而成章,积章而成篇。”

〔六〕见《孟子·尽心下》文。

〔七〕《易·系辞上》传文。按策者,蓍也,《曲礼》“策为筮”是也。

〔八〕章为分阕:如《左传》宣十二年:“武王克商,作颂(《时迈》)曰:‘载戢干戈,载櫜弓矢,我求懿德,肆于时夏,允王保之。’又作《武》(《周颂》名),其卒章曰:‘耆定尔功。’”以上皆一篇中之一章。《礼记·文王世子》:“有司告以乐阕。”郑注:“阕,终也。”

〔九〕《风俗通义》:“刘向《别录》:‘校雠者,一人读书,校其上下,得谬误为校。一人持本,一人读书,若怨家相对为雠。’”(《文选·魏都赋注》引)

〔一〇〕《汉志·六艺略》:“《诗经》二十八卷,鲁、齐、韩三家。”

〔一一〕《汉志·六艺略》:“《尚书》古文经四十六卷。”自注云:“为五十七篇。”又:“《礼》古经五十六卷,经七十篇。”

〔一二〕《汉书》卷二十七上、卷二十七中之上、卷二十七中之下、卷二十七下之上、卷二十七下之下为《五行志》。卷九十七上、卷九十七下为《外戚传》,卷九十八为《元后传》。

〔一三〕《晋书·司马彪传》:“彪字绍统,高阳王睦之长子也。泰始中,为秘书郎转丞。讨论众书,缀其所闻,起于世祖,终于孝献,编年二百,录世十二,通综上下,旁贯庶事,为纪、志、传,凡八十篇,号曰《续汉书》。”彪书今佚,惟志三十卷附范晔之书以行。《书录解题》正史类:“《后汉志》三十卷,晋秘书监司马彪撰,梁剡令刘昭补注。蔚宗本书,《隋》《唐志》皆九十七卷,今书纪传共九十卷,盖未尝有志也。刘昭所注,乃司马彪《续汉书》之八志尔。其与范氏纪传自别为书。其后纪传孤行,而志不显。至本朝乾兴初,判国子监孙奭始建议校勘,但云补亡补阙,而不著其为彪书也。”

〔一四〕按此上推原篇卷为用之殊。后乃浸失古义,由司马彪作俑。

〔一五〕弓,本《说文》纠字。道经借为卷帙之卷,见梁陶宏景《真诰》。陶宗仪《辍耕录》卷二:“弓,即卷字。《真诰》中谓一卷为一弓。”

〔一六〕《四库简明目录》杂家类:“《说郛》一百卷,元陶宗仪编。后佚去三十卷,弘治中,郁文博仍补为一百卷。清姚安陶珽所刊,增为百二十卷,已非其旧。”

〔一七〕《汉书·蒯通传》:“通论战国时说士权变,亦自序其说,凡八十一首,号曰《隽永》。”

〔一八〕见《书教中》注〔三〇〕。

〔一九〕《孟子·滕文公上》:“或相倍蓰。”赵岐注云:“蓰,五倍也。”

〔二〇〕《书录解题》目录类:“《崇文总目》一卷。景祐初,学士王尧臣同聂冠卿、郭缜、吕公绰、王洙、欧阳修等撰定,凡六十六卷。诸儒皆有论议,欧阳公文集颇见数条。今此惟六十六卷之目耳。题云绍兴改定。”按旧佚其解题,今本从《永乐大典》补辑为二十卷。

〔二一〕焦竑《国史经籍志》簿录类:“《文渊阁书目》十四卷,杨士奇编。”永乐间以南京书籍移贮文渊阁,此即其存记之册籍也。”《四库简明目录》目录类:“所录诸书以千字文编号,自天字至往字凡二十号,有册数而无卷数,自《七略》至《崇文总目》,记载中秘之书,未有如是之潦草者。”

〔二二〕按此上言著书当论篇,不当计卷。必欲计卷,应量册铨配。

天　喻〔一〕

夫天浑然而无名者也。三垣、七曜、二十八宿、一十二次、三百六十五度、黄道、赤道,〔二〕历家强名之以纪数尔。古今以来,合之为文质损益,〔三〕分之为学业事功,文章性命。当其始也,但有见于当然,而为乎其所不得不为,浑然无定名也。其分条别类,而名文名质,名为学业事功,文章性命,而不可合并者,皆因偏救弊,有所举而诏示于人,不得已而强为之名,定趋向尔。后人不察其故而徇于其名,以谓是可自命其流品,而纷纷有入主出奴之势焉。汉学宋学之交讥,〔四〕训诂辞章之互诋,〔五〕德性学问之纷争,〔六〕是皆知其然而不知其所以然也。〔七〕

学业将以经世也,如治历者,尽人功以求合于天行而已矣,初不自为意必也。〔八〕其前人所略而后人详之,前人所无而后人创之,前人所习而后人更之,譬若《月令》中星不可同于《尧典》,〔九〕太初历法不可同于《月令》,〔一〇〕要于适当其宜而可矣。周公承文、武之后,而身为冢宰,故制作礼乐,〔一一〕为一代成宪。孔子生于衰世,有德无位,故述而不作,〔一二〕以明先王之大道。孟子当处士横议之时,故力距杨、墨,以尊孔子之传述。〔一三〕韩子当佛老炽盛之时,故推明圣道,以正天下之学术。〔一四〕程、朱当末学忘本之会,故辨明性理,以挽流俗之人心。〔一五〕其事与功,皆不相袭,而皆以言乎经世也。故学业者,所以辟风气也。风气未开,学业有以开之。风气既弊,学业有以挽之。人心风俗,不能历久而无弊,犹羲和、保章之法,〔一六〕不能历久而不差也。因其弊而施补救,犹历家之因其差而议更改也。历法之差,非过则不及。风气之弊,非偏重则偏轻也。重轻过不及之偏,非因其极而反之,不能得中正之宜也。好名之士,方且趋风气而为学业,是以火救火,而水救水也。〔一七〕

天定胜人,人定亦能胜天。〔一八〕二十八宿,十二次舍,以环天度数,尽春秋中国都邑。夫中国在大地中,东南之一隅耳。而周天之星度,属之占验,〔一九〕未尝不应,此殆不可以理推测,盖人定之胜于天也。且如子平之推人生年月日时，〔二〇〕皆以六十甲子，分配五行生克。夫年月与时，并不以甲子为纪，古人未尝有是言也。而后人既定其法，则亦推衍休咎而无不应，岂非人定之胜天乎？《易》曰“先天而天弗违”，〔二一〕盖以此也。学问亦有人定胜天之理。理分无极太极，〔二二〕数分先天后天，〔二三〕图有《河图》《洛书》，〔二四〕性分义理气质，〔二五〕圣人之意，后贤以意测之，遂若圣人不妨如是解也。率由其说，亦可以希圣，亦可以希天。岂非人定之胜天乎？尊信太过，以谓真得圣人之意固非；即辨驳太过，以为诸儒诟詈，亦岂有当哉？〔二六〕

〔一〕按本篇论学术贵在能开风气而救其弊，盖引申《原道》《原学》之义。作年见《经解上》注〔一〕。

〔二〕星有上中下三垣。《史记·天官书》：“上垣太微宫垣，十星。”《唐书·权德舆传》：“中垣紫微宫垣，十五星。”《湘山野录》：“下垣天市宫垣，二十二星。”七曜，日月五星也。见《谷梁传序》注。二十八宿，即二十八舍。《史记·天官书》正义：“二十八舍，谓东方角、亢、氐、房、心、尾、箕，北方斗、牛、女、虚、危、室、壁，西方奎、娄、胃、昴、毕、觜、参，南方井、鬼、柳、星、张、翼、轸也。”十二次，即星之十二躔次。戌为降娄，酉为大梁，申为实沈，未为鹑首，午为鹑火，巳为鹑尾，辰为寿星，卯为大火，寅为析木，丑为星纪，子为玄枵，亥为娵訾也。凡二十八宿及诸星皆循天左行，一日一夜一周天，计一年三百六十五周天又四分度之一。见《尔雅》疏。日行之道为黄道。黄道是太阳在空中移动一年内一周天球之大圆。赤道：天球赤道，天球两极中间所作之大圆。

〔三〕《汉书·杜周传》：“（杜）钦对策曰：‘殷因于夏，尚质。周因于殷，尚文。’”《论语·为政》：“殷因于夏礼，所损益可知也。周因于殷礼，所损益可知也。”

〔四〕按清自毛奇龄始攻程、朱,颜元、李塨继之,于是学者承风,诋宋学为空疏,掊击不遗余力。于时姚姬传乃有持平之论(见《与蒋松如书》),以为"义理之学,有关于世道人心,不可诬也。顾学不博不足以述古,言无文不足以行远。孤生俗儒,守其陋说,屏传注不观,固可厌薄;而矫之者,乃专以考订名物象数为实学,于身心性命之说,则诋为空疏无据;其文章之士,又喜逞才气,放蔑理法,以讲学为迂,是皆不免于偏蔽。思所以正之,则必破除门户"。(李元度《国朝先正事略》卷四十三)

〔五〕戴震《与方希原书》:"古今学问之途,其大致有三,或事于理义,或事于制数,或事于文章。事于文章者,等而末者也。然自子长、孟坚、退之、子厚诸君子之为之,曰是道也,非艺也。以云道,道固有存焉者矣。如诸君子之文,亦恶睹其非艺欤?"(《戴东原集》卷九)姚姬传《复蒋松如书》:"今世学者,乃思一切矫之,以专宗汉学为至,以攻驳程朱为能,倡于一二专己好名之人,而相率而效者,因大为学术之害。"(《惜抱轩文集》卷六)

〔六〕陆九渊与朱子同时讲学,而宗旨异。朱子以道问学为主,陆子以尊德性为宗;朱子教人博观而反之于约,陆则欲人先明本心而后乃事博览。

〔七〕按此上言风会之成,皆起于因偏救弊,不得不然。

〔八〕《论语·子罕》:"子绝四:毋意,毋必,毋固,毋我。"《经义述闻》:"毋意,即毋测未至也。"《正义》引庄存与云:"毋必,义之与比也。"

〔九〕《礼记·月令》之中星,同《尚书·尧典》之中星不同。如《月令》:"仲秋之月,日在角,昏牵牛中。"昏和夜以牵牛为中星。《尧典》:"宵中星虚,以殷仲秋。"夜以虚为中星。指以时变化而有不同。

〔一〇〕太初历不同于《月令》。《史记·历书》:"汉兴,天下初定,未遑,故袭秦正朔服色。今上即位,招致方士唐都分其天部,而巴落下闳运算转历，然后日辰之度，与夏正同。”汉武帝改定律法，称太初历，用夏正。《月令》抄自《吕氏春秋》十二纪之首，是秦历，与太初历不同。孔颖达《月令正义》：“《月令》（九月）云：‘为来岁授朔日。’即是九月为岁终，十月为授历，此是时不合。”即一证。

〔一一〕《史记·周本纪》：“武王崩，太子诵立，是为成王。成王少，周初定天下，周公恐诸侯畔，乃摄行政当国。兴正礼乐，制度于是改，而民和睦，颂声兴。”《尚书大传》：“周公摄政六年，制礼作乐。”

〔一二〕《汉书·儒林传》：“周道既衰，坏于幽、厉，陵夷二百余年，而孔子兴。究观古今之篇籍，于是叙《书》则断《尧典》，称《乐》则法《韶》舞，论《诗》则首《周南》，缀周之礼，因《鲁春秋》举十二公行事，绳之以文、武之道，成一王之法，至获麟而止。盖晚而好《易》，读之韦编三绝而为之传。皆因近圣之事，以立先王之教，故曰：‘述而不作，信而好古。’”

〔一三〕《孟子·滕文公下》：“圣王不作，诸侯放恣，处士横议，杨朱、墨翟之言盈天下。杨、墨之道不息，孔子之道不著，是邪说诬民，充塞仁义也。仁义充塞，则率兽食人，人将相食。吾为此惧，闲先圣之道，距杨、墨，放淫辞。”《法言·吾子》：“古者，杨、墨塞路，孟子辞而辟之，廓如也。”

〔一四〕韩愈《进学解》：“抵排异端，攘斥佛老。”（《昌黎集》卷十二）《与孟尚书书》云：“汉氏以来，群儒区区修补，百孔千疮，随乱随失，其危如一发引千钧，绵绵延延，浸以微灭。于是时也，而唱释老于其间，鼓天下之众而从之，呜呼！其亦不仁甚矣。释老之害，过于杨、墨。韩愈之贤，不及孟子。孟子不能救之于未亡之前，而韩愈乃欲全之于已坏之后，呜呼！其亦不量其力，且见其身之危莫之救以死也。虽然，使其道由愈而粗传，虽灭死，万万无恨。”

(《昌黎集》卷十八)其勇于自任可见。《新唐书》本传赞云:“自晋讫隋,老佛显行,圣道不断如带,诸儒倚天下正议,助为怪神。愈独喟然引圣,争四海之惑,虽蒙讪笑,跲而复奋。始若未之信,卒大显于时。昔孟轲距杨、墨,去孔子才二百年。愈排二家,乃去千余载,拨衰反正,功与齐而力倍之。”

〔一五〕《宋史·道学传序》:“宋中叶,周敦颐得圣贤不传之学。仁宗明道初年,程颢及弟颐实生,及长,受业周氏,已乃扩大其所闻,表章《大学》《中庸》二篇与《语》《孟》并行。迄宋南渡,新安朱熹得程氏正传,其学加亲切焉。大抵以格物致知为先,明善诚身为要。《诗》《书》六艺之文,与夫孔、孟之遗言,颠错于秦火,支离于汉儒,幽沉于魏、晋、六朝者,至是皆焕然而大明,秩然而各得其所,此宋儒之学,所以度越诸子,而上接孟氏者欤!”叶向高《二程语录序》:“自孟子后娴然以学术自任者,其言皆放辟支离,失洙、泗之典刑。盖道未绝,学已绝矣。夫周、程、张、朱者,续孔孟之学者也。周子之言曰诚,曰无欲,曰中正仁义。张子曰礼。朱子曰居敬穷理。而朱子之居敬穷理,实本于程子。吾观程子之言,如《定性书》《好学论》《本天》《本心》诸说,皆至为深粹。其揭敬之一字,则秦、汉以来,无人谈及,尤为得千圣传心之要诀。而格物之为穷理,该精粗,兼本末,固亦与下学上达之义有相证者。”

〔一六〕羲和,见《易教中》注〔二三〕。《周礼·春官》:“保章氏掌天星,以志星辰日月之变动,以观天下之迁,辨其吉凶。”贾疏云:“此官掌日月变动与常不同,以见吉凶之事。”

〔一七〕语见《庄子·人间世》。按此上言学术贵能持风气,不当趋风气。

〔一八〕《史记·伍子胥传》:“申包胥曰:‘人众者胜天,天定亦能破人。’”刘祁《归潜志》:“天定能胜人,人定亦能胜天。”

〔一九〕占验:《史记·天官书》:“太史公推古天变,而皋、唐、甘、石因时务论其书传，故其占验凌杂米盐。”占验指据星象来占卜人事吉凶，是迷信。

〔二〇〕《书录解题》阴阳家类：“《珞琭子》一卷。此书禄命家以为本经，其言鄙俚，闾巷卖卜之所为也。”宋徐子平有《珞琭子赋注》二卷行于世。故世称其术曰“子平”。根据人之生辰八字即生年月日时推算命运，相传始于唐李虚中之《命书》。

〔二一〕见《易·乾·文言》文。

〔二二〕周敦颐《太极图说》：“无极而太极。太极动而生阳。阳极而静，静而生阴。静极复动。一动一静，互为其根。分阴分阳，两仪立焉。阳变阴合，而生水、火、木、金、土。五气顺布，四时行焉。五行，一阴阳也。阴阳，一太极也。太极，本无极也。”

〔二三〕邵雍以数言《易》而著《先天图》。其《先天卦位图说》曰：“先天学，心法也。图皆从中起，万化万事生于心。”《观物外篇》曰：“先天之学，心也。后天之学，迹也。出入有无生死者，道也。”盖以为宇宙万有皆生于心，是主观唯心论。

〔二四〕《易·系辞上》：“河出图，洛出书，圣人则之。”孔颖达《正义》：“《春秋纬》云：‘河以通乾出天苞，洛以流坤吐地符。河龙图发，洛龟书感。《河图》有九篇。《洛书》有六篇。’孔安国以为《河图》，则八卦是也。《洛书》，则九畴是也。”此系古代传说。

〔二五〕《二程遗书》卷六：“论性不论气，不备。论气不论性，不明。”理气之说，发于伊川，成于朱子。朱子《答黄道夫》曰：“天地之间，有理有气。理也者，形而上之道也，生物之本也。气也者，形而下之器也，生物之具也。是以人物之生，必禀此理，然后有性；必禀此气，然后有形。”（《朱文公文集》卷五十八）又曰：“天地间只是一个道理，性便是理。人之所以有善有不善，只缘气质之禀，各有清浊。”（《语类》卷四）

〔二六〕按此上言学有人定胜天之理。

师 说[一]

韩退之曰:“师者,所以传道受业解惑者也。”又曰:“师不必贤于弟子,弟子不必不如师。”“道之所存,师之所存也。”又曰:“巫医百工之人,不耻相师。”[二]而因怪当时之人,以相师为耻,而曾巫医百工之不如。韩氏盖为当时之敝俗而言之也,未及师之究竟也。《记》曰:“民生有三,事之如一,君、亲、师也。”[三]此为传道言之也。授业解惑,则有差等矣。业有精粗,惑亦有大小,授且解者之为师,固然矣;然与传道有间矣。巫医百工之相师,亦不可以概视也。盖有可易之师,与不可易之师,其相去也,不可同日语矣。知师之说者,其知天乎?盖人皆听命于天者也,天无声臭,[四]而俾君治之。人皆天所生也,天不物物而生,而亲则生之。人皆学于天者也,天不谆谆而诲,[五]而师则教之。然则君子而思事天也,亦在谨事三者而已矣。[六]

人失其道,则失所以为人,犹无其身,则无所以为生也。故父母生而师教,其理本无殊异。此七十子之服孔子,[七]所以可与之死,可与之生,东西南北,不敢自有其身,非情亲也,理势不得不然也。若夫授业解惑,则有差等矣。经师授受,章句训诂;[八]史学渊源,笔削义例;[九]皆为道体所该。古人“书不尽言,言不尽意”。[一〇]竹帛之外,别有心传,口耳转受,必明所自,不啻宗支谱系不可乱也。此则必从其人而后受,苟非其人,即已无所受也,是不可易之师也。学问专家,文章经世,其中疾徐甘苦,[一一]可以意喻,不可言传。[一二]此亦至道所寓,必从其人而后受,不从其人,即已无所受也,是不可易之师也。苟如是者,生则服勤,左右无方,[一三]没则尸祝俎豆,如七十子之于孔子可也。至于讲习经传,旨无取于别裁;[一四]斧正[一五]文辞，义未见其独立；人所共知共能，彼偶得而教我；从甲不终，不妨去而就乙；甲不我告，乙亦可询；此则不究于道，即可易之师也。虽学问文章，亦末艺耳。其所取法，无异梓人之惎琢雕，[一六]红女之传绨绣，[一七]以为一日之长，拜而礼之，随行隅坐，[一八]爱敬有加可也。必欲严昭事之三，而等生身之义，则责者罔，而施者亦不由衷矣。[一九]

巫医百工之师，固不得比于君子之道，然亦有说焉。技术之精，古人专业名家，亦有隐微独喻，得其人而传，非其人而不传者，是亦不可易之师，亦当生则服勤，而没则尸祝者也。古人饮食，必祭始为饮食之人，[二〇]不忘本也。况成我道德术艺，而我固无从他受者乎？至于弟子不必不如师，师不必贤于弟子，则观所得为何如耳。所争在道，则技曲艺业之长，又何沾沾而较如不如哉？[二一]

嗟夫！师道失传久矣。有志之士，求之天下，不见不可易之师；而观于古今，中有怦怦动者，[二二]不觉𩑶然而笑，[二三]索焉不知涕之何从，[二四]是亦我之师也。不见其人，而于我乎隐相授受，譬则孤子见亡父于影像，虽无人告之，梦寐必将有警焉。[二五]而或者乃谓古人行事，不尽可法，不必以是为尸祝也。夫禹必祭鲧，[二六]尊所出也。兵祭蚩尤，[二七]宗创制也。若必选人而宗之，周、孔乃无遗憾矣。人子事其亲，固有论功德，而祧祢以奉大父者耶？[二八]

〔一〕按本篇论成德达材之师，必不可易，义与《原学》相承。作年见《经解上》注〔一〕。

〔二〕以上见韩愈《师说》（《昌黎集》卷十二）。

〔三〕见《言公下》注〔一二二〕。

〔四〕《诗·大雅·文王》："上天之载，无声无臭。"

〔五〕《诗·大雅·抑》："诲尔谆谆。"《释文》引《埤苍》云："谆，告晓之熟也。"

〔六〕按此上言传道之师，事之如父。

〔七〕《孟子·公孙丑上》："以德服人者，中心悦而诚服也，如七十子之服孔子也。"

〔八〕《礼记·学记》："一年视离经辨志。"孔疏云："离经，谓离析经理，使章句断绝也。"章句指分章断句。别详《原道下》注〔六〕。

〔九〕笔削，见《易教下》注〔二六〕。杜预《春秋序》："其经无义例，因行事而言，则传直言其归趣而已。"方苞《书史记货殖传后》云："《春秋》之制义法，自史公发之，而后之深于文者亦具焉。义，即《易》之所谓言有物也。法，即《易》之所谓言有序也。以义为经，而法纬之，然后为成体之文。"(《望溪文集》卷二)文家言义法，史家则言义例，其实一也。

〔一〇〕《易·系辞上》文。

〔一一〕《庄子·天道》："轮扁曰：'斫轮，徐则甘而不固，疾则苦而不入；不徐不疾，得之于手而应于心，口不能言，有数存焉于其间。'"

〔一二〕《庄子·天道》："语之所贵者，意也。意有所随。意之所随者，不可以言传也。"此如轮扁斫轮，得心应手，在长期斫轮中体会得来，无法说明。

〔一三〕《礼记·檀弓上》："事师无犯无隐，左右就养无方，服勤至死，心丧三年。"

〔一四〕杜甫《戏为六绝句》："别裁伪体亲风雅，转益多师是汝师。"仇注云："别裁，谓区别而裁去之。"因诗体有正有伪，故去伪体，崇正体。

〔一五〕用《庄子·徐无鬼》郢人斫垩事。

〔一六〕《周礼·考工记》："梓人为筍虡(悬钟磬木架)，小虫之属，以为雕琢。"在木架上雕刻虫形。《左传》宣二年："楚人惎之。"注："惎，教也。"

〔一七〕《汉书·郦食其传》:“红女下机。”师古曰:“红,读曰工。”红女即女功。《书·皋陶谟》传:“葛之精者曰絺。五色备曰绣。”

〔一八〕《礼记·王制》:“父之齿随行。”又《檀弓上》:“童子隅坐而执烛。”

〔一九〕按此上分别可易之师,不可易之师。

〔二〇〕《论语·乡党》:“虽疏食菜羹瓜祭,必齐(斋)如也。”朱熹集注:“古人饮食,每种各出少许,置之豆间之地,以祭先代始为饮食之人,不忘本也。”《公羊传》襄二十九年:“饮食必祝。”注:“祝,因祭祝也。”

〔二一〕按此上言师贵在成我道艺,无间于百工。

〔二二〕《楚辞·九辩》:“心怦怦兮谅直。”《补注》:“怦,心急也。”

〔二三〕䩄,笑貌。《庄子·达生》:“桓公䩄然而笑。”

〔二四〕索焉:犹索然,流泪貌。《礼记·檀弓上》:“夫子曰:‘予乡者入而哭之,遇于一哀而出涕。予恶夫涕之无从也,小子行之。’”《文选》刘孝标《重答刘秣陵书》:“泫然不知涕之无从也。”

〔二五〕章氏《与朱沧湄中翰论学书》:“惟夫豪杰之士,自得师于古人,取其意之所诚然而中实有不得已者,力求其至,所谓君子求诸己也。世之所重,而非吾意所期与,虽大如泰山,不遑顾也。世之所忽,而苟为吾意之所期与,虽细如秋毫,不敢略也。趋向专,故成功也易。毁誉淡,故自得也深。即其天质之良,而县古人之近己者以为准,勿忘勿助,久之自有会心焉,所谓途辙不同而同期于道也。”(刘刻《遗书》卷九)

〔二六〕《礼记·祭法》:“夏后氏亦禘黄帝而郊鲧,祖颛顼而宗禹。”

〔二七〕见《经解中》注〔二四〕。

〔二八〕《说文》:“祧,迁庙也。祢,亲庙也。”大父,祖父。指不能尊祖而轻父。按此上言尚师古人。

假　年〔一〕

客有论学者，以谓书籍至后世而繁，人寿不能增加于前古，是以人才不古若也。今所有书，如能五百年生，学者可无遗憾矣。计千年后，书必数倍于今，则亦当以千年之寿副之，或传以为名言也。余谓此愚不知学之言也。必若所言，造物虽假之以五千年，而犹不达者也。〔二〕

学问之于身心，犹饥寒之于衣食也。不以饱暖慊其终身，〔三〕而欲假年以穷天下之衣食，非愚则罔也。传曰："至诚能尽其性，则能尽人之性；能尽人之性，则能尽物之性。"〔四〕人之异于物者，仁义道德之粹，〔五〕明物察伦之具，〔六〕参天赞地之能，〔七〕非物所得而全耳。若夫知觉运动，心知血气之禀于天者，与物岂有殊哉？夫质大者所用不得小，质小者所资不待大，物各有极也。人亦一物也。鲲鹏之寿十亿，〔八〕虽千年其犹稚也。蟪蛄不知春秋，期月其大耋也。〔九〕人于天地之间，百年为期之物也。心知血气，足以周百年之给欲，而不可强致者也。〔一〇〕

夫子十五志学，"七十而从心所欲，不逾矩"。〔一一〕圣人，人道之极也。人之学为圣者，但有十倍百倍之功，未闻待十倍百倍之年也。一得之能，一技之长，亦有志学之始，与不逾矩之究竟也。其不能至于圣也，质之所限也，非年之所促也。颜子三十而夭，〔一二〕夫子曰："惜乎！吾见其进也，未见其止也。"〔一三〕盖痛其不足尽百年之究竟也。又曰："后生可畏。四十五十而无闻焉，斯不足畏。"〔一四〕人生固有八十九十至百年者，今不待终其天年，而于四十五十，谓其不足畏者，亦约之以百年之生，度其心知血气之用，固可意计而得也。五十无闻，虽使更千百年，亦犹是也。〔一五〕

神仙长生之说，诚渺茫矣。同类殊能，则亦理之所有，故列仙洞灵之说，或有千百中之十一，不尽诬也。然而千岁之神仙，不闻有能胜于百岁之通儒，则假年不足懋学之明征也。禹惜分阴，〔一六〕孔子“发愤忘食，乐以忘忧，不知老之将至”。〔一七〕又曰：“假我数年，五十以学《易》。”〔一八〕盖惧不足尽百年之能事，以谓人力可至者，而吾有不至焉，则负吾生也。蟪蛄纵得鲲鹏之寿，其能止于啾啾之鸣也。盖年可假，而质性不可变；是以圣贤爱日力，〔一九〕而不能憾百年之期蘉，所以谓之尽性也。世有童年早慧，诵读兼人之倍蓰而犹不止焉者，宜大异于常人矣。及其成也，较量愚柔百倍之加功，不能遽胜也。〔二〇〕则敏钝虽殊，要皆画于百年之能事，而心知血气，可以理约之明征也。今不知为己，而骛博以炫人，〔二一〕天下闻见不可尽，而人之好尚不可同；以有尽之生，而逐无穷之闻见；以一人之身，而逐无端之好尚；尧、舜有所不能也。孟子曰：“尧、舜之智，而不遍物。尧、舜之仁，不遍爱人。”〔二二〕今以凡猥之资，而欲穷尧、舜之所不遍，且欲假天年于五百焉；幸而不可能也，如其能之，是妖孽而已矣。〔二三〕

族子廷枫曰：“叔父每见学者，自言苦无记性，书卷过目辄忘，因自解其不学。叔父辄曰：‘君自不善学耳。果其善学，记性断无不足用之理。书卷浩如烟海，虽圣人犹不能尽。古人所以贵博者，正谓业必能专，而后可与言博耳。盖专则成家，成家则已立矣。宇宙名物，有切己者，虽锱铢不遗。不切己者，虽泰山不顾。如此用心，虽极钝之资，未有不能记也。不知专业名家，而泛然求圣人之所不能尽，此愚公移山之智，而同斗筲之见也。’此篇盖有为而发，是亦为夸多斗靡者，下一针砭。故其辞亦庄亦谐，令人自发深省，与向来所语，学者足相证也。”

〔一〕按学根于质性,其成就大小,不尽系于年之修短。是篇为骛博以炫人者而发,义承《博约》而语颇诙谐。作年见《经解上》注〔一〕。

〔二〕按此上引骛博者假年之说,为文缘起。

〔三〕《孟子·公孙丑上》赵岐注云:"慊,快也。"

〔四〕见《礼记·中庸》文。

〔五〕《孟子·尽心上》:"君子所性,仁义礼智根于心,其生色也,睟然见于面。"睟,音粹。睟然,润泽之貌。

〔六〕《孟子·离娄下》:"舜明于庶物,察于人伦。"

〔七〕《礼记·中庸》:"能尽物之性,则可以赞天地之化育。可以赞天地之化育,则可以与天地参矣。"

〔八〕鲲鹏之寿十亿:《庄子·逍遥游》:"北冥有鱼,其名为鲲。鲲之大,不知其几千里也。化而为鸟,其名为鹏。鹏之背不知其几千里也。"又:"上古有大椿者,以八千岁为春,八千岁为秋。"十亿即从此夸张而来。

〔九〕《逍遥游》:"蟪蛄不知春秋。"司马云:"蟪蛄,寒蝉也。"《说文》:"年八十曰耋。"

〔一〇〕按此上言人之所贵于物者,在天性,不在年寿。

〔一一〕《论语·为政》:"子曰:'吾十有五而志于学,三十而立,四十而不惑,五十而知天命,六十而耳顺,七十而从心所欲,不逾矩。'"

〔一二〕《史记·仲尼弟子列传》:"回年二十九,发尽白,蚤死。孔子哭之,恸,曰:'自吾有回,门人日亲。'"

〔一三〕《论语·子罕》文。皇疏云:"颜渊死后,孔子有此叹也。"

〔一四〕《论语·子罕》:"子曰:'后生可畏,焉知来者之不如今也。四十五十而无闻焉,斯亦不足畏也已。'"

〔一五〕按此上言学达于究竟,质有所限。

〔一六〕《晋书·陶侃传》:"侃常语人曰:'大禹圣者,乃惜寸阴;至于众人,当惜分阴。'"

〔一七〕《论语·述而》:“叶公问孔子于子路,子路不对。子曰:‘女奚不曰,其为人也,发愤忘食,乐以忘忧,不知老之将至云尔。’”

〔一八〕《论语·述而》文。

〔一九〕《曾子立事》:“君子爱日以学。”《唐书·魏元忠传》:“古者茆茨采椽,以俭约遗子孙,所以爱力也。”汪中《与朱武曹书》:“盛年不再,日力可惜。”(《述学·别录》)

〔二〇〕《后汉书·马援传》:“朱勃字叔阳,年十二,能诵《诗》《书》,常候援兄况。勃衣方领,能矩步,言辞娴雅。援裁知书,见之自失。况知其意,乃自酌酒慰援曰:‘朱勃小器速成,智尽此耳。卒当从汝禀学,勿畏也。’及援为将军封侯,而勃位不过县令。”

〔二一〕《论语·宪问》:“古之学者为己,今之学者为人。”《北堂书钞》引《新序》:“齐王问墨子曰:‘古之学者为己,今之学者为人,何如?’对曰:‘古之学者,得一善言,以附其身。今之学者,得一善言,务以悦人。’”为己,自求充实。悦人,则必至盗名欺世也。

〔二二〕见《孟子·尽心上》文。

〔二三〕按此上言质不可变,故学在求尽性,而不炫博雅。

感　遇〔一〕

古者官师政教出于一,秀民不艺其百亩,则饩于庠序,不有恒业,谓学业。必有恒产,无旷置也。周衰官失,道行私习于师儒,〔二〕于是始有失职之士,孟子所谓尚志者也。〔三〕进不得禄享其恒业,退不得耕获其恒产,处世孤危,所由来也。士与公卿大夫,皆谓爵秩,未有不农不秀之间,可称尚志者也。孟子所言,正指为官失师分,方有此等品目。圣贤有志斯世,则有际可公养之仕,〔四〕三就三去之道,〔五〕遇合之际,盖难言也。夫子将之荆,先之以子夏,申之以冉有。〔六〕泄柳、申详,无人乎缪公之侧,则不能安其身。〔七〕孟子去齐,时子致矜式之言,有客进留行之说。[八]相需之殷，而相遇之疏，则有介绍旁通，[九]维持调护，时势之出于不得不然者也。圣贤进也以礼，退也以义，无所撄于外，故自得者全也。士无恒产，学也禄在其中，非畏其耕之馁，势有不暇及也。[一〇]虽然三月无君，则死无庙祭，生无宴乐，[一一]霜露怛心，凄凉相吊，[一二]圣贤岂必远于人情哉！君子固穷，枉尺直寻，羞同诡御，[一三]非争礼节，盖恐不能全其所自得耳。古之不遇时者，隐居下位。[一四]后世下位，不可以幸致也。古之不为仕者，躬耕乐道。[一五]后世耕地，不可以幸求也。古人廉退之境，后世竭贪幸之术而求之，犹不得也。故责古之君子，但欲其明进退之节，不苟慕夫荣利而已。责后之君子，必具志士沟壑、勇士丧元之守而后可；圣人处遇，固无所谓难易也；大贤以下，必尽责其丧元沟壑而后可，亦人情之难者也。[一六]

商鞅浮尝以帝道，[一七]贾生详对于鬼神，[一八]或致隐几之倦，或逢前席之迎，意各有所为也。然而或有遇不遇者，商因孝公之所欲，而贾操文帝之所难也。韩非致慨于《说难》，[一九]曼倩托言于谐隐，[二〇]盖知非学之难，而所以申其学者难也。然而韩非卒死于说，而曼倩尚畜于俳，何也？一则露锷[二一]而遭忌，一则韬锋而幸全也。故君子不难以学术用天下，而难于所以用其学术之学术。古今时异势殊，不可不辨也。古之学术简而易，问其当否而已矣。后之学术曲而难，学术虽当，犹未能用，必有用其学术之学术，而其中又有工拙焉。身世之遭遇，未责其当否，先责其工拙。学术当而趋避不工，见摈于当时；工于遇而执持不当，见讥于后世。沟壑之患逼于前，而工拙之效驱于后。呜呼！士之修明学术，欲求寡过，而能全其所自得，岂不难哉！[二二]

且显晦时也，穷通命也，才之生于天者有所独，而学之成于人者有所优，一时缓急之用，与一代风尚所趋，不必适相合者，亦势也。刘歆经术而不遇孝武，[二三]李广飞将而不遇高皇，[二四]千古以为惜矣。周人学武，而世主尚文，改而学文，主又重武；方少而主好用老，既老而主好用少，白首泣涂，固其宜也。〔二五〕若夫下之所具，即为上之所求，相须綦亟，而相遇终疏者，则又不可胜道也。孝文拊髀而思颇、牧，而魏尚不免于罚作；〔二六〕理宗端拱而表程、朱，而真、魏不免于疏远；〔二七〕则非学术之为难，而所以用其学术之学术，良哉其难也。望远山者，高秀可挹，入其中而不觉也。追往事者，哀乐无端，处其境而不知也。汉武读相如之赋，叹其飘飘凌云，恨不得与同时矣；〔二八〕及其既见相如，未闻加于一时侍从诸臣之右也。人固有爱其人而不知其学者，亦有爱其文而不知其人者。唐有牛、李之党，〔二九〕恶白居易者，缄置白氏之作，以谓见则使人生爱，恐变初心。〔三〇〕是于一人之文行殊爱憎也。郑畋之女，讽咏罗隐之诗，至欲委身事之；后见罗隐貌寝，因之绝口不道。〔三一〕是于一人之才貌分去取也。文行殊爱憎，自出于党私；才貌分去取，则是妇人女子之见也。然而世以学术相贵，读古人书，常有生不并时之叹；脱有遇焉，则又牵于党援异同之见，甚而效郑畋女子之别择于容貌焉；则士之修明学术，欲求寡过，而能全其所自得，岂不难哉？〔三二〕

淳于量饮于斗石，〔三三〕无鬼论相于狗马，〔三四〕所谓赋《关雎》而兴淑女之思，〔三五〕咏《鹿鸣》而致嘉宾之意也。〔三六〕有所托以起兴，将以浅而入深，不特诗人微婉之风，实亦世士羔雁之质，〔三七〕欲行其学者，不得不度时人之所喻以渐入也。然而世之观人者，闻《关雎》而索河洲，言《鹿鸣》而求苹野，〔三八〕淑女嘉宾则弃置而弗道也。中人之情，乐易而畏难，喜同而恶异，听其言而不察其言之所谓者，十常八九也。有贱丈夫者，知其遇合若是之难也，则又舍其所长，而强其所短，力趋风尚，不必求惬于心，风尚岂尽无所取哉？其开之者，尝有所为；而趋之者，但袭其伪也。夫雅乐不亡于下里，而亡于郑声，〔三九〕郑声工也。良苗不坏于蒿莱，而坏于莠草，〔四〇〕莠草似也。

学术不丧于流俗，而丧于伪学，伪学巧也。天下不知学术，未尝不虚其心以有待也。伪学出，而天下不复知有自得之真学焉。此孔子之所以恶乡愿，而孟子之所为深嫉似是而非也。[四一]然而为是伪者，自谓所以用其学术耳。昔者夫子未尝不猎较，而簿正之法卒不废，兆不足行而后去也。[四二]然则所以用其学术之学术，圣贤不废也。学术不能随风尚之变，则又不必圣贤，虽梓匠轮舆，亦如是也。是以君子假兆以行学，而遇与不遇听乎天。昔扬子云早以雕虫获荐，而晚年草玄寂寞；[四三]刘知几先以词赋知名，而后因述史减誉。[四四]诚知其不可奈何，而安之若命也。[四五]

〔一〕昔陈子昂、张九龄有《感遇》之作，以摅写怀抱。实斋此文，亦自慨之词耳。作年见《经解上》注〔一〕。

〔二〕见《诗教上》注〔七〇〕。

〔三〕《孟子·尽心上》："王子垫问曰：'士何事？'曰：'尚志。'"

〔四〕《孟子·万章下》："孔子有见行可之仕，有际可之仕，有公养之仕。于季桓子，见行可之仕也；于卫灵公，际可之仕也；于卫孝公，公养之仕也。"

〔五〕《孟子·告子下》："陈子曰：'古之君子，何如则仕？'孟子曰：'所就三，所去三。迎之致敬以有礼，言将行其言也，则就之；礼貌未衰，言弗行也，则去之。其次，虽未行其言也，迎之致敬以有礼，则就之；礼貌衰，则去之。其下，朝不食，夕不食，饥饿不能出门户，君闻之曰：吾大者不能行其道，又不能从其言也，使饥饿于我土地，吾耻之。周之，亦可受也，免死而已矣。'"

〔六〕见《礼记·檀弓上》文，见《文德》注〔二六〕。

〔七〕文见《孟子·公孙丑下》。《礼记·杂记》"泄柳之母死"注："泄柳，鲁缪公时贤人也。"《檀弓》"子张病，召申详而语之"注："申详，子张子。"

〔八〕《孟子·公孙丑下》："孟子致为臣而归。他日，王谓时子曰：'我欲中国而授孟子室，养弟子以万钟，使诸大夫国人皆有所矜式，子盍为我言之。'时子因陈子而以告孟子。"赵岐注："矜，敬也。式，法也。欲使诸大夫国人皆敬法其道。"又："孟子去齐，宿于昼。有欲为王留行者，坐而言，不应，隐几而卧。"

〔九〕《史记·鲁仲连传》："胜为绍介而见之于先生。"《索隐》："绍介，犹媒也。凡礼，宾至必因介以传辞。绍者，继也。介不一人，故《礼》云介绍而传命。"

〔一〇〕《孟子·梁惠王上》："无恒产而有恒心者，惟士为能。"《论语·卫灵公》："子曰：'君子谋道不谋食。耕也，馁在其中矣；学也，禄在其中矣。君子忧道不忧贫。'"

〔一一〕《孟子·滕文公下》："周霄问曰：'古之君子仕乎？'孟子曰：'仕。传曰：孔子三月无君，则皇皇如也，出疆必载质。公明仪曰：古之人，三月无君则吊。''三月无君则吊，不以急乎？'曰：'士之失位也。犹诸侯之失国家也。《礼》曰：诸侯耕助，以供粢盛。夫人蚕缫，以为衣服。牺牲不成，粢盛不洁，衣服不备，不敢以祭。惟士无田，则亦不祭。牲杀器皿衣服不备，不敢以祭，则不敢以宴，亦不足吊乎？'"

〔一二〕《礼记·祭义》："霜露既降，君子履之，必有凄怆之心，非其寒之谓也。"

〔一三〕《论语·卫灵公》："子曰：'君子固穷，小人穷斯滥矣。'"《孟子·滕文公下》："陈代曰：'不见诸侯，宜若小然。今一见之，大则以王，小则以霸。且志曰：枉尺而直寻。宜若可为也。'孟子曰：'昔齐景公田，招虞人以旌，不至，将杀之。志士不忘在沟壑，勇士不忘丧其元。孔子奚取焉？取非其招不往也。如不待其招而往，何哉？且夫枉尺而直寻者，以利言也。如以利，则枉寻直尺而利，亦可为与？昔者，赵简子使王良与嬖奚乘，终日而不获一禽。嬖奚反命曰:“天下之贱工也。”或以告王良。良曰:“请复之。”强而后可,一朝而获十禽。嬖奚反命曰:“天下之良工也。”简子曰:“我使掌与女(汝)乘。”谓王良,良不可,曰:“吾为之范我驰驱,终日不获一。为之诡遇,一朝而获十。《诗》云:不失其驰,舍矢如破。我不贯(惯)与小人乘,请辞。”御者且羞与射者比。比而得禽兽,虽若丘陵,弗为也。如枉道而从彼,何也?且子过矣!枉己者未有能直人者也。’”

〔一四〕《孟子·万章下》:“孟子曰:‘仕,非为贫也,而有时乎为贫。娶妻,非为养也,而有时乎为养。为贫者,辞尊居卑,辞富居贫。辞尊居卑,辞富居贫,恶乎宜乎?抱关击柝。’”

〔一五〕《孟子·万章上》:“伊尹耕于有莘之野,而乐尧、舜之道焉。”

〔一六〕志士沟壑,勇士丧元,见上注〔一三〕。按此上言明进退之节,今难于古。

〔一七〕《史记·商君列传》:“鞅西入秦,因孝公宠臣景监以求见孝公。孝公既见卫鞅,语事良久。孝公时时睡,弗听。罢而孝公怒景监曰:‘子之客妄人耳!安足用邪?’景监以让卫鞅。卫鞅曰:‘吾说公以帝道,其志不开悟矣。’卫鞅复见孝公。公与语,不自知膝之前于席也。语数日不厌。景监曰:‘子何以中吾君?吾君之欢甚也。’鞅曰:‘吾说君以帝王之道比三代。而君曰久远,吾不能待。且贤君者各及其身显名天下,安能邑邑待数十百年以成帝王乎?故吾以强国之术说君,君大说(悦)之耳。’”

〔一八〕《史记·贾生传》:“后贾生征见,孝文帝方受厘,坐宣室。上因感鬼神事,而问鬼神之本。贾生因具道所以然之状。至夜半,文帝前席。既罢曰:‘吾久不见贾生,自以为过之,今不及也。’贾生数上疏,言诸侯或连数郡,非古之制,可稍削之。文帝不听。”别见《书教下》注〔一五〕。

〔一九〕《史记·韩非传》:“韩非者,韩之诸公子也。喜刑名法术之学,而其归本于黄、老。悲廉直不容于邪枉之臣，观往者得失之变，故作《孤愤》《五蠹》《内外储》《说林》《说难》十余万言。然韩非知说之难，为《说难》书甚具，终死于秦，不能自脱。"

〔二〇〕《汉书·东方朔传》："朔字曼卿，平原厌次人也。武帝即位，朔上书，令待诏公车。有顷，闻上过，朱儒皆号泣顿首。上问何为，对曰：'东方朔言，上欲尽诛臣等。'上知朔多端，召问朔：'何恐朱儒为？'对曰：'朱儒长三尺余，奉一囊粟，钱二百四十。臣朔长九尺余，亦奉一囊粟，钱二百四十。朱儒饱欲死，臣朔饥欲死。'上大笑。因使待诏金马门，稍得亲近。时有幸倡郭舍人曰：'臣愿复问朔隐语。'朔应声辄对，变诈锋出，莫能穷者。朔好诙谐，武帝以俳优畜之。"《文心雕龙·谐隐》："谐之言，皆也。辞浅会俗，皆悦笑也。讔者，隐也。遁辞以隐意，谲譬以指事也。"

〔二一〕锷：《庄子·说剑》：司马云："锷，剑刃。"

〔二二〕按此上言后世趋避有工拙，士难自全。

〔二三〕见《原学中》注〔一八〕。

〔二四〕《史记·李将军传》："李将军广者，陇西成纪人也。尝从行，有所冲陷折关及格猛兽。而文帝曰：'惜乎！子不遇时。如令子当高帝时，万户侯岂足道哉？'后广居右北平，匈奴闻之，号曰汉之飞将军，避之，数岁不敢入右北平。"

〔二五〕叶注引《论衡·逢遇》："昔周人有仕数不遇，年老白首，泣涕于涂者。人或问之，何为泣乎？对曰：'吾仕数不遇，自伤年老失时，是以泣也。'人曰：'仕奈何不一遇也？'对曰：'吾年少之时，学为文，文德成就，始欲仕宦，人君好用老。用老主亡，后主又用武。吾更为武，武节始就，武主又亡，少主始立，好用少年，吾年又老，是以未尝一遇。'仕宦有时，不可求也。"按《汉武故事》："颜驷不知何许人，汉文帝时为郎，至武帝尝辇过郎署，见驷庞眉皓发，问曰：'叟何时为郎，何其老也？'对曰：'臣文帝时为郎。文帝好文，而臣好武。至景帝好美，而臣貌丑。陛下即位，好少，而臣已老。是以三世不遇，故老于郎署。’上感其言，擢拜会稽都尉。”(《文选·思玄赋》注引)此兼用其事。

〔二六〕《汉书·冯唐传》:“上既闻廉颇、李牧为人，良说(悦)。而抚髀曰:‘吾独不得廉颇、李牧，时为吾将，岂忧匈奴哉?’唐曰:‘陛下虽得廉颇、李牧，弗能用也。’上怒，起入禁中。良久，召唐复问。唐对曰:‘臣大父言李牧为赵将，居边，军市之租，皆用飨士，赏赐决于外，不从中扰也。委而责成功，故李牧乃得尽其智能。今臣窃闻魏尚为云中守，军市租尽以给士卒，出私养钱，五日一椎牛，飨宾客军吏舍人。是以匈奴远避，不近云中之塞。坐上功首虏差六级，陛下下之吏，削其爵，罚作之。由此言之，陛下虽得廉颇、李牧，弗能用也。’文帝说。是日令冯唐持节赦魏尚，复以为云中守。”

〔二七〕《宋史·理宗纪》:“淳祐元年春正月甲辰，诏:‘朕维孔子之道，自孟轲后，不得其传。至我朝周敦颐、张载、程颢、程颐，真见实践，深探圣域，千载绝学，始有指归。中兴以来，又得朱熹，精思明辨，表里浑融;使《大学》《论》《孟》《中庸》之书，本末洞彻，孔子之道，益以大明于世。朕每观五臣论著，启沃良多。今视学有日，其令学官列诸从祀，以示崇奖之意。’”此表程、朱之事也。真德秀、魏了翁，见《朱陆》篇注〔一三〕及注〔一四〕。《读史论略》:“理宗始信史弥远，继用贾似道、丁大全。谓‘真德秀为真小人，魏了翁为伪君子’(梁大成语)。名人贤士，排斥殆尽。”

〔二八〕《史记·司马相如传》:“蜀人杨得意为狗监，侍上。上读《子虚赋》而善之，曰:‘朕独不得与此人同时哉!’得意曰:‘臣邑人司马相如自言为此赋。’上惊，乃召问相如。相如曰:‘有是。然此乃诸侯之事，未足观也。请为天子游猎赋。’赋成，奏之，天子以为郎。相如见上好仙道，因曰:‘上林之事未足美也，尚有靡者。臣尝为《大人赋》，未就，请具而奏之。'相如既奏《大人》之颂，天子大说，飘飘有凌云之气，似游天地之间意。"

〔二九〕《新唐书·李德裕传》："德裕字文饶，宰相吉甫子也。始吉甫相宪宗，牛僧孺、李宗闵对直言策，痛诋当路，条失政。吉甫诉于帝，且泣。有司皆得罪，遂与为怨。吉甫又为帝谋讨两河叛将，李逢吉沮解其言，功未既而吉甫卒。裴度实继之。逢吉以议不合，罢去，故追衔吉甫而怨度。摈德裕不得进。至是间帝暗庸，訹度使与元稹相怨，夺其宰相，而己代之。欲引僧孺，益树党，乃出德裕为浙西观察使。俄而僧孺入相。由是牛、李之憾结矣。"又《李宗闵传》："长庆初，钱徽典贡举，宗闵托所亲于徽。而李德裕、李绅、元稹在翰林，有宠于帝，共白徽纳干丐，取士不以实。宗闵坐贬剑州刺史。由是嫌忌显结，树党相磨轧，凡四十年，搢绅之祸不能解。"

〔三〇〕《旧唐书·白居易传》："太和已后，李宗闵、李德裕朋党事起，是非排陷，朝升暮黜，天子亦无如之何。杨颖士、杨虞卿与宗闵善。居易妻，颖士从父妹也。居易愈不自安，惧以党人见斥，乃求置身散地，冀于远害。"《全唐诗话》卷二："乐天不为赞皇公所喜，每寄文章，李缄之一箧，未尝开。刘梦得或请之，曰：'见诗则迴我心矣。'"章氏《上毕抚台书》："昔李文饶恶白乐天，缄置其诗，不以寓目，以谓见诗则爱，恐易初心。是爱其文，不必爱其人也。"（刘刻《遗书》卷二十二）

〔三一〕《新唐书·郑畋传》："畋字台文，系出荥阳。举进士，擢渭南尉。刘瞻为相，荐授户部郎中，入翰林，为学士，俄知制诰。以兵部侍郎进同中书门下平章事。行军司马李昌言屯兴平，引兵趋府。畋不意见袭，遂委军去。明年，召至行在，以王铎为将，复拜畋司空、门下侍郎平章事。军务悉以咨决。田令孜、陈敬瑄、李昌言三人相结，遣人上畋过失。"《旧五代史·罗隐传》："隐，余杭人，诗名天下，尤长于咏史，然多所讥讽，以故不中第。为唐宰相郑畋所知。隐虽知文，然貌古而丑。畋女幼有文性，尝览隐诗卷，讽诵不已。一日隐至第，郑女垂帘而窥之，自是绝不咏其诗。”隐字昭谏，入梁授给事中，年八十余卒。著有《罗江东集》。

〔三二〕按此上言后世爱憎有殊，宜士难自全。

〔三三〕《史记·滑稽列传》：“淳于髡者，齐之赘婿也。威王置酒后宫，召髡，赐之酒。问曰：‘先生能饮几何而醉？’对曰：‘臣饮一斗亦醉，一石亦醉。’威王曰：‘先生饮一斗而醉，恶能饮一石哉？其说可得闻乎？’髡曰：‘赐酒大王之前，执法在傍，御史在后，髡恐惧俯伏而饮，不过一斗，径醉矣。若亲有严客，髡帣韝鞠䠏（卷袖曲跪），侍酒于前，时赐余沥，奉觞上寿，数起，饮不过二斗，径醉矣。若朋友交游，久不相见，卒然相睹，欢然道故，私情相语，饮可五六斗，径醉矣。若乃州闾之会，男女杂坐，行酒稽留，六博投壶，相引为曹，握手无罚，目眙（注视）不禁，前有堕珥，后有遗簪，髡窃乐此，饮可八斗而醉二三。日暮酒阑，合尊促坐，男女同席，履舄交错，杯盘狼藉，堂上烛灭，主人留髡而送客，罗襦襟解，微闻芗（香）泽。当此之时，髡心最欢，能饮一石。’”

〔三四〕《庄子·徐无鬼》：“徐无鬼因女商见魏武侯。少焉，徐无鬼曰：‘尝语君，吾相狗也，下之质，执饱而止，是狸德也。中之质，若视日。上之质，若亡其一。吾相狗又不若吾相马也。吾相马直者中绳，曲者中钩，方者中矩，圆者中规，是国马也；而未若天下马也。天下马有成材，若恤若失，若丧其一，若是者，超轶绝尘，不知其所。’武侯大悦而笑。”

〔三五〕《诗·关雎序》：“《关雎》，乐得淑女，以配君子，忧在进贤，不淫其色，哀窈窕，思贤才，而无伤善之心焉。是《关雎》之义也。”

〔三六〕《诗·鹿鸣序》：“《鹿鸣》，燕群臣嘉宾也。”

〔三七〕微婉，见《诗教上》注〔三二〕。质，与贽通，亦作挚，初见时所执物也。《礼记·曲礼下》:"凡摯,天子鬯(黑黍酒),诸侯圭(玉珪),卿羔(小羊),大夫雁,士雉,庶人之摯匹(指鸭),童子委摯而退。"

〔三八〕《诗·关雎》:"关关雎鸠,在河之洲。"传:"水中可居者曰洲。"又《鹿鸣》:"呦呦鹿鸣,食野之苹。"传:"苹,蓱也。"白蒿之属。

〔三九〕《文选·宋玉对楚王问》:"客有歌于郢中者,其始曰下里巴人,国中属而和者数千人。"下里,即下里巴人,俚俗之歌也。《论语·卫灵公》:"放郑声,远佞人。郑声淫,佞人殆。"《阳货》:"恶郑声之乱雅乐也。"郑声,郑国靡靡之音。

〔四〇〕《孟子·尽心下》:"孔子曰:'恶似而非者。恶莠,恐其乱苗也。'"赵注:"莠之茎叶似苗。"

〔四一〕《论语·阳货》:"子曰:'乡原,德之贼也。'"《孟子·尽心下》:"万章曰:'一乡皆称原人焉,无所往而不为原人,孔子以为德之贼,何哉?'曰:'非之无举也,刺之无刺也,同乎流俗,合乎污世,居之似忠信,行之似廉洁,众皆悦之,自以为是,而不可与入尧、舜之道。故曰德之贼也。'"

〔四二〕《孟子·万章下》答万章问受诸侯之赐,"曰:'孔子之仕于鲁也,鲁人猎较,孔子亦猎较。猎较犹可,而况受其赐乎?'曰:'然则孔子之仕也,非事道与?'曰:'事道也。''事道奚猎较也?'曰:'孔子先簿正祭器,不以四方之食供簿正。'曰:'奚不去也?'曰:'为之兆也。兆足以行矣而不行,而后去,是以未尝有所终三年淹也。'"赵注:"猎较者,田猎相较,夺禽兽以祭。孔子不违而从之,所以小同于世也。孔子仕于衰世,以渐正之。先为簿书,以正其宗庙祭祀之器。即其旧礼,取备于国中,不以四方珍食供其所簿正之器。度珍食难常有,乏绝则为不敬,故猎较以祭也。"兆,事之开端。开端可行而不行,始知不可行,孔子才离去。

〔四三〕《法言·吾子》:"或问吾子少而好赋,曰:'然。童子雕虫篆刻。’俄而曰：‘壮夫不为也。’”《汉书·扬雄传》：“孝成帝时，客有荐雄文似相如者。哀帝时，丁、傅、董贤用事，诸附离之者，或起家至二千石。时雄方草《太玄》，有以自守，泊如也。”

〔四四〕《史通·自叙》：“予辄不自揆，亦窃比于扬子云者，有四焉。何者，扬雄尝好雕虫小伎，老而悔其少作。余幼喜诗赋，而壮都不为，耻以文士得名，期以述者自命。其似一也。扬雄草玄，累年不就，当时闻者，莫不哂其徒劳。余撰《史通》，亦屡移寒暑，悠悠尘俗，共以为愚。其似二也。扬雄撰《法言》，时人竞尤其妄，故作《解嘲》以酬之。余著《史通》，见者亦互言其短，故作《释蒙》以拒之。其似三也。扬雄少为范踆、刘歆所重，及闻其撰《太玄经》，则嘲以恐盖酱瓿。余初好文笔，颇获誉于当时，晚谈史传，遂减价于知己。其似四也。”刘知几始末，见《史德》篇注〔二〕。

〔四五〕按此上言自得之学，其遇不遇听诸天，而安之若命。

辨　似〔一〕

人藏其心，不可测度也，〔二〕言者心之声，〔三〕善观人者，观其所言而已矣。人不必皆善，而所言未有不托于善也。善观人者，察其言善之故而已矣。夫子曰：“始吾于人也，听其言而信其行；今吾于人也，听其言而观其行。”〔四〕恐其所言不出于意之所谓诚然也。夫言不由中，如无情之讼，辞穷而情易见，〔五〕非君子之所患也。学术之患，莫患乎同一君子之言，同一有为言之也，求其所以为言者，咫尺之间，而有霄壤之判焉，似之而非也。〔六〕

天下之言，本无多也。言有千变万化，宗旨不过数端可尽，故曰言本无多。人则万变不齐者也。以万变不齐之人，而发为无多之言，宜其迹异而言则不得不同矣。譬如城止四门，城内之人千万，出门而有攸往，必不止四途，而所从出者，止四门也。然则趋向虽不同，而当其

发轫[七]不得不同也。非有意以相袭也,非投东而伪西也,势使然也。[八]

树艺五谷,所以为烝民粒食[九]计也。仪狄曰:"五谷不可不熟也。"问其何为而祈熟,则曰:"不熟无以为酒浆也。"[一〇]教民蚕桑,所以为老者衣帛[一一]计也。蚩尤曰:"蚕桑不可不植也。"诘其何为而欲植,则曰:"不植无以为旌旗也。"[一二]夫仪狄、蚩尤,岂不诚然须粟帛哉?然而斯民衣食,不可得而赖矣。[一三]

《易》曰:"阴阳不测之谓神。"又曰:"神也者,妙万物而为言者也。"[一四]孟子曰:"大而化之之谓圣,圣而不可知之之谓神。"[一五]此神化神妙之说所由来也。夫阴阳不测,不离乎阴阳也。妙万物而为言,不离乎万物也。圣不可知,不离乎充实光辉也。然而曰圣曰神曰妙者,使人不滞于迹,即所知见以想见所不可知见也。学术文章,有神妙之境焉。末学肤受,[一六]泥迹以求之,其真知者,以谓中有神妙,可以意会而不可以言传者也。不学无识者,窒于心而无所入,穷于辨而无所出,亦曰可意会而不可言传也。故君子恶夫似之而非者也。[一七]

伯昏瞀人谓列御寇曰:"人将保汝矣,非汝能使人保也,乃汝不能使人毋汝保也。"[一八]然则不能使人保者下也,能使人毋保者上也,中则为人所保矣。故天下惟中境易别,上出乎中而下不及中,恒相似也。学问之始,未能记诵,博涉既深,将超记诵。[一九]故记诵者,学问之舟车也。人有所适也,必资乎舟车;至其地,则舍舟车矣。一步不行者,则亦不用舟车矣。不用舟车之人,乃托舍舟车者为同调焉。故君子恶夫似之而非者也。[二〇]程子见谢上蔡多识经传,便谓玩物丧志,毕竟与孔门"一贯"不似。

理之初见,毋论智愚与贤不肖,不甚远也。再思之,则恍惚而不可恃矣。三思之,则眩惑而若夺之矣。非再三之力,转不如初也。初见立乎其外，故神全，再三则入乎其中，而身已从其旋折也。必尽其旋折，而后复得初见之至境焉，故学问不可以惮烦也。然当身从旋折之际，神无初见之全，必时时忆其初见，以为恍惚眩惑之指南〔二一〕焉，庶几哉有以复其初也。吾见今之好学者，初非有所见而为也，后亦无所期于至也，发愤攻苦，以谓吾学可以加人而已矣，泛焉不系之舟，〔二二〕虽日驰千里，何适于用乎？乃曰学问不可以惮烦。故君子恶夫似之而非者也。〔二三〕

夫言所以明理，而文辞则所以载之之器也。虚车徒饰，〔二四〕而主者无闻，故溺于文辞者，不足与言文也。《易》曰："物相杂，故曰文。"又曰："其旨远，其辞文。"〔二五〕《书》曰："政贵有恒，辞尚体要。"〔二六〕《诗》曰："辞之辑矣，民之洽矣。"〔二七〕《记》曰："毋剿说，毋雷同，则古昔，称先王。"〔二八〕传曰："辞达而已矣。"曾子曰："出辞气，斯远鄙倍矣。"〔二九〕经传圣贤之言，未尝不以文为贵也。盖文固所以载理，文不备，则理不明也。且文亦自有其理，妍媸好丑，人见之者，不约而有同然之情，又不关于所载之理者，即文之理也。故文之至者，文辞非其所重尔，非无文辞也。而陋儒不学，猥曰"工文则害道"。〔三〇〕故君子恶夫似之而非者也。〔三一〕

陆士衡曰："虽杼轴于予怀，怵他人之我先；苟伤廉而愆义，亦虽爱而必捐。"〔三二〕盖言文章之士，极其心之所得，常恐古人先我而有是言；苟果与古人同，便为伤廉愆义，虽可爱之甚，必割之也。韩退之曰："惟古于文必己出，降而不能乃剿袭。"〔三三〕亦此意也。立言之士，以意为宗，〔三四〕盖与辞章家流不同科也。人同此心，心同此理。宇宙辽扩，故籍纷揉，安能必其所言古人皆未言邪？此无伤者一也。人心又有不同，如其面焉。〔三五〕苟无意而偶同，则其委折轻重，必有不尽同者，人自得而辨之。此无伤者二也。著书宗旨无多，〔三六〕其言则万千而未有已也，偶与古人相同，不过一二，所不同者，足以概其偶同。此无伤者三也。吾见今之立言者，本无所谓宗旨，引古人言而申明之，申明之旨，则皆古人所已具也。虽然，此则才弱者之所为，人一望而知之，终归覆瓿，〔三七〕于事固无所伤也。乃有黠者，易古人之貌，而袭其意焉。同时之人有创论者，申其意而讳所自焉。或闻人言其所得，未笔于书，而遽窃其意以为己有；他日其人自著为书，乃反出其后焉。且其私智小慧，足以弥缝其隙，而更张其端，使人瞢然莫辨其底蕴焉。自非为所窃者觌面质之，〔三八〕且穷其所未至，其欺未易败也。又或同其道者，亦尝究心反覆，勘其本末，其隐始可攻也。然而盗名欺世，已非一日之厉矣。而当时之人，且曰某甲之学，不下某氏，某甲之业，胜某氏焉。故君子恶夫似之而非者也。〔三九〕

万世取信者，夫子一人而已。夫子之言不一端，而贤者各得其所长，〔四〇〕不肖者各误于所似。"诲人不倦"，非渎蒙也。〔四一〕"予欲无言"，非绝教也。〔四二〕"好古敏求"，非务博也。〔四三〕"一以贯之"，非遗物也。〔四四〕盖一言而可以无所不包，虽夫子之圣，亦不能也。得其一言，不求是而求似，贤与不肖，存乎其人，夫子之所无如何也。孟子善学孔子者也。夫子言仁知，而孟子言仁义，〔四五〕夫子为东周，而孟子王齐、梁；〔四六〕夫子"信而好古"，孟子乃曰："尽信书，则不如无书。"〔四七〕而求孔子者，必自孟子也。〔四八〕故得其是者，不求似也。求得似者，必非其是者也。然而天下之误于其似者，皆曰吾得其是矣。〔四九〕

〔一〕按本篇题名《辨似》而意实懔乎剽袭，《言公中》已言及之。盖实斋议论，当日必有被人窃取而失其旨者。作年见《经解上》注〔一〕。

〔二〕见《礼记·礼运》文。

〔三〕见《文理》注〔一五〕。

〔四〕见《论语·公冶长》文。

〔五〕《礼记·大学》:"子曰:'听讼,吾犹人也,必也使无讼乎!无情者不得尽其辞,大畏民志。'"郑注云:"情,犹实也。无实者,多虚诞之辞。圣人之听讼,与人同耳;必使民无实者不敢尽其辞,大畏其心志,使诚其意不敢讼。"

〔六〕按此节总挈篇旨。《粤雅堂丛书》本此下不提行。志古堂本同。

〔七〕《楚辞·离骚》:"朝发轫于苍梧兮。"王逸注:"轫,搘轮木也。"洪氏《补注》:"轫,止车之木。将行,发之。"

〔八〕按此节谓同是一言,而有真似之辨。

〔九〕《孟子·滕文公上》:"后稷教民稼穑,树艺五谷。"赵岐注:"树,种。艺,殖也。五谷,稻、黍、稷、麦、菽也。"《诗·大雅·烝民》传:"烝,众也。"《书·皋陶谟》:"懋迁有无化居,烝民乃粒。"伪《孔传》:"米食曰粒。"

〔一〇〕《战国策·魏策二》:"昔者,帝女令仪狄作酒而美,进之禹。禹饮而甘之,遂疏仪狄,绝旨酒。曰:'后世必有以酒亡其国者。'"《御览》八百四十三《世本》:"仪狄始作酒醪。"

〔一一〕《孟子·尽心上》:"五亩之宅,树墙下以桑,匹妇蚕之,则老者足以衣帛矣。"《周礼·闾师》:"凡庶民不蚕者,不帛。"

〔一二〕蚩尤作兵,见《经解中》注〔二四〕。《御览》二百七十注:"蚩尤,神农臣也。"

〔一三〕按此节设譬。

〔一四〕见《易·系辞上》及《说卦》传文。按刘刻《遗书》本"谓"作"为",兹从《粤雅堂丛书》本正。又诸本"言"下敚"者"字,兹从《遗书》本补。

〔一五〕《孟子·尽心下》:"浩生不害问曰:'乐正子何人也?'孟子曰:'善人也,信人也。''何谓善?何为信?'曰:'可欲之谓善,有诸己之谓信，充实之谓美，充实而有光辉之谓大，大而化之之谓圣，圣而不可知之之谓神。乐正子二之中，四之下也。'”

〔一六〕张衡《东京赋》文，薛综注：“末学，谓不经根本。肤受，谓皮肤之不经于心胸。”

〔一七〕《孟子·尽心下》：“孔子曰：‘恶似而非者。恶莠，恐其乱苗也。恶佞，恐其乱义也。恶利口，恐其乱信也。恶郑声，恐其乱乐也。恶紫，恐其乱朱也。恶乡原，恐其乱德也。'”按此节证以学艺妙境。

〔一八〕见《庄子·列御寇》文。郭庆藩：“保汝，谓依汝也。僖二年《左传》：‘保于逆旅。’杜注：‘保，依也。’《史记·周本纪》：‘百姓怀之，多从而保归焉。’保归，谓依归也。司马训保为附。附，亦依也。王逸注《七谏》曰：‘依，保也。'”

〔一九〕《蜀志·诸葛亮传》注引《魏略》：“亮在荆州，以建安初与颍川石广元、徐元直、汝南孟公威等，俱游学，三人务于精熟，而亮独观其大略。”诸葛读书，得观其深，故超记诵而不寻行数墨也。

〔二〇〕按此节证以记诵。

〔二一〕崔豹《古今注》：“黄帝与蚩尤战于涿鹿之野。蚩尤作大雾，兵士皆迷。于是作指南车，以示四方，遂擒蚩尤。”不用指南针而能指南的车。

〔二二〕《庄子·列御寇》：“巧者劳而知者忧。无能者无所求，饱食而敖游，泛若不系之舟，虚而敖游者也。”指学问无宗主。

〔二三〕按此节证以劬学。

〔二四〕《周子通书·文辞》：“文，所以载道也。轮辕饰而人弗庸，徒饰也。况虚车乎！”

〔二五〕见《易·系辞下》文。

〔二六〕见《尚书·伪毕命》文。

〔二七〕见《诗·大雅·板》文。

〔二八〕见《礼记·曲礼上》文。

〔二九〕见《论语·卫灵公》及《泰伯》文。

〔三〇〕见《原道下》注〔三八〕。

〔三一〕按此节证以文辞。

〔三二〕见《文选》陆机《文赋》文。李善注云:“杼轴,以织喻也。虽出自己,情惧他人先己也。”此言作文虽出自己怀,当避去与人相同者。

〔三三〕韩愈《樊绍述墓志铭》:“惟古于词必己出,降而不能乃剽贼。后皆指前公相袭,从汉迄今用一律。”(《昌黎集》卷三十四,此引有小误。)

〔三四〕萧统《文选序》:“老、庄之作,管、孟之流,盖以立意为宗,不以能文为本。”

〔三五〕见《言公中》注〔五二〕。

〔三六〕《神僧传》:“佛图澄妙解深经,旁通世论,讲说之日,正标宗旨,使始末文言,昭然可了。”

〔三七〕《汉书·扬雄传》:“钜鹿侯芭常从雄居,受其《太玄》《法言》。刘歆亦尝往观之,谓雄曰:‘空自苦,今学者有禄利,尚不能明《易》,又如《玄》何?吾恐后人用覆酱瓿也。’雄笑而不应。”

〔三八〕《后汉书·朱浮传》:“浮以书质责之。”注:“质,正也。”

〔三九〕章氏《信摭》云:“邵二云侍读撰《尔雅正义》,尝以所独解者为人言之。乡曲獧子,于邵书未成,先窃其说,刊为别解。幸邵知之早,及以《正义》授刻,凡与其人谈及者,皆改易以避雷同。盖同时之人未知孰先孰后,恐滋后人惑也。”(刘刻《遗书》外编一)又《与邵二云论学书》云:“鄙性浅率,生平所得,无不见于言谈;至笔之于书,亦多新奇可喜。其间游士袭其谈锋,经生资为帖括,足下亦既知之,斯其浅焉者也。近则遨游南北,目见耳闻,自命专门著述者,率多阴用其言,阳更其貌,且有明翻其说,暗剿其意。几于李义山之敝缊，身无完肤；杜子美之残膏，人多沾丐。才非先哲，而涉境略同，言之可惭，亦可慨也。”（刘刻《遗书》卷九）观此知上所指说，实斋固有所感而发，非泛论也。按此上证以剽窃，为本篇主旨所在。

〔四〇〕韩愈《送王秀才埙序》：“孔子之道，大而能博，门弟子不能遍观而尽识也，故学焉而皆得其性之所近。”（《昌黎集》卷二十）

〔四一〕诲人不倦，见《论语·述而》文。《易·蒙》彖辞：“再三渎，渎则不告，渎，蒙也。”

〔四二〕见《论语·阳货》文。朱注：“学者多以言语观圣人，而不察其天理流行之实，有不待言而著者，是以徒得其言，而不得其所以言。故夫子发此以警之。”

〔四三〕《论语·述而》：“子曰：‘我非生而知之者，好古敏以求之者也。’”

〔四四〕按《论语》一以贯之有二，一见《里仁》，朱注谓以行言，一见《卫灵公》，朱注谓以知言。此指后者，已见《原道下》注〔三四〕。

〔四五〕《论语·雍也》：“子曰：‘知者乐水，仁者乐山。知者动，仁者静。知者乐，仁者寿。’”刘宝楠《正义》：“夫子体备仁智，故能言之，所谓善言德行也。”《易·系辞上》：“仁者见之谓之仁，知者见之谓之知。”均孔子言仁智之证。孟子昌言仁义，具见七篇，兹不具。

〔四六〕《论语·阳货》：“子曰：‘夫召我者，而岂徒哉？如有用我者，吾其为东周乎？’”孟子谓梁惠王：“养生丧死无憾，王道之始也。”告公孙丑：“以齐王，犹反手也。”孔子在春秋，诸侯尚尊周王，故孔子言东周；孟子在战国，诸侯已不尊王，故孟子王齐、梁。

〔四七〕《论语·述而》：“子曰：‘述而不作，信而好古，窃比于我老彭。’”《孟子·尽心下》：“孟子曰：‘尽信书，则不如无书。吾于《武成》，取二三策而已矣。以至仁伐至不仁，而何其血之流杵也？'"按《论语·八佾》："（子）谓《武》，尽美矣，未尽善也。"孔子称武王之乐为未尽善，则孔子于古亦有意见，并非全信。

〔四八〕韩愈《送王埙序》："故求观圣人之道者，必自孟子始。"（《昌黎集》卷二十）

〔四九〕按此上言得其是者，不求其似。

文史通义校注卷四

内篇四

说 林[一]

道,公也。学,私也。君子学以致其道,[二]将尽人以达于天也。人者何?聪明才力,分于形气之私者也。天者何?中正平直,本于自然之公者也。故曰道公而学私。

道同而术异者,韩非有《解老》《喻老》之书,[三]《列子》有《杨朱》之篇,[四]墨者述晏婴之事,[五]作用不同,而理有相通者也。术同而趣异者,子张难子夏之交,[六]荀卿非孟子之说,[七]张仪破苏秦之从,[八]宗旨不殊,而所主互异者也。

渥洼之驹,[九]可以负百钧[一〇]而致千里,合两渥洼之力,终不可致二千里。言乎绝学孤诣,性灵独至,纵有偏阙,非人所得而助也。两渥洼驹,不可致二千里;合两渥洼之力,未始不可负二百钧而各致千里。言乎鸿裁绝业,各效所长,纵有牴牾,[一一]非人所得而私据也。

文辞非古人所重，草创讨论，修饰润色，[一二]固已合众力而为辞矣。期于尽善，不期于矜私也。丁敬礼使曹子建润色其文，以谓后世谁知定吾文者，[一三]是有意于欺世也。存其文而兼存与定之善否，是使后世读一人之文，而获两善之益焉，所补岂不大乎？

司马迁袭《尚书》《左》《国》之文，非好同也，理势之不得不然也。司马迁点窜《尚书》《左》《国》之文，班固点窜司马迁之文，非好异也，理势之不得不然也。[一四]有事于此，询人端末，岂必责其亲闻见哉？张甲述所闻于李乙，岂盗袭哉？人心不同，如其面也。张甲述李乙之言，而声容笑貌，[一五]不能尽为李乙，岂矫异哉？

孔子学周公，[一六]周公监二代，[一七]二代本唐、虞，唐、虞法前古，故曰："道之大原出于天。"[一八]盖尝观于山下出泉，沙石隐显，流注曲直，因微渐著，而知江河舟楫之原始也。观于孩提呕哑，有声无言，形揣意求，而知文章著述之最初也。

有一代之史，有一国之史，有一家之史，有一人之史。整齐故事，与专门家学之义不明，详《释通》《答客问》。而一代之史，鲜有知之者矣。州县方志，与列国史记之义不明，详《方志》篇。[一九]而一国之史，鲜有知之者矣。谱牒不受史官成法，详《家史》篇。[二〇]而一家之史，鲜有知之者矣。诸子体例不明，文集各私撰著，而一人之史，鲜有知之者矣。

展喜受命于展禽，[二一]则却齐之辞，谓出展禽可也，谓出展喜可也。弟子承师说而著书，友生因咨访而立解，后人援古义而敷言，不必讳其所出，亦自无愧于立言者也。

子建好人讥诃其文，有不善者，应时改定；[二二]讥诃之言可存也，改定之文亦可存也。意卓而辞踬者，润丹青于妙笔；辞丰而学疏者，资卷轴于腹笥。[二三]要有不朽之实，取资无足讳也。

陈琳为曹洪作书上魏太子，言破贼之利害，此意诚出曹洪，明取陈琳之辞，收入曹洪之集可也。今云："欲令陈琳为书，琳顷多事，故竭老夫之思。"又云："怪乃轻其家邱，谓为倩人。"〔二四〕此掩著之丑也，不可入曹洪之集矣。

譬彼禽鸟，志识其身，文辞其羽翼也。有大鹏千里之身，而后可以运垂天之翼。〔二五〕鷃雀假雕鹗之翼，〔二六〕势未举而先踬矣，况鹏翼乎？故修辞不忌夫暂假，而贵有载辞之志识，与己力之能胜而已矣。噫！此难与溺文辞之末者言也。

诸子一家之宗旨，文体峻洁，而可参他人之辞。文集，杂撰之统汇，体制兼该，而不敢入他人之笔。其故何耶？盖非文采辞致，不如诸子；而志识卓然，有其离文字而自立于不朽者，不敢望诸子也。果有卓然成家之文集，虽入他人之代言，何伤乎！

庄周《让王》《渔父》诸篇，辨其为真为赝；〔二七〕屈原《招魂》《大招》之赋，争其为玉为瑳；〔二八〕固矣夫！文士之见也。

醴泉，〔二九〕水之似醴者也。天下莫不饮醴，而独恨不得饮醴泉，甚矣！世之贵夫似是而非者也。

著作之体，援引古义，袭用成文，不标所出，非为掠美，体势有所不暇及也。亦必视其志识之足以自立，而无所藉重于所引之言；且所引者，并悬天壤，而吾不病其重见焉，乃可语于著作之事也。考证之体，一字片言，必标所出。所出之书，或不一二而足，则必标最初者。譬如马、班并有，用马而不用班。最初之书既亡，则必标所引者。譬如刘向《七略》既亡，而部次见于《汉·艺文志》，阮孝绪《七录》既亡，而阙目见于《隋·经籍志》注。则引《七略》《七录》之文，必云《汉志》《隋注》。乃是慎言其余之定法也。书有并见，而不数其初，陋矣。引用逸书而不标所出，使人观其所引，一似逸书犹存。罔矣。以考证之体，而妄援著作之义，以自文其剽窃之私焉，谬矣。

文辞，犹三军也；志识，其将帅也。李广入程不识之军，而旌旗壁垒一新焉，[三〇]固未尝物物而变，事事而更之也。知此意者，可以袭用成文，而不必己出者矣。

文辞，犹舟车也；志识，其乘者也。轮欲其固，帆欲其捷，凡用舟车，莫不然也。东西南北，存乎其乘者矣。知此义者，可以以我用文，而不致以文役我者矣。

文辞，犹品物也；志识，其工师也。橙橘樝梅，庖人得之，选甘脆以供笾实也；医师取之，备药毒以疗疾疢也。知此义者，可以同文异取，同取异用，而不滞其迹者矣。古书断章取义，各有所用，拘儒不达，介介而争。

文辞，犹金石也；志识，其炉锤也。神奇可化臭腐，臭腐可化神奇。[三一]知此义者，可以不执一成之说矣。有所得者即神奇，无所得者即臭腐。

文辞，犹财货也；志识，其良贾也。人弃我取，人取我与，[三二]则贾术通于神明。知此义者，可以斟酌风尚而立言矣。风尚偏趋，贵有识者持之。

文辞，犹药毒也；志识，其医工也。疗寒以热，热过而厉甚于寒；疗热以寒，寒过而厉甚于热。良医当实甚，而已有反虚之忧，故治偏不激，而后无余患也。知此义者，可以拯弊而处中矣。

转桔槔[三三]之机者，必周上下前后而运之。上推下挽，力所及也。正前正后，力不及也。倍其推，则前如坠，倍其挽，则后如跃，倍其力之所及，以为不及之地也。人之聪明知识，必有力所不及者，不可不知所倍以为之地也。

五味之调，八音之奏，[三四]贵同用也。先后尝之，先后听之，不成味与声矣。邮传之达，刻漏之直，[三五]贵接续也。并驰同止，并直同休，不成邮与漏矣。书有数人共成者，历先后之传而益精，获同时之助而愈疏也；先后无争心，而同时有胜气也；先后可授受，而同时难互喻也；先后有补救，而同时鲜整暇[三六]也。

人之有能有不能者，无论凡庶圣贤，有所不免者也。以其所能而易其不能，则所求者，可以无弗得也。主义理者拙于辞章，能文辞者疏于征实，三者交讥而未有已也。义理存乎识，辞章存乎才，征实存乎学，刘子玄所以有三长难兼之论也。〔三七〕一人不能兼，而咨访以为功，未见古人绝业不可复绍也。私心据之，惟恐名之不自我擅焉，则三者不相为功，而且以相病矣。

所谓好古者，非谓古之必胜乎今也，正以今不殊古，而于因革异同，求其折衷也。古之糟魄，可以为今之精华。非贵糟魄而直以为精华也，因糟魄之存，而可以想见精华之所出也。如类书本无深意，古类书，尤不如后世类书之详备，然援引古书，为后世所不可得者，藉是以存，亦可贵宝矣。古之疵病，可以为后世之典型。〔三八〕非取疵病而直以之为典型也，因疵病之存，而可以想见典型之所在也。如《论衡》最为偏驳，然所称说，有后世失其传者，未尝不藉以存。是则学之贵于考征者，将以明其义理尔。

出辞气，斯远鄙倍矣。〔三九〕倍者修辞之罪人，鄙则何以必远也？不文则不辞，辞不足以存，而将并所以辞者亦亡也。诸子百家，悖于理而传者有之矣，未有鄙于辞而传者也。理不悖而鄙于辞，力不能胜；辞不鄙而悖于理，所谓五谷不熟，不如荑稗也。〔四〇〕理重而辞轻，天下古今之通义也。然而鄙辞不能夺悖理，则妍媸好恶之公心，亦未尝不出于理故也。

波者水之风，风者空之波，梦者心之华，文者道之私。止水无波，静空无风，至人无梦，〔四一〕至文无私。

演口技者，能于一时并作人畜、水火、男妇、老稚千万声态，〔四二〕非真一口能作千万态也。千万声态，齐于人耳，势必有所止也。取其齐于耳者以为止，故操约而致声多也。工绘事者，能于尺幅并见远近、浅深、正侧、回互千万形状，〔四三〕非真尺幅可具千万状也。千万形状齐于人目，势亦有所止也。取其齐于目者以为止，故笔简而著形众也。夫声色齐于耳目，义理齐于人心，〔四四〕等也。诚得义理之所齐，而文辞以是为止焉，可以与言著作矣。

天下有可为其半，而不可为其全者。偏枯之药，可以治偏枯；倍其偏枯之药，不可以起死人也。此说见《吕氏春秋》。〔四五〕天下有可为其全，而不可为其半者。樵夫担薪两钧，捷步以趋；去其半而不能行，非力不足，势不便也。风尚所趋，必有其弊，君子立言以救弊，归之中正而已矣。惧其不足夺时趋也，而矫之或过，〔四六〕则是倍用偏枯之药而思起死人也。仅取救弊，而不推明斯道之全量，则是担薪去半，而欲恤樵夫之力也。

十寸为尺，八尺曰寻。度八十尺而可得十寻，度八百寸而不可得十寻者，积小易差也。〔四七〕一夫之力，可耕百亩，合八夫之力而可耕九百亩者，〔四八〕集长易举也。学问之事，能集所长，而不泥小数，善矣。

风会所趋，庸人亦能勉赴；风会所去，豪杰有所不能振也。汉廷重经术，卒史亦能通六书，吏民上书，讹误辄举劾。〔四九〕后世文学之士，不习六书之义者多矣。羲之俗书，见讥韩氏，韩氏又云："为文宜略识字。"〔五〇〕岂后世文学之士，聪明智力，不如汉廷卒史之良哉？风会使然也。越人相矜以燕语，能为燕语者，必其熟游都会，长于阅历，而口舌又自调利过人者也。及至燕，则庸奴贱婢，稚女髫童，皆燕语矣。以是矜越语之丈夫，岂通论哉？仲尼之门，五尺童子羞称五霸。〔五一〕必谓五尺童子，其才识过于管仲、狐、赵〔五二〕诸贤焉，夫子之所不许也。五谷之与稊稗，其贵贱之品，有一定矣。然而不熟之五谷，犹逊有秋之稊稗焉。而托一时风会所趋者，诩然自矜其途辙，以谓吾得寸木，实胜彼之岑楼焉，〔五三〕其亦可谓不达而已矣。尊汉学，尚郑、许，今之风尚如此，此乃学古，非即古学也，居然唾弃一切，若隐有所恃。

王公之仆圉，未必贵于士大夫之亲介也。〔五四〕而是仆圉也，出入朱门甲第,[五五]诩然负异而骄士大夫曰:“吾门大。”不知士大夫者固得叱而系之,以请治于王公,王公亦必挞而楚之,以谢闲家之不饬也。学问不求有得,而矜所托以为高,王公仆圉之类也。

“丧欲速贫,死欲速朽”,有子以谓非君子之言;[五六]然则有为之言,不同正义,圣人有所不能免也。今之泥文辞者,不察立言之所谓,而遽断其是非,是欲责人才过孔子也。

《春秋》讥佞人。《公羊传》。[五七]夫子尝曰:“恶佞口之覆邦家者。”[五八]是佞为邪僻之名矣。或人以为“雍也仁而不佞”。[五九]或人虽甚愚,何至惜仁人以不能为邪僻?且古人自谦称不佞,[六〇]岂以不能邪僻为谦哉?是则佞又聪明才辨之通称也。荀子著《性恶》,以谓圣人为之“化性而起伪”。[六一]伪于六书,人为之正名也。荀卿之意,盖言天质不可恃,而学问必藉于人为,非谓虚诳欺罔之伪也。而世之罪荀卿者,以谓诬圣为欺诳,是不察古人之所谓,而遽断其是非也。

古者文字无多,转注通用,[六二]义每相兼。诸子著书,承用文字,各有主义,如军中之令,官司之式,自为律例,其所立之解,不必彼此相通也。屈平之灵修,[六三]庄周之因是,[六四]韩非之参伍,[六五]鬼谷之捭阖,[六六]苏张之纵衡,[六七]皆移置他人之书而莫知其所谓者也。佛家之根、尘、法、相,法律家之以、准、皆、各、及、其、即、若,皆是也。

冯煖问孟尝君,收责反命,何市而归?则曰:“视吾家所寡有者。”[六八]学问经世,文章垂训,如医师之药石偏枯,亦视世之寡有者而已矣。以学问文章,徇世之所尚,是犹既饱而进粱肉,既暖而增狐貉也。非其所长,而强以徇焉,是犹方饱粱肉,而进以糠秕,方拥狐貉,而进以裋褐也。[六九]其有暑资裘而寒资葛者,吾见亦罕矣。

宝明珠者,必集鱼目。尚美玉者,必竞碔砆。[七〇]是以身有一影,而罔两[七一]居二三也。罔两乃影旁微影,见《庄子》注。然而鱼目碔砆之易售，较之明珠美玉为倍捷也。珠玉无心，而碔砆有意，有意易投也。珠玉难变，而碔砆能随，能随易合也。珠玉自用，而碔砆听用，听用易惬也。珠玉操三难之势而无一定之价，碔砆乘三易之资而求价也廉，碔砆安得不售，而珠玉安得不弃乎？

鸩之毒也，犀可解之。[七二]瘴之厉也，槟榔苏之。[七三]有鸩之地，必有犀焉。瘴厉之乡，必有槟榔。天地生物之仁，亦消息制化之理有固然也。汉儒传经贵专门，[七四]专门则渊源不紊也。其弊专己守残，而失之陋。刘歆《七略》，论次诸家流别，而推《官礼》之遗焉，[七五]所以解专陋之瘴厉也。唐世修书置馆局，[七六]馆局则各效所长也。其弊则漫无统纪，[七七]而失之乱。刘知几《史通》，扬搉古今利病，而立法度之准焉，[七八]所以治散乱之瘴厉也。学问文章，随其风尚所趋，而瘴厉时作者，不可不知槟榔犀角之用也。

所虑夫药者，为其偏于治病，病者服之可愈，常人服之，或反致于病也。夫天下无全功，圣人无全用。五谷至良贵矣，食之过乎其节，未尝不可以杀人也。是故知养生者，百物皆可服。知体道者，诸家皆可存。六经三史，[七九]学术之渊源也。吾见不善治者之瘴厉矣。

学问文章，聪明才辨，不足以持世，所以持世者，存乎识也。所贵乎识者，非特能持风尚之偏而已也，知其所偏之中，亦有不得而废者焉。非特能用独擅之长而已也，知己所擅之长，亦有不足以该者焉。不得而废者，严于去伪，风尚所趋，不过一偏，惟伪托者，并其偏得亦为所害。而慎于治偏，真有得者，但治其偏足矣。则可以无弊矣。不足以该者，阙所不知，而善推能者；无有其人，则自明所短，而悬以待之，人各有能有不能，充类至尽，圣人有所不能，庸何伤乎？今之伪趋逐势者，无足责矣。其间有所得者，遇非己之所长，则强不知为知，否则大言欺人，以谓此外皆不足道。夫道大如天，彼不见天者，曾何足论。己处门内，偶然见天，而谓门外之天皆不足道，有是理乎？曾见其人，未暇数责。亦可以无欺于世矣。夫道公而我独私之，不仁也。

风尚所趋，循环往复，不可力胜，乃我不能持道之平，亦入循环往复之中，而思以力胜，不智也。不仁不智，不足以言学也。不足言学，而嚣嚣言学者乃纷纷也。〔八○〕

〔一〕《史记·韩非传》索隐："说林者，广引诸事，其多如林，故曰说林也。"本篇所论，多发《原道》《原学》《言公》《辨似》诸篇之义。

〔二〕见《论语·子张》文。

〔三〕《韩非传》索隐："今按《韩子》书有《解老》《喻老》二篇，是大抵亦崇黄、老之学也。"熊十力先生云："《解老》不必韩非所作，但必出于老氏之徒而融会法家言者之手。故法家之徒，取之以入韩非之书。"（《十力语要》卷二）

〔四〕《汉书·艺文志》有《列子》八篇。今所传《列子》书，世多疑为伪托，非复《汉志》所称之旧。宋濂《诸子辨》："《天瑞》《黄帝》二篇，虽多设辞，而其离形去智，泊然虚无，飘然与大化游，实道家之要言。至于《杨朱》《力命》则为我之意多，疑即古杨朱书其未亡者，剿附于此。"别见《诗教上》注〔一五〕。

〔五〕见《言公上》注〔三七〕。

〔六〕见《朱陆》注〔五〕。

〔七〕《荀子·非十二子》："略法先王而不知其统，犹然而材剧志大，闻见杂博，案往旧造说，谓之五行，甚僻违而无类，幽隐而无说，闭约而无解，案饰其辞而祗敬之曰：此真先君子之言也。子思唱之，孟轲和之。世俗之沟犹瞀儒（愚儒），嚾嚾（喧嚣）然不知其所非也，遂受而传之，以为仲尼、子游为兹厚于后世。是则子思、孟轲之罪也。"

〔八〕《史记·张仪传》："仪相秦四岁，立惠王为王。已而免相，相魏以为秦。欲令魏先事秦，而诸侯效之。魏王不肯听仪。仪惭无以归报，留魏四岁，而魏襄王卒，哀王立。张仪复说哀王。哀王不听。

于是张仪阴令秦伐魏。魏与秦战败。明年，齐又来败魏于观津。秦复欲攻魏，先败韩申差军，斩首八万，诸侯震恐。而张仪复说魏王曰：'今从者，一天下，约为昆弟，刑白马以盟洹水之上，以相坚也。而亲昆弟，同父母，尚有争钱财，而欲恃诈伪反覆苏秦之余谋，其不可成亦明矣。'魏王乃倍从约，而因仪请成于秦。"按仪破从约始此，时周慎靓王四年也。

〔九〕《史记·乐书》："尝得神马渥洼水中。"按渥洼水在今甘肃安西县，党河之交流也。

〔一〇〕《孟子·梁惠王上》："吾力足以举百钧。"赵注："百钧，三千斤也。"

〔一一〕见《原道下》注〔一〇〕。

〔一二〕《左传》襄三十一年："郑国将有诸侯之事，子产乃问四国之为于子羽，且使多为辞令，与裨谌乘以适野，使谋可否，而告冯子简使断之，事成，乃授子大叔使行之，以应对宾客，是以鲜有败事。"《论语·宪问》："子曰：'为命，裨谌草创之，世叔讨论之，行人子羽修饰之，东里子产润色之。"

〔一三〕《文选》曹植《与杨德祖书》："昔丁敬礼常作小文，使仆润饰之。仆自以才不过若人，辞不为也。敬礼谓仆，卿何疑难？文之佳恶，吾自得之，后世谁相知定吾文者邪？吾常叹此达言，以为美谈。"丁廙字敬礼，沛郡人，与兄仪并善于曹植，文帝即位，被诛。

〔一四〕《史记》所采摭，见《言公上》注〔四七〕。《廿二史札记》二："《汉书》，武帝以前，纪传多用《史记》原文，惟推换之法，别见翦裁。"《文心雕龙·序志》："及其品列成文，有同乎旧谈者，非雷同也，势自不可异也；有异乎前论者，非苟异也，理自不可同也。"

〔一五〕《孟子·离娄上》："恭俭岂可以声音笑貌为哉？"

〔一六〕见《原道上》注〔三九〕。

〔一七〕见《原道上》注〔一九〕。

〔一八〕见《原道上》注〔二〕。

〔一九〕按《方志》今不传。或即指《方志辨体》(刘刻《遗书》卷第十四)。

〔二〇〕按《家史》今不传。《高邮沈氏家谱序》(刘刻《遗书》卷廿一)、《和州志氏族表序例》(《外篇》一)略可当之。

〔二一〕《左传》僖二十六年:"夏,齐孝公伐我北鄙。公使展喜犒师,使受命于展禽。齐侯未入竟,展喜从之,曰:'寡君闻君亲举玉趾,将辱于敝邑,使下臣犒执事。'齐侯曰:'鲁人恐乎?'对曰:'小人恐矣;君子则否。'齐侯曰:'室如县罄,野无青草,何恃而不恐?'对曰:'恃先王之命。昔周公、太公股肱周室,夹辅成王。成王劳之,而赐之盟曰:世世子孙,无相害也。载在盟府,大师职之。桓公是以纠合诸侯,而谋其不协,弥缝其阙,而匡救其灾,昭旧职也。及君即位,诸侯之望曰:其率桓之功。我敝邑用不敢保聚。曰:岂其嗣世九年,而弃命废职,其若先君何?君必不然,恃此以不恐。'齐侯乃还。"

〔二二〕曹植《与杨德祖书》:"世人之著述,不能无病。仆常好人讥弹其文,有不善者,应时改定。"

〔二三〕卷轴,谓书也。《南史·陆澄传》:"然见卷轴未必多仆。"笥,书簏也。《后汉书·边韶传》:"腹便便,五经笥。"

〔二四〕《文选》陈琳《为曹洪与魏文帝书》:"得九月二十日书,读之喜笑,把玩无厌。亦欲令陈琳作报,琳顷多事,不能得为。念欲远以为欢,故自竭老夫之思。辞多不可一一,粗举大纲,以当谈笑。"又云:"间自入益部,仰司马、杨、王遗风,有子胜斐然之志,故颇奋文辞,异于他日。怪乃轻其家丘,谓为倩人,是何言欤?"注引《邴原别传》曰:"原游学,诣孙崧。崧曰:'君以郑君而舍之,以郑君为东家丘也。'原曰:'君以郑君为东家丘,以仆为西家愚夫邪?'"《家语》:'孔子西家有愚夫,不知孔子为圣人,乃曰彼东家丘。”

〔二五〕《庄子·逍遥游》:“鲲之大不知其几千里也,化而为鸟,其名为鹏。鹏之背,不知其几千里也。怒而飞,其翼若垂天之云。”

〔二六〕许慎《淮南子》注:“鷃雀飞不过一尺。”(《文选·七启》注引)《汉书·邹阳传》:“鸷鸟累百,不如一鹗。”

〔二七〕《庄子》之《让王》《盗跖》《说剑》《渔父》四篇,苏轼以为后人伪作。见《言公上》注〔三六〕。

〔二八〕王逸《招魂章句》:“《招魂》者,宋玉之所作也。”林云铭《楚辞灯》:“以首尾自叙乱辞,及太史公传赞之语”,决其为屈原作。王逸《大招章句》:“《大招》者,屈原之所作也。或曰景瑳。疑不能明也。”叶树藩曰:“《招魂》一篇,自王叔师定为宋玉所作,千余年来,未有异议。至明黄维章始取二《招》归之于原,近世颇有宗其说者。论虽未醇,亦足广学者之识。”

〔二九〕《尔雅·释天》:“甘雨时降,万物以嘉,谓之醴泉。”

〔三〇〕《史记·李将军列传》:“程不识故与李广俱以边太守将军屯。及出击胡,而广行无部伍行阵,就善水草屯舍止,人人自便,不击刁斗以自卫,莫府省约文书籍事;然亦远斥候,未尝遇害。程不识正部曲行伍营阵,击刁斗,士吏治军簿至明,军不得休息;然亦未尝遇害。是时汉边郡,李广、程不识皆为名将。然匈奴畏李广之略,士卒亦多乐从李广而苦程不识。”《唐书·李光弼传》:“初与郭子仪齐名,世称郭、李,而战功推为中兴第一。其代子仪朔方也,营垒士卒麾帜无所更,而光弼一号令之,气乃益精明。”此盖兼用其事。

〔三一〕见《书教下》注〔三二〕。

〔三二〕《史记·货殖传》:“当魏文侯时,李克务尽地力,而白圭乐观时变,故人弃我取,人取我与。”宋俞成《萤雪丛说》下:“节孝先生徐积因读《史记·货殖传》,见人弃我取,人取我与,遂悟作文之法。”

〔三三〕《庄子·天地》:“凿木为机,后重前轻,挈水若抽,数如泆汤,其名为槔。”又《天运》:“子独不见夫桔槔者乎?引之则俯,舍之则仰。”

〔三四〕见《言公上》注〔八〕及注〔九〕。

〔三五〕《孟子·公孙丑上》:“速于置邮而传命。”焦循《正义》:“马递曰置。步递曰邮。”《隋书·天文志》:“昔黄帝创观漏水,制器取则,以分昼夜。”《说文》:“漏,以铜受水,刻节,昼夜百节。从水扇。取扇下之义。”《文选》注引司马彪云:“孔壶为漏,浮箭为刻,下漏数刻,以考中星昏明星焉。”

〔三六〕《左传》成十六年:“日臣之使于楚也,子重问晋国之勇,臣对曰:‘好以众整。’曰:‘又何如?’臣对曰:‘好以暇。’”

〔三七〕见《史德》注〔五〕。

〔三八〕《诗·大雅·荡》:“虽无老成人,尚有典刑。”郑笺云:“犹有常事故法,可案用也。”

〔三九〕见《原道下》注〔三七〕。

〔四〇〕《孟子·告子上》:“五谷者,种之美者也;苟为不熟,不如荑稗。”

〔四一〕《庄子·德充符》:“人莫鉴于流水,而鉴于止水。”《大宗师》:“古之真人,其寝不梦。”

〔四二〕叶注引林嗣环《秋声诗自序》:“京中有善口技者,会宾客大宴。于厅事之东北角,施八尺屏障。口技人坐屏障中,一桌、一椅、一扇、一抚尺而已。众宾团坐,少顷,但闻屏障中抚尺二下,满堂寂然,无敢哗者。遥闻深巷犬吠声,便有妇人惊觉,摇其夫,语猥亵事。夫呓语,初不甚应。妇摇之不止,则二人语声间杂,床又从中戛戛。既而儿醒,大啼。夫令妇抚儿乳。儿含乳啼,妇拍而呜之。夫起溺。妇亦抱儿起溺。床上又一大儿醒,狺狺不止。当是时,妇手拍儿声，口中呜声，儿含乳啼声，大儿初醒声，床声，夫叱大儿声，溺瓶中声，溺桶中声，一齐凑发，众妙毕备。满座宾客，无不伸颈侧目，微笑嘿叹，以为妙绝也。既而夫上床寝。妇又呼大儿溺毕，都上床寝。小儿亦渐欲睡。夫齁声起。妇拍儿亦渐拍渐止。微闻有鼠作作索索，盆器倾侧，妇梦中咳嗽之声。宾客少舒，稍稍正坐。忽一人大呼火起，夫起大呼，妇亦起大呼，两儿齐哭。俄而百千人大呼，百千儿哭，百千狗吠。中间力拉崩倒之声，火爆声，呼呼风声，百千齐作。又夹百千求救声，曳屋许许声，抢夺声，拨水声，凡所应有，无所不有。虽人有百手，手有百指，不能指其一端。人有百口，口有百舌，不能名其一处也。于是宾客无不变色离席，奋袖出臂，两股战战，几欲先走。而忽然抚尺一下，群响毕绝。撤屏视之，一人、一桌、一扇、一抚尺而已。”（《虞初新志》卷一）

〔四三〕《韩非子·外储说左上》：“客有为周君画策者，三年而成。君观之，与髹策者同状。周君大怒。画策者曰：‘筑十版之墙，凿八尺之牖，而以日始出时加策其上而观。’周君为之，望见其状尽成龙蛇、禽兽、车马万物之状备具。周君大悦。”

〔四四〕见《原道下》注〔七〕。

〔四五〕《吕氏春秋·似顺论·别类》：“鲁人有公孙绰者，告人曰：‘我能起死人。’人问其故。对曰：‘我固能治偏枯。今吾倍所以为偏枯之药，则可以起死人矣。’物固有可以为小，不可以为大；可以为半，不可以为全者也。”

〔四六〕《南史·王琨传》：“琨避讳过甚。父名怿，母名恭心，并不得犯。时咸谓矫枉过正。”

〔四七〕枚乘《上书谏吴王》：“夫铢铢而称之，至石必差。寸寸而度之，至丈必过。石称丈量，径而寡失。”

〔四八〕《孟子·滕文公上》：“方里而井，井九百亩，其中为公田，八家皆私百亩，同养公田。公事毕，然后敢治私事。”焦循《正义》：“助法，八家皆私百亩，同养公田。则每以二亩半为庐井宅园圃，余八十亩，八家同养。”

〔四九〕许慎《说文序》：“尉律，学僮十七已上始试，讽籀书九千字，乃得为史。又以八体试之，郡移太史并课，最者以为尚书史。书或不正，辄举劾之。”

〔五〇〕韩愈《石鼓文》：“羲之俗书趁姿媚，数纸尚可博白鹅。”（《昌黎集》卷五）又《科斗书后记》：“凡为文辞，宜略识字。”（《昌黎集》卷十三）

〔五一〕《荀子·仲尼》：“仲尼之门，五尺之竖子，言羞称乎五霸。”

〔五二〕管仲相齐桓，狐偃、赵衰佐晋文，均霸者之佐。

〔五三〕《孟子·告子下》：“不揣其本而齐其末，方寸之木可使高于岑楼。”赵岐注：“岑楼，山之锐岭者。”

〔五四〕《说文》：“仆，给事者。圉人，掌马者。”古者，主有摈，客有介。《礼记·聘义》：“上公七介，侯伯五介，子男三介。”

〔五五〕《晋书·麴允传》：“南开朱门，北望青楼。”张衡《西京赋》：“北阙甲第，当道直启。”薛综注：“第，馆也。甲，言第一也。”李善曰：“《汉书》曰：‘赐霍光甲第一区。’《音义》曰：‘有甲乙次第，故曰第也。’”

〔五六〕见《文德》注〔二六〕。

〔五七〕《公羊传》庄十七年：“春，齐人执郑瞻。郑瞻者何？郑之微者也。此郑之微者，何言乎齐人执之？书甚佞也。”何注：“为甚佞，故书恶之。”

〔五八〕见《论语·阳货》文。“佞口”，应作“利口”。

〔五九〕见《论语·公冶长》文。《史记·仲尼弟子列传》：“冉雍字仲弓。”郑《目录》云：“鲁人。”

〔六〇〕《国语·晋语》：“夷吾不佞。”

〔六一〕《荀子·性恶》:“人之性恶,其善者伪也。故圣人化性而起伪。伪起而生礼义。”杨倞注云:“伪,为也,矫也。矫其本性也。凡非本性而人作为之者,皆谓之伪。”

〔六二〕段玉裁注《说文解字序》转注曰:“转注,犹言互训也。注者,灌也。数字展转,互相为训,如诸水相为灌注,交输互受也。”

〔六三〕《楚辞·离骚》:“指九天以为正兮,夫唯灵修之故也。”王逸注:“灵,神也。修,远也。能神明远见者,君德也。故以谕君。”

〔六四〕《庄子·齐物论》:“是以圣人不由,而照之于天,亦因是也。”郭象注:“夫怀豁者,因天下之是非,而自无是非也。”

〔六五〕《韩非子·扬权》:“虚静无为,道之情也。参伍比物,事之形也。参之以比物,伍之以合虚,根干不革,则动泄不失矣。”旧注云:“参,三也。伍,五也。谓所陈之事,或参之以比物之情,或伍之以合虚之数,常令根干坚植,不有移革,如此,则动之散皆无所失泄也。”

〔六六〕见《易教下》注〔四六〕。

〔六七〕《史记·苏秦传》:“夫衡人者,皆欲割诸侯之地以予秦。故窃为大王计,莫如一韩、魏、齐、楚、燕、赵以从亲。”《索隐》曰:“按衡人,即游说从横之士也。东西为横,南北为从。秦地形东西横长,故张仪相秦,为秦连横。”别见《易教下》注〔四四〕。

〔六八〕《战国策·齐策》:“齐人有冯煖者,贫乏不能自存,使人属孟尝君,愿寄食门下。后孟尝君出记,问门下:‘谁习计会,能为文收责于薛者乎?’冯煖署曰‘能’。于是约车治装,载券契而行,辞曰:‘责毕收,以何市而反?’孟尝君曰:‘视吾家所寡有者。’驱而之薛。使吏召诸民,当偿者悉来合券。券遍合赴,矫命以责赐诸民,因烧其券。民称万岁。长驱至齐,晨而求见。孟尝君曰:‘责毕收乎?’曰:‘收毕矣。’‘以何市而反?’冯煖曰:‘君云视吾家所寡有者。臣窃计君宫中积珍宝,狗马实外厩,美人充下陈,君家所寡有者以义耳。臣窃以为君市义。'"

〔六九〕《史记·秦始皇本纪》:"贫者利裋褐。"徐广曰:"裋,小襦也,音竖。"《诗·豳风·七月》:"无衣无褐,何于卒岁?"传:"褐,毛布也。"

〔七〇〕《韩诗外传》:"白骨类象,鱼目似珠。"《参同契》:"鱼目岂为珠?蓬蒿不代槚。"《战国策·魏策》:"武夫似玉,白骨疑象,皆似之而非也。"《文选·上林赋》:"碝玉碱硖。"注引张揖曰:"碱硖,石之次玉者,赤地白采,葱茏白黑不分。"

〔七一〕《庄子·齐物论》:"罔两问景。"郭象注:"罔两,景外之微阴也。"

〔七二〕《说文》:"鸩,毒鸟也。"《本草纲目》:"犀角杀钩吻、鸩羽、蛇毒。"

〔七三〕陆游《避暑漫抄》:"岭南或见异物从空坠,始如弹丸,渐如车轮,遂四散,人中之即病,谓之瘴母。"《本草图经》:"槟榔生南海及岭外州郡,大如桄榔,高五七丈,正直无枝,皮似青桐,节如桂竹,叶生木巅,似楯头又似芭蕉,实作房,从叶中出,一房数百,状如鸡子。"《本草纲目》:"槟榔御瘴疠。"

〔七四〕见《原道下》注〔五〕。

〔七五〕《七略》,见《书教上》注〔一四〕。《校雠通义·原道》:"刘歆盖深明乎古人官师合一之道,而有以知乎私门初无著述之故也。何则?其叙六艺而后次及诸子百家,必云某家者流盖出于古者某官之掌,其流而为某氏之学,失而为某氏之弊。其云某官之掌,即法具于官,官守其书之义也。其云流而为某家之学,即官司失职,而师弟传业之义也。其云失而为某氏之弊,即孟子所谓生心发政,作政害事。辨而别之,盖欲庶几于知言之学者也。"

〔七六〕《旧唐书·职官志》:"历代史官,隶秘书著局。贞观三年,始移史局于禁中,在门下省北。宰相监修国史,遂成故事。"

〔七七〕《史通·史官建置》:"近代趋竞之士,尤喜居于史职,至于措词下笔者,十无一二焉。既而书成缮写,则署名同献;爵赏既行,则攘袂争受;遂使是非无准,真伪相杂。"

〔七八〕《史通》见《史德》注〔二〕。《四库提要》谓:"内篇皆论史家体例,辨别是非。外篇则述史籍源流,及杂评古人得失。"此可见《史通》之大凡。

〔七九〕《庄子·天运》:"丘治《诗》《书》《礼》《乐》《易》《春秋》六经。"秦火后,《乐经》亡。《十驾斋养新录》卷六:"《续汉书·郡国志》:'今录中兴以来郡县改异,及《春秋》、三史会同征伐地名。'三史,谓《史记》《汉书》《东观汉记》也。自唐以来,《东观记》失传,乃以范蔚宗书当三史之一。"

〔八〇〕刘咸炘《识语》云:"首段及末二段最精要。"

知　难〔一〕

为之难乎哉?知之难乎哉?夫人之所以谓知者,非知其姓与名也,亦非知其声容之与笑貌也;读其书,知其言,知其所以为言而已矣。读其书者,天下比比矣;知其言者,千不得百焉。知其言者,天下寥寥矣;知其所以为言者,百不得一焉。然而天下皆曰:我能读其书,知其所以为言矣。此知之难也。人知《易》为卜筮之书矣;夫子读之,而知作者有忧患,〔二〕是圣人之知圣人也。人知《离骚》为词赋之祖矣;司马迁读之,而悲其志,〔三〕是贤人之知贤人也。夫不具司马迁之志,而欲知屈原之志,不具夫子之忧,而欲知文王之忧,则几乎罔矣。然则古之人,有其忧与其志,不幸不得后之人有能忧其忧,志其志,而因以湮没不章者,盖不少矣。〔四〕

刘彦和曰:"《储说》始出,《子虚》初成,秦皇、汉武恨不同时,既同时矣,韩囚马轻。"〔五〕盖悲同时之知音不足恃也。夫李斯之严畏韩非,〔六〕孝武之俳优司马,〔七〕乃知之深,处之当,而出于势之不得不然,所谓迹似不知而心相知也。贾生远谪长沙,其后召对宣室,文帝至云:“久不见生,自谓过之”,见之乃知不及。〔八〕君臣之际,可谓遇矣。然不知其治安之奏,而知其鬼神之对,所谓迹似相知而心不知也。刘知几负绝世之学,见轻时流,〔九〕及其三为史臣,再入东观,〔一〇〕可谓遇矣。然而语史才则千里降追,议史事则一言不合,〔一一〕所谓迹相知而心不知也。夫迹相知者,非如贾之知而不用,即如刘之用而不信矣。心相知者,非如马之狎而见轻,即如韩之谗而遭戮矣。丈夫求知于世,得如韩、马、贾、刘,亦云盛矣;然而其得如彼,其失如此。若可恃,若不可恃;若可知,若不可知,此遇合之知所以难言也。〔一二〕

庄子曰:“天下之治方术者,皆以其有为不可加矣。”〔一三〕夫“耳目口鼻,皆有所明,而不能相通”。〔一四〕而皆以己之所治,为不可加,是不自知之过也。天下鲜自知之人,故相知者少也。凡封己护前不服善者,皆不甚自知者也。世传萧颖士能识李华《古战场文》,〔一五〕以谓文章有真赏。夫言根于心,其不同也如面。颖士不能一见而决其为华,而漫云华足以及此,是未得谓之真知也。而世之能具萧氏之识者,〔一六〕已万不得一;若夫人之学业,固有不止于李华者,于世奚赖焉?凡受成形者,不能无殊致也。凡禀血气者,不能无争心也。有殊致,则入主出奴,党同伐异之弊出矣。有争心,则挟恐见破,嫉忌诋毁之端开矣。惠子曰:“奔者东走,追者亦东走;东走虽同,其东走之心则异。”〔一七〕今同走者众矣,亦能知同走之心欤?若可恃,若不可恃,若可知,若不可知,此同道之知所以难言也。〔一八〕

欧阳修尝慨《七略》四部,目存书亡,以谓其人之不幸。〔一九〕盖伤文章之不足恃也。然自获麟以来,〔二〇〕著作之业,得如马迁、班固,斯为盛矣。迁则藏之名山,而传之其人,〔二一〕固则女弟卒业,而马融伏阁以受其书,[二二]于今犹日月也。然读《史》《汉》之书,而察徐广、裴骃、服虔、应劭诸家之诂释,[二三]其间不得迁、固之意者,十常三四焉。以专门之攻习,犹未达古人之精微,况泛览所及,爱憎由己耶？夫不传者,有部目空存之慨;其传者,又有推求失旨之病,与爱憎不齐之数。若可恃,若不可恃;若可知,若不可知;此身后之知所以难言也。[二四]

人之所以异于木石者,情也。情之所以可贵者,相悦以解也。贤者不得达而相与行其志,亦将穷而有与乐其道;不得生而隆遇合于当时,亦将殁而俟知己于后世。然而有其理者,不必有其事,接以迹者,不必接以心。若可恃,若不可恃;若可知,若不可知。后之视今,亦犹今之视昔。[二五]嗟乎！此伯牙之所以绝弦不鼓,[二六]而卞生之所以抱玉而悲号者也。[二七]夫鹦鹊啁啾,和者多也。茅苇黄白,[二八]靡者众也。凤高翔于千仞,桐孤生于百寻,[二九]知其寡和无偶,而不能屈折以从众者,亦势也。是以君子发愤忘食,闇然自修,不知老之将至,[三〇]所以求适吾事而已。安能以有涯之生,而逐无涯之毁誉哉？[三一]

〔一〕按实斋孤怀绝诣,当时知者甚少,旷观古今,故不免时有独立苍茫之感。是篇寄慨深长,用资自慰。作年见《经解上》注〔一〕。

〔二〕《汉书·艺文志》:"及秦燔书,而《易》为卜筮之事,传者不绝。"《易·系辞下》:"《易》之兴也,其于中古乎？作《易》者,其有忧患乎？"

〔三〕《文心雕龙·辨骚》:"其文辞丽雅,为词赋之宗。"《史记·屈原传赞》:"余读《离骚》《天问》《招魂》《哀郢》,悲其志。"

〔四〕按此上言难在知其所以为言。

〔五〕见《文心雕龙·知音》文。《史记·韩非传》:"非作《孤愤》《五蠹》《内外储》《说林》《说难》十余万言。秦王见其书曰:'寡人得见此人，与之游，死不恨矣！'因急攻韩。韩乃遣非使秦。李斯、姚贾害之，下吏治非。"《子虚》，见《感遇》注〔二八〕。

〔六〕《史记·韩非传》："非与李斯俱事荀卿，斯自以为不如非。"

〔七〕《汉书·严助传》："相如常称疾避事，上颇以俳优畜之。"又《扬雄传》："往时武帝好神仙，相如上《大人赋》，欲以风，帝反缥缥有陵云之志。繇是言之，赋劝而不止，明矣。又颇似俳优。"吕与叔诗云："学如元凯方成癖，文似相如始类俳。"

〔八〕见《感遇》注〔一八〕。

〔九〕《史通·自叙》："自小观书，喜谈名理，其所悟者，皆得之襟腑，非由染习。故始在总角，读班、谢两《汉》，便怪前书不应有《古今人表》，后书宜为更始立纪。当时闻者，共责以为童子何知，而敢轻议前哲。于是赧然自失，无辞以对。其后见张衡、范晔集，果以二史为非。其有暗合于古人者，盖不可胜纪。始知流俗之士，难与之言。凡有异同，蓄诸方寸。及年已过而立，言悟日多，常恨时无同好，可与言者。"刘知几始末，见《史德篇》注〔二〕。

〔一〇〕语见《史通·自叙》。原注："则天朝，为著作佐郎，转左史。今上(中宗)初即位，又除著作。长安中以本官兼修国史。会迁中书舍人，暂罢其任。神龙元年，又以本官兼修国史，迄今不之改。今之史馆，即古之东观也。"

〔一一〕《史通·忤时》："求史才，则千里降追。语宦途，则十年不进。"此用其语。又《自叙》："长安中，会奉诏预修唐史。及今上(中宗)即位，又敕撰《则天大圣皇后实录》。凡所著述，尝欲行其旧议；而当时同作诸士，及监修贵臣，每与其凿枘相违，龃龉难入。"此所谓论史事一言不合也。

〔一二〕按此上言遇合之知难。

〔一三〕见《庄子·天下》文。

〔一四〕同上。

〔一五〕《新唐书·文苑传》："萧颖士字茂挺，梁鄱阳王恢七世孙。开元进士，天宝初，补秘书正字，旋为集贤校理，史馆待制，更调河南府参军事。所与交者，独李华与齐名，世号萧、李。"又同传："李华字遐叔，赵州赞皇人。华文辞绵丽，少宏杰气。颖士健爽自肆，时谓不及颖士，而华自疑过之。因作《吊古战场文》，极思研摧已成，污为故书，杂置梵书之庋。它日，与颖士读之称工。华问：'今谁可及？'颖士曰：'君加精思，便能至矣。'华愕然而服。"

〔一六〕刘咸炘《识语》："专提识字，是先生所独用力。"

〔一七〕入主出奴，见《原道下》注〔四〕。挟恐见破，见《言公中》注〔七〕。《韩非子·说林上》："惠子曰：'狂者东走，逐者亦东走，其东则同，其所以东走之为则异。'故曰同事之人，不可不审察也。"

〔一八〕按此上言同道之知难。

〔一九〕《新唐书·艺文志序》："自汉以来，史官列其名氏篇第，以为六艺、九种、七略，至唐始分为四类，曰经、史、子、集，而藏书之盛，莫盛于开元。其著录者，五万三千九百一十五卷，而唐之学者自为之书，又二万八千四百六十九卷。呜呼！可谓盛矣。然凋零磨灭，不可胜数。岂其华文少实，不足以行远与？而俚言俗说，猥有存者，亦其有幸不幸者与？今著于篇，有其名而无书者，十盖五六也，可不惜哉！"

〔二〇〕《春秋》："（鲁）哀公十四年春，西狩获麟。"孔子《春秋》绝笔于是。

〔二一〕司马迁《报任少卿书》："仆诚已著此书，藏诸名山，传之其人，通都大邑，虽万被戮，岂有悔哉？"

〔二二〕见《史注》注〔八〕。

〔二三〕《隋书·经籍志》正史类："《史记音义》十二卷，徐野民撰。《汉书音训》一卷，服虔撰。"《晋书·徐广传》："广字野民，东莞姑幕人。百家数术，无不研览。孝武世，除秘书郎。义熙初，奉诏撰车服仪注。转员外散骑常侍,领著作。奉敕撰《晋纪》,表上之,迁秘书监。"《后汉书·儒林传》:"服虔字子慎,河南荥阳人。少以清苦建志,入太学受业,有雅才,善著文论。作《春秋左氏传解》,行之至今。中平末,拜九江太守,免,行客病卒。"裴骃、应劭,见《史注》篇注〔九〕及注〔一〇〕。

〔二四〕按此上言身后之知难。

〔二五〕王羲之《兰亭集序》文。

〔二六〕《吕氏春秋·本味》:"伯牙鼓琴,钟子期听之。方鼓琴,而志在太山。钟子期曰:'善哉乎鼓琴!巍巍乎若太山。'少选之间,而志在流水。钟子期又曰:'善哉乎鼓琴!汤汤乎若流水。'钟子期死,伯牙破琴绝弦,以为世无足复为鼓琴者。"

〔二七〕见《言公下》注〔七一〕。

〔二八〕见《言公下》注〔一二七〕。

〔二九〕《文选》贾谊《吊屈原文》:"凤凰翔于千仞兮,览德辉而下之。"枚乘《七发》:"龙门之桐,高百尺而无枝。"

〔三〇〕《论语·述而》:"发愤忘食,乐以忘忧,不知老之将至。"《礼记·中庸》:"君子之道,闇然而日章。"

〔三一〕按此上总束前文,归于闇然自修而无闷。

释　通〔一〕

《易》曰:"惟君子为能通天下之志。"〔二〕说者谓君子以文明为德,同人之时,能达天下之志也。《书》曰:"乃命重、黎,绝地天通。"〔三〕说者谓人神不扰,各得其序也。夫先王惧人有匿志,于是乎以文明出治,通明伦类,而广同人之量焉。先王惧世有棼治,于是乎以人官分职,绝不为通,而严畔援之防焉。〔四〕自六卿分典,〔五〕五史治书,〔六〕内史、外史、太史、小史、御史。学专其师,官守其法,是绝地天通之义也。数会于九，书要于六，[七]杂物撰德，同文共轨，[八]是达天下志之义也。夫子没而微言绝，七十子丧而大义乖。汉氏之初，《春秋》分为五，《诗》分为四；[九]然而治《公羊》者，不议《左》《谷》；业《韩诗》者，不杂齐、鲁；专门之业，斯其盛也。自后师法渐衰，学者聪明旁溢，异论纷起。于是深识远览之士，惧《尔雅》训诂之篇，不足以尽绝代离辞，同实殊号，[一〇]而缀学之徒，无由汇其指归也；于是总《五经》之要，辨六艺之文，石渠《杂议》之属，[一一]班固《艺文志》《五经杂议》十八篇。始离经而别自为书，则通之为义所由仿也。刘向总校《五经》，编录三礼，其于戴氏诸记，标分品目，以类相从，而义非专一，若《檀弓》《礼运》诸篇，俱题通论，[一二]则通之定名所由著也。[一三]《隋志》有《五经通义》八卷，注，梁有九卷，不著撰人。《唐志》有刘向《五经通义》九卷。然唐以前，记传无考。

班固承建初之诏，作《白虎通义》。[一四]《儒林传》称《通义》，固本传称《通德论》，后人去义字，称《白虎通》，非是。应劭愍时流之失，作《风俗通义》。[一五]盖章句训诂，末流浸失，而经解论议家言，起而救之。[一六]二子为书，是后世标通之权舆也。[一七]自是依经起义，则有集解、杜预《左传》、范宁《谷梁》、何晏《论语》。集注、荀爽《九家易》、崔灵恩《毛诗》、孔伦裴松之《丧服经传》。异同、许慎《五经异义》、贺玚《五经异同评》。然否何休《公羊墨守》、郑玄《驳议》、谯周《五经然否论》。[一八]诸名；离经为书，则有六艺、郑玄论。圣证、王肃论。匡谬、唐颜师古《匡谬正俗》。兼明宋邱光庭《兼明书》。[一九]诸目。其书虽不标通，而体实存通之义，经部流别，不可不辨也。若夫尧、舜之典，统名《夏书》；《左传》称《虞书》为《夏书》。马融、郑玄、王肃三家，首篇皆题《虞夏书》。伏生《大传》，首篇亦题《虞夏传》。《国语》《国策》，不从周记；[二〇]《太史》百三十篇，自名一子；[二一]本名《太史公书》，不名《史记》也。班固《五行》《地理》，上溯夏、周。[二二]《地理》始《禹贡》，《五行》合《春秋》，补司马迁之阙略，不必以汉为断也。古人一家之言，文成法立，离合铨配，惟理是视，固未尝别为标题，分其部次也。梁武帝以迁、固而下，断代为书，于是上起三皇，下讫梁代，撰为《通史》一编，〔二三〕欲以包罗众史。史籍标通，此滥觞也。〔二四〕嗣是而后，源流渐别。总古今之学术，而纪传一规乎史迁，郑樵《通志》作焉。〔二五〕《通志》精要，在乎义例。盖一家之言，诸子之学识，而寓于诸史之规矩，原不以考据见长也。后人议其疏陋，非也。统前史之书志，而撰述取法乎《官礼》，杜佑《通典》作焉。《通典》本刘秩《政典》。〔二六〕合纪传之互文，纪传之文，互为详略。而编次总括乎荀、袁，荀悦《汉纪》三十卷，袁宏《后汉纪》三十卷，皆易纪传为编年。司马光《资治通鉴》〔二七〕作焉。汇公私之述作，而铨录略仿乎孔、萧，孔逭《文苑》百卷、昭明太子萧统《文选》三十卷。〔二八〕裴潾《太和通选》〔二九〕作焉。此四子者，或存正史之规，《通志》是也。自《隋志》以后，皆以纪传一类为正史。或正编年之的，《通鉴》。或以典故为纪纲，《通典》。或以词章存文献，《通选》。史部之通，于斯为极盛也。大部总选，意存掌故者，当隶史部，与论文家言不一例。至于高氏《小史》、〔三〇〕唐元和中，高峻及子迥。姚氏《统史》〔三一〕唐姚康复。之属，则撙节繁文，自就隐括者也。罗氏《路史》、〔三二〕宋罗泌。邓氏《函史》〔三三〕明邓元锡。之属，则自具别裁，成其家言者也。谯周《古史考》、苏辙《古史》、马骕《绎史》之属，皆采摭经传之书，与通史异。〔三四〕范氏《五代通录》，〔三五〕宋范质以编年体，纪梁、唐、晋、汉、周事实。熊氏《九朝通略》，〔三六〕宋熊克合吕夷简《三朝国史》、王珪《两朝国史》、李焘洪迈等《四朝国史》，以编年体为九朝书。标通而限以朝代者也。易姓为代，传统为朝。李氏《南》《北》史，〔三七〕李延寿。薛、欧《五代史》，〔三八〕薛居正、欧阳修俱有《五代史》。断代而仍行通法者也。已上二类，虽通数代，终有限断，非如梁武帝之《通史》，统合古今。其余纪传故事之流，补缉纂录之策，纷然杂起，虽不能一律以绳，要皆仿萧梁《通史》之义，而取便耳目，史部流别，不可不知也。夫师法失传，而人情怯于复古，末流浸失，而学者囿于见闻。训诂流而为经解，一变而入于子部儒家，应劭《风俗通义》，蔡邕《独断》之类。〔三九〕再变而入于俗儒语录，程、朱语录，〔四〇〕记者有未别择处，及至再传而后浸失，故曰俗儒。三变而入于庸师讲章。蒙存浅达之类，支离蔓衍，甚于语录。不知者习而安焉，知者鄙而斥焉，而不知出于经解之通，而失其本旨者也。载笔汇而有通史，一变而流为史钞，小史统史之类，但节正史，并无别裁，当入史钞。向来著录，入于通史，非是。史部有史钞，始于《宋史》。再变而流为策士之括类，《文献通考》〔四一〕之类，虽仿《通典》，而分析次比，实为类书之学。书无别识通裁，便于对策敷陈之用。三变而流为兔园〔四二〕之摘比，《纲鉴合纂》及《时务策括》之类。不知者习而安焉，知者鄙而斥焉，而不知出于史部之通，而亡其大原者也。且《七略》流而为四部，类例显明，〔四三〕无复深求古人家法矣。然以语录讲章之混合，则经不为经，子不成子也。策括类摘之淆杂，则史不成史，集不为集也。四部不能收，九流无所别，纷纭杂出，妄欲附于通裁，不可不严其辨也。夫古人著书，即彼陈编，就我创制，所以成专门之业也。后人并省凡目，取便检阅，所以入记诵之陋也。夫经师但殊章句，即自名家；费直之《易》，申培之《诗》，〔四四〕《儒林传》言其别无著述训诂，而《艺文志》有《费氏说》《申公鲁诗》，盖即口授章句也。史书因袭相沿，无妨并见；如史迁本《春秋》《国策》诸书，《汉书》本史迁所记，及刘歆所著者，当时两书并存，不以因袭为嫌。专门之业，别具心裁，不嫌貌似也。剿袭讲义，沿习久而本旨已非，明人修《大全》，〔四五〕改先儒成说以就己意。摘比典故，原书出而舛讹莫掩，记诵之陋，漫无家法，易为剽窃也。然而专门之精，与剽窃之陋，其相判也，盖在几希之间，则别择之不可不慎者也。〔四六〕

通史之修，其便有六：一曰免重复，一曰均类例，三曰便铨配，四曰平是非，五曰去牴牾，六曰详邻事。其长有二：一曰具翦裁，二曰立家法。其弊有三：一曰无短长，二曰仍原题，三曰忘标目。何谓免重复？夫鼎革〔四七〕之际，人物事实，同出并见。胜国无征，新王兴瑞，〔四八〕即一事也。前朝草窃，新主前驱，〔四九〕即一人也。董卓、吕布，范、陈各为立传，〔五〇〕禅位册诏，梁、陈并载全文，〔五一〕所谓复也。

《通志》总合为书，事可互见，文无重出，不亦善乎？何谓均类例？夫马立《天官》，班创《地理》，〔五二〕《齐志·天文》不载推步，〔五三〕《唐书·艺文》不叙渊源，〔五四〕依古以来，参差如是。郑樵著《略》，虽变史志章程，自成家法；但六书七音，原非沿革，昆虫草木，何尝必欲易代相仍乎？〔五五〕惟通前后而勒成一家，则例由义起，自就隐括。〔五六〕《隋书·五代史志》，〔五七〕梁、陈、北齐、周、隋。终胜沈、萧、魏氏之书矣。沈约《宋志》、萧子显《南齐志》、魏收《魏志》，皆参差不齐也。何谓便铨配？包罗诸史，制度相仍。惟人物挺生，各随时世。自后妃宗室，标题著其朝代；至于臣下，则约略先后，以次相比。《南》《北史》以宗室分冠诸臣之上，以为识别，欧阳《五代史》，始标别朝代。然子孙附于祖父，世家会聚宗支。《南》《北史》王、谢诸传，不尽以朝代为断。一门血脉相承，时世盛衰，亦可因而见矣。即楚之屈原，将汉之贾生同传，周之太史，偕韩之公子同科，〔五八〕古人正有深意，相附而彰，义有独断，末学肤受，岂得从而妄议耶？何谓平是非？夫曲直之中，定于易代。然晋史终须帝魏，〔五九〕而周臣不立韩通，〔六〇〕虽作者挺生，而国嫌宜慎，则亦无可如何者也。惟事隔数代，而衡鉴至公，庶几笔削平允，而折衷定矣。何谓去牴牾？断代为书，各有裁制，详略去取，亦不相妨。惟首尾交错，互有出入，则牴牾之端，从此见矣。居摄之事，班殊于范；〔六一〕二刘始末，刘表、刘焉。范异于陈。〔六二〕统合为编，庶几免此。何谓详邻事？僭国载纪，四裔外国，势不能与一代同其终始；而正朔纪传，断代为编，则是中朝典故居全，而藩国载纪乃参半也。惟南北统史，则后梁、东魏悉其端，〔六三〕而五代汇编，斯吴越、荆、潭终其纪也。〔六四〕凡此六者，所谓便也。何谓具翦裁？通合诸史，岂第括其凡例，亦当补其缺略，截其浮辞，平突填砌，乃就一家绳尺。若李氏《南》《北》二史，文省前人，事详往牒，故称良史。〔六五〕盖生乎后代，耳目闻见，自当有补前人，所谓凭借之资，易为力也。何谓立家法？

陈编具在,何贵重事编摩?专门之业,自具体要。若郑氏《通志》,卓识名理,独见别裁,古人不能任其先声,后代不能出其规范;虽事实无殊旧录,而辨名正物,诸子之意,寓于史裁,〔六六〕终为不朽之业矣。凡此二者,所谓长也。何谓无短长?纂辑之书,略以次比,本无增损,但易标题,则刘知几所谓"学者宁习本书,怠窥新录"者矣。〔六七〕何谓仍原题?诸史异同,各为品目,作者不为更定,自就新裁。《南史》有《孝义》而无《列女》,详《列女》篇。〔六八〕《通志》称《史记》以作时代,《通志》汉、魏诸人,皆标汉、魏,称时代,非称史书也。而《史记》所载之人,亦标《史记》,而不标时代,则误仍原文也。一隅三反,〔六九〕则去取失当者多矣。何谓忘题目?帝王、后妃、宗室、世家,标题朝代,其别易见。臣下列传,自有与时事相值者,见于文词,虽无标别,但玩叙次,自见朝代。至于《独行》《方伎》《文苑》《列女》诸篇,其人不尽涉于世事,一例编次,若《南史》〔七〇〕吴逵、韩灵敏诸人,几何不至于读其书不知其世耶?凡此三者,所谓弊也。〔七一〕

《说文》训通为达,〔七二〕自此之彼之谓也。通者,所以通天下之不通也。读《易》如无《书》,读《书》如无《诗》。〔七三〕《尔雅》治训诂,小学明六书,通之谓也。古人离合撰著,不言而喻,汉人以通为标目,梁世以通入史裁,则其体例,盖有截然不可混合者矣。杜佑以刘秩《政典》为未尽,而上达于三五,《典》之所以名通也。〔七四〕奈何魏了翁取赵宋一代之掌故,亦标其名谓之《国朝通典》乎?〔七五〕既曰国朝,画代为断,何通之有?是亦循名而不思其义者也。六卿联事,职官之书,亦有通之义也。奈何潘迪取有元御史之职守,亦名其书谓之《宪台通纪》耶?〔七六〕又地理之学,自有专门,州郡志书,当隶外史。详《外篇·亳州志议》。前明改元代行省为十三布政使司,〔七七〕所隶府州县卫,各有本志。使司幅员既广,所在府县,惧其各自为书,未能一辙也,于是裒合所部,别为通志。通者,所以通府州县卫之各不相通也。奈何修通志者,取府、州、县、山、川、人、物,分类为编,以府领县,以县领事实人文,摘比分标,不相联合? 如是为书,则读者但阅府县本志可矣,又何所取于通哉?〔七八〕夫通史人文,上下千年,然而义例所通,则隔代不嫌合撰。使司所领,不过数十州县,而斤斤分界,惟恐越畔为虞,良由识乏通材,遂使书同胥史矣。〔七九〕

〔一〕刘咸炘《识语》:"此篇专论史法,乃先生之大计。不可通者各归其分,可通者归于大原;不可通者勿强通,可通者勿自蔽;乃先生学说之大本,亦即此书所以名为通义也。"按章氏《庚辛间草》有《释通》《答客问》等篇,则作于乾隆五十五年与五十六年之间。庐江何氏钞本,原题下注一"经"字,盖以《申郑》《答客问》诸篇乃所以申发本篇之义也。

〔二〕《易·同人》彖辞文,注:"君子以文明为德。"疏云:"惟君子之人,于同人之时,能以正道通达天下之志。"

〔三〕《周书·吕刑》文。伪《孔传》:"重,即羲。黎,即和。尧命羲、和世掌天地四时之官,使人不扰,各得其序,是谓绝地天通。言天神无有降地,地祇不至于天,明不相干。"

〔四〕《诗·大雅·皇矣》:"帝谓文王,无然畔援。"毛传:"无是畔道,无是援取。"郑笺:"畔援,犹跋扈。"

〔五〕见《书教上》注〔一二〕。

〔六〕见《史释》篇注〔三〕。

〔七〕见《博约下》注〔四〕。

〔八〕《易·系辞下》:"杂物撰德。"疏:"言杂聚天下之物,撰数众人之德。"同文共轨,见《诗教上》注〔六八〕。

〔九〕语见《汉书·艺文志》。《春秋》分为五,韦昭曰:"谓左氏、公羊、谷梁、邹氏、夹氏也。"《诗》分为四,韦昭曰:"谓毛氏、齐、鲁、韩也。"

〔一〇〕《尔雅》,见《经解上》注〔二八〕。见郭璞《尔雅序》文。绝代离辞,不同时代之异词,实同词异。

〔一一〕《汉书·艺文志·六艺略》孝经类:"《五经杂议》十八篇,石渠论。"又《韦玄成传》:"宣帝召拜玄成为淮阳中尉,是时王未就国。玄成受诏与太子大傅萧望之及五经诸儒杂论同异于石渠阁,条奏其对。"

〔一二〕刘向校经,见《书教上》注〔一四〕。按孔颖达《礼记正义》于每篇题下,皆有"按郑《目录》云云"一段,而郑录每篇皆有"此于《别录》属某某"一语,是刘向编录有分类而郑引之。其类之可考见者,一通论,二制度,三丧服,四吉礼或吉事,五祭祀,六子法或世子法,七乐记,八明堂或明堂阴阳。此所谓以类相从,义非专一也。又按《正义》引郑《目录》,于《檀弓》《礼运》《玉藻》《大传》《学记》《经解》《哀公问》《仲尼燕居》《孔子闲居》《坊记》《中庸》《表记》《缁衣》《儒行》《大学》诸篇,并云:"此于《别录》属通论。"

〔一三〕按此节通义所昉。

〔一四〕《后汉书·儒林传》:"建初中,大会诸儒于白虎观,考详同异,连月乃罢,肃宗亲临称制,如石渠故事,顾命史臣,著为《通义》。"《班固传》:"天子会诸儒,讲论《五经》,作《白虎通德论》,令固撰集其事。"《隋书·经籍志》论语类:"《白虎通义》六卷。"《唐志》同。《中兴书目》及《崇文总目》称十卷,凡四十四门。建初,汉章帝年号。

〔一五〕《后汉书·应奉传》:"应劭字仲远,撰《风俗通》,以辩物类名号,释时俗嫌疑。文虽不典,后世服其洽闻。"《隋志》《唐志》,《风俗通义》三十卷。《书录解题》:"今惟存十卷。"劭《自序》:"至于俗间行语,众所共传,积非习贯,莫能原察。私惧后进益以迷昧,聊以不才,举尔所知,方以类聚,凡一十卷,谓之《风俗通义》。言通于流俗之过谬，而事该之于义理也。”

〔一六〕章句训诂，见《原道下》注〔六〕。《容斋五笔》卷六《经解之名》：“晋唐至今，诸儒训释六经，否则自立佳名，盖各以百数，其书曰传曰解曰章句而已。若战国迨汉，则其名简雅。一曰故。故者，通其指义也。《书》有《夏侯解故》，《诗》有《鲁故》《后氏故》《韩故》也。《毛诗故训传》颜师古谓：‘流俗改故训传为诂字，失真耳。’小学有杜林《苍颉故》。二曰微。谓释其微指。如《春秋》有《左氏微》《铎氏微》《张氏微》《虞卿微传》。三曰通。如洼丹《易》通论名为《洼君通》，班固《白虎通》，应劭《风俗通》，唐刘知几《史通》，韩滉《春秋通》。凡此诸书，惟《白虎通》《风俗通》仅有耳。又如郑康成作《毛诗笺》，申明传义，他书无用此字者。《论语》之学，但曰《齐论》《鲁论》《张侯论》，后来皆不然也。”

〔一七〕见《经解中》注〔一三〕。

〔一八〕《隋书·经籍志》：“《春秋左氏经传集解》三十卷，杜预撰。《春秋谷梁传》十二卷，范宁集解。集解《论语》十卷，何晏集。《周易》荀爽《九家注》十卷。集注《毛诗》二十四卷，梁崔灵恩注。集注《丧服经传》一卷，晋孔伦撰。集注《丧服经传》一卷，宋裴松之撰。《五经异义》十卷，后汉许慎撰。《五经异同评》一卷，贺玚撰。《春秋公羊墨守》十四卷，何休撰。《驳何氏汉议》二卷，郑玄撰。《五经然否论》五卷，晋谯周撰。”

〔一九〕《隋书·经籍志一》：“《六艺论》一卷，郑玄撰。《圣证论》十二卷，王肃撰。”《旧唐书·经籍志》经解类：“《匡谬正俗》八卷，唐秘书监颜籀师古撰。”《宋史·艺文志》经解类：“丘光庭《兼明书》三卷。”按丘光庭，五代乌程人，官太学博士。

〔二〇〕《国语》，见《书教下》注〔二五〕。《书录解题》春秋类云：“自班固志《艺文》，有《国语》二十一篇，左丘明所著，至今与《春秋传》并行，号为外传。今考二书虽相出入，而事辞或多异同，文体亦不类，意必非出一人之手也。”《汉志》春秋类：“《战国策》三十三篇，记《春秋》后。”《书录解题》杂史类云：“《战国策》三十卷，司马迁《史记》所本，刘向所校者也。但无撰人名氏，后汉高诱注。自东周至中山十二国，凡三十三篇。”

〔二一〕《汉书·司马迁传》：“欲以究天人之际，通古今之变，成一家之言。”其自名一子之意可见。洪颐煊《书史记后》云：“《太史公自序》：‘著十二本纪，十表，八书、三十世家，七十列传，凡百三十篇，五十二万六千五百字，为《太史公书序》，略以拾遗补艺，成一家言。’据此，则书名《太史公》，迁所自署。桓谭云：‘迁所著书成，以示东方朔，朔皆署曰《太史公》。’或曰：‘迁外孙杨恽所称’，其说非也。《汉书·艺文志》‘《太史公》百三十篇，冯商所续《太史公》七篇’，《东平思王传》‘上书求诸子及《太史公书》’，《后汉书·窦融传》‘赐融《太史公·五宗·外戚世家·魏其侯列传》’，《杨终传》‘受诏删《太史公书》’，王充《论衡》、葛洪《抱朴子》引《太史公记》，皆其旧题如此。至《隋书·经籍志》始云：‘《史记》一百三十卷，目录一卷，汉中书令司马迁撰。’当由六朝本改题。迄今遂相承而不变矣。”（《筠轩文钞》卷二）

〔二二〕《汉书》卷二十七为《五行志》，多采刘向、许商《五行传记》所述，上及春秋、战国。卷二十八为《地理志》，多采《夏书·禹贡》《周官·职方》之说。

〔二三〕《梁书·武帝纪》：“太清二年，《通史》成，躬制赞序，凡六百卷。”《史通·六家》：“梁武帝敕其群臣，上自太初，下终齐室，撰成《通史》六百二十卷。其书自秦以上，皆以《史记》为本，而别采他说，以广异闻。至两汉以还，则全录当时纪传，而上下通达，臭味相依。又吴、蜀二主皆入世家，五胡及拓拔氏，列于《夷狄传》。大抵其体皆如《史记》，其所为异者，唯无表而已。”按《新》《旧唐志》皆作六百二卷，疑有目录二卷在内。《史通》六百二十卷，疑为六百二卷之讹。《隋志》作四百八十卷，与诸书皆不合，未知其审也。

〔二四〕见《书教中》注〔二七〕。

〔二五〕见《文集》注〔三〇〕。

〔二六〕《通典》，见《书教中》注〔二三〕。《旧唐书·刘知几传》："子秩字祚卿，官至阆州刺史。著《政典》三十五卷。"

〔二七〕荀悦、袁宏，见《书教下》注〔三六〕。《资治通鉴》见《书教下》注〔三七〕。

〔二八〕《文选》，见《书教中》注〔三〇〕。《文苑》，见《诗教上》注〔三九〕。

〔二九〕《新唐书·艺文志》总集类："裴潾《太和通选》三十卷。"

〔三〇〕《新唐书·艺文志》正史类："《高氏小史》一百二十卷，高峻初六十卷，其子迥厘益之。"《书录解题》云："峻，元和人，则其书当止于顺德之间。其止于唐末者，殆后人附益之，非高氏本书。"

〔三一〕《新唐书·艺文志》正史类："姚康复《统史》二百卷。"

〔三二〕《四库提要》别史类："《路史》四十七卷，宋罗泌撰。凡《前纪》九卷，述太初三皇、阴康、无怀之事。《后纪》十四卷，述太昊至夏履癸之事。《国名纪》八卷，述上古至三代诸国姓氏地理，下逮两汉之末。《发挥》六卷，《余论》十卷，皆辨难考证之文。"

〔三三〕《明史·艺文志》正史类："邓元锡《函史》上编九十五卷，下编二十卷。"《四库提要》别史类："《函史》上编八十卷，下编二十一卷，明邓元锡撰。是编盖仿郑樵《通志》而作，上编即其纪传，下编即其二十略也。"按所载卷数不同。

〔三四〕《隋书·经籍志》正史类："《古史考》二十五卷，晋义阳亭侯谯周撰。"《书录解题》别史类："《古史》六十卷，眉山苏辙撰。因马迁之旧，上观《诗》《书》，下考《春秋》及秦、汉杂录，为七本纪，十六世家，三十七列传。"《四库提要》纪事本末类："《绎史》一百六十卷，清马骕。是编纂录开辟至秦末之事。首为世系图表，不入卷数，次太古十卷，次三代二十卷，次春秋七十卷，次战国十五卷，次外录十卷。仿袁枢《纪事本末》之例，每逢一事，各立标题，详其始末。”

〔三五〕《宋史·艺文志》编年类：“范质《五代通录》六十五卷。”

〔三六〕《宋史·艺文志》编年类：“熊克《九朝通略》一百六十八卷。”

〔三七〕《旧唐书·经籍志》正史类：“《南史》八十卷，《北史》一百卷，李延寿撰。”又《李延寿传》：“延寿，贞观中补崇贤馆学士，尝删补宋、齐、梁、陈及魏、齐、周、隋八代史，谓之《南》《北史》，凡一百八十卷。”《书录解题》别史类云：“初，廷寿父大师，多识旧事，常以宋、齐、梁、陈、魏、齐、周、隋，天下分隔，南谓北为索虏，北谓南为岛夷，详略訾美失传。思所以改正刊究，未成而没。延寿追终先志，凡八代，合二书为百八十篇。其书颇有条理，删落酿辞，过本书远甚。”

〔三八〕《宋史·艺文志》正史类：“薛居正《五代史》一百五十卷。欧阳修《新五代史》七十四卷。”

〔三九〕《风俗通义》，见上。《后汉书》，《蔡邕传》：“蔡邕字伯喈，陈留人，所著诗赋、碑诔、铭赞、连珠、箴吊、论议、独断、劝学、释诲、叙乐、女训、篆势、祝文、章表、书记，凡四百篇，传于世。”《书录解题》礼注类：“《独断》二卷，汉议郎蔡邕撰。记汉代制度、礼文、车服及诸帝世次，而兼及前代礼乐。”

〔四〇〕清张伯行依朱子所编《程氏遗书》次第，为《二程语录》十八卷。《朱子语录》，见《朱陆》注〔五八〕。

〔四一〕见《文集》注〔三〇〕。

〔四二〕见《传记》注〔二三〕。

〔四三〕《七略》见《书教上》注〔一四〕。四部，见《文集》注〔一五〕。

〔四四〕《汉书·儒林传》：“费直字长翁，东莱人，治《易》为郎，至单父令。长于卦筮，亡章句，徒以《彖》《象》《系辞》十篇（二字应在《文言》下）《文言》解说上下经。琅邪王璜平中能传之。”又：“申公归鲁，退居家教，终身不出门，复谢宾客，独王命召之乃往。弟子自远方至，受业者千余人。申公独以《诗经》为训故以教，亡传。”师古曰：“口说其指，不为解说之传。”按《汉志》诗类有《鲁故》二十五卷。易类于叙中言费氏经与古文同，而不著于录。

〔四五〕《日知录》卷十八：“自朱子作《大学》《中庸》章句、或问，《论语》《孟子》集注之后，于是陈氏栎作《四书发明》，胡氏炳文作《四书通》，而倪氏士毅合二书为一，颇有删正，名曰《四书辑释》。自永乐中，命儒臣纂修《四书大全》，颁之学官，而诸书皆废。倪氏《辑释》，今见于刘用章所刻《四书通义》中，《大全》特小有增删，其详其简，或多不如倪氏。《大学》《中庸》或问则全不异，而间有舛误。至《春秋大全》则全袭元人汪克宽《胡传纂疏》，但改其中愚按二字为汪氏曰，及添庐陵李氏等一二条而已。《诗经大全》则全袭元人刘瑾《诗经通释》，而改其中愚按二字为安成刘氏曰。其三经，后人皆不见旧书，亦未必不因前人也。”

〔四六〕按此节论通义之流变。

〔四七〕《易·杂卦》：“革，去故也。鼎，取新也。”故王者易姓受命谓之鼎革。

〔四八〕《周礼·秋官》：“士师祭胜国之社稷，则为之尸。”贾疏：“据周胜殷谓之胜，据殷亡即云亡国。”故后世称所灭之国为胜国。《礼记·中庸》：“杞不足征。”郑注：“征，犹明也。”又：“虽善无征。”郑注：“征，或为证。”《抱朴子》：“王者德及天，则有天瑞；德及地，则有地瑞。”

〔四九〕《尚书·微子》：“殷罔不大小，好草窃奸宄。”江声《尚书集注音疏》：“莠害苗为草窃。”《诗·魏风·伯兮》：“伯也执殳，为王前驱。”孔疏：“前驱在车之右，有勇力以用五兵。”

〔五〇〕范晔《后汉书》,《董卓传》在卷一百二,《吕布传》在卷一百五。陈寿《三国志》,《董卓传》在卷六,《吕布传》在卷七。

〔五一〕《梁书·敬帝纪》:"太平二年冬十月辛未,诏曰:'五运更始,三正迭代,司牧黎庶,是属圣贤;用能经纬乾坤,弥纶区宇,大庇黔首,阐扬洪烈;革晦以明,积代同轨,百王踵武,咸此由则。'"云云。此敬帝传位诏,又载于《陈书·高祖纪》。

〔五二〕《史记·天官书》在卷二十七,《汉书》改称《天文》;《汉书·地理志》在卷二十八,《后汉书》改称《郡国》。

〔五三〕萧子显《南齐书·天文志》专志本朝象变,不载推步,刘知几谓其"寸有所长,贤于班、马"。(《史通·书志》推步,见《书教下》注〔二五〕。

〔五四〕浦起龙曰:"《艺文》之志,始自汉班,硎谷灰烬,藜照丛残,有幸心焉。陈、范以还,斯志中绝。唐初敕撰《隋书》,于、李、颜、孔分编史志,复有《经籍》之目。"(《史通·书志》按语)按《旧唐书·经籍志》,《新唐书·艺文志》,只载书目,各类渊源概从略。

〔五五〕《通志》二十略有《六书略》《七音略》《昆虫草木略》。

〔五六〕何休《公羊传序》:"故遂隐括使就绳墨焉。"疏:"隐谓隐审,括谓检括。"

〔五七〕《书录解题》正史类:"《隋书》八十五卷,唐秘书监魏征、颜师古等撰。其十志,高宗时始成。上总梁、陈、齐、周之事,俗号《五代志》。"

〔五八〕《史记》屈原与贾生合传,盖以屈、贾同遭贬斥。老、庄与申、韩合传,盖以老、庄之学,流而为申、韩。老聃为周守藏室史,故云周之太史。韩非,韩之诸公子也。

〔五九〕《晋书》,见《言公下》注〔二九〕。晋史旧有十八家,以晋受魏禅,多尊魏称帝;独习凿齿《汉晋春秋》以蜀为正统。

〔六〇〕欧阳修《新五代史》不立韩通传,为本朝地也。《书录解题》:

"修曰:'昔孔子作《春秋》,因乱世而立法;余为本纪,以治法而正乱君。'发论必以呜呼,曰,此乱世之书也。诸臣止事一朝,曰某臣传,其更事历代者曰杂传,尤足以为世训。然不为韩瞠眼立传,识者有以见作史之难。按韩通之死,太祖犹未践极也,其当在《周臣传》,明矣。惟王皞《唐余杂史》以入《忠义传》云。"《困学纪闻》卷十四:"我艺祖赠韩通中书令,制曰:'易姓受命,王者所以徇至公。殉难不苟,人臣所以明大节。'大哉王言！表忠义以厉臣节,英主之识远矣。欧阳公《五代史》不为韩通立传,刘原父讥之曰:'如此是第二等文字。'"翁元圻注引宋孙谷祥《野老纪闻》云:"子瞻问欧阳公曰:'《五代史》可传否?'公曰:'修于此窃有善善恶恶之志。'苏公曰:'韩通无传,恶得为善善恶恶?'公默然。通,周臣也。陈桥兵变,归戴永昌,通擐甲誓师,出抗而死。"按韩通见《宋史》卷四百八十四《周三臣传》。

〔六一〕汉孝平帝崩,立宣帝玄孙子婴为嗣,王莽居摄践祚,如周公故事。居摄三年,改元初始,莽自称新皇帝,事详《汉书·王莽传》。《后汉书·光武纪》自王莽地皇四年起叙,无一语及居摄。盖班书成于东京,彰莽秽德,势所必然;而范书修在宋代,事隔两朝,固无庸赘也。

〔六二〕范晔《后汉书·刘表传》《刘焉传》,叙述较详;陈寿《三国志》二传叙述较略,是两书详略不同所致。

〔六三〕南朝梁时萧察降魏,封梁王,旋称帝江陵,史称后梁。后魏之末,宇文泰奉文帝宝炬入长安,为西魏。而高欢则奉孝静帝善见迁邺,为东魏。李延寿《南》《北史》备其始末。

〔六四〕唐末钱镠为镇海节度使,并两浙地,后梁封为吴越王,凡四主,八十四年。高季兴陕州人,后梁太祖时,为荆南节使,后唐时,封南平王。五传为宋所灭。马殷居长沙,奄有湖南及广西东部,称楚国王,后为南唐所灭。三国始末,并列入《新五代史》世家中。

〔六五〕李延寿《南史》《北史》,见上。司马光称:“延寿之书,乃近世之佳史,虽于禨祥小事,无所不载,然叙事简净,比之南北正史,无繁冗芜秽之辞。陈寿之后,惟延寿可以亚之。”(《贻刘道原书》)

〔六六〕郑樵《通志》见上。《易·系辞下》:“辨物正言。”《正义》:“谓辨天下之物,各以类正定言之。若辨健物,正言其龙,若辨顺物,正言其马,是辨物正言也。”《通志》寓诸子之意于史裁,别详于《申郑》,兹不具引。

〔六七〕语见《史通·六家》史记家。以梁武帝《通史》、元魏济阴王晖业《科录》规摹《史记》而病芜累,故云。

〔六八〕按《通义》无《列女》篇,文见《永清县列女传序例》,详下。

〔六九〕《论语·述而》:“子曰:‘不愤不启,不悱不发,举一隅不以三隅反,则不复也。’”

〔七〇〕《永清县志列女传序例》:“李延寿《南》《北》二史,同出一家,《北史》仍《魏》《隋》之题,特著《列女》;《南史》因无列女原题,乃以萧矫妻羊以下,杂次孝义之篇,遂使一卷之中,男女无区别,又非别有取义,是直谓之缪乱而已。”(《通义》外篇卷七)

〔七一〕按此节论通史之利病。

〔七二〕《说文》辵部:“通,达也。从辵,甬声。”

〔七三〕李翱《答王载言书》云:“六经之词也,创意造言,皆不相师。故其读《春秋》也,如未尝有《诗》也;其读《诗》也,如未尝有《易》也;其读《易》也,如未尝有《书》也。”

〔七四〕《通典》,见《书教中》注〔二三〕。《郡斋读书志》:“先是,刘秩采经史,自黄帝迄唐天宝末,制度沿革废置,论议得失,仿《周礼》六官法,为《政典》三十五篇,房琯称其才过刘向。(杜)佑以为未尽,因广之,参以新礼,为二百卷。以食货、选举、职官、礼乐、刑法、州郡、边防八门,分类序载,世称该洽,凡三十六年成书,德宗时上之。”《东坡志林》:“世之言兵者,咸取《通典》。《通典》虽杜佑所集，然其源出于刘秩。”

〔七五〕魏了翁见《朱陆》篇注〔一四〕。《书录解题》典故类：“《国朝通典》二百卷，不著名氏，或言魏鹤山所为。似方草创，未成书也。”

〔七六〕钱大昕《补元史艺文志》职官类：“潘迪《宪台通纪》二十三卷。”潘迪，元元城人，博学能文，历官国子司业，集贤学士。著有《易》《春秋》《学》《庸》述解、《格物类编》、《六经发明》。

〔七七〕元时设中书省于各路，称为行省。明太祖分全国为十三布政司（详后《地理统部》注〔一二〕），每司置布政使，掌理全省之民政财政。

〔七八〕参看《方志辨体》（刘刻《遗书》卷第十四）。

〔七九〕《宋史·张亢传》：“胥史有钞录之劳，官吏无商略之暇。”胥史，谓胥钞也。按此节论后来通史之失。

横　通〔一〕

通人〔二〕之名，不可以概拟也，有专门之精，有兼览之博。各有其不可易，易则不能为良；各有其不相谋，谋则不能为益。然通之为名，盖取譬于道路，四冲〔三〕八达，无不可至，谓之通也。亦取其心之所识，虽有高下、偏全、大小、广狭之不同，而皆可以达于大道，故曰通也。然亦有不可四冲八达，不可达于大道，而亦不得不谓之通，是谓横通。横通之与通人，同而异，近而远，合而离。

老贾善于贩书，旧家富于藏书，好事勇于刻书，皆博雅名流所与把臂入林者也。〔四〕礼失求野，〔五〕其闻见亦颇有可以补博雅名流所不及者，固君子之所必访也。然其人不过琴工碑匠，艺业之得接于文雅者耳。所接名流既多，习闻清言名论，而胸无智珠，则道听涂说，根底之浅陋，亦不难窥。〔六〕周学士长发，〔七〕以此辈人谓之横通，其言奇而确也。故君子取其所长，而略其所短，譬琴工碑匠之足以资用而已矣。无如学者陋于闻见,接横通之议论,已如疾雷之破山,[八]遂使鱼目混珠,清流[九]无别。而其人亦遂嚣然自命,不自知其通之出于横也。江湖挥麈,[一〇]别开琴工碑匠家风,君子所宜慎流别也。

徐生善礼容,制氏识铿锵;[一一]汉廷讨论礼乐,虽宿儒耆学,有不如徐生、制氏者矣。议礼乐者,岂可不与相接?然石渠天禄之议论,[一二]非徐生、制氏所得参也。此亦礼乐之横通者也。

横通之人可少乎?不可少也。用其所通之横,以佐君子之纵也。君子亦不没其所资之横也。则如徐生之礼容,制氏之铿锵,为补于礼乐,岂少也哉?无如彼不自知其横也,君子亦不察识其横也,是礼有玉帛,而织妇琢工,可参高堂之座,[一三]乐有钟鼓,而镕金制革,可议河间之记也。[一四]故君子不可以不知流别,而横通不可以强附清流,斯无恶矣。

评妇女之诗文,则多假借;作横通之序跋,则多称许;一则怜其色,一则资其用也。设如试院之糊名易书,[一五]俾略知臭味之人,详晰辨之,有不可欺者矣。虽然,妇女之诗文,不过风云月露,其陋易见。横通之序跋,则称许学术,一言为智为不智,[一六]君子于斯,宜有慎焉。

横通之人,无不好名。好名者,陋于知意者也。[一七]其所依附,必非第一流也。有如师旷之聪,[一八]辨别通于鬼神,斯恶之矣。故君子之交于横通也,不尽其欢,不竭其忠,[一九]为有试之誉,[二〇]留不尽之辞,则亦足以相处矣。[二一]

〔一〕按本篇盖讥当时目录版本之学。作于嘉庆五年庚申,以《庚申杂订》有《书原性篇后》及《横通》诸篇也。

〔二〕见《朱陆》注〔五六〕。

〔三〕《说文》："冲，通道也。"《汉书·郦食其传》："夫陈留天下之冲，四通五达之郊也。"

〔四〕博雅，见《朱陆》注〔四八〕。《世说新语·品藻》："孙兴公、许玄度皆一时名流。"名流，名士之流也。又《赏誉》："谢公道豫章（谢鲲）若遇七贤，必自把臂入林。"

〔五〕《汉书·艺文志》："仲尼有言，礼失而求诸野。"师古曰："言都邑失礼，则于外野求之，亦将有获。"

〔六〕智珠，喻本性之敏达也。张祜《赠志凝上人》诗："愿为尘外契，一就智珠明。"《论语·阳货》："道听而涂说，德之弃也。"根底，一作根柢。《汉书·邹阳传》："蟠木根柢，轮囷离奇。"

〔七〕《清史列传·文苑传二》："周长发字兰坡，浙江山阴人。雍正二年进士，改翰林院庶吉士，出知江西广昌县，改乐清教谕。乾隆元年，召试博学鸿词，授检讨，累迁侍读学士，以事降侍讲。少刻励为诗文，才华敏捷。博闻强记，与修《纲目》《皇朝文类》，校刊《辽史》《续文献通考》《词林典故》诸书。著有《赐书堂集》。"

〔八〕《庄子·齐物论》："疾雷破山，风振海，而不能惊。"

〔九〕鱼目，见《说林》注〔七〇〕。清流，谓名士也。《三国志·陈群传》："陈群动仗名义，有清流雅望。"

〔一〇〕《晋书·王衍传》："衍妙善玄言，唯谈《老》《庄》为事，每捉玉柄麈尾，与手同色。"麈尾，拂尘也。

〔一一〕《汉书·儒林传》："汉兴，鲁高堂生传《士礼》十七篇。而鲁徐生善为颂（同容）。孝文时，徐生以颂为礼官大夫，传子至孙延、襄。襄其资性善为颂，不能通经。延颇能，未善也。襄亦以颂为大夫，至广陵内史。延及徐氏弟子公户满意、桓生、单次皆为礼官大夫。"又《礼乐志》："汉兴，乐家有制氏，以雅乐声律，世世在太乐官。但能纪其铿锵鼓舞，而不能言其义。"

〔一二〕见《书教上》注〔一六〕。

〔一三〕谓鲁高堂生所传《士礼》。

〔一四〕《汉书·艺文志》:"武帝时,河间献王好儒,与毛生等共采《周官》及诸子言乐事者,以作《乐记》,献八佾之舞,与制氏不相远。"

〔一五〕《新唐书·选举志下》:"初试选人皆糊名,令学士考判。武后以为非委任之方,罢之。"宋吴曾《能改斋漫录》卷一:"取士至仁宗始有糊名考校之律,虽号至公,尚未绝其弊。其后袁州人李夷宾上言,请别加誊录,因著为令,而后认识字画之弊始绝。"

〔一六〕《论语·子张》:"子贡曰:'君子一言以为知(同智),一言以为不知,言不可不慎也。'"

〔一七〕《史记·五帝本纪》:"非好学深思,心知其意,固难为浅见寡闻者道也。"

〔一八〕见《孟子·离娄上》。赵岐注云:"师旷,晋平公之乐太师也。其听至聪。"

〔一九〕《礼记·曲礼上》:"君子不尽人之欢,不竭人之忠,以全交也。"

〔二〇〕《论语·卫灵公》:"子曰:'吾之于人也,谁毁谁誉?如有所誉者,其有所试矣。'"

〔二一〕按刘刻《遗书》本此下尚有一节,兹录如下:"辛亥修《麻城县志》,有呈《食货志》稿者,内论市行经纪,(原注,即市司评物者也。)乃曰:'贫人荒年,需升斗活八口家,与钱不如数,睫毛长一尺,无顾盼情;出百钱为寿,辄强颜作鸬鹚笑。'此乃《聊斋志异》小说内讥贪鄙教官者。其人窃以责行市经纪,则风马牛矣。此公以藏书之富著名者也。"

繁　称〔一〕

尝读《左氏春秋》,而苦其书人名字,不为成法也。〔二〕夫幼名,冠字,五十以伯仲,死谥,周道也。〔三〕此则称于礼文之言,非史文述事之例也。左氏则随意杂举，而无义例；且名字谥行以外，更及官爵封邑，一篇之中，错出互见；苟非注释相传，有受授至今，不复识为何如人。是以后世史文，莫不钻仰左氏，而独于此事，不复相师也。〔四〕

史迁创列传之体，列之为言，排列诸人为首尾，所以标异编年之传也。〔五〕然而列人名目，亦有不齐者，或爵，淮阴侯之类。或官，李将军之类。或直书名，虽非左氏之错出，究为义例不纯也。或曰：迁有微意焉。夫据事直书，善恶自见，《春秋》之意也。必标目以示褒贬，何怪沈约、魏收诸书，直以标题为戏哉！〔六〕况七十列传，称官爵者，偶一见之，余并直书姓名，而又非例之所当贬；则史迁创始之初，不能无失云尔。必从而为之辞，则害于道矣。〔七〕

唐末五代之风诡矣，称人不名不姓，多为谐隐寓言，观者乍览其文，不知何许人也。如李曰陇西，王标琅琊，虽颇乖忤，犹曰著郡望也。〔八〕庄姓则称漆园，牛姓乃称太牢，〔九〕则诙嘲谐剧，不复成文理矣。凡斯等类，始于骈丽华词，渐于尺牍〔一〇〕小说，而无识文人，乃用之以记事；宜乎试牍之文，流于茁轧，〔一一〕而文章一道入混沌矣。〔一二〕

自欧、曾诸君，扩清唐末五季之诡僻，〔一三〕而宋、元三数百年，文辞虽有高下，气体皆尚清真，斯足尚矣。而宋人又自开其纤诡之门者，则尽人而有号，一号不止，而且三数未已也。夫上古淳质，人止有名而已。周道尚文，幼名冠字。故卑行之于尊者，多避名而称字。故曰字以表德。〔一四〕不足而加之以号，〔一五〕则何说也？流及近世，风俗日靡，始则去名而称字，渐则去字而称号；于是卑行之于所尊，不但讳名，且讳其字，以为触犯，岂不谄且渎乎？孔子曰："名不正，则言不顺。"〔一六〕称号讳字，其不正不顺之尤者乎？〔一七〕

号之原起，不始于宋也。春秋、战国，盖已兆其端矣。陶朱、鸱夷子皮,有所托而逃焉者也。[一八]鹖冠、鬼谷诸子,自隐姓名,人则因其所服所居而加之号也。[一九]皆非无故而云然也。唐开元间,宗尚道教,则有真人赐号,南华、冲虚之类。[二〇]法师赐号,叶靖法师之类。[二一]女冠赐号,太真玉妃之类。[二二]僧伽赐号,三藏法师之类。[二三]三藏在太宗时,不始开元,今以类举及之。此则二氏之徒所标榜,[二四]后乃逮于隐逸,陈抟、林逋之类。[二五]寻播及于士流矣。然出朝廷所赐,虽非典要,犹非本人自号也。度当日所以荣宠之意,已死者同于谥法,未死者同于头衔,盖以空言相赏而已矣。[二六]

自号之繁,仿于郡望,而沿失于末流之已甚者也。盖自六朝门第争标郡望,凡称名者,不用其人所居之本贯,而惟以族姓著望,冠于题名,此刘子玄之所以反见笑于史官也。[二七]沿之既久,则以郡望为当时之文语而已矣。既以文语相与鲜新,则争奇吊诡,[二八]名随其意,自为标榜。故别号之始,多从山泉林薮以得名,此足征为郡望之变,而因托于所居之地者然也。渐乃易为堂轩亭苑,则因居地之变,而反托于所居之室者然也。初则因其地,而后乃不必有其地者,造私臆之山川矣。初或有其室,而后乃不必有其室者,构空中之楼阁[二九]矣。识者但知人心之尚诡,而不知始于郡望之滥觞,是以君子恶夫作俑也。[三〇]

峰泉溪桥,楼亭轩馆,亦既繁复而可厌矣,乃又有出于谐声隐语,[三一]此则宋、元人之所未及开,而其风实炽于前明至近日也。或取字之同音者为号,或取字形离合者为号。夫盗贼自为号者,将以惑众也。赤眉、黄巾,其类甚多。娼优自为号者,将以媚客也。燕莺娟素之类甚多。而士大夫乃反不安其名字,而纷纷称号焉,其亦不思而已矣。[三二]

逸囚多改名,惧人知也。出婢必更名,易新主也。故屡逸之囚,转卖之婢,其名必多,所谓无如何也。文人既已架字而立号,苟有寓意,不得不然,一已足矣。顾一号不足,而至于三且五焉。噫!

可谓不惮烦矣。[三三]

古人著书,往往不标篇名。后人较雠,[三四]即以篇首字句名篇。不标书名,后世较雠,即以其人名书,此见古人无意为标榜也。其有篇名书名者,皆明白易晓,未尝有意为吊诡也。然而一书两名,先后文质,未能一定,则皆较雠诸家,易名著录,相沿不察,遂开歧异;初非著书之人,自尚新奇,为吊诡也。[三五]

有本名质而著录从文者,有本名文而著录从质者,有书本全而为人偏举者,有书本偏而为人全称者,学者不可不知也。本名质而著录从文者,《老子》本无经名,而书尊《道德》;[三六]《庄子》本以人名,而书著《南华》之类,是也。汉称《庄子》。唐则敕尊《南华真经》,在开元时《隋志》已有《南华》之目。[三七]本名文而著录从质者,刘安之书,本名《鸿烈解》,而《汉志》但著《淮南内外》;[三八]蒯通之书,本名《隽永》,而《汉志》但著《蒯通》本名[三九]之类,是也。《隽永》八十一首,见本传,与志不符。书名本全而为人偏举者,《吕氏春秋》有十二纪、八览、六论,而后人或称《吕览》;[四〇]《屈原》二十五篇,《离骚》特其首篇,而后世竟称《骚赋》[四一]之类是也。刘向名之《楚辞》,后世遂为专部。书名本偏而为人全称者,《史记》为书策纪载总名,而后人专名《太史公书》;[四二]《孙武》八十余篇,有图有书,而后人即十三篇称为《孙子》[四三]之类,是也。此皆较雠著录之家所当留意。已详《较雠通义》。虽亦质文升降,时会有然,而著录之家,不为别白,则其流弊,无异别号称名之吊诡矣。[四四]

子史之书,名实同异,诚有流传而不能免者矣。集部之兴,皆出后人缀集,故因人立名,以示志别;东京讫于初唐,无他歧也。中叶文人,自定文集,往往标识集名,《会昌一品》、元白《长庆》[四五]之类,抑亦支矣。然称举年代,犹之可也。或以地名,杜牧《樊川集》,独孤及《毗陵集》之类。[四六]或以官名,韩偓《翰林集》。[四七]犹有所取。至于诙谐嘲弄，信意标名，如《锦囊》、李松。《忘筌》、杨怀玉。《披沙》、李咸用。《屠龙》、熊皦。《謦书》、沈颜。《漫编》，元结。纷纷标目，[四八]而大雅之风，不可复作矣。[四九]

子史之书，因其实而立之名，盖有不得已焉耳。集则传文之散著者也。篇什散著，则皆因事而发，各有标题，初无不辨宗旨之患也。故集诗集文，因其散而类为一人之言，则即人以名集，足以识矣。上焉者，文虽散而宗旨出于一，是固子史专家之遗范也。次焉者，文墨之佳，而萃为一，则亦雕龙[五〇]技曲之一得也。其文与诗，既以各具标名，则固无庸取其会集之诗文而别名之也。人心好异，而竞为标题，固已侈矣。至于一名不足，而分辑前后，离析篇章，[五一]或取历官资格，[五二]或取游历程途，[五三]富贵则奢张荣显，卑微则酝酿寒酸，巧立名目，横分字号；遂使一人诗文，集名无数，标题之录，靡于文辞，篇卷不可得而齐，著录不可从而约；而问其宗旨，核其文华，黄茅白苇，[五四]毫发无殊；是宜概付丙丁，岂可猥尘甲乙者乎？[五五]欧、苏诸集，已欠简要，犹取文足重也。近代文集，逐狂更甚，则无理取闹矣。

〔一〕按《史通》有《题目》，前论统名，兼编年纪传二体言。后论篇帙题名，专主纪传言。就中列传名目繁多，论析尤详。本篇前论人名，条分姓氏字号，后论书名，条分子史别集，以见称谓繁杂之失。作年无考。

〔二〕宋黄彻《䂬溪诗话》："诸史列传，首尾一律。惟左氏传《春秋》则不然，千变万状，有一人称目至数次异者。族氏、名字、爵邑、号谥，皆密布其中。"

〔三〕见《礼记·檀弓上》文。

〔四〕《论语·子罕》："仰之弥高，钻之弥坚。"何晏《集解》："言不可穷尽。"按此节论左氏称谓不一。

〔五〕《史通·列传》:"纪者,编年也。传者,列事也。编年者,历帝王之岁月,犹《春秋》之经;列事者,录人臣之行状,犹《春秋》之传。《春秋》则以传解经。《史》《汉》则以传释纪。"是列有胪列之义,故有列一人行事而亦谓之列传,所以标异于编年之传记也。

〔六〕按沈约《宋书》卷九十五《索虏列传》,即指北魏。卷九十九《二凶列传》,即指元凶劭、始兴王濬。并以题为戏。《史通·题目》:"至范晔举例,始全录姓名,历短行于卷中,丛细字于标外,其子孙附出者,注于祖先之下,烦碎之至,孰过于此!自兹以降,多师蔚宗。魏收因之,则又甚矣。其有魏氏邻国编于魏史者,于其人姓名之上,又列之以邦域,申之以职官。至如江东帝主,则云僭晋司马叡,岛夷刘裕。河西酋长,则云私署凉州牧张实,私署凉王李暠。此皆篇中所具,又于卷首具列。必如收意,使其撰两《汉书》《三国志》,题诸盗贼传,亦当云僭西楚霸王项羽,伪宁朔王隗嚣,自余陈涉、张步、刘璋、袁术,其位号皆一一具言,无所不尽者也。"

〔七〕按此节论《史记》传目不齐。

〔八〕何孟春《余冬序录》:"令人称人姓必易以世望,称官必用前代职名,称府、州、县必用前代郡邑名,欲以为异。不知文字间著此何益于工拙。此不惟于理无取,且于事复有碍矣。李姓者称陇西公,杜曰京兆,王曰琅邪,郑曰荥阳,以一姓之望而概众人,可乎?此其失自唐末五季间,孙光宪辈始。《北梦琐言》称冯涓为长乐公,《冷斋夜话》称陶谷为五柳公,类以昔人之号而概同姓,尤是可鄙。"(《日知录》卷十九《文人求古之病》条引)钱大昕云:"自魏、晋以门第取士,单寒之家屏弃不齿,而士大夫始以郡望自矜。唐、宋重进士科,士既显贵,多寄居它乡,不知有郡望者,盖五六百年矣。惟民间嫁娶名帖,偶一用之,言王必琅邪,言李必陇西,言张必清河,言刘必彭城,言周必汝南,言顾必武陵,言朱必沛国;其所祖何人,迁徙何自,概置弗问。此俗习之甚可笑者也。"(《十驾

斋养新录》卷十二)

〔九〕《史记·庄周传》:“周尝为蒙之漆园吏。”《礼记·王制》:“诸侯无故不杀牛。”疏:“谓太牢也。”《旧唐书·牛僧孺传》:“僧孺为德裕所恶,目为‘太牢公’,其相憎恨如此。”

〔一○〕古时书简约长一尺,故曰尺牍。《汉书·陈遵传》:“遵略涉传记,赡于文辞,性善书,与人尺牍,主皆藏去以为荣。”

〔一一〕试牍,试卷也。沈括《梦溪笔谈》卷九:“嘉祐中,刘几为文,骤为怪险之语,欧公深恶之。会公主试,有一举人论曰:‘天地轧,万物茁,圣人发。’公曰:‘此必刘几。’戏续曰:‘秀才剌,试官刷。’以大朱笔横抹之,谓之红勒帛。”

〔一二〕按此节论唐末姓氏称谓之繁。

〔一三〕欧阳发《先公事略》:“嘉祐二年,先公知贡举,时学者为文以新奇相尚,文体大坏。公深革其弊,一时以怪僻知名在高等者,黜落几尽。”《宋史·欧阳修传赞》:“三代而降,薄乎秦、汉,文章虽与时盛衰,而蔼如其言,晔如其光,皦如其音,盖均有先王之遗烈。涉魏、晋而弊,至唐韩愈氏振起之。唐之文,涉五季而弊,至宋欧阳修又振起之。挽百川之颓波,息千古之邪说,使斯文之正气,可以羽翼大道,扶持人心,此两人之力也。”又《曾巩传赞》:“曾巩立言于欧阳修、王安石间,纡徐而不烦,简奥而不晦,卓然自成一家,可谓难矣。”按“扩”,应作“廓。”

〔一四〕《礼记·曲礼上》:“男子二十冠而字。”《仪礼·士冠礼》:“冠而字之,敬其名也。居父之前称名,他人则称字也。”《颜氏家训·风操》:“古者名以正体,字以表德。名终则讳之。”按此下刘刻《遗书》本有“至表德”三字。

〔一五〕《周礼·春官》:“太祝掌辨六号”注:“号谓尊其名,更为美称。”

〔一六〕见《论语·子路》文。

〔一七〕按此节论字号之繁。

〔一八〕《史记·货殖传》："范蠡既雪会稽之耻，乃喟然而叹曰：'计然之策七，越用其五而得意，既已施于国，吾欲用之家。'乃乘扁舟浮于江湖，变名易姓，适齐为鸱夷子皮，之陶为朱公。"

〔一九〕《汉书·艺文志》道家："《鹖冠子》一篇。"班固自注："楚人，居深山，以鹖为冠。"《隋书·经籍志》从横家："《鬼谷子》三卷，皇甫谧传。"又有乐壹注本三卷。《史记·苏秦传》："秦东师事于齐而习之于鬼谷先生。"《集解》引徐广曰："颍川阳城有鬼谷，盖是其人所居，因为号。"

〔二〇〕《唐会要》："天宝元年二月十二日，追赠庄子南华真人。三月十九日，李林甫奏列子号冲虚真人。"

〔二一〕《唐六典》卷四："道士修行有三号，其一曰法师，其二曰威仪师，其三曰律师。"叶靖法师，未详。

〔二二〕《新唐书·后妃传》："玄宗贵妃杨氏，始为寿王妃。开元二十年，武惠妃薨，后廷无当帝意者。或言妃姿质天挺，宜充掖廷，遂召内禁中，异之。即为出自妃意者，丐籍女官（即女冠），号太真。"

〔二三〕《旧唐书·方伎传》："僧玄奘，洛州偃师人，大业末，出家，博涉经论。贞观初，随商人往游西域。玄奘既辨博出群，所在必为讲释论难，番人远近咸尊伏之。在西域十七年，经百余国，悉解其国之语，采其山川谣俗土地所有，撰《西域记》十二卷。贞观十九年，归至京师。太宗诏将梵本六百五十七部于弘福寺翻译。高宗在宫，为文德太后追福，造慈恩寺及翻经院。玄奘及高僧等人住。显庆元年，高宗令左仆射于志宁等润色玄奘所定之经，凡成七十五部，奏上之。六年卒，年五十六。"太宗时为三藏法师。刘咸炘《识语》："三藏法师，犹五经博士之称，非特赐嘉名。此失考。"

〔二四〕《后汉书·党锢传》："海内希风之流遂共相标搒。"章怀注："标搒犹相称扬也。搒与榜同，古字通。"惠氏补注引胡三省曰："立表以示人曰标，揭书以示人曰榜。标榜，犹言表揭也。”

〔二五〕《宋史·隐逸传》：“陈抟字图南，亳州真源人。后唐长兴中，举进士不第，遂不求禄仕，以山水为乐。居武当山九室岩，服气辟谷，历二十余年，但日饮酒数杯。移华山云台观。周世宗好黄白术，显德三年，命华州送至阙下，留止禁中，月余，知无他术，放还。太平兴国中来朝，太宗待之甚厚，赐号希夷先生。数月还山。端拱初，卒。”又：“林逋字君复，杭州钱塘人。少孤力学，不为章句。性恬淡，弗趋荣利，家贫，衣食不足，晏如也。初放游江、淮间，久之归杭州，结庐西湖之孤山，二十年足不及城市。真宗闻其名，诏长吏岁时劳问。临终为诗，有‘茂陵他日求遗稿，犹喜曾无《封禅书》’之句。既卒，州为上闻，仁宗嗟悼，赐谥和靖先生。”

〔二六〕按此节论赐号之繁。

〔二七〕《史通·邑里》自注：“时修国史，予被配纂《李义琰传》。琰家于魏州昌乐，已经三代，因云：‘义琰，魏州昌乐人也。’监修者大笑，以为深乖史体。遂依李氏旧望，改为陇西成纪人。”

〔二八〕《庄子·齐物论》：“是其言也，其名为吊诡。”陆德明《释文》：“吊，音的，至也。诡，异也。”指诡异。

〔二九〕翟灏《通俗编》：“《梦溪笔谈》：‘登州四面临海，春夏时，遥见空际有城市楼阁之状，土人谓之海市。’今称言行虚构者曰空中楼阁，用此事。”

〔三〇〕《孟子·梁惠王上》：“仲尼曰：‘始作俑者，其无后乎！’”赵岐注：“俑，偶人也，用之送死。仲尼重人类，谓秦穆公时以三良殉葬，本由有作俑者也。夫恶其始造，故曰此人其无后嗣乎。”按此节论别号之繁。

〔三一〕见《感遇》注〔二〇〕。

〔三二〕按此节论隐名之繁。

〔三三〕按此节论改号之繁。

〔三四〕见《篇卷》篇注〔九〕。按"较"当作"校"。菁华阁本正作校。下同。

〔三五〕按此节论书名之繁。

〔三六〕《隋书·经籍志》道家:"《老子道德经》二卷",有河上公、王弼、钟会、孙登、刘仲融、卢景裕诸家之注。按《汉志》有《老子邻氏经传》四篇、《老子傅氏经说》三十七篇、《老子徐氏经说》六篇,则《老子》称经已见于《汉志》矣。

〔三七〕《隋书·经籍志》道家:"《南华论》二十五卷,梁旷撰。"

〔三八〕见《言公上》注〔四〇〕。

〔三九〕见《篇卷》篇注〔一七〕。《汉书·艺文志》从横家:"《蒯子》五篇。"

〔四〇〕《史记·十二诸侯年表序》:"吕不韦者,秦庄襄王相,上观尚古,删拾《春秋》,集六国时事,以为八览、六论、十二纪,为《吕氏春秋》。"《汉书·艺文志》杂家:"《吕氏春秋》二十六篇。"《汉书·司马迁传》:"不韦迁蜀,世传《吕览》。"按诸本,"纪"上敓"二"字,兹据刘刻《遗书》本补。

〔四一〕见《经解下》注〔二七〕。按刘刻《遗书》本其上有"特"字,诸本无,兹据补。

〔四二〕史记,本为古史之通称,其见于迁书中者,如《周本纪》"太史伯阳读史记",《十二诸侯年表》"孔子论史记旧闻",《六国表》"秦烧天下《诗》《书》,诸侯史记尤甚",不一而足。《汉志》录迁书于春秋类,称"《太史公》百三十篇。"《隋书·经籍志》始名《史记》而著之于正史。

〔四三〕《汉书·艺文志·兵书略》:"《吴孙子兵法》八十二篇,图九卷。"《史记·孙武传》:"阖闾曰:'子之十三篇,吾尽观之矣。'"《七录》:"《孙子兵法》三卷。"《史记正义》:"十三篇为上卷,又有中下二卷。"

〔四四〕按此节论子史之异名。

〔四五〕《新唐书·艺文志》别集类："李德裕《会昌一品集》二十卷，又《姑臧集》五卷，《穷愁志》三卷，《杂赋》二卷。"又："《元氏长庆集》一百卷，又小集十卷。"晁氏云："今亡其四十卷。"又："《白氏长庆集》七十五卷。"按会昌，唐武宗年号。长庆，唐穆宗年号。

〔四六〕《唐书·艺文志》别集类："杜牧《樊川集》二十卷。"又："独孤及《毗陵集》二十卷。"

〔四七〕《书目答问》："《韩内翰别集》一卷，唐韩偓撰。"

〔四八〕《宋史·艺文志》别集类："李松《锦囊集》三卷。"又："杨怀玉《忘筌集》三卷。"又："熊皦《屠龙集》五卷。"《全唐诗》小传："李咸用与来鹏同时，工诗不第，尝应辟为推官，有《披沙集》六卷。"《新唐书·艺文志》别集类："沈颜《聱书》十卷。"《书录解题》别集类："《元次山集》十卷，唐容管经略使元结撰。结自号漫叟。"

〔四九〕按此节论集部标目之失。

〔五〇〕《史记·孟荀列传》："雕龙奭。"《集解》引《别录》："奭修衍之文，饰若雕镂龙文，故曰雕龙。"

〔五一〕如《隋书·经籍志》别集类："梁仪同三司《徐勉前集》三十五卷，《后集》十六卷。"是。

〔五二〕如《隋书·经籍志》别集类："梁太子洗马《王筠集》十一卷，王筠《中书集》十一卷，王筠《临海集》十一卷，王筠《左佐集》十一卷，王筠《尚书集》九卷。"是。

〔五三〕如《国史经籍志》别集类："刘大谟《蜀游集》六卷，陈善《黔南稿》十卷。"是。

〔五四〕见《言公下》注〔一二七〕。

〔五五〕《吕氏春秋·孟夏纪》："其日丙丁。"注："丙丁，火日也。"言凡斯等集，皆宜付之一炬，不可列入四部也。按此节论集部诗文标目之失。

匡　谬〔一〕

书之有序，所以明作书之旨也，非以为观美也。序其篇者，所以明一篇之旨也。至于篇第相承，先后次序，古人盖有取于义例者焉，亦有无所取于义例者焉，约其书之旨而为之，无所容勉强也。《周易·序卦》二篇，次序六十四卦相承之义，《乾》《坤》《屯》《蒙》而下，承受各有说焉。〔二〕《易》义虽不尽此，此亦《易》义所自具，而非强以相加也。吾观后人之序书，则不得其解焉。书之本旨，初无篇第相仍之义例，观于古人而有慕，则亦为之篇序焉。猥填泛语，强结韵言，以为故作某篇第一，故述某篇第二。自谓淮南、太史、班固、扬雄，〔三〕何其惑耶？夫作之述之，诚闻命矣。故一故二，其说又安在哉？且如《序卦》，《屯》次《乾》《坤》，必有其义。盈天地间惟万物，《屯》次《乾》《坤》之义也。故受之以《屯》者，盖言不可受以《需》《讼》诸卦，而必受以《屯》之故也。《蒙》《需》以下，亦若是焉而已矣。此《序卦》之所以称次第也。后人序篇，不过言斯篇之不可不作耳。必于甲前乙后，强以联缀为文，岂有不可互易之理，如《屯》《蒙》之相次乎？是则慕《易》序者，不如序《诗》《书》〔四〕之为得也。《诗》《书》篇次，岂尽无义例哉？然必某篇若何而承某篇则无是也。六艺垂教，其揆一也。何必优于《易》序，而歉于《诗》《书》之序乎？赵岐《孟子篇序》，尤为穿凿无取。〔五〕

夫书为象数而作者，其篇章可以象数求也。其书初不关乎象数者，必求象数以实之，则凿矣。《易》有两仪四象，八八相生，其卦六十有四，〔六〕皆出天理之自然也。《太玄》九九为八十一，《潜虚》五五为二十五，〔七〕拟《易》之书，其数先定，而后摛文，故其篇章，同于兵法之部伍，可约而计也。司马迁著百三十篇，自谓绍名世而继

《春秋》,[八]信哉,三代以后之绝作矣。然其自拟,则亦有过焉者也。本纪十二,隐法《春秋》之十二公也。《秦纪》分割庄襄以前,别为一卷,而末终汉武之世,为作今上本纪,明欲分占篇幅,欲副十二之数也。[九]夫子《春秋》,文成法立,纪元十二,时世适然,初非十三已盈,十一则歉也。汉儒求古,多拘于迹,识如史迁,犹未能免,此类是也。然亦本纪而已,他篇未必皆有意耳。而治迁书者之纷纷好附会也,则曰十二本纪,法十二月也,八书法八风,十表法十干,三十世家法一月三十日,七十列传法七十二候,百三十篇法一岁加闰,[一〇]此则支离而难喻者矣。就如其说,则表法十干,纪当法十二支,岂帝纪反用地数,而王侯用天数乎?岁未及三,何以象闰?七十二候,何以缺二?循名责实,触处皆矛盾矣。然而子史诸家,多沿其说,或取阴阳奇偶,或取五行生成,少则并于三五,多或配至百十,宁使续凫断鹤,[一一]要必象数相符。孟氏七篇,必依七政,[一二]屈原《九歌》,难合九章,[一三]近如邓氏《函史》之老阳少阳,[一四]《景岳全书》之八方八阵,[一五]则亦几何其不为儿戏耶?[一六]

古人著书命篇,取辨甲乙,非有深意也。六艺之文,今具可识矣。盖有一定之名,与无定之名,要皆取辨甲乙,非有深意也。一定之名,典、谟、贡、范之属是也。《帝典》《皋陶谟》《禹贡》《洪范》,皆古经定名。他如《多方》《多士》《梓材》之类,皆非定名。无定之名,《风诗》《雅》《颂》之属是也。皆以章首二字为名。诸子传记之书,亦有一定之名与无定之名,随文起例,不可胜举;其取辨甲乙,而无深意,则大略相同也。象数之书,不在其例。夫子没而微言绝,《论语》二十篇,固六艺之奥区矣。[一七]然《学而》《为政》诸篇目,皆取章首字句标名,无他意也。《孟子》七篇,或云万章之徒所记,或云孟子自著,[一八]要亦诵法《论语》之书也。《梁惠王》与《公孙丑》之篇名,则亦章首字句,取以标名,岂有他哉?说者不求篇内之义理,而过求篇外之标题,则于义为凿也。师弟问答，自是常事，偶居章首而取以名篇，何足异哉？说者以为卫灵公与季氏，乃当世之诸侯大夫，孔子道德为王者师，故取以名篇，与《公冶》《雍也》诸篇，等于弟子之列尔。《孟子》篇名有《梁惠王》《滕文公》，皆当世之诸侯，而与《万章》《公孙丑》篇同列，亦此例也。〔一九〕此则可谓穿凿而无理者矣。就如其说，则《论语》篇有《泰伯》，古圣贤也。《尧曰》，古圣帝也。岂亦将推夫子为尧与泰伯之师乎？《微子》，孔子祖也。《微子》名篇，岂将以先祖为弟子乎？且诸侯之中，如齐桓、晋文，岂不贤于卫灵？弟子自是据同时者而言，则鲁哀与齐景亦较卫灵为贤，不应取此也。晏婴、蘧瑗，〔二〇〕岂不贤于季氏？同在章中，何不升为篇首，而顾去彼取此乎？孟子之于告子，盖卑之不足道矣。乃与公孙、万章，跻之同列，则无是非之心矣。执此义以说书，无怪后世著书，妄拟古人而不得其意者，滔滔未已也。〔二一〕

或曰：附会篇名，强为标榜，盖汉儒说经，求其说而不免太过者也。然汉儒所以为此，岂竟全无所见，而率然自伸其臆欤？余曰：此恐周末贱儒，已有开其端矣。著书之盛，莫甚于战国；以著书而取给为干禄之资，盖亦始于战国也。故屈平之草稿，上官欲夺，〔二二〕而《国策》多有为人上书，〔二三〕则文章重，而著书开假借之端矣。《五蠹》《孤愤》之篇，秦王见之，至恨不与同生，〔二四〕则下以是干，上亦以是取矣。求取者多，则矜榜起，而饰伪之风亦开。余览《汉艺文志》，儒家者流，则有《魏文侯》与《平原君》书。〔二五〕读者不察，以谓战国诸侯公子，何以入于儒家？不知著书之人，自托儒家，而述诸侯公子请业质疑，因以所问之人名篇居首，其书不传，后人误于标题之名，遂谓文侯、平原所自著也。夫一时逐风会而著书者，岂有道德可为人师，而诸侯卿相，漫无择决，概焉相从而请业哉？必有无其事，而托于贵显之交以欺世者矣。《国策》一书，多记当时策士智谋，然亦时有奇谋诡计，一时未用，而著书之士，爱不能割，假设主臣问难以快其意，如苏子之于薛公及楚太子事，〔二六〕其明征也。然则贫贱而托显贵交言，愚陋而附高明为伍，策士夸诈之风，又值言辞相矜之际，天下风靡久矣。而说经者目见当日时事如此，遂谓圣贤道德之隆，必藉诸侯卿相相与师尊，而后有以出一世之上也。呜呼！此则囿于风气之所自也。〔二七〕

假设问答以著书，于古有之乎？曰：有从实而虚者，《庄》《列》寓言，称述尧、舜、孔、颜之问答，望而知其为寓也。〔二八〕有从虚而实者，《屈赋》所称渔父、詹尹，〔二九〕本无其人，而入以屈子所自言，是彼无而屈子固有也，亦可望而知其为寓也。有从文而假者，楚太子与吴客，乌有先生与子虚也。〔三〇〕有从质而假者，《公》《谷》传经，设为问难，〔三一〕而不著人名，是也。后世之士摘词掞藻，〔三二〕率多诡托，知读者之不泥迹也。考质疑难，必知真名。不得其人，而以意推之，则称或问，恐其以虚构之言，误后人也。近世著述之书，余不能无惑矣。理之易见者，不言可也。必欲言之，直笔于书，其亦可也。作者必欲设问，则已迂矣。必欲设问，或托甲乙，抑称或问，皆可为也。必著人以实之，则何说也？且所托者，又必取同时相与周旋，而少有声望者也，否则不足以标榜也。至取其所著，而还诘问之，其人初不知也，不亦诬乎？且问答之体，问者必浅，而答者必深；问者有非，而答者必是。今伪托于问答，是常以深且是者自予，而以浅且非者予人也，不亦薄乎？君子之于著述，苟足显其义，而折是非之中，虽果有其人，犹将隐其姓名而存忠厚，况本无是说而强坐于人乎？诬人以取名，与劫人以求利，何以异乎？且文有起伏，往往假于义有问答，是则在于文势则然，初不关于义有伏匿也。倘于此而犹须问焉，是必愚而至陋者也。今乃坐人愚陋，而以供己文之起伏焉，则是假推官以叶韵也。昔有居下僚而吟诗谤上官者，上官召之，适与某推官者同见。上官诘之，其人复吟诗以自解，而结语云，问某推官。推官初不知也，惶惧无以自白，退而诘其何为见诬。答曰：非有他也，借君衔以叶韵尔。〔三三〕

问难之体，必屈问而申答，故非义理有至要，君子不欲著屈者之姓氏也。孟子拒杨、墨，必取杨、墨之说而辟之，〔三四〕则不惟其人而惟其学。故引杨、墨之言，但明杨、墨之家学，而不必专指杨朱、墨翟之人也。是其拒之之深，欲痛尽其支裔也。盖以彼我不两立，不如是，不足以明先王之大道也。彼异学之视吾儒，何独不然哉？韩非治刑名之说，则儒墨皆在所摈矣。〔三五〕墨者之言少，而儒则《诗》《书》六艺，皆为儒者所称述，故其历诋尧、舜、文、周之行事，必藉儒者之言以辨之。故诸《难》之篇，〔三六〕多标儒者，以为习射之的焉。此则在彼不得不然也，君子之所不屑较也。然而其文华而辨，其意刻而深，后世文章之士，多好观之。惟其文而不惟其人，则亦未始不可参取也。王充《论衡》，〔三七〕则效诸《难》之文而为之。效其文者，非由其学也，乃亦标儒者而诘难之。且其所诘，传记错杂，亦不尽出儒者也。强坐儒说，而为志射之的焉，王充与儒何仇乎？且其《问孔》《刺孟》诸篇〔三八〕之辨难，以为儒说之非也，其文有似韩非矣。韩非绌儒，将以申刑名也。王充之意，将亦何申乎？观其深斥韩非鹿马之喻以尊儒，〔三九〕且其自叙，辨别流俗传讹，欲正人心风俗，〔四〇〕此则儒者之宗旨也。然则王充以儒者而拒儒者乎？韩非宗旨，固有在矣。其文之隽，不在能斥儒也。王充泥于其文，以为不斥儒，则文不隽乎？凡人相诟，多反其言以诟之，情也。斥名而诟，则反诟者必易其名，势也。今王充之斥儒，是彼斥反诟，而仍用己之名也。〔四一〕

〔一〕按《史通 · 自叙》后有《纰缪》，目存而其文不传，所论盖专主史籍。本篇则泛指一般文字，而匡正其谬戾，用资学者考镜得失之助。作年见《经解上》注〔一〕。

〔二〕孔颖达《周易正义》："《序卦》者，文王既繇六十四卦，分为上下二篇，其先后之次，其理不见，故孔子就上下二经，各序其相次之义，故谓之《序卦》焉。"《易·序卦》："有天地，然后万物生焉。盈天地之间者唯万物，故受之以屯。屯者，盈也。屯者，物之始生也。物生必蒙，故受之以蒙。蒙者，蒙也，物之稚也。"乾坤指天地，下接屯，屯指万物始生；下接蒙，蒙指幼稚；下接需，需指养；下接讼，养有争等。各卦之次序不可乱，故乾坤后不可接需讼。

〔三〕《淮南子·要略》，《史记·太史公自序》，《汉书·叙传》，《法言》之序，并明其述作之意而著其次第。刘咸炘《识语》："《易序》，叙其次第。《书序》，撮其大旨。《诗序》，注其本事。马、班之序，兼《易》与《书》。《淮南》《法言》，但用《易》义。后世单篇之文，前加文序者，则出于《诗》。叙次第者，以序为目之用，防后人之倒乱也。"

〔四〕《隋书·经籍志》："先儒相承，谓《毛诗序》，子夏所作，毛公及卫敬仲更加润色。"郑玄云："《诗序》本一篇，毛公始分以置诸篇之首。"《四库提要》以为《小序》首句为子夏作，其下为卫宏等所续。盖以《小序》首句《鲁诗》《毛诗》各家皆同，断其同出一源也。别详《经解中》注〔二九〕。《汉书·艺文志》："《书》之所起远矣，至孔子纂焉，上断于尧，下讫于秦，凡百篇而为之序，言其作意。"陆德明《经典释文》："马、郑之徒，百篇之序，总为一卷。孔氏以各冠其篇首。而亡篇之序，即随其次第居见存者之间。"（《经义考》卷七十三引）林光朝曰："序乃历代史官相传，以为《书》之总目，犹《诗》之有小序也。"（王应麟《汉书艺文志考证》卷一引）

〔五〕赵岐《孟子篇叙》："孟子以为圣王之盛，惟有尧、舜。尧、舜之道，仁义为上；故以梁惠王问利国对以仁义为首篇也。仁义根心，然后可以大行其政，故次之公孙丑问管、晏之政，答以曾西之所羞也。政莫美于反古之道。滕文公乐反古，故次以文公为世子，始有从善思礼之心也。奉礼之谓明，明莫甚于离娄，故次之以离娄之明也。明者当明其行。行莫大于孝，故次以万章问舜往于田号泣也。孝道之本在于情性，故次以告子论情性也。情性在内而主于心，故次以《尽心》也。”盖全仿《易序》。按此节论后世书序，叙其次第之谬。

〔六〕两仪，谓阴阳也。四象，谓四时也。《易·系辞上》：“是故易有太极，是生两仪，两仪生四象，四象生八卦，八卦定吉凶，吉凶生大业。”《汉书·艺文志》：“文王重易六爻，作上下篇。”重易六爻，即八八为六十四卦。

〔七〕见《易教上》注〔三一〕及注〔三七〕。

〔八〕见《史记·太史公自序》。

〔九〕刘咸炘《识语》：“此谓史公本纪法十二公，史公恐无此意。分割《秦纪》，别有用意。庄襄以后既为纪，庄襄以前自不得仍为世家，故并为纪，而分割以别之。前人讥之，不知其不得已也。”

〔一〇〕张守节《史记正义·论史例》：“作本纪十二，象岁十二月也。作表十，象天之刚柔十日，以记封建世代终始也。作书八，象一岁八节，以记天地日月山川礼乐也。作世家三十，象一月三十日，三十幅共一毂，以记世禄之家，辅弼股肱之臣，忠孝得失也。作列传七十，象一行七十二日。言七十者，举全数也。余二日，象闰余也。以记王侯将相英贤略立功名于天下可序列也。合百三十篇，象一岁十二月及闰余也。”司马贞《补史记序》，其说略同。

〔一一〕《庄子·骈拇》：“凫胫虽短，续之则忧。鹤胫虽长，断之则悲。”

〔一二〕赵岐《孟子篇叙》：“篇所以七者，天以七纪，璇玑运度，七政分离，圣以布曜，故法之也。”

〔一三〕《文选》五臣注，张铣云：“九者，阳数之极，自谓否极，取为歌名。”姚宽《西溪丛语》:“《九歌》章句,名曰九而载十一篇,何也?曰,九以数名之,如《七启》《七发》,非以其章名。”

〔一四〕《函史》,见《释通》注〔三三〕。章氏《家书》三:“祖父尝辨《史记索隐》谓‘十二本纪法十二月,十表法十干’诸语,斥其支离附会。吾时年未弱冠,即觉邓氏《函史》上下篇卷分配阴阳老少为非,特未能遽笔为说耳。”(刘刻《遗书》卷九)

〔一五〕《四库简明目录》医书类:“《景岳全书》六十四卷,明张介宾撰。其门目有传忠录、脉神章、伤寒典、杂症谟、妇人规,小儿则、痘疹诠、外科钤、本草正、新方八阵、古方八阵,名皆纤佻,而典谟二名尤妄。大旨以温补为宗,然主持太过,故主其说者,功与过参半。”《南濬楛语》:“张介宾分药为八阵:曰补,曰和,曰寒,曰热,曰固,曰因,曰攻,曰散。其《景岳全书》中,伤寒曰典,杂症曰谟,尤为奇恣。”

〔一六〕按此节论附会象数之谬。

〔一七〕《论语》,见《诗教上》注〔七三〕。班固《西都赋》:“防御之阻,则天地之隩区焉。”

〔一八〕赵岐《孟子题辞》:“此书孟子之所作也。”《正义》曰:“唐林慎思续《孟子》书二卷,以谓《孟子》七篇,非轲自著,乃弟子共记其言。韩愈亦云:‘孟轲之书,非轲自著;轲既没,其徒万章、公孙丑相与记轲所言焉。’”

〔一九〕《孟子·梁惠王章句上》,赵岐注云:“圣人及大贤有道德者,王公侯伯及卿大夫咸愿以为师。孔子时,诸侯问疑质礼,若弟子之问师也。鲁、卫之君,皆尊事焉。故《论语》或以弟子名篇,而有《卫灵公》《季氏》之篇。孟子亦以大儒为诸侯所师,是以《梁惠王》《滕文公》题篇,与《公孙丑》等而为一例也。”

〔二〇〕晏婴字平仲,为人善交,见《公冶长》篇。蘧瑗字伯玉,尝使人于孔子,见《阳货》篇。

〔二一〕按此节论附会篇题之谬。

〔二二〕《史记·屈原列传》:“怀王使屈原造为宪令。屈平属草稿未定,上官大夫见而欲夺之。”《正义》引王逸云:“上官,靳尚。”

〔二三〕《颜氏家训·省事》:“上书陈事,起自战国。”《赵策一》,苏秦为齐上书说赵王,此为国上书,亦为齐王上书,即为人上书。

〔二四〕见《知难》注〔五〕。

〔二五〕《汉志》儒家有《魏文侯》六篇。又有《平原君》七篇,班固自注云:“朱建也。”章太炎先生《与人论国学书》云:“以《艺文志》《平原君》七篇,谓是著书之人,自托儒家,而述诸侯公子请业质疑,因以名篇居首。不晓平原固非赵胜,《艺文》本注谓是朱建。建与郦生、陆贾、娄敬、叔孙通同时。陆、娄之书,亦在儒家。《汉书》明白,犹作狐疑,以此匡谬,其亦自谬云尔。”(《章氏丛书·文录·别录二》)

〔二六〕《战国策·齐策三》:“楚王死,太子在齐质。苏秦谓薛公曰:‘君何不留楚太子,以市其下东国。’薛公曰:‘不可。我留太子,郢中立王,然则是我抱空质而行不义于天下也。’苏秦曰:‘不然。郢中立王,君谓其新王曰,与我下东国,吾为王杀太子。不然,吾将与三国共立之。然则下东国必可得也。’苏子之事,可以请行,可以令楚王亟入下东国,可以益割于楚,可以忠太子而使楚益入地,可以为楚王走太子,可以忠太子使之亟去,可以恶苏秦于薛公,可以为苏秦请封于楚,可以使人说薛公以善苏子,可以使苏子自解于薛公。”下历陈其说(文略)。此明系拟议之辞。

〔二七〕按此节论附会显贵风习之由来。

〔二八〕《庄子·逍遥游》“尧让天下于许由”节,又《齐物论》“昔者尧问于舜曰”节,又《大宗师》“颜回问仲尼曰”节,皆为寓言。

〔二九〕《渔父》,《楚辞》篇名。《卜居》称詹尹,见《言公下》注〔一〇三〕。渔父、詹尹皆为假托,洪兴祖《楚辞补注》云:“《卜居》《渔父》皆假设问答以寄意耳。而太史公《屈原传》,刘向《新序》,嵇康《高士传》,或采《楚词》《庄子》《渔父》之言,以为实录,非也。”

〔三〇〕见《言公下》注〔一〇四〕及注〔一〇五〕。

〔三一〕《公羊传》《谷梁传》皆自问自答,以发明经义。刘熙载《文概》:“《公》《谷》二传,解义皆推见至隐,非好学深思,不能有是。”

〔三二〕摛,音螭,布也。班固《答宾戏》:“摛藻如春华。”掞,音闪,去声,舒也。左思《蜀都赋》:“摛藻掞天庭。”指在朝廷发播文藻。

〔三三〕徐釚《词苑丛谈》卷十一:“王齐叟字彦龄,元祐枢密彦霖之弟也。任侠有声。初官太原,作词数十曲,嘲都邑同僚,并及府帅。帅怒甚,因群吏入谒,面数折之曰:‘君恃尔兄,谓吾不能治尔耶?’彦龄敛版顿首谢,且请其故。帅告之。复趋进,微声吟曰:‘居下位,即恐被人谗。昨日但吟《青玉案》,几时曾唱《望江南》?’下句不属,回顾适见兵官,乃曰:‘请问马都监。’帅不觉失笑,众亦匿笑而退。时都监仓惶失措,伺其出,诘之曰:‘素不相识,何故以我作证?’王笑曰:‘不过借公叶韵耳。’”叶君长青曰:“推官,疑为都监之误。”吕居仁《轩渠录》所载略同,或徐所本。按此节论以假托问答为实事之谬。

〔三四〕孟子距杨墨,见《天喻》注〔一三〕。曾巩《战国策目录序》:“孟子之书,有为神农之言者,有为墨子之言者,皆著而非之。”

〔三五〕《史记·韩非传》:“非喜刑名法术之学,而其归本于黄、老。”其排摈儒、墨,谓“儒以文乱法,侠以武犯禁”,以《五蠹》《显学》诸篇为著。

〔三六〕《韩非子》卷十五至卷十六为《难一》《难二》《难三》《难四》。如《难一》:“历山之农者侵畔,舜往耕焉,期年圳亩正。河滨之渔者争坻,舜往渔焉,期年而让长。东夷之陶者器苦窳,舜往陶焉,期年而器牢。仲尼叹曰:‘耕渔与陶,非舜官也。而舜往为之者,所以救败也。舜其信仁乎!乃躬藉处苦而民从之,故曰圣人之德化乎。'或问儒者曰:'方此时也,尧安在?'其人曰:'尧为天子。'然则仲尼之圣尧奈何?圣人明察在上位,将使天下无奸也。今耕渔不争,陶器不窳,舜又何德而化?舜之救败也,则是尧有失也。贤舜则去尧之明察,圣尧则去舜之德化,不可两得也。"

〔三七〕见《诗教下》注〔六七〕。

〔三八〕《论衡》卷九有《问孔》,卷十有《刺孟》。

〔三九〕《韩非子·外储说右上》:"夫马似鹿者,而题之千金。然而有百金之马,而无千金之鹿者,何也?马为人用,而鹿不为人用也。"《论衡·非韩》:"韩子之术,明法尚功。故其论儒也,谓之不耕而食,比之于一蠹。论有益与无益也,比之于鹿马。马之似鹿者千金。天下有千金之马,无千金之鹿,鹿无益,马有用也。儒者犹鹿,有用之吏犹马也。夫韩子知以鹿马喻,不知以冠履譬。使韩子不冠徒履而朝,吾将听其言也。加冠于首而立于朝,受无益之服,增无益之仕,言与服相违,行与术相反,吾是以非其言而不用其法也。"

〔四〇〕《论衡·自纪》:"充既疾俗情,作讥俗之书。又闵人君之政,徒欲治人,不得其宜,不晓其务,愁精苦思,不睹所趋,故作政务之书。又伤伪书俗文,多不实诚,故为《论衡》之书。"又云:"论贵是而不务华,事尚然而不高合。论说辨然否,安得不谲常心,逆俗耳?众心非而不从,故丧黜其伪,而存定其真。"王充存真黜伪,以为韩非之说不真,故非之;又以为孔、孟之说亦有不真,故《问孔》《刺孟》,并不矛盾。

〔四一〕按此节论《论衡》辨难之谬。

质　性〔一〕

《洪范》三德,正直协中,刚柔互克,〔二〕以剂其过与不及;是约天下之心知血气，聪明才力，无出于三者之外矣。孔子之教弟子，不得中行，则思狂狷，[三]是亦三德之取材也。然而乡愿者流，貌似中行而讥狂狷，则非三德所能约也。孔、孟恶之为德之贼，[四]盖与中行狂狷，乱而为四也。乃人心不古，而流风下趋，不特伪中行者，乱三为四，抑且伪狂伪狷者流，亦且乱四而为六；不特中行不可希冀，即求狂狷之诚然，何可得耶？孟子之论知言，以为生心发政，害于其事。[五]吾盖于撰述诸家，深求其故矣。其曼衍[六]为书，本无立言之旨，可弗论矣。乃有自命成家，按其宗旨，不尽无谓；而按以三德之实，则失其本性，而无当于古人之要道，所谓似之而非也。[七]学者将求大义于古人，而不于此致辨焉，则始于乱三而六者，究且因三伪而亡三德矣。呜呼！质性之论，岂得已哉？[八]

《易》曰："言有物而行有恒。"[九]《书》曰："诗言志。"[一〇]吾观立言之君子，歌咏之诗人，何其纷纷耶？求其物而不得也，探其志而茫然也，然而皆曰：吾以立言也，吾以赋诗也。无言而有言，无诗而有诗，即其所谓物与志也。然而自此纷纷矣。[一一]

有志之士，矜其心，作其意，以谓吾不漫然有言也。学必本于性天，[一二]趣必要于仁义，称必归于《诗》《书》，[一三]功必及于民物，[一四]是尧、舜而非桀、纣，尊孔、孟而拒杨、墨；其所言者，圣人复起，不能易也。求其所以为言者，宗旨茫然也。譬如《彤弓》《湛露》，奏于宾筵，闻者以谓肄业及之也。[一五]或曰：宜若无罪焉。然而子莫于焉执中，乡愿于焉无刺也。[一六]惠子曰："走者东走，逐者亦东走；东走虽同，其东走之情则异。"[一七]观斯人之所言，其为走之东欤？逐之东欤？是未可知也。然而自此又纷纷矣。[一八]

豪杰者出，以谓吾不漫然有言也，吾实有志焉，物不得其平则鸣也。[一九]观其称名指类，[二〇]或如诗人之比兴，[二一]或如说客之谐隐，[二二]即小而喻大，[二三]吊古而伤时，嬉笑甚于裂眦，[二四]悲歌可以当泣，诚有不得已于所言者。以谓贤者不得志于时，发愤著书以自表见也。盖其旨趣，不出于《骚》也。吾读骚人之言矣：“纷吾有此内美，又重之以修能。”〔二五〕太史迁曰：“余读《离骚》，悲其志。”又曰：“明道德之广崇，治乱之条贯，其志洁，其行廉，皭然泥而不滓，虽与日月争光可也。”〔二六〕此贾之所以吊屈，而迁之所以传贾也；〔二七〕斯皆三代之英也。〔二八〕若夫托于《骚》以自命者，求其所以牢骚〔二九〕之故而茫然也。嗟穷叹老，人富贵而己贫贱也，人高第〔三○〕而己摈落也，投权要而遭按剑也，争势利而被倾轧也，为是不得志，而思托文章于《骚》《雅》，以谓古人之志也；不知中人而下，所谓“齐心同所愿，含意而未伸”〔三一〕者也。夫科举擢百十高第，必有数千贾谊，痛哭以吊湘江，江不闻矣。吏部叙千百有位，必有盈万屈原，搔首以赋《天问》，〔三二〕天厌之矣。孟子曰：“有伊尹之志则可，无伊尹之志则篡也。”〔三三〕吾谓牢骚者，有屈、贾之志则可，无屈、贾之志则鄙也。然而自命为骚者，且纷纷矣。〔三四〕

有旷观者，从而解曰：是何足以介〔三五〕也，吾有所言，吾以适吾意也。人以吾为然，吾不喜也，人不以吾为然，吾不愠也。古今之是非，不欲其太明也；人我之意见，不欲其过执也。必欲信今，又何为也？有言不如无言之为愈也。〔三六〕是其宗旨盖欲托于庄周之齐物也。〔三七〕吾闻庄周之言曰：“内圣外王之学，暗而不明”也，“百家往而不反，道术将裂”也，〔三八〕“寓言十九，卮言日出。”〔三九〕然而稠适上遂，充实而不可以已，〔四○〕则非无所持，而漫为达观，以略世事也。今附庄而称达者，其旨果以言为无用欤？虽其无用之说，可不存也。而其无用之说，将以垂教欤？则贩夫皂隶，〔四一〕亦未闻其必蕲有用也。豕腹饕饕，羊角戢戢，〔四二〕何尝欲明古今之是非，而执人我之意见也哉？怯之所以胜勇者，力有余而不用也。讷之所以胜辨者，智有余而不竞也。蛟龙战于渊，而螾蚁不知其胜负；虎豹角于山，而狌狸不知其强弱；乃不能也，非不欲也。以不能而托于不欲，则夫妇之愚，可齐上智也。〔四三〕然而遁其中者，又纷纷矣。〔四四〕

易曰："一阴一阳之谓道。"〔四五〕阳变阴合，循环而不穷者，天地之气化也。人秉中和之气以生，则为聪明睿智。毗阴毗阳，〔四六〕是宜刚克柔克，所以贵学问也。骄阳沴阴，中于气质，学者不能自克，而以似是之非为学问，则不如其不学也。孔子曰："不得中行而与之，必也狂狷乎！狂者进取，狷者有所不为。"庄周、屈原，其著述之狂狷乎？屈原不能以身之察察，受物之汶汶，〔四七〕不屑不洁之狷也。庄周独与天地精神相往来，而不傲倪于万物，〔四八〕进取之狂也。昔人谓庄、屈之书，哀乐过人。盖言性不可见，而情之奇至如庄、屈，狂狷之所以不朽也。乡愿者流，托中行而言性天，剽伪易见，不足道也。于学见其人，而以情著于文，庶几狂狷可与乎！然而命骚者鄙，命庄者妄。狂狷不可见，而鄙且妄者，纷纷自命也。夫情本于性也，才率于气也。累于阴阳之间者，不能无盈虚消息〔四九〕之机。才情不离乎血气，无学以持之，不能不受阴阳之移也。陶舞愠戚，〔五〇〕一身之内，环转无端，而不自知。苟尽其理，虽夫子愤乐相寻，〔五一〕不过是也。其下焉者，各有所至，亦各有所通。大约乐至沉酣，而惜光景，必转生悲；而忧患既深，知其无可如何，则反为旷达。屈原忧极，故有轻举远游餐霞饮瀣〔五二〕之赋；庄周乐至，〔五三〕故有后人不见天地之纯、古人大体之悲；此亦倚伏之至理也。若夫毗于阴者，妄自期许，感慨横生，贼夫骚者也。毗于阳者，猖狂无主，动称自然，贼夫庄者也。然而亦且循环未有已矣。〔五四〕

族子廷枫曰："论史才史学，而不论史德，论文情文心，而不论文性，前人自有缺义。此与《史德》篇，俱足发前人之覆。"

〔一〕按此篇，庐江何氏钞本题《庄骚》，萧山王氏编目题《性情》，通行本则作《质性》。王宗炎《复章氏书》:“《质性》篇题欲改‘文性’,亦似未安,不如竟题‘性情’乃得。(原注:质性二字亦近生撰。)忧至乐至者,情也。毗阴毗阳者,性也。能性其情则利贞,即狂狷之进于中行,似与尊著命意较合。”(刘刻《遗书》附录)是知当日命篇,颇费斟酌。刘刻《遗书》本,篇前有序云:“前人尚论情文相生,由是论家喜论文情,不知文性实为元宰。离性言情,珠亡椟在,撰《质性》篇。”是篇虽为论文而作,其义实不止于文,改题“文性”固未安;而论旨主乎辨性,性情并题亦未协。盖情者性之动,性者情之质,“质性”命篇,正足以见篇义。且“质性”二字见于《韩非子·难言》,固非若王氏复书中所云近乎生撰者。《荀子·乐论》:“穷本极变,乐之情也。著诚去伪,礼之经也。”本篇大旨以为文生于情,情根于性,主存三德而去三伪,尤兢兢于狂狷真伪之辨,即著诚去伪,而归于《孟子》反经之旨也。作年无考。(本篇注多采程君千帆《文学发凡》)

〔二〕《书·洪范》:“三德:一曰正直,二曰刚克,三曰柔克。”孔颖达疏:“此三德者,人君之德张弛有三也。一曰正直,言能正人之曲使直。二曰刚克,言刚强而能立事。三曰柔克,言和柔而能治。”按《左传》文五年,宁嬴引《商书》曰:“沉渐刚克。高明柔克。”杜预注:“沉渐,犹滞溺也。高明,犹亢爽也。言各当以刚柔胜己本性乃能成全也。”据杜意是言滞溺之人易至优柔,故须以刚自克。亢爽之人易为刚断,故须以柔自克。与传疏主治人义殊。章氏此篇,寻绎下文,盖用杜义。

〔三〕《论语·子路》:“子曰:‘不得中行而与之,必也狂狷乎!狂者进取,狷者有所不为也。’”邢昺疏:“中行,行能得其中者也。狂者进取于善道,知进而不知退。狷者守节无为,应进而退也。二者俱不得中,而性恒一。欲得此二人者,以时多进退,取其恒一也。”《后汉书·独行传序》:“孔子曰:‘与其不得中庸,必也狂狷乎。'此盖失于周全之道,而取诸偏至之端者也。然则有所不为,亦将有所必为者矣。既云进取,亦将有所不取者矣。"是狂狷之异异以迹,其本未尝不同也。

〔四〕《论语·阳货》:"子曰:'乡原,德之贼也。'"原,愿之本字。《孟子·尽心下》:"孔子曰:'过我门而不入我室,我不憾焉者,其惟乡原乎?乡原,德之贼也。'曰:'何如斯可谓之乡原矣?'曰:'何以是嘐嘐也?言不顾行,行不顾言,则曰古之人,古之人。行何为踽踽凉凉?生斯世也,为斯世也,善斯可矣。阉然媚于世也者,是乡原也。'万章曰:'一乡皆称原人焉,无所往而不为原人;孔子以为德之贼,何哉?'曰:'非之无举也,刺之无刺也,同乎流俗,合乎污世,居之似忠信,行之似廉洁,众皆悦之,自以为是,而不可与入尧、舜之道。故曰,德之贼也。孔子曰:恶似而非者。恶莠,恐其乱苗也。恶佞,恐其乱义也。恶利口,恐其乱信也。恶郑声,恐其乱乐也。恶紫,恐其乱朱也。恶乡原,恐其乱德也。君子反经而已矣。经正,则庶民兴。庶民兴,斯无邪慝矣。'"

〔五〕《孟子·公孙丑上》:"公孙丑曰:'敢问夫子恶乎长?'曰:'我知言。我善养吾浩然之气。''何谓知言?'曰:'诐辞知其所蔽,淫辞知其所陷,邪辞知其所离,遁辞知其所穷。生于其心,害于其政,发于其政,害于其事。圣人复起,必从吾言矣。'"

〔六〕《庄子·齐物论》:"因之以曼衍。"司马彪云:"曼衍,无极也。"

〔七〕按《辨似》谓:"学术之患,莫患乎同一君子之言,同一有为言之也;求其所以为言者,咫尺之间,而有霄壤之判焉,似之而非也。"其辨同析异,乃由显而之隐。此篇判别诚伪,是本隐以之显,尤探得知言之根本也。

〔八〕按此节论辨三伪,存三德,为立言之大本。

〔九〕《易·家人》象辞:"君子以言有物而行有恒。"王弼注:"君子以言必有物,而口无择言。行必有恒,而身无择行也。"

〔一〇〕《书·舜典》文。孔颖达疏:“作诗者自言己志,则诗是言志之书,习之可以生长志意。”

〔一一〕按此节论言之无物而中无志之弊。

〔一二〕见《朱陆》注〔二一〕。

〔一三〕《礼记·乐记》:“要其节奏。”注:“要,犹会也。”韩愈《答李翊书》:“行之乎仁义之途,游之乎《诗》《书》之源。”

〔一四〕张载《西铭》:“民吾同胞,物吾与也。”

〔一五〕《左传》文四年:“卫宁武子来聘,公与之宴。为赋《湛露》及《彤弓》,不辞,又不答赋。使行人私(私问)焉。对曰:‘臣以为肄业及之(乐工学习到此二诗,认为此二诗不是为他奏的,故不答)也。昔诸侯朝正于王,王宴乐之,于是乎赋《湛露》。则天子当阳,诸侯用命也。诸侯敌王所忾(恨怒)而献其功,王于是乎赐之彤弓一,彤矢百,玈弓矢千,以觉报宴。今陪臣来继旧好,君辱贶之,其敢干大礼以自取戾!’”

〔一六〕《孟子·尽心上》:“孟子曰:‘杨子取为我,拔一毛而利天下,不为也。墨子兼爱,摩顶放踵,利天下为之。子莫执中。执中为近之,执中无权,犹执一也。所恶执一者,为其贼道也,举一而废百也。’”

〔一七〕见《知难》注〔一七〕。

〔一八〕按此节论乡原,所谓貌似中行而讥狂狷者。

〔一九〕韩愈《送孟东野序》:“凡物不得其平则鸣。”

〔二〇〕《易·系辞下》:“其称名也小,其取类也大。”

〔二一〕见《诗教上》注〔三一〕。《文心雕龙·比兴》:“比者,附也。兴者,起也。附理者,切类以指事。起情者,依微以拟议。起情故兴体以立,附理故比例以生。比则畜愤以斥言,兴则环譬以托讽。盖随时之义不一,故诗人之志有二也。”

〔二二〕见《感遇》注〔二〇〕。

〔二三〕《说文》:“眦,目崖也。”《史记·项羽本纪》:“头发上指,目眦尽裂。”

〔二四〕见古乐府《杂曲歌辞》。

〔二五〕见《楚辞·离骚》文。

〔二六〕见《史记·屈原列传》文。

〔二七〕《史记·贾生传》:“天子议以为贾生任公卿之位。绛、灌、东阳侯、冯敬之属尽害之,乃短贾生。于是天子后亦疏之,不用其议。乃以贾生为长沙王太傅。贾生既辞,往行,闻长沙卑湿,自以寿不得长,又以适去,意不自得,及渡湘水,为赋以吊屈原。”屈、贾二人心迹相类,故史公取以合传。《书教下》:“《屈贾列传》所以恶绛、灌之谗。其叙屈之文,非为屈表忠,乃吊贾之赋也。”

〔二八〕《礼记·礼运》:“大道之行也,与三代之英。”章氏《为谢司马撰楚辞章句序》云:“太史公曰:‘余读《离骚》,悲其志。’夫读屈子之文而知悲其志,可谓知屈子矣。然未明言其志,而后人悬揣其意而为之说者,则纷如也。盖求寄托之志而不得,则穿凿而不可通也。夫屈子之志以谓忠君爱国,伤谗疾时,宗臣义不忍去,人皆知之。而不知屈子,抗怀三代之英,一篇之中,反复致意,其孤怀独往,不复有春秋之世宙也。故其行芳志洁,太史推与日月争光,而于贾生所陈三代文质,终见谗于绛、灌者,同致吊焉,太史所谓悲其志欤。”(刘刻《遗书》卷八)

〔二九〕《汉书·扬雄传》:“又旁《惜诵》以下至《怀沙》一卷,名曰畔牢愁。”牢愁,韦昭训为牢骚。今用作抑郁不平语。

〔三〇〕唐用科目取士,号曰科举。宋用帖括,明清用八股考试,仍袭其名。应考获中者,谓之及第。名列前茅者,则称高第。

〔三一〕语见《古诗十九首》。

〔三二〕王逸《天问章句序》:“《天问》者,屈原之所作也。何不言问天,天尊不可问,故曰天问也。屈原放逐,忧心愁悴,彷徨山泽,经历陵陆，嗟号昊旻，仰天叹息。见楚先王之庙，及公卿祠堂，图画天地山川神灵，琦玮僪佹，及古贤圣怪物行事；周流罢倦，休息其下，仰见图画，因书其壁，呵而问之，以渫愤懑，舒泻愁思。”

〔三三〕见《孟子·尽心上》文。

〔三四〕按此节论伪狷，所谓命骚者鄙。

〔三五〕《后汉书·马援传》：“介介独恶是耳。”注：“介介，犹耿耿也。”

〔三六〕《淮南子·说山》：“人无言而神，有言者则伤。”《广雅·释言》：“愈，贤也。”按刘刻《遗书》本“有言”下有“而启人争”四字。

〔三七〕《庄子·齐物论》郭象注：“夫自是而非彼，美己而恶人，物莫不皆然。然故是非虽异，而彼我均也。”

〔三八〕见《诗教上》注〔四〕。

〔三九〕《庄子·寓言》：“寓言十九，重言十七，卮言日出，和以天倪。”郭象注：“寄之他人，则十言而九见信。”又云：“夫卮满则倾，空则仰，非持故也。况之于言，因物随变，唯彼之从，故曰日出。日出，谓日新也。”

〔四〇〕《庄子·天下》：“彼（指庄子）其充实不可以已，上与造物者游，而下与外生死无终始者为友。其于本也，宏大而辟，深闳而肆。其于宗（主）也，可谓稠适而上遂（调通而上达）矣。虽然，其应于化而解于物也，其理不竭，其来不蜕，芒乎昧乎，未之尽者。”按《粤雅堂丛书》本“稠适”讹作“适调”，兹依刘刻《遗书》本正。

〔四一〕按刘刻《遗书》本，而其无用之说，“而”字作“昂”。《左传》昭七年：“人有十等，下所以事上，上所以共神也。故王臣公，公臣大夫，大夫臣士，士臣皂，皂臣舆，舆臣隶，隶臣僚，僚臣仆，仆臣台。”

〔四二〕《左传》文十八年：“缙云氏有不才子，贪于饮食，冒于货贿，天下之民，谓为饕餮。”注：“贪财为饕。贪食为餮。”《诗·小雅·无羊》：“尔羊来思，其角濈濈。”毛传：“聚其角而息，濈濈然（状和好）。”

〔四三〕《礼记·中庸》：“夫妇之愚，可以与知焉。及其至也，虽圣人亦有所不知焉。”

〔四四〕按此节论伪狂，所谓命《庄》者妄。

〔四五〕见《易·系辞上》文。

〔四六〕见《史德》注〔二三〕。

〔四七〕《楚辞·渔父》：“屈原曰：吾闻之，新沐者必弹冠，新浴者必振衣。安能以身之察察，受物之汶汶者乎？宁赴湘流藏于江鱼之腹中，安能以皓皓之白，而蒙世俗之尘埃乎？”

〔四八〕《庄子·天下》文。

〔四九〕《易·丰》彖辞：“日中则昃，月盈则食。天地盈虚，与时消息，而况于人乎？”

〔五〇〕《礼记·檀弓下》：“人喜则斯陶，陶斯咏，咏斯犹，犹斯舞，舞斯愠，愠斯戚，戚斯叹，叹斯辟，辟斯踊矣。”

〔五一〕《论语·述而》：“叶公问孔子于子路。子路不对。子曰：‘女（汝）奚不曰：其为人也，发愤忘食，乐以忘忧，不知老之将至云尔。’”朱注云：“未得则发愤而忘食，已得则乐之而忘忧，以是二者俯焉日有孳孳，而不知年数之不足。但自言其好学之笃耳。”此所谓愤乐相寻也。

〔五二〕《楚辞·远游》：“悲时俗之迫厄兮，愿轻举而远游。”又：“餐六气而饮沆瀣（清露）兮，漱正阳而含朝霞。”

〔五三〕《庄子·至乐》：“天地无为也，而无不为也。人也，孰能得无为哉。”郭象注：“得无为，则无乐而乐至矣。”

〔五四〕按此节剖析性情，而兢兢于狂狷真伪之辨。

黠陋〔一〕

取蒲于董泽，〔二〕承考于《长杨》，〔三〕矜谒者之通，〔四〕著卜肆之应，〔五〕人谓其黠也；非黠也，陋也。名者实之宾，〔六〕徇名〔七〕而忘实，并其所求之名而失之矣；质去而文不能独存也。太上忘名，知有当务〔八〕而已，不必人之谓我何也。其次顾名而思义。〔九〕天下未有苟以为我树名之地者，因名之所在，而思其所以然，则知当务而可自勉矣。〔一〇〕其次畏名而不妄为。尽其所知所能，而不强所不知不能。黠者视之，有似乎拙也；非拙也，交相为功也。最下徇名而忘实。〔一一〕

取蒲于董泽，何谓也？言文章者宗《左》《史》。《左》《史》之于文，犹六经之删述也。《左》因百国宝书；〔一二〕《史》因《尚书》《国语》及《世本》《国策》《楚汉春秋》诸记载，〔一三〕己所为者十之一，删述所存十之九也。君子不以为非也。彼著书之旨，本以删述为能事，所以继《春秋》而成一家之言者，于是兢兢焉，事辞其次焉者也。古人不以文辞相矜私，史文又不可以凭虚而别构；且其所本者，并悬于天壤，观其入于删述之文辞，犹然各有其至焉；斯亦陶镕同于造化矣。吾观近日之文集，而不能无惑也。传记之文，古人自成一家之书，不以入集；后人散著以入集，文章之变也。既为集中之传记，即非删述专家之书矣；笔所闻见，以备后人之删述，庶几得当焉。黠于好名而陋于知意者，窥见当世之学问文章，而不能无动矣，度己之才力，不足以致之；于是有见史家之因袭，而点次其文为传记，将以渊海其集焉，而不知其不然也。宣城梅氏之历算，家有其书矣。裒录历议，书盈二卷，以为传而入文集，〔一四〕何为乎？退而省其私，未闻其于律算有所解识也。丹溪朱氏之医理，人传其学矣。节钞医案，文累万言，以为传而入文集，〔一五〕何为乎？进而求其说，未闻其于方术有所辨别也。班固因《洪范》之传而述《五行》，因《七略》之书而叙《艺文》。班氏未尝深于灾祥，精于校雠也，而君子以谓班氏之删述，其功有补于马迁；又美班氏之删述，善于因人而不自用也。[一六]盖以《汉书》为庙堂,诸家学术,比于大镛鼖鼓[一七]之陈也。今为梅、朱作传者,似羡宗庙百官之美富,而窃取庭燎反坫,以为蓬户之饰也。[一八]虽然,亦可谓拙矣。经师授受,子术专家,古人毕生之业也。苟可猎取菁华,[一九]以为吾文之富有,则四库典籍,犹董泽之蒲也,又何沾沾于是乎?[二〇]

承考于《长杨》,何谓也?善则称亲,过则归己,[二一]此孝子之行,亦文章之体也。《诗》《书》之所称述,远矣。三代而后,史迁、班固俱世为史,而谈、彪之业,亦略见于迁、固之叙矣。[二二]后人乃谓固盗父书,而迁称亲善。[二三]由今观之,何必然哉?谈之绪论,仅见六家宗旨,至于留滞周南,父子执手欷歔,以史相授,[二四]仅著空文,无有实迹。至若彪著《后传》,原委具存,[二五]而三纪论赞,明著彪说,[二六]见家学之有所授受;何得如后人之所言,致启郑樵诬班氏以盗袭之嫌哉?[二七]第史迁之叙谈,既非有意为略;而班固之述彪,亦非好为其详;孝子甚爱其亲,取其亲之行业而笔之于书,必肖其亲之平日,而身之所际不与也。吾观近日之文集,而不能无惑焉。其亲无所称述欤?阙之可也。其亲仅有小善欤?如其量而录之,不可略而为漏,溢而为诬可也。黠于好名而陋于知意者,侈陈己之功绩,累牍不能自休,而曲终奏雅,[二八]则曰吾先人之教也。甚至敷张己之荣遇,津津有味其言,而赋卒为乱,[二九]则曰吾先德之报也。夫自叙之文,过于扬厉,刘知几犹讥其言志不让,率尔见哂矣。[三〇]况称述其亲,乃为自诩地乎?夫张汤有后,[三一]史臣为荐贤者劝也;出之安世之口,则悖矣。伯起世德,[三二]史臣为清忠者幸也;出之秉、赐之书,则舛矣。昔人谓《长杨》《上林》诸赋,侈陈游观,而末寓箴规,以谓讽一而劝百。[三三]斯人之文,其殆自诩百,而称亲者一欤?[三四]

矜谒者之通,何谓也?国史叙《诗》,申明六义。[三五]盖《诗》无达言，[三六]作者之旨，非有序说，则其所赋，不辨何谓也？今之《诗序》，以谓传授失其义，则可也；谓无待于序，不可也。《书》之有序，或者外史掌三皇五帝之书，[三七]当有篇目欤？今之《书序》，意亦经师授受之言，仿《诗序》而为者欤？读书终篇，则事理自见；故《书》虽无序，而书义未尝有妨也。且《书》故有序矣，训诰之文终篇记言，则必书事首简，以见训诰所由作。是记事之《书》无需序，而记言之《书》本有序也。[三八]由是观之，序之有无，本于文之明晦，亦可见矣。吾观近日之文集，而不能无惑也。树义之文，或出前人所已言也，或其是非本易见也，其人未尝不知之，而必为之论著者，其中或亦有微意焉，或有所托而讽焉，或有所感而发焉；既不明言其故矣，必当序其著论之时世，与其所见所闻之大略，乃使后人得以参互考质，而见所以著论之旨焉。是亦《书》序训诰之遗也。乃观论著之文，论所不必论者，十常居七矣，其中岂无一二出于有为之言乎？然如《风诗》之无序，何由知其微旨也。且使议论而有序，则无实之言类于经生帖括者，亦可稍汰焉，[三九]而人多习而不察也。至于序事之文，古人如其事而出之也。乃观后世文集，应人请而为传志，则多序其请之之人，且详述其请之之语。偶然为之，固无伤也；相习成风，则是序外之序矣。虽然，犹之可也。黠于好名而陋于知意者，序人请乞之辞，故为敷张扬厉以谀己也。一则曰：吾子道德高深，言为世楷，不得吾子为文，死者目不瞑焉。再则曰：吾子文章学问，当代宗师，苟得吾子一言，后世所征信焉。己则多方辞让，人又搏颡固求。凡斯等类，皆入文辞，于事毫无补益，而借人炫己，何其厚颜之甚邪？且文章不足当此，是诬死也；请者本无是言，是诬生也。若谓事之缘起，不可不详，则来请者当由门者通谒，刺揭先投，入座寒温，包苴后馈。[四〇]亦缘起也，曷亦详而志之乎？而谓一时请文称誉之辞，有异于是乎？[四一]

著卜肆之应，何谓也？著作降而为文集，有天运焉，有人事焉。道德不修，学问无以自立，根本蹶而枝叶萎，此人事之不得不降也。世事殊而文质变，人世酬酢，礼法制度，古无今有者，皆见于文章。故惟深山不出则已矣，苟涉乎人世，则应求取给，文章之用多而文体分，分则不能不出于文集。其有道德高深，学问精粹者，即以文集为著作，所谓因事立言也。然已不能不杂酬酢之事，与给求之用也，若不得为子史专家，语无泛涉也。其误以酬酢给求之文为自立而纷纷称集者，盖又不知其几矣。此则运会有然，不尽关于人事也。吾观近日之文集，而不能无惑也。史学衰，而传记多杂出，若东京以降，《先贤》《耆旧》诸传，〔四二〕《拾遗》《搜神》诸记，〔四三〕皆是也。史学废，而文集入传记，若唐、宋以还，韩、柳志铭，欧、曾序述，〔四四〕皆是也。负史才者不得身当史任，以尽其能事，亦当搜罗闻见，核其是非，自著一书，以附传记之专家。至不得已，而因人所请，撰为碑、铭、序、述诸体，即不得不为酬酢应给之辞，以杂其文指，韩、柳、欧、曾之所谓无可如何也。黠于好名而陋于知意者，度其文采不足以动人，学问不足以自立，于是思有所托以附不朽之业也，则见当世之人物事功，群相夸诩，遂谓可得而藉矣。藉之，亦似也；不知传记专门之撰述，其所识解又不越于韩、欧文集也，以谓是非碑志不可也。碑志必出子孙之所求，而人之子孙未尝求之也，则虚为碑志以入集，似乎子孙之求之，自谓庶几韩、欧也。夫韩、欧应人之求而为之，出于不得已，故欧阳自命在五代之史，〔四五〕而韩氏欲诛奸谀于既死，发潜德之幽光，作唐之一经，〔四六〕尚恨托之空言也。今以人所不得已而出之者，仰窥有余羡，乃至优孟〔四七〕以摩之，则是词科之拟诰，非出于丝纶，〔四八〕七林之答问，〔四九〕不必有是言也；将何以征金石，昭来许乎？〔五〇〕夫舍传记之直达，而效碑志之旁通，取其似韩、欧耶？则是矉里〔五一〕也。取其应人之求为文望邪？则是卜肆也。昔者西施病心而矉,里之丑妇,美而效之;富者闭门不出,贫者挈妻子而去之。贱工卖卜于都市,无有过而问者,则曰:某王孙厚我,某贵卿神我术矣。〔五二〕

〔一〕按本篇论后世文集,多有狡于徇名而陋于知意者,条别其类,足资警戒。作年见《经解上》注〔一〕。

〔二〕《左传》宣十二年:"楚熊负羁囚知罃。知庄子以其族反(返)之,厨武子御,下军之士多从之。每射,抽矢菆(好箭)纳诸厨子之房(箭筒)。厨子怒曰:'非子之求,而蒲(杨柳之箭)之爱;董泽之蒲,可胜既乎?'"洪亮吉《春秋左传诂》:"既,塈,古字通。毛传:塈,取也。"董泽,在今山西闻喜县东北。此指董泽箭多,不胜取。

〔三〕《尔雅・释亲》:"父为考。"《汉书・成帝纪》:"元延二年冬,幸长杨宫,纵胡客大校猎。"《扬雄传》:"明年,上将大夸胡人以多禽兽。秋,命右扶风,发民入南山,西自褒斜,东至弘农,南驱汉中,张罗网罝罘,捕熊罴豪猪,虎豹狖玃,狐兔麋鹿,载以槛车,输长杨射熊馆。令胡人手搏之,自取其获。是时农民不得收敛。雄从至射熊馆还,上《长杨赋》。"李善注引《三辅皇图》曰:"长杨宫有射熊馆,在盩厔。"此言《长杨赋》尚有尊祖考功德意。

〔四〕《礼记・曲礼下》:"问士之子,长,曰能典谒矣,幼,曰未能典谒也。"郑注:"谒,请也。典谒者,主宾客告请之事。"

〔五〕严遵字君平,卖卜于成都市,日得百钱,足以自给,则闭肆下帘而授《老子》。见《汉书・王贡龚鲍传》。

〔六〕见《庄子・逍遥游》文。

〔七〕徇,求也。通作殉。《文选・鹏鸟赋》:"贪夫殉财兮烈士殉名。"注引瓒曰:"以身从物曰殉。"

〔八〕《礼记・曲礼上》:"太上贵德。"《颜氏家训・名实》:"上士忘名。"《孟子・尽心上》:"孟子曰:'知者无不知也,当务之为急。’”

〔九〕《三国志·魏志·王昶传》:“为兄子及子作名字,皆依谦实以见其意。故兄子默字处静,沈字处道,其子浑字玄冲,深字道冲。遂书戒之曰:‘欲使汝曹顾名思义。’”

〔一〇〕《后汉书·黄琼传》:“永建中,公卿多荐琼者。公车征琼至纶氏,称疾不进。李固以书遗之曰:‘常闻语曰,峣峣者易缺,皦皦者易污。阳春之曲,和者必寡。盛名之下,其实难副。近鲁阳樊君被征初至,朝廷设坛席,犹待神明。虽无大异,而言行所守,亦无所缺;而毁谤布流,应时折减者,岂非观听望深,声名太盛乎?’”此因名之所在,而以副实相勉也。

〔一一〕《颜氏家训·名实》:“名之与实,犹形之与影也。德艺周厚,则名必善焉。容色姝丽,则影必美焉。今不修身而求令名于世者,犹貌甚恶而责妍影于镜也。上士忘名,中士立名,下士窃名。忘名者,体道合德,享鬼神之福祐,非所以求名也。立名者,修身慎行,惧荣观之不显,非所以让名也。窃名者,厚貌深奸,干浮华之虚称,非所以得名也。”所论确当,可与此处参证。按此节论黠者徇名之弊。

〔一二〕见《书教上》注〔二一〕。

〔一三〕见《言公上》注〔四七〕。

〔一四〕《清史列传·儒林传下一》:“梅文鼎字定九(号勿庵),安徽宣城人。年二十七,习台官交食法,著《历学骈枝》二卷,自是遂有志历学。值书之难读者,必求其说,至废寝食。遇畴人子弟及西域官生,皆折节造访。人有问者,亦详告无隐,期与斯世共明之。所著历算书多至八十余种。康熙六十年卒,年八十九。”清杭世骏《道古堂文集》有《梅文鼎传》,录梅氏历议,书盈二卷。

〔一五〕元朱震亨字彦修,婺之义乌人,学者称丹溪翁。尝受业于许谦之门,别受医学于罗知悌。以为阳易动,阴易亏,主滋阴降火,创为阳常有余,阴常不足之说,为医家之一派。著有《格致余论》《局方发挥》《金匮钩玄》等书。戴良《丹溪翁传》,全录医方。传载《九灵山房集》卷十。

〔一六〕班氏述《五行》,叙《艺文》,并见《言公中》注〔三〇〕。《文心雕龙·史传》:"班固述汉,因循前业;观司马迁之辞,思实过半。"《言公中》:"刘向《洪范五行传》与《七略别录》虽亡,而班固史学出刘歆;今《五行》《艺文》二志具存,而刘氏之学未亡也。"

〔一七〕《诗·大雅·灵台》:"贲鼓维镛。"毛传:"贲,大鼓也。镛,大钟也。"贲,《说文》作鼖。

〔一八〕《诗·小雅·庭燎》,《释文》:"郑云:在地曰燎,执之曰烛,树之门外曰大烛,于内曰庭燎,皆照众为明。"《论语·八佾》:"邦君为两君之好,有反坫。"《集解》:'郑曰:反坫,反爵之坫,在两楹之间。与邻国为好会,其献酢之礼,更酌,酌毕则必反爵于坫上。"《庄子·让王》:"蓬户不完。"

〔一九〕菁,音精,华英也。《晋书·文苑传序》:"《翰林》总其菁华,《典论》详其藻绚。"

〔二〇〕四库,详《校雠通义·校雠条理第七》注〔一七〕。按此节论专家之书取以入集之陋。

〔二一〕见《礼记·坊记》文。

〔二二〕《史记·自序》,见下注。《汉书·叙传》:"彪学不为人,博而不俗;言不为华,述而不作。"

〔二三〕《文心雕龙·史传》:"班固述汉,因循前业;观司马迁之辞,思实过半。其十志该富,赞序弘丽,儒雅彬彬,信有遗味。至于宗经矩圣之典,端绪丰赡之功,遗亲攘美之罪,征贿鬻笔之愆,公理(仲长统)辨之究矣。"仲长统《昌言》,书佚不可考。案《汉书》赞中数称司徒掾班彪云云,安得诬为遗亲攘美?《颜氏家训·文章》:"班固盗窃父史。"《史记集解序》正义:"司马迁引父致意,班固父修而蔽之,优劣可知。”

〔二四〕司马谈《论六家要指》,见《原道中》注〔三九〕。《史记·太史公自序》:“是岁,天子始建汉家之封,而太史公留滞周南,不得与从事,故发愤且卒。而子迁适使反,见父于河、洛之间。太史公执迁手而泣曰:‘余先,周室之太史也。自上世尝显功名于虞、夏,典天官事。后世中衰,绝于余乎?汝复为太史,则续吾祖矣。今天子接千岁之统,封泰山,而余不得从行,是命也夫!命也夫!余死,汝必为太史。为太史,无忘吾所欲论著矣。自获麟以来,四百有余岁,而诸侯相兼,史记放绝。今汉兴,海内一统,明主贤君忠臣死义之士,余为太史而弗论载,废天下之史文,余甚惧焉。汝其念哉!’迁俯首流涕曰:‘小子不敏,请悉论先人所次旧闻,弗敢阙。’”

〔二五〕见《书教上》注〔三四〕。

〔二六〕《汉书·元帝纪赞》注引应劭曰:“《元》《成帝纪》,皆班固父彪所作。臣,则彪自说也。”按《韦贤》《翟方进》《元后》三传赞,亦俱称“司徒掾班彪曰”。师古曰:“《汉书》诸赞皆固所为。其有叔皮先论述者,固亦具显以示后人;而或者谓固窃盗父名,观此可以免矣。”又按三纪,当作二纪。郑樵《通志序》:“彪续迁书,自孝武至于后汉,世世相承,如出一手,善乎其继志也。其书不可得而见,所可见者,元、成二帝赞耳。”可证。

〔二七〕见《言公上》注〔四五〕。

〔二八〕《汉书·司马相如传赞》:“相如虽多虚辞滥说,然其要归,引之于节俭,此与诗之讽谏何异?扬雄以为靡丽之赋,劝百而讽一,犹骋郑卫之声,曲终而奏雅,不亦戏乎!”

〔二九〕《论语·泰伯》:“子曰:‘师挚之始,《关雎》之乱,洋洋乎盈耳哉!’”朱注:“乱,乐之卒章也。”《国语·鲁语下》:“昔正考父校商之名颂十二篇于周太师,以《那》为首。其辑之乱曰:‘自古在昔,先民有作;温恭朝夕,执事有恪。'”韦昭注:“辑,成也。凡作篇章,篇义既成,撮其大要为乱辞。诗者,歌也,所以节儛者也。如今三节儛矣,曲终乃更变章乱节,故谓之乱也。”《离骚》“乱曰”云云。王逸注:“乱,理也。所以发理词指,总撮其要也。”

〔三〇〕《史通·序传》:“历观扬雄以降,其自叙也,始以夸尚为宗。至魏文帝、傅玄、梅陶(依浦注校)、葛洪之徒,则又逾于此者矣。何者,身兼片善,行有微能,皆剖析其言,一二必载;岂所谓宪章前圣,谦以自牧者欤?”《论语·先进》:“子路率尔而对曰:‘千乘之国,摄乎大国之间,加之以师旅,因之以饥馑;由也为之,比及三年,可使有勇,且知方也。’夫子哂之。”

〔三一〕《汉书·张汤传赞》:“汉兴以来,侯者百数,保国持宠,未有若富平者也。汤虽酷烈,及身蒙咎,其推贤扬善,固宜有后。”张汤,杜陵人,武帝时拜大中大夫,后为朱买臣等所陷,自杀。子安世,官至卫将军,封富平侯。

〔三二〕《后汉书·杨震传论》:“延光(安帝年号)之间,震为上相,抗直方以临权枉,先公道而后身名,可谓怀王臣之节,识所任之体矣。遂累叶载德,继踵宰相。信哉!积善之家,必有余庆。先世韦(贤)平(当),方之蔑矣。”杨震字伯起,华阴人,官太尉,为樊丰等构陷,卒。子秉,孙赐,曾孙彪,玄孙修,皆贵显。

〔三三〕见上“曲终奏雅”注〔二八〕。

〔三四〕按此节论藉述亲以自诩之陋。

〔三五〕《诗序》:“国史明乎得失之迹,伤人伦之废,哀刑政之苛,吟咏性情,以风其上。”孔疏:“国史者,《周官》大史、小史、外史、御史之笔,皆是也。此承变风变雅之下,则兼据天子诸侯之史矣。得失之迹者,人君既往之所行也。明晓得失之迹,哀伤而咏情性者,诗人也,非史官也。《民劳》《常武》,公卿之作也。《黄鸟》《硕人》,国人之风。然则凡是臣民,皆得风刺,不必要其国史所为。

此文特言国史者,郑答张逸云:‘国史采众诗时,明其好恶,令瞽蒙歌之,其无作主,皆国史主之,令可歌。’如此言,是由国史掌书,故托文史也。苟能制作文章,亦可谓之为史,不必要作史官。《駉》云:‘史克作是颂’,史官自有作诗者矣,不尽是史官为之也。言明其好恶,令瞽蒙歌之,是国史选取善者始付乐官也。言其无作主,国史主之,嫌其作者无名,国史不主之耳;其有作主,亦国史主之耳。”六义,见《诗教下》注〔一四〕。

〔三六〕《春秋繁露·精华》:“诗无达诂。”达诂,犹言通训也。

〔三七〕《书序》,见《匡谬》注〔四〕。外史,见《原道中》注〔一四〕。

〔三八〕如《汤诰序》云:“汤既黜夏命,复归于亳,作《汤诰》。”《伊训序》云:“成汤既没,太甲元年,伊尹作《伊训》,肆命徂后。”是也。

〔三九〕帖括,见《博约上》注〔七〕。《唐书·选举志》:“明经但记帖括。”按《粤雅堂丛书》本“稍”上无“可”字,兹据刘刻《遗书》本增。

〔四〇〕《释名·释书契》:“书姓字于奏(笺奏)上曰刺。”刺,名片。《荀子·大略》:“包苴行与。”注:“货贿必以物苞裹,故总谓之苞苴。”

〔四一〕按此节论藉人请文以自誉之陋。

〔四二〕《隋书·经籍志》杂传类,所载自《海内先贤传》《四海耆旧传》而下,约二十余种。

〔四三〕《隋书·经籍志》杂史类:“《王子年拾遗记》十卷,萧绮撰。”又杂传类:“《搜神记》三十卷,干宝撰。”此类非正式传记。

〔四四〕方望溪云:“退之、永叔、介甫,俱以志铭见长。”(《古文约选凡例》)姚姬传《古文辞类纂序》:“余撰次古文辞,不载史传,以不可胜载也。惟载太史公、欧阳永叔表、志、序、论数首,序之最工者也。其后目录之序,子固独优已。”此指传记类入集部。

〔四五〕见《史注》注〔三二〕,及《释通》注〔六〇〕。

〔四六〕韩愈《答崔立之书》:“仆虽不贤,亦且潜究其得失,致之乎吾相，荐之乎吾君，上希卿大夫之位，下犹取一障而乘之。若都不可得，犹将耕于宽闲之野，钓于寂寞之滨，求国家之遗事，考贤人哲士之终始，作唐之一经，垂之于无穷；诛奸谀于既死，发潜德之幽光；二者将必有一可。”（《昌黎集》卷十六）章氏《丙辰札记》云：“韩氏道德文章，不愧泰山北斗，特于史学非其所长，作唐一经之言，非所任耳。其文出于孟、荀，渊源《诗》《礼》，真六经之羽翼，学者自当楷模。但史家渊源，必自《春秋》比事属辞之教，韩子所不能也。”（刘刻《遗书》外编三）此言韩愈能文而不明史学。

〔四七〕见《经解下》注〔四〕。

〔四八〕见《言公下》注〔八〕。

〔四九〕七林，见《诗教上》注〔四九〕。

〔五〇〕《诗·大雅·下武》：“昭兹来许。”传：“许，进也。”

〔五一〕《庄子·天运》：“西施病心而矉其里。其里之丑人见而美之，归亦捧心而矉其里。其里之富人见之，坚闭门而不出；贫人见之，挈妻子而弃之走。彼知矉美，而不知矉之所以美。”

〔五二〕章氏《乙卯札记》：“《池北偶谈》引王秋涧论文，谓‘《西汉书》诸列传，加以铭辞，便是绝好碑志’。此说正与予《黠陋》篇所论著卜肆之应一条，可以反证。王秋涧亦号大家，渔洋亦号古文通才，而所见之陋，乃如村荒学究，则时文之害人不浅矣。”（刘刻《遗书》外编二）按此节论虚为碑志入集之陋。

俗嫌〔一〕

文字涉世之难，俗讳多也。退之遭李愬之毁，〔二〕《平淮西碑》本未略李愬功。欧阳辨师鲁之志，〔三〕从古解人鲜矣。往学古文于朱先生。〔四〕先生为《吕举人志》。〔五〕吕久困不第，每夜读甚苦。邻妇语其夫曰：“吕生读书声高，而音节凄悲，岂其中有不自得邪？”其夫告吕。吕哭失声曰："夫人知我。假主文者，能具夫人之聪，我岂久不第乎？"由是每读则向邻墙三揖。其文深表吕君不遇伤心；而当时以谓佻薄，〔六〕无男女嫌，则聚而议之。又为某夫人志。〔七〕其夫教甥读书不率，挞之流血。太夫人护甥而怒，不食。夫人跪劝进食。太夫人怒，批其颊。夫人怡色有加，卒得姑欢。其文于慈孝友睦，初无所间；而当时以谓妇遭姑挞，耻辱须讳，又笞甥挞妇，俱乖慈爱，则削而去之。余尝为《迁安县修城碑文》，〔八〕中叙城久颓废，当时工程更有急者，是以大吏勘入缓工；今则为日更久，圮坏益甚，不容更缓。此乃据实而书，宜若无嫌。而当时阅者，以谓碑叙城之宜修，不宜更著勘缓工者以形其短。初疑其人过虑，其后质之当世号知文者，则皆为是说，不约而同。又尝为人撰《节妇传》，〔九〕则叙其生际穷困，亲族无系援者，乃能力作自给，抚孤成立。而其子则云："彼时亲族不尽穷困，特不我母子怜耳。今若云云，恐彼负惭，且成嫌隙。请但述母氏之苦，毋及亲族不援。"此等拘泥甚多，不可更仆数矣。亦间有情形太逼，实难据法书者，不尽出拘泥也。又为朱先生撰《寿幛题辞》云："自癸巳罢学政归，门下从游，始为极盛。"〔一〇〕而同人中，有从游于癸巳前者，或愤作色曰："必于是后为盛，是我辈不足重乎？"又为梁文定较注《年谱》云："公念嫂夫人少寡，终身礼敬如母。遇有拂意，必委曲以得其欢。"〔一一〕而或乃曰："嫂自应敬，今云念其少寡而敬，则是防嫂不终其节，非真敬也。"其他琐琐，为人所摘议者，不可具论，姑撮大略于此；亦可见文章涉世，诚难言矣。夫文章之用，内不本于学问，外不关于世教，已失为文之质；而或怀挟偏心，〔一二〕诋毁人物，甚而攻发隐私，诬涅清白，此则名教〔一三〕中之罪人，纵幸免刑诛，天谴所必及也。至于是非所在，文有抑扬；比拟之余，例有宾主；厚者必云不薄，醇者必曰无疵；殆如赋诗〔一四〕必谐平仄，然后音调；措语必用助辞，然后辞达。今为醇厚著说，惟恐疵薄是疑；是文句必去焉哉乎也，而诗句须用全仄全平，虽周、孔复生，不能一语称完善矣。[一五]嗟乎！经世之业，不可以为涉世之文。不虞之誉，求全之毁，[一六]从古然矣。读古乐府，形容蜀道艰难，太行诘屈，[一七]以谓所向狭隘，喻道之穷；不知文字一途，乃亦崎岖如是。是以深识之士黯默无言。自勒名山之业，将俟知者发之，岂与容悦之流[一八]较甘苦哉！

〔一〕按杜甫《偶题》："文章千古事，得失寸心知。"政以其中甘苦疾徐，解人难得。本篇就己所亲历，举例以明俗嫌之难与语诸文事，俯仰一世，而有闇默以俟知者之叹也。此下四篇作年无考。

〔二〕《旧唐书·韩愈传》："元和十二年八月，宰臣裴度为淮西宣慰处置使，兼彰义军节度使，请愈为行军司马。淮蔡平，十二月随度还朝，以功授刑部侍郎。仍诏愈撰《平淮西碑》，其辞多叙裴度事。时先入蔡州擒吴元济，李愬功第一，愬不平之。愬妻（唐安公主女也），出入禁中，因诉碑辞不实。诏令磨去愈文。宪宗命翰林学士段文昌重撰文，勒石。"按韩碑本未略李愬功，以立言体制攸宜，故叙次同于诸将，未特著之耳。平蔡事详具《通鉴·宪宗纪》。段碑今载《唐文粹》卷五十九。

〔三〕尹师鲁名洙，河南人。欧阳修撰《尹师鲁墓志铭》，其家人病其简略。新进士孔嗣宗请诣颍州，与欧阳修辨论，凡留半月。修特撰《论尹师鲁墓志》一文，以辨明之。文略如下："志言'天下之人，识与不识，皆知师鲁文学议论材能'；则文学之长，议论之高，材能之美，不言可知。又述其文，则曰'简而有法'。此一句在孔子六经，惟《春秋》可当之。又述其学曰'通知古今'。此语若必求其可当者，惟孔、孟也。又述其议论，云'是是非非，务尽其道理，不苟止而妄随'。亦非孟子不可当此语。又述其材能。备言师鲁历贬，自兵兴便在陕西，尤深知西事，未及施为而元昊臣。师鲁得罪,使天下之人,尽知师鲁材能。此三者,皆君子之极美,然在师鲁犹为末事。其大节乃笃于仁义,穷达祸福,不愧古人。其事不可遍举,故举其要者一两事以取信。如上书论范公而自请同贬,临死而语不及私,则平生忠义可知也。其临穷达祸福,不愧古人,又可知也。既已具言其文、其学、其议论、其材能、其忠义,遂又言其为仇人挟情论告以贬死;又言死后困穷之状。欲使后世知有如此人,以此事废死,至于妻子如此困穷;所以深痛死者,而切责当世君子致斯人之及此也。"(《欧阳文忠全集》卷七十二)

〔四〕朱筠,见《传记》注〔一五〕。章氏《与汪龙庄简》云:"忆初入都门,朱大兴先生一见,许以千古。然言及时文,则云:足下于此无缘,不能学,然亦不足学也。弟云:'家贫亲老,不能不望科举。'朱先生曰:'科举何难?科举何尝必要时文?由子之道,任子之天,科举未尝不得,即终不得,亦非不学时文之咎也。'弟信其说,故但教人为文,而不教人为揣摹之文。"(刘刻《遗书》卷二十九)又尝述朱氏论文之旨云:"有意于文,未有能至焉者。不为难易,而惟其是,庶几古人辞达之义矣。而平心迎拒,侔色揣称,其余事也,而其要乃在于闻道。不于道而于文,将有求一言之是而不可得者。"(《朱先生五十初度屏风题辞》,刘刻《遗书》卷二十三。)

〔五〕朱筠《庚午科举人吕君行状》:"君讳元龙,字麟洲,一字慕堂,顺天大兴人。辛未,试礼部不第,乃益发愤读书,其出声如钟。君所善韩生者亦喜读书,居比邻,旦旦夜夜,墙以东西,咿唔相倡答也。其妻韩夫人贤,而善品藻人,闻书声,谓其夫曰:'此子声大而中凄以悲,其心有不自得者乎?'韩生以告。君叫然曰:'夫人知我。'既而曰:'脱世知我如夫人者,我岂不第哉?'即又恸哭。每早起则望其家顿首再拜,人或以为狂。"(《笥河文集》卷九)

〔六〕佻,偷也。《楚辞·离骚》:"余犹恶其佻巧。"

〔七〕朱筠《王母高夫人行状》:"夫人静海高氏,宝坻王舜夫先生名询之元配也。事君舅北台先生讳枚士，暨君姑解太夫人，尤尽妇职。事姑如母，左右奉养，终姑之身，未尝一日离于侧。解太夫人性严重，而夫人承以愉婉，以故久之姑以为孝。岁丙寅，夫人年五十矣。是时舜夫先生召诸甥于家，为之延师读书，间或督过之，予以杖。会甥病，而解太夫人以爱外孙甚，闻之不乐，曰：'儿奈何病若甥？'为之罢食，至再。舜夫先生闻太夫人怒，则惶恐至不敢见。于是夫人长跪太夫人前，为夫谢过，固劝太夫人进食。太夫人怒不解，语且责夫人，至批其颊。夫人怡色承受无忤，固劝太夫人食。良久，太夫人色少解，进食，乃敢退。会舜夫亦求解于其妹，为之陈说，太夫人意已得解，乃敢见而谢过。卒，甥舅相好如初。人以是觇王氏子职之谨，而夫人以五十新妇纯孝而贤，尤难能也。"（《笥河文集》卷九）

〔八〕《迁安县重修城垣碑》中段云："谨按乾隆十三年，前通州理事通判富某，奉檄勘议。又二十七年，前滦州知州奉檄，偕前知县顾某同勘，需银六万余两。会二十八年，前总督直隶兵部尚书方讳观承，汇奏所属城工缓急，迁安与昌黎、乐亭同列缓工。自此因循未果，讫今又十五年。积久颓废，日以益甚。不特官廨仓狱，当备非常；既庐舍民居，藉城保障。卑职于三十九年任事，即见绅士军民纷纷吁请，卑职复勘无异。惟以初至未谙，又工费最钜，未敢遽议兴修。今三年来，请者益众，详视利害愈悉，允宜刻日建工，无庸疑贰。"（刘刻《遗书》卷十六）

〔九〕章氏《书董节妇事》："昌黎高汇征述其外姑董节妇事，请余书实，以备采风。曰：'外姑戴氏，同县监生天挺女也。''年二十一，归外舅继述。越二年，生子泰来。又二年，娈生二女。又二年，外舅没世。乾隆十二年丁卯春正月也。外姑时年二十七云。''章子曰：董氏妇戴，以儒家女习闻闺训，能孝舅姑，睦姑姊妹，固其道也，亦何足异？惟席丰厚而遭家多故，内忧外患，猝起非常，门内

茕茕,无拯援者。卒能不震声色,反侧以安;岂非审义明而德慧有出人者欤?'"(刘刻《遗书》卷第十八)

〔一〇〕《朱先生五十初度屏风题辞》:"乾隆戊戌季夏上旬六日,为笥河朱先生五十初度之辰。门弟子一时居京师者,相与奉觞上寿,俾学诚勉为之辞。""前此十年为戊子(乾隆三十三年),则先生自赞善晋学士。其间典试八闽,视学皖歙,出则輶轩购典,入则都邑征书,游历名山大川,发舒志气,披剔金石,搜罗逸献遗文。而东南一时所谓沉溺,枯槁,与夫磊落奇伟魁闳宽通之士,莫不景合云从,于是门下从游,始称极盛。"(刘刻《遗书》卷第二十三)

〔一一〕《梁文定公年谱书后》:"文定生朝,与伯兄同日,伯兄蚤世,故终身不称觞。及秉枢要,寿日贺客盈门,文定下值,即避居静室,或潜窥之,泪涔涔不自禁也。事孀妇,礼敬如母。抚湖北时,闻李甥尧栋入翰林,适见稚子慵学而嬉,嫂召文定,诘责课子不严,语涉繁琐。文定欲退出,嫂遽呼曰:'若厌闻吾语耶?'则指所坐堂下曰:'为我姑止此!'因故为絮沓,历数责之,闻者至不可堪。文定不少动,俟嫂气渐平,始徐徐去。一府宾客,传为异闻。"(刘刻《遗书》卷第二十一)梁国治字阶平,号瑶峰,浙江会稽人。乾隆进士,官至东阁大学士,兼户部尚书,卒,谥文定。

〔一二〕《庄子·山木》:"有虚船来触舟,虽有惼心之人不怒。"《释文》:"惼,急也。"

〔一三〕名,谓名分。教,谓教化。《世说新语·德行》:"王平子、胡母彦国诸人,皆以任放为达,或有裸体者。乐广笑曰:'名教中自有乐地,何为乃尔也!'"

〔一四〕按诸本"赋诗"二字误倒,兹从刘刻《遗书》本乙。

〔一五〕章氏《丙辰札记》:"李习之撰《杨烈妇传》云:'李希烈分兵抵项城县。县令李侃,不知所为。其妻杨氏,激发忠义,号召吏民。又箭伤侃手,侃归,杨氏责令登陴死守。'叙杨之烈至矣,然为李侃者，不亦难乎？古人记事从实，无所回护，故其文光明磊落，可以取信于人。今人下笔，率多世俗忌讳；如为人妻作传，则必欲其夫无疵可摘，若余文波及，大抵六亲三党皆是圣贤之徒，然后使其人可安，而为文者亦得免于訾议。否则群哄交集，虽被褒之人，亦自局蹐而不敢居。呜呼！三代直道之公不可问矣。”（刘刻《遗书》外编三）

〔一六〕《孟子·离娄下》：“孟子曰：‘有不虞之誉，有求全之毁。’”

〔一七〕李白乐府《蜀道难》写蜀道之险巇；魏武帝乐府《苦寒行》写太行之诘屈。

〔一八〕《孟子·尽心上》：“孟子曰：‘有事君人者，事是君，则为容悦者也。’”赵岐注：“事君，求君之意为苟容以悦君者也。”

针　名〔一〕

名者，实之宾。〔二〕实至而名归，自然之理也，非必然之事也。君子顺自然之理，不求必然之事也。君子之学，知有当务而已矣；未知所谓名，安有见其为实哉？好名者流，徇名而忘实，〔三〕于是见不忘者之为实尔。识者病之，乃欲使人后名而先实也。虽然，犹未忘夫名实之见者也。君子无是也。君子出处，当由名义。〔四〕先王所以觉世牖民，不外名教。〔五〕伊古以来，未有舍名而可为治者也。〔六〕何为好名乃致忘实哉？曰：义本无名，因欲不知义者由于义，故曰名义。教本无名，因欲不知教者率其教，故曰名教。揭而为名，求实之谓也。譬犹人不知食，而揭树艺之名以劝农；人不知衣，而揭盆缫〔七〕之名以劝蚕；暖衣饱食者，不求农蚕之名也。今不问农蚕，而但以饱暖相矜耀，必有辍耕织而忍饥寒，假借糠秕以充饱，隐裹败絮以伪暖，斯乃好名之弊矣。故名教名义之为名，农蚕也。好名者之名，饱暖也。必欲骛饱暖之名，未有不强忍饥寒者也。〔八〕

然谓好名者丧名，自然之理也，非必然之事也。昔介之推不言禄，禄亦弗及。[九]实至而名归，名亦未必遽归也。天下之名，定于真知者，[一〇]而羽翼于似有知而实未深知者。夫真知者，必先自知。天下鲜自知之人，故真能知人者不多也。似有知而实未深知者则多矣。似有知，故可相与为声名。实未深知，故好名者得以售其欺。又况智干术驭，竭尽生平之思力，而谓此中未得一当哉？故好名者往往得一时之名，犹好利者未必无一时之利也。[一一]

且好名者，固有所利而为之者也。如贾之利市[一二]焉，贾必出其居积，而后能获利；好名者，亦必浇漓[一三]其实，而后能徇一时之名也。盖人心不同如其面，[一四]故务实者，不能尽人而称善焉。好名之人，则务揣人情之所向，不必出于中之所谓诚然也。且好名者，必趋一时之风尚也。风尚循环，如春兰秋鞠[一五]之互相变易，而不相袭也。人生其间，才质所优，不必适与之合也。好名者，则必屈曲以徇之，故于心术多不可问也。唇亡则齿寒，鲁酒薄而邯郸围，[一六]此言势有必至，理有固然也。[一七]学问之道，与人无忮忌，[一八]而名之所关，忮忌有所必至也。学问之道，与世无矫揉；而名之所在，矫揉有所必然也。故好名者，德之贼也。[一九]

若夫真知者，自知之确，不求人世之知之矣。[二〇]其于似有知实未深知者，不屑同道矣。或百世而上，得一人焉，吊其落落无与俦[二一]也，未始不待我为后起之援也。或千里而外，得一人焉，怅其遥遥未接迹也，未始不与我为比邻之洽[二二]也。以是而问当世之知，则寥寥矣，而君子不以为患焉。浮气息，风尚平，天下之大，岂无真知者哉？至是而好名之伎，亦有所穷矣。故曰：实至而名归，好名者丧名，皆自然之理也，非必然之事也。卒之事亦不越于理矣。[二三]

〔一〕按昔贤谓汲汲于名者，犹之汲汲于利，相去无几。其在士林，矫揉忮忌，用伪乱真，允为学术之公患。本篇揭其情弊，而谓定于真知者，盖亦有感而言，义与《黠陋》《砭异》诸篇相发。作年无考。

〔二〕见《庄子·逍遥游》文。

〔三〕见《黠陋》注〔七〕。

〔四〕《易·系辞上》："君子之道，或出或处，或默或语。"《孟子·告子下》："孔子为鲁司寇，不用，从而祭，燔肉不至，不税（脱）冕而行。不知者，以为为肉也；其知者，以为为无礼也。乃孔子则欲以微罪行，不欲为苟去。君子之所为，众人固不识也。"古人出处必由名义，即此可见。

〔五〕《孟子·万章上》："天之生此民也，使先知觉后知，使先觉觉后觉也。予，天民之先觉者也。予将以斯道觉斯民也。非予觉之而谁也？"《诗·大雅·板》："天之牖民，如埙如篪。"传："牖，导也。"名教，见《俗嫌》篇注〔一三〕。

〔六〕《尹文子·大道上》："名有三科，法有四呈。一曰命物之名，方、圆、白、黑是也。二曰毁誉之名，善、恶、贵、贱是也。三曰况谓之名，贤、愚、爱、憎是也。一曰不变之法，君、臣、上、下是也。二曰齐俗之法，能、鄙、同、异是也。三曰治众之法，庆、赏、刑、法是也。四曰平准之法，律、度、权、量是也。"又云："今万物具存，不以名正之则乱。万名具列，不以形应之则乖。故形名者，不可不正也。善名命善，恶名命恶，故善有善名，恶有恶名。圣、贤、仁、智，命善者也。顽、嚚、凶、愚，命恶者也。今即圣、贤、仁、智之名，以求圣、贤、仁、智之实，未之或尽也。即顽、嚚、凶、愚之名，以求顽、嚚、凶、愚之实，亦未或尽也。使善恶尽然有分，虽未能尽物之实，犹不患其差也。故曰名不可不辨也。"

〔七〕缲，同缫。《说文》："缫，绎出丝也。"《礼记·祭义》："夫人缫三盆手。"郑注："三盆手者，三淹也。凡缫，每淹大揔而手振之，以出绪也。”盆，浸，茧浸水抽丝。

〔八〕按此节论徇名忘实之弊。

〔九〕《左传》僖二十四年：“晋侯赏从亡者，介之推不言禄，禄亦弗及。推曰：‘献公之子九人，唯君在矣。惠、怀无亲，外内弃之。天未绝晋，必将有主。主晋祀者，非君而谁？天实置之，而二三子以为己力，不亦诬乎！窃人之财，犹谓之盗，况贪天之功以为己力乎？下义其罪，上赏其奸，上下相蒙，难与处矣。’其母曰：‘盍亦求之，以死谁怼？’对曰：‘尤而效之，罪又甚焉；且出怨言，不食其食。’其母曰：‘亦使知之，若何？’对曰：‘言，身之文也。身将隐，焉用文之，是求显也。’其母曰：‘能如是乎？与女（汝）偕隐。’遂隐而死。晋侯求之不获，以绵上为之田，曰：‘以志吾过，且旌善人。’”

〔一〇〕《庄子·大宗师》：“且有真人而后有真知。”郭象注：“有真人而后天下之知皆得其真而不可乱也。”

〔一一〕按此节论好名者可邀一时之荣。

〔一二〕《易·说卦》：“为近利市三倍。”

〔一三〕《说文》：“浇，薄也。”漓，通醨。《说文》：“醨，薄酒也。”

〔一四〕见《言公中》注〔五二〕。

〔一五〕鞠同菊。《楚辞·九歌·礼魂》：“春兰兮秋菊，长无绝兮终古。”洪兴祖《补注》：“春兰秋菊，各一时之秀也。”

〔一六〕《左传》僖五年：“晋侯复假道于虞以伐虢，宫之奇谏曰：‘虢，虞之表也，虢亡，虞必从之。晋不可启，寇不可玩，一之谓甚，其可再乎？谚所谓辅车相依，唇亡齿寒者，其虞虢之谓也。’”《庄子·胠箧》：“故曰，唇竭则齿寒，鲁酒薄而邯郸围，圣人生而大盗起。”《释文》引许慎《淮南》注云：“楚会诸侯，鲁、赵俱献酒于楚王，鲁酒薄而赵酒厚。楚之主酒吏，求酒于赵。赵不与。吏怒，乃以赵厚酒易鲁薄酒，奏之。楚王以赵酒薄，故围邯郸也。”

〔一七〕叶注引《战国策·齐策四》：“谭拾子曰：‘事有必至，理有固然，子知之乎？'"

〔一八〕《诗·邶风·雄雉》："不忮不求，何用不臧？"毛传："忮，害也。"韩愈《原毁》："虽然，为是者有本有原，怠与忌之谓也。怠者不能修，而忌者畏人修。"（《昌黎集》卷十一）

〔一九〕按此节论好名者，忮忌矫揉，为德之贼。

〔二〇〕韩愈《与冯宿书》："以此而言，作者不祈人之知也，明矣。直百世以俟圣人而不惑，质诸鬼神而不疑耳。"（《昌黎集》卷十七）

〔二一〕《老子》第三十九章："不欲琭琭如玉，落落如石。"落落，不相入貌。汉光武帝《临淄劳耿弇》："将军前在南阳，建此大策，常以为落落难合，有志者事竟成也。"

〔二二〕《诗·小雅·正月》："洽比其邻，昏姻孔云。"毛传："洽，合也。"

〔二三〕按此节论好名者，遇真知者则技穷而名丧。

砭　异〔一〕

古人于学求其是，未尝求异于人也。学之至者，人望之而不能至，乃觉其异耳，非其自有所异也。夫子曰："俭，吾从众。泰也，虽违众，吾从下。"〔二〕圣人方且求同于人也。有时而异于众，圣人之不得已也。天下有公是，成于众人之不知其然而然也，圣人莫能异也。贤智之士，深求其故，而信其然。庸愚未尝有知，而亦安于然。而负其才者，耻与庸愚同其然也，则故矫其说以谓不然。譬如善割烹者，甘旨得人同嗜，〔三〕不知味者，未尝不以谓甘也。今耻与不知味者同嗜好，则必啜糟弃醴，去脍炙而寻藜藿，〔四〕乃可异于庸俗矣。语云："后世苟不公，至今无圣贤。"万世取信者，夫子一人而已矣。夫子之可以取信，又从何人定之哉？公是之不容有违也。夫子论列古之神圣贤人，众矣。伯夷求仁得仁，〔五〕泰伯以天下让，〔六〕非夫子阐幽表微，〔七〕人则无由知尔。尧、舜、禹、汤、文、武、周公，虽无夫子之称述,人岂有不知者哉?以夫子之圣,而称述尧、舜、禹、汤、文、武、周公,不闻去取有异于众也,则天下真无可以求异者矣。是非之心,人皆有之。〔八〕至于声色臭味,天下之耳目口鼻,皆相似也。心之所同然者,理也,义也。〔九〕然天下歧趋,皆由争理义,而是非之心,亦从而易焉。岂心之同然,不如耳目口鼻哉?声色臭味有据而理义无形。有据则庸愚皆知率循,无形则贤智不免于自用也。故求异于人,未有不出于自用者也。治自用之弊,莫如以有据之学,实其无形之理义,而后趋不入于歧途也。夫内重则外轻,实至则名忘。〔一〇〕凡求异于人者,由于内不足也。自知不足,而又不胜其好名之心,斯欲求异以加人,而人亦卒莫为所加也。内不足,不得不矜于外,实不至,不得不骛于名,〔一一〕又人情之大抵类然也。以人情之大抵类然,而求异者固亦不免于出此,则求异者何尝异人哉?特异于坦荡之君子尔。〔一二〕夫马,毛鬣相同也,龁草饮水,秣刍饲粟,且加之鞍鞯而施以钳勒,无不相同也,〔一三〕或一日而百里,或一日而千里;从同之中而有独异者,圣贤豪杰,所以异于常人也。不从众之所同,而先求其异,是必诡衔窃辔,踶趹噬龁,不可备驰驱之用〔一四〕者也。

〔一〕按此盖承上篇而为言。好名之人,往往喜自立异,以为名高,实斋特著论砭之。"内不足,不得不矜于外。实不至,不得不骛于名。"二语抉其病根之所在。刘咸炘《识语》云:"此篇亦《原道》之余义。先生由校雠而得共由之义,又由共由而得平常之义。"亦有所见。

〔二〕《论语·子罕》:"子曰:'麻冕,礼也。今也纯,俭,吾从众。拜下,礼也。今拜乎上,泰也。虽违众,吾从下。'"《集注》引程子曰:"君子处世,事之无害于义者,从俗可也。害于义,则不可从矣。"

〔三〕《孟子·告子上》:"口之于味,有同耆也。易牙先得我口之所耆者也。”

〔四〕《楚辞·渔父》:“众人皆醉,何不餔其糟而啜其醨?”《孟子·尽心下》:“公孙丑问曰:‘脍炙与羊枣孰美?’孟子曰:‘脍炙哉。’”《说文》:“脍,细切肉也。”又:“炙,炮肉也。”《史记·太史公自序》:“藜藿之羹。”张守节《正义》:“藜,似藿而表赤。藿,豆叶也。”

〔五〕《论语·述而》:“子贡曰:‘伯夷、叔齐,何人也?’曰:‘古之贤人也。’曰:‘怨乎?’曰:‘求仁而得仁,又何怨?’”

〔六〕《论语·泰伯》:“子曰:‘泰伯,其可谓至德也已矣!三以天下让,民无得而称焉。’”

〔七〕《易·系辞下》:“夫《易》,彰往而察来,而微显阐幽。”

〔八〕《孟子·告子上》文。

〔九〕《孟子·告子上》:“故曰:口之于味也,有同耆焉。耳之于声也,有同听焉。目之于色也,有同美焉。至于心,独无所同然乎?心之所同然者,何也?谓理也,义也。圣人先得我心之所同然耳。故理义之悦我心,犹刍豢之悦我口。”

〔一〇〕《庄子·达生》:“凡外重者内拙。”《德充符》:“故德所长而形有忘。”

〔一一〕自贤曰矜。《书·伪大禹谟》:“汝惟不矜,天下莫与汝争能。”《汉书音义》:“直骋曰驰。乱骋曰骛。”矜外则自炫其能,骛名则矫饰其伪。

〔一二〕《论语·述而》:“子曰:‘君子坦荡荡。小人长戚戚。’”郑曰:“坦荡荡,宽广貌。”

〔一三〕《庄子·马蹄》:“马,蹄可以践霜雪,毛可御风寒,龁草饮水,翘足而陆,此马之真性也。”成玄英疏:“龁,啮也。”《诗·周南》:“言秣其马。”毛传:“秣,养也。”《木兰诗》:“西市买鞍鞯。”《说文》:“鞯,马鞍具也。”《正韵》:“钳,锁项也。”有衔曰勒,无衔曰羁。

〔一四〕《庄子·马蹄》:“诡衔窃辔。”《释文》:“诡衔,吐出衔也。窃辔,啮辔也。”《汉书·武帝纪》:“马或奔踶而致千里。”师古曰:“踶,蹋也。”《后汉书·班固传》:“要趹追踪。”注:“趹,奔也。”《诗·鄘风·载驰》:“载驰载驱,归唁卫侯。”

砭　俗〔一〕

文章家言及于寿屏祭幛,几等市井间架,不可入学士之堂矣。其实时为之也。涉世不得废应酬故事,而祝嘏〔二〕陈言,哀挽〔三〕习语,亦无从出其性灵,而犹于此中斤斤焉,计工论拙,何以异于梦中之占梦〔四〕欤?夫文所以将其意也,意无所以自申,而概与从同,则古人不别为辞,如冠男之祝,醮女之命,〔五〕但举成文故牍而已矣。文胜之习,必欲为辞,为之而岂无所善?则遂相与矜心作意,相与企慕仿效,滥觞流为江河,不复可堙阏〔六〕矣。夫文生于质也,始作之者,未通乎变,故其数易尽。沿而袭之者之所以无善步也,既承不可遏之江河,则当相度宣防,〔七〕资其灌溉,通其舟楫,乃见神明通久〔八〕之用焉。文章之道,凡为古无而今有者,皆当然也。称寿不见于古,〔九〕而叙次生平,一用记述之法;以为其人之不朽,则史传竹帛之文也。挽祭本出辞章,而历溯行实,一用诔谥〔一〇〕之意,以为其人之终始,则金石刻画〔一一〕之文也。文生于质,视其质之如何而施吾文焉,亦于世教未为无补,又何市井间架之足疑,而学士之不屑道哉?〔一二〕

夫生有寿言,而死有祭挽,近代亡于礼者之礼也。礼从宜,使从俗,〔一三〕苟不悖乎古人之道,君子之所不废也。文章之家,卑视寿挽,不知神明其法,弊固至乎此也。其甚焉者,存祭挽而耻录寿言;近世文人,自定其集,不能割爱而间存者,亦必别为卷轴,一似雅郑之不可同日语也。汪钝翁〔一四〕以古文自命,动辄呵责他人,其实有才无识,好为无谓之避忌,反自矜为有识,大抵如此。此则可谓知一十而昧二五也。彼徒见前人文集有哀诔而无寿言,以谓哀诔可通于古,而祝嘏之辞,为古所无也。不知墓志始于六朝,〔一五〕碑文盛于东汉,〔一六〕于古未有行也。中郎碑刻,〔一七〕昌黎志铭,〔一八〕学士盛称之矣。今观蔡、韩二氏之文集,其间无德而称,但存词致,所与周旋而俯仰者,有以异于近代之寿言欤?宽于取古,而刻以绳今,君子以为有耳而无目也。必以铭志之伦,实始乎古,则祝嘏之文,未尝不始于《周官》,六祝之辞,〔一九〕所以祈福祥也。以其文士为之之晚出,因而区别其类例,岂所语于知时之变者乎?〔二〇〕

夫文生于质,寿祝哀诔,因其人之质而施以文,则变化无方,后人所辟,可以过于前人矣。夫因乎人者,人万变而文亦万变也。因乎事者,事不变而文亦不变也。醮女之辞,冠男之颂,一用成文故典,古人不别为辞,载在传记,盖亦多矣。揖让之仪文,鼓吹之节奏,〔二一〕礼乐之所不废也。然而其质不存焉,虽有神圣制作,无取仪文节奏,以为特著之奇也。后人沿其流而不辨其源者,则概为之辞,所为辞费也。进士题名〔二二〕之碑,必有记焉;明人之弊,今则无矣。科举〔二三〕拜献之录,必有序焉;此则今尚有之。似可请改用一定格式,如贺表例。自唐、宋以来,秋解春集,进士登科,等于转漕上计,〔二四〕非有特出别裁之事也。题名进录,故事行焉,虽使李斯刻石,〔二五〕指题名碑。刘向奏书,〔二六〕指进呈录。岂能于寻常行墨之外,别著一辞哉?而能者矜焉,拙者愧焉,惟其文而不惟其事,所谓惑也。成室上梁,必有文焉;婚姻通聘,必有启焉;〔二七〕同此堂构,〔二八〕同此男女,虽使鲁般发号,高禖绍宾,〔二九〕岂能于寻常行墨之外,别著一辞哉?而能者矜焉,拙者愧焉,惟其文而不惟其事,所谓惑也。而当世文人,方且劣彼而优此,何哉?〔三〇〕国家令典,郊庙祝版,〔三一〕岁举常事,则有定式,无更张也。推恩循例,群臣诰敕,〔三二〕官秩相同,则有定式,无更张也。万寿庆典，嘉辰令节，群臣贺表，咸有定式，无更张也。圣人制作，为之礼经，宜质宜文，必当其可。文因乎事，事万变而文亦万变，事不变而文亦不变，虽周、孔制作，岂有异哉？揖让之仪文，鼓吹之节奏，常人之所不能损者，神圣之所不能增，而文人积习相寻，必欲夸多而斗靡，宜乎文集之纷纷矣。〔三三〕

《礼》曰："君子未葬读丧礼，既葬读祭礼，丧复常读乐章。"〔三四〕丧礼远近有别，而文质以分，所以本于至情也。近世文人，则有丧亲成服之祭文矣，葬亲堂祭之祭文矣，分赠吊客之行述矣。传曰："孝子之丧亲也，哭不偯，礼无容，言不文，茕茕苫块之中，杖而后能起，朝夕哭无时。"〔三五〕尚有人焉，能载笔而摛文，以著于竹帛，何以异于苍梧人之让妻，〔三六〕华大夫之称祖欤？〔三七〕或曰：未必其文之自为，相丧者之代辞也。夫文生于质也，代为之辞，必其人之可以有是言也。鸱鸮既处飘摇，不为睍睆之好音，〔三八〕鲋鱼故在涸辙，〔三九〕不无愤然之作色，虽代禽鱼立言，亦必称其情也。岂曰代为之辞，即忘孝子之所自处欤？〔四〇〕

或谓代人属草，有父母者，不当为人述考妣也。颜氏著训，盖谓孝子远嫌，听无声而视无形，至谆谆也。〔四一〕虽然，是未明乎代言之体也。嫌之大者，莫过君臣；周公为成王诏臣庶，〔四二〕则不以南面为嫌。嫌之甚者，莫过于男女；谷永为元帝报许后，〔四三〕即不以内亲为忌。伊古名臣，拟为册祝制诰，则追谥先朝，册后建储，以至训敕臣下，何一不代帝制以立言，岂有嫌哉？必谓涉世远嫌，不同官守，乐府孤儿之篇，岂必素冠之棘人？〔四四〕古人寡妇之叹，〔四五〕何非须眉之男子？文人为子述其亲，必须孤子而后可，然则为夫述其妻，必将阉寺〔四六〕而后可乎？夫非礼之礼，非义之义，君子弗为，盖以此哉。〔四七〕

〔一〕实斋《答朱少白书》:“文体不废应酬。昌黎墓志,无其实而姑取以应酬者,十之七八,与近代寿文有何分别?先夫子于寿序一体,多用传记之法,最为有用之文,岂可轻忽?鄙著正因世俗拘文体为优劣,而不察文之优劣,并不在体貌推求,故撰《砭俗》之篇,欲人略文而求实也。”(刘刻《遗书》补遗)是本篇作意,章氏盖自言之矣。刘咸炘《识语》:“凡先生论文,皆本于质;其扬抡古今,极奇极纷,皆不出此。”

〔二〕《国语·楚语》:“虔其宗祝。”注:“祝,主祝祈也。”《诗·大雅》:“纯嘏尔常矣。”笺:“予福曰嘏。”又《鲁颂·閟宫》:“天锡公纯嘏,眉寿保鲁。”后世因谓祝寿曰祝嘏。

〔三〕挚虞《文章流别》:“哀辞者,诔之流也。”崔豹《古今注》:“田横自杀,门人伤之,作悲歌二章。至武帝时,李延年乃分为二曲,《薤露》送王公贵人,《蒿里》送士大夫庶人,挽柩者歌之,亦谓之挽歌。”《世说新语·任诞》注:“按《庄子》曰:‘绋讴所生,必于斥苦。’司马彪注曰:‘绋,引柩索也。斥,疏缓也。苦,用力也。引绋所以有讴歌者,为人有用力不齐,故促急之也。’《春秋左传》曰:‘鲁哀公会吴伐齐,其将公孙夏命歌《虞殡》。’杜预曰:‘《虞殡》,送葬歌。’《史记·绛侯世家》曰:‘周勃以吹箫乐丧。’然则挽歌之来久矣,非始起于田横也。”

〔四〕《庄子·齐物论》:“梦之中又占其梦焉。”

〔五〕《仪礼·士冠礼》:“始加祝曰:‘令月吉日,始加元服(冠也)。弃尔幼志,顺尔成德。寿尔维祺,介尔景福!’再加曰:‘吉月令辰,乃申尔服。敬尔威仪,淑慎尔德。眉寿万年,永受胡福!’三加曰:‘以岁之正,以月之令,咸加尔服。兄弟俱在,以成厥德。黄耇无疆,受天之庆!’”又《士昏礼》:“父送女,命之曰:‘戒之敬之!夙夜无违命。’母施衿结帨曰:‘勉之敬之!夙夜无违宫事。’庶母及门内施鞶,申之以父母之命,命之曰:‘敬恭听宗尔父母之言,夙夜无愆，视诸衿鞶！’”郑注：“酌而无酬酢曰醮。”

〔六〕滥觞。见《书教中》注〔二七〕。堙，塞也。阏，音遏，遮壅也。

〔七〕《汉书·沟洫志》：“自河决瓠子后二十余岁，岁因以数不登。上乃使汲仁、郭昌发卒万人，塞瓠子决河，筑宫其上，名曰宣防。”

〔八〕《易·系辞上》：“神而明之，存乎其人。”又下传：“《易》穷则变，变则通，通则久。”

〔九〕《日知录》卷十三：“生日之礼，古人所无。《颜氏家训·风操》曰：‘江南风俗，儿生一期，为制新衣，盥浴装饰。男则弓矢纸笔，女则刀尺针缕，并加饮食之物及珍宝服玩，置之儿前，观其发意所取，以验贪廉智愚，名之为试儿。亲表聚集，因成宴会。自兹以后，二亲若在，每至此日，常有饮食之事。无教之徒，虽已孤露，其日皆为供顿，酣畅声乐，不知有所感伤。梁孝元年少之时，每八月六日载诞之辰，常设斋讲。自阮修容薨后，此事亦绝。’是此礼起于齐、梁之间。逮唐、宋以后，自天子至于庶人，无不崇饰此日，开筵召客，赋诗称寿，而于昔人反本乐生之意，去之远矣。”

〔一〇〕《文心雕龙·诔碑》：“诔者，累也，累其德行，旌之不朽也。”《礼记·檀弓上》：“鲁庄公及宋人战于乘丘，县贲父御，卜国为右。马惊败绩，公队，佐车授绥。公曰：‘末之卜也。’县贲父曰：‘他日不败绩，而今败绩，是无勇也。’遂死之。圉人浴马，有流矢在白肉。公曰：‘非其罪也。’遂诔之。士之有诔，自此始也。”《说文》：“谥，行之迹也。”《汲冢周书·谥法解》：“维周公旦、太公望开嗣王业，攻于牧野之中，终葬，乃制谥叙法。大行受大名，细行受细名，行出于己，名生于人。”《礼记·檀弓上》：“死谥，周道也。”疏：“殷以上有生号仍为死后之称。周则死后别立谥。”

〔一一〕李商隐《韩碑》：“金石刻画臣能为。”（《李义山诗集》上）

〔一二〕按此节论文生于质，视其质如何而施文，故不以古无今有为嫌。刘刻《遗书》本，“不屑”上有“所”字。

〔一三〕见《礼记·曲礼上》文。

〔一四〕《清史列传·文苑传》："汪琬字苕文，江苏长洲人。顺治十二年进士，授改刑部郎中。假归，结庐尧峰山，闭户著书者九年。康熙十八年，召试博学鸿儒，授编修，纂修《明史》。二十九年，卒，年六十七。琬少孤，自奋于学，锐意为古文辞；大抵原本于六经，灏瀚疏畅，颇近南宋诸家。诗则兼范成大、陆游、元好问之胜。有《尧峰诗文钞》。"

〔一五〕《封氏见闻录》："魏侍中缪袭葬父母，墓下题版文；则志铭之作，纳于圹中者，起于魏、晋无疑。"《文选》墓志类李善注："吴均《齐春秋》，王俭曰：石志不出礼典，起宋元嘉颜延之为王琳石志。"此墓志始于六朝之说也。叶君长青曰："《西京杂记》三：'杜子夏葬长安北四里，临终作文曰：魏郡杜邺，立志忠款，犬马未陈，奄先草露，骨肉归于后土，气魄不知所之，何必故丘，然后即化？封于长安北郭，此焉宴息。及死，命刊石埋于墓侧。'据此，则墓志始于前汉，不始于六朝也。"

〔一六〕司马温公云："古人勋德，多勒铭鼎钟，藏之宗庙，其葬则有丰碑，以下棺耳。秦、汉以来，始作文褒赞功德，刻之于石，亦之谓碑。"（见赵翼《陔余丛考·碑表考》）姚氏《古文辞类纂序》："碑志类，其体本于《诗》，歌颂功德；其用施于金石。周之时，有石鼓刻文。秦刻石于巡狩所经过。汉人作碑文，又加以序。"《文心雕龙·诔碑》："后汉以来，碑碣云起，才锋所断，莫高蔡邕。"此碑文盛于东汉之说也。

〔一七〕《后汉书·蔡邕传》："邕字伯喈，陈留人也。辟桥玄府，稍迁至中郎。后董卓辟邕，迁尚书。及卓被诛，王允收邕付廷尉，遂死狱中。"《文心雕龙·诔碑》："观杨赐之碑，骨鲠训典；陈、郭二文，词无择言；周乎众碑，莫非清允。其叙事也该而要，其缀采也雅而泽，清词转而不穷，巧义出而卓立，察其为才，自然而至。"《蔡中郎集》有《司空文烈侯杨公碑》《陈太丘碑》《郭有道碑》。

〔一八〕茅坤《韩文公文钞引》:"昌黎之奇,于碑志尤为巉削。"曾国藩《读书录》:"或先叙事系而后铭功德,或先表其能而后及世系,或有志无诗,或有诗无志,皆韩公创法,后来文家踵之,遂援为金石定例。究之深于文者,乃可与言例;精于例者,仍未必知文也。"

〔一九〕《周礼·春官》:"太祝掌六祝之辞,以事鬼神示,祈福祥,求永贞。一曰顺祝,二曰年祝,三曰吉祝,四曰化祝,五曰瑞祝,六曰策祝。"

〔二〇〕按此节论近世文集不录寿言之谬。

〔二一〕《礼记·乐记》:"文采节奏,声之饰也。"

〔二二〕《新唐书·选举志上》:"初,举人既及第,有曲江会,题名席。"唐王定保《摭言》:"既捷,列名于慈恩寺塔,谓之题名。"刘禹锡《嘉话录》:"慈恩寺题名,起自张莒。本于寺中闲游而题其同年人,因为故事。"

〔二三〕见《书教下》注〔二三〕。

〔二四〕《宋史·选举志》:"初,礼部贡举,皆秋取解,冬集礼部,春考试,合格及第者,列名放榜于尚书省。"又:"缀行期集,列叙名氏乡贯三代之类书之,谓之小录。"《新唐书·选举志下》:"初,吏部岁常集人,其后三数岁一集,选人猥至,文簿纷杂,吏因得以为奸利。士至蹉跌或十年不得官,而阙员亦累岁不补。陆贽为相,乃惩其弊,命吏部据内外员三分之,计阙集人,岁以为常。是时河西、陇右没于虏,河南、河北不上计,吏员大率减天宝三之一,而入流者加之。"《史记·萧相国世家》:"转漕给军。"汉制,郡国每岁诣京师,进计簿,谓之上计。《汉书·宣帝纪》:"受计于甘泉宫。"注:"受郡国所上计簿,若今之诸州计帐也。"

〔二五〕李斯《峄山刻石》《泰山刻石》《琅邪台刻石》《之罘刻石》《碣石刻石》《会稽刻石》,皆叙述年分,巡视地与刻石用意及垂戒,有一定格式，如进士题名碑。

〔二六〕《汉书·艺文志》："成帝时以书颇散亡，使谒者陈农求遗书于天下；诏光禄大夫刘向校经传、诸子、诗赋，步兵校尉任宏校兵书，太史令尹咸校数术，侍医李柱国校方技，每一书已，向辄条其篇目，撮其指意，录而奏之。"刘向上所校书，皆叙明书名、篇数、参校各本、定著若干篇，再叙作者生平、著作内容，如《上战国策叙》《上关尹子》《上晏子》等，有一定格式，如科举之进呈录。

〔二七〕成室，见下注。后魏温子昇有《阊阖门上梁祝文》，知上梁有祝文。又旧时男家行聘，女家受聘，皆有请帖。

〔二八〕《书·大诰》："若考作室，既厎法，厥子乃弗肯堂，矧肯构？"伪《孔传》："父已致法，子乃不肯为堂基，况肯构立屋乎？"

〔二九〕赵岐《孟子》注："鲁班，鲁之巧人。"班一作般。《礼记·檀弓下》："晋献文子成室，晋大夫发焉。"郑注："文子，赵武也。作室成，晋君献之，谓贺也。诸大夫亦发礼以往。"孔疏："发，礼也。晋君既贺，则朝廷大夫并发礼，同从君往贺之。"发号，发礼以贺落成也。《吕氏春秋·仲春纪》："是月也，玄鸟至。至之日，以太牢祀于高禖。"高诱注："《周礼·媒氏》：'以仲春之月，合男女。于时也，奔者不禁。'因祭其神于郊，谓之郊禖。郊音与高相近，故或言高禖。王者后妃，以玄鸟至之日，祈继嗣于高禖。"《礼记·聘义》："介绍而传命。"绍宾，佐宾仪也。

〔三〇〕按此节论登科、上梁、通聘诸文皆有定式，文人于此妄分优劣之谬。

〔三一〕郊庙：祭天、祭宗庙。祝版：祭时书祝文者。

〔三二〕诰敕：官吏受封之辞也。

〔三三〕按此上论文有定式者，无事更张。

〔三四〕见《礼记·曲礼下》文。

〔三五〕《孝经·丧亲章》："孝子之丧亲也，哭不偯，礼无容，言不文，美服不安，闻乐不乐，食旨不甘，此哀戚之情也。”《礼记·问丧》：“寝苫枕块，哀亲之在土也，故哭泣无时。”偯，哭有余声。

〔三六〕《说苑·建本》：“苍梧之弟，娶妻而美，请与兄易。忠则忠矣，然非礼也。”

〔三七〕《左传》文十五年：“宋华耦来盟，公与之宴。辞曰：‘君之先臣督（华耦，华督曾孙），得罪于宋殇公，名在诸侯之策；臣承其祀，其敢辱君？请承命于亚旅（上大夫）。’鲁人以为敏。”杜预注：“无故扬其先祖之罪，是不敏。鲁（愚）人以为敏，君子所不为也。”

〔三八〕《诗·豳风·鸱鸮》：“予羽谯谯，予尾翛翛，予室翘翘，风雨所漂摇，予维音哓哓。”又《邶风·凯风》：“睍睆黄鸟，载好其音。”睍睆，美好貌。

〔三九〕见《言公上》注〔一五〕。

〔四〇〕按此节论丧亲时所作祭文行述之谬。

〔四一〕《颜氏家训·文章》：“凡代人为文，皆作彼语，理宜然矣。至于哀伤凶祸之辞，不可辄代。蔡邕为胡金盈作《母灵表颂》曰：‘悲母氏之不永，然委我而夙丧。’又为胡颢作其父铭曰：‘葬我孝议郎君。’《袁三公颂》曰：‘猗欤我祖！出自有妫。’王粲为潘文则《思亲诗》云：‘躬此劳悴，鞠予小人。庶我显妣，克保遐年。’而并载乎邕、粲之集。此例甚众，古人之所行，今世以为讳。”《礼记·曲礼上》：“听于无声，视于无形。”郑注：“恒若亲之将有教使然。”

〔四二〕见《言公上》注〔五〕。

〔四三〕《汉书·谷永传》：“上尝赐许皇后书，采永言以责之，语在《外戚传》。”又《外戚传》：“孝成许皇后，大司马车骑将军平恩侯嘉女也。自为妃至即位，常宠于上，后宫希得进见。皇太后及帝诸舅忧上无继嗣。时又数有灾异，刘向、谷永等皆陈其咎在后宫。上然其言，于是省减椒房掖庭用度。皇后乃上疏。上于是采刘向、谷永之言以报。”

〔四四〕《乐府诗集·相和歌辞·瑟调曲》有《古辞孤儿行》。《诗·桧风·素冠(居丧既祥后之冠)》:“庶(幸)见素冠兮,棘(急)人栾栾(瘠貌)兮,劳心慱慱(忧劳貌)兮。”

〔四五〕《文选》,潘岳有《寡妇赋》。

〔四六〕《说文》:“阉,竖也。宫中阉阍闭门者。”《诗·秦风·车邻》:“寺人之令。”传:“寺人,内小臣也。”

〔四七〕《孟子·离娄下》:“孟子曰:‘非礼之礼,非义之义,大人弗为。’”按此节论代言体文俗嫌之谬。

文史通义校注卷五

内篇五

申　郑[一]

子长、孟坚氏不作，而专门之史学衰。陈、范而下，或得或失，粗足名家。至唐人开局设监，整齐晋、隋故事，[二]亦名其书为一史；而学者误承流别，不复辨正其体，于是古人著书之旨，晦而不明。至于辞章家舒其文辞，记诵家精其考核，其于史学，似乎小有所补；而循流忘源，不知大体，用功愈勤，而识解所至，亦去古愈远而愈无所当。郑樵[三]生千载而后，慨然有见于古人著述之源，而知作者之旨，不徒以词采为文，考据为学也。于是遂欲匡正史迁，益以博雅，贬损班固，讥其因袭，[四]而独取三千年来，遗文故册，运以别识心裁，盖承通史家风，而自为经纬，成一家言者也。[五]学者少见多怪，不究其发凡起例，绝识旷论，所以斟酌群言，为史学要删；而徒摘其援据之疏略，裁剪之未定者，纷纷攻击，势若不共戴天。古人复起，奚足当吹剑之一吷乎？[六]若夫二十略中，《六书》《七音》与《昆虫草木》三略，所谓以史翼经，本非断代为书，可以递续不穷者比，诚所谓专门绝业，汉、唐诸儒，不可得闻者也。[七]创条发例，钜制鸿编，即以义类明其家学。其事不能不因一时成书，粗就隐括，[八]原未尝与小学专家，特为一书者，絜长较短；亦未尝欲后之人，守其成说，不稍变通。夫郑氏所振在鸿纲，而末学吹求，则在小节。是何异讥韩、彭名将，不能邹、鲁趋跄；[九]绳伏、孔钜儒，不善作雕虫篆刻耶？[一〇]

夫史迁绝学，《春秋》之后，一人而已。其范围千古、牢笼百家者，惟创例发凡，卓见绝识，有以追古作者之原，自具《春秋》家学耳。[一一]若其事实之失据，去取之未当，议论之未醇，[一二]使其生唐、宋而后，未经古人论定；或当日所据石室金匮之藏，及《世本》《谍记》《楚汉春秋》之属，不尽亡佚；后之溺文辞而泥考据者，相与锱铢而校，尺寸以绳，不知更作如何掊击也。[一三]今之议郑樵者，何以异是？孔子作《春秋》，盖曰其事则齐桓、晋文，其文则史，其义则孔子自谓有取乎尔。[一四]夫事即后世考据家之所尚也，文即后世词章家之所重也，然夫子所取，不在彼而在此。则史家著述之道，岂可不求义意所归乎？自迁、固而后，史家既无别识心裁，所求者徒在其事其文。惟郑樵稍有志乎求义，而缀学之徒，嚣然起而争之。然则充其所论，即一切科举之文词，胥吏之簿籍，其明白无疵，确实有据，转觉贤于迁、固远矣。[一五]

虽然，郑君亦不能无过焉。马、班父子传业，终身史官，固无论矣。司马温公《资治通鉴》，[一六]前后一十九年，书局自随，自辟僚属；所与讨论，又皆一时名流；故能裁成绝业，为世宗师。郑君区区一身，僻处寒陋，独犯马、班以来所不敢为者而为之，立论高远，实不副名，又不幸而与马端临之《文献通考》，[一七]并称于时，而《通考》之疏陋，[一八]转不如是之甚。末学肤受，本无定识，从而抑扬其

间，妄相拟议，遂与比类纂辑之业，同年而语，〔一九〕而衡短论长，岑楼〔二〇〕寸木且有不敌之势焉，岂不诬哉？〔二一〕

〔一〕按史裁以通史为贵，而通史之利病，《释通》篇论之已详。杜氏《通典》、马氏《通考》所述，专明典章制度，而郑氏《通志》则兼及治乱兴衰。惟以包罗宏钜，非一人力所能胜，故多疏略。当章氏之世，王鸣盛则指郑樵为妄人，戴震则斥之为陋儒，准经衡史，语有过当。章氏心不能平，特著此篇。刘咸炘《识语》云："此及下三篇与《书教》篇同为论史大纲。此明史贵别识心裁，辞章考据不可为史。名为《申郑》者，以矫正当时之讥郑者耳，实不但为郑也。"据庐江何氏钞本原题下注有"《释通》传一"四字，下篇《答客问上》下注《释通》传二。《释通》与《答客问上》诸篇均载于《庚辛间草》。《答客问上》称"癸巳在杭州"，则《释通》作于乾隆三十八年癸巳，此篇作于癸巳后之庚辛，当为乾隆四十五六年间欤？

〔二〕《史通·正史》："初，太宗以梁、陈及齐、周、隋氏，并未有书，乃命学士分修，事具于上。（谓姚思廉撰《梁》《陈》二书，李百药撰《北齐书》，令狐德棻撰《北周书》，魏征、颜师古撰《隋书》。）仍使秘书监魏征总知其务，凡有赞论，征多预焉。始以贞观三年创造，至十八年方就，合为五代纪传，并目录凡二百五十二卷。"别见《说林》注〔七七〕。贞观十八年，又重修《晋书》，后此则相沿为例，著书之旨，晦而不明，说见下篇。

〔三〕《宋史·儒林传》："郑樵字渔仲，兴化军莆田人。好著书，不为文章，每自负不下刘向、扬雄。居夹漈山，谢绝人事。久之，乃游名山大川，搜奇访古。遇藏书家必借留读尽乃去。赵鼎、张浚而下皆器之。初为经旨、礼乐、文字、天文、地理、虫鱼、草木、方书之学，皆有论辨。绍兴十九年，上之，诏藏秘府。樵归，益厉所学，从者二百余人。以侍讲王纶、贺允中荐，得召对，因言班固以来历代为史之非。帝曰:‘闻卿名久矣,敷陈古学,自成一家,何相见之晚耶!’授右迪功郎,给札抄所著《通志》。书成,为枢密院编修官。高宗幸建康,命以《通志》进,会病卒,年五十九。学者称夹漈先生。”

〔四〕欲匡正史迁,益以博雅:《通志·自序》:“大著述者,必深于博雅,而尽见天下之书,然后无遗恨。当迁之时,挟书之律初除,得书之路未广,亘三千年之史迹,而局蹐于七八种书,所可为迁恨者,博不足也。凡著书者,虽采前人之书,必自成一家言。今迁书全用旧文,间以俚语,良由采摭未备,笔削不遑,故曰余不敢堕前人之言,乃述故事,整齐其世传,非所谓作也。刘知几亦讥其多聚旧记,时插杂言,所可为迁恨者,雅不足也。”讥固因袭,见《言公上》注〔四五〕。

〔五〕郑樵著《通志》二百卷。帝纪起三皇讫隋恭帝,凡十八卷,附后妃传二卷。易表为谱,效《周谱》也,凡四卷。易志为略,避大名也,凡五十二卷。周同姓世家一卷,附宗室传八卷,周异姓世家二卷,列传九十八卷,载记八卷,四夷传七卷。备有纪、传、世家、载记、谱、略六体。纪、传、世家、载记,多即旧文而损益之。其独力经营,则在二十略,此樵《自序》所称“凡著书者,虽采前人之书,必自成一家言”者也。

〔六〕《礼记·曲礼上》:“父之仇,弗与共戴天。”《庄子·则阳》:“惠子曰:‘夫吹管也,犹有嗃也。吹剑首者,吷而已矣。’”司马彪曰:“剑首,谓剑环头小孔也。吷然如风过。”

〔七〕《通志·自序》:“江淹有言:‘修史之难,无出于志。’诚以志者,宪章之所系,非老于典故者,不能为也。不比纪传。纪则以年包事,传则以事系人,儒学之士皆能之。惟有志难。其次莫如表。所以范晔、陈寿之徒,能为纪传而不敢作表志。志之大原,起于《尔雅》。司马迁曰书,班固曰志,蔡邕曰意,华峤曰典,张勃曰录,何法盛曰说，余史并承班谓之志，皆详于浮言，略于事实，不足以尽《尔雅》之义。臣今总天下之大学术，而条其纲目，名之曰略，凡二十略。百代之宪章，学者之能事，尽于此矣。其五略（礼、职官、选举、刑法、食货），汉、唐诸儒所得而闻；其十五略（氏族、六书、七音、天文、地理、都邑、谥、器服、乐、艺文、校雠、图谱、金石、灾异、昆虫草木），汉、唐诸儒所不得闻也。”

〔八〕《荀子·性恶》：“枸木必待檃栝烝矫然后直。”杨倞注：“檃栝，正木之木也。”檃，一作隐。《后汉书·邓训传》：“考量隐栝。”栝，一作括。何休《公羊传序》：“故遂隐括，使就绳墨焉。”

〔九〕韩信、彭越，汉高帝名将。《史记·自序》：“北涉汶、泗，讲业齐、鲁之都，观孔子之遗风，乡射邹峄。”《诗·齐风·猗嗟》：“巧趋跄兮。”毛传：“跄，巧趋貌。”

〔一〇〕伏胜、孔安国，汉初经师。雕虫篆刻：见《感遇》注〔四二〕。按此上言郑氏别识心裁，具有通史家风，学者吹求，多在小节。又按刘刻《遗书》此下尚有一节，文录如下：“某君之治是书也，援据不可谓不精，考求不可谓不当，以此羽翼《通志》，为郑氏功臣可也。叙例（按即《续通志叙》）之中，反唇相稽，攻击不遗余力，则未悉古人著述之义，而不能不牵于习俗猥琐之见者也。”

〔一一〕《通志·自序》：“自书契以来，立言者虽多，惟仲尼以天纵之圣，故总《诗》《书》《礼》《乐》而会于一手，然后能同天下之文；贯二帝三王而通为一家，然后能极古今之变。仲尼既没，百家诸子兴焉。各效《论语》，以空言著书，至于历代实迹，无所纪系。迨司马氏父子出，世司典籍，工于制作，故能上稽仲尼之意，会《诗》《书》《左传》《国语》《世本》《战国策》《楚汉春秋》之言，通黄帝、尧、舜至于秦、汉之世，勒成一书，分为五体，本纪纪年，世家传代，表以正历，书以类事，传以著人；使百代而下，史官不能易其法，学者不能舍其书，六经之后，惟有此作。”

〔一二〕前人指摘《史记》者甚多,如王若虚《史记辨惑》,自事实以至文字议论,均有辨正。(《滹南遗老集》卷九至十二)

〔一三〕《史记·自序》:"细石室金匮之书。"又《三代世表》:"予读谍记,稽其历谱。"《汉书·司马迁传赞》:"司马迁据《左氏》《国语》,采《世本》《战国策》,述《楚汉春秋》,接其后事,讫于天汉,其言秦汉详矣。至于采经摭传,分散数家之事,甚多疏略,或有抵梧。亦其涉猎者广博,贯穿经传,驰骋古今,上下数千载间,斯以勤矣。又其是非颇缪于圣人,论大道,则先黄、老而后六经;序游侠,则退处士而进奸雄;述货殖,则崇势利而羞贱贫;此其所蔽也。然自刘向、扬雄博极群书,皆称迁有良史之才,服其善序事理,辨而不华,质而不俚,其文直,其事核,不虚美,不隐恶,故谓之实录。"是班固于《史记》虽致不满之辞,犹自有其推服之处,不若后人责之之苛也。

〔一四〕见《孟子·离娄下》文。

〔一五〕按此上言《春秋》家学不必求备于事文之末,史公而后,惟郑氏为能有志于求义。

〔一六〕见《书教下》注〔三七〕及《史注》注〔三五〕。

〔一七〕马端临字贵与,宋丞相马廷鸾之子,饶州乐平人。度宗咸淳中,漕试第一。会廷鸾忤贾似道去位,端临因留侍养,不与计偕。宋亡后,曾任衢州路柯山书院山长。晚乃闭户著书以终老。本其家学而成《文献通考》三百四十八卷。凡立二十四门,曰田赋、钱币、户口、职役、征榷、市籴、土贡、国用、选举、学校、职官、郊社、宗庙、王礼、乐、兵、刑、舆地、四裔,乃因《通典》之成规,而分析其门类,增续其书之所未备者。曰经籍、帝系、封建、象纬、物异,则《通典》之所未有,而采摭诸书以成之者。

〔一八〕钱大昕云:"予读唐、宋《艺文志》往往一书而重见,以为史局不出一手之弊。若马贵与《经籍考》,系一人所编辑,所采者不过晁、陈两家之说，乃亦有重出者。如陆德明《经典释文》三十卷，见卷百八十五经解类，又见百九十小学类。宋敏求《春明退朝录》五卷，见卷二百一故事类，又见卷二百十六小说类。郭茂倩《乐府诗集》一百卷，见卷百八十六乐类，又见卷二百四十八总集类。李匡乂《资暇集》三卷，见卷二百十四杂家类，而卷二百十五又有李匡义《资暇集》三卷，不知义与乂乃字形相涉而讹也。唐慎微《大观本草》与《证类本草》即一书，而误分为二。盖著作之家，多不免此弊，彼此相笑，自昔然矣。”（《十驾斋养新录》卷十三）此虽指经籍一门，其他疏陋，从可推矣。

〔一九〕按此比类纂辑之业盖指《通考》。《释通》自注：“《文献通考》之类，虽仿《通典》，而分析次比，实为类书之学，无别识心裁，便于对策敷陈之用。”近人金静庵深不以章氏之说为然。略谓：“马氏谓太史公作八书以述典章经制，斯言甚谛。是以《通典》之述州郡，则仿自《汉书·地理志》；述边防，则出自诸史外国传。《通考》之述艺文，则仿自《汉》《隋》两志。苟一一取而探索之，必皆有其渊源。是故谓仿自官礼则可，谓悉出自官礼则不可。若乃郑氏《通志》之二十略，大半钞自《通典》，而无增补，以视马书，更远不如。且马书所载，宋制最详，多为《宋史》各志所未备。所下案语，亦能贯穿古今，折衷至当，是又《通考》之长，非《通志》之所能尽具也。”（《中国史学史》第七章）

〔二〇〕见《说林》注〔五三〕。

〔二一〕按此上言郑氏以一身而肩绝业，疏陋自属难免。

答客问上〔一〕

癸巳在杭州，〔二〕闻戴征君震〔三〕与吴处士颖芳〔四〕谈次，痛诋郑君《通志》，其言绝可怪笑，〔五〕以谓不足深辨，置弗论也。其后学者，颇有訾謷。〔六〕因假某君叙说，辨明著述源流。自谓习俗浮议，颇有摧陷廓清之功。〔七〕然其文上溯马、班，下辨《通考》，皆史家要旨，不尽为《通志》发也。而不知者又更端以相诘难，因作《答客问》三篇。

客有见章子《续通志叙书后》者，〔八〕问于章子曰：《通志》之不可轻议，则既闻命矣。先生之辨也，文繁而不可杀，〔九〕其推论所及，进退古人，多不与世之尚论者同科，岂故为抑扬，以佐其辨欤？抑先生别有说欤？夫学者皆称二十二史，〔一〇〕著录之家，皆取马、班而下，至于元、明而上，区为正史一门矣。今先生独谓唐人整齐晋、隋故事，亦名其书为一史，而学者误承流别，不复辨正其体焉。岂晋、隋而下，不得名为一史欤？观其表志成规，纪传定体，与马、班诸史，未始有殊。开局设监，集众修书，亦时势使然耳。求于其实，则一例也。今云学者误承流别，敢问晋、隋而下，其所以与陈、范而上，截然分部者安在？〔一一〕

章子曰：史之大原，本乎《春秋》。《春秋》之义，昭乎笔削。〔一二〕笔削之义，不仅事具始末，文成规矩已也。以夫子"义则窃取"〔一三〕之旨观之，固将纲纪天人，推明大道。所以通古今之变，而成一家之言者，〔一四〕必有详人之所略，异人之所同，重人之所轻，而忽人之所谨，绳墨之所不可得而拘，类例之所不可得而泥，而后微茫杪忽之际，有以独断于一心。及其书之成也，自然可以参天地而质鬼神，契前修而俟后圣，〔一五〕此家学之所以可贵也。陈、范以来，律以《春秋》之旨，则不敢谓无失矣。然其心裁别识，家学具存，纵使反唇相议，〔一六〕至谓迁书退处士而进奸雄，固书排忠节而饰主阙，〔一七〕要其离合变化，义无旁出，自足名家学而符经旨；初不尽如后代纂类之业，相与效子莫之执中，求乡愿之无刺，〔一八〕侈然自谓超迁轶固也。若夫君臣事迹，官司典章，王者易姓受命，综核前代，纂辑比类,以存一代之旧物,是则所谓整齐故事之业也。开局设监,集众修书,正当用其义例,守其绳墨,以待后人之论定则可矣,岂所语于专门著作之伦乎?〔一九〕

《易》曰:"苟非其人,道不虚行。"〔二〇〕史才不世出,而时世变易不可常,及时纂辑所闻见,而不用标别家学、决断去取为急务,岂特晋、隋二史为然哉?班氏以前,则有刘向、刘歆、扬雄、贾逵之《史记》,〔二一〕范氏以前,则有刘珍、李尤、蔡邕、卢植、杨彪之《汉记》,〔二二〕其书何尝不遵表志之成规,不用纪传之定体?然而守先待后之故事,与笔削独断之专家,其功用足以相资,而流别不能相混,则断如也。溯而上之,百国宝书〔二三〕之于《春秋》,《世本》《国策》〔二四〕之于《史记》,其义犹是耳。〔二五〕

唐后史学绝,而著作无专家。后人不知《春秋》之家学,而猥以集众官修之故事,乃与马、班、陈、范诸书,并列正史焉。于是史文等于科举之程式,胥吏之文移,而不可稍有变通矣。间有好学深思之士,能自得师于古人,标一法外之义例,著一独具之心裁,而世之群怪聚骂,指目牵引为言词,譬若猵狙见冠服,不与龁决毁裂,至于尽绝不止也。〔二六〕郑氏《通志》之被谤,凡以此也。〔二七〕

嗟乎!道之不明久矣。六经皆史也,〔二八〕形而上者谓之道,形而下者谓之器。〔二九〕孔子之作《春秋》也,盖曰:"我欲托之空言,不如见诸行事之深切著明。"〔三〇〕然则典章事实,作者之所不敢忽,盖将即器而明道耳。其书足以明道矣,笾豆之事,则有司存,〔三一〕君子不以是为琐琐也。道不明而争于器,实不足而竞于文,其弊与空言制胜,华辩伤理者,相去不能以寸焉。而世之溺者不察也。太史公曰:"好学深思,心知其意。"〔三二〕当今之世,安得知意之人,而与论作述之旨哉?〔三三〕

〔一〕按此篇论撰述，所以发明别识心裁者甚详。其论撰述记注之别，较《书教》篇尤为明晰。何氏钞本原题下注有"《释通》传二"四字。作年，与下二篇同见《释通》篇注〔一〕。

〔二〕癸巳，为乾隆三十八年。《年谱》："先生由宁波返和州，道通杭州，闻戴震与吴颖芳谈次，痛诋郑樵《通志》。"

〔三〕《清史列传·儒林传下一》："戴震字东原，安徽休宁人。读书好深湛之思。年十六七，研精注疏，实事求是，不主一家。从婺源江永游，出所学质之，永为之骇叹。入都，纪昀、朱筠、钱大昕、王鸣盛、卢文弨、王昶皆折节与交。尚书秦蕙田纂《五礼通考》，求精于推步者，延震纂观象授时一门。乾隆三十八年，诏开四库馆，总裁荐震充纂修。四十年，特命与会试中式者同赴殿试，赐同进士出身，改翰林院庶吉士。所校《大戴礼记》《水经注》尤精核。四十二年，卒于官，年五十有五。震之学，由声音文字以求训诂，由训诂以寻义理。谓义理不可空凭胸臆，必求之于古经。求之古经，而遗文垂绝，今古悬隔，必求之古训。古训明则古经明，古经明则贤人圣人之义理明，而我心之所同然者，乃因之而明。义理非他，存乎典章制度者也。彼歧训诂义理而二之，是训诂非以明义理，而义理不寓乎典章制度，势必流于异学曲说而不自知也。"按所著书凡二十余种，门人段玉裁、孔继涵刻有《戴氏遗书》。

〔四〕《清史列传·文苑传二》："吴颖芳字西林，浙江仁和人。幼赴童子试，为吏所诃，以为大辱，自是壹志稽古，终身不复仕进。生平博览群籍，常怪郑樵《通志》，务与先儒为难，于是取六书七音乐略，一一尊先儒而探其源，成《吹豳录》五十卷，《说文理董》四十卷，《音韵计论》四卷，《文字源流》六卷，《金石文释》六卷。少与厉鹗善，鹗基(教)之学诗，每一篇成，必数改而后定，故存诗虽少而格弥精。又精通内典。年八十，卒。有《临江乡人诗集》四卷。"

〔五〕戴震《与任孝廉幼植书》:"向病同学者多株守古人,今于幼植反是。凡学未至贯本末,彻精粗,徒以意衡量,就令载籍极博,犹所谓思而不学则殆也。远如郑渔仲,近如毛大可,只贼经害道而已矣。"又《与是仲明论学书》:"前人之博闻强识,如郑渔仲、杨用修诸君子,著书满家,淹博有之,精审未也。"(《戴东原集》卷九)

〔六〕呰,音子,毁也。謷音敖,不肖语也。《吕览·怀宠》:"謷丑先王,排呰旧典。"

〔七〕即《申郑》。李汉《昌黎集序》:"先生于文,摧陷廓清之功,比于武事,可谓雄伟不常者矣。"

〔八〕贵阳本《申郑》篇题下有按语曰:"后《答客上》旧黏笺云:'此《续通志叙书后》,即上《申郑》篇,应将上篇题改云云。'颇疑续字费解。且原目未便迳易,因附原笺于此。"按《续通志》即乾隆中所修者。上文言假某君叙说,则题为"书后"甚明,《申郑》盖编书时所改耳。(本刘咸炘说)

〔九〕杀,音晒,减削也。《礼记·礼器》:"礼不同,不丰不杀。"

〔一〇〕《四库全书提要》:"正史之名,见于《隋志》,至宋而定著有十七。明刊监板,合《宋》《辽》《金》《元史》二十有一。皇上钦定《明史》,又诏增《旧唐书》为二十有三。近搜罗四库,薛居正《旧五代史》得裒集成编,钦禀睿裁,与欧阳修书并列,共为二十有四。"按赵翼《廿二史札记》所列之廿二史目,为《史记》《汉书》《后汉书》《三国志》《晋书》《宋书》《南齐书》《梁书》《陈书》《魏书》《北齐书》《周书》《隋书》《南史》《北史》《新唐书》《五代史》《宋史》《辽史》《金史》《元史》《明史》。

〔一一〕按此上设问。

〔一二〕见《易教下》注〔二六〕。

〔一三〕见《书教上》注〔二九〕。

〔一四〕语见司马迁《报任少卿书》。

〔一五〕司马相如《封禅文》:“勤思乎参天二地。”《礼记·中庸》:“质诸鬼神而无疑,百世以俟圣人而不惑。”《离骚》:“謇吾法夫前修兮。”五臣云:“前修,谓前代修习道德之人。”

〔一六〕《汉书·贾谊传》:“妇姑不相说,则反唇而相稽。”

〔一七〕《史通·忤时》:“夫《尚书》之教也,以疏通知远为主。《春秋》之义也,以惩恶劝善为先。《史记》则退处士而进奸雄,《汉书》则抑忠臣而饰主阙,斯并曩时得失之列,良史是非之准,作者言之详矣。”

〔一八〕见《质性》注〔四〕及注〔一六〕。

〔一九〕按此上言专门著述,非整齐故事之比。

〔二〇〕见《易·系辞下》文。

〔二一〕见《言公上》注〔四九〕。

〔二二〕《后汉书·文苑传》:“刘珍字秋孙,南阳蔡阳人。永初中,邓太后诏珍与刘騊駼、马融校定东观百家,又诏与騊駼作建武以来名臣传。”又:“李尤字伯仁。和帝时,召诣东观,拜兰台令史。安帝时,为谏议大夫,诏与谒者仆射刘珍等俱撰《汉记》。”《卢植传》:“植字子干,拜议郎,诏与马日磾、蔡邕、杨彪、韩说等补续《汉纪》。”《史通·正史》:“熹平中,光禄大夫马日磾、议郎蔡邕、卢植,著作东观,接续纪传之可成者。”

〔二三〕见《书教上》注〔二一〕。

〔二四〕见《言公上》注〔四七〕。

〔二五〕按此上言整齐故事与著述专家,功用足以相资,流别不容相混。

〔二六〕《庄子·天运》:“故礼义法度者,应时而变者也。今取猿狙而衣以周公之服,彼必龁啮挽裂,尽去而后慊。观古今之异,犹猿狙之异乎周公也。”

〔二七〕按此上言唐后流别混淆,反目别识心裁者为怪,郑志所以被谤。

〔二八〕见《易教上》注〔二〕。

〔二九〕见《易·系辞上》文。

〔三〇〕见《春秋繁露·俞序》及《史记·太史公自序》。

〔三一〕见《论语·泰伯》文。

〔三二〕《史记·五帝本纪赞》:“非好学深思心知其意,固难为浅见寡闻道也。”

〔三三〕按此上言史文所以即器明道,故论史贵能知意。

答客问中〔一〕

客曰:孔子自谓:“述而不作,信而好古。”又曰:“好古敏以求之。”〔二〕夏殷之礼,夫子能言,然而无征不信,慨于文献之不足也。〔三〕今先生谓作者有义旨,而笾豆器数,不为琐琐焉。毋乃悖于夫子之教欤?马氏《通考》之详备,郑氏《通志》之疏舛,三尺童子所知也。先生独取其义旨,而不责其实用,遂欲申郑而屈马,其说不近于偏耶?〔四〕

章子曰:天下之言,各有攸当;经传之言,亦若是而已矣。读古人之书,不能会通其旨、而徒执其疑似之说,以争胜于一隅,则一隅之言,不可胜用也。天下有比次之书,有独断之学,有考索之功,〔五〕三者各有所主,而不能相通。六经之于典籍也,犹天之有日月也。读《书》如无《诗》,读《易》如无《春秋》,〔六〕虽圣人之籍,不能于一书之中,备数家之攻索也。〔七〕《易》曰“不可为典要”,〔八〕而《书》则偏言“辞尚体要”焉。〔九〕读《诗》不以辞害志,〔一〇〕而《春秋》则止以一言定是非焉。〔一一〕向令执龙血鬼车之象,而征粤若稽古之文,〔一二〕托熊蛇鱼旐之梦,以纪春王正月之令,〔一三〕则圣人之业荒,而治经之旨悖矣。若云好古敏求,文献征信,吾不谓往行前言〔一四〕可以灭裂也。多闻而有所择,博学而要于约,〔一五〕其所取者有以自命,而不可概以成说相拘也。大道既隐,诸子争鸣,皆得先王之一端,庄生所谓“耳目口鼻，皆有所明，不能相通”〔一六〕者也。目察秋毫，而不能见雷霆。耳辨五音，而不能窥泰山。谓耳目之有能有不能，则可矣；谓耳闻目见之不足为雷霆山岳，其可乎？〔一七〕

由汉氏以来，学者以其所得，托之撰述以自表见者，盖不少矣。高明者多独断之学，沉潜者尚考索之功，天下之学术，不能不具此二途。譬犹日昼而月夜，暑夏而寒冬，以之推代而成岁功，则有相需之益；〔一八〕以之自封而立畛域，则有两伤之弊。〔一九〕故马、班史祖，而伏、郑〔二〇〕经师，迁乎其地而弗能为良，〔二一〕亦并行其道而不相为背者也。〔二二〕使伏、郑共注一经，必有牴牾之病。使马、班同修一史，必有矛盾之嫌。以此知专门之学，未有不孤行其意，虽使同侪争之而不疑，举世非之而不顾，此史迁之所以必欲传之其人，〔二三〕而班固之所以必待马融受业于其女弟，〔二四〕然后其学始显也。迁书有徐广、裴骃〔二五〕诸家传其业，固书有服虔、应劭〔二六〕诸家传其业，专门之学，口授心传，不啻经师之有章句矣。然则春秋经世〔二七〕之意，必有文字之所不可得而详，绳墨之所不可得而准。而今之学者，凡遇古人独断之著述，于意有不惬，嚣然纷起而攻之，亦见其好议论而不求成功矣。〔二八〕

若夫比次之书，则掌故令史之孔目，〔二九〕簿书记注之成格，其原虽本柱下之所藏，〔三〇〕其用止于备稽检而供采择，初无他奇也。然而独断之学，非是不为取裁；考索之功，非是不为按据。如旨酒之不离乎糟粕，嘉禾之不离乎粪土，是以职官故事案牍图牒之书，不可轻议也。然独断之学，考索之功欲其智，而比次之书欲其愚。亦犹酒可实尊彝，而糟粕不可实尊彝；禾可登簠簋，〔三一〕而粪土不可登簠簋，理至明也。古人云：“言之不文，行之不远。”〔三二〕“文不雅驯，荐绅先生难言之。”〔三三〕为职官故事案牍图牒之难以萃合而行远也，于是有比次之法。不名家学，不立识解，以之整齐故事，而待后人之裁定,是则比次欲愚之效也。举而登诸著作之堂,亦自标名为家学,谈何容易邪?且班固之才,可谓至矣。然其与陈宗、尹敏之徒,撰《世祖本纪》,与《新市》《平林》诸列传,不能与《汉书》并立,〔三四〕而必以范蔚宗书〔三五〕为正宗;则集众官修之故事,与专门独断之史裁,不相缀属又明矣。〔三六〕

自是以来,源流既失。郑樵无考索之功,而《通志》足以明独断之学,君子于斯有取焉。马贵与无独断之学,而《通考》不足以成比次之功,谓其智既无所取,而愚之为道,又有未尽也。且其就《通典》而多分其门类,〔三七〕取便翻检耳。因史志而裒集其论议,易于折衷耳。此乃经生决科之策括,〔三八〕不敢抒一独得之见,标一法外之意,而奄然媚世为乡愿,〔三九〕至于古人著书之义旨,不可得闻也。俗学便其类例之易寻,喜其论说之平善,相与翕然交称之,而不知著作源流之无似。此呕哑嘲哳之曲,所以属和万人也。〔四〇〕

〔一〕刘咸炘《识语》云:"此篇论记注与撰述之异。"按何氏钞本原题下注有"《释通》传三"四字。

〔二〕并见《论语·述而》文。

〔三〕见《易教上》注〔一六〕。

〔四〕按此上设问。

〔五〕比次者,整齐其故事。独断者,别出其心裁。考索者,钩稽其疑难。

〔六〕见《释通》注〔七三〕。

〔七〕按黔刻本、粤雅堂本、志古堂本均作"考索"。

〔八〕见《易·系辞下》文。

〔九〕见《书·伪毕命》文。

〔一〇〕《孟子·万章上》:"故说诗者,不以文害辞,不以辞害志,以意逆志,是为得之。"赵岐注:"文,诗之文章所引以兴事也。辞,诗人所歌咏之辞。志，诗人志所欲之事。意，学者之心意也。孟子言说诗者，当本之志，不可以文害其辞，不可以辞害其志。”

〔一一〕杜预《春秋左氏传序》：“《春秋》虽以一字为褒贬，然皆须数句以成言。”疏云：“褒则书字，贬则称名，褒贬在于一字。”

〔一二〕龙血鬼车：见《易教下》注〔六三〕及注〔三二〕。《尚书·尧典》：“粤若稽古帝尧。”传：“若，顺；稽，考也。”粤，一作曰。此言不能以《易》辞作史。

〔一三〕《诗·小雅·斯干》：“吉梦维何？维熊惟罴（是生男兆），维虺维蛇（是生女兆，皆吉梦）。”又《无羊》：“牧人乃梦，众维鱼矣（梦鱼多，是丰年），旐维旟矣（梦郊野之旗，成为州里之旗，是人多）。”春王正月，见《史德》注〔三二〕。此言不能以《诗》语作史。

〔一四〕见《原学上》注〔一一〕。

〔一五〕《论语·述而》：“子曰：‘盖有不知而作之者，我无是也。多闻择其善者而从之，多见而识之，知之次也。’”《雍也》：“子曰：‘博学于文，约之以礼，亦可以弗畔矣夫！’”

〔一六〕见《庄子·天下》。按庄生所谓，“谓”各本讹作“得”，兹依志古堂本正。

〔一七〕按此上言比次之书，独断之学，考索之功，三者各有所主，不能相通。

〔一八〕《汉书·律历志》：“立闰定时，以成岁功。”韩愈《与于襄阳书》：“莫为之前，虽美而不彰；莫为之后，虽盛而不传；是二人者未始不相须也。”须，与需通。

〔一九〕《庄子·秋水》：“泛泛乎若四方之无穷，其无所畛域。”陆机《文赋》：“离之则双美，合之则两伤。”

〔二〇〕伏胜，见《言公上》注〔六二〕。郑玄，见《易教中》注〔五〕。

〔二一〕《周礼·考工记》：“迁地为良。”

〔二二〕《礼记·中庸》：“道并行而不相悖。”朱注：“悖，犹背也。”

〔二三〕《汉书·司马迁传》:"仆诚已著此书,藏之名山,传之其人,通都大邑,则仆偿前辱之责,虽万被戮,岂有悔哉?"

〔二四〕见《史注》注〔八〕。按刘刻《遗书》本,班固之下有"书"字。

〔二五〕裴骃,见《史注》注〔九〕。徐广,见《知难》注〔二三〕。

〔二六〕服虔,见《知难》注〔二三〕。应劭,见《史注》注〔一〇〕。

〔二七〕《庄子·齐物论》:"春秋经世,先王之志,圣人议而不辩。"王先谦云:"按春秋经世,谓有年时以经纬世事,非孔子所作《春秋》也。"此用其语而义则别。

〔二八〕按此上论考索之功,与独断之学不同。

〔二九〕掌故,见《书教上》注〔一三〕。汉时兰台尚书皆有令史,主文书。唐有集贤殿孔目,主勾稽文牍者也。

〔三〇〕《史记·张苍传》:"秦时为御史,主柱下方书。"《索隐》:"周、秦皆有柱下史,谓御史也。所掌及侍立恒在殿柱之下,故老聃为周柱下史。今苍在秦代,亦居斯职。方书者,方版,谓小事书于版也。或曰,主四方文书也。"

〔三一〕《周礼》有司尊彝之官。《说文》:"簠,黍稷圆器也。簋,黍稷方器也。"《广韵》:"簠簋,祭器。"

〔三二〕见《言公上》注〔二〕。

〔三三〕见《史记·五帝本纪赞》。

〔三四〕《后汉书·班固传》:"显宗召固诣校书部,除兰台令史,与前睢阳令陈宗,长陵令尹敏,司隶从事孟异,共成《世祖本纪》。迁为郎,典校秘书。固又撰功臣平林、新市、公孙述事,作列传载记二十八篇,奏之。帝乃复使终成其所著书。固以为汉绍尧运,以建帝业,至于六世,史臣乃追述功德,私作本纪,编于百王之末,厕于秦项之列,太初以后,阙而不录。故探撰前记,缀集所闻,以为《汉书》。"

〔三五〕见《诗教下》注〔三七〕。

〔三六〕按此上论比次之书与独断之史裁不同。

〔三七〕《通典》，见《书教中》注〔二三〕。《文献通考》分类，见《申郑》篇注〔一七〕。

〔三八〕见《博约上》注〔七〕及注〔八〕。

〔三九〕见《质性》注〔四〕。

〔四〇〕白居易《琵琶行》："岂无山歌与村笛？呕哑嘲哳难为听。"司马相如《上林赋》："奏陶唐之舞，听葛天之歌，千人唱，万人和。"按此上论《通考》。

答客问下〔一〕

客曰：独断之学，与考索之功，则既闻命矣。敢问比次之书，先生拟之糟粕与粪土，何谓邪？〔二〕

章子曰：斯非贬辞也。有璞而后施雕，有质而后运斤，〔三〕先后轻重之间，其数易明也。夫子未删之《诗》《书》，未定之《易》《礼》《春秋》，〔四〕皆先王之旧典也。然非夫子之论定，则不可以传之学者矣。李焘谓"左氏将传《春秋》，先聚诸国史记，国别为语，以备《内传》之采摭。"〔五〕是虽臆度之辞，然古人著书，未有全无所本者。以是知比次之业，不可不议也。比次之道，大约有三：有及时撰集，以待后人之论定者，若刘歆、扬雄之《史记》，〔六〕班固、陈宗之《汉记》〔七〕是也；有有志著述，先猎群书，以为薪槱〔八〕者，若王氏《玉海》，〔九〕司马《长编》〔一〇〕之类是也；有陶冶专家，勒成鸿业者，若迁录仓公技术，〔一一〕固裁刘向《五行》〔一二〕之类是也。夫及时撰集以待论定，则详略去取，精于条理而已。先猎群书，以为薪槱，则辨同考异，慎于覈核而已。陶冶专家，勒成鸿业，则钩玄提要，〔一三〕达于大体而已。比次之业，既有如是之不同；作者之旨，亦有随宜之取辨。而今之学者，以谓天下之道，在乎较量名数之异同，辨别音训之当

否，如斯而已矣；是何异观坐井之天，测坳堂之水，[一四]而遂欲穷六合之运度，量四海之波涛，以谓可尽哉？[一五]

夫汉帝春秋，年寿也。具于《别录》；臣瓒注。[一六]伏生、文翁之名，征于石刻；[一七]，高祖之作新丰，详于刘记；《西京杂记》[一八]孝武之好微行，著于外传；《汉武故事》[一九]而迁、固二书，未见采录，则比次之繁，不妨作者之略也。曹丕让表，详《献帝传》；[二〇]甄后懿行，盛称《魏书》；[二一]哀牢之传，征于计吏；见《论衡》[二二]先贤之表，著于黄初；[二三]而陈、范二史，不以入编，则比次之私，有待作者之公也。然而经生习业，遂纂典林，辞客探毫，因收韵藻。晚近浇漓之习，取便依检，各为兔园私册，[二四]以供陋学之取携；是比次之业，虽欲如糟粕粪土，冀其化朽腐而出神奇，何可得哉？[二五]

夫村书俗学，既无良材；则比次之业，难于凭借者一矣。所征故实，多非本文，而好易字句，漓其本质，以致学者宁习原书，怠窥新录；[二六]则比次之业，难于凭借者二矣。比类相从，本非著作，而汇收故籍，不著所出何书，一似己所独得，使人无从征信；则比次之业，难于凭借者三矣。传闻异辞，记载别出，不能兼收并录，以待作者之决择，而私作聪明，自定去取；则比次之业，难于凭借者四矣。图绘之学，不入史裁，[二七]金石之文，但征目录，[二八]后人考核，征信无从；则比次之业，难于凭借者五矣。专门之书，已成钜编，不为采录，大凡预防亡逸而听其孤行，渐致湮没；则比次之业，难于凭借者六矣。拘牵类例，取足成书，不于法律之外，多方购备，以俟作者之辨裁，一目之罗，得鸟无日；[二九]则比次之业，难于凭借者七矣。凡此多端，并是古人未及周详，而后学尤所未悉。苟有志于三月聚粮，[三〇]则讲习何可不豫？而一世之士，不知度德量力，咸嚣嚣以作者自命，不肯为是筌蹄嚆矢[三一]之功程，刘歆所谓"挟恐见破之私意，而无从善服义之公心"[三二]者也。术业如何得当？而著作之道，

何由得正乎?[三三]

〔一〕刘咸炘《识语》云:“此篇专论比次。”按此当为《释通》传四,何氏钞本题下无注,或传录敚之。

〔二〕按此上设问。

〔三〕《庄子·山木》:“既雕既琢,复归于璞。”运斤,见《言公中》注〔三六〕。

〔四〕孔子删《诗》《书》、定《易》《礼》《春秋》之说,见《史记·孔子世家》。

〔五〕《史通·六家》:“左丘明既为《春秋》内传,又稽其逸文,纂其别说,分周、鲁、齐、晋、郑、楚、吴、越八国事,起自周穆王,终于鲁悼公,别为《春秋》外传《国语》,合为二十一篇。”是《国语》作于《左传》之后。李焘则谓:“昔左丘明将传《春秋》,乃先采集列国之史,国别为语,旋猎其英华,作《春秋》传。而先取采集之语,草藁具存,时人共传习之,号曰《国语》。”(《通考》卷一八三《经籍考》十引)《宋史·李焘传》:“焘字仁甫,眉州丹稜人。耻读王氏书,独博通载籍,搜罗百氏,慨然以史自任。本朝典故,尤悉力研核。仿司马光《资治通鉴》例,为编年一书,名曰长编。淳熙七年上之,诏藏秘府。焘自谓此书宁失之繁,无失之略,故一祖八宗之事,凡九百七十八卷,卷第总目五卷。上谓其书无愧司马光。官至敷文阁学士,卒谥文简。”

〔六〕见《言公上》注〔四九〕。

〔七〕见前篇注〔三四〕。

〔八〕《诗·大雅·棫朴》:“薪之槱之。”传:“槱,积也。”槱,音酉。

〔九〕卢文弨《宋史艺文志补》:“王应麟《玉海》二百卷。”

〔一〇〕《书录解题》编年类:“长编云者,司马公之为《通鉴》也,先命其属为丛目,既成,乃修长编,然后删之以为成书。唐长编六百卷,

今《通鉴》惟八十卷尔。"(《续通鉴长编》解题)

〔一一〕《史记·仓公传》:"太仓公者,齐太仓长,临淄人也。姓淳于氏,名意。少而喜医方术。高后八年,更受师同郡元里公乘阳庆。庆年七十余,无子,使意尽去其故方,更悉以禁方予之,传黄帝、扁鹊之脉书,五色诊病,知人死生,决嫌疑,定可治,及药论,甚精。受之三年,为人治病,决死生,多验。"传后附述药方甚备。

〔一二〕见《言公中》注〔二八〕及注〔三〇〕。

〔一三〕见《博约上》注〔一三〕。

〔一四〕韩愈《原道》:"坐井而观天,曰天小者,非天小也。"《庄子·逍遥游》:"置杯水于坳堂之上,则芥为之舟。"坳,于交切,窊下也。

〔一五〕六合:见《言公下》注〔七〕。按此上论比次之书,约分三种,作者应随宜取辨。

〔一六〕按《汉书》十二纪各帝年寿,皆臣瓒注明。

〔一七〕《汉书·儒林传》:"伏生,济南人也。"张晏曰:"名胜,《伏生碑》云也。"《循吏传》:"文翁,庐江舒人。少好学,通《春秋》。景帝末,为蜀郡守。见蜀地僻陋,欲诱进之,选郡县小吏开敏有材者,遣诣京师,受业博士;又修学官于成都市中,招下县子弟,以为学官弟子,由是大化蜀地,学于京师者,比齐、鲁焉。"《庐江七贤传》:"文党字仲翁。未学之时,与人俱入山取木,谓侣人曰:'吾欲远学,先试投我斧高木上,斧当挂。'仰而投之,斧果上挂。因之长安受经。"杨慎曰:"文翁在蜀,庶几为生民立极。文翁名党。"(《升庵外集》卷四十一)今所传义翁碑,系赝品,无文翁名。

〔一八〕《西京杂记》卷二:"太上皇徙长安,居深宫,凄怆不乐。高祖窃因左右问其故。以平生所好皆屠贩少年,酤沽卖饼,斗鸡蹴鞠,以此为欢。今皆无此,故以不乐。高祖乃作新丰,移诸故人实之,太上皇乃悦。故新丰多无赖,无衣冠子弟故也。"按《隋志》旧事类:"《西京杂记》二卷。"不著撰人名氏。《书录解题》传记类:"《西京杂记》六卷,句漏令葛洪撰。其卷末言:'洪家有刘子骏书百卷,先父传之,歆欲撰《汉书》,杂录汉事,未及而亡。试以此书考校班固所作,殆是全取刘书,少有异同耳。固所不取,不过二万言,今钞出为二卷,以裨《汉书》之阙。'所谓先父者,歆之于向也,而《馆阁书目》以为洪父传之,非是。《唐·艺文志》亦只二卷。今六卷者,彼人分之也。按洪博闻深学,江左绝伦,所著书几五百卷,本传具载其目,不闻有此书。而向、歆父子,亦不闻其尝作史传于世。使班固有所因述,亦不应全没不著也。殆有可疑者。岂惟非向、歆所传,亦未必洪之作也。"《酉阳杂俎》:"庾信作诗,欲用《西京杂记》事,旋自追改曰:'此吴均语,恐不足用也。'"故晁公武《读书志》云:"此书江左人皆以为吴均依托为之。"此云刘记,盖误信卷末所记。

〔一九〕《汉武故事》:"常轻服微行。时丞相公孙弘数谏,不从。弘谓其子曰:'吾年已八十余,陛下擢为宰相。士犹为知己死,况不世之君乎?今陛下微行不已,社稷必危,吾虽不逮史鱼,冀万一能以尸谏。'因自杀。上闻而悲之,自为诔。"《四库总目》小说类:"《汉武故事》一卷,旧本题班固撰。然史不闻固有此书,《隋志》著录传记类中,亦不云固作。晁公武《读书志》引张柬之《冥洞记跋》,谓出于王俭。唐初去齐、梁未远,当有所考也。"

〔二〇〕《三国志·魏志·文帝纪》注引《献帝传》载禅代众事让表。

〔二一〕《三国志·魏志·甄后传》注引《魏书》曰:"后自少至长,不好戏弄。年八岁,外有立骑马戏者,家人诸姊皆上阁观之,后独不行。诸姊怪问之,后答言:'此岂女子之所观耶?'年九岁,喜书,视字辄识。数用诸兄笔砚,兄谓后言:'汝当习女工,用书为学,当作女博士耶?'后答言:'闻古者贤女,未有不学。前世成败,用为己戒,不知书何由见之?'"又曰:"有司奏建长秋宫,帝玺书迎后诣行在所。后上表曰:'妾闻先代之兴,所以飨国久长,垂祚后嗣者,无不由后妃焉。故必审选其人,以兴内教。今践阼之初,诚宜登进贤淑,统理六宫。妾自审愚陋,不任粢盛之事,加以寝疾,敢守微志。'玺书三至,而后三让,言甚恳切。时盛暑,帝欲须秋凉,乃更迎后。会后疾,遂笃,夏,六月丁卯,崩于邺。帝哀痛咨嗟,策赠皇后玺绶。"

〔二二〕《论衡·佚文》:"杨子山为郡上计吏,见三府为《哀牢传》不能成,归郡作上。孝明奇之,征在兰台。"

〔二三〕黄初,魏文帝年号。《廿二史札记》卷七:"裴松之《三国志注》引《魏略》(按注见《魏志》卷二,系引《献帝传》,非《魏略》):曹丕受禅时,李伏等劝进者一,许芝等劝进者一,司马懿等劝进者一,桓阶等劝进者一,尚书令等合词劝进者一,刘廙等劝进者一,刘若等劝进者一,辅国将军等百二十人劝进者一,博士苏林等劝进者一,刘廙等又劝进者一,丕皆下令辞之。最后华歆及公卿奏择日设坛,始即位。此虽一切出于假伪,然犹见其顾名思义,不敢遽受,有揖让之遗风。"

〔二四〕见《传记》注〔二三〕。

〔二五〕朽腐神奇,见《书教下》注〔三二〕。按此上言比次之书,作者取办,不妨略其所详,至于《典林》《韵藻》之类,固无足论。

〔二六〕刘知几语,见《释通》注〔六七〕。

〔二七〕说详外篇《和州志舆地图序例》。

〔二八〕金石之文,足资考信,有裨于史学者甚钜。自欧阳修《集古录》以下,历代金石著录之书,指不胜屈。清王昶撰《金石萃编》一百二十七卷,收三代至宋末辽文字一千五百余通,摹勒全文,间加诠释,为金石学中最赅博者。若但征目录,复有何用?

〔二九〕《淮南子·说山训》:"有鸟将来,张罗而待之,得鸟者,罗之一目也。今为一目之罗,则得鸟无日也。"

〔三〇〕《庄子·逍遥游》:"适千里者,三月聚粮。"

〔三一〕《庄子·外物》:“筌者,所以在鱼,得鱼而忘筌。蹄者,所以在兔,得兔而忘蹄。”《在宥》:“焉知曾、史之不为桀、跖嚆矢也?”向秀云:“嚆矢,矢之鸣者。”

〔三二〕见《移让太常博士书》。

〔三三〕按此上论比次之书,去其七蔽,尚待学者之努力。

答　问[一]

或问:前人之文辞,可改窜为己作欤?答曰:何为而不可也。古者以文为公器,前人之辞如已尽,后人述而不必作也。赋诗断章,不啻若自其口出也。重在所以为文辞,而不重文辞也。苟得其意之所以然,不必有所改窜,而前人文辞与己无异也。无其意而求合于文辞,则虽字句毫无所犯,而阴仿前人之所云,君子鄙之曰窃矣。[二]或曰:陈琳为曹洪报魏太子,讳言陈琳为辞。丁敬礼求曹子建润色其文,则曰后世谁知定吾文者。[三]唐韩氏云:“惟古于文必己出,降而不能乃剽窃。”[四]古人必欲文辞自己擅也,岂曰重其意而已哉?答曰:文人之文,与著述之文,不可同日语也。著述必有立于文辞之先者,假文辞以达之而已。譬如庙堂行礼,必用锦绅玉佩,[五]彼行礼者,不问绅佩之所成。著述之文是也。锦工玉工,未尝习礼,惟藉制锦攻玉以称功,而冒他工所成为己制,则人皆以为窃矣。文人之文是也。故以文人之见解,而议著述之文辞,如以锦工玉工,议庙堂之礼典也。[六]

或曰:古人辞命草创,加以修润,[七]后世诗文,亦有一字之师;[八]如所重在意,而辞非所计,譬如庙堂行礼,虽不计其绅佩,而绅佩敝裂,不中制度,亦岂可行邪?答曰:此就文论文,别自为一道也。就文论文,先师有辞达之训,曾子有鄙悖之戒,[九]圣门设科,文学言语并存,[一〇]说辞亦贵有善为者,古人文辞,未尝不求工也。而非所论于此疆彼界,争论文必己出,以矜私耳。自魏、晋以还,论文亦自有专家[一一]矣。乐府改旧什之铿锵,[一二]《文选》裁前人之篇什,[一三]并主声情色采,非同著述科也。《会昌制集》之序,郑亚削义山之腴,[一四]元和《月蚀》之歌,韩公擢玉川之怪;[一五]或存原款以归其人,或改标题以入己集,虽论文末技,有精焉者,所得既深,亦不复较量于彼我字句之琐也。[一六]

或曰:昔者乐广善言,而挚虞妙笔,乐谈挚不能对,挚笔乐不能复,[一七]人各有偏长矣。然则有能言而不能文者,不妨藉人为操笔邪?答曰:潘岳亦为乐广撰让表矣,必得广之辞旨,而后次为名笔,[一八]史亦未尝不两称之。两汉以下,人少兼长,优学而或歉于辞,善文而或疏于记。以至学问之中,又有偏擅,文辞一道,又有专长;本可交助为功,而世多交讥互诋,是以大道终不可得而见也。文辞末也,苟去封畛而集专长,犹有卓然之不朽,而况由学问而进求古人之大体乎?然而自古至今,无其人焉,是无可如何者也。[一九]

或曰:诚如子言,文章学问,可以互托。苟有黠者,本无所长,而谬为公义,以滥竽[二〇]其中,将何以辨之?答曰:千钧之鼎,两人举之,不能胜五百钧者,仆且蹶矣。李广入程不识之军,而旗旌壁垒,为之一新。[二一]才智苟逊于程,一军乱矣。富人远出,不持一钱,有所需而称贷,人争与之,他人不能者何也?惟富于钱,而后可以贷人之钱也。故文学苟志于公,彼无实者,不能冒也。[二二]

或曰:前人之文,不能尽善,后人从而点窜以示法,亦可为之欤?答曰:难言之矣。著述改窜前人,其意别有所主,故无伤也。论文改窜前人,文心不同,亦如人面,[二三]未可以己所见,遽谓胜前人也。刘氏《史通》,著《点烦》之篇[二四]矣。左、马以降,并有涂改,人或讥其知史不知文也。然刘氏有所为而为之,得失犹可互见。

若夫专事论文，则宜慎矣。今古聪敏智慧，亦自难穷，今人所见，未必尽不如古。大约无心偶会，则收点金〔二五〕之功；有意更张，必多画墁〔二六〕之诮。盖论文贵于天机自呈，〔二七〕不欲人事为穿凿耳。〔二八〕

或问：近世如方苞氏，删改唐、宋大家，〔二九〕亦有补欤？夫方氏不过文人，所得本不甚深，〔三〇〕况又加以私心胜气，非徒无补于文，而反开后生小子无忌惮之渐也。小慧私智，一知半解，未必不可攻古人之间，拾前人之遗，此论于学术，则可附于不贤识小〔三一〕之例，存其说以备后人之采择可也。若论于文辞，则无关大义，皆可置而不论。即人心不同如面，不必强齐之意也。果于是非得失，后人既有所见，自不容默矣，必也出之如不得已，详审至再而后为之。如国家之议旧章，名臣之策利弊，非有显然什百之相悬，宁守旧而毋妄更张矣。苟非深知此意，而轻议古人，是庸妄之尤，即未必无尺寸之得，而不足偿其寻丈之失也。方氏删改大家，有必不得已者乎？有是非得失，显然什百相悬者乎？有如国家之议旧章，名臣之策利弊，宁守旧而毋妄更张之本意者乎？在方氏亦不敢自谓然也。然则私心胜气，求胜古人，此方氏之所以终不至古人也。凡能与古为化者，必先于古人绳度尺寸不敢逾越者也。盖非信之专而守之笃，则入古不深，不深则不能化。譬如人于朋友，能全管、鲍通财〔三二〕之义，非严一介取与〔三三〕之节者，必不能也。故学古而不敢曲泥乎古，乃服古而谨严之至，非轻古也。方氏不知古人之意，而惟徇于文辞，且所得于文辞者，本不甚深，其私智小慧，又适足窥见古人之当然，而不知其有所不尽然，宜其奋笔改窜之易易也。〔三四〕

〔一〕按本篇论修改前人之文，引《言公》篇之绪。据《年谱》作于清嘉庆元年丙辰。柯氏钞本《丙辰山中草》有其目。

〔二〕《日知录》卷十八："汉人好以自作之书，而托为古人，张霸百二

《尚书》，卫宏《诗序》之类是也。晋以下人，则有以他人之书而窃为己作，郭象《庄子注》、何法盛《晋中兴书》之类是也。有明一代之人，其所著书，无非盗窃而已。”

〔三〕并见《说林》注〔一三〕及注〔二四〕。

〔四〕见《辨似》注〔三三〕。

〔五〕《说文》：“绅，大带也。”锦绅，以锦为带。《诗·秦风·渭阳》：“何以赠之？琼瑰玉佩。”

〔六〕按此上言文人之文与著述之文不同。吴汝纶《严译天演论序》：“晚周以来，诸子各自名家，其文多可喜。其大要有集录之书，有自著之言。集录者，篇各为义，不相统贯，原于《诗》《书》者也。自著者，建立一本，枝叶扶疏，原于《易》《春秋》者也。汉之士，争以撰著相高，其尤者，《太史公书》继《春秋》而作，人治以著；扬子《太玄》，拟《易》为之，天行以阐；是皆所谓一干而枝叶扶疏也。及唐中叶，而韩退之氏出，源本《诗》《书》，一变而为集录之体，宋以来宗之。是以汉氏多撰著之编，唐宋多集录之文，其大略也。”所论可与章氏之说相参。

〔七〕见《说林》注〔一二〕。

〔八〕陶岳《五代史补》：“齐己携诗诣郑谷，咏《早梅》云：‘前村深雪里，昨夜数枝开。’谷曰：‘数枝非早也，未若一枝。’齐己拜谷为一字师。”

〔九〕《论语·卫灵公》：“子曰：‘辞，达而已矣。’”朱注：“辞取达意而止，不以富丽为工。”辞远鄙俗，见《原道下》注〔三七〕。

〔一〇〕《论语·先进》：“子曰：‘从我于陈、蔡者，皆不及门也。德行，颜渊、闵子骞、冉伯牛、仲弓。言语，宰我、子贡。政事，冉有、季路。文学，子游、子夏。’”朱注：“孔子因弟子之言，记此十人，而并目其所长，分为四科。”

〔一一〕钟嵘《诗品》，品骘高下，辨章流别；刘勰《文心雕龙》，析论体制，综述理法；允为论文专家之作。

〔一二〕《文心雕龙·乐府》："凡乐辞曰诗，诗声曰歌。声来被辞，辞繁难节。故陈思称李延年闲于增损古辞，多者则宜减之，明贵约也。"按增损古辞者，取古辞入乐，增减以就句度使应节也。

〔一三〕如贾谊《过秦》，连三篇为首尾（章氏谓乃《贾子》篇目），而《文选》录其上篇；魏文帝《典论》为书凡二十篇，而《文选》录其《论文》；张载《拟四愁诗》只收一首；并裁取前人篇什之例也。

〔一四〕《书录解题》别集类："《会昌一品集》二十卷，别集十卷，外集四卷，唐宰相李德裕文饶撰。《一品集》者，皆会昌在相位制诰、诏册、表疏之类也。"郑亚序："其功伐也既如彼，其制作也又如此，故合武宗一朝册命、典诰、奏议、碑赞、军机、羽檄，凡两帙二十卷，辄署曰《会昌一品制集》。纪年，追圣德也。书位，旌官业也。岁在丁卯，亚自左掖出为桂林，九月，公书至自洛，以典诰制命示于幽鄙，且使为序，以集成书。"按《李义山文集》卷四，《太尉卫公会昌一品集序》题下注云："代桂府荥阳公。"荥阳，郑亚也。又载郑序题下注云："改定商隐之作。义山有凌徐躐庾之学，郑亚有讨论修饰之功。"盖编李集者，并取郑亚改作以入集也。郑亚，荥阳人，字子佐，元和进士。李德裕镇浙西，辟为从事，累官给事中，桂管观察使。坐吴湘狱不得直，贬循州刺史，卒于官。（《新唐书·郑畋传》）

〔一五〕《新唐书·韩愈传》："卢仝居东都，愈为河南令，爱其诗，厚礼之。仝自号玉川子。尝为《月蚀诗》以讥切元和逆党，愈称其工。"卢仝《月蚀诗》较怪，韩愈加以删改，称《月蚀诗效玉川子作》，收入己集中。见《言公下》注〔九二〕。

〔一六〕按此上言就文论文，未尝不求其工。

〔一七〕《世说新语·文学》："太叔广甚辩给，而挚仲治长于翰墨，俱为列卿。每至公座，广谈，仲治不能对；退著笔难广，广又不能答。"

注引王隐《晋书》曰："广字季思，东平人，拜成都王为太弟，欲使诣洛，广子孙多在洛，虑害，乃自杀。挚虞字仲治，京兆长安人。祖茂，秀才。父模，太仆卿。虞少好学，师事皇甫谧，善校练文义，多所著述。历秘书监，太常卿。从惠帝至长安，遂流离鄠、杜间。性好博古，而文籍荡尽。永嘉五年，洛中大饥，遂饿而死。虞与广名位略同，广长口才，虞长笔才，俱少政事。众坐广谈，虞不能对；虞退笔难广，广不能答。于是更相嗤笑，纷然于世。广无可记，虞多所录，于斯为胜也。"按太叔广与乐广系两人，此误为一，失考。

〔一八〕《世说新语·文学》："乐令善清言而不长于手笔，将让河南尹，请潘岳为表。潘云：'可作耳，要当得君意。'乐为述所以为让，标位二百许语。潘直取错综，便成名笔。时人咸云：若乐不假潘之文，潘不取乐之旨，则无以成斯矣。"注引虞预《晋书》曰："乐广字彦辅，南阳人，清夷冲旷，加有理识，累迁侍中、河南尹，在朝廷，用心虚淡，时人重其贞贵。代王戎为尚书令。"又引《晋阳秋》曰："岳字安仁，荥阳人。夙以才颖发名，善属文，清绮绝世，蔡邕未能过也。仕至黄门侍郎，为孙秀所害。"

〔一九〕按此上言文章学问可以交助为功。

〔二〇〕见《言公下》注〔七四〕。

〔二一〕见《说林》注〔三〇〕。

〔二二〕按此上言文学有志于公，须先有其实。

〔二三〕人心如面，见《言公中》注〔五二〕。文心，见《文德》注〔三〕。

〔二四〕《史通·点烦》，在外篇第六。叙云："尝欲自班、马以降，讫于姚、李、令狐、颜、孔诸书，莫不因其旧义，普加厘革。"按"点烦"原作"黜烦"，据刘刻《遗书》本改。章学诚认为刘知几之点烦与方苞之改古人文不同，即刘从史的角度看，他之点烦有得有失，即叙事有烦者可点，写人传神者不宜点。方从文的角度看，不应改古人文。

〔二五〕《列仙传》:"许游,南昌人,晋初为旌阳令,点石化金,以足逋赋。"黄庭坚《与洪驹父书》:"老杜作诗,退之作文,无一字无来处。盖后人读书少,故谓韩、杜自作此语耳。古之为文章者,真能陶冶万物,虽取古人之陈言入于翰墨,如灵丹一粒,点铁成金也。"

〔二六〕《孟子·滕文公下》:"有人于此,毁瓦画墁,其志将以求食也,则子食之乎?"朱熹《集注》:"墁,墙壁之饰。"画墁,涂坏墙壁上之装饰。

〔二七〕《庄子·秋水》:"今予动吾天机,而不知其所以然。"

〔二八〕按此上言著述改窜前人,意有所主,专事论文则宜慎。

〔二九〕方氏《古文约选·凡例》:"《诗》《书》《春秋》及《四书》一字不可增减,文之极则也。降而《左传》《史记》韩文,虽长篇,字句可剃芟者甚少。其余诸家,虽举世传诵之文,义支辞冗者,或不免矣。未便削去,姑钩划于旁,俾观者别择焉。"方苞字灵皋,清桐城人。幼从兄舟受业,游太学,李光地见其文,叹曰:"韩欧复出,北宋后无此作矣。"姜宸英、王源尝与论行身祈向,曰:"学行继程、朱之后,文章在韩、欧之间,其庶几乎!"康熙四十五年,成进士。五十年冬,《南山集》祸作,牵连被逮下刑部狱,李光地力救之,得宥。累官礼部右侍郎,解任,充经史馆总裁。后以病归里,就医浙东,作雁荡天姥之游。乾隆十四年卒,享年八十有二。论文严于义法。所著有《左传义法举要》《删定管子荀子》《删定通志堂宋元经解》及《望溪文集》行于世。(《国朝先正事略》卷十四)

〔三〇〕此句原作"方氏不过古人所谓本不甚深",今据刘刻《遗书》本改。

〔三一〕《论语·子张》:"子贡曰:'文、武之道,未坠于地;在人,贤者识其大者,不贤者识其小者,莫不有文、武之道焉。'"识,音志,记也。

〔三二〕《史记·管晏列传》："管仲夷吾者，颍上人也。少时尝与鲍叔牙游，鲍叔知其贤。管仲贫困，常欺鲍叔，鲍叔终善遇之，不以为言。"

〔三三〕《孟子·万章上》："非其义也，非其道也，一介不以与人，一介不以取诸人。"朱注："介，与草芥之芥同。言其辞受取与，无大无细，一以道义而不苟也。"

〔三四〕按此上论方氏删定前人之文。

古文公式[一]

古文体制源流，初学入门，当首辨也。苏子瞻《表忠观碑》，全录赵抃奏议，文无增损，其下即缀铭诗。[二]此乃汉碑常例，见于金石诸书者，不可胜载；即唐、宋八家文中，如柳子厚《寿州安丰孝门碑》，亦用其例，本不足奇。[三]王介甫诧谓是学《史记》诸侯王年表，[四]真学究之言也。李耆卿谓其文学《汉书》，[五]亦全不可解。此极是寻常耳目中事，诸公何至怪怪奇奇，看成骨董？且如近日市井乡间，如有利弊得失，公议兴禁，请官约法，立碑垂久，其碑即刻官府文书告谕原文，毋庸增损字句，亦古法也。岂介甫诸人，于此等碑刻犹未见耶？当日王氏门客之訾摘骇怪，更不直一笑矣。[六]

以文辞而论，赵清献请修表忠观原奏，未必如苏氏碑文之古雅。[七]史家记事记言，因袭成文，原有点窜涂改[八]之法。苏氏此碑，虽似钞缮成文，实费经营裁制也。第文辞可以点窜，而制度则必从时。此碑篇首"臣抃言"三字，篇末"制曰可"三字，恐非宋时奏议上陈、诏旨下达之体；而苏氏意中，揣摩《秦本纪》"丞相臣斯昧死言"及"制曰可"等语[九]太熟，则不免如刘知几之所讥，貌同而心异也。[一〇]余昔修《和州志》，[一一]有《乙亥义烈传》，[一二]专记明末崇祯八年，闯贼攻破和州，[一三]官吏绅民男妇殉难之事。用记事本末[一四]

之例，以事为经，以人为纬，详悉具载。而州中是非哄起。盖因闯贼怒拒守而屠城，被屠者之子孙，归咎于创议守城者，〔一五〕陷害满城生命，又有著论指斥守城者部署非法，以致城陷；甚至有诬创议守城者，缒城欲逃，为贼擒杀，并非真殉难者。余搜得凤阳巡抚朱大典〔一六〕奏报和州失陷，官绅殉难情节，乃据江防州同申报，转据同在围城逃脱难民口述亲目所见情事，官绅忠烈，均不可诬。余因全录奏报，以为是篇之序。中间文字点窜，甚有佳处。然篇首必云："崇祯九年二月日，巡抚凤阳提督军务都察院右副都御史臣朱大典谨奏，为和城陷贼，官绅殉难堪怜，乞赐旌表，以彰义烈事。"其篇末云："奉旨，览奏悯恻，该部察例施行。"此实当时奏陈诏报式也。或谓中间奏文，既已删改古雅，其前后似可一例润色。余谓奏文辞句，并无一定体式，故可点窜古雅，不碍事理。前后自是当时公式，岂可以秦、汉之衣冠，绘明人之图像耶？苏氏《表忠观碑》，前人不知，而相与骇怪，自是前人不学之过。苏氏之文，本无可议。至人相习而不以为怪，其实不可通者，惟前后不遵公式之六字耳。夫文辞不察义例，而惟以古雅为徇，则"臣抃言"三字，何如"岳曰于"〔一七〕三字更古？"制曰可"三字，何如"帝曰俞"〔一八〕三字更古？舍唐、虞而法秦、汉，未见其能好古也。〔一九〕

汪钝翁撰《睢州汤烈妇旌门颂序》，〔二〇〕首录巡按御史奏报，本属常例，无可訾，亦无足矜也。但汪氏不知文用古法，而公式必遵时制；秦、汉奏报之式，不可以改今文也。篇首著监察御史臣粹然言，此又读《表忠观碑》"臣抃言"三字太熟，而不知苏氏已非法也。近代章奏，篇首叙衔，无不称姓，亦公式也。粹然何姓，汪氏岂可因摩古而删之？且近代章奏，衔名之下，必书谨奏，无称言者。一语仅四字，而两违公式，不知何以为古文辞也？妇人有名者称名，无名者称姓，曰张曰李可也。近代官府文书，民间词状，往往舍姓而空称曰氏，甚至有称为该氏者，诚属俚俗不典；然令〔二一〕无明文，胥吏苟有知识，仍称为张为李，官所不禁，则犹是通融之文法也。汪氏于一定不易之公式，则故改为秦、汉古款，已是貌同而心异矣。至于正俗通行之称谓，则又偏舍正而徇俗，何颠倒之甚耶？结句又云"臣谨昧死以闻"，亦非今制。汪氏平日以古文辞高自矜诩，而庸陋如此，何耶？汪之序文，于臣粹然言句下，直起云"睢州诸生汤某妻赵氏，值明末李自成之乱"云云，是亦未善。当云"故明睢州诸生汤某妻赵氏，值李自成之乱"，于辞为顺。〔二二〕盖突起似现在之人，下句补出值明末李自成，文气亦近滞也。学文者，当于此等留意辨之。〔二三〕

〔一〕文章可以学古，而制度则必须从时，本篇专就奏议之文，明其体式。据《年谱》是由丙辰（嘉庆元年）札记中二段后合丁巳年札记二段而成。按柯氏钞本原题下注有"庚申新订"四字。庚申为嘉庆五年，殆成篇于是年也。

〔二〕苏轼《表忠观碑》："熙宁十年十月戊子，资政殿大学士右谏议大夫知杭州军州事臣抃言：'（下略）臣抃昧死以闻。'制曰'可'。"《宋史·赵抃传》：赵抃字阅道，衢州西安人。累官殿中侍御史，弹劾不避权幸，京师号铁面御史。帅蜀，以一琴一鹤自随。后拜参知政事，与王安石不洽，求知杭州，请老，加太子少保，卒谥清献。

〔三〕柳宗元《寿州安丰孝门铭》："寿州刺史臣承思言：九月丁亥，安丰县令臣某，上所部编户甿李兴，父被恶疾，岁月就亟，兴自刃股肉，假托馈献，其父老病，已不能啖啜，宿而死。兴号呼抚臆，口鼻垂血，捧土就坟，沾渍涕洟。坟左作小庐，蒙以苫茨，伏匿其中，扶服顿踊，昼夜哭诉。孝诚幽达，神为见异，庐上产紫芝白芝二本，各长一寸，庐中醴泉涌出，奇形异状，应验图记。此皆陛下孝理神化，阴中其心，而克致斯事。谨按兴匹庶贱陋，循习浅下，性非文字所导，生与耨耒为业，而能钟彼醇孝，超出古列，天意神道，犹锡瑞物，以表殊异。伏惟陛下有唐尧如天如神之德，宜加旌褒，合于上下。请表里间。刻石明白，宣延风美，观示后祀，永永无极。臣昧死上请。制曰可。（铭略。）"（《柳河东集》卷二十）宋史绳祖《学斋佔毕》卷二："东坡《表忠观碑》先列状奏以为序，至'制曰可'而系之以铭，其格甚新。乃仿柳柳州所作《寿州安丰县孝门铭》，盖以忠比孝，全用其体例耳。柳文甚典雅，苏碑视柳有加，宜乎金陵王氏以太史公所作年表许之。"

〔四〕宋徐度《却扫编》卷中："东坡初为赵清献作《表忠观碑》，或持以示王荆公。公读之，沉吟曰：'此何语耶？'时客有在傍者，遽指摘而诋訾之。公不答，读之再三，又携之而起，行且读，忽叹曰：'此《三王世家》也，可谓奇矣。'客大惭。"实斋谓"学诸侯王年表"，盖缘《文章精义》而误。

〔五〕宋李耆卿《文章精义》："子瞻《表忠观碑》终篇述赵清献公奏，不增损一字，是学《汉书》。但王介甫以为'诸侯王年表'，则非也。"

〔六〕按此节言苏氏《表忠观碑》乃汉碑体例，原无足异。

〔七〕方望溪云："赵公奏本，轩鹘老健，故可用《三王世家》体。然赵果能此，则其他文行世传后者宜多，岂奏故子瞻代为耶？"（《古文约选》）萧穆云："章氏似以为赵公当日本有原奏，苏公为铭，后来入集，即就赵公原奏点窜润色之，非也。盖赵公此奏，当日即宜属苏公代为主稿，今《赵清献公文集》并无此奏。苏公以此事本赵公主名，故仍存当日代为主稿原衔，乃至当也。"（《敬孚类稿》五）此盖承方氏之说。然以赵集无此奏，亦不能定为苏公主稿。刘咸炘《识语》云："若谓赵公此奏即属苏公主稿，则萧氏揣测之词耳。"

〔八〕李商隐《韩碑》："点窜《尧典》《舜典》字，涂改《清庙》《生民》诗。"（《李义山诗集》上）

〔九〕《史记·秦始皇本纪》载李斯奏请焚书事,即此式。

〔一〇〕《史通·摸拟》:"盖摸拟之体,厥途有二:一曰貌同而心异,二曰貌异而心同。"

〔一一〕据《年谱》,乾隆三十九年,撰《和州志》四十二篇,编摩既讫,因采州中著述有裨文献及文辞典雅者,辑为《和州文征》八卷(《和州文征序例》),计《奏议》二卷,《征述》三卷,《论著》一卷,《诗赋》二卷。上其书于安徽学政秦潮。潮以州辖含山一县,志仅详州而略于县,且多意见不合,往复驳诘,志事遂中废(《方志辨体安徽通志》)。乃删存为二十篇,名曰《志隅》(今载刘刻《遗书》外编卷十六)。

〔一二〕按《章氏遗书·和州志》列传第十至二十一阙,此篇在其中,今不传。

〔一三〕崇祯,明庄烈帝年号。和州,今安徽和县。崇祯二年,高迎祥自称闯王。李自成自延绥往迎之,号闯将(《通鉴纲目》三编)。崇祯八年十二月庚子,江北贼陷巢县含山,遂袭陷和州(《明史纪事本末》卷七十五)。指闯王攻下和州。

〔一四〕见《书教下》注〔三八〕。

〔一五〕《和州志·马如融传》:"如融,如蛟弟也。崇祯乙亥之变,如蛟举家殉难,事详《义烈传》中。初,流寇大至,州中仓猝无备,群议欲弃城遁,如蛟独挺身议守城策。而贼中号令,守城至三日者,尽杀无赦。其后州城既陷,屠戮逮尽,州人以是归咎马氏。"

〔一六〕《明史·朱大典传》:朱大典字延之,金华人,明万历进士。崇祯中,巡抚山东,时寇乱,据登围莱,大典集兵数万攻之,贼平,擢总督漕运兼巡抚,移镇凤阳,屡有破贼功,寻被劾罢归。福王时,以兵部尚书总督上江军务,清兵南下,还守婺城,城破,阖门死之。

〔一七〕《书·尧典》:"帝曰:'咨,四岳。'"伪《孔传》:"四岳,分掌四岳之诸侯。"尧帝因洪水,向四岳求推荐治水之人。"佥曰:'于,鲧哉。'"伪《孔传》:"佥,皆也。于,音乌。鲧,禹父也。"佥指四岳,故本文作"岳曰于",于,叹词。

〔一八〕《尧典》:"师锡帝曰:'有鳏在下,曰虞舜。'"伪《孔传》:"师,众。锡,与也。无妻曰鳏。""帝曰:'俞。予闻,如何?'"伪《孔传》:"俞,然也。"

〔一九〕按此上言文辞可求古雅,制度必须从时。萧穆《跋文史通义》曰:"章氏所论,有文章可以学古,而制度则必从时,此真为千古名言,后著作之家所当奉为严师之训也。乃今观其论苏文《表忠观碑》则又有不然者。彼曰'臣抃言','制曰可',为秦、汉之制,宋时陈奏之制,必不如是。其实此制自汉至宋,历代相沿,并未更改。苏公此文,即当时陈奏原式。唐、宋名臣文集奏议,所在历历可考。姑以韩、杜两集言之,杜公《上三大礼赋表》曰:'臣甫言。'韩公《论佛骨表》《潮州刺史谢上表》,均曰:'臣愈言。'宋代诸名公集所载奏议,无不如是。其最昭晰显见者,莫逾于司马文正公《进资治通鉴表》,宋、元刻本均载之,一依当时陈奏原本格式。"(《敬孚类稿》五)刘咸炘云:"萧说非也。唐、宋人书奏表式,表首具官姓名之下,曰臣某言,末云臣谨顿首顿首,奏表以闻。疏奏则分札子与状,其首具年月全官,曰某某状奏,或札子奏,右臣窃以云云。状末云,谨录奏闻,伏候敕旨。札子末云,取进止。此真唐、宋名人集中彰彰具在之格式。表惟施于陈乞庆贺辞谢,不用以奏事,乃唐、宋一定不易之法。赵公此奏,必用札子状,必不用表,即表必不云昧死以闻。宋制,敕不称制。表奏有批答,亦不但云'可'。苏氏显然摹古,何可回护?"(《文史通义识语》)驳正萧氏之说,可称明晰。

〔二〇〕汪钝翁,见《砭俗》注〔一四〕。睢州,今河南睢县。汪氏《睢州汤烈妇旌门颂序》:"顺治十七年,巡抚河南监察御史臣粹然言:'诸生汤祖契妻赵氏,值明末李自成之乱,贼入祖契家,挺刃劫氏，将驱之出。氏厉声呵曰："国家何负于若，乃至屠割民人，裸辱女妇？天诛将降，行见磔若曹肉，喂饲犬彘。曾不慭死，尚敢以刀锯胁我！"贼大怒，遂刃之以死。迄今举州流传，言发涕下，华颠毁齿，无一异辞。于是士民某等，白其状于长，其长上诸府若司道，以达于臣。臣加覆核，谓宜旌氏门闾，用劝流俗。臣谨昧死以闻。'"（《尧峰文钞》卷三十七）

〔二一〕按黔本及志古堂本"令"讹作"今"，兹从粤雅堂本、刘刻《遗书》本正。

〔二二〕按此可见章氏之于文用心精细处。其《论文示贻选》云："前寄《庚辛亡友列传》，自喜情真，文体变而不诡于正。惟辞锋有未敛处，恐不合于时人，故改正二处，续寄附订，不料邮书迟滞，尚未到也。今接到永清刻本，于《乐子谓传》内'天府生员'上加一'顺'字，于事无碍。然'天府生员'四字自稳惬，加一'顺'字便觉少却大兴籍贯矣。此无明例，细辨文义，当自得之。"又云："吾谓吾文岂如咸阳悬金，一字不可增减，然求文从字顺者也。"（刘刻《遗书》卷二十九）可与此参观。

〔二三〕按此节论汪氏《睢州汤烈妇旌门颂》踵苏文之失。

古文十弊〔一〕

余论古文辞义例，〔二〕自与知好诸君书，凡数十通；笔为论著，又有《文德》《文理》《质性》《黠陋》《俗嫌》《俗忌》诸篇，〔三〕亦详哉其言之矣。然多论古人，鲜及近世。兹见近日作者，所有言论与其撰著，颇有不安于心，因取最浅近者，条为十通，思与同志〔四〕诸君相为讲明。若他篇所已及者不复述，览者可互见焉。此不足以尽文之隐，然一隅三反，〔五〕亦庶几其近之矣。

一曰，凡为古文辞者，必先识古人大体，而文辞工拙，又其次焉。不知大体，则胸中是非，不可以凭，其所论次，〔六〕未必俱当事理。而事理本无病者，彼反见为不然而补救之，则率天下之人而祸仁义矣。〔七〕有名士投其母氏行述，〔八〕请大兴朱先生作志。〔九〕叙其母之节孝，则谓乃祖衰年病废卧床，溲便〔一〇〕无时，家无次丁，〔一一〕乃母不避秽亵，躬亲薰濯。其事既已美矣。又述乃祖于时蹙然不安，乃母肃然对曰："妇年五十，今事八十老翁，何嫌何疑？"呜呼！母行可嘉，而子文不肖甚矣。本无芥蒂，〔一二〕何有嫌疑？节母既明大义，定知无是言也。此公无故自生嫌疑，特添注以斡旋其事，〔一三〕方自以谓得体，而不知适如冰雪肌肤，剜成疮痏，〔一四〕不免愈濯愈痕瘢矣。人苟不解文辞，如遇此等，但须据事直书，不可无故妄加雕饰。妄加雕饰，谓之剜肉为疮，〔一五〕此文人之通弊也。

二曰，《春秋》书内不讳小恶。〔一六〕岁寒知松柏之后雕，〔一七〕然则欲表松柏之贞，必明霜雪之厉，理势之必然也。自世多嫌忌，将表松柏，而又恐霜雪怀惭，则触手皆荆棘矣。但大恶讳，小恶不讳，《春秋》之书内事，自有其权衡也。〔一八〕江南旧家，辑有宗谱。〔一九〕有群从先世为子聘某氏女，〔二〇〕后以道远家贫，力不能婚，恐失婚时，伪报子殇，〔二一〕俾女别聘。其女遂不食死，不知其子故在。是于守贞殉烈，两无所处。而女之行事，实不愧于贞烈，不忍泯也。据事直书，于翁诚不能无歉然矣。第《周官》媒氏禁嫁殇，〔二二〕是女本无死法也。《曾子问》，娶女有日，而其父母死，使人致命女氏。注谓恐失人嘉会之时。〔二三〕是古有辞昏之礼也。今制，婿远游，三年无闻，听妇告官别嫁。〔二四〕是律有远绝离昏之条也。是则某翁诡托子殇，比例原情，尚不足为大恶而必须讳也。而其族人动色相戒，必不容于直书，则匿其辞曰："书报幼子之殇，而女家误闻以为婿也。"夫千万里外，无故报幼子殇，而又不道及男女昏期，明者知其无是理也。则文章病矣。人非圣人，安能无失？古人叙一人之行事，尚不嫌于得失互见也。今叙一人之事，而欲顾其上下左右前后之人，皆无小疵，难矣。是之谓八面求圆，又文人之通弊也。

三曰，文欲如其事，未闻事欲如其人者也。尝见名士为人撰志，其人盖有朋友气谊，志文乃仿韩昌黎之志柳州也，〔二五〕一步一趋，〔二六〕惟恐其或失也。中间感叹世情反复，已觉无病费呻吟矣。〔二七〕末叙丧费出于贵人，及内亲竭劳其事。询之其家，则贵人赠赙稍厚，〔二八〕非能任丧费也。而内亲则仅一临穴而已，亦并未任其事也。且其子俱长成，非若柳州之幼子孤露，〔二九〕必待人为经理者也。诘其何为失实至此？则曰：仿韩志柳墓终篇有云："归葬费出观察使裴君行立，〔三〇〕又舅弟卢遵，既葬子厚，又将经纪其家。"〔三一〕附纪二人，文情深厚。今志欲似之耳。余尝举以语人，人多笑之。不知临文摹古，迁就重轻，又往往似之矣。是之谓削趾适屦，〔三二〕又文人之通弊也。

四曰，仁智为圣，夫子不敢自居。〔三三〕瑚琏名器，子贡安能自定。〔三四〕称人之善，尚恐不得其实；自作品题，〔三五〕岂宜夸耀成风耶？尝见名士为人作传，自云吾乡学者，鲜知根本，惟余与某甲，〔三六〕为功于经术耳。所谓某甲，固有时名，亦未见必长经术也。作者乃欲援附为名，高自标榜，恧〔三七〕矣！又有江湖游士，以诗著名，实亦未足副也。然有名实远出其人下者，为人作诗集序，述人请序之言曰："君与某甲齐名，某甲既已弁言，〔三八〕君乌得无题品？"夫齐名本无其说，则请者必无是言，而自诩齐名，藉人炫己，颜颊不复知忸怩矣！〔三九〕且经援服、郑，〔四〇〕诗攀李、杜，〔四一〕犹曰高山景仰；〔四二〕若某甲之经，某甲之诗，本非可恃，而犹藉为名。是之谓私署头衔，〔四三〕又文人之通弊也。

五曰，物以少为贵，人亦宜然也。天下皆圣贤，孔、孟亦弗尊尚矣。清言自可破俗，然在典午，则滔滔皆是也。〔四四〕前人讥《晋书》，列传同于小说，[四五]正以采掇清言，多而少择也。立朝风节，强项敢言，[四六]前史侈为美谈。明中叶后，门户朋党，声气相激，谁非敢言之士？[四七]观人于此，君子必有辨矣。不得因其强项申威，便标风烈，理固然也。我宪皇帝[四八]澄清吏治，裁革陋规，整饬官方，惩治贪墨，[四九]实为千载一时。彼时居官，大法小廉，[五〇]殆成风俗；贪冒之徒，莫不望风革面，[五一]时势然也。[五二]今观传志碑状之文，叙雍正年府州县官，盛称杜绝馈遗，[五三]搜除积弊，清苦自守，革除例外供支，其文洵不愧于循吏传矣。[五四]不知彼时逼于功令，[五五]不得不然，千万人之所同，不足以为盛节。岂可见阉寺而颂其不好色哉？[五六]山居而贵薪木，涉水而宝鱼虾，人知无是理也，而称人者乃独不然。是之谓不达时势，又文人之通弊也。

六曰，史既成家，文存互见，有如《管晏列传》，而勋详于《齐世家》；[五七]张耳分题，而事总于《陈余传》；[五八]非惟命意有殊，抑亦详略之体所宜然也。若夫文集之中，单行传记，凡遇牵联所及，更无互著之篇，[五九]势必加详，亦其理也。但必权其事理，足以副乎其人，乃不病其繁重尔。如唐平淮西，《韩碑》归功裴度，[六〇]可谓当矣。后中谗毁，改命于段文昌，[六一]千古为之叹惜。但文昌徇于李愬，愬功本不可没，其失犹未甚也。假令当日无名偏裨，[六二]不关得失之人，身后表阡，[六三]侈陈淮西功绩，则无是理矣。朱先生尝为故编修蒋君撰志，[六四]中叙国家前后平定准回要略，则以蒋君总修方略，独力勤劳，书成身死，而不得叙功故也。然志文雅健，学者慕之。后见某中书舍人死，有为作家传者，[六五]全袭《蒋志》原文，盖其人尝任分纂数月，于例得列衔名者耳，其实于书未寓目也。是与无名偏裨，居淮西功，又何以异？而文人喜于摭事，几等军吏攘功，何可训也？是之谓同里铭旌。[六六]昔有夸夫，终身未膺一命，好袭头衔，将死，遍召所知，筹计铭旌题字。或徇其意，假藉例封待赠修职登仕诸阶,〔六七〕彼皆掉头不悦。最后有善谐者,取其乡之贵显,大书勋阶师保殿阁部院某国某封某公同里某人之柩。〔六八〕人传为笑。故凡无端而影附者,谓之同里铭旌,不谓文人亦效之也,是又文人之通弊也。

七曰,陈平佐汉,志见社肉;〔六九〕李斯亡秦,兆端厕鼠。〔七〇〕推微知著,固相士之玄机;〔七一〕搜间传神,亦文家之妙用也。但必得其神志所在,则如图画名家,颊上妙于增毫;〔七二〕苟徒慕前人文辞之佳,强寻猥琐,以求其似;则如见桃花而有悟,〔七三〕遂取桃花作饭,其中岂复有神妙哉?又近来学者,喜求征实,每见残碑断石,余文剩字,不关于正义者,往往藉以考古制度,补史缺遗,斯固善矣。因是行文,贪多务得,明知赘余非要,却为有益后世,推求不惮辞费。〔七四〕是不特文无体要,抑思居今世而欲备后世考征,正如董泽矢材,可胜暨乎?〔七五〕夫传人者文如其人,述事者文如其事,足矣。其或有关考征,要必本质所具,即或闲情逸出,正为阿堵传神。〔七六〕不此之务,但知市菜求增,〔七七〕是之谓画蛇添足,〔七八〕又文人之通弊也。

八曰,文人固能文矣,文人所书之人,不必尽能文也。叙事之文,作者之言也。为文为质,惟其所欲,期如其事而已矣。记言之文,则非作者之言也;为文为质,期于适如其人之言,非作者所能自主也。贞烈妇女,明诗习礼,固有之矣。其有未尝学问,或出乡曲委巷,〔七九〕甚至佣妪鬻婢,贞节孝义,皆出天性之优,是其质虽不愧古人,文则难期于儒雅也。每见此等传记,述其言辞,原本《论语》《孝经》,〔八〇〕出入《毛诗》《内则》,〔八一〕刘向之《传》,〔八二〕曹昭之《诫》,〔八三〕不啻自其口出,〔八四〕可谓文矣。抑思善相夫者,何必尽识鹿车鸿案,〔八五〕善教子者,岂皆熟记画荻丸熊,〔八六〕自文人胸有成竹,〔八七〕遂致闺修,〔八八〕皆如板印。与其文而失实,何如质以传真也?由是推之,名将起于卒伍,义侠或奋闾阎,〔八九〕言辞不必经生,记述贵于宛肖。而世有作者，于斯多不致思，是之谓优伶演剧。〔九〇〕盖优伶歌曲，虽耕氓役隶，矢口皆叶宫商，〔九一〕是以谓之戏也。而记传之笔，从而效之，又文人之通弊也。

九曰，古人文成法立，未尝有定格也。传人适如其人，述事适如其事，无定之中，有一定焉。知其意者，旦暮遇之。〔九二〕不知其意，袭其形貌，神弗肖也。往余撰和州故给事《成性志传》，〔九三〕性以建言著称，故采录其奏议。〔九四〕然性少遭乱离，全家被害，〔九五〕追悼先世，每见文辞。而《猛省》之篇尤沉痛，可以教孝，故于终篇全录其文。其乡有知名士赏余文曰："前载如许奏章，若无《猛省》之篇，譬如行船，鹢首重而舵楼轻矣。〔九六〕今此婺尾，〔九七〕可谓善谋篇也。"余戏诘云：设成君本无此篇，此船终不行耶？盖塾师讲授《四书》文义，谓之时文，〔九八〕必有法度以合程式。而法度难以空言，则往往取譬以示蒙学，拟于房室，则有所谓间架结构；拟于身体，则有所谓眉目筋节；拟于绘画，则有所谓点睛添毫；〔九九〕拟于形家，则有所谓来龙结穴。〔一〇〇〕随时取譬。〔一〇一〕然为初学示法，亦自不得不然，无庸责也。惟时文结习，深锢肠腑，进窥一切古书古文，皆此时文见解，动操塾师启蒙议论，则如用象棋枰布围棋子，必不合矣。是之谓井底天文，〔一〇二〕又文人之通弊也。

十曰，时文可以评选，古文经世之业，不可以评选也。前人业评选之，则亦就文论文可耳。但评选之人，多非深知古文之人。夫古人之书，今不尽传，其文见于史传，评选之家，多从史传采录。而史传之例，往往删节原文，以就隐括，〔一〇三〕故于文体所具，不尽全也。评选之家，不察其故，误谓原文如是，又从而为之辞焉。于引端不具，而截中径起者，诩谓发轫之离奇；〔一〇四〕于刊削余文，而遽入正传者，诧为篇终之崭峭。于是好奇而寡识者，转相叹赏，刻意追摹，殆如左氏所云："非子之求，而蒲之觅矣。"〔一〇五〕有明中叶以来，一种不情不理自命为古文者，起不知所自来，收不知所自往，专以此等出人思议，夸为奇特，于是坦荡之涂，生荆棘矣。夫文章变化侔于鬼神，斗然而来，戛然而止，〔一〇六〕何尝无此景象？何尝不为奇特？但如山之岩峭，水之波澜，气积势盛，发于自然；必欲作而致之，无是理矣。文人好奇，易于受惑，是之谓误学邯郸，〔一〇七〕又文人之通弊也。

〔一〕按本篇旨趣，具见篇序。所条十事，在当时必皆确有所见，足为学人针砭。据《年谱》作于嘉庆元年。（本篇注参取程君千帆《文学发凡》。）

〔二〕义例：见杜预《春秋左氏传序》。

〔三〕论文书，具详《遗书》文集。《文德》以下五篇俱见前。惟《俗忌》篇未见，殆即《砭俗》之旧题。

〔四〕《说文》："同志为友。"《后汉书·刘陶传》："所与交友，必也同志。"

〔五〕见《文理》注〔三五〕。

〔六〕《史记·五帝本纪赞》："余并论次，择其言尤雅者。"论次，论定次第。

〔七〕《孟子·告子上》："率天下之人而祸仁义者，必子之言夫！"

〔八〕行述，亦称行状。《古文辞类纂序》："传状虽原于史氏，而义不同。刘先生（海峰）云：'古之为名人达官传者，史官职之。其人既稍显，即不当为之传，为之行状上史氏而已。'"

〔九〕朱筠，见《传记》注〔一五〕。《古文辞类纂序》："志者，识也。或立石墓上，或埋之圹中，古人皆曰志。为之铭者，所以识之之辞也。然恐人观之不详，故又为序。世或以石立墓上曰碑，曰表，埋乃曰志，及分志铭二之，独呼前序曰志者，皆失其义。"

〔一〇〕《后汉书·张湛传》："遗矢溲便。"溲，音叟，小便也。

〔一一〕《文选·李陵答苏武书》注:“丁年,谓丁壮之年也。”家无次丁,谓家中男子,除乃祖外无第二人也。

〔一二〕《汉书·贾谊传》:“细故蒂芥,何足以疑?”师古曰:“蒂芥,小鲠也。蒂,音丑芥反。”蒂芥,叠韵连绵字,倒文作芥蒂。

〔一三〕《楚辞·天问》:“斡维焉系?”王逸注:“斡,转也。”

〔一四〕《庄子·逍遥游》:“藐姑射之山,有神人居焉,肌肤若冰雪,绰约若处子。”《文选·西京赋》:“所好生毛羽,所恶成创痏。”薛综注:“创痏,谓瘢痕。”

〔一五〕聂夷中《闵农》诗:“二月卖新丝,五月粜新谷,医得眼前疮,剜却心头肉。”

〔一六〕《公羊传》隐十年:“《春秋》录内而略外。于外大恶书,小恶不书。于内大恶讳,小恶书。”何氏《解诂》:“于内大恶讳,于外大恶书者,明王者起,当先自正,内无大恶,然后治诸夏大恶,因见臣子之义,当先为君父讳大恶也。内小恶书,外小恶不书者,内有小恶,适可治诸夏大恶,未可治诸夏小恶,明当先自正而后正人。小恶不讳者,罚薄耻轻。”

〔一七〕《论语·子罕》:“子曰:‘岁寒,然后知松柏之后雕也。’”雕,本作凋。

〔一八〕权衡:称量物体轻重之具,指称量。

〔一九〕宗谱:即族谱。黄汝成《日知录集释》引赵氏(翼)曰:“《南史》,王僧孺被命作谱,而不知谱所自起,以问刘杳。杳曰:‘桓谭《新论》云,太史公《三代世表》旁行斜上,并效周谱。以此而推,当起于周代也。’”

〔二〇〕从,似用切,同宗也。群从,谓诸从兄弟。《礼记·内则》:“聘则为妻,奔则为妾。”聘,下聘礼。

〔二一〕婚时:《周礼·地官·媒氏》:“令男三十而娶,女二十而嫁。”《仪礼·丧服》注:“殇,男女未冠笄而死,可哀伤者。”

〔二二〕《周礼·地官·媒氏》:“禁嫁殇者。”郑注:“殇,十九以下未嫁而死者。生不以礼相接,死而合之,是亦乱人伦者也。”贾疏:“不言殇娶者,举女,男可知也。”

〔二三〕《礼记·曾子问》:“曾子问曰:‘昏礼,既纳币,有吉日,女之父母死,则如之何?’孔子曰:‘婿使人吊。如婿之父母死,则女之家亦使人吊,父丧称父,母丧称母,父母不在,则称伯父世母。婿已葬,婿之伯父致命女氏曰:某之子有父母之丧,不得嗣为兄弟(婚姻,见《尔雅·释亲》郭注),使某致命。女氏许诺而弗敢嫁,礼也。婿免丧,女之父母使人请,婿弗取,而后嫁之,礼也。女之父母死,婿亦如之。’”郑注:“必致命者,不敢以累年之丧,使人失嘉会之时。”

〔二四〕《大清律例》:“期约已过五年,无过不娶,及夫逃亡,三年不还者,并听经官告给执照,别行改嫁。”

〔二五〕韩愈《柳子厚墓志铭》载本集卷三十二。柳子厚尝为柳州刺史,故世称柳柳州。

〔二六〕见《言公下》注〔一〇二〕。

〔二七〕辛弃疾《临江仙》:“百年光景百年心,更欢须叹息,无病也呻吟。”

〔二八〕《仪礼·既夕》:“知生者赠,知死者赙。”注:“赙之言补也,助也。货财曰赙。”

〔二九〕《柳子厚墓志铭》:“子厚有子男二人,长曰周六,始四岁;季曰周七,子厚卒乃生。女子二人,皆幼。”嵇康《与山巨源绝交书》:“少加孤露,母兄见骄。”幼而丧父,无所庇荫,故曰孤露。

〔三〇〕裴行立,绛州稷山人,时为桂林观察使。

〔三一〕《柳子厚墓志铭》:“遵,涿人,性谨慎,学问不厌。自子厚之斥,遵徙而家焉。逮其死不去,既往葬子厚,又将经纪其家,庶几有始终者。”

〔三二〕见《书教中》注〔一四〕。

〔三三〕《孟子·公孙丑上》："昔者，子贡问于孔子曰：'夫子圣矣乎？'孔子曰：'圣，则吾不能，我学不厌而教不倦也。'子贡曰：'学不厌，智也。教不倦，仁也。仁且智，夫子既圣矣。'夫圣，孔子不居。"

〔三四〕《论语·公冶长》："子贡问曰：'赐也何如？'子曰：'女（汝）器也。'曰：'何器也？'曰：'瑚琏也。'"《集解》引包氏曰："瑚琏，黍稷之器。夏曰瑚，殷曰琏，周曰簠簋，宗庙之器贵者。"

〔三五〕《后汉书·许劭传》："每月辄更其品题。"

〔三六〕《日知录》卷二十三："《史记·万石君传》：'长子建，次子甲，次子乙，次子庆。'甲，乙，非名也，失其名而假以名之也。"

〔三七〕见《繁称》注〔二四〕。恧：音忸，惭愧。

〔三八〕弁，冠冕之属。弁言，犹序也。

〔三九〕《说文》："忸怩，惭也。"《书·伪五子之歌》："颜厚有忸怩。"

〔四〇〕服虔，见《知难》注〔二三〕。郑玄，见《易教中》注〔五〕。

〔四一〕《新唐书·文艺传》："李白字太白，兴圣皇帝（李暠）九世孙。其先隋末以罪徙西域，神龙初，遁还。白既长，隐岷山。天宝初，至长安，往见贺知章。知章见其文，叹曰：'子，谪仙人也！'言于玄宗，召见金銮殿，奏颂一篇。有诏供奉翰林。帝爱其才，数宴饮，白常侍帝，醉使高力士脱靴。力士素贵，耻之，摘其诗以激杨贵妃。帝欲官白，妃辄沮止。白自知不为亲近所容，恳求还山。帝赐金放还。乃浮游四方。安禄山反，转侧宿松、匡庐间。永王璘辟为府僚佐。璘起兵败，白坐长流夜郎。会赦还，李阳冰为当涂令，白依之。代宗立，以左拾遗召，而白已卒，年六十余。"《旧唐书·文苑传》："杜甫字子美，本襄阳人，后徙河南巩县。甫天宝初，应进士不第，后献《三大礼赋》，授京兆府兵曹参军。安禄山陷京师，肃宗即位灵武。甫遁赴行在，拜左拾遗。以论救房琯，出为华州司功参军。时关辅乱离，寓居同谷县，自负薪采梠。严武镇成都，奏为参谋，检校工部员外郎。乃于成都浣花里，种竹结庐，啸咏其中。武卒，无所依，乃游东蜀依高适，既而适卒。是岁蜀中大乱，甫以其家避乱荆楚，扁舟下峡。未维舟而江陵亦乱，乃溯沿湘流，游衡山，寓居耒阳卒，年五十九。有集六十卷。"

〔四二〕《诗·小雅·车舝》："高山仰止，景行行止。"郑笺："景，明也。古人有高德者，则仰慕之。有明行者，则（仿效）而行之。"

〔四三〕封演《闻见记》卷五："官衔亦曰头衔。所以名为衔者，如人口衔物，取其连续之义。"

〔四四〕《廿二史札记》卷八："清谈起于魏正始中，何晏、王弼祖述老、庄，谓天地万物皆以无为本者也。是时阮籍亦素有高名，口谈虚无，不遵礼法。其后王衍、乐广慕之，俱宅心事外，名重于时。天下言风流者，以王、乐为称首。后进莫不竞为浮诞，遂成风俗。"《蜀志·谯周传》："（谯）周书板示（文）立曰：'典午忽兮，月酉没兮。'典午者，谓司马也。月酉者，谓八月也。"《论语·微子》："滔滔者，天下皆是也。"《集解》引孔曰："滔滔，周流之貌。"此言清谈盛于晋代。

〔四五〕《史通·采撰》："晋世杂书，谅非一族，若《语林》《世说》《幽明录》《搜神记》之徒，其所载或恢谐小辩，或神鬼怪物。其事非圣，扬雄所不观。其言乱神，宣尼所不语。皇朝新撰晋史，多采以为书。夫以干（宝）、邓（粲）之所粪除，王（隐）、虞（预）之所糠秕，持为逸史，用补前传；此何异魏朝之撰《皇览》，梁世之修《遍略》，务多为美，聚博为功，虽取说（悦）于小人，终见嗤于君子矣。"

〔四六〕《后汉书·酷吏传》："董宣为洛阳令，湖阳公主苍头白日杀人，宣格杀之。主诉帝。帝使宣叩头谢主。宣不从，强使顿之。宣两手据地，终不肯俯。主曰：'文叔为白衣时，藏亡匿死，吏不敢至门。今为天子，威不能行一令乎？'帝笑曰：'天子不与白衣同。'

因敕强项令出，赐钱三十万。宣悉以颁诸吏。由是搏击强豪，莫不震栗，京师号为卧虎。”

〔四七〕《诗·商颂·长发》：“昔在中叶。”传：“叶，世也。”《四库总目提要·钦定明臣奏议》：“有明一代，惟太祖以大略雄才，混一海内。一再传后，风气渐移，朝廷所趋，大致乃与南宋等。故二百余年之中，士大夫所敷陈者，君子置国政而论君心，一札动至千万言，有如策论之体。小人舍公事而争私党，一事或至数十疏，全为讦讼之词。迨其末流，弥增诡薄，非惟小人牟利，即君子亦不过争名。台谏哄于朝，道学哗于野。人知其兵防吏治之日坏，不知其所以坏者，由阁臣奄竖为之奥援。人知阁臣奄竖之日讧，不知其所以讧者，由门户朋党为之煽构。盖宋人之弊，犹不过议论多而成功少。明人之弊，则直以议论亡国而已矣。”

〔四八〕清世宗，名胤禛，在位十三年。年号雍正。

〔四九〕《左传》昭十四年：“贪以败官为墨。”杜注：“墨，不洁之称。”

〔五〇〕《礼记·礼运》：“大臣法，小臣廉，官职相序，君臣相正，国之肥也。”

〔五一〕《左传》襄四年注：“冒，贪也。”《易·革》：“小人革面。”王弼注：“小人变面以顺上。”

〔五二〕《孟子·公孙丑上》：“虽有知慧，不如乘势，虽有镃基，不如待时。”时势连文本此。《四库总目提要·世宗宪皇帝圣训》：“世宗宪皇帝，励精图治，日昃不遑，为万世永赖之计，故理繁治剧，而不避其烦。廑一夫不获之心，故虑远防微，而不遗于细。且癸卯践祚以前，侍圣祖仁皇帝之日长，上则政教之条制，刑赏之权衡，闻之最悉；下则百度之利弊，万物之情伪，知之最深。”故其在位整饬吏治，革除陋规，风纪为之一新。

〔五三〕《小尔雅·广诂》：“杜，塞也。”《周礼·玉府》注：“古者致物于人，尊者则曰献，通行曰馈。”《广雅·释诂》：“遗，送也。”

〔五四〕《诗·静女》笺:“洵,信也。”《史记》始有《循吏传》,后史多沿之。《索隐》:“谓奉法循理之吏也。”

〔五五〕见《经解中》注〔一六〕。

〔五六〕《诗·巷伯序》笺:“寺人,内小臣也。”疏:“寺人,亦奄人。”《匡谬正俗》:“寺人者,在壶闱庭寺之中,谓阉人耳。”嵇康《与山巨源绝交书》:“岂可见黄门而称贞哉?”此用其语意。

〔五七〕《史记·管晏列传赞》:“太史公曰:吾读管氏《牧民》《山高》《乘马》《轻重》《九府》,详哉其言之也。既见其著书,欲观其行事,故次其传。至其书,世多有之,是以不论。论其轶事。”春秋时,齐国政绩推管、晏,故其勋烈则详著于《齐太公世家》焉。

〔五八〕《史记·张耳陈余列传》,《张耳传》仅叙其娶外黄富女事百余言,以下即入《陈余传》,备述耳、余起兵始末。其后陈余被杀,张耳降汉,立为赵王。耳薨,子敖嗣,尚鲁元公主,被诬谋反,其客贯高为之辩雪诸端,亦叙之余传中,则以牵连所及,无事更端耳。

〔五九〕《校雠通义·互著》:“班、马列传家法,人事有两端者,则详略互载之。如子贡在《仲尼弟子》为正传,其入《货殖》则互见也。《儒林传》之董仲舒、王吉、韦贤,既次于经师之篇,而别有专传。盖以事义标篇,人名离合其间,取其发明而已。”此传记互著之义也。

〔六〇〕唐淮西蔡州地,自吴少诚割据,历少阳及其子元济,三十余年。至宪宗元和十年,宰相裴度出督师,李朔雪夜袭蔡州,擒吴元济,始讨平之。韩愈《平淮西碑》,其词多叙裴度事。姚范评其文曰:“自元和九年,用兵淮蔡,至十年而始平,其间命将出师,攻城降卒,俱非一时事,亦非尽命裴度后事也;而序皆类之若一时事者,盖序所以耸唐宪奋武耆功,申命伐叛之威。裴度以宰相宣慰,君臣协谋,亦应特书;著度之威而主威益隆,此《江汉》《常武》之义也。于以见保大定功,绥驭震叠之谟。若详著入蔡禽一叛臣,此于唐宗威德替矣。此公表所云‘《诗》《书》之文，各有品章条贯’者也。”此与实斋之意正相发。

〔六一〕见《俗嫌》注〔二〕。

〔六二〕《左传》襄三十年：“令尹之偏。”注：“偏，佐也。”《汉书·项籍传》：“籍为裨将。”注：“裨，相转助也。”

〔六三〕《汉书·成帝纪》注：“阡陌，田间道也。”后人立石墓道曰表阡。

〔六四〕朱筠《编修蒋君墓志铭》：“君讳雍植，字秦树，辛巳以二甲第一人赐进士，改庶吉士，充平定准噶尔方略馆纂修官。总裁诸公皆倚重之，令总办方略一书。君早起坐书室，夕烧膏以继，书成，而君之精殆销亡于此矣。书既上，同修者皆得优叙，而君名以卒不与。馆中诸公议欲如故侍读杨公述曾赐衔例为之请，已而未果。”（《笥河文集》卷十二）

〔六五〕谢灵运《山居赋》：“国史以载前纪，家传以申世模。”《隋志》史部载汉、魏、六朝家传二十九部。今宗谱中传记亦称家传。

〔六六〕清吴荣光《吾学录》：“《周礼·春官·司常》：‘大丧共铭旌。’近代用绛帛粉书，借衔题写，曰某官某公之柩。另纸书题者姓名，黏于旌下。大敛后，县以竹杠，依灵右。葬时去杠及题姓名，以旌加于柩上。”

〔六七〕《大清会典》卷十二吏部：“凡覃恩予封者，辨其官之任与其级，列其应封者之名氏存故而题焉。本身为授，曾祖父母、祖父母、父母及妻，存者为封，没者为赠。若貤封，各以其情请焉。得旨，则停其妻与身之封而予之。”此例封之义。又：“凡官事死者，皆赠以衔。凡赠衔之等十有八，皆视其官之职以为差。”此待赠之义。又《则例》：“顺治初年，定覃恩及三年考满，例统封赠，一品至五品皆授以诰命，六品至七品皆授以敕命，正八品修职郎，从八品修职佐郎，正九品登仕郎，从九品登仕佐郎。”此修职登仕之义。阶，官阶也。

〔六八〕师保者，若太师少师太保少保是也。殿阁者，若武英殿文渊阁大学士是也。部院者，若吏部户部之尚书侍郎，翰林院都察院之侍读御史是也。某国某封者，若某国公某国侯是也。皆高官显禄也。吴乔《围炉诗话》云："今人作诗，动称盛唐。曾在苏州，见一家举殡，其铭旌曰：'皇明少师文渊阁大学士申公间壁豆腐店王阿奶之灵柩。'可移以赠诸公。"盖时有此笑谈也。

〔六九〕《史记·陈相国世家》："陈丞相平者，阳武户牖乡人也。里中社，平为宰，分肉食甚均。父老曰：'善！陈孺子之为宰。'平曰：'嗟乎！使平得宰天下，亦如是肉矣。'"

〔七〇〕《史记·李斯列传》："李斯者，楚上蔡人也。年少时，为郡小吏，见吏舍厕中鼠食不洁，近人犬，数惊恐之。斯入仓，观仓中鼠食积粟，居大庑之下，不见人犬之忧。于是李斯乃叹曰：'人之贤不肖，譬如鼠矣，在所自处耳。'乃从荀卿学帝王之术。学已成，欲西入秦，辞于荀卿曰：'斯闻得时无怠，今万乘方争时，游者主事。今秦王欲吞天下，称帝而治，此布衣驰骛之时也。处卑贱之位，而计不为者，此禽鹿视肉，人面而能强行者耳。故诟莫大于卑贱，而悲莫甚于穷困。久处卑贱之位，困苦之地，非世而恶利，自托于无为，此非士之情也。故斯将西说秦王矣。'"

〔七一〕《魏志·臧洪传》："又不能原始见终，睹微知著。"《史记·平原君列传》："平原君已定从而归，归至于赵曰：'胜不敢复相士。胜相士，多者千人，寡者百数，自以为不失天下之士，今乃于毛先生而失之也。'"薛综《东京赋》注："幺，神也。"《管子·七法》注："机者，发内而动外，为近而成远，不疾而速，不行而至，见其为之，不知其所以为。"按各本均作"智士之相机"，此从刘刻《遗书》本改。

〔七二〕《世说新语·巧艺》："顾长康画裴叔则，颊上益三毛。人问其故。顾曰：'裴楷俊朗有识具，正此是其识具；看画者寻之，定觉益三毛如有神明,殊胜未安时。'"

〔七三〕宋释普济《五灯会元》:"志勤禅师初在沩山,因见桃花悟道。有偈曰:'三十年来寻剑客,几回落弃又抽枝;自从一见桃花后,直到如今更不疑。'"

〔七四〕《礼记·曲礼上》:"礼不妄说人,不辞费。"

〔七五〕见《黠陋》篇注〔二〕。刘刻《遗书》按王秉恩《校记》云:"《左》宣十二年传,'董泽之蒲,可胜既乎。'字作'既',不作'暨'。既,杜注:'尽也。'言用之不可尽也。今各本作'暨',非是。"

〔七六〕《世说新语·巧艺》:"顾长康画人,或数年不点目精。人问其故,顾曰:'四体妍蚩,本无关于妙处,传神写照,正在阿堵中。'"阿堵,晋人常语,犹今语这个也。

〔七七〕皇甫谧《高士传》:"司徒侯霸遣严子道奉书严光。子道求报书,光口授之,嫌少。光曰:'买菜乎?求益也。'"

〔七八〕《战国策·齐策》:"楚有祠者,赐其舍人卮酒。舍人相谓曰:'数人饮之不足,一人饮之有余,请画地为蛇,先成者饮酒。'一人蛇先成,引酒且饮之,乃左手持卮,右手画蛇,曰:'吾能为之足。'一人之蛇成,夺其卮曰:'蛇固无足,子安能为之足?'遂饮其酒。"

〔七九〕《礼记·檀弓上》:"是委巷之礼也。"郑注:"委,曲也。曲巷,犹言陋巷。"

〔八〇〕《论语》见《诗教上》注〔七三〕。《孝经》见《经解上》注〔二九〕。

〔八一〕《汉书·儒林传》:"赵人毛苌传《诗》,是为《毛诗》。"《内则》,《礼记》篇名。疏引郑《目录》云:"《内则》者,以其记男女居室,事父母姑舅之法。闺门之内,轨仪可则,故曰内则。"

〔八二〕《隋书·经籍志》杂传类:"《列女传》十五卷,刘向撰,曹大家注。"《汉书·刘向传》:"向以为王教由内及外,自近者始,故采取《诗》《书》所载贤妃贞妇,兴国显家,可法则,及孽嬖乱亡者,序次为《列女传》八篇,以戒天子。"

〔八三〕《隋书·经籍志》儒家类:“曹大家《女诫》一卷。”别详《经解下》注〔二〇〕。

〔八四〕《尚书·秦誓》:“人之彦圣,其心好之,不啻若自其口出,是能容之。”《一切经音义》引《苍颉》云:“不啻,多也。”

〔八五〕《后汉书·列女传》:“勃海鲍宣妻者,桓氏之女也,字少君。宣尝就少君父学,父奇其清苦,故以女妻之。装送资贿甚盛。宣不悦,谓妻曰:‘少君生富骄,习美饰,而吾实贫贱,不敢当礼。’妻曰:‘大人以先生修德守约,故使贱妾侍执巾栉,既奉承君子,唯命是从。’宣笑曰:‘能如是,是吾志也。’妻乃悉归侍御服饰,更著短布裳,与宣共挽鹿车,归乡里。拜姑礼毕,提瓮出汲,修行妇道,乡邦称之。”又《逸民传》:“梁鸿字伯鸾,扶风平陵人也。同县孟氏有女,状肥丑而黑,力举石臼,择对不嫁,至年三十,父母问其故。女曰:‘欲得贤如梁伯鸾者。’鸿闻而聘之。女求作布衣麻屦,织作筐缉绩之具。及嫁,始以装饰入门。七日而鸿不答。妻乃跪床下请曰:‘窃闻夫子高义,简斥数妇。妾亦偃蹇数夫矣。今而见择,敢不请罪?’鸿曰:‘吾欲裘褐之人,可以俱隐深山者耳。今乃衣绮缟,傅粉墨,岂鸿所愿哉?’妻曰:‘以观夫子之志耳,妾自有隐居之服。’乃更为椎髻,著布衣,操作而前。鸿大喜曰:‘此真梁鸿妻也。能奉我矣。’字之曰德耀,名孟光。居有顷,至吴,依大家皋伯通,居庑下,为人赁舂。每归,妻为具食,不敢于鸿前仰视,举案齐眉。伯通察而异之,曰:‘彼佣能使其妻敬之如此,非凡人也。’乃方舍之于家。”

〔八六〕《宋史·欧阳修传》:“修四岁而孤,母郑,守节自誓,亲诲之学。家贫,至以荻画地学书。”《新唐书·柳仲郢传》:“仲郢,字谕蒙,母韩,善训子。仲郢幼嗜学,尝丸熊胆,使夜咀咽以助勤。”

〔八七〕苏轼《画竹记》述文与可之言:“画竹必得成竹于胸中,执笔熟视,乃见其所欲画者,急起从之,振笔直遂,以追其所见,如兔起鹘落，少纵则逝矣。”（《东坡前集》卷三十二）晁冲之《赠杨克一学文与可画竹求诗》：“与可画竹时，胸中有成竹。”

〔八八〕《尔雅·释宫》：“宫中之门，小者谓之闺。”《离骚》：“謇吾法夫前修兮，非世俗之所服。”五臣注：“前修，谓前代修习道德之人。”闺修，谓妇女有德者。

〔八九〕《周礼·小司徒》：“五人为伍，五伍为两，四两为卒，五卒为旅，五旅为师，五师为军。”张衡《西京赋》：“便旋闾阎。”薛综注：“闾，里门也。阎，里中门也。”

〔九〇〕《左传》襄六年注：“优，调戏也。”《国语·周语》注：“伶，司乐官。”优伶，指演员。剧，戏也。

〔九一〕《广雅·释诂》：“矢，直也。”《法言·五百》：“圣人矢口而成言。”叶，同协，合也。

〔九二〕《庄子·齐物论》：“万世之后，而一遇大圣，知其解者，是旦暮遇之也。”

〔九三〕成性，字我存，和州人。志传见刘刻《遗书》外编卷十八《和州志》。

〔九四〕传中载有叙述郑成功形势等八疏。

〔九五〕明崇祯乙亥，“流寇”陷和州，性全家被害，见志传。

〔九六〕《淮南子·本经训》：“龙舟鹢首，浮吹以娱，此遁于水也。”高诱注：“鹢，大鸟也。画其像著船头，故曰鹢首。”《玉篇》：“舵，正船木也。”

〔九七〕苏轼《仇池笔记》：“苏鹗云：以酒巡匝为婪尾，一作蓝尾。侯白《酒律》谓酒巡匝，末座者连饮三杯，为婪尾酒。”

〔九八〕《四库总目提要·四书类序》：“《论语》《孟子》，旧各为帙，《大学》《中庸》，旧《礼记》之二篇，其编为《四书》，自宋淳熙始。其悬为令甲，则自元延祐复科举始。古来无是名也。”又《后案》曰：“案《四书》自元延祐中用以取士，而阐明理道之书，遂渐为弋取功名之路。至明永乐中,《大全》出而捷径开,八比盛而俗学炽,科举之文,名为发挥经义,实则发挥注意,不问经义何如也。且所谓注意,又不甚究其理,而惟揣测其虚字语气,以备临文之摹拟,并不问注意何如也。”此可略觇时文之弊。

〔九九〕见上注〔七二〕〔七六〕。

〔一〇〇〕《汉志·术数略·形法序》:“形法者,大举九州之势,以立城郭室舍形人及六畜骨法之度数,器物之形容,以求其声气贵贱吉凶。”此为后世形家所本。山脉为龙,墓地为穴,其术语也。

〔一〇一〕按刘刻《遗书》本此下有“习陋成风”四字。

〔一〇二〕《群书治要》引《尸子·广》篇:“自井中视星,所见不过数星,自丘上以望,则见其始出也,又见其入,非益明也,其势然也。”

〔一〇三〕隐括,见《申郑》注〔八〕。《史记·司马相如传》:“无是公言上林及子虚言云梦,所有甚众,故删取其要。”此史传删节原文之一例。

〔一〇四〕发轫,指开头,见《辨似》注〔七〕。《汉书·邹阳传》:“轮囷离奇。”注:“离奇,委曲盘戾貌。”

〔一〇五〕见《黠陋》注〔二〕引《左传》。王秉恩《校记》云:“觅,当从《传》作爰。”按黔刻本正作“爰”。

〔一〇六〕《后汉书·窦融传》注:“斗,峻绝也。”《书·益稷》:“戛击鸣球。”戛,击也。戛然:犹突然。古奏乐时,击柷敔(形如伏兽)一声,众乐突然停止。

〔一〇七〕《庄子·秋水》:“子独不闻夫寿陵余子之学行于邯郸与?未得国能,又失其故行矣,直匍匐而归耳。”寿陵,燕邑。余子:未成人之童子。学行:学步法。邯郸:赵都。国能:赵国步法之能者。故行:旧步法。

浙东学术[一]

浙东之学，虽出婺源，[二]然自三袁之流，多宗江西陆氏，[三]而通经服古，绝不空言德性，故不悖于朱子之教。至阳明王子，揭孟子之良知，[四]复与朱子牴牾。[五]蕺山刘氏，本良知而发明慎独，[六]与朱子不合，亦不相诋也。梨洲黄氏，[七]出蕺山刘氏之门，而开万氏弟兄经史之学；[八]以至全氏祖望[九]辈尚存其意，宗陆而不悖于朱者也。惟西河毛氏，[一〇]发明良知之学，颇有所得；而门户之见，不免攻之太过，虽浙东人亦不甚以为然也。[一一]

世推顾亭林氏为开国儒宗，然自是浙西之学。[一二]不知同时有黄梨洲氏，出于浙东，虽与顾氏并峙，而上宗王、刘，下开二万，较之顾氏，源远而流长矣。顾氏宗朱，而黄氏宗陆。[一三]盖非讲学专家，各持门户之见者，故互相推服，而不相非诋。学者不可无宗主，而必不可有门户；故浙东、浙西，道并行而不悖也。浙东贵专家，浙西尚博雅，各因其习而习也。[一四]

天人性命之学，不可以空言讲也。故司马迁本董氏天人性命之说，而为经世之书。[一五]儒者欲尊德性，而空言义理以为功，[一六]此宋学之所以见讥于大雅也。夫子曰："我欲托之空言，不如见诸行事之深切著明也。"[一七]此《春秋》之所以经世也。圣如孔子，言为天铎，[一八]犹且不以空言制胜，况他人乎？故善言天人性命，未有不切于人事者。三代学术，知有史而不知有经，切人事也。后人贵经术，以其即三代之史耳。近儒谈经，似于人事之外，别有所谓义理矣。[一九]浙东之学，言性命者必究于史，此其所以卓也。[二〇]

朱陆异同，干戈门户，[二一]千古桎梏之府，亦千古荆棘之林也。究其所以纷纶，则惟腾空言而不切于人事耳。知史学之本于《春秋》，知《春秋》之将以经世，则知性命无可空言，而讲学者必有事事，[二二]不特无门户可持，亦且无以持门户矣。浙东之学，虽源流不异，而所遇不同。故其见于世者，阳明得之为事功，蕺山得之为节义，梨洲得之为隐逸，万氏兄弟得之为经术史裁。授受虽出于一，而面目迥殊，以其各有事事故也。彼不事所事，而但空言德性，空言问学，则黄茅白苇，极面目雷同，[二三]不得不殊门户，以为自见地耳。故惟陋儒则争门户也。[二四]

或问事功气节，果可与著述相提并论乎？曰：史学所以经世，固非空言著述也。且如六经，同出于孔子，先儒以为其功莫大于《春秋》，[二五]正以切合当时人事耳。后之言著述者，舍今而求古，舍人事而言性天，则吾不得而知之矣。学者不知斯义，不足言史学也。[二六]整辑排比，谓之史纂；参互搜讨，谓之史考；皆非史学。

〔一〕浙东，浙江东部，为旧宁、绍、台、金、衢、严、温、处八府地。浙东学术，一般以金华吕祖谦有中原文献之传，讲明治体；永嘉陈傅良讨论经制治法，叶适以经世济用自负；永康陈亮究立国之本末方略；皆浙东人，不同于朱熹、陆九渊之讲性理，称浙东学派。章实斋论浙东学术，不及以上诸人。因实斋论学，"言性命者必究于史"，所谓浙东贵专家，善言天人性命而切于人事；史学所以经世，非空言著述，不可无宗主，又不可有门户。既欲善言天人性命，故不取吕祖谦以下各家之言经世致用，有取于朱、陆之言性理；但必究于史，又不同于朱、陆而为另一学派，推源陆九渊，下及王守仁、刘宗周、黄宗羲、万斯大斯同兄弟及全祖望。陆、王、刘皆言性命，至黄、万、全则究于史，王守仁称"六经皆史"已有究于史之意。此为另一派之浙东学术。据柯氏钞本《庚申杂订》有《浙东学术》篇，则作于嘉庆五年，实斋时年六十三，殆其晚年定论也。

〔二〕婺源，在今安徽省，朱熹，婺源人。浙东之学虽出婺源，全祖望

《木钟学案·序录》："永嘉为朱子之学者，自叶文修公（味道）与潜室（陈埴）始。文修之书不可考，《木钟集》犹存焉。"（《宋元学案》卷六十五）叶味道字知道，温州人，师事文公（朱熹）。陈埴字器之，永嘉人。少师水心（叶适），后从文公学，集其答弟子之问者，名之曰《木钟集》，盖能墨守师说者也。"按此为浙东之学出朱熹者。但此非王守仁至黄宗羲一派。

〔三〕《宋史·袁燮传》："燮字和叔，鄞县人。少读东都《党锢传》，慨然以名节自期。入太学，登进士第，授江阴尉。宁宗即位，以太学正召。进直讲学士，奉祠卒。初，燮入太学，陆九龄为学录，见九龄弟九渊，发明本心之指，乃师事焉。每言人心与天地一本，精心以得之，兢业以守之，则与天地相似。学者称之曰絜斋先生。谥正献。"《宋元学案》卷七十五："袁肃，絜斋之子也。（号晋斋，庆元五年进士，官至少卿。）从广平（舒璘）于新安，其后知名于世。袁甫字广微，絜斋之子也。嘉定七年进士第一，累官权兵部尚书，卒，谥正肃。少服父训，又从慈湖（杨简）问学。自谓吾观草木之生发，听禽鸟之和鸣，与我心契。著有《蒙斋中庸讲义》四卷，所阐多陆氏宗旨。"

〔四〕见《博约下》注〔二〕。《阳明年谱》："武宗至德三年春，至龙场。龙场在贵州西北万山丛棘中，蛇虺魍魉，虫毒瘴疠。与居夷人，鴃舌难语。可通语者，皆中土亡命。旧无居，教之范土架木以居。因（刘）瑾憾未已，自计得失荣辱皆能超脱，惟生死一念尚觉未化。乃为石墎自誓曰：'吾惟俟命而已。'日夜端坐澄默，以求静一，久之，胸中洒洒。而从者皆病，自析薪取水，作糜饲之。因念圣人处此，更有何道，忽中夜大悟格物致知之旨，寤寐中若有人语之者，不觉呼跃，从者皆惊。始知圣贤之道，吾性自足，向之求理于事物者，误也。乃以默记《五经》之言证之，莫不吻合。"阳明尝曰："某于此良知之说，从百死千难中得来，不得已与人一口说尽。只恐学者得之容易，把作一种光景玩弄，不实落用功，负此知耳！”

〔五〕阳明最与朱子不合者，在其格物致知之说。阳明《答顾东樵璘书》有曰：“朱子所谓格物云者，是以吾心而求理于事事物物之中，如求孝子之理于其亲之谓也。求孝之理，果在于吾之心耶？抑果在于亲之身耶？假如果在于亲之身，而亲没之后，吾心遂无孝之理与？见孺子之入井，必有恻隐之理。是恻隐之理，果在孺子之身与？抑在于吾身之良知与？以是例之，万事万物之理，莫不皆然。是可以见析心与理为二之非矣。若鄙人所谓致知格物者，致吾心之良知于事事物物也。吾心之良知，即所谓天理也。致吾心之天理于事事物物，则事事物物皆得其理矣。故曰致吾心之良知者，致知也。事事物物皆得其理者，格物也。是合心与理而为一者也。”（《阳明年谱》引）

〔六〕刘宗周字起东，号念台，明山阴人。万历进士，天启初，为礼部主事，历右通政，以疏劾魏忠贤、客氏，削籍为民。崇祯二年，起顺天府尹。请除诏狱，免新饷，帝不省。谢病归。十五年再起，授吏部左侍郎，擢左都御史，以论救姜埰、熊开元触帝怒，复削职。弘光帝立，以原官起用，以疏劾马士英，阻用阮大铖，不见纳而告归。杭州失守，绝粒而卒，年六十八。所著有《古易钞义》《圣学宗要》《学言》《人谱》《文集》等。尝筑证人书院，讲学蕺山，学者因称蕺山先生。（《明史》本传）念台之学，以慎独为宗。尝谓“君子之学，慎独而已。无事此慎独，即是存养之要。有事此慎独，即是省察之功。独外无理，穷此之谓穷理，而读书以体验之。独外无身，修此之谓修身，而言行以践履之。其实一事而已。知乎此者，谓复性之学”。（《来学问答·答门人》）“独外无理”，与朱子求理于事事物物不合，但不诋朱子。

〔七〕《清史列传·儒林传下一》：“黄宗羲字太冲，浙江余姚人。年十四，补诸生。从刘宗周游。福王时，纠合黄竹浦子弟数百人，随诸军于江上，时呼世忠营。大兵定浙，宗羲间行归家，遂奉母里门，毕力著述。既而请业者日至，乃复举证人书院之会於越中，以申宗周之绪。宗羲之学虽出宗周，不恣言心性，教学者说经则宗汉儒，立身则宗宋学。常谓明人讲学，袭语录之糟粕，不以六经为根柢，束书而从事于游谈，更滋流弊。故学者必先穷经。然拘执经术，不适于用，欲免迂儒之诮，必兼读史。又谓'读书不多，无以证斯理之变化。多而不求于心，则为俗学'。故上下古今，穿穴群言，自天官地志九流百家之教，无不精研。所著有《易学象数论》六卷，《律吕新义》二卷，《明史案》二百四十四卷，《明儒学案》六十二卷，又辑《宋儒学案》《元儒学案》，以志七百年儒学源流。《明文海》四百八十二卷，《南雷文定》十一卷，《文约》四卷。（康熙）三十四年卒，年八十六。"

〔八〕《清史列传·儒林传下一》："万斯大字光宗，浙江鄞县人。父泰，善诗，兼熟史事。以经史分授诸子，使从黄宗羲游，各名一家。斯大治经，以为非通诸经，不能通一经，非悟传注之失，则不能通经，非以经释经，则亦无由悟传注之失。其为学尤精《春秋》、三《礼》。所著有《学春秋随笔》十卷，《学礼质疑》二卷，《仪礼商》三卷，《礼记偶笺》三卷，《周官辨非》二卷。康熙二十二年卒，年五十一。斯同字季野，生而异敏。年十四五，取家藏书遍读之，皆得其大意。从黄宗羲得闻蕺山刘氏之学，以慎独为主。博通诸史，尤熟于明代掌故，作明开国以后至唐、桂功臣将相内外诸大臣年表，以备采择。康熙十七年，荐博学鸿儒科，辞不就。会诏修《明史》，大学士徐元文为总裁，欲荐斯同入馆局，斯同复辞。乃延主其家，以刊修委之。元文罢，继之者大学士张玉书、陈廷敬，尚书王鸿绪皆延之。乾隆初，大学士张廷玉等奉诏刊定《明史》，依据鸿绪稿本而增损之。鸿绪稿，实出斯同手。斯同性不乐荣利，见人惟以读书励名节相切劘。康熙四十一年卒，年六十。所著有《历代史表》（六十卷）、《儒林宗派》（八卷）、《纪元汇考》（四卷）、《宋季忠义录》（十六卷）、《群书疑辨》（十二卷）、《石园诗文集》（二十卷）等书。”

〔九〕《清史列传·儒林传下一》：“全祖望字绍衣，浙江鄞县人。乾隆元年进士，改翰林院庶吉士。二年，散馆，以知事用，遂归不复出。性伉直。既归，贫且病，饔飧不给，人有馈弗受。主讲蕺山、端溪书院，为士林仰重。二十年，卒于家，年五十有一。祖望为学，渊博无涯涘，于书靡不贯串。在翰林与李绂共借《永乐大典》读之，每日各尽二十卷。时开《明史》馆，复为书六通移之。先论艺文，次论表，次忠义、隐逸两列传，皆以其言为韪。生平服膺黄宗羲，家居复修宗羲《宋元学案》。又七校《水经注》，三笺《困学纪闻》，为《经史答问》十卷，《鲒埼亭文集》五十卷。”

〔一〇〕《清史列传·儒林传下一》：“毛奇龄字大可，浙江萧山人。康熙十八年，以廪监生荐举博学鸿儒科，试列二等，授翰林院检讨，充《明史》馆纂修官。二十四年，充会试同考官。寻假归，得痹疾，遂不复出。奇龄淹贯群书，诗文皆推倒一世，而自负者在经学。五十二年，卒于家，年九十一。门人蒋枢编辑遗集，经集凡五十种，文集杂著凡二百三十四卷。奇龄恃其纵横博辨，肆为排击，汉以后人，俱不得免。而其所最诋者为宋人，宋人之中所最诋者为朱子。全祖望尝发其集，为《萧山毛氏纠缪》十卷。”

〔一一〕按此节总叙浙东之学。

〔一二〕见《朱陆》注〔四六〕。浙西，浙江西部也，为旧杭、嘉、湖三府地。

〔一三〕亭林倡经学即理学之说，为清代经学家所信奉，而转以之与宋明理学相抗衡。然亭林学术，固宗主朱子者也。《答友人论学书》曰：“《大学》言心不言性。《中庸》言性不言心。来教单提心字，而未竟其说，未敢漫为许可，以堕于上蔡（谢良佐）、横浦（张九成）、象山（陆九渊）三家之学。窃以为圣人之道，下学上达之方，其行在孝弟忠信，其职在洒扫、应对、进退，其文在《诗》、《书》三《礼》、《周易》、《春秋》，其用之身，在出处辞受取与，其施之天下，在政令教化刑法，其所著之书，皆以为拨乱反正，移风易俗，以驯致乎治平之用，而无益者不谈。一切诗赋、铭颂、赞诔、序记之文，皆谓之巧言而不以措笔。其于世儒尽性至命之说，必归之有物有则，五行五事之常，而不入于空虚之论。仆之所以为学者，如此。以质诸大方之家，未免以为浅近而不足观。虽然，亦可以弗畔矣。世之君子，苦博学明善之难，而乐夫一超顿悟之易，滔滔者天下皆是也。"（《亭林文集》卷六）所谓博学明善，犹是朱子穷理致知之旨也。梨洲受业蕺山，以慎独为入德之要，仰承阳明良知之教，固是象山一脉相承者。

〔一四〕按此节言浙东、浙西学术风习之异。

〔一五〕司马迁闻《春秋》学于董仲舒，作《史记》欲以究天人之际，见《太史公自序》。

〔一六〕程子曰："人须学颜子。有颜子之德，则孟子之事功自有。孟子者，禹、稷之事功也。"（《二程语录》卷八）此可见其尊德性而薄事功之意。

〔一七〕见《春秋繁露·俞序》及《史记·太史公自序》。

〔一八〕《论语·八佾》："天将以夫子为木铎。"《集解》引孔曰："木铎，施政教民所振也。"

〔一九〕章氏《与邵二云论学》曰："夫子曰：'朝闻道，夕死可矣。'夫必朝闻而夕可死，甚言不闻道者为枉生也。世儒言道，不知即事物而求所以然，故诵法圣人之言，以谓圣人别有一道在我辈日用事为之外耳。"（刘刻《遗书》卷九）

〔二〇〕按此节言浙东学术传统之精神。

〔二一〕朱、陆异同,见《原道下》注〔四三〕。门户,见《原道下》注〔一一〕。

〔二二〕见《原学中》注〔一四〕。

〔二三〕黄茅白苇,见《言公下》注〔一二七〕。《诗·小雅·何人斯》:"有靦面目。"《礼记·曲礼上》:"毋剿说,毋雷同。"

〔二四〕按此节言浙东之学,各有事事,故所表著者不同。

〔二五〕《孟子·滕文公下》:"孔子成《春秋》,而乱臣贼子惧。"《史记·太史公自序》:"夫《春秋》,上明三王之道,下辨人事之纪,别嫌疑,明是非,定犹豫,善善恶恶,贤贤贱不肖,存亡国,继绝世,补敝起废,王道之大者也。《易》著天地、阴阳、四时、五行,故长于变。《礼》经纪人伦,故长于行。《书》记先王之事,故长于政。《诗》记山川、谿谷、禽兽、草木、牝牡、雌雄,故长于风。《乐》,乐所以立,故长于和。《春秋》辨是非,故长于治人。是故《礼》以节人,《乐》以发和,《书》以道事,《诗》以达意,《易》以道化,《春秋》以道义。拨乱世,反之正,莫近于《春秋》。"

〔二六〕按此节言史学所以经世,切合人事。

妇 学〔一〕

《周官》有女祝女史,〔二〕汉制有内起居注,〔三〕妇人之于文字,于古盖有所用之矣。妇学之名,见于《天官》内职,德言容功,所该者广,非如后世只以文艺为学也。〔四〕然《易》训正位乎内,〔五〕《礼》职妇功丝枲,〔六〕《春秋传》称赋事献功,〔七〕《小雅》篇言酒食是议,〔八〕则妇人职业,亦约略可知矣。男子弧矢,女子鞶帨,自有分别。〔九〕至于典礼文辞,男妇皆所服习。盖后妃、夫人、内子、命妇,于宾享丧祭,皆有礼文,非学不可。〔一〇〕

妇学之目,德言容功。郑注:"言为辞令。"自非娴于经礼,习于文章,不足为学。乃知诵《诗》习《礼》,〔一一〕古之妇学,略亚丈夫。

后世妇女之文，虽稍偏于华采，要其渊源所自，宜知有所受也。〔一二〕

妇学掌于九嫔，教法行乎宫壶；内而臣采，外及侯封，六典未详，自可例测。〔一三〕《葛覃》师氏，著于《风诗》。〔一四〕侯封妇学。婉娩姆教，垂于《内则》。〔一五〕卿士大夫。历览《春秋》内外诸传，诸侯夫人，大夫内子，并能称文道故，斐然有章。若乃盈满之祥，邓曼详推于天道；〔一六〕利贞之义，穆姜精解于乾元；〔一七〕鲁穆伯之令妻，典言垂训；〔一八〕齐司徒之内主，有礼加封；〔一九〕士师考终牖下，妻有诔文；〔二〇〕国殇魂返沙场，嫠辞郊吊。〔二一〕以至泉水毖流，委宛赋怀归之什；〔二二〕燕飞上下，凄凉送归媵之诗。〔二三〕凡斯经礼典法，文采风流，与名卿大夫有何殊别？然皆因事牵联，偶见载籍，非特著也。若出后代，史必专篇，类征列女，则如曹昭、蔡琰〔二四〕故事，其为裔皇彪炳，当十倍于刘、范之书〔二五〕矣。是知妇学亦自后世失传，三代之隆，并与男子仪文，率由故事，初不为矜异也。〔二六〕不学之人，以溱、洧诸诗，为淫者自述。因谓古之孺妇，矢口成章，胜于后之文人。不知万无此理，详辨其说于后，此处未暇论也。但妇学则古实有之，惟行于卿士大夫，而非齐民妇女皆知学耳。

春秋以降，官师分职，学不守于职司，文字流为著述。古无私门著述，说详《校雠通义》。〔二七〕丈夫之秀异者，咸以性情所近，撰述名家。此指战国先秦诸子家言，以及西京以还经史专门之业。至于降为辞章，亦以才美所优，标著文采。此指西汉元、成而后，及东京而下诸人诗文集。而妇女之奇慧殊能，钟于闲气，〔二八〕亦遂得以文辞偏著，而为今古之所称，则亦时势使然而已。然汉廷儒术之盛，班固以谓利禄之途使然。〔二九〕盖功令所崇，贤才争奋，士之学业，等于农夫治田，固其理也。妇人文字，非其职业，间有擅者，出于天性之优，非有争于风气，骛于声名者也。〔三〇〕好名之习，起于中晚文人，古人虽有好名之病，不区区于文艺间也。丈夫而好文名，已为识者所鄙。妇女而骛声名，则非阴类矣。

唐山《房中》之歌，〔三一〕班姬《长信》之赋，〔三二〕《风》《雅》正变，《雅》指《房中》，《风》指《长信》。起于宫闱，〔三三〕事关国故，史策载之。其余篇什寥寥，传者盖寡，《艺文》所录，〔三四〕约略可以观矣。若夫乐府流传，声诗则效，〔三五〕《木兰》征戍，《孔雀》乖离，〔三六〕以及《陌上》采桑之篇，〔三七〕山下蘼芜之什，〔三八〕四时《白纻》，《子夜》芳香，〔三九〕其声啴以缓，其节柔以靡，〔四〇〕则自两汉古辞，皆无名氏。讫于六朝杂拟，〔四一〕并是骚客拟辞，思人寄兴，情虽托于儿女，义实本于风人，故其辞多骀宕，不以男女酬答为嫌也。如《陌上桑》《羽林郎》之类，〔四二〕虽以贞洁自许，然幽闲女子，岂喋喋与狂且争口舌哉。出于拟作，佳矣。至于闺房篇什，间有所传，其人无论贞淫，而措语俱有边幅。〔四三〕文君，淫奔人也，而《白头》止讽相如。〔四四〕蔡琰，失节妇也，而钞书恳辞十吏。〔四五〕其他安常处顺，及以贞节著者，凡有篇章，莫不静如止水，穆若清风，〔四六〕虽文藻出于天娴，而范思不逾阃外。〔四七〕此则妇学虽异于古，亦不悖于教化者也。〔四八〕

《国风》男女之辞，皆出诗人所拟；以汉、魏、六朝篇什证之，更无可疑。古今一理，不应古人儿女，矢口成章。后世学士，力追而终不逮也。譬之男优，饰静女以登场，终不似闺房之雅素也。昧者不知斯理，妄谓古人虽儿女子，亦能矢口成章，〔四九〕因谓妇女宜于风雅；是犹见优伶登场演古人事，妄疑古人动止，必先歌曲也。〔五〇〕优伶演古人故事，其歌曲之文，正如史传中夹论赞体，盖有意中之言，决非出于口者，亦有旁观之见，断不出本人者，曲文皆所不避。故君子有时涉于自赞，宵小有时或至自嘲，俾观者如读史传，而兼得咏叹之意。体应如是，不为嫌也。如使真出君子小人之口，无是理矣。《国风》男女之辞，与古人拟男女辞，正当作如是观。如谓真出男女之口，毋论淫者万无如此自暴，即贞者亦万无如此自亵也。

昔者班氏《汉书》，未成而卒，诏其女弟曹昭，躬就东观，踵而成之。于是公卿大臣，执贽请业，〔五一〕大儒马融，从受《汉书》句读。可谓扩千古之所无矣。然专门绝学，家有渊源，书不尽言，非其人即无所受尔。又苻秦初建学校，广置博士经师，《五经》粗备，而《周官》失传。博士上奏，太常韦逞之母宋氏，家传《周官》音义。诏即其家讲堂，置生员百二十人，隔绛帏而受业，赐宋氏爵号为宣文君。[五二]此亦扩千古之所无矣。然彼时文献，盛于江左，苻氏割据山东，遗经绝业，幸存世学家女，非名公卿所能强与闻也。此二母者，并是以妇人身行丈夫事。盖传经述史，天人道法所关，恐其湮没失传，世主不得不破格而崇礼；非谓才华炫耀，惊流俗也。即如靖边之有谯洗夫人，[五三]佐命之有平阳柴主，[五四]亦千古所罕矣。一则特开幕府，[五五]辟署官属，一则羽葆鼓吹，虎贲班剑。[五六]以为隋、唐之主措置非宜，固属不可；必欲天下妇人以是为法，非惟不可，亦无是理也。[五七]

晋人崇尚玄风，任情作达，丈夫则糟粕六艺，妇女亦雅尚清言。[五八]步障解围之谈，[五九]新妇参军之戏，[六〇]虽大节未失，而名教荡然。论者以十六国分裂，生灵涂炭，转咎清谈之灭礼教，诚探本之论也。[六一]

王、谢大家，[六二]虽愆礼法，然其清言名理，会心甚遥；既习儒风，亦畅玄旨；方于士学，如中行之失，流为狂简[六三]者耳。近于异端，非近于娼优也。非仅能调五言七字，自诩过于四德三从[六四]者也。若其绮旎[六五]风光，寒温酬答，描摩纤曲，刻画形似，[六六]脂粉增其润色，标榜饰其虚声；晋人虽曰虚诞，如其见此，挈妻子而逃矣。[六七]王、谢大家，虽愆礼法，然实读书知学，故意思深远。非如才子佳人，一味浅俗好名者比也。

唐、宋以还，妇才之可见者，不过春闺秋怨，花草荣凋，短什小篇，传其高秀。间有别出著作，如宋尚宫之《女论语》，侯郑氏之《女孝经》；[六八]虽才识不免迂陋，欲作女训，不知学曹大家《女诫》之礼，而妄拟圣经，等于《七林》设问，子虚乌有。而趋向尚近雅正，艺林称述，恕其志足嘉尔。此皆古人妇学失传，故有志者，所成不过如此。李易安之金石编摩，[六九]管道昇之书画精妙，[七〇]后世亦鲜有其俪矣。然琳琅款识，惟资对勘于湖州；[七一]笔墨精能，亦藉观摩于承旨；[七二]未闻宰相子妇，得偕三舍论文;[七三]李易安与赵明诚集《金石录》,明诚方在太学,故云尔。翰林夫人,可共九卿挥麈。[七四]盖文章虽曰公器,而男女实千古大防,凛然名义纲常,何可诬耶?[七五]

盖自唐、宋以讫前明,国制不废女乐。[七六]公卿入直,则有翠袖薰炉;官司供张,每见红裙侑酒。梧桐金井,驿亭有秋感之缘;[七七]兰麝天香,曲江有春明之誓。[七八]见于纪载,盖亦详矣。又前朝虐政,凡缙绅籍没,波及妻孥,以致诗礼大家,多沦北里。[七九]其有妙兼色艺,慧擅声诗,都士大夫,从而酬唱;大抵情绵春草,思远秋枫,投赠类于交游,殷勤通于燕婉;[八〇]诗情阔达,不复嫌疑,闺阁之篇,鼓钟阃外,[八一]其道固当然耳。且如声诗盛于三唐,[八二]而女子传篇亦寡。今就一代计之,篇什最富,莫如李冶、薛涛、鱼玄机[八三]三人,其他莫能并焉。是知女冠坊妓,多文因酬接之繁,礼法名门,篇简自非仪之诫,此亦其明征矣。[八四]

夫倾城名妓,屡接名流,酬答诗章,其命意也,兼具夫妻朋友,可谓善藉辞矣。而古人思君怀友,多托男女殷情。若诗人风刺邪淫,文代姣狂自述。区分三种,蹊径略同,品骘韵言,不可不知所辨也。[八五]夫忠臣谊友,隐跃存恳挚之诚;讽恶嫉邪,言外见忧伤之意。自序说放废,而诗之得失悬殊,本旨不明,而辞之工拙迥异。《离骚》求女为真情,则语无伦次;《国风》溱、洧为自述,亦径直无味。作为拟托,文情自深。故无名男女之诗,殆如太极阴阳之理,存诸天壤,而智者见智,仁者见仁也。[八六]名妓工诗,亦通古义,转以男女慕悦之实,托于诗人温厚之辞;故其遗言,雅而有则,真而不秽,流传千载,得耀简编,不能以人废也。[八七]第立言有体,妇异于男。比如《薤露》虽工,惟施于挽郎为称;[八八]棹歌纵妙,亦用于舟妇为宜。[八九]彼之赠李和张,所处应尔。良家闺阁,内言且不可闻,门外唱酬,此言何为而至耶?[九〇]自官妓革,而闺阁不当有门外唱酬,丈夫拟为男女之辞,不可藉以为例,古之列女皆然。

夫教坊[九一]曲里，虽非先王法制，实前代故事相沿；自非濂、洛诸公，何妨小德出入。[九二]故有功名匡济之佐，忠义气节之流，文章道德之儒，高尚隐逸之士，往往闲情有寄，著于简编，禁网所施，亦不甚为盛德累也。第文章可以学古，而制度则必从时。我朝礼教精严，嫌疑慎别，三代以还，未有如是之肃者也。自宫禁革除女乐，官司不设教坊，[九三]则天下男女之际，无有可以假藉者矣。其有流娼顿妓，渔色售奸，并干三尺严条，决杖不能援赎。[九四]职官生监，并是行止有亏，永不叙用。虽吞舟有漏，未必尽罣爰书；[九五]而君子怀刑，岂可自拘司败？[九六]每见名流，板镌诗稿，未窥全集，先阅标题。或纪红粉丽情，或著青楼[九七]唱和，自命风流倜傥，以谓古人同然；不知生今之世，为今之人，苟于禁令未娴，更何论乎文墨？周公制礼，同姓不昏。[九八]假令生周之后，以谓上古男女无别，而渎乱人伦，行同禽兽，以谓古人有然，可乎？[九九]名士诗集，先自具枷杖供招，虽谓未识字可矣。

夫才须学也，学贵识也。才而不学，是为小慧。小慧无识，是为不才。不才小慧之人，无所不至，以纤佻轻薄为风雅，雅者，正也，与恶俗相反。习染风气谓之俗，纤佻鄙俚皆俗也。鄙俚之俗，犹无伤于世道人心，纤佻之俗，则风雅之罪人也。以造饰标榜为声名。好名之人，未有不俗者也。炫耀后生，猖披士女，人心风俗，流弊不可胜言矣。夫佻达出于子衿，[一〇〇]古人所有；矜标流于巾帼，[一〇一]前代所无。盖实不足而争骛于名，己非夫而藉人为重，男子有志，皆耻为之。乃至谊绝丝萝，礼殊授受，[一〇二]辄以缘情绮靡之作，托于斯文气类之通，[一〇三]因而听甲乙于胪传，求品题于月旦；[一〇四]此则钗楼勾曲，前代往往有之；静女闺姝，自有天地以来，未闻有是礼也。[一〇五]

古之妇学，如女史、女祝、女巫，[一〇六]各以职业为学，略如男子之专艺而守官矣。至于通方之学，要于德、言、容、功，德隐难名，必如任、姒[一〇七]之圣，方称德之全体。功粗易举。蚕绩之类，通乎士庶。至其学之近于文者，言、容二事为最重也。盖自家庭内则，以至天子、诸侯、卿、大夫、士，莫不习于礼容，至于朝聘丧祭，后妃、夫人、内子、命妇，皆有职事，平日讲求不预，临事何以成文？汉之经师，多以章句言礼，〔一〇八〕尚赖徐生，善为容者，〔一〇九〕盖以威仪进止，非徒诵说所能尽也。是妇容之必习于礼，后世大儒，且有不得闻也。但观传载敬姜〔一一〇〕之言，森然礼法，岂后世经师大儒所能及。至于妇言主于辞命，古者内言不出于阃，所谓辞命，亦必礼文之所须也。孔子云："不学《诗》，无以言。"〔一一一〕善辞命者，未有不深于《诗》。但观春秋妇人辞命，婉而多风。乃知古之妇学，必由《礼》而通《诗》，非《礼》不知容，非《诗》不知言。六艺或其兼擅者耳。穆姜论《易》之类。后世妇学失传，其秀颖而知文者，方自谓女兼士业，德色见于面矣。不知妇人本自有学，学必以礼为本；舍其本业而妄托于诗，而诗又非古人之所谓习辞命而善妇言也；是则即以学言，亦如农夫之舍其田，而士失出疆之贽矣。〔一一二〕何足征妇学乎？嗟乎！古之妇学，必由礼以通诗，今之妇学，转因诗而败礼。礼防决，而人心风俗不可复言矣。夫固由无行之文人，倡邪说以陷之。彼真知妇学者，其视无行文人，若粪土然，无行文人学本浅陋，真知学者不难窥破。何至为所惑哉？〔一一三〕古之贤女，贵有才也。前人有云"女子无才便是德"者，非恶才也；正谓小有才而不知学，乃为矜饰骛名，转不如村姬田妪，不致贻笑于大方也。

饰时髦之中驷，为闺阁之绝尘，〔一一四〕彼假藉以品题，或誉过其实，或改饰其文。不过怜其色也。无行文人，其心不可问也。呜呼！己方以为才而炫之，人且以为色而怜之。不知其故而趋之，愚矣。微知其故，而亦且趋之，愚之愚矣！女子佳称，谓之静女，静则近于学矣。今之号才女者，何其动耶？何扰扰之甚耶？噫！〔一一五〕

〔一〕按此下三篇，为批评袁枚而作。枚字子才，号简斋，钱塘人。乾隆四年进士，出宰溧水，调江浦、沭阳，再调江宁，所在有声。年甫四十即致仕，辟随园江宁城西小仓山下，居之，以吟咏为乐。嘉庆二年丁巳，卒于金陵，年八十二。袁氏性通侻，放情声色。为诗主性灵，不事雕饰，颇为时流所推许。所著《随园诗话》，多录一时倡和之作，名媛闺秀，请业从游，竞附风雅。章氏恶之，乃著文以深讥焉。此外存《遗书》者，尚有《书坊刻诗话后》《论文辨伪》二篇。又按《与孙渊如论学十规》（逸篇），作于嘉庆元年丙辰（见刘刻《遗书》附录臧镛堂《丙辰山中草跋》），第十规即斥袁，已谓"别有专篇声讨"，则此诸篇有成于丙辰前者。《丁巳札记》有一条云："近有无耻妄人，以风流自命，蛊惑士女，大抵以优伶杂剧所演之才子佳人惑人。大江以南，名门大家闺阁，多为所诱。征诗刻稿，标榜声名，无复男女之嫌，殆忘其身之雌矣。此等闺娃，妇学不修，岂有真才可取？而为邪人之播弄，浸成风俗，人心世道，大可忧也！"此殆《妇学》诸篇所由作乎？

〔二〕《周礼·天官》："女祝掌王后之内祭祀，凡内祷祠之事；掌以时招梗禬禳之事，以除疾殃。"又："女史掌王后之礼职；掌内治之贰，以诏后治内政，逆内宫，书内令，凡后之事以礼从。"

〔三〕《隋书·经籍志》："起居注者，录纪人君言行动止之事。《周官》，内史掌王之命，遂书其副而藏之，是其职也。汉武帝有《禁中起居注》。后汉明德马皇后撰《明帝起居注》。然则汉时起居似在宫中，为女史之职。"

〔四〕《周礼·天官》："九嫔掌妇学之法，以教九御妇德，妇言，妇容，妇功。"郑注："妇德，谓贞顺。妇言，谓辞令。妇容，谓婉娩。妇功，谓丝枲。"是妇学该备德言容功，固非徒有文艺也。

〔五〕《易·家人》："彖曰：家人，女正位乎内，男正位乎外。男女正，天地之大义也。"

〔六〕见上注。《礼记·内则》："女子十年不出，姆教婉娩听从，执麻枲，治丝茧，织纴组紃，学女事，以共衣服。"

〔七〕《国语·鲁语下》:“王后亲织玄紞(王冠前后垂缨)。公侯之夫人,加之以纮綖(帽缨)。卿之内子为大带。命妇成祭服。列士之妻,加之以朝服。自庶士以下,皆衣其夫。社(春分祭社)而赋事(农桑),烝(冬祭)而献功(五谷布帛),男女效绩,愆则有辟(罪),古之制也。”

〔八〕《诗·小雅·斯干》:“乃生女子,载寝之地,载衣之裼(褓),载弄之瓦(纺砖)。无非无仪,惟酒食是议,无父母诒罹(忧)。”

〔九〕《礼记·内则》:“子生,男子设弧于门左,女子设帨于门右,三日始负子,男射女否。”又:“子能食食,教以右手。能言,男唯女俞。男鞶革,女鞶丝。”郑注:“鞶,小囊,盛帨巾者。男用韦,女用缯,有饰缘之。”

〔一〇〕按此节明妇学所该及妇职所在。

〔一一〕《礼记·王制》:“乐正崇四术,立四教,顺《诗》《书》《礼》《乐》以造士。春秋教以《礼》《乐》,冬夏教以《诗》《书》。”《荀子·劝学》:“其数则始乎诵经,终乎读礼。”注:“数,术也。经,《诗》《书》。礼,谓典礼之属也。”

〔一二〕按此节明妇言原本《诗》《礼》。

〔一三〕九嫔,王宫中女官。《周礼·天官·内宰》:“九嫔掌妇学之法,以教九御(管织纴之女官)。”壶同阃,音悃,《尔雅·释宫》:“宫中弄谓之壶。”《书·尧典》:“帝曰,畴咨若予采。”畴,谁。咨,访。若,顺。采,事。问谁能顺我事者。六典,见《诗教上》注〔二四〕。言妇学之在列侯卿大夫,虽未详于《周官》六典,而由王朝宫阃可推而知。

〔一四〕《诗·周南·葛覃》:“言告师氏,言告言归。”传:“师,女师也。古者,女师教以妇德、妇言、妇容、妇功。”

〔一五〕《礼记·内则》:“女子十年不出,姆教婉娩听从。”郑注:“婉,谓言语也。娩之言,媚也。媚,谓容貌也。”

〔一六〕《左传》庄四年:“楚武王荆尸(尸,阵;荆尸,为楚列阵),授师孑(戟)焉。将齐(斋),入告夫人邓曼曰:‘余心荡。’邓曼叹曰:‘盈而荡,天之道也。先君其知之矣,故临武事,将发大命,而荡王心焉。若师徒无亏,王薨于行,国之福也。’王遂行,卒于樠木之下。”

〔一七〕《左传》襄九年:“穆姜薨于东宫。始往而筮之,遇《艮》之八。史曰:‘是谓《艮》之《随》。《随》其出也,君必速出。(《随卦》要出去,劝穆姜出宫。)’姜曰:‘亡(无)。是于《周易》曰,《随》,元亨利贞,无咎。元,体之长也。亨,嘉之会也。利,义之和也。贞,事之干也。体仁足以长人。嘉德足以合礼。利物足以和义。贞固足以干事。然故不可诬也,是以虽随无咎。今我妇人而与于乱(参加作乱),固在下位而有不仁,不可谓元。不靖国家(欲废鲁成公),不可谓亨。作而害身,不可谓利。弃位而姣(与侨如淫乱),不可谓贞。有四德者,随而无咎。我皆无之,岂随也哉?我则取恶,能无咎乎?必死于此,弗得出矣。’”

〔一八〕《国语·鲁语下》:“公父文伯退朝,朝其母(公父穆伯之妻)。其母方绩,文伯曰:‘以歜之家而主犹绩,惧干季孙之怒也;其以歜为不能事主乎?’其母叹曰:‘鲁其亡乎!使童子备官而未之闻邪?居!吾语女(汝)。昔先王之处民也,择瘠土而处之,劳其民而用之,故长王天下。夫民劳则思,思则善心生。逸则淫,淫则忘善,忘善则恶心生。沃土之民不材,淫也。瘠土之民,莫不向义,劳也。尔今曰,胡不自安,以是承君之官,余惧穆伯之绝祀也!’”公父文伯名歜。

〔一九〕《左传》成二年:“齐侯见保(守)者曰:‘勉之!齐师败矣。’辟(避)女子。女子曰:‘君免乎?’曰:‘免矣。’曰:‘锐(主锐兵)司徒免乎?’曰:‘免矣。’曰:‘苟君与吾父免矣,可若何。’乃奔。齐侯以为有礼。既而问之,辟(壁,主壁垒)司徒之妻也,予之石窌

（邑名）。”

〔二〇〕《论语·微子》：“柳下惠为士师，三黜。”《列女传》二：“柳下既死，门人将诔之。妻曰：‘将诔夫子之德邪？则二三子不如妾之知也。’乃诔曰：‘夫子之不伐兮，夫子之不竭兮，夫子之信诚，而与人无害兮。屈柔从容，不强察兮。蒙耻救民，德弥大兮。虽遇三黜，终不蔽兮。恺悌君子，永能厉兮。嗟乎惜哉！乃下世兮。庶几遐年，今遂逝兮。呜呼哀哉！魂神泄兮。夫子之谥，宜为惠兮。’门人从之以为诔，莫能窜一字。”

〔二一〕《礼记·檀弓下》：“齐庄公袭莒于夺，杞梁死焉。其妻迎其柩于路，而哭之哀。庄公使人吊之。对曰：‘君之臣不免于罪，则将肆诸市朝，而妻妾执。君之臣免于罪，则有先人之敝庐在，君无所辱命。’”亦见左氏襄二十三年传。

〔二二〕《诗·邶风·泉水》：“毖（泉流貌）彼泉水，亦流于淇。有怀于卫，靡日不思。娈彼诸姬，聊与之谋。”《诗序》：“《泉水》，卫女思归也。嫁于诸侯，父母终，思归宁而不得，故作是诗以自见也。”

〔二三〕《诗·邶风·燕燕》：“燕燕于飞，下上其音。之子于归，远送于南。瞻望弗及，实劳我心！”《诗序》：“《燕燕》，卫庄姜送归妾也。”刘沅《诗经恒解》云：“戴妫归陈，庄姜送之而作。戴妫媵庄姜，生完，庄姜以为己子，即位，是为桓公。州吁弑之，而逐戴妫。庄姜送之于野，谋因陈以讨贼，不但伤别而已。”

〔二四〕班昭，曹世叔妻，见《经解下》注〔二〇〕。《后汉书·列女传》：“陈留董祀妻者，同郡蔡邕之女也，名琰，字文姬，博学有才辩，又妙于音律。适河东卫仲道，夫亡无子，归宁于家。兴平中，天下丧乱，文姬为胡骑所获，没于南奴匈左贤王，在胡中十二年，生二子。曹操素与邕善，痛其无嗣，乃遣使者以金璧赎之，而重嫁于祀。”

〔二五〕扬雄《太玄经》：“物登明堂，矞矞皇皇。”注：“矞矞，物长春风之声貌也。”左思《蜀都赋》：“符采彪炳。”彪炳，光彩焕发貌。刘向

《列女传》,见《古文十弊》注〔八二〕。范晔《后汉书》,《列女传》在卷一百十四。

〔二六〕按此节征古时妇言之见经传者。

〔二七〕《校雠通义·原道第一》:"理大物博,不可殚也,圣人为之立官分守,而文字亦从而纪焉。有官斯有法,故法具于官;有法斯有书,故官守其书;有书斯有学,故师传其学;有学斯有业,故弟子习其业。官守学业,皆出于一。而天下以同文为治,故私门无著述文字。"

〔二八〕《春秋演孔图》:"正气为帝。闲气为臣。秀气为人。"闲气者,谓杰材闲世一出,关乎特殊之气运也。

〔二九〕见《原学下》注〔四〕。

〔三〇〕按此节言汉时妇女能文,出于天性。

〔三一〕《汉书·礼乐志》:"房中祠乐,高祖唐山夫人所作也。"韦昭曰:"唐山,姓也。"又云:"高祖乐楚声,故房中乐楚声也。孝惠二年,使乐府令夏侯宽备其箫管,更名曰《安世乐》。"胡应麟《诗薮》外编一:"唐山《安世房中》,自当以《雅》《颂》目之,非汉人语。"

〔三二〕《汉书·外戚传》:"孝成班倢伃,帝初即位,选入后宫,始为少使,蛾(同俄)而大幸,为倢伃,居增城舍。帝游于后庭,尝欲倢伃同辇载,倢伃辞谢。其后赵飞燕姊弟,自微贱兴,踰越礼制,寖盛于前。鸿嘉三年,飞燕谮许皇后、班倢伃祝诅后宫。许皇后坐废。倢伃恐久见危,求共养太后长信宫,上许焉。倢伃退处东宫,作赋自伤悼。"

〔三三〕《后汉书·皇后纪》:"正位宫闱。"《说文》:"闱,宫中之门也。"

〔三四〕按《汉书·艺文志》诗赋略歌诗:"李夫人及贵幸人歌诗三篇。"

〔三五〕乐府,见《言公下》注〔七六〕。声诗,见《诗教下》注〔八〕。

〔三六〕《木兰诗》,见《言公下》注〔八五〕。《孔雀东南飞》,《玉台新咏》题曰《古诗为焦仲卿妻作》。其序曰:"汉末建安中,庐江府小吏焦仲卿妻刘氏，为仲卿母所遣，自誓不嫁，其家逼之，乃没水而死。仲卿闻之，亦自缢于庭树。时人伤之，为诗云尔。”

〔三七〕《陌上桑》，《玉台新咏》题为《日出东南隅行》，一作《艳歌罗敷行》，崔豹《古今注》云：“《陌上桑》者，出秦氏女子。秦氏，邯郸人，有女名罗敷，为邑人千乘王仁妻。王仁后为赵王家令。罗敷出采桑于陌上；赵王登台，见而悦之，因置酒欲夺焉。罗敷巧弹筝，乃作《陌上桑》之歌以自明。赵王乃止。”

〔三八〕《上山采蘼芜》，《玉台新咏》题作古诗，不著撰人名氏。

〔三九〕《白纻歌》，乐府舞曲歌词。《乐府解题》：“古词盛称舞者之美，宜及芳时为乐，其誉白纻曰：‘质如轻云色如银，制以为袍余作巾。袍以光躯巾拂尘。’”《唐书·乐志》：“梁武帝令沈约改其辞为《四时白纻歌》。”《子夜歌》，乐府清商曲词。《古今乐录》：“吴声十曲，一曰《子夜》。”别详《言公下》注〔八四〕。

〔四〇〕《礼记·乐记》：“其乐心感者，其声啴以缓。”郑注：“啴，宽绰貌。”《书·伪毕命》：“商俗靡靡。”疏：“韩宣子称纣使师延作靡靡之乐。靡靡者，相随顺之意。”

〔四一〕按汉哀帝时，罢乐府官。东汉一代，此官存置无考。汉、魏之际，曹氏父子咸有文采，解音律，或沿旧谱而改新辞，或撰新辞而并创新谱，乐府于是滋多。至六朝人之拟乐府，则为不入乐之诗耳。胡应麟《诗薮》内编一云：“乐府自魏失传，文人拟作，多与题左，前辈历有辨论。愚意当时但取声调之谐，不必词意之合也。”

〔四二〕《三国志·魏志·陈思王传》：“是以雍雍穆穆，风人咏之。”《正字通》：“春色舒放曰骀荡。”乐府义本风诗，辞多托讽，故虽骀荡不以为嫌也。《羽林郎》写霍家奴冯子都调笑酒家胡女事，为辛延年作。

〔四三〕《后汉书·马援传》：“公孙不吐哺走迎国士，与图成败，反修饰边幅，如偶人形。”师古曰：“言若布帛，修整其边幅也。”

〔四四〕《白头吟》,一名《皑如山上雪》。《西京杂记》卷三:"相如将聘茂陵女为妾;文君作《白头吟》以自绝。相如乃止。"

〔四五〕《后汉书·列女传》:"(董)祀为屯田都尉,犯法当死。文姬诣曹操请之,音辞清辩,旨甚酸哀。操感其言,乃追原祀罪。因问曰:'闻夫人家,先多坟籍,犹能忆识之不?'文姬曰:'昔亡父赐书四千许卷,流离涂炭,罔有存者。今所诵忆,裁四百余篇耳。'操曰:'今当使十吏就夫人写之。'文姬曰:'妾闻男女之别,礼不亲授。乞给纸笔,真草唯命。'于是缮书送之,文无遗误。"

〔四六〕《庄子·德充符》:"人莫鉴于流水,而鉴于止水。"《诗·大雅·烝民》:"吉甫作诵,穆如清风。"

〔四七〕《礼记·内则》:"内言不出于阃,外言不入于阃。"

〔四八〕按此节言汉代妇女间擅文藻,而不悖于正教。

〔四九〕见《古文十弊》注〔九一〕。

〔五〇〕按此节言《国风》男女之辞,皆出诗人所拟。

〔五一〕见《史注》篇注〔八〕。贽,与挚、质通。执物以为相见之礼也。《礼记·曲礼下》:"凡挚,天子鬯,诸侯圭,卿羔,大夫雁,士雉,庶人之挚匹。"

〔五二〕《晋书·列女传》:"苻坚尝幸其太学,问博士经典,乃悯礼乐遗阙。博士卢壶对曰:'太常韦逞母宋氏,传其父业,得《周官》音义,今年八十,视听无阙。自非此母,无以传授后生。'于是就宋氏家立讲堂,置生员百二十人,隔绛纱幔而授业。号宋氏为宣文君,赐侍婢十人。《周官》学复行于世,时称韦氏宋母焉。"

〔五三〕《隋书·列女传》:"谯国夫人者,高凉冼氏之女也。世为南越首领,跨据山洞,部落十余万家。夫人幼贤明,多筹略,在父母家抚循部众,能行军用师,压服诸越。海南儋耳,归附者千余洞。梁大同初,高凉太守冯宝,聘以为妻。政令有序,人莫敢违。及宝卒,岭表大乱。夫人怀集百越,数州晏然。陈永定二年,子仆拜阳春郡守。后广州刺史欧阳纥反,夫人发兵拒之。纥徒溃散。仆以夫人功封信都侯,加平越中郎将,转石龙太守。至德中,仆卒。陈国亡,岭表数郡共奉夫人,号为圣母,保境安民。高祖遣总管韦洸安抚岭外。夫人遣其孙魂,帅众迎入广州。表魂为仪同三司。未几,番禺人王仲宣反,首领皆应之,围洸于州城。夫人遣孙盎出讨,进兵至南海,与鹿愿军会,共败仲宣,岭表遂定。高祖拜盎为高州刺史,追赠宝为广州总督谯国公,册夫人为谯国夫人,开幕府,置长史以下官属。"

〔五四〕《旧唐书·柴绍传》:"平阳公主,高祖第三女也。义兵将起,公主与绍并在长安,遣使密召之。主曰:'君宜速去,我一妇人临时易可藏隐,当别自为计矣。'绍即间行赴太原。公主乃归鄠县庄所,散家资,招引山中亡命,得数百人,起兵以应高祖。时有胡贼何潘仁,聚众未有所属。公主遣家僮马三宝说以利害,使攻鄠县,陷之。三宝又说群盗李仲文、向善志、丘师利等,各率众数千人来会。公主掠地至盩厔、武功、始平,皆下之。得兵七万人。公主令间使以闻。高祖大悦。及义军渡河,遣绍将数百骑趋华阴,傍南山以迎公主。时公主引精兵万余,与太宗军会于渭北。与绍各置幕府,俱围京城,营中号曰娘子军。京城平,封为平阳公主。六年薨。及将葬,诏加前后部羽葆鼓吹,大辂麾幢,班剑四十人,虎贲甲卒。"按绍字嗣昌,晋州临汾人。高祖微时,妻之以女,即平阳公主也。

〔五五〕谯国夫人开幕府,置长史以下官属。

〔五六〕平阳公主诏加羽葆鼓吹,班剑四十人,虎贲甲卒。羽葆:以鸟羽连缀为华盖之饰。鼓吹:鼓钲箫笳等合奏之乐曲。班剑:持剑武士。虎贲:勇士。

〔五七〕按此节言传经史绝业如班氏、宋氏,并非以才华炫俗。

〔五八〕《宋书·谢灵运传论》:"有晋中兴,玄风独扇。"《资治通鉴·魏纪》:“何晏好老、庄之书,与夏侯玄、荀粲及山阳王弼之徒,竞为清谈,祖尚虚无,谓六经为圣人糟粕。由是天下士大夫争慕效之,遂成风流,不可复制焉。”《世说新语·德行》注引王隐《晋书》曰:“魏末,阮籍嗜酒荒放,露头散发,裸袒箕踞。其后贵游子弟阮瞻、王澄、谢鲲、胡母辅之之徒,皆祖述于籍,谓得大道之本。故去巾帻,脱衣服,露丑恶,同禽兽。甚者名之为通,次者名之为达也。”清言,见《古文十弊》注〔四四〕。

〔五九〕《晋书·列女传》:“王凝之妻谢氏,字道韫,奕之女也。聪识有才辩。凝之弟献之,尝与宾客谈议,词理将屈。道韫遣婢白献之曰:‘新妇欲与小郎解围。’乃设青绫步障自蔽,申献之前议,客不能屈。”

〔六〇〕《世说新语·排调》:“王浑与妇钟氏共坐,见武子从庭过,浑欣然谓妇曰:‘生儿如此,足慰人意。’妇笑曰:‘若使新妇得配参军,生儿故可不啻如此。’”按浑弟沦字太冲,历大将军参军,年二十五卒。

〔六一〕《日知录》卷五:“魏明帝殂,少帝即位,改元正始。三国鼎立,至此垂三十年,一时名士风流,盛于雒下。乃其弃经典而尚老、庄,灭礼法而崇放达,视其主之颠危,若路人然,即此诸贤为之倡也。自此以后,竞相祖述。《晋书·儒林传序》云:‘摈阙里之典经,习正始之余论,指礼法为流俗,目纵诞以清高。’此则虚名虽被于时流,笃论未忘乎学者。是以讲明六艺,郑(玄)、王(肃)为集汉之终;演说老庄,王(弼)、何(晏)为开晋之始。以至国亡于上,教沦于下,羌戎互僭,君臣屡易,非林下诸贤之咎而谁咎哉!”按此节言自晋人放达,名教始隳。

〔六二〕王、谢,江左望族。《南史·贼臣·侯景传》:“景请娶于王、谢。帝曰:‘王、谢门高,非偶;可于朱、张以下访之。’”

〔六三〕中行,见《质性》注〔三〕。《论语·公冶长》:“吾党之小子狂简。”朱注：“狂简，志大而略于事也。”

〔六四〕曹大家《女诫》：“女有四行：一曰妇德，二曰妇言，三曰妇容，四曰妇功。”《仪礼·丧服子夏传》：“妇人有三从之义，无专用之道；故未嫁从父，既嫁从夫，夫死从子。”

〔六五〕按绮，当作旖。《史记·司马相如传》：“旖旎从风。”《索隐》引张揖云：“旖旎，犹阿那也。”指轻盈柔顺貌。

〔六六〕沈约《宋书·谢灵运传论》：“相如工为形似之言。”《文心雕龙·物色》：“近代以来，文贵形似；窥情风景之上，钻貌草木之中；吟咏所发，志惟深远；体物为妙，功在密附。故巧言切状，如印之印泥；不加雕削，而曲写毫芥。故能瞻言而见貌，即字而知时也。”

〔六七〕按此节言王、谢大家读书知学，非徒能文。

〔六八〕见《经解下》注〔一八〕及注〔一九〕。

〔六九〕宋李清照号易安居士，礼部员外郎格非女。幼有才藻，长适诸城赵明诚。明诚好储经集及三代鼎彝书画金石刻。连知莱、淄二州，竭俸入以事铅椠。清照与共校勘。明诚作《金石录》，考据精确，多足证史书之失；清照实助成之。靖康二年春，明诚奔祖丧于建康，半弃所藏。其年十二月，金人陷青州，火其藏书十余屋。明诚，诸城人而家于青也。建炎二年，复起知建康府。三年，诏知湖州。至行在，病卒。清照自为文祭之。既葬，清照赴台州，依其弟迒，辗转避於越、衢诸州。绍兴二年，又赴杭州，所携古器物，以次失去。乃为《金石录后序》，自述流离状况。著有《漱玉词》集。（道光《济南府志·列女传》）

〔七〇〕元管道昇字仲姬，吴兴人，翰林院承旨赵孟𫖯之妻也。画墨竹梅兰，笔意精绝，亦工山水佛像。翰墨词章，不学而善。书牍行楷，殆与子昂无异。卫夫人之后，无与俦者。封魏国夫人，世称管夫人。

〔七一〕李易安《金石录后序》:“五月,至池阳,被旨知湖州。”

〔七二〕《元史·赵孟頫传》:“孟頫字子昂,宋太祖子秦王德芳之后也。赐第于湖州,故孟頫为湖州人。仕元,延祐三年,拜翰林学士承旨、荣禄大夫。孟頫诗文,清邃奇逸,读之使人有飘飘出尘之想。篆籀分隶,真行草书,无不冠绝古今,遂以书名天下。其画山水、木石、花竹、人马,尤精致。”

〔七三〕张琰《洛阳名园记序》:“文叔(李格非字)在元祐官太学。建中靖国再用朋邪,窜为党人。女适赵相挺之子,亦能诗。”是易安乃宰相子妇。宋制,初入学者为外舍,由外舍升内舍,由内舍升上舍,犹清朝生员之有附生、增生、廪生也。杜甫《春日忆李白》诗:“何时一樽酒? 重与细论文。”

〔七四〕秦以奉常、郎中令、卫尉、太仆、廷尉、典客、宗正、治粟内史、少府为九卿。汉改奉常为太常,郎中令为光禄勋,典客为大鸿胪,治粟内史为大司农,历代因之。挥麈,见《横通》篇注〔一〇〕。

〔七五〕按此节言唐、宋以还,妇才可称者亦不外骛。

〔七六〕朱怀吴《昭代纪略》:“天子升殿,女官随侍,女乐引导,必起于吕、武临朝,而唐玄宗袭为故事。至我(明)太祖革去,足洗千古之陋。”叶君长青云:“此言明代朝贺罢女乐,而女官六局所领之司乐,尚不废也。”

〔七七〕宋陈世崇《随隐漫录》卷五:“陆放翁宿驿中,见题壁云:‘玉阶蟋蟀闹清夜,金井梧桐辞故枝。一枕凄凉眠不得,呼灯起作感秋诗。’放翁询之,驿卒女也,遂纳为妾。方半载余,夫人逐之。妾作《卜算子》云:‘只知眉上愁,不识愁来路。窗外有芭蕉,阵阵黄昏雨。晓起理残妆,整顿教愁去。不合画春山,依旧留愁住。’”

〔七八〕未详。按元代石君宝撰《李亚仙花酒曲江池》,演郑元和在曲江遇李亚仙事。兰麝天香,或指李亚仙为天香国色,春明,唐京城门之一,借指京城。春明之誓,或指两人于曲江作山盟海誓。

〔七九〕籍没，谓籍录其所有而没收之也。明成祖于壬午殉难诸臣，有籍至十族者，遗孥发配教坊，多自经死。谷应泰曰：“暴秦之法，罪止三族。强汉之律，不过五宗。故步阐之门皆尽，（陆）机、云之种无遗。世谓天道好还，而人命至重，遂可灭绝至此乎！又况孔融覆巢之女，郭淮从坐之妻，古者但有刑诛，从无沾染。而或分隶教坊，给配众奴，潘氏承恩于织室，才人下降于厮养，此忠臣义士尤所为植发冲冠，椎胸而雪涕者也。”（《明史纪事本末》卷十八）《史记·商本纪》：“纣使师涓作新淫声，北里之舞，靡靡之乐。”后称倡寮为北里。唐孙棨《北里志》：“平康里入北门，东向三曲，即诸妓所居之聚也。”

〔八〇〕江淹《别赋》：“春草碧色，春水绿波，送君南浦，伤如之何！”《楚辞·招魂》：“湛湛江水兮上有枫，目极千里兮伤春心。”《诗·邶风·新台》：“燕婉之求。”传：“燕，安；婉，顺也。”

〔八一〕《诗·小雅·白华》：“鼓钟于宫，声闻于外。”

〔八二〕三唐，谓初唐、盛唐、晚唐也。高棅《唐诗品汇》则分为四期，自高祖武德元年至睿宗太极元年（九十四年）为初唐，自玄宗开元元年至代宗永泰元年（五十二年）为盛唐，自代宗大历元年至文宗太和九年（六十九年）为中唐，自文宗开成元年至昭宣帝天祐三年（七十年）为晚唐。

〔八三〕李治，字季兰，女冠也。《唐诗纪事》卷七十八：“季兰五六岁，其父抱于庭作诗咏蔷薇云：‘经时未架却，心绪乱纵横。’父恚曰：‘此必为失行妇！’后竟如其言。”《书录解题》别集类：“《李季兰集》一卷。”《全唐诗·小传》：“薛涛字洪度，本长安良家女，随父宦流落蜀中，遂入乐籍。韦皋镇蜀，召之侍酒赋诗，出入幕府。经十一镇，皆以诗受知。暮年居浣花溪，衣女冠服，好制松花小笺，号薛涛笺。有《洪度集》一卷。”又：“鱼玄机字幼微，长安家女，喜读书，有才思。补阙李亿纳为妾。及爱衰，遂披冠帔于咸宜观。

后以笞杀女童绿翘事，为京兆温璋所戮。"《书录解题》别集类："《鱼玄机集》一卷。"

〔八四〕非仪，见上注〔八〕。按此节言唐代女子传诗，惟止女冠坊妓。

〔八五〕王逸《离骚经章句》："《离骚》之文，依诗取兴，引类譬谕；故灵修美人，以媲于君，宓妃佚女，以譬贤臣。"此所谓思君怀友，多托男女殷勤者也。诗序谓风之为体，"主文而谲谏，言之者无罪，闻之者足以戒"。《郑风·狡童序》："《狡童》，刺忽也。不能与贤人图事，权臣擅命也。"又《褰裳序》："《褰裳》，思见正也。狂童恣行，国人思大国之正己也。"此所谓风刺邪淫，文托狡狂自述者也。此二者自与狭邪酬唱之作有别。

〔八六〕周敦颐《太极图说》："无极而太极。太极动而生阳，动极复静。静而生阴。静极复动。一动一静，互为其根。分阴分阳，两仪立焉。"《易·系辞上》："仁者见之谓之仁。智者见之谓之智。"

〔八七〕《论语·卫灵公》："子曰：'君子不以言举人，不以人废言。'"

〔八八〕见《砭俗》注〔三〕。《薤露》，丧歌，挽柩者歌唱，故宜于挽郎。

〔八九〕《棹歌行》，属相和歌辞。陆机《棹歌行》："名讴激清唱，榜人纵棹歌。"故称"舟妇为宜"。

〔九〇〕按此节言妇女应绝阃外唱酬。

〔九一〕《事物纪原》卷二："唐明皇开元二年，于蓬莱宫侧始立教坊，以隶散乐倡优曼衍之戏。"

〔九二〕周敦颐字茂叔，世称濂溪先生。程颢、程颐，见《文理》注〔二八〕及注〔二九〕。二程，洛阳人，世称其学为洛学。理学家自律俱严，故举以为例。《论语·子张》："子夏曰：'大德不逾闲，小德出入可也。'"

〔九三〕按唐初雅俗之乐，皆隶太常。开元二年，上以太常礼乐之司，不应典倡优，乃更置左右教坊。历代因之。宫中礼宴皆用女乐。清顺治十六年，始改用太监。雍正七年，改为和声署，教坊始废。

〔九四〕顿:停留,与流动对。《汉书·杜周传》:"客有谓周曰:'君为天下决平,不循三尺法,专以人主意旨为狱。狱者固如是乎?'"注引孟康曰:"以三尺竹简书法令也。"《大清律例》卷三十五刑律,官吏宿娼条:"凡文武官吏宿娼者,杖六十(注,挟妓饮酒亦坐此律)。媒合人减一等。若官员子孙宿娼者,罪亦如之。"条例一:"监生生员撒泼嗜酒,挟制师长,不守监规学规,及挟妓赌博,出入官府,起灭词讼,说事过钱,包揽物料等项者,问发为民,各治以应得之罪。得赃者,计赃从重论。"

〔九五〕《史记·酷吏传》:"网漏于吞舟之鱼。""(张)汤掘窟,得盗鼠及余肉,劾鼠掠治,传爰书,讯鞫论报。"《索隐》引韦昭云:"爰,换也。古者重刑,嫌有爱恶,故移换狱书,使他官考实之,故曰传爰书也。"

〔九六〕《论语·里仁》:"君子怀刑,小人怀惠。"《左传》文十年:"子西曰:'臣免于死,又有谗言,谓臣将逸,臣归死于司败也。'"注:"陈楚名司寇曰司败。"

〔九七〕曹植《美女》:"青楼临大路,高门结重关。"按后世多以为狭邪之称。

〔九八〕周公制礼作乐而颂声兴。《礼记·曲礼上》:"娶妻不取同姓,故买妾不知其姓则卜之。"

〔九九〕按此节言诗集载妇女篇章,有违时制。

〔一〇〇〕《诗·郑风·子衿》:"佻兮达兮,在城阙兮。一日不见,如三月兮。"传:"佻,轻儇也。达,放恣也。"子衿,青年学子所服之衣,指青年学子。

〔一〇一〕《晋书·宣帝纪》:"诸葛亮数挑战,帝(指司马懿)不出。因遗帝巾帼妇人之饰。"帼,妇人首饰。巾帼,指妇女。

〔一〇二〕《诗·小雅·頍弁》:"茑与女萝,施于松柏。"传:"茑,寄生也。女萝,菟丝,松萝也。"《礼记·曲礼上》:"男女不亲授。"

〔一〇三〕陆机《文赋》:“诗缘情而绮靡。”《南史》:“沈约、谢朓、王融以气类相推毂。”

〔一〇四〕宋程大昌《演繁露》:“今之胪传,自殿上至殿下皆数人亢声相接,传所唱之语,联续远闻。”《后汉书·许劭传》:“劭与靖具有高名,好共覆论乡党人物,每月辄更其品题。故汝南俗有月旦评焉。”

〔一〇五〕钗楼,未详。句曲,犹句栏。李商隐《倡家》诗:“帘轻幕重金句栏。”后人遂称娼家为句栏。《诗·邶风·静女》:“静女其姝。”传:“静,贞静也。姝,美色也。”按此节言自非倡妓不求品题。

〔一〇六〕女史、女祝,见上注〔二〕。《周礼·春官》:“女巫掌岁时祓除衅浴,旱暵则舞雩。”

〔一〇七〕《诗·大雅·思齐》:“思齐太任,文王之母。”又:“太姒嗣徽音,则百斯男。”太姒,武王母也。

〔一〇八〕《后汉书·桥玄传》:“玄字公祖,梁国睢阳人也。七世祖仁,从同郡戴德学,著《礼记章句》四十九篇,号桥君学。”

〔一〇九〕见《横通》注〔一一〕。

〔一一〇〕敬姜,见上注〔一八〕。《国语·鲁语下》:“公父文伯之母(敬姜)如季氏。康子在其朝,与之言,弗应。从之,及寝门,弗应而入。康子辞于朝而入见曰:‘肥也,不得闻命,无乃罪乎?’曰:‘子弗闻乎?天子及诸侯合民事于外朝,合神事于内朝。自卿以下,合官职于外朝,合家事于内朝。寝门之内,妇人治其业焉。上下同之。夫外朝,子将业君之官职焉。内朝,子将庀季氏之政焉。皆非吾所敢言也。’”

〔一一一〕见《论语·季氏》。

〔一一二〕《孟子·滕文公下》:“周霄问曰:‘出疆必载质,何也?’曰:‘士之仕也,犹农夫之耕也。农夫岂为出疆舍其耒耜哉?’”质,通贽。

〔一一三〕按此节言古时妇学必由礼以通诗。

〔一一四〕《后汉书·顺帝纪》："孝顺初立，时髦允集。"注："《尔雅》曰：'髦，俊也。'郭璞注云：'士中之俊，犹毛中之髦。'时张皓、王龚、庞参、张衡、李郃、李固、黄琼之俦也。"《史记·孙膑传》："田忌数与齐诸公子驰逐重射。孙子见其马足不甚相远。及临质，孙子曰：'今以君下驷与彼上驷，取君上驷与彼中驷，取君中驷与彼下驷。'既驰三辈毕，田忌一不胜而再胜。"绝尘，见《言公下》注〔一〇二〕。

〔一一五〕按此节言今时炫才妇女，多受人愚。

妇学篇书后〔一〕

《妇学》之篇，所以救颓风，维世教，饬伦纪，别人禽，盖有所不得已而为之，非好辨也。说者谓解《诗》与朱子异指，违于功令。〔二〕不知诸经参取古义，未始非功令也。盖以情理言之，蚩氓妇竖，矢口成章，〔三〕远出后世文人之上，古今不应若是悬殊。且两汉之去春秋，近于今日之去两汉。汉人诗文，存于今者，无不高古浑朴；人遂疑汉世人才，远胜后代。然观金石诸编，〔四〕汉人之辞，不著竹素，而以金石传后代者，其中实多芜蔓冗阘，〔五〕与近人不能文者，未始悬殊。可知汉人不尽能文，传者特其尤善者耳。三代传文，当亦如是。必谓彼时妇竖矢音，皆足以垂经训，岂理也哉？朱子之解，初不过自存一说，〔六〕宜若无大害也。而近日不学之徒，援据以诱无知士女，逾闲荡检，无复人禽之分；则解《诗》之误，何异误解《金縢》而启居摄，〔七〕误解《周礼》而启青苗，〔八〕朱子岂知流祸至于斯极？即当日与朱子辨难者，亦不知流祸之至斯极也。从来诗贵风雅。即唐、宋诗话，论诗虽至浅近，不过较论工拙，比拟字句，为古人所不屑道耳。彼不学之徒，无端标为风趣之目，〔九〕尽抹邪正贞淫、是非得失，而使人但求风趣。甚至言采兰赠芍之诗，有何关系而夫子录之，[一〇]以证风趣之说。无知士女，顿忘廉检，从风波靡。是以六经为导欲宣淫之具，则非圣无法矣。[一一]

或曰：《诗序》诚不可尽废矣。顾谓古之氓庶，不应能诗，则如役者之谣，[一二]舆人之祝，[一三]皆出氓庶，其辞至今诵之，岂传记之诬欤？答曰：此当日谚语，非复雅言，正如先儒所谓殷盘周诰，因于土俗，历时久远，转为古奥，[一四]故其辞多奇崛；非如《风诗》和平庄雅，出于文学士者，亦如典谟之文，虽历久而无难于诵识也。以《风诗》之和雅，与民俗之谣谚，绝然不同，益知《国风》男女之辞，皆出诗人讽刺，而非蚩氓男女所能作也。是则风趣之说，不待攻而破，不待教而诛者也。[一五]

至于古人妇学，虽异丈夫，然于礼陶乐淑，则上自王公后妃，下及民间俊秀，男女无不相服习也。盖四德之中，非礼不能为容，非诗不能为言；诗教故通于乐，故《关雎》化起房中，而天下夫妇无不治也。[一六]三代以后，小学废，而儒多师说之歧；妇学废，而士少齐家之效；师说歧，而异端得乱其教，自古以为病矣。若夫妇学之废，人谓家政不甚修耳。岂知千载而后，乃有不学之徒，创为风趣之说，遂使闺阁不安义分，慕贱士之趋名，其祸烈于洪水猛兽，[一七]名义君子，能无世道忧哉？昔欧阳氏病佛教之蔓延，则欲修先王之政，自固元气，《本论》所为作也。[一八]今不学之徒，以邪说蛊惑闺阁，亦惟妇学不修，故闺阁易为惑也。妇人虽有非仪之诫，至于执礼通诗，则如日用饮食，不可斯须去也。[一九]

或以妇职丝枲中馈，文辞非所当先，则又过矣。夫聪明秀慧，天之赋畀初不择于男女，如草木之有英华，山川之有珠玉，虽圣人未尝不宝贵也。岂可遏抑？正当善成之耳。故女子生而质朴，但使粗明内教，不陷过失而已。如其秀慧通书，必也因其所通，申明

诗礼渊源，进以古人大体，班姬、韦母，〔二〇〕何必去人远哉？夫以班姬、韦母为师，其视不学之徒，直妄人尔。〔二一〕

〔一〕按本篇申明前篇之义，谓兴妇学在明诗礼。

〔二〕朱子因不满于《诗序》，而作《诗集传》二十卷，《诗序辨说》一卷，于风怀投赠之篇，往往谓为男女自述。《元史·选举志》："仁宗皇庆二年十一月，诏科举之法，经义一道，各治一经，《诗》以朱氏为主。"《明史·选举志》："《诗》主朱子《集传》。"功令，见《经解中》注〔一六〕。

〔三〕《诗·卫风·氓》："氓之蚩蚩。"传："氓，民也。蚩蚩者，敦厚之貌。"矢口成章，见《古文十弊》注〔九一〕。

〔四〕见《答客问下》注〔二八〕。

〔五〕《汉书·司马迁传》："在阘茸之中。"师古曰："阘茸，猥贱也。"亦作阘冗。此倒文，犹言庸冗也。

〔六〕《诗·郑风》，朱子《集传》："郑卫之乐，皆为淫声。然以《诗》考之，卫诗三十有九，而淫奔之诗才四之一；郑诗二十有一，而淫奔之诗已不翅七之五；卫犹为男悦女之辞，而郑皆为女惑男之语；卫人犹多刺讥惩创之意，而郑人几于荡然无复羞愧悔悟之萌；是则郑声之淫，有甚于卫矣。故夫子论为邦，独以郑声为戒而不及卫，盖举重而言，固自有次第也。《诗》可以观，岂不信哉！"

〔七〕《金縢》，《周书》篇名。孔疏："武王有疾，周公作策书告神，请代武王死，事毕，纳书于金縢之匮，遂作《金縢》。"《汉书·王莽传》："元始五年冬，荧惑入月中，平帝疾。莽作策请命于泰畤，戴璧秉珪，愿以身代。藏策金縢，置于前殿，敕诸公勿敢言。"师古曰："诈依周公为武王请命，作《金縢》也。"居摄：居皇位摄政，王莽篡位前居摄。

〔八〕《周礼·地官·泉府》："凡民之贷者，与其有司辨而授之，以国服为之息。”国服，于国服事之税，其国出丝絮则以丝絮偿。《宋史·王安石传》：“青苗法者，以常平籴本作青苗钱，散与人户，令出息二分，春散秋敛。”反对新法者，因称安石误解《周礼》而启青苗。

〔九〕《文心雕龙·体性》：“风趣刚柔，宁或改其气？”袁枚《随园诗话》卷一：“杨诚斋曰：‘从来天分低拙之人，好谈格调而不解风趣，何也？格调是空架子，有腔口易描。风趣专写性灵，非天才不办。’余深爱其言。须知有性情，便有格调。格调不在性情外。三百篇半是劳人思妇率意言情之事，谁为之格，谁为之律？今之谈格调者，能出其范围否？”

〔一〇〕《诗·郑风·溱洧》：“溱与洧，方涣涣兮。士与女，方秉蕑兮。女曰：‘观乎？’士曰：‘既且。且往观乎，洧之外，洵訏且乐。’维士与女，伊其相谑，赠之以芍药。”传：“蕑，兰也。勺药，香草。”《随园诗话》卷十四：“选家选近人之诗，有七病焉。动称纲常名教，箴刺褒讥，以为非有关系者不录。不知赠芍采兰，有何关系而圣人不删。宋儒责蔡文姬不应登《列女传》，然则十七史列传，尽皆龙逄、比干乎？学究条规，令人欲呕，四病也。”

〔一一〕从风波靡，各本如是。刘刻《遗书》本“波”作“披”，是。按此上言《诗序》之不可废。

〔一二〕《左传》宣二年：“郑归生受命于楚以伐宋。宋华元、乐吕御之。二月壬子，战于大棘。宋师败绩，囚华元，获乐吕。宋人以兵车百乘，文马百驷，以赎华元于郑。半入，华元逃归。宋城，华元为植（筑城主），巡功。城者讴曰：‘睅（突出）其目，皤其腹，弃甲而复。于思于思（状多髭须），弃甲复来。’使其骖乘谓之曰：‘牛则有皮，犀兕尚多，弃甲则那（何）？’役人曰：‘从其有皮，丹漆若何？’华元曰：‘去之，夫其口众我寡。’”

〔一三〕《左传》襄三十年：“子产从政一年，舆人诵之曰：‘取我衣冠而褚(藏)之,取我田畴而伍(编组)之。孰杀子产?吾其与之。'及三年,又诵之曰:'我有子弟,子产诲之。我有田畴,子产殖之。子产而死,谁其嗣之?'"

〔一四〕《尚书序》:"盘庚五迁,将治亳殷,民咨胥怨,作《盘庚》三篇。"又:"武王崩,三监及淮夷叛。周公相成王,将黜殷,作《大诰》。"韩愈《进学解》:"周诰殷盘,诘屈聱牙。"《朱子语类》卷七八云:"《书》有两体,有极分晓者,有极难晓者。某恐如《盘庚》《周诰》《多方》《多士》之类,是当时召之来而面命之,面教告之,自是当时一类说话。至于《旅獒》《毕命》《微子之命》《君陈》《君牙》《冏命》之属,则是当时修其词命。所以当时百姓都晓得者,有今时老师宿儒之所不晓。今人之所不晓者,未必当时之人却不识其词义也。"又云:"典谟之书,恐是曾经史官润色来。如《周诰》等篇,恐只是似如今榜文晓谕俗人者。方言俚语,随地随时,各自不同。林少颖尝曰,即如今人即日伏惟尊候万福,使古人闻之,亦不知是何等说话。"

〔一五〕按此上言《国风》男女之辞,皆出于诗人讽刺。

〔一六〕《诗·关雎序》:"《关雎》,后妃之德也,风之始也,所以风天下而正夫妇也。"

〔一七〕《孟子·滕文公下》:"当尧之时,天下犹未平,洪水横流,泛滥于天下。草木畅茂,禽兽繁殖,五谷不登,禽兽逼人。"

〔一八〕欧阳修《本论》:"尧、舜、三代之际,王政修明,礼义之教,充于天下。于此之时,虽有佛,无由入。及三代衰,王政阙,礼乐废,后二百余年,而佛至乎中国。由是言之,佛之所以为吾患者,乘其阙废之时而来。此其受患之本也。补其阙,修其废,使王政明而礼义充,则虽有佛无所施于吾民矣。此亦自然之势也。"(《欧阳文忠公全集》卷十七)

〔一九〕按此上言妇学废而后外诱起。

〔二〇〕班姬，见《史注》注〔八〕。韦母，见前篇注〔五二〕。

〔二一〕按此上言妇女能文，应使之明《诗》习《礼》。

诗　话〔一〕

诗话之源，本于钟嵘《诗品》。〔二〕然考之经传，如云："为此诗者，其知道乎？"又云："未之思也，何远之有？"〔三〕此论诗而及事也。又如"吉甫作诵，穆如清风，其诗孔硕，其风肆好"，〔四〕此论诗而及辞也。事有是非，辞有工拙，触类旁通，启发实多。江河始于滥觞。后世诗话家言，虽曰本于钟嵘，要其流别滋繁，不可一端尽矣。〔五〕

《诗品》之于论诗，视《文心雕龙》〔六〕之于论文，皆专门名家，〔七〕勒为成书之初祖也。《文心》体大而虑周，《诗品》思深而意远；盖《文心》笼罩群言，而《诗品》深从六艺溯流别也。如云某人之诗，其源出于某家之类，最为有本之学。其法出于刘向父子。论诗论文，而知溯流别，则可以探源经籍，而进窥天地之纯，古人之大体矣。此意非后世诗话家流所能喻也。〔八〕钟氏所推流别，亦有不甚可晓处。〔九〕盖古书多亡，难以取证。但已能窥见大意，实非论诗家所及。

唐人诗话，初本论诗，自孟棨《本事诗》出，〔一〇〕亦本《诗小序》。乃使人知国史叙诗之意；而好事者踵而广之，则诗话而通于史部之传记矣。间或诠释名物，则诗话而通于经部之小学矣。《尔雅》训诂类也。或泛述闻见，则诗话而通于子部之杂家矣。此二条，宋人以后较多。〔一一〕虽书旨不一其端，而大略不出论辞论事，推作者之志，期于诗教有益而已矣。〔一二〕

《诗品》《文心》，专门著述，自非学富才优，为之不易，故降而为诗话。沿流忘源，为诗话者，不复知著作之初意矣。犹之训诂与子史专家，子指上章杂家，史指上章传记。为之不易，故降而为说部。沿流忘源，为说部者，不复知专家之初意也。诗话说部之末流，纠纷而不

可犁别,学术不明,而人心风俗或因之而受其敝矣。[一三]

宋儒讲学,躬行实践,不易为也。风气所趋,撰语录以主奴朱、陆,[一四]则尽人可能也。论文考艺,渊源流别,[一五]不易知也。好名之习,作诗话以党伐同异,则尽人可能也。以不能名家之学,如能名家,即自成著述矣。入趋风好名之习,挟人尽可能之笔,著惟意所欲之言,可忧也,可危也![一六]

说部流弊,至于诬善党奸,诡名托姓。前人所论,如《龙城录》[一七]《碧云騢》[一八]之类,盖亦不可胜数,史家所以有别择稗野之道也。事有纪载可以互证,而文则惟意之所予夺,诗话之不可凭,或甚于说部也。[一九]

前人诗话之弊,不过失是非好恶之公。今人诗话之弊,乃至为世道人心之害。失在是非好恶,不过文人相轻之气习,[二〇]公论久而自定,其患未足忧也。害在世道人心,则将醉天下之聪明才智,而网人于禽兽之域也。其机甚深,其术甚狡,而其祸患将有不可胜言者;名义君子,不可不峻其防而严其辨也。[二一]

小说出于稗官,委巷传闻琐屑,虽古人亦所不废。[二二]然俚野多不足凭,大约事杂鬼神,报兼恩怨,《洞冥》《拾遗》[二三]之篇,《搜神》《灵异》[二四]之部,六代以降,家自为书。唐人乃有单篇,别为传奇[二五]一类。专书一事始末,不复比类为书。大抵情钟男女,不外离合悲欢。红拂辞杨,[二六]绣襦报郑,[二七]韩、李缘通落叶,[二八]崔、张情导琴心,[二九]以及明珠生还,[三〇]小玉死报,[三一]凡如此类,或附会疑似,或竟托子虚,[三二]虽情态万殊,而大致略似。其始不过淫思古意,辞客寄怀,犹诗家之乐府古艳诸篇也。[三三]宋、元以降,则广为演义,[三四]谱为词曲,遂使瞽史弦诵,优伶登场,无分雅俗男女,莫不声色耳目。盖自稗官见于《汉志》,历三变而尽失古人之源流矣。[三五]

小说歌曲传奇演义之流,其叙男女也,男必纤佻轻薄,而美其名曰才子风流;〔三六〕女必冶荡多情,而美其名曰佳人绝世。〔三七〕世之男子有小慧而无学识,女子解文墨而闇礼教者,皆以传奇之才子佳人,为古之人,古之人也。今之为诗话者,又即有小慧而无学识者也。有小慧而无学识矣,济以心术之倾邪,斯为小人而无忌惮矣!何所不至哉?〔三八〕

〔一〕按此篇专为批评袁氏《随园诗话》而作。刘刻《遗书》,本篇后附有《坊刻诗话》一篇,及《题随园诗话》十二首。

〔二〕见《文理》注〔三七〕。

〔三〕《孟子·公孙丑上》:"《诗》云:'迨天之未阴雨,彻彼桑土,绸缪牖户。今此下民,或敢侮予?'孔子曰:'为此诗者,其知道乎?能治其国家,谁敢侮之?'"《论语·子罕》:"'唐棣之华,偏其反而。岂不尔思?室是远而。'子曰:'未之思也,夫何远之有?'"

〔四〕清风,见《妇学》注〔四六〕。《诗·大雅·嵩高》:"其诗孔硕,其风肆好。"

〔五〕按此节言诗话原于《诗品》。

〔六〕见《文德》注〔三〕。

〔七〕见《原道下》注〔五〕。

〔八〕《庄子·天下》:"后世之学者,不幸不见天地之纯,古人之大体。"按此节言《诗品》溯流别,最为有本之学。

〔九〕叶梦得《石林诗话》:"钟嵘论陶渊明,乃以为出于应璩,此语不知其所据。应璩诗不多见,惟《文选》载其《百一诗》一篇,所谓'下流不可处,君子慎厥初'者,与陶诗了不相类。五臣注引《文章录》云:'曹爽用事,多违法度,璩作此诗以刺在位,意若百分有补于一者。'渊明正以脱略世故,超然物外为意,顾区区在位者,何足累其心哉?且此老何尝欲以诗自名,而追取一人而模放之?此乃当时文士与世竞进而争长者所谓,何期此老之浅?盖嵘之陋也。”按此即不甚可晓者之一例。

〔一〇〕《郡斋读书志》总集类：“《本事诗》一卷，唐孟棨撰。纂历代缘情感事之诗，叙其本事，凡七类。”

〔一一〕宋欧阳修退居汝阴时，曾集《六一诗话》，其后司马光有《续诗话》，刘攽有《中山诗话》，陈师道有《后山诗话》，宋人诗话遂不下数十家。清吴景旭有《历代诗话》八十卷，搜罗宏富。其中所述，兼有传记、小学、杂家三类。

〔一二〕按此节言诗话之作，论辞论事，期于诗教有益。

〔一三〕按此节言诗话末流，不通于传记杂家，反滋诟病。

〔一四〕说详《朱陆》篇。

〔一五〕《文心雕龙》论质性、体制，而兼溯渊源。《诗品》评工拙利病，而兼条流别。

〔一六〕按此节言后来诗话，惟意所欲，是以可忧。

〔一七〕《书录解题》小说家类：“《龙城录》一卷，称柳宗元撰。龙城，谓柳州也。罗浮梅花梦事在其中。《唐志》无此书，盖依托也。或云王铚性之作。”

〔一八〕《书录解题》小说家类：“《碧云騢》一卷，题梅尧臣作，而以厩马为书名。其说曰：‘世以旋毛为丑，此以旋毛为贵；虽贵矣，病可去乎？’其不逊如此，圣俞必不尔也。所记载十余条，公卿多所毁讦，虽范文正亦所不免。或云实魏泰所作，托之圣俞，王性之辨之甚详，而邵氏《闻见后录》乃不然之。”

〔一九〕按此节言说部诬矫，益见诗话难凭。

〔二〇〕见《原道下》注〔四二〕。

〔二一〕按此节言诗话之弊，今甚于古，不可不辨。

〔二二〕《汉志·诸子略》：“小说家者流，盖出于稗官。街谈巷语，道听涂说者之所造也。孔子曰：‘虽小道，必有可观者焉。致远恐泥，是以君子弗为也。’然亦弗灭也，闾里小知者之所及，亦使缀而弗忘。如或一言可采，此亦刍荛狂夫之议也。”

〔二三〕《书录解题》小说家类：“《洞冥记》四卷，《拾遗》一卷，东汉光禄大夫郭宪子横撰。题汉武帝《别国洞冥记》。其别录又于《御览》中钞出，然则四卷亦非全书也。”《拾遗记》，见《黠陋》篇注〔四三〕。

〔二四〕《搜神记》，见《黠陋》篇注〔四三〕。《隋志》杂传类：“《灵异记》十卷。”不著撰人名氏。

〔二五〕《郡斋读书志》小说类：“《传奇》三卷，唐裴铏撰。铏，高骈客。其书所记，皆神仙怪谲事。”此直以传奇名书者。胡应麟云：“凡变异之谈，盛于六朝，然多是传录舛讹，未必尽幻设语。至唐人乃作意好奇，假小说以寄笔端。”唐人传奇小说，多收于宋李昉等所修《太平广记》中。

〔二六〕杜光庭《虬髯客传》略云：“隋炀帝幸江都，命司空杨素守西京。素骄贵，侍婢罗列。卫公李靖以布衣上谒。一妓有殊色，执红拂立于前，独目公。公归逆旅，夜闻叩门声。公问谁。曰：‘妾杨家之红拂妓也。’延入，脱去衣帽，乃十八九佳丽人。曰：‘妾侍杨司空久，阅天下之人多矣，无如公者。丝萝愿托乔木，故来奔耳。’公遂与俱归太原。”（《太平广记》卷一九三）

〔二七〕白行简《李娃传》略云：“天宝中，荥阳郑生（元和）应举长安，尝游东市，至鸣珂曲，见李娃（亚仙），妖姿要妙，绝代未有，意若有失。他日，往叩其门，见姥，姥延生于馆，乃命娃出，举步艳冶，目所未睹。及旦，尽徙其囊橐，因家于李之第。岁余，资财仆马荡然。姥意渐怠。一日，生至宅，门扃甚密，姥已徙居矣。生惶惑发狂，罔知所措，因返旧邸。遘疾甚笃，邸主徙之于凶肆。后稍愈，令执繐帷，获其直以自给。听其哀歌，无何，曲尽其妙。时适生父在京，有老竖见之，持载以归。父鞭之数百而毙，弃之而去。同党举之，经宿乃活。以乞食为事，一旦大雪，乞声甚苦。娃自阁中闻之，连步而出。见生枯瘠非人状，意感焉。乃前抱其颈，以绣襦拥归。与生沐浴，易其衣服，未数月，平愈如初。因令生斥弃百虑以志学。其年生应直言极谏科，策名第一，授参军，累迁清显之任。十年间，至数郡。娃封汧国夫人。”（《太平广记》卷四八四）

〔二八〕张实《流红记》略云：“唐僖宗时，于祐视御沟中脱叶，若有墨迹载其上。取视之，果题诗曰：‘流水何太急，深宫尽日闲。殷勤谢红叶，好去到人间。’祐书于红叶上云：‘曾闻叶上题红怨，叶上题诗赠阿谁？’置御沟上流，俾流入宫。后韩夫人出禁庭，祐尽大礼之数，交二姓之欢，乐甚。笥中各取红叶相示，叹曰：‘事岂偶然哉？莫非前定也。’韩氏为诗曰：‘一联佳句题流水，十载幽思满素怀。今日却成鸾凤友，方知红叶是良媒。’”按韩于此作韩李，涉笔之误也。（《青琐高议》前集卷五）

〔二九〕元稹《莺莺传》略云：“贞元中，张生游于蒲。蒲东有普济寺，张生寓焉。适有崔氏将归长安，路出于蒲，亦止兹寺。有女（莺莺）颜色艳异，张惑之。崔之婢曰红娘，生私为之礼，缀春词二首以授之。因会于崔氏者累月。张生俄以文调及期，当西去，不言其情，愁叹于崔侧。崔阴知将诀，徐谓张曰：‘君常谓我善鼓琴，向时羞颜，所不能及；今且往矣，既君此诚。’因命拂琴，鼓《霓裳羽衣序》，不数声，哀音悲乱，不复知其是曲也。明旦而张行。”（《太平广记》卷四八八）

〔三〇〕薛调《无双传》略云：“王仙客，建中中朝臣刘震甥也。震有女曰无双。震姊疾革，约为子室。仙客护丧归襄、邓，服阕，抵京。泾原兵反，震召仙客押物出开远门。会兵出城搜朝官，仙客舍辎走，归襄阳。后知克复，乃入京访舅氏消息。闻尚书受伪朝官，与夫人皆处极刑，无双已入掖庭矣。无双婢采蘋在金吾将军宅，仙客纳厚价赎之。累月，忽报有中使押领内家三十人往园陵，以备洒扫。仙客恐无双在焉。乃假作理桥官，车过时近车立，果见无双，得书云：‘富平县古押衙，人间有心人，可求之。’仙客遂寻见古生。生所愿，必力致之。生问何求，仙客以实告。后累日，忽传处置园陵宫人，探所杀者乃无双。仙客号哭不已。是夕更深，闻叩门甚急，启之，乃古生也。领一篼子入，谓曰：‘此无双也。’仙客抱入阁，守之至明，遍身有暖气，救疗方愈。古生曰：‘今日报郎君恩足矣。比闻茅山道士有药术，服之者立死，三日即活。某使人求得一丸，令采蘋假作中使，以无双逆党，赐此药使自尽。至陵下，托以亲故百缣赎其尸。君不得更居此。’仙客乃挈家归襄、邓，与无双偕老矣。”(《太平广记》卷四八六)陆采据之作《明珠记》。

〔三一〕蒋防《霍小玉传》略云：“霍小玉母曰净持，霍王之宠婢也。王薨，诸兄弟以玉出自贱庶，不甚收录，遣居于外，易姓为郑。遣媒求婿，得李十郎(益)，婉娈相得，如此二岁。后生以书判拔萃登科，授郑县主簿。谓玉但端居相待，当寻使奉迎。到任旬日，求假往东都觐亲。未至家日，太夫人已商与表妹卢氏定约，生不敢辞。玉自生逾期，忧恨岁余，遂成沉疾。时卢氏在长安，生请假入城就亲，有豪士挟至郑宅，玉见生，不复有言，举杯酒酹地曰：“君负心若此，今当永诀！我死之后，必为厉鬼，使君妻妾终日不安！’掷杯于地，长恸数声而绝。后生所见妇人，辄加猜忌，至于三娶，率如初焉。”(《太平广记》卷四八七)

〔三二〕见《经解下》注〔二一〕。

〔三三〕《乐府诗集》引《古今乐录》曰：“艳歌非一，有直云艳歌，即此《艳歌行》(翩翩堂前燕)是也。若《罗敷》《何尝》《双鸿》《福钟》，亦皆艳歌。”

〔三四〕小说根据史事，而杂采稗野，以敷演成文者曰演义。按潘岳《西征赋》：“灵壅川以止斗，晋演义而献说。”李善注引《国语》曰：“灵王二十二年，谷、洛二水斗，欲毁王宫，王欲壅之。太子晋谏曰：

‘不可。晋闻古之长人(民),不隳山,不防川。今吾执政实有所辟,而祸夫二川之神。’”演义二字本此。

〔三五〕按此节言自小说而传奇而演义词曲,三变而失其原指。

〔三六〕《后汉书·樊英传论》:“汉世之所谓名士者,其风流可知矣。”《文选·宋书·谢灵运传论》注:“如风之散,如水之流。”

〔三七〕见《妇学》篇注〔八五〕。

〔三八〕按此节言小说末流,遗害人心;今之诗话,乃缘其弊。

【附录】 按江氏《灵鹣阁丛书》据庐江何氏钞本《诗话》,此下尚有九条,兹录如下:

诗话论诗,非论貌也。就使论貌,所以称丈夫者,或魁梧奇伟,或丰颐美髯,或丰骨棱峻,或英姿飒爽,何所不可。今则概未有闻,惟于少年弱冠之辈,不曰美如好女,必曰顾影堪怜,不曰玉映冰肤,必曰兰薰蕙质,此亦约略之辞,非一定字样也。不知其意将何为也。甚至盛称邪说,以为礼制,但旌节妇,不褒贞男,以见美男之不妨作嬖,斯乃人首畜鸣,而毅然笔为诗话,人可戮而书可焚矣!男子为娼,古有禁律,其人不学,无由知也。

古今妇女之诗,比于男子诗篇,不过千百中之十一。诗话偶有所举,比于论男子诗,亦不过千百中之十一。盖论诗多寡,必因诗篇之多寡以为区分,理势之必然者也。今乃累轴连编,所称闺阁之诗,几与男子相埒。甚至比连母女姑妇,缀合娣姒姊妹,殆于家称王、谢,户尽崔、卢。岂壶内文风,自古以来,于今为烈耶?君子可欺以其方,其然,岂其然乎?且其叙述闺流,强半皆称容貌,非夸国色,即诩天人,非赞联珠,即标合璧,遂使观其书者,忘为评诗之话,更成品艳之编,自有诗话以来所未见也。

妇女内言不出阃外,诗话为之私立名字,标榜声气,为虚为实,吾不得而知也。诗话何由知人闺阁如是之详?即此便见倾邪,更无论伪饰矣。丈夫姓字，弧矢四方，诗话所名，岂能终秘？其中名德钜公，志其余事，奇才宿望，著其精能，或有身地寒微，表其幽隽，一节可取，借端留芳，此诚诗话应有事也。今乃玉石不分，苗莠无别，往往诗话识其名姓，邂逅偶遇斯人，实乃风尘游乞，庸奴贱品。助语不辨虚实，引喻全乖向方，臃肿无知，赘瘤可厌，亦不乏其徒焉。此而可邀题品，则真才宿学，宁不以同类为羞乎？乃知闺阁称诗，何从按实？观其镂雕纤曲，酝酿尖新，虽面目万殊，而情态不异，其为窜易饰伪，情状显然。岂无静女名姝，清思佳什？牵于茅黄苇白，转觉恶紫夺朱矣。

自炫自媒，士女之丑。桃李不言，下自成蹊。凡人之足以千古者，必有得于古人之所谓诚然，而终身忧乐其中，不顾举世之所为是与非也。倾邪之人，欲有所取于世，则先以标榜声气，骚激人心。又恐人之不为动也，则诱人以好名，甚且倡为邪说，至云人之所以异于禽兽，以好名也。夫好名之人，矫情饰伪，竞趋时誉，虽禽兽所不为耳。亦犹椎埋胠箧，亦禽兽所不为。今倡说曰：人之所以异于禽兽，以能椎埋胠箧也。可乎？至于附会经传，肆侮圣言，尤丧心而病狂矣！《论语》："君子去仁，恶乎成名？""疾没世而名不称。"皆妄引为好名之证。

人之所以应传名者，义类多矣。而彼之诱人，惟务文学之名，不亦小乎？即文学之所以应得名者，途辙广矣。而彼之所以诱人，又不过纤佻轻隽之辞章，才子佳人之小说，男必张生、李十，女必宏度、幼微，将率天下之士女，翩翩然化为蛱蝶杨花，而后大快于心焉。则斯人之所谓名，乃名教之罪人也！斯人之所谓名，亦有识者所深耻也。

学者亦知雅俗之别乎？雅者，正也，亦曰常也。安其正而守其常，实至而名自归之，斯天下之大雅也。好名者流，忘己徇人，世俗誉之，则沾沾以喜；世俗非之，则戚戚以忧。以世俗之予夺为趋避，是己之所处，方以俗为依归也。且人以好名为雅，好利为俗，尤非也。名者,有所利而好之。所好不同,而其心无异。故好名之人,其俗甚于好利也。诱人好名者,其罪浮于教人胠箧也。一有名心,即沾俗气。与众争趋,俗安可医?

倾邪之人,必有所恃。挟纤仄便娟之笔,为称功颂德之辞。以揣摩抵掌之谈,运宛转逢迎之术。权贵显要,无不逢也。声望钜公,无不媚也。笔舌不足,导以景物娱游。追随未足,媚以烹庖口味。自记为某贵人品尝属下进馔。又某贵人屡索其姬妾手调饮馔,有谢赏姬人启事。至乃陪公子于青楼,贵人公子,时同句曲。颂娇姿于金屋,贵人爱宠,无不详于笔记。尤称绝技,备极精能。贵人公退之余,亦思娱乐。优伶是其习见,狗马亦所常调,数见不鲜,神思倦矣。忽见通文墨之优伶,解声歌之犬马,屈曲如意,宛约解人,能不爱怜,几于得宝。加之便佞间如谐隐,饰情或托山林,自托山林隐遁之流,足迹不离戟辕铃阁。使人误认清流,因而揖之上坐,赐以颜色,假以羽毛。遂能登高而呼,有挟以令,舟车所向,到处逢迎,荧惑听闻,干谒州县,或关说阴讼,恣其不肖之图,乘机渔色。或聚集少年,肆为冶荡之说。斯乃人伦之蟊贼,名教所必诛。昧者不知,夸其传食列城,风声炫耀,是犹羡仪、衍之大丈夫,而不知其为妾妇所羞也。

声诗三百,圣教所存,千古名儒,不闻异议。今乃丧心无忌,敢侮圣言,邪说倡狂,骇人耳目。六义甚广,而彼谓《雅》《颂》劣于《国风》。《风诗》甚多,而彼谓言情妙于男女。凡圣贤典训,无不横征曲引,以为导欲宣淫之具,其罪可胜诛乎!自负诗才,天下第一,庸妄无知甚矣。昔李白论诗,贵于清真,此乃今古论诗文之准则,故至今悬功令焉。清真者,学问有得于中,而以诗文抒写其所见,无意工辞,而尽力于辞者莫及也。毋论诗文,皆须学问,空言性情,毕竟小家。彼方视学问为仇雠,而益以胸怀之鄙俗,是质已丧,而文无可附矣。斤斤争胜于言语之工,是鹦鹉猩猩之效人语也,不必展卷,而已知其诗无可录矣。

人各有能有不能，无能强也。鄙俗之怀，倾邪之心，诗则无其质矣。然舍质论文，则其轻隽便给之才，如效鹦鹉猩猩之语，未尝不足娱人耳目，虽非艺林所贵，亦堪附下驷以传名矣。彼不自揣，妄谈学问文章，古文辞颇有才气，而文理全然不通。而其言不类，殆于娼家读《列女传》也。学问之途甚广，记诵名数，特其一端。彼空疏不学，而厌汉儒以为糟粕。岂知其言之为粪土耶？经学历有渊源，自非殊慧而益以深功，不能成一家学也。而彼则谓不能诗者遁为经学。是伏、郑大儒，乃是有所遁而为之，鄙且悖矣。考据者，学问之所有事耳。学问不一家，考据亦不一家也。鄙陋之夫，不知学问之有流别，见人学问眩于目而莫能指识，则概名之曰考据家。夫考据岂有家哉？学问之有考据，犹诗文之有事实耳。今见有如韩、柳之文，李、杜之诗，不能定为何家诗文，惟见中有事实，即概名为事实家，可乎？学问成家，则发挥而为文辞，证实而为考据。比如人身，学问其神智也，文辞其肌肤也，考据其骸骨也，三者备而后谓之著述。著述可随学问而各自名家，别无所谓考据家与著述家也。鄙俗之夫，不知著述随学问以名家，辄以私意妄分为考据家、著述家，而又以私心妄议为著述家终胜于考据家。彼之所谓考据，不过类书策括。所谓著述，不过如伊所自撰无根柢之诗文耳。其实皆算不得成家。是直见人具体，不知其有神智，而妄别人有骸骨家与肌肤家，又谓肌肤家之终胜骸骨家也。此为何许语耶？诗话论诗，全失宗旨。然暗于大而犹明于细，比于杂艺，小道可观，君子犹节取焉。至其妄不自忖，僭论学问文章，直如蜀晴岭雪，奔吠苍黄，每论学问处，辄厌恶如吠所怪。揣籥闻钟，臆言天日。比类则置甲而误联乙丙，摘非则忘衰而核议功缌。剿袭唾余，稍近理者，皆出剿袭，浅显易知。强效不类。学人口气，每失其意。妄虽可恶，愚实堪怜。俚女村姬，臆度昭阳长信；畦氓野老，纷争金马玉堂。大似载鬼一车，使人喷饭满案。岂天夺其魄乎？何为自状其丑，津津有余味耶？